目录 Contents

第一章

黄袍加身——顺势上位的赵匡胤…………………………… 001

第二章

杯酒释兵权——宋初体制大完善…………………………… 019

第三章

南征北战十四年——欲复汉唐版图（上）………………… 035

第四章

南征北战十四年——欲复汉唐版图（中）………………… 051

第五章

南征北战十四年——欲复汉唐版图（下）………………… 067

第六章

烛影斧声——开启赵光义时代…………………………………… 093

第七章

雍熙北伐——宋辽大战…………………………………………… 109

第八章

澶渊之盟——二十五年宋辽摩擦终得休………………………… 127

第九章

封禅泰山——真宗的举国癫狂…………………………………… 149

第十章

狸猫换太子——刘太后听政……………………………………… 165

第十一章

庆历和议——西夏崛起（上）…………………………………… 183

第十二章

庆历和议——西夏崛起（下）…………………………………… 201

宋朝三百年

张丹 著

内蒙古人民出版社

图书在版编目（CIP）数据

宋朝三百年 / 张丹著 . -- 呼和浩特：内蒙古人民出版社，2024.9
ISBN 978-7-204-18036-3

Ⅰ . ①宋… Ⅱ . ①张… Ⅲ . ①中国历史 – 宋代 – 通俗读物 Ⅳ . ① K244.09

中国国家版本馆 CIP 数据核字（2024）第 054730 号

宋朝三百年

作　　者	张　丹
特约策划	高牧仁　张桂梅
责任编辑	卢　炀　刘　阳
封面设计	人马艺术设计 · 储平
出版发行	内蒙古人民出版社
地　　址	呼和浩特市新城区中山东路 8 号波士名人国际 B 座 5 楼
印　　刷	天津光之彩印刷有限公司
开　　本	710mm × 1000mm　1/16
印　　张	44
字　　数	700 千字
版　　次	2024 年 9 月第 1 版
印　　次	2024 年 9 月第 1 次印刷
书　　号	ISBN 978-7-204-18036-3
定　　价	158.00 元

图书营销部联系电话：（0471）3946278　3946269

如发现印装质量问题，请与我社联系。联系电话：（0471）3946120　3946169

第十三章

庆历新政——仁宗盛世背后的荣与痛…………………………… 217

第十四章

曹太后垂帘听政——短暂的英宗朝…………………………… 239

第十五章

熙宁变法——王安石的改革…………………………………… 257

第十六章

元丰改制——神宗未竟的事业………………………………… 273

第十七章

党争之巅哲宗朝（上）——元祐更化………………………… 293

第十八章

党争之巅哲宗朝（下）——绍圣绍述………………………… 307

第十九章

海上之盟——徽宗的联金灭辽梦……………………………… 319

第二十章

开封保卫战——北宋灭亡…… 337

第二十一章

高宗嗣统——南宋建立…… 349

第二十二章

李纲入朝——南宋第一相…… 365

第二十三章

第一次南宋与金战争（上）——建炎南渡…… 383

第二十四章

第一次南宋与金战争（中）——建炎复建…… 409

第二十五章

第一次南宋与金战争（下）——搜山检海…… 431

第二十六章

岳飞之死——第二次南宋与金战争…… 463

第二十七章

采石大战——第三次南宋与金战争…………………………………… 481

第二十八章

隆兴北伐——南宋最后的雄心…………………………………………… 505

第二十九章

淳熙内禅——多年太子熬成皇…………………………………………… 523

第三十章

过宫风波——父子不和…………………………………………………… 537

第三十一章

庆元党禁——没有主见的在位者………………………………………… 555

第三十二章

开禧北伐——自不量力的决定…………………………………………… 579

第三十三章

嘉定和议——权相更迭…………………………………………………… 591

第三十四章

联蒙灭金——蒙古崛起………………………………………………… 607

第三十五章

襄阳城破——蒙古征宋………………………………………………… 623

第三十六章

临安沦陷——南宋灭亡………………………………………………… 649

第三十七章

崖山之战——宋室绝唱………………………………………………… 673

第一章

黄袍加身——顺势上位的赵匡胤

后周显德六年（959 年）七月二十七日，对于后周的子民来说，似乎就是一个普通的夏日。旭日东升，大家纷纷起来劳作，或扛锄头下田农作，或挑货担上街摆摊。但对于后周皇室来说，这一日的太阳却并没有升起，皇宫被笼罩在黑暗之中。

一代明主、后周世宗柴荣在汴京（今河南省开封市）的万岁殿驾崩了。

隐隐的号角、鼓声从皇宫传来，老百姓从忙碌中抬头，面面相觑，又望向皇宫的方向，苍老的或年轻的面容上，浮现哀伤……

百姓心里明白，他们失去的是一个好皇帝。

皇宫内，年仅七岁的柴宗训被披上帝袍，年轻的符太后泪眼未干，那双护着他们母子俩的手已经冷了。文武百官纷纷跪地，高呼万岁，刚换了身份的孤儿寡母，惶惶不安。

表面上，朝内文有宰相范质，武有主持全国军务的赵匡胤，权力交接得平稳顺当。

实际上，柴荣曾遗命提拔王著为宰相，让其和诸老臣共同治理后周，老相范质却没有照做，仍然统领文官；而相当于中央禁军总司令的赵匡胤，手握全朝战斗力最强的部队，与军中将领关系密切，影响力极大。

此时，后周仅仅建立八年，在前两代帝王的励精图治下，虽然已经走上民强国富的道路，但它所处的大环境却动荡不安、瞬息万变。

这就是中国历史上有名的乱世——五代十国。

自唐朝灭亡后，中原地区先后建立了五个政权，依次为后梁、后唐、后晋、后汉和后周。短短几十年，朝代更迭频繁，时间最短的后汉从建立到灭亡只有四年。连后周太祖郭威也是武将起兵，从后汉手里夺来的天下。

郭威（904 年—954 年）出身将门世家，父亲担任顺州（今北京市顺义区）刺史，后被杀害。家破人亡后，郭威在颠沛流离中长到十八岁，他人高马大，骁勇无比，加入军队后，很快得到上司赏识，逐步做到河东节度使、北平王刘知远身边的大将。

此时契丹侵略中原，后晋灭亡，民不聊生，百姓纷纷揭竿而起。刘知远瞅准时机在太原称帝。他自己姓刘，便以继承汉朝正统为名，定国号大汉，史称后汉。刘知远仅在位一年就驾崩了，传位第二子刘承祐，郭威是其托孤重臣。

此时的郭威并不是一个贪心的人，生活上他勤俭节约，工作上他尽心尽力，能够听从属下和幕僚的劝谏，一步步做到统领全国大军的将军，仅在帝王一人之下，还有啥不满足呢？

郭威对后汉忠贞不贰，心里想的是："既得先帝信任，让我等辅佐新帝，我等更要做出一番成绩来，好好把这后汉的江山照顾好。"

新上位的刘承祐想的却是："这群老家伙碍眼得很。"

这会儿，刘承祐是个二十岁都不到的年轻人，从小锦衣玉食，父亲位极人臣的时候，里里外外都哄着他这个官二代，父亲天下在握之后，更是没人敢给刘承祐这个储君一点不痛快。刘承祐打小儿被捧着，觉得自个儿非常有本事，一上位就摩拳擦掌，预备大干一番。他对国家的治理提出过很多想法，自认为非常有建设性。但是，今天刘承祐提出这意见，一个老夫子站出来反对，明天刘承祐又有新的想法了，另一个老头子高呼着先帝呀又逼他收回去……

刘承祐烦透了，他不喜欢事事被这些老臣管束，于是便想：既然你们要管我，那就别怪我不仁。

很快，一批老臣被冠以谋反罪，遭到诛杀。

刘承祐把目光投向了那个话不多，又偏生有几分耿直的郭威。用什么办法杀他呢？大动干戈吗？郭威手里可有军权……刘承祐决定来个暗的，他发下密诏令人斩杀郭威。

郭威当时正在魏州驻守，积极备战防御北方的辽朝。有人悄悄地把刘承祐杀他的密诏拿给郭威看。亲眼确认皇帝要杀自己，郭威内心很不是滋味，他早预感到刀子悬在自己脖子上了，已经处处退让，却没想到对方还是没有放下杀心。

君要臣死，臣不能傻呵呵等死。郭威一咬牙，篡改诏书，招来部下，跟他们宣称这份刚从皇宫送出来的、还热乎着的密诏是令他诛杀手下各将。他老泪纵横，这么多年的兄弟，一起出生入死，他如何能下得了这手啊！

众将自然非常愤慨，谁也不是傻鸭子任人宰割，大伙儿一合计，纷纷表示："老大，你别哭了，依我们看，这小皇帝脑子不清楚，一定是身边有坏人蛊惑了他，不如我们起兵清君侧吧！"

好，说干就干！

郭威起兵了！

大军一路向京城进发，但在郭威内心深处仍有犹豫，一直以来先帝对自己不薄，不然自己只是一个无处可去的无名小卒，哪里还能有后来的荣华富贵。固然这次是刘承祐要动手在先，自己和兄弟们才会起兵，可刘承祐还是个毛孩子，自己一定要去好好讲讲道理。

结果，那头刘承祐听说郭威起兵了，可没郭威这么多思来想去，刘承祐直接就下手杀了郭威的家人，手段极其狠毒，老幼妇孺无一幸免。

郭威闻讯悲痛异常，他深爱的妻子，他伶俐的儿子，还有那些亲朋好友……将士们发现老大郭威一夜苍老，谁也没有再多说一句，众人跟着郭威，快马加鞭，杀到京城。

听闻郭威到了城下，刘承祐兴奋地跑到城外刘子坡观战，他以为郭威是吃素的，带来的军队也不堪一击，自己想怎么拿捏就怎么拿捏。

结果后汉军大败，刘承祐吓得屁滚尿流，急急忙忙要回京城躲避。不想当时的开封府尹把城门关得牢牢的，死活不让刘承祐进城。刘承祐一看这边路不通，便要往别处跑，但身后烟尘滚滚直冲他而来。

“哎呀，一定是郭威杀来了！”

跟随刘承祐的人眼见必死无疑，无处可逃，想着与其跟着这傻皇帝不能活命，不如以傻皇帝为礼，找郭威谋个富贵，于是，拔刀把刘承祐给杀了。

其实这事闹了个乌龙，踏得烟尘滚滚而来的根本不是郭威的追兵，而是刘承祐的护卫亲兵。但这会儿才明白，也已改变不了什么了。

郭威很快控制了京城和朝野大权，部将们一起拥戴郭威上位，给他披上黄袍。郭威正式称帝，国号大周，史称后周。

细看历史，总能发现许多有趣的事和细节。“黄袍加身”的情节在宋太祖赵匡胤身上为天下人所熟知，但实际上早在郭威的时代就已演绎过了。

郭威荣登大位，仁爱百姓，不喜奢靡。他带头将宫中用度减少，要求各地不用进贡奇珍异宝，下诏减少百姓的苛捐杂税并严禁军队扰民，还曾不止一次对身边的人说：“我是穷苦人出身，有幸成为帝王，也不能忘记根本，用百姓的辛劳来给自己享乐。”

郭威深得百姓爱戴，可失去家人的痛苦一直笼罩着他，也摧残着他的身体，仅仅三年之后，显德元年（954 年）正月，一代明君后周太祖郭威驾崩。

前面提到郭威家人都被刘承祐所杀，其中包括他的儿子们，郭威还是个难得的长情之人，深爱亡妻，称帝后没有另娶。因此，郭威将后周的帝位传给了养子晋王柴荣。

历史再一次证明了郭威作为一个英明君主的眼光。

柴荣是个有能力、有眼界的政治人物，立志“十年开拓天下、十年养百姓、十年致太平”。为实现这一目标，柴荣励精图治，锐意改革，他选才纳谏，修订刑律，建国子监，整顿禁军，南征北战，版图迅速扩大，紧接着率军向契丹进发，欲收复燕云十六州。

如果上天能多给柴荣十年，不，或者只多给他五年，后世很多历史或将改写。

显德六年（959 年），柴荣在向燕云十六州的幽州（今北京市）发起进攻时，暴病不起。

此时的后周，已经非常接近统一中国的目标，后来在中国历史上占据一席之地的宋朝，其大部分版图都来自柴荣在位这五年的南征北战。

柴荣驾崩时，年仅三十九岁，身后没有成年的子嗣，否则也没有后来的赵匡胤和大宋什么事了。这事要怪还得怪前朝的后汉隐帝刘承祐。他逼反郭威，杀了郭威在京中的家眷。柴荣本是郭威的妻侄，与郭家沾亲带故，因此三个年长的儿子也被刘承祐一起给杀了。历史之河滔滔，浪卷多少机缘。若不是刘承祐断了郭威的后，郭威也不会收柴荣为养子，继承后周。但若不是刘承祐的杀戮，柴荣也不会面临只能把皇位传给幼子的无奈。

如今，柴荣驾崩，大权为大臣掌握。以史为鉴，柴氏孤儿寡母怎能安眠？当年郭威便是由部下兵变起兵建立后周，如今手握重兵的其他人会不会做同样的事？毕竟在那个年代，武将造反，江山易主的情况发生得太多了，谁的兵多拳头硬，谁就可以当皇帝，这是天下默认的规则。

目光长远的柴荣考虑到了这一点，故而在病重之际，将武将中的老人调离，提拔年轻的赵匡胤，又遗命王著担任新宰相，与范质等共同辅佐幼年天子，以稳定朝野。而在此之前，他还做了许多改革为儿子铺路，其中一条就是文武制衡。

为了防止武将拥兵造反，柴荣将军队的调兵权和执行权分开，调兵权分配给了属于文官的枢密使。文臣有调兵权，但不能领兵打仗。武将有兵，可是不能随意动用。武将只能听话抛头颅洒热血，别的非分之想都难以实现。

武将搞定了，文臣也要管控。柴荣任命魏仁浦为宰相，范质和王溥辅政，又在临终之际增加王著为相。一位多人，共行相权，更加有效地避免专权的可能。再者，柴荣和王著是老上下级了，柴荣没有登基之前，王著就跟着他干，属于藩邸旧人。王著对柴荣也是真感情。到后来赵匡胤当了帝王，有一次，王著还喝多了思念故主，在屏风后大哭，把大臣们吓坏了。还是赵匡胤大度，说彼此都曾是跟着柴荣的人，自己很了解王著的脾性，他不过是个书生，思念故人到深处，哭哭啼啼的，不会有什么大事，随他去吧。

柴荣这么多的提前部署，按理来说，小皇帝的未来应该安稳了。可惜柴荣错算了几个人的忠心，尤其是已在一人之下的范质。范质一直看不上王著，压下了柴荣提拔王著的遗诏。尽管柴荣过世后，小皇帝和符太后遇到事情经常会请教王著，可王著的官职爵位终究不如范质等人，并没能走到后周文臣的权力中心。再后来，赵匡胤陈桥兵变之前，带兵北上的调令，也是范质主张给的。

冥冥之中，命运把延续国祚的责任交给了另一个人，而这个人此时已经站在历史舞台上。

柴荣驾崩时，赵匡胤虚岁三十三，正是盛年。他出生在后唐天成二年（927 年），祖上从军，但这没给赵匡胤带来什么好出路。年少时，赵匡胤四处游历。二十岁时，赵匡胤认识了人生中的第一位贵人郭威，成为其亲军一员。同年，郭威建立后周，任命赵匡胤为禁军军官。

禁军是负责帝王安危的军队，属于帝王身边的人。郭威先被逼起兵，后由部下拥立称帝。这个过程，赵匡胤应有目睹，很难说没有给他后来走到“黄袍加身”这一步提供借鉴。

赵匡胤性格豪爽，武艺了得。民间流传的太祖长拳，对后世许多拳法都有深刻的影响，被称为“百拳之母”，这套拳法就是赵匡胤首创。

后周太祖郭威很喜欢身边这个有勇有谋的年轻后生，他发现赵匡胤带出来的兵总是纪律严明，精神面貌出众；赵匡胤自己也手不释卷，极为上进。

赵匡胤也从郭威那里学到不少。比如郭威年轻时就广交好友，与其中一些人结拜为兄弟，这些人后来也都成为其称帝过程中的助力。赵匡胤亦同军中年轻一辈的将领杨光义、石守信、李继勋、王审琦等十人结拜为异姓兄弟，这些人后来大多参与了黄袍加身、陈桥兵变事件。

与此同时，赵匡胤在郭威身边，结识到了他人生中的第二位贵人。这第二位贵人与赵匡胤年龄相近，一见如故，每每谈到天下大局，彼此常有相同的见解，越发惺惺相惜。在郭威提拔赵匡胤为滑州（今河南省安阳市滑县）副指挥使时，这第二位贵人上奏郭威，要把赵匡胤召到身边，担任开封府马直军使。

这第二位贵人不是别人，正是当时的开封府尹，后来在郭威驾崩后接替帝位的柴荣。

显德元年（954 年），郭威驾崩，柴荣登基为帝。一直对后周虎视眈眈的北汉、契丹，趁后周权力交接时期，组织联军南下入侵。柴荣果断决定御驾亲征，赵匡胤随驾出征。

后周军与北汉军在泽州高平之南（今山西省晋城市巴公镇）相遇。大战之初，后周军右翼表现不佳，竟然先跑了。局势危急时，赵匡胤一马当先，带领部下护在柴荣前面，呼吁众人：“保护陛下，我等与北汉决一死战！”

他为前锋，与左翼军队合作，拼死一搏，大破北汉军。

这一战，赵匡胤立下奇功。

后周决定乘胜追击，赵匡胤领命攻打北汉都城太原，在战场上，他简直像不要命一样，处处冲在最前面。混乱中，一支流箭冷不丁窜出来，正中赵匡胤左臂。

世宗柴容忍不住叫住他："你先去治伤。"

赵匡胤表示："陛下，这点小伤算什么？我还能再战！"随即对将士们振臂高呼："跟我上，把这太原城给陛下打下来！"

可惜以当时的情况，后周还不足以攻下北汉，而且，北汉的背后还有虎视眈眈的辽朝。即便如此，柴荣认为围攻太原已经起到了警示作用，几年之内，北汉和契丹将不敢再轻易南下，便下令停战回朝。

回师后，赵匡胤因在这次战役中的优秀表现，被柴荣任命为殿前都虞候。

在此之前，朝廷的能将勇士大多在地方节镇。但在柴荣整顿之下，兵力外强内弱的局面逐渐扭转，禁军逐渐比地方节镇兵强大。

后周时期，禁军分殿前司和侍卫亲军司，这个设置一直沿用到宋初。其中殿前司最高长官称殿前司都点检，下置殿前司都指挥使。赵匡胤此时已经成为柴荣的亲信将领，出任殿前司都虞候，为殿前司统领官之一。当然，属于赵匡胤的荣誉还远远没有结束，柴荣正行进在"十年开拓天下"的宏伟目标之下，而当时的赵匡胤又何尝不自豪能跟着这样的明君开疆拓土。

任何时候，一个国家的发展壮大都需要金钱，柴荣把目光投向了富饶的淮南。

显德三年（956 年）春，赵匡胤随后周世宗柴荣征伐淮南，他的领兵才能又一次发挥得淋漓尽致。

首战涂山，赵匡胤仅率一百人，直击南唐阵地，引南唐军倾巢而出。

赵匡胤一路北行，南唐军以为他胆小潜逃，在后面追得不亦乐乎。

这也不能怪南唐军大意，这时候的赵匡胤虽在之前和北汉的战争中表现出色，但还没有成为那个时代最顶尖的名将。而南唐军本身也是东方一霸，轻易没人敢捋其虎须。后周将领能力不济匆忙溃逃，在南唐军看来是非常正常的现象。但等他们追到涡口（今安徽省怀远县），当埋伏在此的后周军忽然出现时，南唐军目瞪口呆，这剧本走势完全不对呀。

这一仗，赵匡胤大胜，斩杀南唐大将何廷锡，缴获几十艘战船。

随后在清流关（今安徽省滁州市西郊关山中段），号称有十五万人的南唐军正面对上柴荣的先锋。两军互搏时，赵匡胤出其不意地从南唐军队后面杀出来。南唐军大惊，最后领兵的皇甫晖和姚凤败走，退入滁州城内。

皇甫晖亦是五代名将，经历后唐、后晋几朝，与契丹几番交手，后晋被契丹灭后，皇甫晖投奔南唐，任奉化军节度使。眼见后周军队士气冲天，皇甫晖下令斩断城外护城河上的索桥，坚守滁州城。在地势上，南唐守军占据上风。但一条护城河挡不住赵匡胤的去路，他带兵策马渡河，直冲滁州城而来，领兵翻墙而上，势如破竹，逼得皇甫晖不得不出城迎战。两军摆开阵势，皇甫晖神色凝重，赵匡胤淡定从容，两员大将，各为其主，在战场上相遇。最终赵匡胤一刀斩伤皇甫晖，南唐军大败，姚凤被活捉。

爱惜人才的柴荣后来见了一代名将皇甫晖，皇甫晖有气无力地对柴荣表示，他累了要坐一会儿，不等柴荣开口又说要躺下，然后这位名将就真躺下了。满身挂彩的皇甫晖跟柴荣感叹：“这场仗我一点没有偷懒放水，实在是你这边的战士太勇猛。以前跟契丹打了那么多回合，我也算是见识过雄兵猛将的人，但你的军队比契丹还厉害。”

与皇甫晖交战的队伍，正是赵匡胤带出来的，而皇甫晖这句话，大概是一代名将对另一个名将最大的褒奖吧。

说完这话没多久，皇甫晖因重伤不治离世。而年轻的赵匡胤又在六合打败了南唐齐王李景达，斩杀南唐军万余人，随即被提拔为殿前都指挥使，加授定国军节度使，正式踏入后周封疆大吏的行列。

赵匡胤知道柴荣的心结，寿州作为南唐北方门户，一直久攻不下，被柴荣视为眼中钉。转眼到第二年春天，柴荣二征淮南。已经做了充分准备的赵匡胤，接连攻克数地，乘势攻下寿州。赵匡胤被封为滑州义成军节度使、检校太保，仍担任殿前都指挥使。

同年冬，柴荣三征淮南，赵匡胤被委任为前锋，目标是寿州之后的濠州、泗州。

寒风瑟瑟，碧水汹汹。

柴荣遥望着南唐在十八里滩的营寨，考虑用骆驼摆渡军队，大家则围着地图开始具体部署。

赵匡胤说："陛下且慢，让我试试。"说完，他出帐上马，一马当先，单骑渡河。

见赵匡胤身先士卒，骑兵们有样学样，也紧随其后蹚水前进，军寨里的南唐军看得一愣一愣的，终被后周军大败。

赵匡胤的骁勇成为传奇，直叫南唐军闻风丧胆。随后他又用缴获的南唐战舰乘胜攻打泗州，泗州连反抗都忘了，直接投降。

此时，南唐军总指挥陈承昭在清口驻军。赵匡胤便夜渡前往清口，趁南唐军睡意正浓、毫无防备之时发起进攻，擒获南唐节度使陈承昭，献给柴荣，而后攻下楚州。南唐军吓破了胆，烧毁扬州城，逃往长江南岸。至此淮南平定，长江以北诸城尽入后周之囊。

南唐怕极了后周，心想万一后周南下，那他们是乖乖投降，还是被痛打一顿之后再乖乖投降呢？南唐想都不敢想，赶紧找后周求和，已经被后周打下来的江北就不提了，都割让给后周，但求后周不要再往南打了。而且一转头，南唐又秘密派人给赵匡胤送了三千两白银。

如今的赵匡胤已经不是一年前不被南唐人放在眼里的小将了，南唐使节热络地和赵匡胤说："一点小意思，赵将军只管收下。吾南唐君主非常感激将军您厚爱南唐百姓，在战场上没有赶尽杀绝，保住了南唐社稷。"

赵匡胤心说奇怪，这以前也没来往过，忽然这么热情，非奸即盗。他没有上当，当即将银两上缴，并把事情始末原原本本地上报了。

南唐那头，转头找人密报给柴荣："陛下，赵匡胤收受了贿赂，是对后周有异心的人哪。"

南唐的算盘打得很响：赵匡胤太能打了，是柴荣手里的长剑，柴荣有了他，如虎添翼，若把赵匡胤拔了，一来断了柴荣身边的助力，二来报了南唐这次失败之仇，三来没准引得柴荣对其他人也生出猜忌来，那就是一本万利的好事了。

柴荣不是糊涂人，左右一辨，就知道真相如何。他甚是欣慰赵匡胤的忠心和为人，在显德五年（958 年），封赵匡胤为忠武军节度使。

这场历史上有名的挑拨离间，以失败收场。

显德六年（959 年）四月，柴荣决定北伐，水陆齐发，仅四十二天，连收三关三州，共十七县。这次出师，赵匡胤就担任水陆两军中水军的老大——水陆都部署。而时任禁军一把手殿前都点检的张永德，是周太祖郭威的女婿。侍卫亲军司的一把手李重进，是郭威的外甥。这两个人和郭威都沾亲带故，手握重权。柴荣以养子身份继位，虽然他同时还是郭威妻兄的儿子，是郭威之侄，可是张永德和李重进并不觉得柴荣跟郭威的关系就比自己亲，因此二人心底里其实很不服气拜柴荣为主，早想取而代之。毕竟大家本来就在一个水平线上，都不是郭威的亲儿子。而张永德和李重进两个人之间也相互看不顺眼，于是神奇的一幕发生了。

在柴荣行军打仗的路上，他从各地送来的文书中摸到一块三尺多长的木板，上面写着"点检作天子"。

古时候做皇帝讲究顺应天命，像从河道中挖出写了字的石碑、民间传诵的一些民谣等，暗示某些人是天命之选的手法，层出不穷。

“点检作天子”这块牌子，到底是张永德自己有想法在外面宣传的“天命”，却不慎搞到了柴荣面前，还是李重进暗算张永德的小动作，抑或是赵匡胤借力打力铲除竞争对手的办法，就不得而知了。

但赵匡胤捡了个漏却是事实。

柴荣当时已经重病，回到京城第一件事，就是立刻把张永德从殿前都点检的位子上撤下来，换上自己一手提拔起来的赵匡胤。

同年六月，柴荣驾崩，柴宗训继位，马上命李重进出任淮南节度使、检校太尉兼侍中。以小皇帝的阅历，不太可能想到要夺了李重进的中央兵权，改到地方上任，这应该是柴荣临终前的安排。

自此，京中手握兵权的人以赵匡胤资历最老。

小皇帝母子夜夜难眠，“点检作天子”的传闻犹在耳边，也许想要帝位的不是前任点检张永德，而是现任点检赵匡胤呢？

连赵匡胤的亲弟弟赵光义都忍不住问赵匡胤：“兄长，你就一点想法都没有？”

赵匡胤的目光投向了远方。

小皇帝母子最终选择先下手为强，用了处理李重进的方式，命赵匡胤去做宋州（今河南省商丘市）归德军节度使、检校太尉，明升暗降。

圣旨送到将军府。

第一个不甘心的是弟弟赵光义：“难道我们就顺了小皇帝的意？”

赵匡胤反问：“那做官能做到太尉这位置，还有什么可求的呢？”

太尉位列三公，是至高无上的荣耀，三叩谢恩之后，赵匡胤干脆地交出了京中兵权，极为配合。

小皇帝母子松了口气，终于可以安心。但历史的车轮，则在他们看不见的地方悄悄地转了个弯。

显德七年（960 年），契丹和北汉出兵夹击中原。范质等人收到镇、定两州送来的急报，几个人仓促之间要求赵匡胤率兵御敌。

当天，大军离开京城，北上数十里，夜驻陈桥驿（今河南封丘东南陈桥镇）。士兵们交头接耳，先前沸沸扬扬的“点检作天子”又被提起，还不断有人表示当今天子年幼，只有换一个合适的天子才能跟着他北征破敌。

这是在中国历史上极具转折意义的一夜，留下的笔墨却轻描淡写。《宋史·赵普传》描述：“太祖北征至陈桥，被酒卧帐中，众军推戴，普与太宗排闼入告。太祖欠伸徐起，而众军擐甲露刃，喧拥麾下。”

赵匡胤这夜醉酒，早早歇在营帐中，突然众多的将士拥过来，谋臣赵普和赵光义推门而入，急急忙忙告诉赵匡胤：众将士要拥立您当皇帝！赵匡胤伸着懒腰，打着哈欠，慢悠悠起来，身披铠甲的众将士露出刀剑，闹闹嚷嚷地把他簇拥到军旗下，然后给他披上了代表着帝王的黄袍……

赵匡胤当时的心境到底如何，无人可知，但后周太祖郭威、世宗柴荣对他恩宠有加，却是不争的事实。这一刻，不论是有感而发，还是惺惺作态，赵匡胤都必须表明自己的态度。他无奈地对众人表示：“是你们贪图富贵，把黄袍披在我身上，若接下去我说什么你们都听从，我就同意做天子，否则，我决不做你们的天子。”

众将应从。

事情发展到这一步，赵匡胤势必要回京给予他恩宠的后周一个交代，他下令：“回京城后，对周太后和小皇帝不得惊犯，对周的公卿不得侵凌，对周的府库不得侵略，服从命令的人有赏，违令者诛杀！”

众将应诺。

于是，刚刚才离开京城的队伍，转头又往回走。

实际上，这时候的京城已经做好了准备。因为在赵匡胤交出军权时，接管京城禁军的将领都是其心腹，侍卫亲军马步都指挥使石守信是赵匡胤的拜把子兄弟，侍卫马军都指挥使高怀德是赵匡胤的妹夫。

若说赵匡胤对“黄袍加身”这一件事一无所知、毫无准备，为何在交出大权时，做出这样的布局？

可以说，在柴氏母子以为可以安心的时候，暗处的布局早已到位，只差陈桥兵变这样一个充满戏剧性又有仪式感的转折点。

也许，在柴荣在世的时候，赵匡胤并没有这般野心。柴荣正在壮年，文韬武略，国家正向着越来越强大的方向发展。赵匡胤跟随柴荣，南征北战，亲眼亲耳领略柴荣如何一步步实现雄心壮志。若柴荣不是在征途中暴病，又见到了“点检作天子”的木牌，把京中要员罢免的罢免、改任的改任，将赵匡胤放到了权力的中心，原本忠心耿耿的赵匡胤，定然会毫不犹豫继续跟随柴荣，愿做其最锋利的一把剑。

又也许，不是赵匡胤上位，也会有其他武将上位。一个才七岁的小皇帝，一个弱肉强食的乱世，上天不会那么仁慈，让这个孩子顺利地长大。赵匡胤深深地明白这一点，其他手握重兵的节度使亦然，应该让不适合的人下去，让一个有能力、有决断的继承者来继续柴荣的雄心壮志！

十年开拓天下、十年养百姓、十年致太平！

那些个征战南北的夜晚，赵匡胤何尝没有默念过这句话！

故而，当弟弟赵光义问他对皇位有没有想法的时候，赵匡胤把目光投向了远方。

皇位呀，他的使命和抱负远不止于此！

显德七年（960年）元月，赵匡胤领兵北上，去而复返。

黑压压的兵马，踏着雪花近了，禁军将领石守信、王审琦等人二话不说打开城门。

当时在开封的后周禁军将领中，只有侍卫亲军马步军副都指挥使韩通想率兵抵抗。这韩通就是当初柴荣北伐，水陆齐发中负责陆军的带兵大将。结果韩通没能成事，还被追杀到家里，一家老小一并被杀。一点小小的波折，改变不了历史的大方向，赵匡胤后来追封韩通为中书令。但此时此刻，赵匡胤没做多少停留，立刻去拜见宰相范质。

范质正在吃饭，忽然，赵匡胤同另外两位大臣王溥、魏仁浦一同进来。

范质筷子还没放下，赵匡胤就哭了：“老范呐……”

赵匡胤虽然武将出身，但文化水平极高，三言两语就把情况说明白了，只围绕一个中心思想：“我这一路都被诸将士拔刀‘逼迫’才勉强同意做这个天子。”话音刚落，随他一起来的将士们，便齐刷刷地把刀剑亮了出来。

好家伙！

范质一点没有犹豫，马上起身和王溥、魏仁浦一起对赵匡胤拜了下去，行的是为臣之礼：“陛下您别这么说，诸位将士尊您为天子，老臣也是这么想的。”

“老范呐，你这话说的……”赵匡胤没有不好意思，而是挺直腰背，坦然受之。

一言一跪之间，这后周的皇宫姓了赵，这后周的文臣武将也姓了赵。

雪静悄悄地飘着，什么都没有改变，又什么都变了。

后周小皇帝母子知道，他们唯一能做的就是禅让，赶紧把那还没有在手里焐热的权力交到它新的主人手里去。

翰林承旨陶谷早有准备，从袍袖中拿出小皇帝柴宗训的禅位书，宣徽使引导一身戎装的赵匡胤到了殿前庭里。赵匡胤对北面下拜接受禅位后，换上帝王的衣冠，登上最高的宝座。

有史以来，哪一次的朝代变更，不是踩着千万白骨，不是经历过血雨腥风？但这一次，形势逼人，柴荣早逝，新主年幼，赵匡胤在最合适的时机站在最合适的位置，顺势上位，没有任何波折，一场权力的交割就完成了，一个新的王朝在中原诞生，这在历史上罕见，似乎每一步都经过了精心测算，完美至极！

又或者，流血不是没有发生，而是还未到来，在穿上帝王衣冠的刹那，赵匡胤忽然有了这样的预感，而他尽可能地给了每一个人妥善的安排，给了每一股势力下脚的台阶。作为帝王，他担得起后世“宽厚”二字的评价。

后周结束，新的国家诞生，国号大宋。

“宋”字取自赵匡胤登基前担任归德军节度使驻扎的宋州。

新君登基，宽厚仁慈，封柴宗训为郑王，尊柴宗训的母亲为周太后，迁往房州(今湖北省房县)。前面逼迫赵匡胤的将士们都成了功绩卓越的功臣，加官晋爵。原来后周的班底不动，宰相范质、王溥、魏仁浦全部留任。在重武轻文的大环境下，这几个老文臣又没有巨大的建国功业，自然就不好意思在赵匡胤面前坐下。《宋史·范质传》记载，范质主动把要上禀的事写在奏章上递交赵匡胤，赵匡胤认为甚好。至此，结束了宰相与天子坐而论道的传统。

至于老百姓，生活没有改变，日子一样继续，和谁做皇帝又有什么关系呢?

第二章

杯酒释兵权——宋初体制大完善

赵匡胤在京城登基的消息一传出来，立刻就有人不服气了。

谁呢？当初被柴荣调离的那些老资历呀！

原本郭威立养子柴荣继位，这些大将就内心不平，都是跟过郭威的老人，论资历，论关系，谁都不比谁差，谁也不是谁祖宗。等到柴荣病重驾崩，小皇帝上位，这些人就在暗地里磨刀霍霍，准备找准时机上位。哪想到，被赵匡胤这个他们都看不上眼的小辈给抢了先机！

第一个不答应的人，是昭义（今山西省长治市）军节度使李筠。

李筠这个人可不一般，骑射之名远近皆知。《宋史》有传，李筠是并州（今山西省太原市）人，后唐时期，秦王李从荣招募勇士，李筠带着弓箭来报名。这张弓“弓力及百斤”，军营中没人可以拉开，李筠却能轻轻松松拉满。李从荣对其产生了兴趣，叫其射箭，李筠每射必中，箭无虚发。后唐覆灭后，李筠投靠后汉。时任后汉大将军郭威出镇大名府（今河北省大名县），郭威颇为欣赏李筠，保举他为先锋指挥使。李筠从此铁了心跟随郭威。郭威建立后周，依照功绩封赏跟随自己的将领，李筠是其中的重要一员，拜昭义节度使。可以说，李筠是郭威的左膀右臂时，赵匡胤还只是个名不见经传的小军官。

柴荣即位后，赵匡胤开始了开挂的晋升之路，李筠也不落其后，屡有战功和封赏。在“陈桥兵变”之前，李筠和赵匡胤都是后周节度使，职位上并无高低，但不论资历还是战功，李筠都比赵匡胤更拿得出手。

可以料想，在赵匡胤登基的时候，心里已然有了一张不服他的排行榜，而李筠必是榜上之人。

对于这张榜单上的人，赵匡胤有着不同的应对方式，根本的出发点就是不流血不动刀地解决问题。

对于李筠，赵匡胤采用的是笼络之策。他刚一登基，就给李筠下发了加官晋爵的诏书，并遣专使告知其改朝换代之事，以示尊重。

李筠是个暴脾气，当场就要拒绝，“好个赵匡胤，你以为你谋权篡位的事，光给这么点封赏就能盖过去了？我呸！”

手下们一看，“哎呀，我的大人呐，您就是有这个心也不能在专使面前说出来呀，这不是给姓赵的出兵找理由吗？”

大伙儿死命地劝：“大人，我们不急于一时，我们从长计议，我们慢慢来！”

李筠这才勉强接受了加官晋爵。

专使把诏书双手奉上，内心郁闷得很：“陛下呀，您看看，给他升官还要求着他呢。”

专使完成了任务，转头就要回去复命，要不是这帮人盛情邀请，他都不大乐意留下来吃后面的宴席。结果，李筠这家伙又在宴席上把后周太祖郭威的画像拿出来，奉挂在墙壁上，对着画像哭泣不止。

专使目瞪口呆，赶紧把这事在心里记一笔，回去得告诉陛下。

李筠的手下们也被吓得不轻，上去扶李筠的扶李筠，遮画像的遮画像，还有人到专使身边使劲儿说好话：“我们大人这是喝多了，完全不知道自己在做什么。”

但很显然，李筠此举意在告诉赵匡胤，他的内心忠于后周，看不起赵匡胤那种逼人禅位的不仁不义之举。

李筠对郭威画像哭泣的事，赵匡胤知道了，其他人自然也知道了。北汉睿宗刘钧当即给李筠抛去橄榄枝，两个人合计一番，就要联合伐宋。

这北汉睿宗刘钧又是何许人也？让我们摊开当时的地图来看一眼，除开中原地区的大宋，周围还有好几个颜色不同的政权，它们一个一个的都有自己的皇帝。其中有一块地盘位于大宋北面，以晋阳（今山西省太原市）为都城，占十二州，东、南、西三面均为大宋包围，北接辽朝，这就是北汉。

赵匡胤登基之后，可能比前任小皇帝还要睡得不安稳。旧的混乱没有结束，新的难题和挑战已然开始。在五代十国的大版图上，大宋只是替代后周出现在那块区域的新名字，而它周围还有很多强有力的地方割据政权，后蜀、南汉、南唐、吴越、北汉……四周是强敌虎视眈眈，内部有后周的老臣蠢蠢欲动。如不能解决这两个问题，大宋也不过是另一个转瞬即逝的朝代而已。

李筠不服气，好！

赵匡胤果断决定，枪打出头鸟，对于第一个不服气的，尤其要重重地揍。他派遣大将石守信和慕容延钊，兵分两路夹击李筠。慕容延钊首战即获大捷，斩获李筠的士兵三千人。

随即，宋太祖赵匡胤御驾亲征。军队进入太行山，道路狭窄，山石无数。赵匡胤二话不说，下马亲自搬开石头。一句话不说，胜过千言万语，士兵们以帝王为榜样，行动有序，很快搬光石块，道路畅通无阻，大军继续疾行。

赵匡胤同西路石守信、东路慕容延钊在泽州（今山西省晋城市）城外会师。李筠手下大将先后投降，李筠坚守泽州。赵匡胤亲自督战，士兵们士气大增。

后来的结局大家都知道了，泽州城破，李筠自焚而死。而李筠之子李守节，因为脑子清楚，当初曾经劝过李筠不要造反，并未被牵连，赵匡胤反而封其为团练使。

一家父子，有赏有罚，足见赵匡胤的气度和驭臣之道。

从李筠四月起兵，到六月兵败，赵匡胤只用了两个月就解决了李筠这个麻烦。但一个麻烦解决，另一个麻烦却来了。

前面提过，李筠在收到赵匡胤对其加官晋爵的奖励时，对着后周太祖郭威的画像不住地哭。后来，他和北汉勾勾搭搭，还真的和北汉在太平驿会了个师。但在北汉要招募册封李筠时，李筠却以其“深受后周的恩惠，不能辜负后周”为理由拒绝了。不管是真情还是假意，李筠多次表达对后周的忠心感怀，最后自焚赴死，令当世许多人觉得这是一个忠义之人，其死可谓悲壮至极。

赵匡胤就这样被推到了风口浪尖。说到底，连同赵匡胤自己，大宋之人，从上到下，从文到武，不都曾经是后周的臣子吗？一个后周的臣子得到了后周的天下，悠悠之口要如何评说？就算是跟着他的人里面，又有多少并没有放下对后周的情感，那还谈什么效忠于宋呢？一个人心不聚的国家是无法长久的，更何况藩镇局面从唐末以来长期存在，如今各个地方节度使大多是后周委任，若无作为，说不定宋朝很快就会走上后汉、后周的老路。

赵匡胤苦思对策，但不等他有答案，另一个不服起兵的人出现了。他就是被后周世宗柴荣忌惮，小皇帝一登基就被夺了兵权、派去地方的淮南节度使李重进。

和一开始就对李筠加官晋爵欲图收拢不同，赵匡胤对李重进是早有提防，上位之后，他立刻下诏李重进调岗换人！

赵匡胤命令韩令坤接替李重进的位置，将李重进移镇至青州。李重进怎么可能听话，当即拒绝调动，反手联系另一头的李筠，想两个人一起起兵反对赵匡胤。听起来这个计策很好，如果两股势力一起出兵，再加上两个人各自在后周时期的声望，一南一北，夹击赵匡胤，说不定还真能叫他俩成事。

李重进派自己的幕僚翟守珣去找李筠。翟守珣跟随李重进多年，对李重进的性格为人有精准的把握。李重进这个人比较天真，做事不够果敢，容易被左右意见影响，并没有做帝王的能力。这一点，后周太祖郭威也很早就看出来了，所以继承人没有选李重进，而选了柴荣。李重进是郭威长姐之子，从血缘关系上来说，比郭威妻兄之子柴荣更近。郭威知道李重进不光能力不行，性格也不行，在立柴荣为继承人时，郭威就让李重进对柴荣行礼，做明了君臣之别，断了他的念想。

如今，李重进的不服气被赵匡胤又一次激了起来。他在内心骂了一大群人，跪了柴荣也就罢了，没想到柴荣这么短命，要是他舅舅郭威有点远见就该在当初把位置传给自己这个长命的人，反正他李重进不跪赵匡胤。

翟守珣知道劝不住李重进，领了找李筠合作的差事，离开扬州，转头就到京城跟赵匡胤告了个密。赵匡胤重赏翟守珣，嘱他回去拖住李重进，以免李重进与李筠合谋夹击，赵匡胤自己则亲自带兵镇压李筠。

翟守珣回来就对李重进进言："李筠这个人能力不行啊，依我看，咱们跟他合作成不了事。"

李重进耳根软，没主见，听了属下的话，错失了两军合击的良机。

赵匡胤为了稳住李重进，在攻打李筠的时候，还派人给李重进送去了"丹书铁券"，以表达自己对李重进的倚重和尊敬。丹书铁券，用我们通俗一点的说法就是免死金牌。按理走到这一步，李重进还有生机，只要他老老实实听朝堂的安排，不乱有想法和动作。可惜李重进这个人，优柔寡断之余，不断在自己作死的路上走着。前天收到丹书铁券很乐呵，后来听见李筠战败，又内心难安，觉着与其等赵匡胤来杀他，不如自己先下手为强。

李重进的反射弧真的够长，李筠六月兵败，他九月才起兵，号称要光复后周。同时，李重进向南唐求援。南唐当初就被身为柴荣部下的赵匡胤打得满头包，现在哪里敢出头，立刻装作没听见。

十月，赵匡胤亲自南下，大将石守信、王审琦、李处耘等随帝出征平叛。十一月，宋军到达扬州城下，即日破城。李重进眼看宋军源源不断向自己涌来，放了一把大火，先将妻儿投入大火，而后高呼着“我有愧于周太祖之恩也”自焚而死。

赵匡胤接连平定二李造反，宋军气势大涨，对大宋新政权的忠心大增，周围的割据势力一时不敢妄动，这一切既离不开赵匡胤的果敢谋略，也离不开一个对赵匡胤走上帝王路非常重要的谋臣，他就是“陈桥兵变”的重要参与者，进言劝赵匡胤亲自出征对付李筠和李重进的谋臣——赵普。

赵普（922年—992年），也许并不如北宋其他的名家如范仲淹、王安石、司马光那般天下皆知，但接触中华文化的人大多都听过“半部《论语》治天下”这句话。历朝历代君王都尊孔圣人，奉读《论语》，成为其“礼义仁智信忠孝恕悌廉勤”思想的追随者。而靠这半部《论语》便可把天下治理得扎扎实实、井井有条的人便是赵普。

赵普，字则平，出生在五代十国第一个王朝后梁，经历后梁、后唐、后晋、后汉、后周乱世，前后辅佐宋太祖赵匡胤、宋太宗赵光义两位帝王，三次拜相，可谓大宋第一国士。

第一次有出处可查的是他的为官记录，发生在后汉。赵普当时在陇州（今陕西省陇县）担任巡官，一个地方小衙门的官员。后来，郭威建立后周，赵普在永兴军节度使刘词身边担任官职。那时候他还没有崭露头角，已经过了而立之年，对比后来的作为，真可谓大器晚成的典范。而赵普的发迹则从这位刘节度使的过世开始。刘词在生前最后一次上表书中举荐了赵普，称他为不可多得的人才。可惜没有打动朝廷，任何委任都没有给赵普。那时候，刘词已过世，就等于赵普工作的分公司已经倒闭了，总公司又不给工作，赵普失业了，没办法，他只得去乡下村里做个教书匠糊口。

后周世宗柴荣继位，用兵淮上，赵匡胤攻打南唐滁州。当时的宰相范质听闻赵普这个教书匠不错，为人公正机智，很多地方上断不清楚的事，交给他都能有很好地处理。于是，范质举荐赵普在赵匡胤幕府中担任军事判官，也就是处理地方上杂事的一个职位，官衔看着不大，却起着不小的作用。赵普的地方治理能力很强，给赵匡胤提供了安稳的大后方，赵匡胤才能一门心思以滁州为据点，参与淮南战场的拉锯战。

这一文一武，一个名垂青史的大宋开国帝王，一个翻阅历史永远都绕不过的名相，就这样开始了第一次合作。

赵普也正如范质听闻的那样，公正无私，机智能干。当时，滁州抓获了强盗百余人，按照惯例，应该要一律斩杀，以绝后患。但赵普怀疑里面有无辜的人，启禀赵匡胤重新审查。赵匡胤亲自逐一审讯，果然发现里面有许多人都是良民。这一次，挽回了一百多人的生命，也让赵匡胤在地方上深得百姓爱戴。乱世之时，滥杀无辜的人太多了，能保持清醒、保护子民的人却是少之又少。

赵普助赵匡胤在地方上的声誉提升，同时也把赵匡胤的家里照顾的很到位。当时赵匡胤是武将，一年到头都在外面出生入死，家里的弟弟们也都跟着兄长在外搏杀、建功立业。赵家的老将军、赵匡胤的父亲赵弘殷身体每况愈下，在滁州病重，赵普亲奉汤药，像对待自己的父亲那样，衣不解带地照顾赵弘殷。赵弘殷老将军非常动容，两个人又是同姓，遂将赵普认作宗亲，自此亲如一家。虽然最后赵弘殷还是过世了，赵匡胤却一直都非常感激赵普。

淮南战事之后，赵普调任，去补渭州军事判官的缺。等赵匡胤担任同州节度使时，他把赵普调到身边担任推官。赵普正式成为赵匡胤的幕僚，之后赵匡胤不论在何处任职或者出征，赵普都在他左右，出谋划策，忠贞不贰。

后周世宗柴荣驾崩，小皇帝继位调赵匡胤为归德军节度使，赵普升为节度掌书记，成为赵匡胤身边的谋臣之首。而后，陈桥兵变成功，赵普封归德军谏议大夫、枢密直学士。出征二李，宋军全胜，赵普升兵部侍郎、任枢密副使之职。枢密使的地位自唐末起越来越高，到柴荣改革，将调兵遣将之权交给枢密使，已集军政大权于一身。赵普虽然没有范质等的宰相职位，但拥有调动兵马的实权，可比宰相的实际权力大多了。短短几年，赵普从处理事务的幕僚之一，到帝王身边的首要实权者，完成了质的飞跃。

以往赵匡胤的每一个决策背后，都离不开赵普参与谋划。而如今宋朝终于初定，赵匡胤夜夜难眠的原因，赵普也心知肚明。

从后周世宗柴荣削弱地方军力，到赵匡胤重拳打击二李，李筠和李重进兵败，都不能杜绝地方藩镇节度使作乱。与此同时，追随赵匡胤起兵称帝的这些新兴将领石守信、高怀德、王审琦、张令铎等，却已一个个地成长为手握领兵大权、颇有名望的将领。他们围绕在赵匡胤身边，进出着这座赵匡胤才从后周原模原样拿来的京城，有没有想过依葫芦画瓢，走上帝王路呢？究竟要如何处理这些身边的人，才能让“黄袍加身”的事不再发生呢？

建隆元年（960 年）年末的一天，赵匡胤和赵普坐在一起。那日天光微暗，殿内刚刚掌灯，晚饭已端上几案，几个碗碟并不奢侈，仔细看里面盛着的都是家常菜，像以前他们还在幕府中促膝长谈的时候一样。在缓缓亮起的灯光下，君臣二人相对而坐。宫人已悄然退下，关上门扉。

赵普与平常闲话一样，问起陛下对身边几员大将的看法，隐隐是要提醒什么的样子，只是那话没有说出来。

赵匡胤面上似乎明白赵普所指，说：“他们哪，都是跟我一路打过来的老部下，我对他们很厚道，应该不会辜负我吧？”

赵普一句话就把赵匡胤噎了回去：“你当初也忠诚于后周世宗柴荣，后来怎么黄袍加身了呢？”

赵普话说得直，心却赤红：“我的陛下呀，几个前车之鉴和一些就算没发生也显而易见的情况，就摆在眼前哪！”

后汉太祖郭威待李重进也不薄，可如果不是世宗柴荣能力够强，手腕够硬，换任何一个人登基，李重进多半都会起兵自己做皇帝吧，到时候他的口号就不是“光复后周”，而是“我才是郭威的嫡亲外甥，理应继承大统”了。至于如今的石守信等人，他们自然是忠于赵匡胤的，就好像赵匡胤忠诚于后周世宗柴荣一样。然而，时局瞬息万变，谁也不能保证他们的部下对赵匡胤也有同等的忠心，万一这些部下有了异心，给谁也来一个“黄袍加身”怎么办呢？毕竟这事郭威遇到过，赵匡胤也遇到过呀。

这一番话，最终触动了赵匡胤，他并非没有这番顾虑，只是没有表现出来。由此可见，赵普不光思虑深远，也很抓得住帝王内心真正的东西。

《资治通鉴》记录，赵匡胤在听了赵普的话后，没再回避。他问赵普：“从唐末以来，不长的数十年时间，各朝的帝王之姓却换了有八个之多，战争不停不息，这是为什么呢？我想要从此平息天下的兵乱，建设一个长久的国家，有什么好的办法吗？”

赵普精通治道，对这些问题也早有所考虑，听了宋太祖的发问，他回答说：“陛下您能有这样的发问，是天地人神的福分。这个问题的关键原因并不是别的，就在于藩镇权力太重，君弱臣强罢了。今天我们要解决这个问题，唯有削夺其权力，限制其钱粮，收走其兵马，如此，天下自然就会安定了。而石守信、王审琦等陛下的老部下，各负责禁卫军……”

赵普的话还没说完，宋太祖就打断了他，其意不言而喻。赵匡胤说：“其他你不用再讲，朕都已经明白了。”

一场惊天动地的变革即将开始，而变革的起点，是这样一个看似平常的隆冬傍晚，窗外白雪皑皑，预示春天就在不久的将来。

宋朝在初期沿用了后周的军事组织架构，在禁军中，权位最高的是殿前都点检和侍卫亲军马步军都指挥使。登基之初，赵匡胤对追随自己的武将论功行赏，石守信、王审琦等都有提拔。但因殿前都点检和侍卫亲军马步军都指挥使地位最高，而石、王等人资历尚浅，直接提拔恐军中其他人多有不服，引发动荡，故而交由更有资历的慕容延钊和韩令坤担任。因这两个人并没有参与陈桥兵变，虽然他俩是掌握军事大权的人物，但实际上军队已被赵匡胤亲信嫡部划分掌握。

修剪树木，讲究手法，不能次枝没动，就先去主干。赵匡胤明白其中的道理，逐步收回军权，也要有先后主次。

次年三月，先是慕容延钊和韩令坤被罢黜，慕容延钊任山南东道节度使、西南面兵马都部署，韩令坤任成德军节度使、北面缘边兵马都部署。没错，两个人明升暗降，实际是外放到地方去了。而禁卫军空出的职位，就此取消。

紧接着，同年七月，赵匡胤在下朝后，将石守信、高怀德、王审琦、张令铎等将领留下来，设宴款待。以往这样的君臣同饮经常发生，谁也没觉得有什么不同寻常，宴席上，彼此推杯换盏，阔论古今，时不时传来笑声。

酒过三巡，赵匡胤放下酒杯，忽而发出感叹："若不是有你们几人，我绝对是当不了如今这皇帝的，在我内心里，始终深深地记得你们的功劳。然而，我现在觉得做天子真不容易，远没有以前做节度使的时候快乐。你们一定不知道，其实我自坐上皇位，时常整夜无法入睡。"

石守信等人大惊失色，并不知道赵匡胤为什么会由此诉苦，同时又忍不住疑惑，纷纷也放下酒杯，问赵匡胤："如今天下安定，谁敢有二心，我们兄弟就将之铲除。陛下还有什么顾虑，这么感叹呢？"

赵匡胤无奈摇头，久久无法开口，良久，他才说："这世上，但凡是人，谁不喜欢荣华富贵？谁又不想问鼎皇位，做天下的君主？回头有人再在你们身上重演黄袍加身，就算你们自己不想做天子，又如何能有办法从中脱身呢？"

众将惶恐，眼前的桌案犹如架在身上的大刀，杯中香气扑鼻的琼酿，像是彼此身体里洒出的鲜血，原来让帝王无法安睡的恰恰是他们这些身边人。几人纷纷跪下告罪："都是我等太过愚钝，完全不知道陛下的烦恼。恳请陛下不要怪罪，给我们指一条明路，让我们知道怎么做。"

赵匡胤看着这些跟随自己久经沙场、患难与共的部将，内心不可抑制地有着对彼此多年生死与共的不舍，又有着无法释怀的猜忌和必须先下手为强的狠厉。他缓缓地说："你们看，其实人生在世，好像骏马掠过门扉间的细缝，转瞬就没有了。不如你等今后多攒金银，买好田产房屋留给后代，好好享受着荣华富贵，不问其他。我们君臣之间应该就不会有什么猜疑了，你们说好不好哇？"

在短暂的怔愣后，石守信等人顿悟了——皇上都把话说到这份儿上，再不懂事，那被打屁股是小，被杀头就是大了呀！

酒宴次日，几个人便不约而同上书，自表身体不好，乞求能解除他们的兵权。

赵匡胤逐一给予准允，罢去诸人禁军之位，册封为节度使，安排到地方安度晚年，几个人曾经担任过的军职，也同之前的慕容延钊和韩令坤离开时一样，不再另授他人。不久之后，赵匡胤又兑现当初与几个人联姻的诺言，把张令铎的三女儿指婚给三皇弟秦王赵光美，把嫡长女昭庆公主下嫁给王审琦之子王承衍，把二女儿延庆公主嫁给石守信之子石保吉。从此，缔结姻亲，共享荣华。

这就是历史上著名的"杯酒释兵权"。

毫无疑问，赵匡胤是仁慈的，不论是对后周太后皇帝母子，还是对这些跟随他多年的老部将，他都给予了最大限度的安顿，也成功杜绝了"黄袍加身"这类事的再次发生。事实也证明了，赵匡胤是一个英明睿智，自信决断，且极富个人魅力的帝王，在此后千年的历史里，即便已有"杯酒释兵权"的榜样在前，也再没有一个王朝的帝王能给予开国将领如此平稳华丽的退场。

手握重兵的老部下都安置了，赵匡胤重新提拔起来的都是年少、资历浅，在军中没有威望，尚未建立足够战功的年轻将领。至此，时机已经成熟，赵匡胤紧锣密鼓地开启改革。

在中央政治方面，首要改革对象是相权。

乾德二年（964年），原来从后周保留下来的昭文相范质、史馆相王溥、集贤相魏仁浦三位宰相，已完成了他们作为“稳定人心的定海神器”的历史使命。赵匡胤罢黜三人，任命赵普为门下侍郎、平章事、集贤殿大学士。

继赵普第一次拜相后，赵匡胤对相权的结构性调整又进了一步。他设立参知政事到赵普身边做副手，后来渐渐提拔参知政事与宰相于政事堂同议政事，轮班执印，在宰相缺席时，可代行宰相职务。这一个布局，进一步弱化了相权，给“以文制武”的军队改革打下了基础，也有效减少了文人中出现个别集权的情况。

同时，大宋的军队部署也被调整，禁军的一半兵力守京城，一半驻各地，内外力量相互制约。同时，要求两边的兵马定期轮调，称为“更戍法”。如此，将领很难在一个地方建立起个人的威望，也就难以率兵与皇帝对抗。另外，为了进一步削弱地方部队，赵匡胤要求挑选地方优秀的士兵充入禁军。禁军作战能力加强，但统领权拆分为三，分别为殿前司、侍卫马军司、侍卫步军司执掌，合称“三衙”，三衙下面各设都指挥使、副都指挥使、都虞候，共计九员统兵官，直接汇报军务给赵匡胤。由此，一股绳分成九小股，任何一两个人有异心，都无法撼动大局。再加上，禁军将领日常只负责对部下的领导和训练，并不能调遣兵马。调动兵马的权力在枢密院，由文官担任，这是周世宗柴荣的改革，赵匡胤继承并巩固了“以文驭武”的原则。

从结果来看，这是一场成功的变革，为后续宋朝百年基业打下了稳固坚实的基础。此后整个宋朝期间，都没有再出现军事政变或者军事强权的个体，彻底解决了五代十国时期政权多次交替的问题。

由中书门下管文，负责行政。由枢密院管武，调兵遣将。两者同任宰相之职。另外设立三司，下辖盐铁、户部、度支三部，负责全国财政管理，负责人是三司使。平章事、枢密使、三司使互不相统，各自对皇帝直接负责，加强了皇帝对政权的直接控制。

除了政治、军事体制的改革，赵匡胤还对地方治理做出调整，朝廷陆续收回节度使对地方民政、财政、司法的管理权。

开宝二年（969 年）十月，赵匡胤再一次“杯酒释兵权”，宣诸镇节度使王彦超、白重赞、武行德、杨廷璋、郭从义等人一同来京城，在皇宫后苑设宴。

推杯换盏，酒意正酣时，赵匡胤从容不迫地对众人说：“你们都是国家的老功臣，随我鞍前马后，南征北战，戎马倥偬，直到今日都还没有休养安乐。我身为皇帝，本意并不是如此，这也不是礼待贤臣之道。”

前凤翔节度使兼中书令王彦超马上领会了赵匡胤的话外音，当即离开酒桌对赵匡胤跪请辞官：“老臣一直以来功绩微弱，全依赖陛下恩宠，才能享有荣华富贵。如今老臣年事已高，恳请陛下恩准老臣告老还乡。”赵匡胤马上起身走过去，亲自扶起王彦超嘉许：“看这话说的，要论谦谦君子当然数你呀。”

然而，白重赞、武行德等人见此场景，却还不明白赵匡胤的用意，反而陈述起自己往昔的战功艰辛。又或者，几个人不是不明白，只是认为自己已退居地方，对朝廷也无二心，按照过往的传统，居一方藩镇之位又有何不可。他们几个人岁数都比赵匡胤大，资历也比赵匡胤老，甚至在赵匡胤还没在后周崭露头角时就是一方霸主了。

赵匡胤听后，语气已经淡了：“诸位说的这是前朝的事了，不值得再提。”他不欲再多纠缠，第二日便收回几个人的兵权，全部改为闲散虚职。

从此，地方治理的人员直接从朝廷派遣，也就是我们后来经常听说的地方官知州、知县。地方每年收到的赋税等经费除去必要开支，其余必须全部上缴国库，既充盈国库，又加强了中央财政的统筹安排能力。为避免地方私藏收入，朝廷又设置通判官，作为知州、知县的副手，到地方核对账簿，同时查考民情、官吏违法之事上报朝廷。两者相互牵制，弱化了地方长官的职权。为杜绝藩镇枉法杀人，要求各地死刑案件须上报朝廷，由刑部复审，另设司寇参军，掌管刑狱、纠察等事，从新科及第进士或明习经学的文人中选拔至地方担任。

这一系列改革措施，被大宋后续的继承者们誉为“百世之基”，一直延续，是三百年宋朝延续的坚实地基。它也与赵普谏言的“稍夺其权、制其钱粮、收其精兵”十二字方针完全吻合。毫无疑问，在改革的过程中，帝王和谋臣有过无数次的讨论、推演、合作。

那段时间，也是赵匡胤和赵普这对君臣的“蜜月期”。赵普常常从朝堂回到家中之后也不脱去官服，因为没过多久，门外就会出现皇帝的仪仗，赵匡胤亲自登门，与赵普把酒阔谈。每到此时，赵普的妻子亲自侍候左右，赵匡胤亲切地喊其为“嫂子”。明朝大画家刘俊以此为题材，作《雪夜访普图》，如今收藏于北京故宫博物院中，描画出了后人对那段君臣相亲时光的无限遐想。

国家对文人的需求大大增加，需要文臣率领武官，设置副官监督文臣，那么问题来了，哪儿来这么多文人可供朝堂使用?

赵匡胤早想到了这一点，他在登基的第一年就举行了科举考试。

历史上，科举制度始于隋朝，大致完备于唐朝，但是唐朝的科举还没有完全摆脱门阀遗风，盛行“公荐”制度。公荐制原本有举荐贤才的目的，有意减少只由考试成绩决定能力的问题，但最后却演变成权贵官僚徇私，明目张胆相互结交，拉帮结派，形成贵族阶层势力的途径。

那些真正要通过科举实现抱负的寒门学子，即便多方寻求贵族阶级的引荐，能最终被录取的也寥寥无几。连著名的唐朝大诗人李白，为了入朝为官，不仅给许多达官贵人写过自荐信，其第二段婚姻还是入赘到前宰相府，希望借助对方关系和财力实现自己的抱负。大才子尚且如此，更何况其他人，这往往导致学子们不好好读书，不思考治国，而光顾着走门路得到举荐，这样的人就算进入朝堂，又能给国家带来什么益处？

赵匡胤直接废止了公荐制度，并进一步改革了唐朝、五代时科场的流程，包括：确定考官人选后，断绝他们与外界的联系，避免泄题；开启了匿名试卷的先例，即在考试结束后，将试卷上的姓名、籍贯等信息糊住，直到最后统计成绩时才能拆封。

但是，这世上脑子活络的人太多了，没多久出现了通过在试卷上的字迹、痕迹、暗语作弊等舞弊手段，把赵匡胤气得在皇宫里直摔桌子。

帝王摔完桌子，科考的进一步改革出炉，从此之后，使用誊录制度。考生写完交卷之后，由专门一批人来逐一将考生的答卷誊录一遍，再递送判卷官员。

开宝六年（973 年），赵匡胤重开殿试，亲自命题主考，甄选人才，从此但凡进士及第，都为天子门生。太庙“誓碑”中，更要求子孙“不得杀士大夫及上书言事人”，之后的历代北宋皇帝都会在登基祭拜太庙时，进入太庙密室，默念这句誓词。

委文人以重任，用文人以驭兵，帝王亲选文人名士，赵匡胤为大宋定下了以文治国的基本国策，也令文人们油然生出肩负家国的使命感和忠心报国的气节，诞生了辛弃疾、文天祥等流传千古的爱国名士，是历朝历代文人中风骨最盛的一代！

第三章

南征北战十四年——欲复汉唐版图（上）

在赵匡胤大刀阔斧的改革下，大宋顺利度过了建国之初混乱的过渡期，成为一个真正意义上的中央集权制国家，其武装力量和治理权力都牢牢地被帝王抓在手中，综合国力日渐与周围政权拉开差距。赵匡胤揣摩当下局势，认为已是时机迈向下一个更宏伟的目标——让大宋成为下一个大汉、大唐一样的盛世。

当时，大宋的北面是与辽朝有着密切关系的北汉，没错，就是李筠起兵时跟他勾勾搭搭的那个北汉，南面是南唐、南汉、后蜀、吴越等国。

在赵匡胤广征意见时，时任枢密使的赵普立刻明了帝王有了统一天下的雄心。赵普向赵匡胤提出“先南后北、先易后难”的战略方针，这事实上仍是柴荣“十年开拓天下”战略的延续。赵普表示北汉虽然小，但兵强马壮，还有契丹帮忙，不如先把富庶的吴越、南唐等国吞并，充裕财力物力，再往北拿下北汉，进而从契丹人手里收复燕云十六州。

燕云十六州，在中国北方，是以幽州（今北京市）和云州（今山西省大同市）为中心的十六个州，也是当时每个人心里都打上了“屈辱”两个字的地方。后晋天福三年（938 年），后晋开国皇帝石敬瑭割让燕云十六州给契丹，自此大辽朝的版图南扩至长城沿线，而中原王朝失去了抵御游牧民族入侵的天然屏障，北方门户大开。夺回它们，不仅能使大宋版图扩大，更重要的是夺回了中原对抗北方游牧民族骚扰侵略的军事天险，彻底解决无穷的后患。

赵匡胤听完赵普的策略，笑着表示他的想法也是如此，就是考验考验赵普罢了。赵普已经习以为常了，赵匡胤考验他的事可真多得很。

有一次，赵匡胤看着城门上“明德之门”的匾额问赵普：“加个‘之’字做什么用呢？”赵普恭敬而简单地答道：“辅助之用。”言下之意，这世上已经有了帝王，还要大臣做什么用呢？只是辅助帝王治理天下之用途。

还有一次，赵普被赵匡胤问道：“天下什么最大？”毫无疑问，若一般臣子听到这问题，就顺势拍一下皇帝的马屁，答曰皇帝最大了。然而一向对帝意揣摩到位的赵普却只淡然地回答赵匡胤：“自然是道理最大。”

仔细一辨，赵普这回答真是绝。道理并不是指一个具体的事物或者人，包含了许多内容。如果皇帝不同意他的回答，要治他的罪，可不就是一个连道理都不讲的人了？而一个连道理都无法分辨的人，就算坐上了帝王之位，只怕也难以长久。赵匡胤自然不是这样不懂道理的人，听闻这个答案，他哈哈一笑，反而满意得很。

赵匡胤刚和赵普讨论了统一天下的策略，荆楚就传来了动静，君臣二人目光相触，真是刚想打瞌睡就有人递枕头。

建隆三年（962年）十月，荆楚武平军（今湖南省）节度使周行逢因重病不治亡故，其子周保权继位。孩子还小，才十一岁。

周行逢在乱世中一路披荆斩棘做到地方老大，眼力见自然不差。临死之前悄悄告诉儿子：“如果我死后，有人作乱，那一定是衡州刺史张文表，一定要多留心他。”

本来这个周行逢也是合谋搞事起家，一步步做到节度使的。张文表就是当初一起搞事情的人中的一个。

果然，这头周行逢咽气，那头张文表看平辈的兄弟挂了，自己要认兄弟家的小孩子做老大，心里尤其不平衡：“你这小儿脚底下哪一块土地不是我打下的，凭什么让我给你磕头？以前给你爹面子，让你爹做老大，现在时过境迁，这老大的位子就应该由有资历有本事的人来坐。”

张文表发动兵变，很快占领潭州（今湖南省长沙市），威逼朗州（今湖南省常德市）。周保权虽然是个小孩，倒也反应迅速，立刻修书给大宋，痛表了一番自己的忠心，请求大宋出兵救援。

赵匡胤这头没有立即回复周保权，倒是先向南平问了个好。

南平是五代十国之初，后梁时期荆南节度使高季兴建立的政权，后唐庄宗李存勖封他为南平王，因此称南平国，都城荆州，占有三州，又称荆南，实力在大宋周围几个政权里排倒数，地理位置却十分优越。南平地处南北交通要道，与湖南南北相邻，也是当时其他几个南方小国通往中原的必经之路。到大宋建立，这时的南平王位传到高保融手中，国力微弱，岌岌可危，已经与之前情况不可同日而语。

高保融时刻都担心会被大宋灭掉，向赵匡胤进贡时总是特别积极。赵匡胤拿人手短，一时也不好意思对他动手，不过统一南方几国的计划早已在宋太祖的酝酿之中，收拾他只是时间问题。不过，这个高保融也是个短命的，没过多久就死了，其弟高保勖即位，赵匡胤大手一挥，看在前任表现不错的份儿上，也封他为南平节度使。

高保勖呢，有纨绔子弟该有的一切毛病，喜好美色，大兴土木，使劲儿地折腾。一个小国哪里受得了这样的败家，百姓苦不堪言。不过两年，高保勖就在南平百姓的期许下咽气了。南平王位传回了高保融一脉，由高保融的儿子、高保勖的侄儿高继冲继承。

高继冲也真是倒霉，上位不到一个月，赵匡胤就收到湖南周保权的求援信。

南平、荆楚，两边都是新人上来，此时不动更待何时。

赵匡胤使了一招“假途灭虢”——以支援荆楚需要借道南平为由，向南平出兵。

南平直接吓尿了，还没等反应过来，乾德元年（963 年），山南东道节度使慕容延钊被赵匡胤任命为湖南道行营前军都部署，枢密副使李处耘为都监，率兵南下。

计划不如变化快，大军还未开到荆楚，张文表的叛乱就被十一岁的周保权平了。大宋的出兵，显得有些师出无名。

没关系，赵匡胤当作不知道荆楚的事解决了，大军继续南下。

很快，李处耘带领的先遣部队就到了南平，高继冲一点做地方霸主的脑子都没有，居然亲自出城迎接。李处耘让他在此稍等一会儿，宋军的老大慕容延钊一会儿就到。高继冲就照做了。于是，李处耘甩开高继冲的人马，带兵径直入都城江陵，把大大小小的要点都占领了。等高继冲傻呵呵等到慕容延钊，随慕容延钊一起进入江陵城时，南平已经不听他高继冲的了。

无奈之下，高继冲举城投降，南平亡。

宋军继续前进，周保权当然没想到，自己的一封求援信到现在还有作用，他明明已经解决了问题，赵叔叔怎么还那么热情要来荆楚?

太过热情，必定不是好事。年少的周保权倒比很多大人都脑子清楚，宋军这已经不是要来帮忙了。周保权决定备战。可惜，手下不给力，楚军知道宋军的能耐，一个个都不想打，士气低迷，节节败退。

最终，周保权被生俘，荆楚亡。

赵匡胤以一如既往的仁慈，善待高继冲和周保权。高继冲后来被封为武宁节度使，在如今江苏省徐州市一带上任，居然一改以往作风，做了很多有利地方百姓的事，过世后留葬在当地。而周保权被任命为右千牛卫上将军，后来升任右羽林统军。

大宋一举将南平、荆楚收入囊中，把旁边的后蜀好生吓了一跳，这么一来，自己的东面和北面都与大宋连在一起，随时都能被大宋揉来捏去。这下轮到后蜀之主孟昶抱着他的七宝夜壶睡不着了。

后蜀其实是在前蜀的基础上建立起来的地方政权，细说起来，这两个蜀国的历史还挺曲折。

时间回拨到晚唐时期，各地民不聊生，朝廷成了摆设，一会儿东边藩镇造反，一会儿西边藩镇起义，唐朝皇帝每天都睡不好觉，时不时被人打得要逃出皇宫。

唐光启元年（885 年），因当时的河中节度使王重荣联合河东军进犯长安，唐僖宗李儇又一次出逃了，天知道他其实才刚从黄巢起义中缓过气来，还没在长安过几天安稳日子。在逃跑的路上，敌军很不讲道理，放火点燃山中栈道，危急关头，一个叫王建的家伙带着唐僖宗冲出重围。这一下，唐僖宗活下来了，王建也开始平步青云，没多久就被唐僖宗提拔为壁州（今四川省巴中市通江县）刺史。

王建脑子灵活，胆子也大，他祖上没什么名堂，自己靠走私盐赚了点家底，结果还惹了官司。王建逃离家乡，投身军门，先拜了个太监做老大。这个太监在当时挺了不起，是忠武军的监军老大，王建做到其门下八大都头之一，好日子才过了一段时间，这个老大翘辫子了。第一次跟太监走得近，王建就赚到了，自然而然就有了第二次。没多久，王建又投到另一个太监门下，认了对方做干爹。这个太监不是别人，正是唐僖宗身边的红人田令孜。有了这层关系，王建才能跟着唐僖宗一起逃跑，进而在唐僖宗遇到危险的时候挺身而出，成了唐僖宗的救命恩人。

命运的小手一招，王建仿佛开了挂，一路做到四川的老大，加封蜀王。这时候，唐僖宗李儇已经下线，在线的是唐昭宗李晔。很不幸，唐昭宗被宣武节度使朱温所杀。朱温建立后梁自己做了老大。王建怎么可能承认他，干脆也在成都称帝，国号蜀，史称前蜀。

王建走到这一步的时候，年纪已经不小了，身后两个儿子，老大身体不好，是个废人，老二是个典型的富二代，吃喝玩乐，无一不精。两个都是烂苹果，王建犹豫来犹豫去，时间不等人，他只好在死前一咬牙选了老二接班，这就是前蜀第二任老大王衍。王衍做富二代做得太开心了，不知人间疾苦，还天天搞公费旅游搞上了瘾，这下可好，再大的家底也被他败光了。此时，中原的政权更迭到了后唐，一看四川这么个富饶地方，老大脑子又有毛病，此时不吃掉它更待何时。

后唐同光三年（925 年），后唐庄宗李存勖下令攻打前蜀，仅用时七十天，一路打到了成都，王衍也不负众望地投降了，被李存勖诛杀。不过，李存勖也没多活几天，很快就死掉了，接棒的后唐明宗李嗣源任命孟知祥为西川节度使，负责四川西部的大大小小军务。有了西部老大，自然也有东部老大，东川节度使是后唐另一员大将董璋。

孟知祥和董璋这两个人先玩了一段时间哥儿俩好，仗着四川天险齐心协力脱离了朝廷的控制，后来进入了兄弟反目阶段，展开内斗。最终，西风压倒东风，孟知祥成为蜀王，并获得后唐朝廷的正式册封。

后唐应顺元年（934 年）正月，孟知祥觉得自己实际上已经是四川的老大了，还挂着后唐小弟的名头实在没意思，决定自立门户，在成都称帝，国号为蜀，史称后蜀。大概是人活到了这份儿上再无遗憾，同年七月，孟知祥寿终正寝，皇太子孟昶继位。

孟昶这人，细说起来，也曾是个好学能文、年轻有为、立志为一方明君的人。他刚从后蜀高祖老爸孟知祥手里接棒后蜀的时候，明白自己岁数小，座位还没焐热乎，要是轻易表露本意，说不定怎么死的都不知道。

孟昶很乖觉伶俐，一边沿用父亲在位时期的所有要员，一边表示自己年轻，政事这方面，诸位叔伯经验足，有什么事你们多担待，嘿嘿嘿……

那些老臣这么一看，本来就觉得是个小孩子不足为意，你要不听话，我们就换一个听话的，现在孟昶如此听话，所以他们更不把孟昶放在眼里。

孟昶对这些将相大臣越是优待，越是纵容，这些将相大臣越是看轻孟昶，一个毛头小子，没什么可在乎的，他坐的天下都是老子们跟他爸爸打下的。如此想着，今天你夺民良田，明天我违规造大宅，后天他干点犯法的事，胆子一个赛一个的大。

孟昶冷笑，看着这帮人眼里越来越没有他这个主上，看着百姓对他们越来越痛恨。

数月后，时机成熟，孟昶忽然动手，一套组合拳将这些老臣斩杀灭族的斩杀灭族，退休贬谪的退休贬谪，对于手握文武双权的宰相张业，更是直接逮捕处死，从此故将旧臣统统被收拾干净。

孟昶正式亲政，他在朝堂上设置信箱，任何臣民都可以往里投书让他了解民情，还写下《官箴》颁布各郡县，规诫下臣们："官员们所领的俸禄，都是老百姓的血汗，百姓虽然好欺负，天理却难以容忍。"

一批地方贪污官员被处理，朝廷组织百姓发展农桑，重视教育，广建学校，后蜀一片欣欣向荣之景。

可惜，孟昶没有把明君之路走下去：他铲除佞臣，但没做到亲贤远佞，渐渐起用了一批昏庸小人；他坚持己见，好高骛远，不顾众臣反对，轻率出兵关中，最终败北，不仅有损国力，更失去了一批精兵强将；他贪恋女色，要求全国十三到二十岁的未婚女子都要入宫待选，老百姓苦不堪言；到后来，孟昶更是生活奢靡，就算后蜀富庶繁华，也经不起他如此折腾。

一般的爱折腾就算了，孟昶还在作死的路上折腾，当得知南平、荆楚被赵匡胤收入囊中之后，孟昶怕了。有时候人一怕，脑子清醒了会干对的事，但也有时候，人一害怕，脑子就糊涂，会做出越发愚蠢的事情。无疑，孟昶属于后者，他做了件最不该做的事，去和北汉眉来眼去，想和北汉南北夹击大宋。被孟昶派去北汉的人，带着用蜡丸密封的国书，一路抄小道北上，这人鬼鬼祟祟，没走多远就被人盯上了，宋国边境的官吏听到举报，将其抓获上报给朝廷。

人赃并获，赵匡胤心想，好你个孟昶！当初，李筠跟北汉卿卿我我，宋军仅用俩月就把李筠按死了，而你孟昶能挺过两个月吗？

北宋乾德二年（964 年），赵匡胤下令发兵两路攻伐后蜀：北路由王全斌、崔彦进、王仁赡等将士负责，沿嘉陵江南下；东路以刘光义、曹彬为主，溯长江西上；两路各自进发，以后蜀都城成都为会师目的地。

出发前，赵匡胤亲自在崇德殿给王全斌等人设宴饯行，特意嘱咐，大宋只要土地，其他所得一律分予参战的将士！

十一月，天寒地冻，大宋的士兵们心里却烧着火，那可是富庶的后蜀，跟着陛下不光能建功立业，还能分到战利品。

得知赵匡胤往后蜀发兵，孟昶这头也派出了他的得力之臣王绍远。

两个人打年轻时候一起骄奢荒唐，王绍远拍马能力一流，从陪孟昶玩乐起家，一步步做到孟昶身边的军国大臣。一个人没什么本事，又站到了一人之下万人之上的位置上，少不得扬扬得意，误以为自己其实是个有本事的人，自诩孔明在世。他拍着胸脯跟孟昶保证："老大，你看我的，这就去把宋人杀个片甲不留。"

孟昶又派出太子孟玄喆去镇守剑门关，孟玄喆带着香车美人、名伶乐器一起上路。沿途的后蜀老百姓都看不下去，偷偷讥笑这样的人怎么可能打赢宋军。

这时候的孟昶并不知道，赵匡胤已经命人在右掖门南、临汴水边，给他建造房屋五百余间，供帐杂物齐备，只等后蜀投降，孟昶就可以直接入住。这为待俘虏准备之到位、服务之细致，翻遍中国历史都找不出第二个。

果然，大宋后蜀两军相见，王绍远三战三败，被打得不像样子，急急忙忙烧了吉柏江上的浮桥，后撤到剑门关。

自古都称"蜀道难，难于上青天"，说的就是进出四川的道路，群山环绕，峭壁连绵，尤其是剑门关一带，险绝天下，自古被视为四川防御的天然屏障。

后蜀军以为有天险保底，根本没想到会有失守的一天，太子孟玄喆哼着歌曲，搂着美人，慢慢悠悠前进。

大宋军队却从上到下，都拧成了一股绳，誓要把这剑门关拿下，给予他们动力的，要数刚刚收到赵匡胤送来的一件御用大衣。

时值新春，开封大雪，赵匡胤思及前线将士，扯下身上大衣，叮嘱送去前线，慰藉众将为国冲锋。

大宋众将，见到陛下的大衣，想到陛下如此厚爱，无不感动落泪。而他们唯一能报答陛下的，就是把剑门关打下来，将后蜀的疆土划入大宋版图。

剑门关一战，大宋主将王全斌经过深思熟虑，严谨考察，派先锋史延德翻越大山，抄山后小路，绕道剑门南面，避开了剑门天险。

守剑门关的后蜀军尚未反应，就被从身后杀出来的大宋军队冲散，他们唯一能做的是拔腿就跑，逃命要紧。

宋军势如破竹，直破剑门。

那一边，后蜀太子孟玄喆的队伍还未走到剑门，就听说了剑门失守的消息。孟玄喆二话不说，转头就逃回了成都。

才送儿子出门的孟昶一看，“儿啊，你怎么又回来了？”话刚出口，孟昶就明白了，宋军来了，后蜀危矣！

孟昶环顾左右，一个个老臣低着头，好像都知道他要问什么，他们努力缩小自己的存在，希望不要被拉出来回答孟昶的问题。

唉，孟昶长叹，好吃好喝养这些人四十多年，一旦临敌，一个个的连站出来向敌人放箭的勇气都没有。固然孟昶想坚守最后的国土，但他身边已经没有能去做这些事的人了。

当然，不是所有的臣子都白养了。夔州守将高彦俦即便被宋军打败，依然在坚守最后的城楼，身边属下劝他撤走，高将军坚持道：“我若后撤，就算君王他不杀我，我也没有面目见蜀国的家乡父老！”最后，高彦俦自焚而死，而其他的地方将帅则溃散四逃，大部分被宋军俘虏了。

孟昶仰天长叹，后蜀已经没有希望了！他下令宰相李昊：“你赶紧把投降书写了，一会儿宋军来了就晚了。”

这个李昊是写降书专业户，当年前蜀亡国君主王衍投降后唐，其投降书就是李昊写的，如今再来一次，李昊自然驾轻就熟。莫怪后蜀老百姓笑话李昊，说他是写投降书专业户，还把这几个字写到了李家大门上。

乾德三年（965年）正月，孟昶跪在道旁，高举投降书，迎大宋主将王全斌入成都城，后蜀宣告灭亡。

大宋从出兵到孟昶投降，一共用时六十六天，赵匡胤很满意。

历史的长河滚滚向前，鲜为人知的是后蜀末代皇帝孟昶在亡国之前的除夕，留下了有史以来最早的春联记录。《蜀梼杌》记载，除夕夜，因为嫌弃学士辛寅逊写的挂于寝宫门上的桃符用词不够工整，孟昶提笔，亲自写道：新年纳余庆，嘉节号长春。

巧的是，赵匡胤是农历二月十六日生，建隆元年（960年），大宋太祖将每年的农历二月十六日定名为“长春节”。孟昶降宋之时，亦是宋太祖的诞辰，冥冥之中，孟昶这副春联似乎早就预示了自己和后蜀的命运。

后蜀之后，大宋的版图连接到南汉。但这一次，赵匡胤没有继续南下，而是把目光调转往北面的北汉，因为北汉皇帝死了！

赵匡胤对北汉，那是怎么看都不顺眼了。在后周时期，他就跟着柴荣北伐北汉，而今登基之后，好几个地方和北汉眉来眼去，欲同北汉一南一北夹击大宋。赵匡胤心想不把北方这个孽障除了，南边那些小心思一个个都不消停，自己就更睡不好了。

其实，北汉到这时，也没建立多久。

后汉乾祐三年（950年），后汉隐帝刘承祐逼得郭威造反，反而在郭威起兵的混乱中被随侍所杀。当时的河东节度使刘崇是高祖刘知远的弟弟，按资排辈是刘承祐的嫡亲叔叔，闻讯就不干了。

这老刘家的天下，怎么也轮不到你姓郭的称老大吧。

刘崇召集兵马，欲讨伐郭威。

此时，郭威已占领后汉京城。作为一个很优秀的选手，郭威分析局势，考虑前后，认为朝中时局不稳，称帝时机未到。他马上请刘承祐的母亲李太后临朝听政，另立新帝。

这位李太后的政治觉悟比儿子强多了，早在刘承祐登基之初，就多次规劝他善待老臣们："儿啊，国家没有他们，必然动荡。"

可惜刘承祐不听，还把自己的性命搭了进去。

刘承祐固然因郭威起兵而死，却非郭威所杀。李太后也算深明大义，知道这时候动郭威于社稷毫无帮助，于是，李太后点头了，从皇室子弟中寻立新帝的事被提上日程。

一开始，众臣推选后汉开国皇帝刘知远之子刘承勋为帝，然而刘承勋已重病。李太后亲自去看望他，刘承勋的情况严重到难以从床上下来拜见。

李太后从刘承勋那儿回来以后，很是烦恼："刘承勋病成这样，恐怕难担一国君王的重任啊。"

于是有人建议："太后，您看改立武宁节度使刘赟如何？"

"刘赟呐……"李太后呢喃，开始思考这号人是谁来着。

而郭威对那提议人，暗暗投去了赞许的目光。

对，这刘赟是武宁节度使，同时也正是河东节度使刘崇的儿子。

刘赟正准备起兵呼应他老爹讨伐郭威呢，宰相冯道亲自前来，宣布迎他入京为帝。

刘赟一听，"呀，皇位是我的啦。"

刘崇一听，"哇，我儿要当皇帝啦。"

双双大喜，一起收兵，决定不讨伐郭威了。

郭威这步棋走得好哇，抓紧这个空当逐步控制朝中大权，那头刘赟还未到京城，郭威认为时机已经成熟，示意属下随从："尔等随我进宫，拜见太后吧。"

乾祐三年（950年）冬，李太后下诏命郭威监国。

刘赟这时候才走到宋州（今河南省商丘市），就收到了李太后废黜他的诏书，比诏书先到的是郭威的拜把子兄弟王峻。王峻以保护为名，将刘赟困在宋州，延误了进京的时机。

刘赟捧着谴责他“没按时来上任”的诏书，大哭骂娘：“你才没按时上任，我这走得了吗？”

但任何抱怨都无法传入京城，刘赟被囚禁了起来。

后周广顺元年（951年），郭威正式建立后周。

河东节度使刘崇被忽悠了一把，当即决定不干了，他宣称自己才是大汉正统的继承人。郭威称帝的同月，刘崇在太原称帝，占河东十二州，史称北汉。

刘崇这个举动，多少也在郭威预料之中。这时候还留着刘赟的命，也没意思了，反而是个后患，于是他下令将刘赟毒杀。

刘崇听闻爱子被杀，痛心不已，命次子刘承钧率军攻打后周，然而双方兵力悬殊，不光这一战，之后的好几年，北汉军队屡屡出兵，都以失败告终。再加上北汉地方不大，经济不行，土地贫瘠，连年征战之下，老百姓的日子更不好过了。可是刘崇不死心，倒向辽朝，约为父子之国，自称为侄皇帝。

可笑的是，当时刘崇已过知天命之年，而辽朝皇帝耶律阮才三十来岁，比刘崇儿子都小。刘崇此举，与向辽朝自称儿皇帝、送上燕云十六州的石敬瑭，真是不分上下。

刘崇指望辽朝出兵相助，可惜契丹自己内部都不太平。

广顺元年（951年），辽朝皇帝耶律阮踏上南下之路，准备协助北汉攻打后周，他召集了各部落首领一起商议具体作战事宜，结果后周没了结，耶律阮自己先被燕王耶律察割给杀了。这头耶律察割政变刚结束，以为自己稳坐皇位了，那头藏于暗处的齐王耶律璟，上来就给了耶律察割致命一击。好了，转瞬之间，辽朝皇帝的帽子转了三个人。

刘崇苦等了一个月，新上任的辽朝皇帝耶律璟终于出现了。

五万辽朝军加两万后汉军，齐齐南来，围住了军事重镇晋州（今山西省临汾市），郭威派出结义大哥王峻出马。

王峻心理素质稳得很，眼看着晋州被七万敌军团团围住，他自走到陕州（今河南省三门峡市）就不动了，硬生生憋到深冬降临粮食匮乏之时，王峻以迅雷不及掩耳之势，火速出兵，做出包抄辽朝军后路之势，吓得五万辽朝军马上拔营往老家赶。北汉失去支援，两万人马也干不出啥事，刘崇只得带着满肚子不甘心宣布退兵，晋州之危解除。

可一转眼，后周太祖郭威病重，历史的重担落在了柴荣身上，刘崇觉得机会到了。

新丧未过，刘崇第二次来犯，这次有三万北汉军和通过贿赂大辽搞来的一万辽朝军相助。

柴荣正需要一个树立新帝威望的机会，当即决定御驾亲征，率兵与后汉军队在高平大战。

也就是在这场战役之初，柴荣的右翼军被北汉军的凶猛吓坏了，右翼将领樊爱能、何徽掉头就跑，上千后周士兵倒戈投降北汉，陷柴荣于危险之中。这时候，是担任中后卫的赵匡胤冷静而睿智地带领手下两千人和左翼军奋力反击，反败为胜。

这是赵匡胤和北汉的第一次交锋，也是赵匡胤名震天下、真正为世人所知的开始。

北汉惨败，几十员大将折损，刘崇仓皇逃回太原。柴荣乘胜追击，攻打太原，赵匡胤也在太原城外围了刘崇两个多月，后周才撤军离去。至此，北汉元气大伤，刘崇也忧愤而死，终年六十岁。

刘崇死后，次子刘承钧即位，改名刘钧，这就是后来那个和李筠、后蜀眉来眼去的北汉皇帝！他延续了父亲联辽抗周的政策，辽朝皇帝称其为儿皇帝。不过刘承钧跟他父亲不一样，内心对这个称呼很是在意，对辽朝也不像他父亲那么热络。辽朝又不傻，见此状况，给北汉的援助渐渐减少。这时候，大宋已经建立起来，而且越来越强。刘钧在宋辽两个强大的政权夹缝里生存，郁郁而终。

赵匡胤闻讯，决定举兵北伐，趁北汉政局不稳将之拿下。

开宝元年（968 年）八月，赵匡胤任命李继勋为河东行营前军都部署，党进为副都部署，曹彬为都监，又命何继筠和唐延沼分别为先遣部队的部署和都监，一系列人事任命，均为北伐做准备工作，箭在弦上，即将发出，北汉却又一次传来皇帝的死讯！

什么？北汉皇帝又死了？不是刚死了一个吗？怎么会接连死俩皇帝呀？

不得不说，赵匡胤表面上泰山崩于前而色不变，但内心深处也是一万只神兽跑过。

原来，是继位的刘钧养子刘继恩，与手握重权的大臣郭无为，彼此看不顺眼。

辽朝同意刘继恩成为北汉第三位皇帝之后，刘继恩立刻以宴请群臣为名，准备在宴席上除去独揽朝纲的郭无为。

这郭无为呢，说起来和赵匡胤还是旧识，两个人曾经一起在后周太祖郭威身边共事过。后来，郭无为不得郭威信任，干脆离开去做了道士。刘崇建立北汉，听闻郭无为有诸葛亮之才，而北汉正需要人才，多番邀请后终于把郭无为请到了北汉当官。

郭无为是一只老狐狸，刘崇死后，继位的刘钧也开始考虑继承人，询问郭无为的意见。刘继恩自然希望郭无为能站在自己这边，可郭无为却从头到尾都不表态。这就被刘继恩给记恨上了。再加上郭无为把持朝政，刘继恩即使上位了，要施展的本事也施展不出，要下达的命令也下达不了，处处被郭无为牵制着。一个想收回权力，一个不肯放权，刘继恩和郭无为的斗争愈演愈烈，最后演变为你死我活的斗争。

刘继恩要郭无为死，但北汉里里外外的事情，根本逃不出郭无为的眼睛。于是，郭无为干脆一不做二不休，抢先一步，反过来杀了刘继恩，扶持刘钧另一个养子刘继元当了北汉皇帝。

刘继元前脚登基，宋军后脚已进入北汉境内，一路北上，北汉军节节败退。宋军杀到了太原，烧了延厦门，将太原城团团围住。刘继元赶紧跟辽朝求援。

赵匡胤有意拿下北汉，先使用了招安之术，册封刘继元为平卢节度使，郭无为为安国节度使，其他北汉重臣也一一都有封赏。

此时，郭无为早有踢了北汉做大宋高官的梦想，而北汉是他向赵匡胤投诚的最好礼物。

结果这时候，辽朝赶来救援北汉的大军来了，率军的是南院大王耶律挞烈。宋军担心腹背受敌，只得撤离。

第一次北伐，赵匡胤窝了一肚子火，就差临门一脚，他就要拿下北汉了！

老赵很不甘心，仅仅三个月后，大宋第二次北伐。

这一次，赵匡胤决定御驾亲征北汉。

第四章

南征北战十四年——欲复汉唐版图（中）

开宝二年（969年）春，宋太祖赵匡胤率兵攻取北汉。出发之前，他做了周密的安排，令二弟赵光义留守京城，安排枢密副使沈义伦负责皇宫安全和处理朝廷日常财政事务，大将曹彬、党进作为先锋军奔赴太原。

曹彬和党进是非常有意思的两个人。

曹彬真正深得赵匡胤信任，是在平蜀乱之后。咦，是什么时候的蜀乱呢？后蜀不是才被赵匡胤灭了吗？这就要从当初攻打后蜀时，那个对赵匡胤大雪天送来大衣感激涕零的宋朝大将王全斌说起了。

拿下后蜀之后，王全斌仗着自己立下大功，就开始飘了，不仅在蜀地为非作歹，贪图享乐，放纵属下掠夺女子和钱财，更胆大妄为地打起了当时朝廷发给后蜀投降士兵银钱的主意。

赵匡胤对下仁厚，哪怕是投降的士兵也不例外。他令王全斌押解投降的后蜀士兵前往京城，每一个人发钱十千；若是不愿意长途跋涉去京城也没关系，发两个月饭钱，放还老家。

一人十千，固然不多，但一共有十几万投降的后蜀士兵，这就汇成了不小的数字。结果王全斌中饱私囊，把这笔钱给贪了，最终导致投降的后蜀士兵们心生不满，决定造反，这也就不奇怪了。原后蜀文州刺史全师雄最先起事，星星之火可以燎原，最后发展到十万余人，原后蜀版图三分之一以上的地方都出现了造反。

王全斌一见，这可怎么弄，顿时慌不择路、方寸大乱。在最关键时候，王全斌做了个最坏的决定，将当时在成都城内的后蜀降兵全部杀了！

这一杀，让本来不打算造反起兵的后蜀士兵也造反了，反正对他们来说，造反也是死，投降也是死，不如造反，没准儿还能有一线生机！

赵匡胤差点被王全斌给气死，一贯的宽厚政策被王全斌破坏到丢了民心，即便后来大宋朝廷用了两年时间将蜀地之乱平息，又下达了减免税赋等补偿措施，这场屠杀导致的民心离散也没能最终抵消，以至于二十多年后，蜀地大旱，引发饥荒，王小波、李顺领导的农民起义爆发，立刻一呼百应，得到各地百姓的支持，这都是因为当初王全斌等人的行为令蜀地百姓对大宋一直没有归属感和认同感。

这次由王全斌贪污引发的蜀地大乱发生时，曹彬是时任宋军总督察，对王全斌多次规劝，可惜王全斌置之不理。曹彬头脑很清晰，虽然改变不了大局，但他依然可以严格要求自己的部下不同流合污。

当初受命出征，赵匡胤允诺，只要后蜀土地，其他都归将士们所有，诸将领多取美人珠宝，唯独曹彬回来时的行囊里满是书卷。

后蜀之乱平息后，王全斌等人被清算罪过，或降或杀，唯独曹彬脱颖而出，升任宣徽南院使兼义成军节度使。

曹彬却认为，这次西征的将士都有惩罚，不能唯独他有升迁，耿直地入宫辞赏。

赵匡胤说："你立有大功，还从不夸耀，就算真有小错，又哪里值得提及？惩罚和奖赏都是国之常典，无须辞让。"

实际上，曹彬的出身非常特殊，他是后周太祖郭威妃子张氏的外甥，远比赵匡胤这个外来户更早处在权力中心。但他既没有在赵匡胤跟随柴荣飞黄腾达之后刻意亲近赵匡胤，也没有参与后来的陈桥兵变，更没有在赵匡胤登基之后谋求过富贵。由始至终，曹彬都清醒、理智地做着本分且规矩的臣子。

宋太祖很纳闷儿，自己都当了皇帝，曹彬为何还这样不冷不热，保持着距离？赵匡胤忍不住问曹彬："你这是怎么回事呀，我俩认识多年，你怎么跟我如此生分？"

曹彬答得一本正经："臣子我是后周的皇亲，又是宫廷近侍，恭敬谨慎地做好分内事，都还担心着是不是有什么过失，我怎么敢妄想跟您套近乎呢？"

赵匡胤甚是欣慰，评价他："不敢负其主，独尊曹彬。"

说完曹彬，再看党进。

党进和赵匡胤同年出生，不过赵匡胤那么年轻已经做皇帝了，党进才崭露头角，算是大宋将领中的后起之秀。和有着良好出身、知分寸进退的曹彬完全不同，党进是家奴出身，为人质朴，而且他不识字。

党进在禁军任职时，自都虞候以上的官员都会将所掌管的士兵、兵器等数据悉数写在梃（一种木头做的杆子）上。

有一次，赵匡胤巡视到此，顺口问："你掌管些什么呀？"

党进那天正好当值，因为不识字，他看着梃上的记录也回答不出，于是把梃直接双手递给赵匡胤："都记在上面啦。"

赵匡胤看这黑大个如此质朴、直率、勇敢，相当喜欢，当时又刚经历后蜀之乱，相比那些聪明、自以为是的将领，党进的品性更值得赞许，因而在征伐北汉时，赵匡胤决定委党进以重任。

这是党进的第一次出征，他后来的表现亦不负赵匡胤信任。

除去先锋的曹彬和党进，这次大宋的北伐大军，由李继勋担任河东行营前军都部署，赵赞担任马步军都部署，赵逢担任转运使，负责粮草。赵匡胤准备妥当，亲自带兵出发，一路扫除障碍，直至太原城外。

这时候，北汉的刘继元内心冰火两重天，冰的是前线一直传来战败的消息，宋军离自己越来越近了，火的是辽朝的使臣刚带来的辽朝册封，允许他继任为北汉之主。有了辽朝主子的支持，刘继元发虚的背脊，稍微挺直了一些，辽朝应该不会看着他被大宋打吧！

而这时候，早就想跟着赵匡胤混的郭无为又来作妖，当着大辽使臣的面，郭无为老泪纵横，伤心欲绝：“城外有百万宋军，我们这么孤零零一座城池怕是不能苟延残喘多久了。”

刘继元至此看出了郭无为“身在曹营心在汉”，碍于大辽使臣在，不好发作，好生把郭无为劝了出去。

刘继元毕竟有上位者的骨气，郭无为故意动摇军心，他却已经决定坚守太原城。

而太原城外，赵匡胤大手一挥，亲自部署进攻的相关事宜。

太原自古是重要藩镇、战略要地，城墙坚固，城池规模堪比开封、长安等都城。围攻太原是个艰巨的任务，赵匡胤也做好了长久战的心理准备：首先，要求大军在汾河上架设桥梁，以便两岸部队调动以及物资粮草运输；第二，任命四员猛将分别驻守太原四面，合围太原：党进在城东、李继勋在城南、赵赞在城西、曹彬在城北，深挖沟渠，建造堡垒，不让太原城里一只苍蝇飞出去；第三，命令军民修筑水坝，准备引汾水灌城，这是最狠辣的一招，也是对太原城人心最大的冲击；最后，提前任命了太原地方长官，以显示大宋必然拿下北汉的决心。

北汉的刘继元也没有坐以待毙，趁着夜色突袭了负责城西的赵赞。赵将军相当勇猛，身先士卒，被冷箭射穿脚底板也没皱一下眉头，依然在现场指挥，他不畏生死的精神激励了大宋将士。事实证明，城西的宋军没有辜负赵匡胤，没给北汉一丝突围的缝隙。

刘继元没办法，这时候想到了一个人，那个一直不被他待见的刘继业。

咦，看名字这俩是兄弟呀。

没错，仔细说起来，他俩都是北汉第二代皇帝刘钧的养子，只不过刘继元和刘钧还有点血缘关系，刘继元本就是刘钧的外甥。而刘继业和刘钧就是真真正正的养父子了，他本来姓杨，是后汉麟州刺史杨信之子，后跟随刘钧，有骁勇之名，号称“无敌”。

刘继元自恃血统，一直都看不上刘继业。再加上宋军北伐时，刘继业本来被命令在团柏谷屯兵，抵挡宋军，结果刘继业审时度势，认为自己的兵力无法和宋军匹敌，便放弃团柏谷，直接回了太原。

刘继元一怒之下罢免了刘继业。可现在太原被围，正是用人之时，刘继元前看后看、左看右看，也没有一个打仗比刘继业厉害的人了，只得把刘继业又拉出来用。

刘继业分析局势，南、西、北三个方向都是名声不小的宋朝名将，只有东边这个叫党进的小伙子没听过，那就是你了。当夜，刘继业带几百人突袭党进军营。

党进是一个糙汉子，正呼呼大睡，听得兵器交鸣声，二话不说从床上跳起来，冲出营帐。这两个以骁勇出名的大将，第一次交手，党进占了上风，不光击退对方的袭击，更一直追击刘继业到城边，逼得刘继业藏到护城河中，让北汉城中守军用绳索拉回城头，这才保住性命。

在以后的千百年里，大家都赞颂着一位抗辽英雄的民族大义，无数影视作品围绕着他和他的家族展开，却鲜少有人知道当初那一个月黑风高的夜晚，他也曾有如此狼狈的一刻，被一个大字不识的糙汉子党进追得躲到水里。

这个人就是刘继业，十年后，北汉被大宋纳入版图，他仍坚守到最后，大宋派出已然投降的北汉皇帝刘继元前来劝降，刘继业才痛哭流涕，面北再拜，解甲降宋，改回本姓，取单名一个业字。他就是如今家喻户晓的抗辽英雄杨老令公——杨业。

而今，是他第一次败给党进，但这绝对不是唯一的一次。下一次是什么时候呢？暂且不表。先看刘继元这头，此时此刻，他正焦虑得犹如热锅上的蚂蚁，连最后的猛将都没冲出去，那太原城唯一的希望就只有大辽了。

大辽果然不负所望，已经火速组织了军队，南下援汉。

赵匡胤早有准备，辽军兵分两路，他亦有两手准备。

在定州方向派韩重赟早早地等着，韩重赟日日等着辽军到来，同时做好了陷阱埋伏，当北方尘土扬起，韩重赟知道多日的部署到了收口的时候了，这一战，酣畅淋漓，宋军大获全胜。

另一路辽军直奔太原而来，宋军大将何继筠领兵三千迎敌。这一战，赵匡胤给了时限：一天。一天之后，捷报按时送到了赵匡胤手上！

宋军士气大涨！

辽军的尸首被挂在太原城上，向城内的北汉军展示，你们还要打吗？看——连你们寄予厚望的辽军都失败了！

太原城内一片低迷，刘继元最后的希望破灭了，也许，天要亡北汉吧。

赵匡胤亲自登上汾河堤坝，下令开堤，奔流的汾河水灌入太原。一片汪洋之中，他亲自下令，对太原发起最后的总攻。

然而意想不到的是，面对家园被淹和宋军猛攻，原本士气低迷的北汉军竟然发疯一样反抗，并且顽强地扛住了宋军一拨又一拨的攻势，宋军先后痛失将领王廷义和石汉卿。太原城墙被洪水冲垮，宋军发箭如雨，北汉军仍然一次又一次冲上决口意图修补城墙，血流成河，双方都杀红了眼。最后北汉军用巨大的草垛堵住缺口，使得宋军的箭雨失效，终于将城墙修补好。

这时候，一直心心念念要投降做大宋子民的郭无为，被人揭发叛国，告到刘继元面前。刘继元给了他一个痛快——斩首示众。

由此，太原城内一收散乱的军心，成了一个牢固的铁桶。一时之间，宋军占不到丝毫优势，战斗进入胶着状况，加上初夏天气炎热，又逢连绵大雨，宋军中出现腹泻等水土不服情况，士气开始低落。

与此同时，辽军再次出兵南下的消息传来。

北汉是赵匡胤心头的执念，已经打到最后时刻，可想到已经牺牲的几位爱将，看着眼前陷入困境的军队，他思虑前后，决定撤兵。在离开太原的时候，属下提议，把太原附近区域的老百姓一起带走，迁居到大宋境内，赵匡胤应允。北汉因此失去大批劳动力，国力受损、军事经济实力进一步被削弱。

第二次北伐北汉，虽然双方打了个平手，但让大宋意识到，北汉虽弱，身后却站着强大的辽朝，拿下北汉并不是一朝一夕的事情，这也进一步证实了“先南后北”战略方针的正确性，于是赵匡胤班师回朝后，又一次把目光投向南方。

南方还剩下三个政权，分别是南汉、南唐和吴越。南唐和吴越表面上比较听话，早早认了大宋做老大。赵匡胤自然不会找它俩动手，能被先拿出来放上台面的目标只有一个——南汉。

虽然名字里也有个“汉”字，但南汉与刚和赵匡胤大干两场的北汉，以及之前刘知远在中原地区建立的后汉政权，完全没有关系。它三面被南唐、荆楚、后蜀包围，南接大海，位于如今的广东、广西、海南三省区，当时属于偏远的南方地区，在地理上一直与大宋有一段距离，再加上经济实力比较差，又严格执行“缩小存在感，绝不主动惹事”的基本国策，在重新把重心放到南方之前，大宋一直没怎么把它放在心上。

和周围几个政权一样，南汉此时建立已有一段时间，其开拓者是一对兄弟，哥哥叫刘隐，弟弟叫刘龑。后梁太祖朱温封他俩为海南节度使和海南节度副使。不过，在当时的环境下，这两个都是空头衔，所管辖的地区都有自己的地方政权。刘家兄弟于是走上了扫平地方势力，从枪杆子里抢实权的道路，最终在后梁乾化元年（911 年）基本稳定局面。这时候的后梁也正需要拉拢一些势力支持自己，因此刘隐很快被后梁朝廷封为南海王。不过，他不是个命长的人，这南海王的头衔没多久就落到了弟弟刘龑头上。

实际上，刘隐在死之前几年就已不问世事，过上了今天搓澡澡、明天洗脚脚的逍遥日子，军中大权早掌握在刘龑手中。刘龑上位之后，从给哥哥打工，变成给自己打工，其苦心经营南海之心半点不变，不断把自己实力做大做强。渐渐地刘龑不再满足于做人下之臣，于后梁贞明三年（917年）称帝，国号大越。

“大越”这个名字，一听就很不正统，一点文化气息都没有。本来地方就偏僻，再加上名字不高大上，成为北面一些人的笑话。刘龑也是个要面子的，既然不行，那就改名。

改什么名字？

向大汉致敬！

在称帝的第二年，刘龑改国号为“汉”，史称南汉。

自古打天下不容易，坐天下更难。这个刘龑在登基之前还有点脑子，可当了皇帝以后，却完全没有了雄心壮志，开始了荒淫残暴的统治。他喜好杀戮，发明了许多残酷刑罚，如刀锯、肢解、刳剔……还将杀人当作一项娱乐活动，每次欣赏都分外愉悦。在生活上也愈发奢靡，不断搜刮民脂民膏，老百姓在其压榨之下苦不堪言。

更要命的是残暴还会遗传，刘龑死后其子刘玢继位，不光不管朝政，还变本加厉地压榨百姓。因此，在刘玢登基的同一年，受刘氏父子压迫久矣的老百姓在正州发动起义，可惜力量薄弱，起义很快被南汉朝廷镇压。

踩着无数鲜血的刘玢生活在醉生梦死中，却悄无声息地被另一个人嫉妒上了，这人就是他的四弟晋王刘晟。

这种人也能做皇帝，我为什么不能取而代之？刘晟心想。

经过一段时间的准备，刘晟选择在一次宴席上行动。他借口让大力士来表演，趁着刘玢喝醉，命大力士将其杀死，上位成为南汉第三任皇帝。有了自己政变成功的案例在前，刘晟就不放心其他兄弟了，奈何他老爸还特别能生，留下了十几个儿子。刘晟一不做二不休，挨个儿把亲兄弟们宰了，彻底消除了后顾之忧。

刘晟不愧是刘龑的儿子、刘玢的兄弟，对南汉百姓的压榨半点不输他的父亲、兄弟，把南汉继续往糟糕的方向治理，弄得乌烟瘴气，百姓生活在水深火热之中，叫天天不应，叫地地不灵。与此同时的中原大地上，柴荣正发愤图强，后周不断强大。但在刘晟眼里，他强任他强，清风拂山岗，他横由他横，明月照大江。后周如何，与我何干？

刘晟在残暴无道、穷奢极欲之中走到人生的尽头，其子刘鋹继位。好家伙，这可是历史上有名的昏庸无道之人。

他自幼生活在宫中，看着周围听话的太监们，萌生出了自认为睿智的思考。你看阉人们如此听话，让他们往东，他们不往西，为什么呢？因为他们没有家人和后代呀，一切的生存都仰仗皇帝一个人。可大臣们就不听话，会摔皇帝，会阳奉阴违，会为家人家族谋取私利，甚至能干出叛乱造反把富贵永远流传在自家身上的事，那么如果把大臣也变成阉人，这一切问题不就解决了吗？

刘鋹为自己的睿智鼓掌，“来人哪，颁诏下去，从今往后，要来做官的人，叫他们先挥刀自宫。如果不干，以后朝廷就派专人下去给他们宫一下。”

皇帝这么无知变态，自然也有投其所好之人，宁愿做阉人，也要享受一时富贵，故而南汉朝野之中，一片宦官林立景象。而真正有才学的人，只会敬而远之。

南汉历代皇帝都非常迷信，身边豢养许多妖人术士，刘鋹也一样，宠幸着一个叫作樊胡子的老巫婆。她自称是玉皇大帝的化身，说刘鋹是玉皇大帝的儿子。

这事要放一般皇帝身上，肯定怒了，你想占皇帝的便宜？

可刘鋹信以为真，对樊胡子说的每一句话都奉若圣旨，做她儿子做得极为开心，朝堂上的事情都交给了这个老巫婆。而刘鋹自己和前几任南汉国君一样，热衷于围观猛兽吃人的游戏，在血肉四溅之中哈哈大笑，怀里搂着最为宠幸的波斯妹子“媚猪”。

五代十国末期，宋朝初期，不光英雄辈出，也同样美人如云，比如后蜀孟昶身边有雅好赋诗的花蕊夫人，南唐李煜身边有貌美多才的小周后。

刘鋹的审美却与众不同，这深得他恩宠的女子“媚猪”，即便用思想开放的现代眼光来看也未必算得上美女。史书上描写她黑腯而慧艳，深谙房中术，把刘鋹迷得神魂颠倒，赐名“媚猪”。

刘鋹还将南汉后宫的其他妃子赐名媚牛、媚羊、媚狐、媚狗、媚猫、媚驴、媚兔、媚猿、媚狮，与媚猪合成“十媚”。

这等的愚而不自知、蠢而引以为傲，南唐李煜看了都要自叹不如，宋太祖赵匡胤听了也要甘拜下风，赞刘鋹一声“绝”！

这样一个残暴无度、昏庸可笑的南汉政权，竟然能在南方存在几十年而无人问津，究其原因是古时候交通不便造成的。

一直到大宋灭亡了荆楚之后，宋与南汉边境接壤，两边偶尔发生小规模的边境摩擦，其中一次宋军俘获的俘虏中有南汉宫中内侍，赵匡胤才从这些俘虏口中知晓，真正的南汉宫廷竟然如此荒诞奢靡，而当听到南汉国情的实际情况之后，一代帝王愣怔了许久，叹息道：“我们应该救南汉百姓于水火呀！”

鉴于当时刚拿下荆楚，还在向后蜀进发，赵匡胤并未贸然出兵，而是选择了温和的方式。他传书给一直还算听话恭顺的南唐：“南汉这么对它的百姓，你怎么看呢？”

南唐国君李煜被吓了个半死，这事多像当年扫平荆楚的策略呀，大哥你要搞定谁，小弟都支持，何必问我怎么看呢？您已经和南汉直接接壤了，有什么军事行动都很方便。

赵匡胤拊掌大笑：“我们大宋一向是不喜欢动武的，能用和平的方式解决，就不应该蛮干，你说对不对呀？”

话都说到这份儿上了，李煜再装傻就不行了，他连夜修书一封劝降南汉。

刘鋹看到信件就炸了："你有毛病啊，我在我自己的地儿想干啥干啥，你看不惯就来打我呀！"

第一次劝降，刘鋹没当回事。

北宋开宝三年（970年），南唐李煜再次在赵匡胤炯炯目光的注视之下，抖着手脚给南汉去了第二封劝降信："南汉老哥，你这些年做了那么多伤天害理的事情，老天已经看不下去了，大宋准备来收拾你了，与其到时候被打得哭爹喊娘，还不如现在大家体面一点解决问题，对吧？总而言之，言而总之，你主动向大宋投降吧。"

刘鋹直接把送信的南唐使臣关进了监狱。好你个南唐，要投降你自己投降，老拉我南汉先投降是怎么回事？我老刘家的事跟你老李家没关系吧！

刘鋹在回信里口吐芬芳，李煜也很乖觉，转手就把刘鋹的回信交给了赵匡胤，"老大您看，南汉它敬酒不吃吃罚酒。"

刘鋹有胆子这么无法无天，只因为南汉还有一道天然屏障，由越城岭、都庞岭、萌渚岭、骑田岭、大庾岭五座大山组成的五岭，如一道巨大屏风从地表竖起，隔断了广东和广东以北地区的交通，阻碍着两者之间经济和文化的交流。这也是宋军打下南汉的最大阻碍，但是赵匡胤已经有了应对思路。

开宝三年（970年）九月，赵匡胤命大将潘美为贺州道行营都部署，率大军奇袭贺州（今广西壮族自治区贺州市），直接避开五岭进攻南汉，这等于看都没看南汉手里的坚固盾牌一眼，直接给南汉腰眼上来了一刀狠的。

南汉得知宋军来袭，举国震惊，刘鋹紧急找他的阉人们开小会。经过南汉几代蠢皇帝的不懈努力，国内压根儿没有可用的将才，但是所有人都明白的事情，刘鋹和阉人们不明白，这大概就是蠢皇帝带出来的蠢人吧。

其中一个叫龚澄枢的太监，贿赂刘鋹极为信任的老巫婆樊胡子，一步一步爬到高位。

樊胡子跟刘鋹说："龚澄枢是上天赐给我们南汉的能人！"

龚澄枢后来在刘鋹身边混得风生水起，南汉军中大事都握在他手里。

这会儿宋军来了，刘鋹一看，急忙说："龚澄枢，你上！给他们展现一下你的能耐！"

樊胡子上了前线，把忽悠刘鋹的本事拿出来，对将士们一顿吹："你们是南汉最厉害的人，宋国那都是一堆草包，有你们在，陛下相信宋国动不了我们南汉一根汗毛。"

话音刚落，宋军的铁骑就杀到了，樊胡子脚底抹油，立马开溜，还跟刘鋹美其名曰："陛下，臣必须在您身边，片刻不离，才能辅佐您万世昌盛，这是上天给我的任务。"

没错，龚澄枢在樊胡子的协助下，已经化身为上天派来南汉的使者，和其他神棍相比，他只是多了一步净身的动作，是个阉人神棍罢了。

而大将潘美只用两个月，就带领宋军突破贺州、昭州、贵州等城池，这些原本是南汉从荆楚手里抢来的土地。可笑的是，到这一步，刘鋹反而天真地以为宋军并不是冲着南汉来的，而是想要把原本属于荆楚的土地抢过去。

宋军的回应是加速前进，于当年十二月攻打南汉韶州（今广东省韶关市）。韶州守将李承渥出动象阵防御，以为能唬住没见过大象这种庞然大物的宋军，然而他也天真了，对面可是作战经验丰富的宋军将领潘美。

两军相遇，潘美早有准备，下令宋军士兵拉开弓弩集中射向大象。在南方，弓弩的使用频率很低，技术发展远不如北方。宋军万箭齐发，大象们哪里见过这阵势，饶是象皮象肉再厚实，也瞬间被射成了一群刺猬，痛得大象们发了疯，把南汉军队踩伤踩死无数。南汉军大乱，韶州被宋军顺利拿下。

次月，宋军又拿下英州和雄州，至此，南汉再无可守之处，广州城暴露在宋军面前。

与捷报一起送入大宋京城的还有另一条好消息——南汉老将潘崇彻在贺江投降了。

这位被称为南汉第一名将的潘崇彻，曾经为南汉开疆拓土，固守五岭。可惜再多功绩也抵不过佞臣一句谗言，逃不掉南汉皇帝的猜忌，潘崇彻被罢免军权多年，宋军打来之前，他一直都在家抠脚。直到南汉城池连连失守，刘鋹才百般不情愿地命潘崇彻重掌军队，令其屯驻贺江，相当于看护南汉都城的北面门户。但潘崇彻带领三万南汉军到达贺江之后，一直按兵不动，呈现观望之势，一直到昭州失守，他主动向大宋投降。

赵匡胤大喜过望，命人带潘崇彻入京，亲自接见这位南汉第一名将。潘崇彻对宋太祖坦言，自己被帝王猜忌多年，已被时光磨灭了许多品格，但他并非不忠于国家，只是就算他能带领军队护住南汉一时，凯旋之日也逃不开国君的猜忌，落不到好下场。更何况他看明白了大宋拿下南汉是必然趋势，因而选择顺应天命，免一方百姓受苦受难。赵匡胤大为感慨，同为武将出身的他对潘崇彻的委屈和顾虑能感同身受，身为帝王，他欣赏潘崇彻抛弃个人荣辱，为社稷大义着想，这是一代南汉名将，更应是心怀黎民的有功之臣。

开宝四年（971 年）元月，英、雄二州失守之后，刘鋹知道南汉已经守不住了，搜刮了十几条船，带上金银珠宝和嫔妃们，准备南逃大海，结果临门一脚，让身边的阉人谋夺了财产。刘鋹傻了眼，没想到最后被自己最信任的人捅了最狠的一刀，无奈之下，他只能向宋军送去求和书，被潘美断然拒绝。刘鋹终于明白，大宋要的是整个南汉，你选择打也好，选择降也罢，没有第二种结局。

但就算明白了，刘鋹还在犯蠢病，他听信一个老宫女的话，起用其本事没有、吹牛一流的干儿子郭崇岳。刘鋹封郭崇岳为招讨使，大将植晓廷为副将，领六万南汉军阻击宋军。

郭崇岳对抗宋军的办法就是，日日在大营里烧香求佛。

植晓廷看不下去，领兵主动出击，与潘美带领的宋军正面交战，植晓廷纵然实力不够，亦战斗到最后一刻，以身殉国！

潘美乘胜追击，向郭崇岳所在的南汉军营发动火攻，大获全胜。

刘鋹又异想天开了一次，放手将宫殿府库付之一炬，愚蠢地以为大宋对已经空无一物的南汉没有兴趣，会撤回北方。

潘美没有如刘鋹所愿，而是率宋军节节逼近，刘鋹的心理防线终于完全被突破。

开宝四年（971 年）二月，刘鋹素服而出，向宋军投降，南汉亡。

和其他投降的君王一样，刘鋹也被献俘入京，享受到了宋太祖一贯的仁慈。赵匡胤封他为恩赦侯。

刘鋹这小子长得体态丰腴、眉清目秀，投降之后的小日子也过得颇为滋润。闲来无事，他还挺会讨好赵匡胤，用珠玉为原料将马鞍编结成戏龙的形状上献，手艺和脑洞好得一塌糊涂。

赵匡胤大为感叹："这人吧，要能把心思好好用在治理国家上，何至于亡国呢？"

刘鋹刚到京城时，赵匡胤曾问其罪。刘鋹把残害百姓、治国无道的事，都推给了身边的阉人，说自己登基时候还是个孩子，啥也不懂，朝政叫其他人抓在手里，做不了国家的主。

赵匡胤就当他说的是真的，下令将刘鋹所言的罪魁祸首斩首。但刘鋹的小心脏一直都悬着，以己度人，不相信赵匡胤有那般胸怀留他性命。

一次，太祖赐酒下来，把刘鋹吓尿了，以为赵匡胤要毒杀自己。要知道赐酒杀臣这种事，刘鋹在南汉时候可干过不少。如今以为同样的事摆在自己面前了，刘鋹吓得眼泪直流，捧着酒杯迟迟不敢喝下去："陛下呀，您已经说不会杀我了，我也只想做一个开封城里的小老百姓，看天下在您治理之下越来越好。所以，您这杯毒酒，我真的不敢喝呀！”

赵匡胤失笑，拿过刘鋹那杯酒一饮而尽：“朕对人一向推心置腹，可不会做出爱卿说的事！”

刘鋹这样的人，就算老天再给他一次机会管理国家，也依然是个亡国之徒，对赵匡胤来说，留其性命，何足为惧！

第五章

南征北战十四年——欲复汉唐版图（下）

大宋仅用六个半月时间拿下南汉，继续保持着极高的效率，南唐国君李煜立刻嗅到不寻常的味道。他赶紧跟宋国说自己要去除国号，改称江南国主，以示臣服的诚意和忠心。

南汉灭后，宋国已对南唐形成三面包围之势，更有重兵扼守长江上游。拥有如此绝佳的地理位置，意味着宋国要想在上游投毒，下游的南唐就能直接被毒死。

这叫南唐怎能不慌？

和其他五代十国的地方政权类似，南唐的建国史可以追溯到晚唐时期，它的前身是吴国政权，其奠基人杨行密，史称南吴太祖。

杨行密是个白手起家的汉子，家中祖上务农，幼年丧父，没有出路，参加个造反还失败了。可是，划重点的事来了，杨行密长相出众，人高马大，而当时抓住他的庐州刺史是个颜控，见到杨行密这么个帅哥，刺史大人竟然直接把杨行密无罪释放了。而杨行密也很知恩图报地投靠了这位庐州刺史，担任其步奏官。

凭着一身健步如飞的本事，杨行密出色地完成了上司给予的任务，不断在军中升迁，同时也结交到了一帮志同道合的兄弟，渐渐形成势力。等到这位有恩于自己的庐州刺史过世，新的上司不是个颜控了，杨行密也有了足够的实力，觉得没必要被人压着，他骨子里造反的基因再次沸腾，找机会杀了上司，占领庐州，并且获得唐朝认可，被封为新任庐州刺史。

唐景福元年（892 年），大唐朝廷任命杨行密为淮南节度使。

乾宁二年（895 年），杨行密进攻苏州，擒获苏州刺史。

乾宁四年（897 年），泰宁军节度使朱瑾，败给了后来建立后梁的梁太祖朱温。朱瑾带领其麾下骑兵投靠杨行密。

光化二年（899 年），武宁节度使冯弘铎袭击宣州，大败，准备跳海出逃。时任淮南节度使杨行密亲自赶到，身边仅带十余骑亲兵。

杨行密劝说冯弘铎："胜败乃兵家常事，你就输了这么一回，也不至于就走投无路。你看看我这儿，虽然不是什么大门大户，但不缺口吃的，不缺兵带，容纳你还是足够的吧。"

冯弘铎感动哭了，当下归入杨行密门下，为其节度副使。

这件事侧面反映了杨行密的胆色睿智和对人才的看重，其帐下的徐温、刘威、陶雅等人，号称三十六英雄，一路追随杨行密，协助其把地盘做大做稳。

杨行密也不负众望，一边与割据两浙的钱镠你来我往，渐成对峙，一边抵抗住了朱温南下的步伐。

天复二年（902 年）三月，唐昭宗李晔封杨行密为吴王，所治之域包括今江西全境、湖北东部、安徽江苏两省淮河以南，以及淮北的海州（今江苏省连云港市），俱是东南富庶之地。

杨行密穷苦出身，了解民间疾苦，淮南地区在他管辖时，轻徭赋，重农桑，经济得以发展，百姓生活安稳。在外交上，杨行密长袖善舞，在军事上，他败少胜多，给予淮南地区相对安稳的大环境，因此深受百姓爱戴。

天祐二年（905 年）十一月，叱咤一方的杨行密病逝，长子杨渥即位。这哥儿们能顺利上位，离不开重臣徐温的助力。

杨渥上位前一年，宣州观察使台濛去世，杨行密调杨渥出任宣州观察使。经验老到的徐温觉出不对劲。杨行密卧病而调离嫡子，这是大忌，意味着一旦杨行密过世，继承人远在异处，无法第一时间完成权力接替。杨行密一生睿智，若不是脑子糊涂了，不会做出这种决策，那么他身边一定有出这个主意，不希望杨渥顺利继位的奸佞之人。

徐温叮嘱杨渥："他日若有人召您回来，不是我派遣的使者以及吴王的令书，您千万不要立即回来！"

杨渥彼时对徐温十二万分感激，知道这句话背后代表着有人窥伺吴王之位，欲除他而代之。

杨渥哭着对徐温道了谢，上路去宣州了。

徐温则紧锣密鼓地排查异己，寻找不利于杨渥的奸佞。当时主要的将领都派驻在外，只有徐温在近帐之中，给了徐温极大的行动空间，最终扫平异议，顺利助杨渥成为吴王。他对杨氏父子权力的交接起到了定海神针般的作用，也是日后淮南地方政权从南吴往南唐发展的关键过渡人物。

杨渥上位后，却忘记了徐温当初对他的辅助之功。杨渥的行事作风完全和父亲不一样，导致他与包含徐温在内的南吴老将日渐离心。

自古以来，子不及父的情况比比皆是，如果继位者勤勉用心，没做出决策性的错误，很多政权依然能延续较长时间。但杨渥性格乖张，喜好游戏，残暴奢侈，压根儿没有那份守成的勤勉之心。

父亲刚死，尚在服丧期间，杨渥就开始游戏人间。古有妹喜喜听裂锦之声，今有杨渥将粗大的蜡烛用于击球，骄奢浪费至极，引得民怨沸腾。

徐温本身就是个非常节俭的人，从不轻易耗用资财，更严格要求其他参与治国的臣将，每每看到杨渥这么不知民间疾苦肆意浪费，徐温的神经就突突地跳。

杨渥还喜欢玩失踪，骑马单独外出，随从者四奔寻找无果，半点没有做一方老大的责任心。

徐温意识到自己扶持了个阿斗还不如的家伙，他苦劝杨渥把心思放在正事上，反被杨渥呵斥："你是不是有造反的心思呀？觉得我不适合做吴王，干脆杀了我，自己来当呗。”

这不是杨渥有反骨，实际上是两个人身份变化之后，看待事物的方式都已改变。

以前杨渥还未上位，前路飘摇，需要徐温这样的忠心之人，护住性命富贵，杨渥自然对徐温感激涕零。

如今杨渥已是在位者，徐温顺着他，是徐温做臣子的分内之事，徐温逆着他，就是徐温没摆对位置，要以下犯上，大逆不道。

不同的环境下，杨渥的心境发生了变化，越发看不惯徐温这些老头对自己管东管西，玩坏几根蜡烛而已，都是他自家的财产，关这些老臣什么事，既然不听话，就把他们铲除。

心里有了不满，杨渥就有了行动，他挑选精干壮汉，在身边组织成“东院马军”，逐个安排到军营中担任将领，迅速稀释徐温等旧臣的权力。同时，这些东院马军仗着自己有杨渥的信任，根本不把老臣们放在眼里，骄傲专横，专门欺凌蔑视跟随杨行密打天下的功臣旧人。

担任左牙衙指挥使的张颢和担任右牙衙指挥使的徐温终于忍无可忍，意识到跟着杨渥没有意义了，不如换更适合的人来做吴王。两个人暗中谋划发动“兵谏”。

唐天祐四年（907 年）正月初九日，张颢和徐温历数杨渥身边亲信十余人的罪状，将他们拖下去打死，其他与两个人不和者也逐个处理，军政大权全归到张颢和徐温手中，杨渥被软禁。第二年，杨渥被张颢绞杀。徐温派人斩杀张颢，推举杨行密次子杨隆演上位，杨隆演毫无根基，淮南地区的大权实际掌握在徐温手中，徐温成为实际上的“吴王”。

徐温对淮南地区的治理，延续了杨行密的风格，施政温和宽厚，深得百姓厚爱。他还有一个非常出色的养子徐知诰。

神奇的是徐温并不是徐知诰的第一任养父，最初收养徐知诰的恰恰是前任吴王杨行密。

那这徐知诰是什么忠烈之后吗？担得一方霸主要收为养子。非也，徐知诰原名李昪，父母都是普通人，父亲在战乱中失踪，母亲带着他流浪，在遇到杨行密的时候，李昪只是一个六岁的流浪儿，身上邋里邋遢，饿得骨瘦如柴。可是他有一个特点，这个特点跟杨行密一模一样，以至于杨行密一眼就看见了他，且看中了他，那就是——颜值出众。

当年，杨行密就靠着自己的颜值而免罪，被人生中最大的贵人庐州刺史提携，从此平步青云。如今，有颜值的杨行密对另一个有颜值的李昪，一见即喜欢，果断收为养子。

结果，杨行密对李昪过于喜爱了，引来了亲生儿子们的严重不满。表面上，李昪有了锦衣玉食，生活安稳，实际上，杨行密一转身，李昪就被杨家少爷们合力欺负。

儿子们私底下的小动作当然逃不过杨行密的眼睛，为了家庭和睦，他将李昪托付给自己最放心的手下徐温，这样自己不光能时常见到李昪，还能给李昪更好的生活环境，这真是个充满父爱的决定。

李昪从此到了徐家，改名为徐知诰。

徐知诰在徐家，确实生活更好了，核心原因就是徐家没有王位要继承，大家努力跟着徐爸爸干就好了，就算有些兄弟间的摩擦，也不至于发展到台面上。

徐知诰长大后，完全没有长残，依然颜值出众，声如洪钟，人高马大，好书善骑，说白了就是文武双全、一表人才。杨行密经常跟徐温几个赞叹："哎呀，徐知诰这个孩子呀，绝对是俊杰，咱们几个的儿子都比不上他。"

后梁开平三年（909 年），徐温已是实际上淮南地区的掌权人，任命养子徐知诰为升州（今江苏省南京市）楼船军使，掌管南京的水军，不久又升为升州刺史，镇守南京。

当时，各地地方长官多是行伍出身，抓牢了枪杆子，才能保住富贵权力。因此在他们上位后，往往抓紧时间从百姓身上搜刮民脂民膏供养军队。

徐知诰则深知这些措施不能长久，并非治国安邦之计，成为地区一把手之后，他整顿军队，用人唯贤，安抚百姓，宽仁为政，短短几年，深得百姓称赞，在淮南一带贤名远扬，拥有了一批坚定的支持者、崇拜者，也自然引起了一些人的反感，其中就有徐温的长子徐知训。

身为长子，徐知训自幼被父亲徐温当作继承人严格管教。其他人五分钟算一百道口算就算过关，徐知训不行，怎么也要四分钟完事，做不到就挨父亲的戒尺打手心。其他人背出先生教的文章就能出去玩啦，徐知训远远不够，还得当着父亲的面一字不错地默写出来。如果这一切，徐知训都能完美地完成就好了，可惜他真的资质一般，远远达不到父亲要求的优人一等。与之相对比的是养子徐知诰，学业出众，文韬武略样样拿得出手。长此以往，徐知训对徐知诰就暗暗不爽了，不太待见他。

徐知诰作为一个寄人篱下的孩子，从小也很知道生存之道，哥哥不待见自己，自己就少出风头，恭恭敬敬地对待周围每一个人，尤其对父亲徐温，他更是孝顺体贴。

曾经一次，徐温心情不好，乱杖驱打随行的徐知诰。等到还家时，徐温见徐知诰依然等在门口拜迎，并无半点不恭顺。

徐温很惊讶，说："你这是干啥呀？"

徐知诰表示："我在迎接您哪，父亲。这是儿子应该做的，怎么能因为父亲发脾气，为人子女就可以不孝顺呢？"

还有一次徐温生病，徐知诰和妻子衣不解带，昼夜照顾。半夜里，徐温醒过来，问边上："是谁呀？"

"是儿子知诰，父亲大人。"

听到是徐知诰的声音，徐温大为感动，对这个养子也越发疼惜。

毕竟自己才是正统的继承人，徐知训一开始并没有把徐知诰这个父亲收养的孩子特别放在心上，最多看他不顺眼，多给他使一些绊子而已。

真正让徐知训换了一种目光看待徐知诰的，是徐知诰在升州（今江苏省南京市）做出了一番事业，得到了广泛的群众基础之后。

而徐知训自己呢，担任宣州刺史（今安徽省宣城市）时，好的不干，尽做大兴土木、搜刮百姓之事，地方怨声载道，逼得老爹徐温又把他调回身边。

两相对比，世人都喜欢徐知诰，而不喜欢徐知训，这就是大问题了呀，以后谁还认他这个正统老徐家的儿子，服他的治理、听他的差遣呢？

百姓是水，水能载舟亦能覆舟，徐知训同学虽然读书水平不怎么样，这点道理还是懂的。

由此，以前那些暗地里的不爽和小手段，上升为要杀掉徐知诰以绝后患的决心。

第一次动手，徐知训假借宴请之名，邀请徐知诰过来喝酒，安排了人手埋伏在四周准备伏杀。不承想徐知诰的贤名之广，连徐知训身边的人都仰慕他，暗地里通知了徐知诰这件事，徐知诰逃过一劫。

第二次动手，是徐温将养子徐知诰调任润州（今江苏省镇江市）之后，徐知诰从地方回广陵（今江苏省扬州市）觐见吴王杨隆演。这次徐知训联合了一样看不惯徐知诰的二弟徐知询一起动手。还是上次的策略，在宴席外设置伏兵，伺机动手杀之。这回告密的不是徐知训身边的手下了，而是徐温的四子徐知谏。与大哥、二哥对徐知诰一向不善不同，徐知谏和徐知诰素来交好，以礼相待。当时徐知诰也有了心理准备，知道徐知训等人对自己有杀心。因而在宴席上，被徐知谏暗踩脚背示意后，徐知诰当即就假装上厕所离开了，又逃过一劫。

见徐知诰几次化险为夷，徐知训气得暴跳如雷，却没有意识到自己也正走在丢脑袋的路上。

徐温已经是淮南地区的实际掌权人，身为长子的徐知训理所当然地认为自己也就是掌权人二号，整个淮南迟早都是自己的。在他心里，父亲没让自己做吴王，那都是错误的，如果将来换了他上位，就会立刻踹了杨隆演这个傀儡。

实际上，徐温不换下姓杨的，成为一个名副其实的吴王，其背后有着深层的原因。

杨隆演虽然没有实权，也没有政治建树，而且上一任的杨渥在任时，还干了不少有损民心的事情，但是，南吴太祖杨行密却深得百姓厚爱，实际的影响力还在淮南地区。

在百姓的心中，淮南之主就是姓杨的。

徐知训有了取而代之的心思，却没有看明白天下人心所向，而且在他没有成事之前，就已然对杨隆演毫无敬意，甚至时常做出侮辱杨隆演的举动。这份心性和能力，跟他老爹徐温相比实在差了十万八千里。

徐知训不光对杨隆演不敬，也没把其他老臣看在眼里，对他们呼来喝去，久而久之完全失了人心。

时值徐温任两浙都招讨使，出镇润州，徐知训被留在广陵（今江苏省扬州市）辅理朝政。借着这个时机，老将朱瑾多次劝说吴王杨隆演，找机会除去徐温和徐知训。

朱瑾曾当过徐知训的老师，教徐知训兵法。当时的徐知训就非常蛮横，他看上了朱瑾的名驹，开口讨要，后来竟因为朱瑾没有答应送马，转头派刺客刺杀朱瑾。这件事，朱瑾忍了。再后来，徐知训又强暴了朱瑾的家伎，一桩桩一件件，积怨颇多。

一个人对待自己的老师尚且如此，又能指望他做出什么仁义的事呢？

徐知训这头也觉得有个朱瑾在自己眼前，想做任何事都缩手缩脚，于是找了个由头要把朱瑾外放出去。

这次彻底惹火了朱瑾。他以临别拜谢为由，设宴款待徐知训，并表示要将徐知训之前看上的名马和美人相赠。徐知训已经喝多了，闻言大喜，由朱瑾引入内室。当时，徐知训的随从数百人都被留在室外。朱瑾把门一关，板砖一拍，把徐知训杀了。

朱瑾成事之后，带了徐知训的首级给杨隆演。这个吴王确实没什么本事，吓得直说这件事跟他没关系。朱瑾也死了心了，知道这姓杨的也是个没用的。这位老将便挥剑自刎了。

徐知诰得知消息，急忙赶往广陵，他原本驻守的润州就距离广陵不远，因此比徐温先一步抵达广陵。等徐温听闻噩耗，从金陵赶到广陵时，徐知诰已经平息广陵的混乱。

徐温随后任命徐知诰为淮南节度行军副使、内外马步都军副使，坐镇广陵，辅佐国事。

徐知诰登上了一个更广阔的平台一展拳脚，在他掌事期间，出台诸多利好政策，善待人才，身边聚集了一批贤能之人。其名声和实权渐渐高于远在金陵的徐温。

徐温感受到危机，反复思量，他清楚自己几个亲儿子确实不如这个养子，再加上养子虽然爬得高了，对他的恭顺并无改变，一时之间下不了决心。一直到南吴顺义七年（927 年），徐温才最终决定让二儿子徐知询到广陵替代养子辅佐吴王。但是这个时候，徐温的身体已经不行了，这番轮换还没执行，徐温就在金陵病故，二儿子徐知询接任金陵节度使。

徐知诰对养父徐温恭顺，不代表他对向来不和的徐知询也要客气。徐知诰抓住了机会，诱骗徐知询入朝来进行交接之事，趁机夺了徐知询的兵权。自此，南吴的军权完全在徐知诰的手中。他替代徐温，成为淮南地区实际上的王者。

与徐温不同的是，在接下去的十年中，百姓对徐知诰的认同日渐加深，对杨家的爱戴也随着时间的流逝而淡去。徐知诰也就有了从幕后转到幕前的群众基础，甚至周围的闽国、南汉等国都劝其称帝。

南吴天祚三年（937 年），徐知诰接受吴王禅位，正式称帝，国号大齐，设立二都，西都南京，东都扬州。不久之后，他恢复本名李昪，改国号为唐，史称南唐，奉徐温为义祖。

淮南政权从南吴发展到南唐，符合历史规律，徐温上承杨行密，下接李昪，起到了关键性的过渡作用。当政时期，徐温看清现实，没有贸然称帝，甘愿做淮南的隐形皇帝，保证了淮南地区的长治久安。

李昪称帝后，依然实施仁政，固守疆土，南唐经济发展迅速，综合国力远超周围几个政权。但李昪并无扩疆野心，南唐昇元六年（942 年），吴越遭受自然灾害，李昪不但没有借机侵扰，而且派使者送去了慰问品。他长期实行友好邦交的方针，希望给予南唐百姓更多休养生息的时间。

昇元七年（943 年），李昪因后背疮病恶化，在升元殿去世，长子李璟继位。

李昪从养子做到帝王，堪称逆袭典范，而他的妻子宋氏从一名丫鬟做到皇后，也丝毫不逊色。

宋氏原本出身书香门第，后来成了孤女，无处安身，只能在升州（今江苏省南京市）刺史王戎家做丫鬟。

恰逢徐温聘王戎之女给养子为妻，宋氏被选为王家小姐的陪嫁丫鬟前往李昪府上。王氏体弱无子，将宋氏提为丈夫的媵妾。宋氏一连生育了四个儿子。王氏亡故后，李昪将宋氏扶正为继室夫人。后来，李昪称帝，又封宋氏为皇后。宋氏的长子便是南唐第二位皇帝李璟。

李璟的脑子可比他爹差远了，李昪临终叮嘱他："尽量避免战争，没事别想着往外扩张，你已经有块富裕的土地了，好好把它经营好。"

大概也是李昪了解儿子躁动的性格，知道他不是一个安于现状的主儿，才会有此叮嘱，说完还怕他记性不好，李昪狠狠地咬了儿子的手，要叫李璟长记性。

结果，李璟记性实在不好，转头就忘记了手上的疼，决定往外扩张。要往外扩张就扩张好了，李璟的头脑也不行，没有趁着中原政权动乱，往北发展，反而盯着南方，先后出兵闽国、南楚，虽然最终拿下两国，实现扩张，但过程中用人不当，战事艰难，大大消耗了南唐的国力，从杨行密开始、经历徐温、再到李昪辛苦建立起来的富裕安稳一去不返。等到李璟幡然醒悟，想明白父亲临终时的三令五申，为时已晚，这时候的中原在柴荣的手里迅速崛起，后周虎视眈眈，看向淮南。

后周世宗柴荣三征淮南，不光让南唐丢失长江以北的城池，也彻底把李璟打醒了，削去帝号，改称国主，向后周称臣，史称南唐中主。

从此以后，李璟意志消沉，开始寻觅接班人，准备早点退休，专心研究诗词歌赋。

不过，李璟的运气也着实背。

一开始定为接班人的是李璟的三弟李景遂，结果后周太彪悍了，把李景遂给吓着了，痛哭流涕地求着不要再做接班人，于是李璟的大儿子李弘翼被推上了太子位。

李弘翼想是想当太子，可是眼看叔叔李景遂被当作接班人培养那么多年，忽然换了自己上来，李弘翼心里不踏实呀，日思夜想李景遂会不会有天反悔把太子位又要回去，一来二去，李弘翼把自己吓死了。

如此一来，李璟只能把目光投向了第六个儿子李从嘉。

李璟虽然儿子生了不少，但是那个时代医学水平有限，除了大儿子，后面能活着长大的一个就是老六李从嘉了。

这个李从嘉继承了他爷爷李昪的优秀颜值，从小就被夸是个漂亮宝宝，性格上像他的父亲李璟，不那么喜欢政治的东西，一心扑在爱情和艺术上。

北宋建隆二年（961 年），李璟过世，太子李从嘉继位，改名李煜，册封爱妃周氏为后。

这位历史上有名的大周后，容貌出众，精通音律，和李煜男才女貌，在精神世界上和谐同步，郎情妾意，如胶似漆，每日吟诗作画，琴瑟和鸣，更是一起齐心协力整理修复了失传的唐代曲谱《霓裳羽衣曲》，令其重新面世。

好景不长，大周后重病过世了。

李煜又遇到了大周后的妹妹，二人一见倾心，李煜迎娶她为后，史称小周后。小周后棋艺精湛，李煜每日都要与她对弈。

李煜虽是一国之主，他的另一个身份却更为世人传颂，那就是——艺术家。他精书法、工绘画、通音律，涉猎各种诗文，尤其以词最为出众。纵观他流传于世的诗篇，在亡国之前，都以表达爱情生活为主，词风瑰丽、旖旎柔情，可以窥见其有过一段幸福浪漫的婚姻生活。如果他不是一个君王，而是富家子弟，又有如此才华和爱情，估计也会一生无憾，但可惜，他终究是一方之主，是南唐国君。

开宝四年（971 年），南汉灭亡，大宋已对南唐形成三面包围之势。

李煜被吓得夜不能寐，派遣弟弟李从善带着贡礼前往京城，觐见宋太祖，同时主动去掉国号“唐”，改称江南国主。

赵匡胤笑着应允了，却没有允许李从善回淮南去。

弟弟被扣在开封做人质，李煜却没从赵匡胤的强硬中看明白赵匡胤想要的东西。他以为只要自己夹起尾巴，好好做个小弟，大哥就会放过他。

李煜的这种性格，令南唐的将领非常失望。

与后蜀无人可用不同，南唐当时有许多能力出众、脑袋清醒的文臣武将。可惜，武将们大胆向李煜献出攻防之计，却无一被采纳，其中南唐名将林仁肇更是含冤被杀；而文臣努力谏言强调“建设经济，恢复国力”的奏章，都被李煜所拒，辅佐两代南唐国主的潘佑甚至落得入狱下场，最后自缢殉国。

真正有才干的臣子没被重用，反而是那些只知舞文弄墨、醉心娱乐的人渐渐把持要职，这样的南唐，不灭也难。

与此形成鲜明对比的是大宋那边已经获得江南十九州的详细信息，储备好粮草，组建起一支强有力的水军，一切准备就绪，只缺一个对南唐动武的理由。

开宝六年（973 年），赵匡胤令人出使南唐，告知李煜："我这边冬天要搞祭祀活动，这次比较盛大，请你务必来参加。"

李煜装死，不敢答应。

赵匡胤一看，好哇，两个月后，再派使臣前往，带着赵匡胤的谕旨，要求李煜进京面圣。

软弱的李煜差点就点头了，后来在臣子们的苦劝之下，又表示："我身体不行，去不了。"

好了，赵匡胤要的动武理由拿到了："诸位看看，大宋叫南唐来朝见，还喊了两回，南唐都不来，如若人人都不听从指挥，队伍以后怎么带？我大宋一向赏罚分明，这次只有跟南唐兵戎相见了。"

开宝七年（974年）十月十八日，赵匡胤亲自登上汴水河堤，送别十万大军。

大宋第一个好员工曹彬被授为主将，带兵顺长江而下，攻打南唐；总督察潘美率步骑兵由和州与采石矶渡江，与曹彬会合，攻取金陵；吴越国主钱俶在东边打配合。三方合作，对南唐来一个瓮中捉鳖。

大宋水军大批南下，长江北岸的南唐军丝毫没有感受到危机，以为大宋水军又是正常巡江。南唐水军们甚至和以往一样，向大宋水军致敬，送上好吃好喝的。

十月二十四日，宋军突渡长江，直趋池州。池州守将弃城而逃。宋军占领池州，进而往东拿下铜陵、芜湖、当涂，接着在采石矶打败南唐两万守军。

到这份儿上了，李煜还没当回事，听闻宋军在长江水面上架设浮桥，他听信大臣张洎的话，认为自古以来书上就没写可以在长江架设浮桥，那最后就一定架不起来。

在李煜开心地盼着宋军自己知难而退时，采石矶的浮桥却已搭建成功，宋军顺利渡过天险，水陆并行，顺畅无阻。

在金陵城郊溧水，宋军才遇到一场顽强抵抗。将领李雄原本镇守南唐西部，听说金陵有危险，他留下儿子镇守，自己领兵前往救援，在溧水与宋军相遇，英勇殉国。留在驻地的儿子也坚持顽强抵抗，父子八人全部战死沙场。然而这一门忠烈，竟然没有得到南唐的任何褒奖，李煜忙着吃斋念佛，根本不问朝政。

一直到某一日，李煜心血来潮，登城巡视，看到远处密密麻麻的宋军营寨和旗帜，才知道金陵已被围困数月。

实际上这一路，曹彬都刻意放缓进攻的速度，他一直在等，等李煜幡然醒悟，主动投降，使百姓免受兵戈之苦，士兵不必死于刀剑之下。

李煜见宋军已进逼城下，急忙命大将朱令赟率十万守军前来援救。

朱令赟这个人生性多疑，左右顾虑，若非如此也不会龟缩湖口半年多，而不来金陵救援。

当时，宋军牵制朱令赟的水军人数远远落后，赵匡胤抓住了朱令赟的性格特点，远程遥控宋军砍下树木，伪装成旗杆，忽悠朱令赟。

朱令赟往前行船，见到前方宋军桅杆林立，旗帜飘扬，约莫有百万之数，果然被吓住了，不敢再往前。宋军因此等到曹彬派来的援军，主动向朱令赟发动进攻。

朱令赟利用风向，以火攻抵御住进攻，火势顺风飘向宋军，宋军不得不后撤。

没等朱令赟得意，忽然风向大变，烈焰烧向南唐军船，南唐大败，朱令赟自焚赴死。

真是天助大宋！

已经山穷水尽的李煜还在做白日梦，派遣徐铉去和赵匡胤请和。

赵匡胤那句“天下一家，卧榻之侧，岂容他人鼾睡”便出于此时，以辩才出名的徐铉被怼得哑口无言。

金陵这头，宋军分为三寨，曹彬遣使者将前线将阵图递呈赵匡胤阅览。

赵匡胤敏锐地发现了宋军北寨的薄弱点，很可能成为南唐突袭破围的目标，但目前军事布局已经大定，结构性的改变已经来不及，而且付出代价太大，唯有挖壕沟以加强北寨的防御能力。

赵匡胤命使者用饭，下令马上备船。使者吃完饭的工夫，快船就准备好了，使者当即上船，破浪南下，次日将赵匡胤的话带到宋军营地。

曹彬不禁感叹："幸好陛下及时发现问题，要不然宋军损失就大了。"立刻下令工程队加紧，深挖壕沟以作防御。

果不其然，南唐军趁着夜色发动突袭，直冲北寨而来，宋军早已做好准备，将之全歼。天明之后，宋军整理敌军尸首，翻到数十块将军令牌，可见金陵城内的兵力捉襟见肘，连将领都出动成为突袭敢死队中的成员。

至此，金陵已经被围一年，城内缺粮，士气低迷，曹彬对李煜多次劝降，但都被李煜拒绝。最近一次，李煜假装答应，说让儿子先去开封投降。

曹彬左等右等，不见李煜的儿子出来投降，再派人去问。

李煜说："哎呀，不要催嘛，孩子的衣服都还没做好呢。"

幸好曹彬是历史上有名的好脾气，宽和仁厚，这要换了其他沙场上来往的汉子，没准一怒之下冲破皇宫，打他李煜一顿解了气再说。

曹彬做了两个安排：第一，给了李煜最后一次机会，告知他，宋军将在十一月二十七日对金陵发动总攻；第二，要求所有部将，纪律严明听指挥，待攻入金陵之后，不得妄杀一人。

曹彬深知赵匡胤攻打南唐，要的不光是南唐的土地，更要南唐的民心。

而李煜仗着金陵城墙高大坚固，认为宋军难以攻下，说啥都是在吓唬他，回答曹彬说：“爱打不打，谁怕谁呀，金陵城破，我全家自焚。”

至此，曹彬仁至义尽，十一月二十七日，宋军攻打金陵。

同日，城破。

这次，宋军攻打金陵，几乎没遇到什么抵抗。但是，时光跨越千年，仍然有一些名字值得我们铭记：

史书记载，守将呙彦、马承信及其弟马承俊率领士兵展开巷战，全部战死；大臣钟蒨穿戴朝服，坐于堂内，城破之时，全族殉国；大臣陈乔曾发誓宁死不降，李煜拉着陈乔的手说一起降宋北行，陈乔挣开国君的手离去，自缢殉国。

而那个说要“全家自焚”的李煜自书降表，袒肉而出，向曹彬投降。每每读到这段历史，若见一个可笑、可怜、可悲的人物跃然眼前，引人笑叹。

曹彬请李煜回宫穿上衣服，之后派人送他北上开封。

部将悄悄地跟曹将军说：“李煜可是说过要殉国的人，万一回去出了什么事，怎么办？”

曹彬莞尔一笑：“他既已投降，不会寻死了。”

果然如曹彬所料，李煜性格懦弱，没有决断，胆小怕事，怎么会做出寻死的事来呢？

回到宫中，李煜除了穿上衣服，还干了两件事：

首先，曹彬好心告诉他，在府库珠宝银两还没登记上册之前，可以收拾一些，以便到开封继续过大手大脚的日子，李煜听进去了，包了不少细软上路，还大方地分了许多给身边近臣；第二，李璟和李煜父子两代喜文好墨，老文化人了，字画收藏不在少数，据传其中包含钟繇和王羲之的墨宝真迹，李煜在离开之前，命人一把火将这些真迹付之一炬。

第二天，李煜出发前往开封，从此江南是梦，余生再未踏足。

赵匡胤封他为“违命侯”，呼应了当初大宋攻打南唐的理由。

北方冬长夏短，与江南不同。每每思念魂牵梦萦的故土，李煜悲从中来，化作笔下的“四十年来家国，三千里地山河”。南唐亡后，他的诗词题材更广，含意深沉，字里行间充满了国破家亡的悲凉和悔恨，相比亡国前的情情爱爱反而更上一层楼，对后世词坛影响深远，被广为传诵。

而拿下南唐的第一功臣曹彬在处理完南唐的事务后，重回开封。觐见赵匡胤时，这位大宋好员工没有居功自傲，毕恭毕敬地表示：“陛下，微臣去江南办事回来了。”

反而是赵匡胤有些不好意思：“哎呀，老曹啊，你出发的时候，我曾经许你在攻克南唐后升为使相。不过我现在想起来，北汉还没解决呢，要等拿下北汉，再封你为使相了。”

老板给员工画大饼，最后没有说到做到。

曹彬波澜不惊，毫无怨言，反而是同行的潘美似乎有什么想法，神色奇怪地悄悄对曹彬竖了个大拇指。

赵匡胤意外：“老潘，你这是什么意思呀？”

潘美老实地回答赵匡胤，原来在赵老板给曹彬画大饼的时候，潘美也在旁边，在随后出宫回家的路上，潘美提早给曹彬道贺升迁。当时曹彬就表示，北汉还没解决，先不要谈使相的事。

赵匡胤听罢，哈哈大笑，君臣心意相通，甚是快哉。

除了成功灭掉南唐，还有一个人的来信也令赵匡胤心情甚好。这信的内容是：“陛下的生日就快到了，臣准备带全家人一起来京城觐见贺寿。”

赵匡胤欣然应允，命儿子赵德昭作为代表欢迎他。

这个人便是吴越的钱俶。

迎接钱俶的地点，赵匡胤选在他当初做节度使的地方、宋国国号的出处宋州。

从人选，到地点，大宋给予了钱俶最高等级的礼遇。

钱俶和其他亡国君王被迫前往开封不同，他的内心非常平静，做好了再也不能回吴越的心理准备。天下大势，不可逆转，为了吴越的百姓社稷，钱俶希望能用最和平的方式将吴越并入大宋“天下归一”的版图。

钱俶会有这样的觉悟，与吴越三代君王都奉行“善事中国，保境安民”的治国理念息息相关。

吴越的开国君王钱镠，生于晚唐，是一个在那个时期非常吃香的武艺高强的汉子，擅长射箭，脑子灵活，和前蜀第一任老大王建一样贩私盐起家。

古代贩卖私盐犯法，但是历朝历代屡禁不止，因为正规渠道的盐有极高的税，各地价格比盐产出地高出十几倍甚至几十倍不止，在利益驱动之下，就有一批人动起了脑筋，赚地区差价，逃开官方盐税，以谋私利。

晚唐时期，藩镇割据，各地战乱，这种大环境下，朝廷自顾不暇，各地民不聊生，许多人谋寻生路，而盐又是一种生存必需品，任何地方都不能缺少，许多人便铤而走险去贩卖私盐。

唐乾符二年（875 年），因镇海节度使赵隐太抠门儿了，没给一路跟着自己的小弟们足够奖励，小弟们很不高兴，以狼山镇遏使王郢为首公然造反。石镜都镇将董昌决定招募士兵，前往平乱。

钱镠觉得是个大展身手的好时机，应募投军。贩私盐的经历，让钱镠拥有极强的组织能力，且有埋伏、行兵、熟悉地形环境等一系列优势。董昌一眼看出钱镠是个不可多得的人才，任命钱镠为偏将。钱镠果然不负老板的赏识，出手干脆，用兵巧妙，很快平息王郢之乱。

新的考验紧随而至，黄巢起义军烧杀抢掠，在浙东为非作歹，下一个目标就是临安（今浙江省杭州市）。

董昌手下寡不敌众，心里很虚。钱镠主动请缨，带小队人马，逼近黄巢先头部队的所在地，借用地形突袭对方。敌军没有防备，一时混乱，等反应过来，钱镠已带队撤退。黄巢大军赶到，命人追击。钱镠虚张声势，布下迷阵，让对方以为是一支人数不少的队伍。黄巢心里打鼓，这要真双方开战，还不知道谁得便宜，当即决定放弃临安，转往福建去了。

钱镠因此妙计一战成名，得到淮南节度使高骈的嘉赏，升钱镠为都指挥使，管理临安一带的军队，钱镠的老板董昌也一起升了杭州刺史，成为地方老大，风光无限。谁都喜欢身边能有得力的下属，董昌从此越发看重钱镠。

日子过得好，少不得引来嫉妒，越州（今浙江省绍兴市）观察使刘汉宏看董昌不顺眼很久了，派弟弟刘汉宥攻打董昌。

董昌又一次惴惴不安，“哎呀，这可怎么办？”

钱镠就不是坐以待毙的性格，跟董昌说：“老板，不如我去收拾这个姓刘的。”

董昌听闻，额头冒汗，“他很厉害的呀，你要怎么收拾？”

钱镠自信一笑，“您等着。”

不久，一支队伍叩响了刘汉宥营寨的大门。守门将领们一看，这队人带着跟自己毫无差别的兵甲和军旗，是自己人，再一问话：“你哪儿来的？”

钱镠答：“刘将军大哥家来的，咱们前不久才见过，大哥你怎么忘记小弟了？”

钱镠摸清了门路，答得滴水不漏。

刘汉宏做梦也想不到，会被钱镠骗开了自家弟弟的大门，趁对方欢迎之际，忽然拔刀，弟弟刘汉宥被杀了个措手不及，奔逃回来。

刘汉宏不服气，认定这个姓钱的不过是狡诈之辈，再给一次机会，绝对叫他好看。

机会不是等上天给的，而是自己创造的。

刘汉宏深谙此道，创造了不止一次机会。钱镠每一次都让他失望，全部获胜，最后斩刘汉宏于会稽。

董昌又一次升职了，刘汉宏的地盘都归他管了。董老板很高兴，把临安给了钱镠打理，自己前往越州，建设新地盘去了。

这一年的淮南极不太平，各地起兵造反的情况好似多米诺骨牌，相继发生。其中，有两个人抓住了机会：一个是南吴太祖杨行密，另一个就是钱镠。杨行密拿下润州，扩大并巩固了对淮南地区的统治。钱镠取得苏常两州，加强了以临安为核心的浙东浙西一带。

钱镠在忙前忙后打理事业的时候，他的老板董昌也在打理事业，只是这个事业显然不切实际，董昌称帝了。

此时的大唐虽然岌岌可危，但毕竟还活着，对于董昌这种行为，做得好，打不下来的，那就是真皇帝；对于做不好，没多久就土崩瓦解的，那叫造反。

钱镠对于自己的老板属于前者还是后者，清楚得很。他笑了笑，领了三万兵马前去“劝”老板：“您快收手吧，要不我只能代表朝廷收拾你了。”

董昌的胖是虚的，雄心也是虚的。钱镠一戳就破了，等唐朝令钱镠平乱的圣旨送到，钱镠已经解决了董老板，随即被大唐封为镇海、镇东军节度使。几年后，加封吴越王，统领两浙十三州。有趣的是，一直彼此不对付的钱镠和杨行密在几年后成了儿女亲家，不过这两个人依然想着要吞并对方，今天你挠我，明天我戳你，你来我往，坚持不懈。

小地方有摩擦，钱镠可以奉陪，但大环境上，钱镠万分清醒，吴越这方水土，太小，太弱，远没有可以千秋万代的根基，他奉行“善事中国”的基本国策，不论中原王朝如何更迭，都坚持对中原王朝称臣纳贡。这不是单纯的依从，而是把外交空间主动灵活地掌握在自己手中。因此，吴越才能在与南吴的拉锯战中，以及在后来强大的南唐面前，始终保持稳定的大环境，进而实现先“保境”再“安民”的施政方针，让地方百姓休养生息，发展经济，建筑堤坝，兴修水利，为吴越国之后的发展奠定坚实基础。

接班钱镠的第二代吴越王，是钱镠最喜欢的第七个儿子钱元瓘。他虽然只做了九年吴越王，但基本执行了父亲制定的国策，只是在执政后期，有了一些贪图享乐的心思。不过这没关系，因为他很快就驾鹤西去了，没给吴越国造成什么实质性的损害。

随后上位的第三代吴越王钱弘佐，仿若爷爷钱镠转世，冷静睿智，极富政治头脑，同时他又性情温和，爱民如子。在得知府库粮草丰余之后，钱弘佐当即减免三年税赋，惠及百姓。

后晋开运二年（945年），年仅十八岁的钱弘佐力排众议，派兵支援福州。两年后，吴越军打败了进攻福州的南唐军，国内士气大振，又过了九个月，福州成功被纳入吴越版图。

可惜天妒英才，钱弘佐已经在半年前驾崩，年仅二十岁。因钱弘佐的儿子太小，才六岁，钱弘佐之弟钱弘倧被推举上位。

钱弘倧根基薄弱，权力掌握在朝内众将手中，但作为钱镠的孙子，不可能那么㞞，必然想把这权力给抢回来。可惜钱弘倧失败了，钱元瓘的另一个儿子钱弘俶被推上了王位。

也正是后来的这个钱弘俶，前后经历后汉、后周、大宋三个中原政权，严格贯彻“善事中国”的祖训，从不懈怠，被中原政权好好地记住了，直夸吴越是个好小弟。

后汉乾祐三年（950年），吴越大败又一次打福州主意的南唐军。钱弘俶立刻将喜报呈报后汉，“老大，他打我，但是我没给你丢脸。”

后汉自然高兴，“吴越这小弟呀，他心里有我，尊敬我，赏他。”

后周显德二年（955年），柴荣准备出征淮南，下诏吴越出战常州，以牵制南唐军队。钱弘俶毫不犹豫出兵协同。吴越军在战场上表现出色，积极策应后周。

柴荣大为满意，对钱弘俶十分信任。

到赵匡胤时期，大宋刚刚建立，吴越马上就表明了自己的立场：“大哥您好，小弟一直都在，这是恭贺您登基的一些小小礼物，望您笑纳。”

钱弘俶为了表达对大宋的尊敬，避讳赵匡胤父亲名字中的弘字，改名为钱俶。

北宋开宝七年（974 年），大宋征讨南唐。

是夜，钱俶看着几乎同时送到面前的两封书信。

一封是李煜写的：唇亡齿寒的道理你总懂吧，一起抗宋吧，要不然今天大宋打的是我，明天打的就是你。

另一封则是赵匡胤写的：弟，见字如见面。大哥我准备灭了隔壁不听话的南唐，你来不来？

现实似乎给吴越国出了一道绝世难题。

但在钱俶眼里，这想都不要想啊。他转手就把南唐的来信递呈给了赵匡胤，“大哥，你看，这小子心思多坏。”

在钱俶眼里，南唐太没有政治智慧了。一直以来，中原指哪里，吴越就毫不犹豫地跟进，其出发点本身就包含了借助中原势力以应对身边一直实力不俗的南唐。

在夹缝里求生存的道理，吴越比南唐懂。在大宋灭南唐的过程中，吴越出兵出钱出粮食，出色地完成了大宋交托的任务。

在南唐被纳入大宋版图的那一刻，钱俶做出了痛苦但清醒的决策，前往开封觐见宋太祖，送上吴越国地图。

而赵匡胤也给予了吴越最高规格的荣耀和尊重。

首先，允许钱俶“佩剑上殿，诏书不名”。在古代，为了防止臣子意图不轨，面圣时都要脱去鞋履，卸下兵器。而在古代，称呼一个人的名字也是极不尊重的行为。赵匡胤允许钱俶佩剑上殿，在诏书中不呼其名字而以官职替代，表达了他对钱俶的信任和尊重。

第二，封钱俶的妻子为吴越王妃。根据礼法，只有皇室宗亲可以封王妃。当时当朝许多大臣表示了反对，认为自古异姓王侯没有封妃先例。但赵匡胤力排众议："没有先例，朕便来做这个第一人。"

转眼冬去春来，钱俶一直没提回家的事，他已经做好了心理准备，和南汉、南唐等亡国君主一样，在开封一直住到老死。

赵匡胤仿佛看出了钱俶的心思，"钱老弟，朕看到了你的奏章，朕要回老家洛阳，你也想一道去看看，这份心朕领了。如今天气渐热，北方的夏天太干燥，老弟你住不习惯的，趁早回南方去吧。"

钱俶受宠若惊，赵匡胤的意思是，不扣他在开封，继续老实做节度使就行了，可……可是以后陛下会不会变卦呢？

仿若看到了钱俶心里的每一个字，赵匡胤微微一笑，"放心吧，有我一世，就有你一世。"

这份承诺，赵匡胤终其一生，确实没有食言。

钱俶感激涕零，深深拜下。几日后，吴越王一家人登上了回程的船只，赵匡胤送他一个大大的黄色包裹，叮嘱他回头再看。

钱俶不明所以，在路上忐忐忑忑地打开包裹，里面满满当当的都是奏章。翻开内容一看，钱俶惊呆了，仿佛劫后余生一般，他对北面郑重地拜了下去，"臣，定永生不忘陛下恩典……"

那满满的奏章，尽数写着一件事：请赵匡胤扣钱俶在开封，永绝后患。

赵匡胤的人格魅力和坦荡胸怀在这一刻彻底感动了钱俶，回到吴越后，钱俶空出北面正位，自己坐于下方，以表达对宋太祖的尊重，并立刻将一份地图送往开封。这一次，是吴越的军事图。

从这一刻起，吴越在版图上真正并入大宋，赵匡胤保留了钱俶的地区管理权。

不论是赵匡胤，还是钱俶，都选择把百姓利益放在首位。这次的和平合并保全了吴越地区的百姓没有卷入战争，南方富庶之首的临安地区因此得以继续蓬勃发展，从而间接给后来宋皇室南迁，定都临安，建立南宋，奠定了基础。

值得一提的是后世流传的《百家姓》，就成书于这时期的吴越国境内。第一个赵字，为大宋国姓，第二个钱字为吴越王姓，孙姓来自吴越王妃娘家的姓氏，再之后几字皆来自钱俶妾室之姓。它读起来朗朗上口，为国人启蒙读物，是中华民族珍贵的文化遗产之一。

不费一兵一卒拿下吴越之后，大宋的版图距离赵匡胤的目标只剩下北汉和燕云十六州。

开宝九年（976年）八月，赵匡胤第三次北伐北汉。那个因为不识字闹过笑话，但深得赵匡胤欣赏的党进被封为河东道行营马步军都部署，为征汉大军的主将，征南汉时立下大功的潘美为都监，与杨光美、牛思进、米文义一起兵分五路，向太原进发。

这一次，大宋做好了充分准备。

赵匡胤不仅要弥补上次没能拿下太原的遗憾，更为收复燕云十六州提前准备好了小金库，预备对占有燕云十六州的辽朝先礼后兵。如若大辽同意，大宋便用这笔资金赎回燕云十六州。如果大辽不合作，这个小金库就是宋朝日后发兵征辽，以武力收回燕云十六州的资金。

纵观历史长河，“秦皇汉武，唐宗宋祖”，在担得起千古明君评价的帝王里，赵匡胤绝对排得上前几位。他以豁达和宽仁著称，在位时的决策、眼光、胸怀，无一不超脱个人富贵、一时喜乐，立足于国家社稷的大格局，将大宋建立成为一个不输汉唐的王朝，对于属于中原的国土，必须收回，对于皇土之上的百姓，将战争对他们的伤害降到最低。

党进没有辜负赵匡胤，此次宋军北伐，前方捷报不断，五路兵马全部顺利往北汉推进。北汉已经相当虚弱，节节败退，吊着一口气只等待契丹爸爸来救。

就在北宋军高歌猛进，即将拿下北汉的时刻，五路兵马却忽然停下攻击，静默不动，就似一首慷慨激昂的军乐，在奏到最高潮时戛然而止。北汉的心提到了嗓子眼儿，而大宋的心沉到谷底。

这一次，阻止宋军进攻的不是大辽援军，而是从开封传来的噩耗——开宝九年（976）十月二十日夜，身体一向康健的赵匡胤，突然在万岁殿驾崩，享年五十岁。

第六章

烛影斧声——开启赵光义时代

众所周知，在古代，尤其是乱世之中，做一个政治家面临的风险极高，随时都可能被干掉。就算朝野风平浪静，医疗水平也有限，就算是帝王也鲜有长寿之人。提早准备好继承者，能有效减少权力交接时的麻烦，提高一个王朝或者政权的延续性。因此，许多在位者都会提前思考继位者的人选问题，早早给权力顺利交接做好准备。

在五代十国时期，关于谁是皇位继承人这一点上，有一条潜规则——隐形皇储。

后周太祖郭威时期，封柴荣为晋王，担任开封府尹，一品官衔。作为区分，当开封府尹不具备储君职责的时候，是从一品或者二品。

这办法不同于直接设立太子，而是把继承人放在一个官职上，皇帝活着的时候，彼此为君臣关系。皇帝死了，这个特定职位上的人就可以继承大统。

宋太祖赵匡胤登基之后，延续了这一做法，封二弟赵光义为晋王，担任开封府尹。很显然，这时候赵匡胤心中的继任者人选是二弟赵光义。

那为什么没有选择父死子继呢？赵匡胤明明有儿子。

因为此时，赵匡胤最大的儿子赵德昭才十岁。

而赵匡胤又是通过什么手段上位的呢？是后周太宗柴荣驾崩，其七岁幼子继位，尚不是一个成熟合格的掌权者，才给了赵匡胤取而代之的机会。

有了前车之鉴，赵匡胤经过深思熟虑，决定定二弟赵光义为继承者。

赵匡胤一共兄弟三人，二弟赵匡义，三弟赵匡美。后两个人在赵匡胤即位后，避兄长名讳，分别改名为赵光义、赵光美。

赵光义比兄长小十二岁，全程参与了赵匡胤从武将到帝王的转变过程，也是这一转变有力的支持者、追随者。不论是他的年龄还是经验，都是被作为赵匡胤继位者培养的第一人选。

赵匡胤对赵光义的信任，可以从开国后的一系列军国动作中看出。陈桥兵变，南征北战，赵光义都参与谋划和决策。最重要的京城地方治理的负责人是赵光义。每次赵匡胤亲征离开，都让赵光义留守监国。

除了政治上的信任和栽培，太祖身为兄长，对赵光义有情有义。有一次赵光义生病，需要艾灸，赵匡胤先在自己身上尝试，确认艾灸距离，既不会烫伤弟弟，又能起到治疗效果，然后亲自给赵光义艾灸，直到赵光义好转，他才放心离开。这份兄长对弟弟的厚爱，在有史以来的帝王世家中绝对少见。

兄长厚爱弟弟，弟弟是否对兄长怀有同样的情感呢？

随着儿子的日渐成长，赵匡胤开始培养他们走到台前。吴越王钱镠来开封觐见，赵匡胤令次子赵德昭代表大宋招待吴越王一家。这是赵德昭第一次走到台前，参与政务。

赵光义表面上没说什么，但其内心绝不平静。

不久之后，赵匡胤衣锦还乡，西巡洛阳。

在这次洛阳之行中，赵匡胤提出了一个新的政治构思，而随行的赵光义坚决反对。也许从这个侧面，我们可以窥见在太祖驾崩前夕，赵光义的心态发展到了什么程度。

浩浩荡荡的队伍往西走着，在抵达洛阳之前，最重要的一站是赵匡胤父亲赵弘殷位于巩县（今河南省巩义市）的陵墓。赵匡胤祭拜先父，在陵前号啕大哭，到场的臣子无不跟着真情流露。但蹊跷的事随后发生了。赵匡胤登上高台，忽然从侍卫手中拿过弓箭，向茫茫西北方向射出一支响箭，然后遥指着箭落处，告诉诸人："朕死后，就葬在那边。"

闻言的随行官员无不惊骇。因为赵匡胤戎马一生，武艺高强，身体一直十分强健。而且自古以来帝王陵地的选择，都有一套严格的机制和流程。赵匡胤忽出此言，到底是什么意思？而对比后来宋太祖的忽然驾崩，又仿佛令人觉得他在冥冥之中觉察到了什么。

这次西行，赵匡胤走得极慢，似乎要将家乡的一草一木、儿时经历的所有瞬间，都再触碰一次、复习一次，纳于心怀。

而后，赵匡胤提出了一个又令所有人都意想不到的事——迁都。

把京城迁到洛阳来，洛阳是中原腹地，地势险要，有黄河之险为天然屏障，又是隋唐大运河的中心，交通便利，可以把华北、江淮，尤其是鱼米之乡的物资源源不断运输过来，远比开封更适合做大宋的心脏。

赵匡胤的这番畅想并非一时兴起，为了保卫都城，开封要屯兵数万，这是过去中原王朝政权不稳的因素之一，也给国家造成了沉重负担。

但没想到，这个提议遭到朝中许多臣子的反对。而其中许多人不同意的原因，竟然只是因为迁都麻烦，或者用现代的说法是，这些人在舒适圈里已经懒得出来了。

赵光义同样是反对声中的一员。

赵匡胤耐心给弟弟解释："实际上，洛阳只是一个短期选择，更适合的地方是长安。以山河险峻替代沉重的屯兵，才是天下安定之策。"

赵光义依然不理解兄长，他坚决反对，跪地恳切地说道："山河险峻也未必长久，真正能安邦的是天子的德行。"

也许是不想在家乡与兄弟发生争执，也可能是觉得以后还有时日可以让这个设想获得理解和支持，赵匡胤没有再坚持下去，只是在结束这次对话的时候提醒弟弟："你说的话没有错，但是非要屯兵保卫京城，并不是上策，长此以往，国力民力消耗殆尽，也不过就是百年之内的事情。"

宋太祖的预见一点没错，开封无险可依，拖累大宋，最后在国家乏力之际，遭遇金兵南下，只能痛失疆土，退守临安。

可赵光义没有听进去，后世的北宋皇帝，也没有一个人有这份睿智听明白太祖的深谋远虑。

又或者赵光义是听懂了的，他坚决反对的更深层原因是，国家的安危在百年之后，但眼前的利益却不能不争。

赵光义已经管理开封十五年，城中布局、军事、情报机构，都有他安排的角色，确保掌握第一手资料和主动权。兄长一旦迁都，赵光义十五年的心血等于付诸东流。

再说，万一赵匡胤迁都的真正目的是为变更继承人而铺路呢？

赵匡胤属意为继承人的儿子，既有可能是代表国家招待吴越王的次子赵德昭，也有可能是四子赵德芳，因为赵德芳的老丈人好巧不巧正好担任西京留守，是洛阳地方长官。

所以，赵光义必须坚决反对迁都，以确保自己的继承人身份牢不可破。

从洛阳回到开封不久，大宋出兵北汉，前方捷报一个接着一个。赵匡胤非常高兴，十月二十日晚，他召赵光义进宫，兄弟二人在寝宫内饮酒。

宋太祖屏退旁人，兄弟二人也许要说体己话，又或是商议重要机密。内侍们站在殿外，远远看见烛光影动之下，赵光义时不时离席退避，这可能是在给兄长拿酒，也可能是其他……等到饮酒结束，时间已经很晚了，地上的雪厚厚的。赵匡胤用柱斧戳地，发出声响，同时跟赵光义说话，好像是叮嘱他什么事，叫他“好好干”，又好像是在生赵光义的气，说他“好自为之”，内侍们没有听得非常明确。随后，赵匡胤便脱衣就寝，鼾声如雷。

这就是宋太祖驾崩前最后时刻发生的事情，历史上引发了后世无数联想猜测的千古疑案——烛影斧声。

等到五更左右的时候，寝殿内没有了声响，内侍入内查看，发现太祖竟已驾崩，急忙告知宋皇后。

宋皇后指派内侍都知王继恩："快去把德芳叫来。"

宋皇后无子，所以对于喊哪一个儿子，是赵德昭还是赵德芳，都不重要。重要的是历史已经多次证明了，帝王驾崩时，第一个赶到的人，大多成为继位者。宋皇后在关键时刻的第一反应也是父死子继。而她之所以脱口而出要喊赵德芳来，很可能是因为宋皇后是宋太祖第三任皇后，年龄比赵德昭还小，为了避嫌，宋皇后和这个实际上的皇长子往来很少，而与小宋皇后七岁的赵德芳就没有这方面的问题，母子之间相对亲近。

但是，王继恩认为封为晋王并担任开封府尹的是赵光义，这才是赵匡胤安排的继承人，所以他没有去赵德芳府上，而是去叫了赵光义进宫。

这不也正是对上了赵光义坚决反对迁都的动机？开封早已在他的秘密部署和监视之下，万一赵匡胤驾崩，晋王府能有把握在第一时间得到消息。

同时，王继恩身上也有疑点。他只是一个小小内臣，竟然敢违反皇后的命令，把另一个继承人领到宫内。这绝不是王继恩领会宋太祖传位于弟的缘故，而是他和赵光义早就勾结到一起。这件事，从赵光义上台后，王继恩一路飞黄腾达便可以看出。

宫内，宋皇后焦急等待着儿子过来，结果见到王继恩身后进来的是赵光义。那一刹那，她的内心犹如万丈高楼坍塌，绝望至极。但，她毕竟是自幼出入宫廷，伴随帝王生活多年，有极高的政治敏锐度和智慧的一国之母。

宋皇后在绝望之后，迅速调整过来，她悲痛地对赵光义说："我们母子的性命，都托付给官家了。"

在宋朝，官家是对皇帝的特定称谓。

从宋皇后这句话可以看出，她在极短的时间里认清了现实。大宋新的皇帝将是赵光义，也只会是赵光义，她和赵匡胤儿子们的生与死，都在他的一念之间。

宋太祖驾崩的第二天，赵光义登基，成为大宋的第二位帝王，属于赵光义的时代开始了！

仿佛为了避免不必要的怀疑，赵光义让朝中近臣一起瞻仰了宋太祖的遗体。大臣们看到太祖“玉色温莹，如出汤沐”，也就是说赵匡胤的遗体似乎被清洗过。这个细节，特别引人深思。如若整理先帝仪容，本来就有清洗遗体这一道程序，臣子没有必要做此猜想。那如果并没有这道程序，为什么要给赵匡胤清洗遗体？难道宋太祖是非自然死亡吗？那除了会留下伤口的刺杀，唯有中毒这种可能。

史书对宋太祖的突然驾崩的正面描写只有寥寥几句，无法从中窥知赵光义有没有对兄长痛下毒手。但其他一些人身上发生的事，也许可以给予后人一些思考。

比如，南唐后主李煜，赵匡胤不光留他性命，平日待李煜还不错。但轮到赵光义上位之后，李煜万万没有想到的事情发生了。被频繁召唤入宫的不是他自己，而是他的小周后。

赵光义意图凌辱，小周后激烈反抗，因此惹恼了赵光义，他命五六个宫人将小周后强行按住成事。小周后自宫中回来，以泪洗面，衣衫凌乱。李煜自然懂得妻子在宫中发生了什么事，但他无能为力。

接下去，赵光义隔三岔五召小周后入宫，每次都要过三五日才放她回来，甚至恶趣味地叫宫中画师将他临幸小周后的画面画了下来。李煜什么也做不了，只能与小周后抱头痛哭，郁郁寡欢的他词句如泣，充满悲凉。

但就算是寄情诗词，也令赵光义怒火中烧，极度不爽。

太平兴国三年（978 年）七夕，李煜四十二岁生日，宫中赐给李煜一壶酒庆生，李煜不敢不饮。酒后，他与小周后坐在院子里一起赏月，话未出口，已是思乡之情满怀，酸意满腔。突然，他觉得腹痛难耐，浑身佝偻起来，最后毒发身亡，死在小周后的怀中。原来，赵光义所赐的酒中有毒药“牵机药”。

南唐后主被毒死的同一年，原本深受宋太祖皇恩，回到吴越地区的钱俶，收到朝廷旨意，要求他前往开封。到开封后，他便被扣留。

赵光义同兄长不一样，并不乐意大宋和吴越继续保持君臣关系，他要吴越和其他地区一样属中央统一管辖。

钱俶也自知这次不会再有之前的幸运，主动献上吴越十三州土地和户籍人口明细，他每日谨小慎微，不敢有半点纰漏，这般在开封心惊胆战地住了十年。钱俶六十大寿那日，赵光义派人给他贺寿，宴饮至夜幕降临，钱俶同样饮尽了赵光义所赐御酒，当夜毒发身亡。

看完李煜和钱俶，再看赵匡胤的两个儿子赵德昭和赵德芳。

宋太宗上台之后，攻打北汉，顺便跟辽朝干了一仗。虽然没从辽朝人手里占到便宜，但北汉是实实在在打下来了。然而，辛辛苦苦打了仗的将士回到京城后，一个都没有得到封赏。

赵德昭认为说不过去，跟赵光义说：“是不是应该犒劳大家一下？”他这么说，完全出于好意。

但赵光义不这么想。

不知道是不是做贼心虚，赵光义上位之后，一直觉得民间和朝野里有怀疑他登基合法性的声音，而且在一些人心里，赵德昭是宋太祖在世的儿子中年龄最大的一个，实际上的皇长子最具备继承大统的正当性。

所以赵德昭这话，令赵光义大为光火，认为赵德昭此举是在拉拢将士。他非常生气，脱口而出道：“要封赏他们，等你做了皇帝再说吧。”

史书写赵德昭这个人喜怒不形于色，但是听到亲叔叔这么回答，赵德昭当时就非常痛苦，急奔离开皇宫。他并没有居心不良，窥伺帝位，但是那一刻，他百口莫辩，跳进黄河也洗不清。

怎么办呢?

唯有一死，以证清白了。赵德昭回到家中，挥刀自刎。

听闻赵德昭的死讯，赵光义大为吃惊，急忙赶到赵德昭府上，抱着侄子的尸体哭泣："傻孩子呀，你何至于要这样！"

可以相信，那一刻，宋太宗的吃惊是真实的，他没有料想到赵德昭会如此刚硬直烈。但赵光义是不是真有那么悲痛，就很难说了，毕竟赵德昭是宋太祖最大的儿子，他一离世，对赵光义来说就是解除了最大的威胁。再者，赵光义若真的非常悔恨自己一句不得当的话而导致亲侄子自杀，应该对赵匡胤其他的儿子更好才对。可赵匡胤死后，宋皇后第一个想到要召进宫的赵德芳，他的结局又如何呢？

赵德昭自刎后第三年，赵德芳过世，年仅二十二岁。历史记载他因病治疗无效而亡，赵光义又一次非常悲痛，亲临哭祭。

赵匡胤膝下四子，除去早夭的长子和三子，唯有赵德昭和赵德芳长大成人，却又都在赵光义登基之后英年早逝。自此，宋太祖一脉对赵光义皇位的威胁彻底解除。

话到此处，宋太祖突然驾崩的真相呼之欲出，赵光义实际上就是做了弑兄篡位之事。

这也就不难理解，为什么赵光义上台之后，立刻做了下列三件事：第一，给所有官员升职，大宋好员工曹彬就在这时升为了使相。第二，大赦天下，甚至将把宋太祖气到摔东西的几个罪人都放出来了。第三，开科举，宋太宗朝的第一届科举一口气录取了二百多人，是太祖时期一次科举录取人数的十倍之多。

这样一来，手里握着权势的，拿着笔杆子的，以前恨太祖的，现在都得感激赵光义。

赵光义的意思很简单，好处所有人都拿了，你们就闭上嘴吧！

可是，名不正言不顺的声音还是流传在世，更是回荡在赵光义的心里，他忐忑不安，情绪不稳，急需一个合理继位的凭证。

一个我们都很熟悉的老面孔，在这个时候走到了大家面前——大宋第一名相，以“半部《论语》治天下”的赵普。

不过，赵普此时已经不是宰相，他和宋太祖蜜月般的亲密信任关系，结束在开宝六年（973年），赵匡胤下诏，罢去赵普宰相之位，贬为河阳（今河南省孟州市西）三城节度使。

赵普在为相初期，工作尽心尽力，赵匡胤也对他极为信任。基于这份信任，赵普想做的一些事，即便忤逆了赵匡胤的意思，赵普也会坚持。

曾经赵普想提携一个赵匡胤极为不喜欢的人，送上去的奏章被赵匡胤打了回去。赵普再接再厉，第二天继续上奏，赵匡胤继续不同意，到第三天，赵匡胤看到又一次送到手边的奏章，气得撕烂了，拂袖而去。

赵普的下一步动作绝了！

他将宋太祖撕碎的奏章带回家，重新粘好，又在次日上朝时交给了赵匡胤。

当赵匡胤看到这一份残破的、黏合得不太漂亮的奏章，心里的情绪得有多丰富啊！但是宋太祖转念一想，倒是觉得可以看看他推选的人到底能不能胜任，因此应了赵普。

类似的事情还有许多，赵匡胤和赵普就算是政见不一而闹别扭，但赵匡胤对赵普的信任和工作能力的认可度都是极高的。

但是长期处于高位的赵普慢慢变了，借助赵匡胤的信任恃宠而骄，敛财、专制、结党，这些赵匡胤看不惯、不允许的事，赵普都做了。

在敛财方面，赵普在一开始是基于商业敏感度，注意到南来北往的人员有吃住需求。有需求自然就有市场。赵宰相脑子一动，利用职务之便，盘下了人员往来最密集的位置，开设酒店住宿。开业之后，如他预想的一样，生意好极了，日进斗金。

有了钱，赵普的想法就多了，堂堂一朝宰相，住得太寒酸不行，他要给自己改善一下居住条件。

要知道赵匡胤是一个讲究节俭的人，许多奢靡之物都不允许使用。比如南汉刘鋹的宫殿里有几千颗珍珠，这些深海珍珠，需要岭南沿海的采珠人冒着生命危险才能采得，名叫媚川珠。赵匡胤拿下南汉后，得知媚川珠的采集过程，立刻下令禁止这种奴役百姓的事情。再比如，赵匡胤自己的女儿永庆公主一日戴了一支点翠的发簪，赵匡胤看到了，告诫女儿以后不要再戴，一旦因为公主戴这些而被京城贵族效仿，京城的点翠价格就会飙升，百姓为了逐利，便会去伤害翠鸟以获得更多点翠需要的羽毛。

而对于建造房舍需要的木材，赵匡胤也严禁使用最好的"秦、陇大木"。但赵宰相的胆子可就大了，明知违反朝廷禁令，仍然派人前往秦岭伐木，投运入京城建造豪宅。用完的边角料，赵宰相也没浪费，转卖出去，大赚了一笔。

从这开始，赵宰相的心境明显开始变了。犯法，在他眼里，并不是一条红线，相反他觉得自己可以有别于其他人，凌驾于法律之上。

这份心境的改变，让他的胆子越来越大，在他担任宰相的后半程，赵普已经专权到听不进异声。每日他办公时，看到地方呈报上来的信息不合心意就丢入瓮中烧掉。

赵普如此专横，很多人看不顺眼，开始找赵匡胤打小报告。一开始，赵匡胤不相信，还重罚了几个打小报告的。但时日久了，宋太祖也意识到，赵普的行为已经触犯到国家利益，动到了社稷根本，不适合再坐在宰相的位置上。

在这个节骨眼儿上，还发生了两件事情。

一件是赵匡胤撞见了吴越王派人给赵普送礼。

看着那十几个大坛子，宋太祖问赵宰相："这是啥呀？"

赵普答说："就是一些东边沿海的特产罢了。"

结果打开坛子一看，赵匡胤的眉心都跳了，满满当当都是黄金："呵，真是好特产哪，赵宰相那么辛苦，就拿了吧。"

受贿这种事，也许赵匡胤忍忍就过去了，但这节骨眼儿上，赵普和李崇矩竟然做了儿女亲家。

结亲，本来是一件喜事。可往上一看，赵普是管行政的当朝宰相，李崇矩是管军事的枢密使。这违反了两府大臣不得通婚的禁令，这是宋太祖的大忌。

赵匡胤大为光火，立刻下令："以后除了上朝的大殿里，其他时候不允许这俩小子在一个房间见面。哪怕是等待上朝的时候，也必须在两个小房间等。"

在此之后，朝野里再有人说赵普的坏话，赵匡胤都慢慢记在了心里。开宝六年（973 年），雷有邻击登闻鼓告御状，找赵匡胤揭发赵普及其下属官员受贿。知制诰卢多逊也一直在赵匡胤跟前说赵普的坏话。

最后在开宝六年（973 年）六月，赵普被罢相，离开了权力中心去外地，但他依然密切注意着开封朝中的动向。赵光义自上位之后，一直承受着继位合法性的质疑，这一切自然没有逃过赵普精明老练的眼睛。

赵普给赵光义传话："陛下，有一件事压在老臣心里许久，不知道当讲不当讲……"

赵光义一拍大腿，"哎呀，赵爱卿不要吞吞吐吐的，有什么事就快说嘛。"

听这熟稔的语气，世人不禁好奇，这两个人是关系很好吗？

当然不是。

宋太祖在位时期，他俩很不对付。

赵匡胤最忌讳手下豢养部属，甚至因为太过在意，听信诬告，先是误杀爱将张琼，后来又差点宰了"义社十兄弟"之一的韩重赟。可他最信任的弟弟赵光义却在担任开封府尹期间，真做了私养部属、勾结官员的事，大肆建立自己的势力。当时的当红宰相赵普，自然也是赵光义勾结的目标之一。不过那时候的赵普头一昂，把这件事告到了赵匡胤面前，直言宋太祖应该小心赵光义。于是，赵普和赵光义自此杠上了。

但是，没有永远的敌人，只有不变的利益。此一时，彼一时。身陷质疑的赵光义和想要复位报仇的赵普，这老谋深算的两个人，眼神一对，就得到了彼此想要的东西，化干戈为玉帛。

“当年太祖和您的母亲杜太后过世的时候，太祖和老臣在太后身边……”赵普给赵光义回忆了发生在杜太后临终前的一段往事，大概内容如下——

杜太后问太祖：“你是如何得到天下的？”

太祖答说：“是托祖宗和母亲您的福泽庇护。”

太后摇头，“不是这样的，是因为后周世宗皇帝柴荣传位给幼子，你才有机会取得天下。这个教训我们必须吸取，你的孩子还小得很……不能重蹈后周的覆辙，他日你的帝位先传给光义，光义再传给光美，光美再传给你的儿子德昭，这样国家才一直有适合的帝王，社稷才能长久。”

太祖沉默许久才哽咽着答应太后：“谨遵母命。”

赵普跟赵光义说：“当时，臣写下了杜太后的遗命，藏于金匮，交于宫人保管。”

这就是传说中的“金匮之盟”，此时杜太后已过世，宋太祖已驾崩，唯一的见证者赵普站了出来。这样一来，赵光义继位合法性遭到质疑的问题迎刃而解。

但是，世人不禁要问：赵普你早干嘛去了？

要知道这时候，赵光义已经继位六年，如果杜太后真有此遗言，赵普又是抱着什么心态，眼看着赵光义被流言中伤质疑多年呢？

倘若赵普一开始就不打算说出这件陈年旧事，那后面又为什么要提出来？

实际上，赵光义登基之后，关于杜太后遗言的事就已经在民间隐隐流传，也就是说赵光义已经在尝试给自己正名了。而老谋深算的赵普抓住了这一点，就选在赵德芳过世之后才站出来做人证，“金匮之盟”出现时，宋太祖的两个儿子都死了，杜太后遗言的最后，让帝位回到赵匡胤这一脉的可能已经不存在，这才给赵光义解决了继承合法性的问题。

所以赵普站出来的时间点，高哇，真是高！

赵光义高兴地拍拍赵普的肩膀：“这么多年，委屈你啦。”

太平兴国六年（981 年），赵普复出，第二次拜相，基本上就是赵光义感激赵普站出来说话的回报。这一回，赵宰相只干了三年，任期短得就好像是为了完成一桩交易。

赵普所要的是办了卢多逊，报当年罢相仇。赵普的想法，赵光义很懂。

而赵光义要的，赵普也很懂——这赵光美不还在太后遗言传位的范畴之中吗？他还活着的！

赵光义登基之后，为了避讳其名，赵光美改名为赵廷美，此时正沉浸在母亲“光义之后传给光美”的美梦中。

赵光义大为头疼，怎么处理这个三弟？

赵普给赵光义提了个醒：“自古帝王传位都是父死子继，当年太祖已经动作慢了，陛下您还要一再耽误吗？”

一场围绕赵廷美的密谋，在两个人的部署之下紧锣密鼓地展开了。有了赵光义的默许，赵普给自己的死敌卢多逊安排了个重头戏。

太平兴国七年（982 年），宋太宗赵光义准备亲临刚落成的金明池水心殿。有人向太宗告密：“赵廷美要趁陛下出行刺杀您，谋求大位。若此招不成，他还会骗陛下您到他府上，到时候再下杀手。”

太宗“不忍”苛责：“哎，我这个弟弟呀，我说他什么好呢，算了算了，总不能不顾及手足情深。”

于是，在太宗继位后，被任命为“隐形皇储”开封府尹的赵廷美，被改任西京留守，前往洛阳。

太宗还“不计前嫌”，赐下金银玉帛，以及西京豪宅一座。

赵廷美前脚刚走，赵普后脚就查明宰相卢多逊与赵廷美勾结，想要上演夺权篡位的戏码。

这显然是赵光义最熟悉的配方，自己干过的事，绝不允许其他人再干一次。宋太宗闻讯震怒！

这显然也是赵普安排的一场拙劣的戏，但是朝野从上到下都“深信不疑”。

卢多逊知道自己百口莫辩，不如顺从，保子孙一线生机。他招供自己曾经收受赵廷美许多礼物，派人将中枢机密之事透露给赵廷美，还曾令心腹赵白告诉赵廷美“愿宫车早晏驾，尽心是大王”，意思是希望现任赵光义早点升天，赵廷美上位。而赵廷美也回应他说“亦愿宫车早晏驾”。

人证物证俱全，赵光义开大会，公开商议处理办法。诸位大臣一致表示，这等罪人大逆不道，当斩！

“不行啊，不行啊。”赵光义叹了半天气，“诸位爱卿说得都好有道理，可我是个念情的人哪。”

最终，卢多逊被贬去崖州，全家同往，三年后病逝于崖州贬所。赵廷美被贬居西京住处，不久发配到房州（今湖北省十堰市房县），子女随行，最后病逝在雍熙元年（984 年）的正月。

赵光义听闻弟弟死讯，悲伤地和身边人表示：“廷美这小子呀，小时候就不成器，长大了又干那么多坏事。可朕心里只有手足情深，给他一点小惩罚的时候，还想着有朝一日要召他回来，委以重任。想不到他就此病逝了，朕真难过呀！”

后来，一代影帝赵光义又和身边人悄咪咪地说：“其实赵廷美不是我亲弟弟，是我家奶妈生的，生下赵廷美后，奶妈后来又嫁入赵姓人家，生下赵廷俊，两个人一个辈分，中间的字都一样……但朕一直把他当作亲弟弟，从没有把这件事公开……”

总而言之，就算赵廷美复活了从棺材里爬出来，他也不是我赵光义的亲弟弟，不具备被我传位的资格！

一场正身清异的大戏终于落幕，赵光义让两个稍大的儿子参与中书省事务，为今后接班做准备，不久又将五个儿子全部封王，授予同平章事，相当于五个儿子都在中书省当值，稀释了赵普的相权。

赵普心里明镜一般，识时务者为俊杰，主动递上辞呈。赵光义顺水推舟，同意他离开，封赵普为武胜军（今河南省邓州市）节度使、检校太尉兼侍中，并赐宴，亲自为赵普饯行。席间，宋太宗赠诗一首，赵普感激涕零，这一次帝相合作完美地落幕了。

第七章

雍熙北伐——宋辽大战

太平兴国四年（979年）新年刚过，赵光义举行朝会，商议攻打北汉之事。此时，南方地区已全部统一，而经历了三次北伐战争之后的北汉气若游丝，赵光义极有信心能够将之一举拿下，向统一华夏的伟业又迈进一大步。

朝会上，该做的表面功夫还是要做。赵光义询问曹彬："老曹啊，你看周世宗柴荣和我大哥太祖都曾亲征北汉，为啥就是没能拿下北汉呢？太原真的坚固如此，难以攻破吗？"

当得到曹彬否定的回答以后，赵光义又道："朕准备攻打太原，老曹爱卿你有什么看法？"

曹彬的回答完全符合赵光义的心意："微臣认为，只要万众一心，粮草兵甲准备足够，就能摧毁金玉其外败絮其中的北汉。"

有人唱红脸，自然也要有人唱白脸。

宰相薛居正站出来劝道："陛下，周世宗和太祖都没能拿下太原，但已经把北汉打得奄奄一息。我们这次若赢了，其实也不算开疆拓土。若放北汉在那边，北汉也掀不起风浪，没什么危害。既然如此，何不保持现状，以免劳民伤财呀，请陛下三思！"

赵光义思索了一下，"嗯，当年太祖打北汉，为的就是今天，我们不能让过去的努力白白浪费，这一仗，必须打！"

"民主"决议做完，下面就是委派任务，一共有五路大军。这次负责北伐的主将潘美，统率其中四路兵马，河阳节度使崔彦进负责攻取太原东面，彰德节度使李汉琼攻打南面，贵州观察使曹翰负责西面，北面则交给彰信节度使刘遇。而大将郭进被任命为太原石岭关都部署，负责带领第五路大军阻击北方契丹的援军。

二月，赵光义决定御驾亲征，还带走了当时的“隐形皇储”赵廷美。宋太宗不愧为老谋深算、深思熟虑之人，绝对不会让自己当年做接班人时候想干的事让赵廷美干出来，不光如此，他还把年纪大些的儿子和除了宰相沈伦之外的重要官员全都带上了。

沈伦为什么没走？

因为他被留下来看家。

厉害的人都带走了，沈伦一个人也干不出什么大事。

赵光义放心地出发了，完全没有想到，会就此拉开宋辽之间长达二十五年的血雨腥风……

这次北伐，赵光义认为宋太祖久攻太原而不下的主要原因是无法长期抵挡住辽朝对北汉的援军。因此，单独部署郭进这一路军负责对付辽朝援军，后来这支队伍没有让赵光义失望。

宋军来了，北汉果然立刻向辽朝发去求援信。

辽朝也没有含糊，派南府宰相耶律沙为总指挥，翼王耶律敌烈为监军，带领援军即刻支援太原。

三月一日，宋军已经抵达北部边境要城镇州（今河北省石家庄市正定县），并停留在此，开始清理太原周围的力量，为而后围攻太原做准备。

而辽朝援军一路往南奔来，在石岭关撞上了等待多时的郭进。难怪郭进要被任命为石岭关都部署，此地是辽军驰援太原的必经之路，位于代州、云州、宁州、朔州的交通要冲，是历代兵家必争之地，素有太原忻定出入门户之称。

石岭关前有处水流湍急的深沟，先到的郭进时间充裕，把石岭关前后左右都实地考察了一回，最终选择埋伏在这个深沟后。

辽朝援军走到这里，眼看水流湍急，对面不远就是宋军队伍，深思熟虑的耶律沙觉得必然有诈，决定先不渡河，结果这个决定让身为监军的翼王耶律敌烈非常不满。他认为宋军不堪一击，根本不用这么紧张，不如直接杀过去。

翼王耶律敌烈和耶律沙就这么吵了起来，没说几句，耶律敌烈不愧是带兵打仗的粗人，能动手就少动嘴，扭头带着人就往宋军杀去。而听令于耶律沙的部队，这时候还在犹豫地原地踏步。

郭进占据地势，居高临下，视野极佳，眼尖的他发现，冲自己杀过来的辽朝援军和后面的大部队脱节了。此时不打更待何时？郭进指挥宋军俯冲而下，势如破竹。

辽军措手不及，顿时大乱，冲在前面的耶律敌烈被杀。耶律沙见势不妙，带着残兵溃逃。

郭进怎么会放他们回去？乘胜追击。

幸好辽朝在位的辽景宗耶律贤在派耶律沙出发之后，左思右想，觉得大宋这次有拿下北汉的决心不可小视。耶律贤又赶紧派出南院大王耶律斜轸带领第二支援军，出发前往北汉。

这第二支援军恰好接应上正在被宋军追杀的耶律沙。率军的耶律斜轸见耶律沙狼狈不堪，当下令辽军向追击的宋军拉弓搭箭，万箭齐发，耶律沙这才侥幸捡了一条命。两支辽朝援军就此合并到一起，急忙退回辽朝境内。

打败了辽朝援军，犹如给本就自信的大宋军队又打了一针强心剂，辽朝人我们都不担心，北汉你就乖乖投降吧。

士气低迷的北汉想请辽朝再来救助，但这次辽朝没有回应北汉。

宋军在太原城外什么手段都用了，放箭、水淹、火攻、拆城墙，饶是北汉心理素质再高也禁不住这样持续不断的打击，再看看辽朝这次打定主意不来帮忙，北汉国主刘继元遥看着残破的城墙和四处升起的烽烟，终于接受了老臣马峰的提议——投降。

赵光义接受北汉降表的第二日，刘继元身穿素衣，手捧玉玺，向赵光义俯首称臣，听候发落。

赵光义太高兴了，这个后周世宗柴荣和宋太祖赵匡胤几次三番都无法拿下的北汉，终于匍匐在他的脚下，证明了他是比前两位更出色的君王。

北汉最后还在顽强抵抗的刘继业也被刘继元亲自劝降，改名为杨业，被赵光义安排给潘美打下手，负责接管太原的相关事务。

拿下太原后，为了削弱它的政治地位，赵光义将太原改名为"平晋县"，归到并州管辖。

至此，宋军出发的目的达到了，是时候欢天喜地把家还了。没想到赵光义忽然跟随行诸人说："趁着大家有干劲，咱们顺势把燕云十六州一起拿回来！"

赵光义想一口气吃成胖子，但是大宋的大将们都知道这不现实。往北作战，骑兵非常关键，而大宋的骑兵远不如辽朝。见有丰富战斗经验的几个武将不说话，赵光义微露不悦。不过这决定不了大局，自然有善于察言观色、溜须拍马的人来给赵光义抬轿子，把继续打燕云十六州的事给定下。

文臣赵昌言甚至说："取幽州犹如热锅翻饼，简单得很。"

好翻才怪！

老将们知道这一次胜算太小，从大帐中走出来的时候，一个个心情凝重。果然当宣布这件事的时候，本以为可以马上回家的战士们都低下了头。宋军气势低迷，被回家喜悦压下去的疲倦感越涌越烈，即便如此，战士们还是强打精神，翻越太行山，开往华北。

刚开局时，一切还算顺利。因为燕云十六州此时已被辽占领四十多年，区域内汉辽混居，许多汉人仍然向往中原正统。宋军忽然来攻，燕云十六州的军民都没有想到，也就没有做好应战的准备。因此，在前往幽州（今北京市）的路上，许多关城选择投宋，给足了赵光义面子，形势一片大好。

随后，宋军先锋与辽朝南下阻击宋军的队伍迎面碰上，辽朝方面带队的北院大王耶律奚底完全没料到会这么快遇上宋军，匆忙间，辽军表现极差，被宋军追杀出二十多里，损兵折将，又令宋军士气高涨，仅用四天就打到了幽州城外。

此时，幽州城守将南京留守韩匡嗣正好不在，其子韩德让站了出来。

韩德让祖上是汉人，其祖父韩知古幼年时被俘入契丹，后获得辽太祖耶律阿保机的赏识，官至中书令，成为辽太祖的左膀右臂，娶了另一个辽朝大家族萧家的女儿，逐渐带领韩家成为辽朝掌握权势的大家族。

韩德让虽然有汉族血统，却是彻头彻尾的辽朝将领，他号令幽州军民展开防御战，决不投降！不要小看这名小将，日后也正是他促成了辽朝与宋真宗签下澶渊之盟，结束了宋辽两国二十五年的战争。

韩德让在坚守幽州的时候，有一支距离幽州不远的辽军，正在等候时机，反扑宋军。

他们就是由耶律沙带领的、被郭进打得落荒而逃的第一辽援北汉军和耶律斜轸带领的第二辽援北汉军合并到一起的那支部队。目前队伍由耶律斜轸说了算，这是一名不输辽朝战神耶律休哥的猛将，抗辽英雄杨业后来正是被他生擒，绝食殉国。

耶律斜轸看准宋军刚打赢了前来阻击宋军的耶律奚底，心气正高，容易骄傲。他派出一小队人马打出耶律奚底的军旗，让宋军以为又遇到了之前的手下败将，等宋军追杀出来，这小队辽军又故意装作不敌宋军，边打边退，一直退到有地理优势的得胜口，埋伏在这儿的耶律斜轸领着辽军主力忽然杀过来，宋军溃散后撤。

这次局部败仗没有引起赵光义的注意，他忙于部署攻幽州事宜，自我感觉良好，以为幽州城孤立无援，破城指日可待。

幽州城内，韩德让的日子也确实不好过。他与将士一同吃住，坚守在幽州城墙上，但城内既有辽人，也有汉人，再加上外面许多地方都已投宋，幽州城内一直有一股投降的声音。一直到另一支援军耶律学古通过挖地道的方式进入幽州城，带来辽朝战神耶律休哥就要带援军到来的消息，这才士气一振。

很快，耶律休哥带领的辽朝援军就与刚刚小胜宋军的耶律斜轸会合一处。耶律休哥将军力分成三股，第一股由之前败给郭进的耶律沙带领，负责正面迎击宋军，耶律休哥和耶律斜轸分别带领另外两股。

七月六日，在幽州城西高梁河，耶律沙带来的队伍与宋军相遇，展开大战，拉开了高梁河战役的序曲。

接近黄昏，耶律沙不敌宋军，开始撤退。赵光义下令乘胜追击，忽然，前方出现无数火把，耶律休哥和耶律斜轸各自领着辽军从左右冲杀过来，把宋军三面围住。

耶律休哥鸡贼得很，命辽朝士兵一人举两支火把。天色昏暗，宋军以为辽军人数众多，赵光义一时都被震慑住，急命人去叫攻幽州城的宋军过来救驾。他这时候还没有发现，自己只有身后幽州城这个方向未被封住，如果幽州城驻军心思谨慎，防御不出，宋军还有整合重来的机会。

可是，幽州小将韩德让没有放过这个机会，宋军竟然忽然不攻城了，那定是辽朝援军来了。他大胆打开城门，领兵追杀出去，主动出击。

这么一来，宋军整个就被合围了，天气炎热，长途奔波，主观上不想打，客观上又被敌军团围，宋军士兵心理防线崩溃。局势急转直下，赵光义也蒙了，急奔南逃，生生和大部队分了开来。

过程中，宋太宗屁股中箭，逃跑的姿势和表情都相当难看。但是，宋军也不负英勇之名，这场仗辽军一样损失不小。耶律休哥身中三箭，仍然坚持追击赵光义。这两个人一追一逃，最后还是逃命的赵光义更胜一筹，始终领先，耶律休哥一路追到涿州（今河北省涿州市）才放弃。

而赵光义在涿州遇到了送粮的宋军，终于得以从救他性命的千里马“碧云霞”上下来，换了运粮用的驴车继续南逃，一路跑到定州（今河北省定州市）才知道耶律休哥已经不追了。

这时，宋军大部队退到了涿州，整理队伍，为下一步安排做准备。忽然，大家发现陛下不见了。

这可怎么办哪？是不是被杀了或者被辽军俘虏了？要是这样的话，我们大宋的颜面……

幸好赵光义还有点良心，记得跟涿州联系了一下，诸将才放下心来，原来陛下不但没死，还跑那么快……

赵光义做了临时安排，崔翰和孟玄喆留守定州，李汉琼负责真州，崔彦进驻守关南，然后他半点不敢耽搁，带着剩余将臣继续南下，于七月二十八日回到开封。

高梁河惨败，令原本拿下北汉的快乐荡然无存。赵光义大为不满，严惩了在战役中犯错的几个将领，痛斥满朝文武太不给力了，要对这次失败负全部责任。他似乎完全忘记了是他的冒进才导致大宋损失数万精兵，消磨了宋军对辽军的自信，从此以后宋军面对辽军都有了畏惧的心理阴影。

而赵光义的军事指挥才能也远远不能和宋太祖赵匡胤相提并论，这一点很快就在满城之战中体现了出来。

太平兴国四年（979 年）九月，宋国的许多人还没有从高梁河战役的失败中恢复过来。辽景宗耶律贤调集十万兵马，燕王韩匡嗣为主将，之前和宋军照面过的熟悉面孔耶律休哥、耶律斜轸、耶律沙都有参加，往南奔杀而来。

赵光义不甘示弱，集结了之前留守镇州、定州、关南共计八万宋军迎战。

两军在满城（今河北省保定市满城区）相遇，宋军往北一看，辽军气势磅礴，尽是一眼望不到头的骑兵。而宋军自己采用的是出发之前赵光义定下的“八阵”阵型作战。与辽军一比，宋军有着明显的疏漏薄弱点，而且赵光义竟然没有授予将士们“便宜从事”的权力。

宋军这头的将领连夜开会讨论办法，如果临阵变型，那是未遵守皇帝的命令，很可能是死罪。但若不变型，宋军必败，也是一死。

两相比较，宋朝这边的大将为难犹豫，最后是其中两员大将赵廷进和李继隆先后表示：“如果战败，陛下怪罪下来，我来承担责任。”

宋军才得以临时变化队列，并抓住辽军主将燕王韩匡嗣轻敌的毛病，一路假装投降再突然发动进攻，另一路绕到辽军后方配合夹击。辽军大败，溃逃回辽朝境内。

满城之战，宋军险胜，但是赵光义的内心却甚为不满，这些将领不听话，临战变阵，以后他又如何保证他们不会有异心造反呢？

与此同时，宋辽边境摩擦不断，双方你来我往，谁也不服气谁。

宋朝有杨业突袭辽军带来的雁门关大捷，自此辽朝见识到了“杨无敌”的本事，辽兵见到杨将军的战旗都躲得远远的。辽朝也有“莫州之战”勇挫宋军三路援军的大胜，辽景宗耶律贤还搞了御驾亲征，要挫挫宋国锐气。赵光义闻讯，也宣布亲征。两国之主差点见面，直接干架。

屁股中箭的地方，每年都要疼上一段时间，不断提醒着赵光义高梁河失败的屈辱。

太平兴国七年（982 年）十月，赵光义终于迎来了一个迎头反击的机会。辽景宗耶律贤病逝于云州（今山西省大同市）焦山行宫，年仅三十五岁，遗诏十一岁的儿子耶律隆绪即位，史称辽圣宗，军国大事听命于其母萧燕燕，也就是历史上著名的辽朝萧太后。

辽朝也出现了孤儿寡母的情况，与当年后周世宗柴荣驾崩之时何其相似。简直天赐良机，赵光义拍案大笑，在他眼里萧太后乃一介女流，根本不用放在眼里，而且辽朝朝野上一定正在上演一场权力的争夺大战。要与他赵光义斗，萧太后首先得确保自己在辽朝的统治权才行，不久之后，萧太后和韩德让有私情的消息传到大宋，萧太后甚至毒死了韩德让的原配夫人，这让赵光义更加认为，萧燕燕这个有违道德伦理的女人，必然被辽朝百姓唾弃，她把握不住辽朝这艘大船。宋国出兵攻辽，既是顺应天命，也会被辽朝百姓夹道欢迎。

赵光义这是太不了解萧燕燕，也不了解辽朝风俗。

萧燕燕的父亲萧思温一手促成辽景宗耶律贤登基为辽帝，作为回报，耶律贤娶萧燕燕为后。两个人都是辽太祖耶律阿保机的重孙，论关系，其实是表兄妹，所以这是一门亲上加亲的婚事。

萧燕燕出身名门，聪慧果断。耶律贤因儿时经历，落下病根，一直体弱多病，急需一位得力助手，萧燕燕成了最好的人选。在耶律贤的指导下，她迅速成长起来，把军国大事安排得井井有条。辽景宗特意嘱咐，妻子可以用“朕”自称，等同于让萧燕燕的地位与自己一样。丈夫在世的时候，每有大事，萧燕燕都会召集大臣开会，听取各种不同意见，然后做出决定再呈报耶律贤，对于她做出的决策，耶律贤基本上不会再提出意见。得到了丈夫支持，令萧燕燕的决策执行顺利，辽朝的军事和经济双双都有提升，这都给萧燕燕带去了声誉和支持，政治道路进入良性循环。

耶律贤过世后，萧燕燕在权谋中翻滚多年，已经是个成熟的政治决策者，不能同柴荣驾崩时毫无准备的符皇后作比较。不过，符皇后的父亲符彦卿有三个女儿，两个嫁给了后周世宗柴荣，一个嫁给了赵光义，符老先生身为两国国丈，倒是可以出一本挑女婿方面的书，定然深受欢迎。

萧燕燕未嫁给耶律贤之前，曾与韩德让有婚约，萧韩两家都是辽朝权贵，两个人青梅竹马，又有婚约在身，很早就萌生了情愫。后来萧家出于政治利益考虑，取消了两个人的婚约，将萧燕燕嫁给耶律贤，成为皇后，但年少时的情谊就此深埋在两个人心中。

一得知辽景宗病逝的消息，韩德让立刻率领精兵五百、精锐亲信十余，从幽州出发，日夜奔骑赶到萧燕燕身边，自此一直守护母子安危。此举固然是出于稳定大局的目的，但说韩德让心里没有一丝一毫对萧燕燕的关爱担忧，谁又相信呢？

萧燕燕的心也不是石头做的，在她最无助的时候，是韩德让赶来，这份深情她明白，因而才会对韩德让说出“从今往后，请君把我的儿子，当作你自己的儿子对待”这样的话。

宋朝边臣贺令图密报赵光义：“这萧太后与韩德让同进同出，共案而食，犹如夫妻，两个人一起商议决定军国大事，辽朝上下对他们怨气颇重。”

这若不是辽朝方面故意释放的假消息，就是贺令图用汉人的习俗和视角给这段旖旎绯闻脑补了令人反感的部分。

草原民族生存环境不如农耕民族，人口稀少，物资匮乏，可以生育的女性被视为资产的一部分，因此诞生了“父死娶母，兄死娶嫂”的风俗。汉人不能接受的守寡再嫁，在辽朝却是再稀松平常不过的事情。

萧燕燕和韩德让的亲密关系，就连耶律贤和萧燕燕的亲儿子耶律隆绪都不认为是问题。韩德让在世时，耶律隆绪以对待父亲的礼节对待他。韩德让过世后，耶律隆绪按家人之礼为其服丧，将他厚葬在耶律贤和萧燕燕旁边。

孤儿寡母执掌辽朝之初，萧太后除了有韩德让的支持，又迅速拉拢了另一个重臣耶律斜轸。耶律斜轸的妻子本来也是萧太后的侄女，两家关系亲近。耶律斜轸赶到后，萧太后马上让儿子和他结拜为兄弟，令双方关系更上一层楼。耶律斜轸得此殊荣，感激涕零，和韩德让一起向萧太后保证：“有臣在，不用担心朝中之事。”

有了两位重臣的保驾护航，萧太后迅速提携辽朝第一战神耶律休哥前往幽州，担任南京留守，防止大宋趁辽朝权力交接时有所动作。耶律休哥得此重任，对萧太后忠心耿耿，兢兢业业地守护辽朝南大门。

同时，萧太后采用韩德让的建议，将诸王妻女召到宫中扣为人质，并要求诸王不得命令不可调动军队，不得相互见面。这一动作有效地防止了诸王趁机作乱。

一系列动作之后，萧太后稳定住了辽朝局势。

雍熙三年（986年），赵光义发动对辽战争，史称“雍熙北伐”。

吸取了上次的教训，赵光义这次出兵二十万，兵分三路：

东路军由曹彬和米信负责。曹彬为幽州行营都部署，米信任西北道都部署，分别带领一支部队开向幽州。赵光义要求曹彬大张旗鼓、缓行慢走，吸引辽军的注意，使其无暇顾及其他两路兵马。

中路军交由定州路都部署田重进，出飞狐口，直指蔚州，切断辽军增援的道路，给西路军打造一个专心作战的空间。

西路军是此行的奇招，由潘美和杨业带领，西出雁门关，赵光义要求他俩速战速决，拿下燕云十六州里面在太行山以西的云州、应州、寰州、朔州等地。

最后，三路军会合幽州，拿下燕云地区。

赵光义想得挺好，三路大军一开始做得也很好。

东路军出师顺利，首战拿下固安，继续往北推进，取得岐沟关，进而取得涿州。

看顾辽朝南大门的耶律休哥经过判断，收缩防御圈，扎根在幽州城。辽朝如赵光义希望的那样，判断曹彬这路是宋军主力，正在集结大军过来救援。涿州小镇粮草匮乏，耶律休哥时不时派出小股队伍阻截曹彬的粮草供应。

曹彬那边呢，作为大宋第一好员工，正严格执行赵光义要他“慢慢走”“吸引注意”的任务，一边和耶律休哥一人一城，你看着我，我看着你，一边等待另外两支队伍过来会合。

耶律休哥看曹彬迟迟不出手，猜测宋军在等待其他部队过来，立刻加大了对宋军粮草队伍的骚扰打劫。再加上宋军本身粮草调度确实出了问题，时日一久，曹彬这边要断粮了，几万张嘴嗷嗷待哺，曹彬决定放弃涿州，往南撤退，筹措粮草。

这么一来，赵光义不乐意了："老曹你怎么不听话呀，还往南走干什么？雄州是底线了！"

曹彬无奈，在雄州附近驻扎，不再南退，不久和米信完成会合，东路军完成合并，开始慢吞吞地前往涿州。

辽朝这边，耶律休哥抓住时机，重新占领涿州；萧太后带着儿子辽圣宗御驾亲征，大将耶律抹只召集全境部队，兵分两路，一路疾行去幽州，支援耶律休哥，一路应对田重进、潘美带领的中、西两路军。

在曹彬的东路军"听话"地慢吞吞抵达涿州之前，耶律休哥主动放弃了涿州。等曹彬等人进涿州一看，好个耶律休哥，把粮食都带走了。曹彬南撤本来就不彻底，没有带足够多的粮食，这下缺粮的情况再次出现。与此同时，东路十万宋军已经心生不满，慢吞吞地跑来涿州，又跑去雄州，再跑来涿州，同样是辛辛苦苦出来打辽朝，凭什么捷报都给中路军和西路军占了，他们就是空跑呢？

将士们意见很大，曹彬又不能完全把责任推到赵光义身上，在这种焦躁又缺粮的情况之下，曹彬再次决定：南撤，回宋朝境内，补足粮草再来。最终，也就是这个决定，让赵光义把雍熙北伐失败的责任推到了曹彬身上，他却完全没有考虑曹彬做出这个决定的起因"断粮"是自己的战略安排不当所致。

曹彬下令第二次南撤，正合耶律休哥心意，他等的就是这个时刻，宋军南下的脚步一动，辽军就追了上来，最终在岐沟关追上宋军。

与上次"你看我，我看你"的时候不一样，宋军发现，这次追上来的辽朝骑兵犹如潮水一般，迅速地形成了包围圈，把宋军团团围在里面，岐沟关之战打响。

即便宋军奔波劳顿、粮草匮乏，但是面对战备精良的辽朝骑兵，没有人畏惧，用血肉抵挡了辽军一拨又一拨的袭击。

战争一直打到天黑，辽军攻势弱下来，曹彬和大将们商议决定，趁这个时机突围。辽军的精锐全出，全力追击。曹彬、米信等虽然突围成功，但身边的宋军已经所剩无几，大部分被辽军冲散，一路溃逃到沙河，辽军追杀至此，尸体堆积如山，一度导致沙河断流，宋军损失上万，艰难逃回境内……

赵光义震怒，说好了不胜不还，你们这样子，把人老脸打得啪啪的。

这时候，又是远在邓州的赵普给了宋太宗一个台阶，说："好皇帝嘛，无为而治，天下自然归顺。"

赵光义亲自写了回信："嗯，朕也这么觉得，这次的失败主要是几个主将太不靠谱。"

为了挽回一点面子，赵光义要求中路军和西路军："把后面几个州的老百姓一起带回来，叫他们辽朝只剩一片空地。"

但萧太后早已命耶律斜轸带着另一队辽军出发，目标就是潘美、杨业负责的西路军。两军在蔚州交战，宋军损失上万，西路军的情况已经很不妙了，再加上中路军已经撤退，只剩下西路军还在燕云十六州，一下成了辽军的活靶子。

老将杨业提出不要和辽军正面杠，西路军最后的任务是要把代、云、朔三州的百姓护送回去，所以他建议："我们应该从代州出发，同时让云州、朔州的人马做好准备，等我们出了代州，让云州百姓先走。到我们去应州的时候，吸引了辽军的注意力时，让朔州百姓出发。然后一边打一边南撤，最后在路上做好埋伏，给辽军最后一击，与此同时，我军和三州百姓全部安全进入宋境。"

但是，这个提议被监军王侁反对，还讥讽杨业懦弱，算什么"杨无敌”，主将潘美也沉默了。杨业没有获得支持，心知后续是九死一生了，临别之际，他向潘美立了死誓：“我不是懦弱，会在战场以死明志。但请你能在陈家谷接应，用强弓逼退追击的辽兵，以免跟随我出发的将士们全军覆没。”

辽军得知是“杨无敌”杨业率军，主将耶律斜轸亲自迎战并定下作战方案，边打边退，把宋军引入埋伏圈，意图生擒宿敌杨业。

宋军寡不敌众，损失惨重，杨业自日中战至日暮，终于杀出一条血路，带着最后的一百人赶回陈家谷，但此时，潘美和王侁已经带兵后撤！

原来，这一场仗打了许久，王侁派人登台眺望，以为契丹军队被杨业打败撤走，为了争头功，率先带兵离谷。而后潘美听说杨业战败了，也决定带兵后退。

因此，陈家谷空无一人！

前无援军，后有追兵，杨业对身边最后的百余人道：“你们先走吧，我来断后。”

众将士哭着异口同声说：“我们不苟且独活，将军不回去，我们就不回去，宁愿与将军死在一起！”

杨业缓缓点头，当先返身杀向辽人。

这一战之悲壮，文字无法描述。

次子杨延玉一直护在杨业左右，被敌箭射中落马，被乱马踩踏，先于杨业殉国；七十三岁的老将王贵携弓射杀数十人，弓箭用尽，仍张空拳击杀数十人，战斗到最后一刻；战到最后一人的杨业，策马入林，与辽军周旋，被辽将耶律奚底射中战马而被俘。

辽军极力劝降杨业，做好美食，给予优待。

杨业道：“皇上待我不薄，我想要捍边破贼以报答，反而遭奸臣妒忌，逼我赴死，导致溃败，又有什么脸面活着！”说完绝食三日而死。

辽朝将他头颅砍下，全国巡展，举国欢庆。

大宋这边，赵光义连削了潘美三级官衔，又把王侁发配金州，可这都换不回大宋的“杨无敌”了。

百姓爱戴这位大宋抵御辽军战无不胜的“杨无敌”，进而传颂演化成为后世的《杨家将》，故事中的两个大反派太师潘仁美和枢密使王钦，其原型就是潘美和王侁。背上这千古骂名，他们不冤枉。但潘美其实并不是玩弄权术、急功近利之人，他的性格，从他收养后周世宗柴荣之子这件事上，可知一二。

赵匡胤登基之后，进入皇宫，看到有宫女抱着一个婴孩，问之，得知是周世宗之子。有人提议把孩子杀掉，而潘美沉默不语。

赵匡胤见状，问潘美：“你有不同的想法？”

潘美答：“于理未安。”

赵匡胤便将这个孩子交给了潘美收养。

潘美给他改姓潘，视如己出，后来柴荣的血脉，只有这一支活了下来。

若潘美是个贪生怕死、爱慕虚荣之人，根本做不出收养这种事来。他在主观上，的确并没有害杨业之心，但他错在身为主将，没有在王侁嘲讽杨业的时候站出来说句公道话，后来在得知杨业战败消息的时候，又没有等到和杨业约定的时间就提前撤兵。

杨业之死，给雍熙北伐画上了句号。这次北伐，大宋付出了二十万宋军折损和诸多良将牺牲的代价，究其根本，是因为赵光义的战略决策失误。自此，大宋失去了收复燕云十六州的军事实力，也打击了宋军士兵面对辽军时的自信心。之后，辽朝几次骚扰边境，赵光义都采取了消极态度，避免和辽军硬碰硬，基本上处于“辽军攻，宋军守”的局面。

同时，因为雍熙北伐的失败，导致边疆武将人才缺失，再加上赵光义认为之前战役中武将“自作主张”坏了大事，开启了文官转武将的先例，将失去杨业的代州交给文官张齐贤镇守。

赵光义更首创了“官职分离”的措施，把给官员什么荣誉、享受什么待遇、实际上做什么差事三件事完全分开来。通俗一点说就是，有的人虽然有名，但不一定有高俸禄，就算有高俸禄，也不一定有实权；有的人有实权，但是他收入和名声都拿不出手。最关键的是，任何官员不管你顶着多大的头衔、拿着多高的收入，最后的实操都只有经过皇帝“差遣”才行，也就等于把人事任命的权力紧紧地攥在帝王自己手里。

而赵普也因为雍熙北伐时给了宋太宗多次良谏，在赵光义次子陈王赵元僖的建议之下，于雍熙四年（987 年）重新拜相，第三次执掌国政。

因为宋太宗进一步加强文官地位，压制武官，整个大宋上下都洋溢着浓浓的“读书”氛围，连不识字的党进都以背几句古语给太宗听为荣。

太平兴国年间，赵光义下令编著的百科全书《太平御览》完成，赵光义自己每日都要读一部分，有时候因为政务繁忙来不及看完，只能将书本摊在旁边，等有空的时候再去补上。身边的人劝他，不要这么辛苦读书，赵光义回答说：“书本只要开着，总有好处。”这就是“开卷有益”一词的由来。

第八章

澶渊之盟——二十五年宋辽摩擦终得休

宋辽摩擦不断的同时，大宋的西北、西南也不太平。

在西北方面，广袤的秦陇地区有一支彪悍不输于契丹的少数民族——党项。

党项属于鲜卑族的一支，以部落联盟的形式存在。在唐末，由唐僖宗封党项族平夏部落首领拓跋思恭为定难军节度使，赐国姓李，管辖夏州（今陕西省榆林市靖边县）、银州（今陕西省榆林市米脂县）、绥州（今陕西省榆林市绥德县）、宥州（今内蒙古自治区鄂托克旗）和静州（今宁夏回族自治区银川市永宁县）一共五州，夏州李氏自此成为雄踞西北的地方势力。

后周时期，夏州李氏首领李彝殷被封为西平王。

到宋初，赵匡胤登基，李彝殷即避讳宋太祖父亲名讳，改名李彝兴，并主动称臣，派使者觐见纳贡。赵匡胤很是高兴，问使者："你家西平王腰围多少？"

使者答："大腹腰。"

宋太祖道："哎呀，有福气的人呢。"而后命匠人制作一根玉带赐给李彝兴。

到太平兴国四年（979年），在任的是李彝兴的孙子李继筠，他积极配合宋太宗赵光义攻打北汉，助阵太原。赵光义很是欢喜。

李继筠过世后，弟弟李继捧上任，主动对大宋表示要献出管辖土地。

赵光义龙颜大悦，一方面安排人接李氏之人前往开封定居，一方面安排大将曹光实前往西北担任银川守将。

但是，党项族内并不是每一个人都愿意把祖宗留下的土地拱手相让，李继筠的同辈族弟李继迁站出来，吸引了一批同样想法的人。至此，宋与夏州良好的“君臣”关系发生了改变。

李继迁考虑到己方人少势弱，不与宋发生正面冲突，避走漠北，盘踞在夏州东北一处叫地斤泽的地方。经过一段时间的偷袭、骚扰、掠夺，他的势力逐渐强大。

大宋意识到李继迁是一个威胁，派银川守将曹光实突袭地斤泽，歼灭李继迁，因为实力悬殊，李继迁只带了少量人连夜逃走。

不甘心的李继迁没有放弃，逃跑后仍在不同党项部落中游走、劝说，招募到了一批同样想要壮大党项的族人。这一次，李继迁羽翼丰满之后，用了计策，佯装投降大宋。

曹光实不知是计，带百余人前往受降地，遭遇李继迁伏击，全军覆没。

李继迁让士兵换上宋军的衣服，拿起宋军的旗帜，前往银川。守城将士以为是自己人，打开城门。李继迁混入城内后，忽然发动突击，杀了宋军一个措手不及，很快丢失银川。李继迁占领银川之后，又攻下会州。

赵光义得知消息，大为震怒，派兵攻打李继迁。大兵压境，西北一带的党项部落相继归宋。但是李继迁又一次逃了，还和辽朝对上了眼，求娶到辽朝义成公主，成了契丹人的驸马。之后大宋数次派兵征伐，每次都能让李继迁脚底抹油逃了。

第三次拜相的赵普认识到这个李继迁就是西北的一块癣，根除不了，时常发作。而宋辽不断摩擦，又屡次发兵西北，屯兵人数已经远胜太祖时期，长此以往宋朝将被拖累。赵普建议赵光义对西南实施军事管制和物资收买双重政策，让西北暂时平稳下来。

但还是晚了一步，朝廷要养重兵，财政吃紧，地方百姓被繁重的兵役和无情的赋税压得喘不过气来，其中西川蜀地因是天府之国，自古物产丰富，更是被一而再再而三地加重赋税，最终，淳化四年（993 年），西川爆发起义，大宋的西南也乱了！

起义从四川青城开始，领头人不是白素贞，他叫王小波，贩茶为生，结果朝廷发现丝绸茶叶生意盈利颇丰，设置博买办，将布帛茶叶的生意垄断，与百姓争利。王小波的茶叶生意经营不下去，无奈喊出"吾疾贫富不均，今为汝均之"的口号，瞬间吸引来数万群众的拥戴。

王小波的初衷是要做地方一霸、推翻大宋的统治吗？从他的口号看，他追求的是得到最基本的生存机会，完全契合普通百姓的诉求。起义军的首战定在彭山，宰杀彭山贪污的地方官员，百姓拍手称快，再加上起义军纪律严明，所到之处不骚扰平民，专门严惩贪官豪绅，各地不断有人响应，起义之火迅速在四川各地燃起。

斗争中，王小波被江源宋军守将张玘一箭射中，重伤之下仍站在阵前指挥作战，最后攻破江源，张玘被乱刀砍死。而王小波也因重伤不治而亡，从一开始就追随他起义的妻弟李顺接任起义军领袖，不久攻下成都。李顺正式建立政权，国号大蜀。

赵光义震惊，没有想到起义会演变成如此严峻的局势，决定派遣大军前往蜀地镇压起义，但又联想到当年后蜀高祖孟知祥就是为后唐攻打蜀地乱军，结果自己做大成了一方霸主的，这次宋朝派谁带兵合适呢？

赵光义眼前一亮，想到了王继恩，也就是宋太祖驾崩，违抗宋皇后意思，反而给赵光义通风报信的那个太监。

赵光义的想法很简单，太监没有后代，称王称霸对他来说没有意义，而他又给了王继恩不少恩典，王继恩定然会乖乖卖命办事的。于是，王继恩被任命为两川招安使，带领大军杀往四川。一切都很顺利，宋军开到哪里，就赢到哪里，王继恩脸上有光。可是赵光义低估了这个太监的贪念，王继恩是不需要做皇帝，可是他所到之处，烧杀抢掠，对百姓造成二次伤害，城池就算被一时收复，也没有取得人心，一等宋军离开，新的起义又开始了，如此灭了这头，那头又亮，始终无法根除问题。

大宋终于意识到问题的根本，赵光义破天荒下罪已诏，承认错误，安抚百姓。

而李顺那边，地方起义军终究比不上王师，最终在剑门关吃了败绩。李顺一怒之下斩杀了三百将士，起义军心寒了，这哪里还是为我们老百姓争公平的人，分明和欺压我们的宋官没了区别。

剑门关的消息传到开封，赵光义很是高兴，那可是四川门户！

宋军一鼓作气，与起义军在成都城展开大战，最后宋军攻破成都，灭敌三万，李顺失踪。之后，起义军在将领张余的领导下继续战斗，但已不成气候，最终在至道二年（996 年），这场造成大宋西南动乱的起义被完全扑灭，赵光义心里的石头落地了。

这一年，宋太宗已年过五十，屁股上的箭伤不断复发，折磨着他的身心。岁月不饶人，一个不情愿但是必须做的事摆到了台面上——安排继承人。

赵光义一共有九个儿子，除了其中一个早夭，其他八人均长大成人。一般而言，中国历代的传统是由嫡长子继位，很可惜，赵光义皇后李氏所出的正是早夭的那一个，之后她再未生育。

不能立嫡，那就立长吧。

长子赵元佐，自幼伶俐，擅长骑射，有太宗之貌，赵光义非常偏爱这个长得像自己的儿子。

太平兴国七年（982 年），赵普第二次拜相的时候，赵光义封长子赵元佐为卫王，担任同平章事，跟赵普一起办事，既是分赵普的权，又是为了培养儿子的能力。一同封爵任命的还有次子赵元僖，但赵元僖广平郡王的爵位可远比不上哥哥。由此可见，赵光义对长子的期待非比寻常。

如果一切按照赵光义希望的演变，最后赵元佐会顺利接替他成为大宋的第三代帝王。而为了给自己和儿子们清理障碍，赵光义先后处理了侄子赵德昭、赵德芳，最后对自己的三弟赵廷美出手。报应就在这时候来了，应验在赵光义最喜欢的长子身上。

赵元佐和三叔赵廷美关系极好，聪明如他，应该猜出赵廷美有“异心”完全是他父亲亲手陷害的，在赵光义贬赵廷美去房州时，朝野上下都是落井下石之声，只有赵元佐苦苦为三叔求情。

赵光义内心崩溃，又不能直说。他顶着千古骂名也要把赵廷美搞下去，为的还不是江山今后千秋万代都能掌握在包括你这个傻儿子在内的宋太宗一脉手里，真不懂老父亲的一片苦心。

赵廷美最终还是去了房州，夜深人静的时候，留给他最后温暖的应该就是赵元佐了。

赵元佐一直在想办法搭救三叔，可惜还没有想到办法，先听到了赵廷美病死的消息。

真的是病死吗？还是被赵光义毒死的？

重大的打击之下，赵元佐精神崩溃，心性大变，动不动就动手砍杀身边的人，令赵光义很是失望，但这对赵光义的次子赵元僖来说却是一件好事。

赵元僖看到了自己上位的希望，开始搞事情了。

一次，宋太宗心情不错，叫了几个儿子来喝酒吃饭，考虑到长子的病情，就没叫上他。赵元僖却故意到哥哥面前透露吃饭的事，一向喜欢多想的赵元佐被刺激到了，当晚火烧自己的宫殿。

赵光义大为光火，赵元僖还上演了一场兄弟情深，为哥哥求情。赵光义脱口而出：以后都不想再见到这个不孝子，将他贬为庶人。

宰相宋琪等重臣先后上奏为赵元佐求情，赵光义才松口允许赵元佐留在京城，但也被幽禁了起来，赵光义也再不会考虑他为继承人的人选。这一年，赵元佐二十岁。

兄长已经不再是自己的威胁，赵元僖开始左右活动，力图在朝野里找到支持自己的势力。赵普进入了他的视野，赵元僖向赵光义力荐这位元老级的人物，最终促成赵普第三次拜相。

赵普重回权力中心，对外力主以温和的措施处理西北党项族的问题，对内以雷霆手段除了朝野中的一批蛀虫，包括朋党集团、赵光义身边的江湖术士陈利用等。不同于之前拜相时赵普身上“小人”一面的出现，比如对付政敌，中饱私囊，这时候年近古稀的赵普似乎又回到了刚与宋太祖合作的时候，他回归质朴，鞠躬尽瘁，致力于推动大宋王朝往前发展。

淳化元年（990 年），年老病重的赵普再次上表请求致仕。赵光义舍不得他，同意赵普离开宰相职位，但没有同意他辞职退休。赵普又干了两年，赵光义才恩准他离开，这是最后的告别了，帝王和老臣依依惜别，内心多有触动。

次年，七十二岁的赵普病逝，这在古代已是少有的高寿之人。后人在整理他遗物时，发现了一本翻得发黄的《论语》。这位参与并完成大宋基本框架设计的名相，对后世的影响完全不输王安石、范仲淹等人，值得被人铭记。

赵元僖失去了一个助力，不过没关系，他早跟赵普的接班人吕蒙正处好了关系。吕蒙正是太平兴国二年（977 年）的状元，天子门生，深得赵光义喜爱信任。这时候，赵元僖也已被封为许王，任开封府尹，根据过往惯例，算是妥妥的“隐形皇储”。

可是赵元僖还想往明面上的继承人位子再走一走，对于这事，吕蒙正没有表态，他身边的一些官员却想占个从龙之功。

淳化二年（991 年），宋沆、冯拯、尹黄裳、王世则、洪湛等一起上书，请求立赵元僖为皇储。

赵光义很是不喜，他还好好活着呢，立太子是个什么意思？看不起他，觉得他要驾崩了？

老皇帝心里门儿清，这几个人都是吕蒙正身边的人，宋沆和吕蒙正还是姻亲，要说吕蒙正完全不知情、没有参与，赵光义不相信。

宋太宗将这五人罢黜，赶到了大宋最南端，连带着吕蒙正也被革去宰相之位。

赵元僖啥好处也没捞到，赔了夫人又折兵。不过没关系，他还年轻，而老父亲赵光义已经五十三了，身体一直饱受折磨，时间总归站在他这一边。

赵元僖想错了。

淳化三年（992 年）十一月己亥日，赵元僖和往常一样上朝，忽感身体不适，腹痛如绞，急忙回到府中。

赵光义得知，急忙亲自前往探视。赵元僖的情况已经加重。初时，赵光义喊他，赵元僖尚且能勉强回应，后来就奄奄一息了。

宋太宗看到儿子在眼前气绝，不知道有没有想到被他下毒的南唐后主、吴越王等人。赵光义痛失爱子，悲号痛哭，追封赵元僖为昭成太子。

二儿子死得太过不明不白，赵光义下令彻查。

不查不要紧，一查吓一跳。先是查出了赵元僖的死因确实是中毒，下毒之人乃赵元僖的小妾张氏，张氏下毒原本想谋害赵元僖的正妻，结果被赵元僖误食，造成悲剧。然后，又查出赵元僖生前一连串动作，这小子竟然曾想学老爹赵光义对宋太祖的方式篡权上位！

赵光义惊出一身冷汗，痛失爱子的情绪都淡了，罢去了追封给赵元僖的太子之位。

好了，赵元僖生前没有得到的太子名分，死后终于如愿了，结果还没带进坟墓又没了。

之后两年，赵光义都没心情再谈立皇储的事，大臣们个个人精，谁也不敢主动提及。这个局面一直延续到淳化五年（994 年），五十六岁的赵光义身体越来越不好，就算不想认命，也必须把考虑皇储的事提上台面。可是下面那群自以为聪明的，竟然没有一个主动给台阶的。

赵光义郁闷透了，屁股上的旧伤不由得更疼了几分。

这时候，实在急需一个合适的人来把这件事挑破，还好，朝中也不是没有聪明人，就是有点远，之前因为惹恼了赵光义，被打发到外地去了。

宋太宗叹了口气，“算了，叫那小子回来吧。”

后来促成宋辽签订澶渊之盟，让两国迎来一百二十年和平的大宋第二代名相，被宋太宗称为“本朝魏徵”的人，终于要回来了，他的名字叫作寇准。

古语有云“三十老明经，五十少进士”，可以反映古时科举的难度，若能五十岁经过殿试成为进士，就算是年轻有为了。

寇准多少岁考中的呢？

太平兴国五年（980 年），高中甲科进士，位列探花，成为天子门生的时候，寇准十九岁。

那一年的科举榜出了四位宰相和多位执政大臣，被宋人誉为“龙虎榜”。按照宋朝的规矩，同届年龄最小者为探花郎，年轻的寇准就是这一届的探花郎，年少有为，神童之名传遍大宋。

宋太宗在一帮四五十岁的中年人里，马上注意到了寇准，少年人自信坦然，不卑不亢，又分明有着一份血性和刚直，给帝王留下了深刻的印象。从之后帝王分配的任务也可以看出赵光义对他的满意。中进士之后，寇准被任命为巴东知州，搁现在还是一个刚上大学的孩子呢，但他已经远赴四川，成为一方父母官。

下基层的地方官要做的事情又多又杂，从断案子、除贪官，到调整税赋、水利农事。寇准雷厉风行，积极干练，在任两年，把巴东地区从食不果腹、衣不遮体的贫困地方，发展到“山无旷土，村无游民”，民生大大改善，百姓交口称赞。当他离任的时候，出现了百姓夹道相送的场面，这是自古以来普通百姓对一个好官最质朴最直观的爱戴方式。

被地方好评的官员，自然也会受到朝廷重视。

巴东一别，寇准匆匆前往成安。他在这里干了三年，深入了解民情，务实处理民务，把巴东的成功复制了过来，在这里留下了“迁城留田”的佳话。为了把肥沃的漳河以北土地用于农耕，寇准将县城迁往土地贫瘠的漳河以南。临别之际，那万人送好官的场景再次出现，后来百姓为了纪念他的好，专门建立了寇公厅。

有了两任地方官历练经历之后，朝廷把这个年仅二十三岁的年轻人召回京城。寇准参加了翰林学士院的应召，在宋朝，这是成为宰相等股肱大臣的必经之路，“翰林学士”也是帝王授予心腹人士的称号。

应召之后，寇准被安排为盐铁判官，是掌握国库收入的重要职位。四年后，寇准再进一步，成为正三品诏拜虞部郎中、枢密院直学士判吏部东铨，专门负责朝廷提拔官员的考察。二十九岁，跻身两府大臣，成为最年轻的副宰相。

寇准一路平步青云，少年得意，务实的做事风格没有变，脾气里的血性耿直却更胜从前。

一次，寇准仗义执言，惹得宋太宗不快，太宗起身就走，结果没能走成，龙袍叫寇准拉住了。他拽着赵光义，非要天子听完他的话才肯放手，旁边的官员们都为这个年轻人捏了一把汗。幸好赵光义虽然有很多毛病，却还算是个明白事理的皇帝。自古以来，做寇准此举的官员不少，其中被天子一怒拉出去斩首的也不少。而赵光义冷静下来，还称赞了寇准，说：“朕得寇准，犹文皇之得魏徵也。”

可是，寇准赞也因为耿直血性，贬也因为耿直血性。他和太宗身边的老人张逊互不对付，见面就吵架，结下梁子。张逊抓住机会告了寇准一状，说寇准有异心，想谋反自己做皇帝。

原来是寇准在路上遇到了个疯子，对他连呼万岁，又恰好被一个路过的巡逻武官看到。

寇准当然不认，他实在冤枉，而且那疯子说万岁的又不光是对他，还有同行的其他官员。

他气不过，和张逊在天子面前对吵起来。

赵光义盛怒，各打三十大板："张逊年纪大了，退休回家吧。寇准你小子，给我滚出去，别在京城干了。"

寇准第一次被贬，下放到青州，据说宋太宗后来还很挂念他，时常问到青州的情况。终于，在他身体每况愈下的时候，召寇准尽快觐见。

君臣见面，彼此的情绪都不能平静。

天子说："你小子呀，来得也太慢了，朕很是思念你。"

年轻有为的臣子说："微臣在青州亦时时刻刻挂念陛下，可是不得陛下召见，不敢轻易前往京城。"

赵光义屏退左右，给寇准看了自己的箭伤，缓声问寇准立太子的意见。

寇准经历了被贬青州，做事比之前稳重了，他没有正面回答赵光义："为天下择君，不能与妃子、侍从、近臣商量谋划，应该选择众望所归者为太子。"

赵光义沉吟片刻，问："襄王如何？"

这句话令寇准明白，赵光义内心有了人选，他不动声色地回答："知子莫若父，陛下觉得襄王可以，就请做决定吧。"

至道元年（995 年），宋太祖赵匡胤的遗孀宋太后过世了，赵光义对太祖朝的最后顾虑也没有了。

八月，赵光义下诏立第三子赵元侃为太子，改名为恒。

赵恒这个人，脾性大度柔和，为人谨小慎微，做事低调谦让，他爱好文学，擅长书法，撰《励学篇》，著《御制集》，怎么看都是个不错的太子，将来也会是个英明的帝王。

我们如今常说的谚语“书中自有黄金屋，书中自有颜如玉”就出自他的《励学篇》：“富家不用买良田，书中自有千钟粟；安居不用架高堂，书中自有黄金屋；出门莫恨无人随，书中有马多如簇；娶妻莫恨无媒良，书中有女颜如玉；男儿欲遂平生志，六经勤向窗前读。”

但是，这个又多才又好脾气，被朝野上下喜欢的太子，却是当时的一国之母皇后李氏的眼中钉。

因为这个无所出的李皇后，很早就把后半生寄托在长子赵元佐身上，连赵元佐的儿子都是李皇后亲自带的。即便现在赵元佐精神有问题，也不代表他不能做皇帝，等赵元佐继承大统，几年之后，李皇后可以再换自己亲自培养起来的孙子上去。

朝堂上，李皇后的兄长李继隆是大宋名将，征南唐，打契丹，讨党项，战功赫赫，另一个兄弟李继和是殿前都虞候，掌握禁卫军。关键时刻，这两兄弟都是李皇后的有力支持者。文臣方面，还有李昌龄等一批大臣，也是坚定的反太子党。

李皇后手里的牌很多，但在皇帝身边，她还缺一个能第一时间通风报信的自己人。这拉拢的人选早就有了，还是此方面的老手，那就是宋太祖驾崩第一时间跑去喊赵光义的太监王继恩。

“太子人选已经定下，他日登基，所有大臣都一样，公公也没有从龙之功了。”李皇后如是跟王太监套近乎，“如若当时不是你的消息快，又哪里有今日龙椅上的人和公公如今的荣华富贵？那，公公想不想继续富贵下去呢？”

王继恩也不傻，他和太子赵恒确实没什么“合作基础”，于是马上倒向李太后，只有一起把脑子有问题的老大赵元佐扶上台，彼此的下半辈子才能更好。

成交！

李皇后这边部署完成，那头已经病入膏肓的赵光义也在为儿子上位做足准备，那就是把寇准踹下去，换上吕端为相。

奇怪，寇准不是推赵恒为太子的有功之人吗？宋太宗为何不留他继续给儿子保驾护航呢？

主要有两点：

第一，是寇准自己作死。回京之后，寇大人血气耿直认死理的毛病没多久就回来了，里里外外惹了不少敌人，一个个都恨不得把年轻有为的寇大人拉下马。所以一得到机会，都到赵光义面前说寇准的坏话。

第二，是赵光义的顾虑。宰相这么年轻，这么能干，这么强势，太子呢，温柔，好脾气，对谁都客客气气，回头赵恒上位，面对强势的寇准，哪里有赵光义那么有本事能压住寇准嘛。赵光义也为儿子捏了把冷汗。

所以，两相作用之下，当冯拯状告寇准专权的时候，赵光义顺势把寇准踹了出去，贬去邓州做地方官，然后选了“小事糊涂，大事不糊涂”的吕端上位。

当年，西北不平静的时候，李继迁第一次被端了老窝，老妈和老婆就被大宋抓走了。俘虏在手，这还不是想怎么威胁李继迁，就怎么威胁李继迁。朝野上下都提出，对人质不能仁慈，一定要李继迁好看。唯独吕端坚持善待李继迁的母亲，以谋他日招安之用。

这步棋，到李继迁死后产生了效果。李继迁的儿子李德明做了老大，感慨宋朝善待其祖母，选择了归顺大宋。

从这件事就可以看出，吕端在大是大非上知轻重、有远虑。协助太子登基的事交给老吕，赵光义放心。

至道三年（997 年），赵光义的箭伤进一步恶化，宣布“不视朝”，不再参加早朝了，但大臣们该干什么干什么，国家依然可以继续运转。

宋太宗驾崩前夕，吕端入宫探视，发现天子已经进入弥留之际，而太子赵恒竟然没在宫中。

有人封锁了太宗病危的消息呀。

吕宰相不动声色，把情况写在入朝官员手里都要拿着的那块象牙板上，命亲信即刻拿着去通知太子。

就在这片刻的时间，赵光义驾崩了。

王继恩装模作样地哭着跟吕端说："宰相大人，请跟我来，皇后娘娘要与您商议谁来继位的事情。"

王继恩和李皇后已经有了部署，借口商议把吕端锁起来，等扶了赵元佐登基，再放吕端出来，到时候他就算反对也改变不了什么。

听到王继恩的话，吕端十分镇静："陛下已经定了太子，拟好了诏书，我们按照陛下的意思办就行了。"

王继恩没想到会有诏书这回事，不过没关系，他想，只要把诏书拿到，这事还不是自己和李皇后说了算。

王继恩问："诏书在哪里呀？"

"在御书楼。"

吕端说完，王继恩就往御书楼跑去，等他冲入楼内，翻找诏书的时候，身后"啪"的一声，吕宰相把他锁在了里面，以其人之道，还治其人之身。

吕端随后觐见李皇后，李皇后见王继恩没有同来，心里咚咚的，不安地询问："宰相，皇上驾崩了，依照自古以来的传统，都是长子继位，您怎么看哪？"

吕端义正词严："陛下已立太子，没有异议。"

李皇后被怼得哑口无言，身边又没有其他助力，落了下风。

外头赵恒收到消息已经入宫，吕端立刻召集文武百官，觐见新君。

到正式举行新皇登基典礼的时候，吕端大喊一声："等一下。"

他三步上前，掀开珠帘，仔细确认里面坐的真是赵恒，在众目睽睽之下，连新皇帝的衣服都拉开了。吕端看过赵恒的胎记，确定这是如假包换的赵恒，方才从容退下，率领百官高呼万岁。

赵光义把权力交接的大事托付给吕端，真是选对了人！

至此，大宋第三位皇帝赵恒登基，史称宋真宗，即将掀开属于他的历史篇章。

真宗上位的时候，大宋的各方面环境都比宋太祖、宋太宗上位时要好，政局稳定，经济良好。他固然是个脾气不错的人，但也不傻，马上清算了一批反对自己的人。

李皇后现在是李太后了，真宗遵循孝道，没有半点不尊，但李太后的兄长李继隆被削去兵权。

昔日协助自己上位有功的人，真宗也没有忘记，发配在外的寇准被提拔为工部侍郎。但朝野诸事，还依赖真宗上位时候出力最大的吕端，真宗没有马上把寇准叫回京城。

不过，吕端的年纪确实大了，谁来接替他呢？

咸平三年（1000 年），辽军再次南下，宋真宗亲自前往河北坐镇，指挥前线。眼看过宋太宗赵光义被箭伤折磨多年，宋真宗的内心是忐忑的，磨磨蹭蹭走了许久才到河北，这时候辽兵都退了，大臣们一番拍马，都夸是天子把辽人吓跑了。

宋真宗缓了口气，召寇准到行营觐见，君臣一番长谈，年轻的寇准得到了宋真宗的赏识，但天子对寇准的性格依然有所顾虑。因此吕端过世之后，宋真宗没有马上起用寇准。

时间滑到景德元年（1004 年），因江西一镇上产的青白瓷质地优良，于是以皇帝年号为其名，“景德镇”这个名字就此诞生，一直沿用至今。

也在这一年八月，辽军再次大军压境，萧太后和辽圣宗亲自率铁骑南下，边关吃紧，宋真宗才下定决心升寇准为相。

诏书下发之前，真宗询问宰相毕世安的意见。

毕世安大力举荐寇准，说：“寇准天资忠义，是能断大事之人，微臣不如他。”

真宗又道：“都说寇准性格刚强，爱使小性子，这不好办哪。”

毕世安笑答：“寇准把社稷放在个人得失之前，不够圆滑，才不得世俗喜欢。今天北面强敌将至，只有寇准可以御敌呀。”

真宗沉吟片刻，终于下定决心。寇准被提拔为集贤殿大学士，和毕世安同为宰相。

此时的寇准刚刚四十三岁，同样年纪的其他人才刚刚考上进士，开启仕途，而寇准已经几番沉浮，陪伴两位帝王，他已在官场走了许多年，接下去还会有许多年。

寇准的出现，给慌乱的朝野注入了一剂强心针，他力主和辽对抗，是主战派的中流砥柱。

因为失去了燕云十六州，河北对辽朝来说一马平川，大宋无险可守。为了解决这个问题，宋人发扬愚公移山的精神，没有险地可守，就制造点困难让敌方痛苦，削弱辽朝骑兵机动性强、速度快的优势，以起到抵御的作用。

于是，中国历史上著名的塘泊军事防线工程在宋太宗时期动工了，至道元年（995 年）之后，辽军南下的路线基本上就被限制在了保州以西没有塘泊的区域。这在一定程度上让辽军受到了阻挠，但是，这次辽军的出兵显然与以前不同。

雍熙北伐之后，辽朝经常南下骚扰，抢掠一点是一点，能占什么便宜就占什么便宜，但没有一次像这次这么大阵势，君王亲征，行兵列阵，行疾如飞，遇到城池，辽军知道宋军会固守不出，干脆绕开了大名府等城池，继续南下，直奔开封，大有长驱直下，夺取中原的意思。

朝野里意见不同，真宗心里也不踏实，参知政事王钦若和枢密院陈尧叟甚至提出了迁都之策，主战派的寇准极力反对，说道：“竟然有人想出这种馊主意，其罪当诛！”

寇准举了五代十国时候的例子，当时辽军甚至已经打下开封，最后却又为何退回北方？因为百姓不肯臣服！所以如果皇上能够亲临前线，将士百姓必然大受鼓舞，会为陛下守住天下。但陛下若是先跑南边去了，百姓被抛弃，人心涣散，敌军再趁势而来，这天下就拱手相让了呀！

真宗眼皮吓跳了好几下，“呵呵，寇宰相说得好有道理，让朕再想一想。”

寇准不急，皇上要想，那就慢慢想。

而且，在主战这件事上，寇准不是一个人，老相毕世安也支持寇准的态度，无疑又让真宗多了一份放心。

再加上边关一日五份急报，真宗终于下定决心前往澶州。

十一月，亲征的诏书颁发。

寇准把嘀咕着要迁都的几个大臣全部调走，省得他们拖皇帝后腿。

同时，寇准又让大将高琼跟真宗说：“皇上，您身后的队伍里都是咱们的人呢，大家一想到跟着您去跟契丹人拼命，心里都想着一定要打赢。”

真宗因此加快了前往澶州的速度。

结果走到半路，开封传来噩耗，真宗的四弟、留守开封的雍王赵元份忽然重病。真宗忙派参知政事王旦回去顶上。

王旦也忐忑，问真宗：“陛下，您这一去，要是十来天没有音信，怎么办？”

真宗沉默良久，回答：“立太子。”

之后，在军队和百余官员的护送下，真宗抵达澶州南岸。

澶州古城，跨黄河而建，南岸北岸各有一座城池，因此辽军如果打下澶州，也就能渡过黄河，直奔开封。

真宗到澶州南岸，辽军已经抵达北岸城外，甚至在澶州城内就可以听到辽军的声音。

宋真宗因此不想前往北岸。

寇准再三请求：“唯有陛下渡河，主动迎战，才能鼓舞士气，否则亲征就半途而废了！”

可是，毕竟不像宋太祖和宋太宗有多年戎马战场的经验，耳听对面辽军的战鼓声和吼声，真宗犹豫不决。

这时候，又是大将高琼站了出来：“陛下，我身为军人，愿意以死殉国！”他跪在真宗身边，“跟陛下出发的将士们，父兄妻儿俱在开封，绝不会抛家弃子，迁都逃去江南，但是会为了陛下和身后要守护的家人，拼死一搏！”

真宗被高琼的话触动了，高琼抓住机会，将真宗拉到了澶州北城巡视。当代表天子的黄龙旗出现在北城城楼上时，北城军民高呼万岁，声音直冲云霄，连城外的辽军军营都为之一震。

真宗之后未再去过北岸，寇准留下来负责前方。真宗日遣宦官多次询问寇准的情况，得知寇大人云淡风轻，谈笑于城楼之上，真宗的心无疑更踏实了。之后，辽军前锋来到城前，寇准调兵遣将，又获小胜，而且寇准每下军令，用词严肃有力，将士们因此都有了必胜信念。

寇准，无疑是一位文能治国、武能调兵的能人。

紧接着，又发生了一件有利于大宋的事。

负责南攻的辽军主将萧挞凛在澶州城外，像以往一样巡视地形，宋军守城将领看到对面辽军动静，命人拉动床子弩。

这床子弩由两张弓或三张弓组成，发动时需要数人甚至百人一起操作，把弓弦威力加大，射程达到六七百步远，是当时防御战的顶级武器之一。

宋军这边，其实并不知晓对面出巡的是谁，守将想用床子弩震慑对方，命士兵对准辽军最前方一人发射。

长箭呼啸而至，正中萧挞凛。

当晚，萧挞凛重伤不治而亡。

三天后，萧挞凛的棺木被拉到萧太后面前，萧太后扶棺痛哭。

辽军号称二十万，但深入敌境，长途跋涉，已十分疲倦。而见到对面宋军皇帝亲自督阵，澶州城内士气高涨，坚守到底的意愿强烈，辽军已经开始对是否继续坚持作战产生了动摇。这时候，萧挞凛的离世，加重了辽军营内的消极情绪。萧太后与近臣们商议，决定和宋朝和谈，意图在谈判桌上多捞些好处。

十二月中，辽军派人给宋军送去一封信。

这写信的人挑选得极好，是宋朝被辽俘虏的将领王继忠。他是真宗藩邸时的旧人，在去年的宋辽交战之中不见，真宗以为他已战死沙场，悲痛不已，追封其官衔，优抚其家眷。没有想到，王继忠竟还活着，被俘关在辽朝。

王继忠在信中说，辽朝有议和的意愿，希望天子明其诚意，接受和谈。

真宗本来就不喜穷兵黩武，听闻辽朝要议和，一颗心放回了肚子，身边的大臣们也异常兴奋，纷纷认为应该议和，从此不再打仗就再好不过了。

唯有一个人坚决反对，那就是寇准。除了萧挞凛的离世，其他辽军的情况都在寇准的意料之中。他清楚辽军已没有再往南进发的拼劲，而且宋军在辽军身后捷报连连，辽军正急着回去灭后院的火。宋朝就不一样了，军民一心，情绪高涨，正是收复燕云十六州，永保安宁的大好时机。

值得一提的是，在辽军身后打胜仗的人不是别人，正是杨业之子杨延朗。他本来只有一万人马，任河北缘边都巡检，也就是边防巡逻的总负责人。在辽朝兵临澶州时，他曾向朝廷递交意见，想要带兵绕到辽军身后，与澶州的宋军夹击辽军。真宗没有采纳。没有得到朝廷回复的杨延朗，最后决定主动给剑拔弩张的澶州减轻压力，率兵北上，攻克辽朝名为“古城”的军事要塞。

杨延朗的行为，扎扎实实地让萧太后感受到了压力。

而真宗之所以致力于止戈，还百姓以安稳，除了他柔和的性格和对国事的思考，还因为大宋第一好员工、大将曹彬病重时，君臣之间的一番谈话。

曹彬跟宋真宗表示："宋灭不掉辽，辽也灭不掉宋，唯有和，才是长久之计。"

曹彬的话，再加上这时候，真宗想调动宋军在辽军背后的十万军队，结果对方完全没反应，各种因素综合在一起促成了真宗的主和。

说起来，这十万宋军的指挥官王超也是个老将，辽军南下，他缩在定州不出来也就罢了。等真宗和辽军对峙的时候，真宗叫他出来配合，王超仍然不动，十万人放着只能看，就这水平，还指望反过去把燕云十六州拿下？

真宗觉得，寇准你做梦呢吧。

在这样"各自觉得自己不行了，但表面上还装得很强"的背景下，宋辽双方坐到了谈判桌前。

宋朝这边当然不能派寇准去，他那个耿直脾气，怕会在谈判桌上跟辽朝人打起来。大臣曹利用被委以重任。

按照既定惯例，第一轮都是狮子大开口。辽朝表示要拿回后周时期被世宗柴荣拿走的关南十县。大宋怎么能接受呢？要么等价交换，你把燕云十六州还给我。

双方你来我往，渐渐摸到对方的底线，辽朝想要一笔补偿款，宋国则不能接受割地，那么关键就在补偿款的数目上了。

曹利用问真宗："咱们的底线是多少？"

真宗反正是不想打，答说："只要不超过百万就行。"

寇准可不答应。等真宗一转头，寇准把曹利用叫过去："你记住啊，谈到三十万，要不我砍了你的脑袋。"

曹利用就捧着这根底线去了，谈完回来，真宗在吃饭，让身边的宦官出来问曹利用最终数字，曹利用手指比了个三。

宦官回去答复真宗。

真宗一惊，“三百万，这么多呀。”但略略一想，又自我安慰，“算了，只要能不打仗，三百万也可以。”

后来，曹利用当面回禀真宗，说最终谈下来的是：三十万一年。

真宗大喜过望：“曹爱卿，这事你办得好哇！”

澶渊之盟最后签订的条款是：

一、宋辽是兄弟之国，辽帝年幼，尊宋帝为兄，后世也按照年龄大小来定。

二、宋每年“助”辽银十万两，绢二十万匹，在雄州交割。

三、宋辽以战前的白沟河为界，相互撤兵，以后不再相互骚扰。

四、在边境上开市，展开贸易。

也许有人会担心，签订合约之后有一方反悔怎么办？尤其是辽朝，是游牧民族，万一回头又因为缺粮食或者遭受什么自然灾害再打过来呢？

这个情况，在当时自然谁也不能打包票。但幸好，辽朝在萧太后和韩德让的努力下进一步汉化，经济和生产都有了长足发展，百姓的生活好了，谁又喜欢打仗呢？

辽宋双方在之后一百二十年中未再交戈，而且成为礼尚往来、互有使者的友好邻邦。后来在辽朝发生饥荒时，宋国主动在边境放粮赈济灾民。而宋真宗驾崩时，听闻消息的辽圣宗亦集合大臣为其默哀。这是真正的化干戈为玉帛。

从主战到成盟，寇准的作用都无可替代。若不是他的坚持，宋朝没准儿真的会走出南迁这一步，那么南宋建立的时间将会提前，整个宋朝的历史也会随之改写。若不是他的坚持，和谈条款里宋朝的损失不会这么低，岁币三十万，只占当时大宋 GDP 的百分之一左右，宋朝也因此得到了和平的红利，得以长久发展，迎来不久之后的仁宗盛治。与辽朝握手言和之后，党项族失去依靠，西北问题也迎刃而解。

澶渊之盟，对大宋乃至对整个中国，都有积极的正面影响。

第九章

封禅泰山——真宗的举国癫狂

与辽朝议和的成功，令宋真宗赵恒很是高兴。大戏落幕，世人不会忘记寇准的功绩，但鲜少有人注意到真宗的努力和远虑，签订盟约只是第一步，后面还有执行和落实到位的问题。

比如，盟约约定，宋辽两国以白沟河为界。实际上，宋辽双方长期在这片区域混居，并没有设定界碑，划分区域，这就给后期盟约实施造成了麻烦。

牧草丰美时，辽朝牧民想进入大宋一侧放牧，他们亦知此举不妥，给宋边关士兵赠送了礼物，希望能得以批准分一块区域给他们。

边关将这件事上报给朝廷，真宗批示："已经划定了两国边界，还过来放牧算什么呢？责令边臣将这件事写入文书，附上合约，告知对方牧民的首领，绝不可以。"

大宋要和辽朝做好邻居，可是这种不清不楚的事情多了，后患无穷。确保边境线的清晰和严格执行，既是坚定执行合约，也是维护大宋的国家利益。

另一方面，边关鸡毛蒜皮的事情许多，若事事上报等待中央决策，未免让辽朝看不起大宋事事"出自朝议"，真宗也下放了边境事务决策的权力，不要紧的事情，有章程可依的事务，边关酌情回复辽朝便是。

又比如，盟约之后，两国往来，遇到婚丧喜事等大事，互相告知，派遣使臣。但这事到具体发生的时候，许多细节都是第一次遇到，没有古法可依。

澶渊之盟第二年，辽朝萧太后派使节去大宋给宋真宗贺寿，使团由左金吾卫上将军耶律留宁、左武卫上将军耶律委演带领。宋朝方面委派李宗谔为馆伴使，负责这次的接待，从开始的郊外迎接到朝贺后的答谢宴会，既要高于附庸小国的来使，又不能显得把辽朝奉为上宾，规格要折中、适宜。

接待时，李宗谔见耶律留宁等人都带着佩刀，认为不符合宋的规定，令他们解除武器，再进入宫殿。辽朝方面当时也没有觉得不妥当，照做了。

后来真宗知晓这个插曲，说："契丹人随身带刀，是他们的风俗，以后不用再要求他们根据我们的规定做，自便就是。"

这个意思传达到辽朝使团，耶律留宁等人先是惊讶，而后感动。

大宋对辽朝这般推心置腹，换来辽朝的真诚以待。到萧太后寿诞的时候，大宋派出使节孙仅贺寿。

孙仅进入辽境，一路有辽朝官员接待，道路一侧摆放辽朝美食，一侧摆放宋国美味，请宋使团随意选用。辽朝方面还下了文书，路上宋国使团跟辽朝百姓发生物资交换，辽朝百姓不得收取宋使团的钱财，否则论罪杀头。而后，辽圣宗亲自到幽州接见，并多次设宴款待孙仅。孙仅回程的时候，辽朝给他准备了丰富的礼物带回大宋。孙仅只接受了其中"丰约中度"的部分，也就是既不过分奢华又不过分低贱、比较符合标准的数量和价值的礼物，这种模式后来成为宋出使辽的既定模式。

另一方面，两国虽然修好，可是害人之心不可有，防人之心不可无。

根据盟约，新的防御要塞不能修筑，但已有的防御要塞并没有谈及，也就是可以继续保留。真宗下密诏，要求边境部队注意修整相应设施，瞭望台、士兵的居住环境、战壕，日常皆要注意保养，损坏的及时修葺，军队人员不足则要及时招募，淘汰老弱病残，补充上新鲜血液，坚持培养精锐部队。

关于俘虏问题，真宗以盟约时期做划分。盟约之前的，根据旧例留在宋境；盟约发生之后的俘虏，悉数送还辽朝。

两边军事行动在明面上已经停止，但暗地里的间谍活动仍然存在。宋朝若抓到辽朝间谍，真宗要求妥善照顾，施以怀柔手段。之所以如此处理，主要考虑的是辽朝若抓住宋国间谍，指责过来的时候，宋方也能有力地予以回应。你看你也派间谍来，我如此厚待，还没指责你。如此，在道义上占据上风。

国家做出了这样的决策，民间对应的也有发生一些引人深思的故事。

据说，一个武将的儿子在早年交战中投降辽朝。盟约之后，这个儿子回到宋国。可武将担心儿子成了辽朝间谍。这事情拿捏不准，说不定全家被砍。武将只能将儿子交给朝廷定夺。真宗最后的决定立足于父子之爱，下令放还儿子，从始至终没有调查对方是不是间谍。

从这一系列的政策和事件，体现了真宗身为君王的仁慈与担当。

澶渊之盟后，寇准的声望上升到最高，朝野无人可与之比肩。

真宗对寇准亦保持着敬重。

但寇准性格里的自负狂傲的一面，在这时期也越发鲜明，他自己给自己写了首《蝶恋花》说："四十年来身富贵。游处烟霞，步履如平地。紫府丹台仙籍里，皆知独擅无双美。将相兼荣谁敢比。彩凤徊翔，重浴荀池水。位极人臣功济世，芬芳天下歌桃李。"

由诗可见，寇准的内心是自得的：将相之才，无人可比，北宋能浴火重生，全依仗他。若不然，大宋现在说不定都搬到长江以南了，臣子们今日的荣华富贵也不知道还能不能守住，哪儿有资格跟他论高低。

寇准是一个聪明人，但是他在澶渊之盟后的举动，无疑是一点也不聪明，甚至是愚蠢。

难怪好友张咏觉得寇准才学不足，隐晦地劝他读一读《霍光传》。寇准翻到“不学无术”的时候，笑说原来张咏是要说这四个字，却没有明白好友是在劝他低调谦虚，不要任性妄为。

论辅佐帝王的才华、判断大局势的能力，寇准确实有，他也不是一个醉心权术的人，反而坦荡耿直到不近人情。这样的性格在官场上，不吃苦头，不得罪人，又怎么可能呢？

再加上，一直力挺寇准、真正深得真宗信任的老宰相毕世安在澶渊之盟之后没多久过世了。

不论真宗再怎么欣赏寇准，也耐不住朝廷那些看不惯寇准的人三番五次地在天子耳边打小报告。

当初主张南迁的官员之一王钦若，就是打寇准小报告的第一人。王钦若固然也是个有才华的人，负责过编写宋代四大名著之一《册府元龟》，在亳州任地方官员的时候，坚持为百姓说话。但他和寇准相反，是个工于心计、挟势弄权的人。为后人知晓的最大一件事情，就是陷害寇准。

因为在澶渊之盟前，寇准骂提议南迁的官员“其罪当诛”，主张迁都金陵的王钦若就记恨上了寇准。

景德三年（1006 年）初的一天，朝会结束，真宗目送寇准等人离开。

王钦若抓住机会问真宗：“您这么敬重寇相，是不是因为觉得他对社稷有功？”

真宗说：“那是自然。”

王钦若神秘一笑：“澶渊这件事，陛下不以为耻，反以为寇准是对社稷有功之人，这是为什么呀？”

真宗意外：“哪里来的耻呀？”

王钦若道：“《春秋》有说，城下之盟是为耻。澶渊之盟不就是城下之盟吗？兵临城下，您贵为万乘之国的君主，何等尊贵，竟然与敌军签署了城下之盟，何其耻辱啊！”

王钦若善于揣摩真宗的心思，他挖空心思为寇准量身打造的污蔑，果然令真宗产生触动。

见真宗面色一变，王钦若抓准时机，进而又说：“赌博的人快要输了，到最后拿出全部一搏，就是孤注。寇准他就是个赌徒，而澶渊之举时候的陛下您，就是寇准的孤注。那时候的陛下您真是万分危险哪！”

与辽军一河之隔时候的心惊胆战再一次袭来，真宗不得不承认，他内心深处无数次想过万一辽军真打进来，他要怎么办，大宋又要怎么办？

王钦若的这番话，到底是触动了真宗，自此真宗对寇准的看法带上了偏见。在相位上才坐了一年半的寇准，很快就被免去相职，知陕州去了。

接替寇准相位之人，是之前真宗前往澶州时急匆匆被派回去顶替重病的雍王、行留守之职的那个王旦。

王旦是太平兴国五年（980年）的进士，行事认真严谨。他奉命到达开封之后，径直进入禁中，命人不得传播相关消息，稳定住了人心。真宗从澶州返回开封，京中贵胄世族出城迎接，王旦家的子弟也在其中，等听见身后有骑兵阵仗之声，才见到王旦，得知他早回到了京城。

王旦固然也是一代名相，看破王钦若的媚上和功利，推迟了王钦若拜相的步伐，却远没有寇准的刚硬凌厉，做不到将王钦若贬黜外地、令其远离真宗。

王钦若后来执政，跟身边人说：“因为王旦，我晚了十年做宰相。”但作为一个比真宗还要懂真宗的人，现在的他已经崭露头角，开始走向大宋历史舞台的中央。

真宗有一个心病。

心病的起因依然是大宋的宿敌辽朝，辽朝竟然也认为自己是“大中国”，是炎黄二帝的后代“轩辕后”，他们的统治受到上神的保护。澶渊之盟后，辽朝自称北朝，将大宋称为南朝。

也就是说，辽朝并不认为自己是有别于中原人的外族，相反他们觉得自己也是受到上苍和神明青睐的“大中国”人。这对后世乃至世界的影响非常大，例如俄语称中国为 Китай，翻译过来就是“契丹”。

那么辽和宋的统治者，明明是两个完全不一样的民族，哪个国才能代表中国呢？谁才真正被神明保佑，拥有符合“天道”合法性的江山社稷呢？

这个问题，其他人可以不想，但作为大宋天子的真宗却必须思考。自古以来，华夏就说天子是“天选之子”“受命于天”“顺应天命”，因而才荣登大位。真宗必须从天道和神学中，寻找到自己和大宋远胜于辽的“符合天道”的合法性。

王钦若对礼仪很有研究，本身就信仰道教。真宗从澶州回来以后，深信能这么顺利解决两国矛盾，一定是老天爷和祖宗保佑，任命王钦若负责祭祀大典等礼仪活动。王大人察言观色，发现了真宗在神学事务上的热衷，把相关的活动办到了真宗的心坎里。王钦若很快就成了真宗的心腹。

当然，发现天子热衷于此的人，不会只有王钦若一个。景德四年（1007 年），就有官员上书，请真宗封禅。

封禅的意思是祭祀天地，是古代帝王祭天地的典礼，又可称为封祀、封峦、封岳。历史上最有名的封禅是秦始皇跑到了最为险峻的、五岳独尊的东岳泰山，在山顶上筑圆坛以报天之功，在山脚下的小丘之上筑方坛以报地之功。

这种国家级别的祭祀活动，汉武帝、唐玄宗都做过，甚至真宗的爹赵光义也心向往之，封禅的准备工作都开始做了，后来因为宫中大殿屡遭火灾，太宗觉得自己“功德”不到位，不符合“天道”，又下诏暂停封禅事宜。

宰相王旦看到上启封禅的奏章，试探着问真宗：“封禅之礼，古来就进行得不多，而且不是太平盛世，岂能有足够的财力、人力做这么大规模的典礼？”

真宗听出了宰相话中的反对，淡淡地说：“朕还没那么大的德行，怎敢轻易谈论封禅这种事。”

不过，真宗的心思是动了，旁听的王钦若心思也动了。

这俩特别能谈得到一起的人，事后就又有了一番对话。

真宗问王钦若：“城下之盟的耻辱，要怎么洗刷呢？”

王钦若以退为进，先给了个不可能完成的回答：“我们打过去，拿回燕云十六州，就可以雪耻了。”

真宗还真思考了一下，然后说：“河北的生灵都需要休养生息，朕不忍心让他们再赴死。爱卿你还有其他建议吗？”

王钦若就是在等这句话，答道：“陛下不忍用兵，那就应该做一件大事，足以镇四海、服天下，向所有人展示我们有不能匹敌的功业。”

真宗便问：“是什么样的大事？”

王钦若答：“封禅！”进一步又说：“当然，封禅需要等天地降下举世罕见的祥瑞才能做。”

真宗初听这个建议，自然一阵失望，举世罕见的祥瑞又不是说有就有，还不知道要等到何时。

王钦若就是如此会揣摩真宗，等真宗从失望的情绪中出来，才适时地用想好的对策来接应。

“怎么得到天赐祥瑞呢？自古就有人为的祥瑞呀。若天子把这些祥瑞昭告天下，那么人造的祥瑞和天赐的祥瑞就没区别了。”王钦若给真宗举例子：“陛下您看，古时候的‘河图’‘洛书’，未必就是天降的，而是圣人设计了神道奇迹，以此来教化天下而已。”

真宗就这样一步步地被王钦若“点透”了，两个人决定这就把“祥瑞”给搞起来。

这首先第一件事，是处理掉朝中反对的声音。其实大部分人真宗都不怕，唯独忌惮宰相王旦，而王旦之前的态度也显示他不赞成封禅。

真宗和王钦若围绕着“怎么把王旦先拉到自己的阵营来”，做出了部署。

王钦若先上，找了个契机和王旦单独提及真宗准备搞人造祥瑞，进而封禅，其出发点是要和契丹之前搞的祭天对应，显示我们这一头才具备“天神的庇佑”。

王旦虽然可以理解真宗的苦心，可是士大夫学习孔孟之道，认为这些都是“怪力乱神”之事，王钦若越是积极，王旦越觉得这事离谱。

王旦也知道和王钦若说没有意义，他打算回头劝劝真宗。可是没等王旦行动，真宗就行动了。

真宗找了个理由把王旦留下，设宴款待，席上真宗夸了王旦表现不错，君臣相谈甚欢。离席时，真宗给王旦留了一壶没开封的酒做礼物，说道：“此酒佳酿，带回去与家人一起享用吧。”

王旦谢恩，带回家打开一看，满壶都是珠宝，他就这样闭嘴，不再反对真宗搞“神道设教”。

按照王旦的为人，之所以不再反对，当然不是因为看到这些珠宝就贪欲上头，而是他意识到了一个重点——宋真宗是真的想搞“神道设教”，因此才亲自贿赂自己最看重的官员。如果再反对下去，那么他的结局就显而易见了。

你不支持可以，自有支持的人来坐这宰相的位子。

王旦的内心固然不认同“神道设教”，可是他更舍不得手里的权势。

景德五年（1008 年）正月初二，真宗在崇政殿召见百官，向他们讲起自己去年做的一个离奇的梦。

一场大戏，就此拉开。

真宗如此介绍这个梦的内容：“那梦里，朕平时昏暗的房间忽然非常亮堂，一个戴星冠、穿红衣的神仙出现，叫朕在正殿布置道场，持续一个月，然后上天会降下《大中祥符》三篇天书给我，妙用无穷，不要泄露天机。”

真宗当然“不敢泄露天机”，所以就没和诸位大臣说起。但是做梦之后，他就开始吃斋，依照神仙说的建造道场。一个多月过去了，没见天书出现。

他说：“哎呀，我也不敢随意撤掉道场，所以就继续摆着。结果没有想到，刚刚皇城司来报说，在左承天门上垂下了黄帛，想必那就是天书了。”

已经是真宗“神道设教”阵营的王旦，马上就接话道：“那真是可喜可贺的事情啊，陛下与辽和睦，万物生灵不用遭受战乱，天下太平，五谷丰收。这是一件大功德。如今，神仙的话应验了，可见是上天在保佑大宋。我们现在就去敬迎天书吧，上面也不知道写了什么，开封的时候让左右回避。”

真宗很是坦荡：“不用回避，如果天书写了朕做得不对的事，朕就应该虔诚悔改，没什么不能给别人看的。”

群臣簇拥着真宗来到左承天门下，真宗命内侍架梯子，上去把天书取下，王旦恭敬下拜，接过天书再交给真宗。

真宗也拜了拜，然后把天书接过来放在木辇上。

天子和群臣步行护送天书到道场，由知枢密院陈尧叟打开，里面最开始写了二十一个字：“赵受命，兴于宋，付于恒。居其器，守于正。世七百,九九定。”而后有三卷内容，第一卷表彰真宗的德行，第二卷勉励真宗再接再厉，第三卷祝福大宋被天神保佑。

随后，天书被供奉起来，君臣一起吃斋。

这件事很快就传遍朝野，众臣免不得纷纷恭喜真宗。真宗随即宣布大赦天下，改元“大中祥符”，安排五天的庆祝活动。

这庆祝太隆重了，所以全开封乃至全国的老百姓都知道了上天降“天书”给大宋。

好兆头呀！盛世呀！

接二连三的祥瑞就此上演。

大臣们纷纷上书和真宗说："陛下，封禅吧！"

真宗还推让了一下："封禅这种事，历朝历代很少做，实在难以答应大家。"

百姓也纷纷向朝廷表达愿望："封禅吧！"甚至结队往开封走，向真宗表达民意。

真宗为难地搓手手，"哎呀呀，这么大的事，怎么好轻易去做。"

百姓说："我们大宋已经受天命五十载，天下太平，华夏安泰，天降祥瑞，可见陛下的盛德，理应去泰山报答天地神祇。"

真宗依然没有点头，毕竟皇帝要去，和上天要皇帝去，这是不一样的。

直到四月，天书再次降临。

宰相王旦带着各地前往开封的百姓、僧人道长、百岁老人、满殿文武大臣，一共两万多人，接连五次上奏，锲而不舍地请求封禅。

真宗终于下诏："于今年十月前往泰山封禅。此举不是为了求仙求福，而是为报答天地诸神。"

王钦若被指定负责这一切的准备工作，前往泰山所在的兖州安排相关事宜。泰山提前戒严，为天子的到来做准备。

五月，真宗再次梦到神仙，说到六月上旬会继续在泰山赐予天书。王钦若与他"心有灵犀"。到六月的时候，果然有木工发现黄色的飘带，上面写着真宗的名字。王钦若就在发现天书的地方建造道场，并派人将天书送往京城。

紧接着连王钦若都梦到了神仙，他跟真宗禀告说："神仙让臣多建一座庙亭，还指了方位让臣记住。最近臣因为要监督工程，到一处叫作'威雄将军祠'的地方，看到神像、祠庙所在的地方，都与臣梦里的一模一样。臣请求用工程结余的款子，在这威雄将军祠边增加一座庙亭。"

真宗自然答应。

自从王钦若到了泰山，泰山就时不时发现祥瑞。一会儿挖掘到醴泉，一会儿发现苍龙，一会儿说泰山每日都有灵芝生出。

至于封禅过程中的细节，每一个都被拿出来反复讨论、研究。到了六月，相关的细节才完全拟定好。真宗认真阅览，又标注了细节让官员再做讨论。

同时，这么大的举国性质的活动，契丹如果想歪了，以为大宋在背地里准备打仗就不好了。

实际上，辽朝确实也有调兵遣将、粮草运转的痕迹。

河东转运司上书询问真宗："陛下，是不是我们也调兵，以防万一？"

真宗答曰："本来辽朝就是误会了我们，如果我们再加强军事行动，反而加剧了他们的顾虑。所以我们什么都不要做。"

而后，真宗派特使带着礼物专门去辽朝，通报大宋将在十月封禅这件事。

辽朝回答得也很大气："大宋要办自己的大事，可以不通知我们。送来的礼物，我们也担心违背当初两国签下的盟约，不敢接受，予以退回。"

真宗赞辽朝人："异域之人果然遵守誓言哪！"

到了七月，封禅用的玉牒和玉册出现了问题，玉器匠人表示时间太仓促了，来不及完工。

宰相王旦表示："玉器来不及做，不如用其他类似的东西替代。"

从这个细节可以看出，王旦其实根本不相信这些虚幻的"神仙托梦"和"天降祥瑞"，他只是在配合真宗罢了。相比之下，王钦若的"尽心尽力"就令真宗觉得贴心得很。

真宗不同意王旦的建议，下令让工匠们赶工，力求在十月之前完工。

有一个老玉匠回忆起来，宋太宗时期曾要做东封大典，后来虽然叫停了，但当时的玉牒已经做完。

真宗于是高兴地让人将先帝时期做的玉牒找出，完全符合要求，就定下用这个玉牒。

在真宗眼里，这个插曲本身也是一种“祥瑞”和“上苍眷顾”。

十月，封禅大典如期举行。

泰山顶上，前一夜还狂风大作，等到真宗登上山顶时，忽然风停，一片祥和。

当晚，真宗宿于山顶。

第二日，真宗盛服祭奠上天。

昊天上帝为主，然后是太祖太宗的配座，最下是真宗，他在这一刻是昊天上帝的臣子，以谦卑的姿态向上天和神灵们恭敬祷告：“我真宗必定以仁守位，以孝奉先。谨以这些美玉锦帛、五谷牛羊等物品敬献上天，以示诚意。”

刻有誓言的玉牒、玉册由王旦放入玉柜，再放入石磁，封存在泰山之中。

当日，真宗下山，宿在山下奉高宫。次日，用类似的流程祭祀地祇。

以前的太祖朝、太宗朝以及最近各地敬献的奇珍异兽，全部在山下放生，天上太阳出现叠着的光晕，五色云彩环绕在天际，泰山周围的百姓都有看到，不禁高呼万岁，欢呼声直冲云霄。

“封禅大典”圆满完成，真宗终于完成了这项天地认可政权合法性的仪式。他大赦天下，举国欢庆三日。

真宗成为中国历史上最后一位封禅的帝王。

大典之后，皇家车队浩浩荡荡，一路返回开封，一路赐宴，还专门绕道去祭拜了孔子。各地纷纷呈现“祥瑞”，又开始有新的请愿，请真宗祀汾阴，祀西岳……

真宗“扛不住”民意，又“顺应”天意，于是新一项“神道设教”开始了，中国信仰的神佛那么多，哪一个不是天神？哪一处不需要天子去虔诚祷告、祈求福祉呢?

真宗已经停不下来，他身边的人、各地的官员百姓也一样，全国陷入癫狂的状态。各地大兴道教，印刷收藏道教书籍，建造道观。

与此同时发生的是国库越来越空虚，无数钱财珍宝投入到了疯狂的宗教活动之中，仅是东封泰山就耗费八百余万贯钱，后来西祀汾阴耗资更增二十万贯。

其实，在最开始，真宗并不是这样的。

决定封禅之前，他担心国库不能承担一次封禅的费用，特意询问管财政的代理三司使丁谓，得到丁谓肯定可以承担这件事的回答，真宗才放心，又让丁谓仔细做好相关预算。

各地不断进贡奇珍，组织请愿的百姓到开封时，真宗下令:“进贡的奇珍，各地都会效仿，反而是一种麻烦。现在已献上的，要用高于市价的价格给百姓，并告诉各州百姓，不要再做类似的事情。”

以往，将士们出发去打仗，朝廷会发放锦缎之类，让将士们盛装出行。准备封禅大典时，官员提议也这么做，让仪仗队看起来更加庄严。真宗琢磨这样太过浪费，要能节省就节省，否定了这个提议。

出发去封禅的时候，计算了路上的费用，真宗选择了比较远，但是成本更低的线路。

大中祥符三年（1010 年），真宗已下令各地不要再组织到开封来请愿，可是各地的热情还是难以压制，三万多人前往朝廷请求祭祀汾阴后土。

真宗担心国库不够，起先不予同意。

三司使丁谓看出了真宗的心动。

之后，真宗到龙图阁，翻阅到一本唐代财政方面的档案《元和国计簿》，丁谓趁机跟真宗说:“唐代时候，江淮地区运送到长安的粮食是四十万石，而现在运到开封的有五百余万石。国家的财政状况非常好。”

真宗夸他:“爱卿财政管理做得非常好哇。”

丁谓让真宗以为国家有很多钱可以花，解决了真宗继续搞“神道设教”的后顾之忧。

之后，各地再来请愿的时候，真宗的态度就软化了，说：“朕为各地百姓祈福，如果能获得天地祝福，那么什么舟车劳顿朕都不怕。”

之后，他下诏明年春天到汾阴后土祭祀。

许许多多的细节可以看出，真宗的初心并不是要把国家拉入困境，也并不想把太祖太宗两朝好不容易积攒起来的家底挥霍掉。

但是随着事态的发展，真宗已经无法分清这祥瑞和这样的盛世是“人造”还是“天赐”的。也许他心底里是明白的，可他不愿意从这场梦里醒来。围绕在他身边的王钦若与参知政事丁谓、三司使林特、龙图阁学士陈彭年、皇城使刘承珪组成的“五鬼”，阿谀奉承，投其所好，把这场举国癫狂推向高潮。

值得一提的是，20 世纪 30 年代，封禅大典的玉牒在泰山出土，一共两卷，一卷是唐代李隆基的封禅玉牒，一卷是宋真宗赵恒的封禅玉牒，牒上所刻乃两位帝王的真迹，这是我国现今为止出土的仅有的两卷玉牒。当时的中国正处于军阀混战的时代，玉牒曾一度失踪。20 世纪 70 年代，玉牒再度现世，现存于台北故宫博物院。

第十章

狸猫换太子——刘太后听政

真宗天天忙着“神道设教”，朝野上下不是没有反对的人，但是声音太过渺小，什么也改变不了。

大中祥符八年（1015年），两朝元老张咏，在病逝前递交的最后一份奏章上提醒真宗：“陛下不应该建造玉清昭应宫，这种行为会用尽天下之财，伤及民生根本。都是贼臣丁谓迷惑哄骗陛下，臣祈求斩丁谓，将他的头放在国门下谢罪天下，然后用臣张咏的头放在丁家的门上，作为臣主张杀丁谓的谢罪。”

张咏到死都一直在等待真宗的回应，可惜，真宗实行的政策是：没反应。

对于这些反对的声音，他就当听不见，既不虚心采纳，也不追究责任。

玉清昭应宫是真宗下令修建的一座道馆，大中祥符二年（1009年）动工，地址选在皇城西北天波门外，地基要求深至五米，工程量巨大，耗费巨资。

大中祥符七年（1014年），劳民伤财的玉清昭应宫落成，奢华程度据说赶超秦始皇的阿房宫。

皇帝都这样了，宋朝竟然还没完蛋，不得不说，是因为有一批有责任心的官员，如张咏，如王旦。

真宗把“神道设教”玩脱了，变成了一场举国疯狂。宰相王旦虽然也参与了封禅大典的狂欢，但是在后来事情越发荒诞之后，成为帮凶的王旦内心痛苦，隐忍在相位，下定决心做好本职，他撼动不了“五鬼”，也不搭理“五鬼”。

丁谓是推动玉清昭应宫建造的始作俑者之一，王旦对他极度反感。玉清昭应宫建成后，门口设置饭食，供游人免费取用。后来因饭食质量太差，投诉到丁谓这边。

丁谓到宰相办公的地方，问王旦如何处理。

王旦不回答。

丁谓再三问，王旦不语，若没有听见问题一般。

丁谓恼火，质问王旦：“宰相为何不答？”

王旦道：“此地是讨论军国大事的地方，并非与人理论馒头、夹子等伙食的地方。”

丁谓因此对王旦怀恨在心，多次在真宗和其他人面前诋毁王旦。

所幸真宗对王旦依然信任，说道：“王旦在朝廷多年，朕了解他的为人，东封之后，已告知他一些小事可自行裁决。你们听他的安排就是。”

玉清昭应宫落成第二年，京城突然出现大火，左藏库、内藏库都被波及，无数锦帛、文物毁于大火。

既然所有人都疯狂地追寻道教，寻找天迹神示，那么，天可以降下祥瑞，也自然能降下警示。根据这种理解，这场大火是不是属于后者？

宰相王旦上表请罪，但真宗认为错在自已，下了“罪己诏”，后来大火原因查明是从荣王赵元俨的府邸先开始，火势巨大，蔓延向四周。

真宗要降罪涉事的人，王旦站出来反对：“陛下已下罪己诏，何以再怪罪其他人呢？大火虽然是从荣王府起，但又怎么肯定是人为，而不是天降预警呢？”

最后，所有人都被赦免。

但是，参与到了“神道设教”一系列活动中，是王旦终身的懊悔，即便是身为宰相，他也无法阻止整个时代的热衷，只能冷静又无奈地看着事态发展，孤独支撑大局。

天禧元年（1017年），王旦病重，真宗命人用轿子将王旦抬入皇宫，讨论未来宰相的人选。

真宗问道：“爱卿现在情况这样严重，万一出现不测，朕把天下事务交托给谁呢？”

王旦先感谢了天子的信任，然后表示，任命宰相这种事还是应该天子自己做决定。

真宗问了几次，王旦都不回答，真宗没办法，只好拉出心中的人选来一个个问王旦，王旦依然不答。

真宗无奈：“爱卿你倒是说说你的意见呐。”

王旦这才勉强支撑着自己，坐直身体，举起朝笏，回答：“臣愚见，宰相之职，只有寇准。”

真宗自是极不喜欢寇准，这家伙太过任性偏执，不管在哪里，都有人告他的状。所以，听到王旦说寇准这个名字，真宗很是失望：“就没其他人了吗？”

王旦道：“其他人，臣不知道。”

王旦和寇准没有私人恩怨吗？在王旦心里没有，不过寇准觉得有。

寇准被贬后，曾私下托信向王旦求官，王旦回答不接受私人请托。这件事让寇准非常恼火，事后说了王旦不少坏话。

但是，王旦可以用客观、理性的态度去认可寇准的才能，他确是能担当起天下职责的人选，因而认真地向真宗推荐寇准为相。

后来寇准再次为相，入宫觐见真宗时，才得知王旦推荐他的来龙去脉，对王旦不禁愧疚佩服。

这是王旦能为北宋发展做出的最后努力了，咽下最后一口气之前，一代名相王旦和家人说：“我没有别的过错，唯独没有谏言天书这件事，是一辈子无法抵消的罪过。等我死后，给我剃发，穿上僧衣，用这种赎罪的方式殓葬吧。”

王旦过世后，寇准再入中枢，执掌相印，可惜真宗的身体已经不行了。

大中祥符九年（1016年）夏天，宋朝境内多地出现蝗灾，来势凶猛。

各地官员却还在粉饰太平，有的说蝗虫因为害怕皇帝的神威，纷纷自杀；有的说蝗虫似乎知道这是天佑的土地，后悔不该来，到太湖自尽；有的说神仙在帮助，蝗虫飞着飞着，被一股神奇的力量击毙；还有的说蝗虫被天地感化，变善良了，只喝水不吃庄稼。

真宗派身边的宦官去调查官员说的是否属实，宦官回的话比官员说的还要天花乱坠。

灾情到后来隐瞒不住，蝗虫飞到开封上空，遮天蔽日，真宗虽然痴迷信道，却是心系百姓和以天下为己任的帝王，他立刻下诏灭蝗，同时前往道观，祈求上天保佑。

这场蝗灾到天禧元年（1017年）结束，但真宗的身体在长期的担心和惊恐之下，开始频频出现问题。

天禧三年（1019年），真宗祭祀南郊，回宫后忽“得风疾”（中风），开始语言混乱、记不清楚事情，然后迅速发展到半身不遂，只能卧床。但国家大事却不能没人决断，皇后刘娥于是从幕后走到了国家管理的前台。

真宗原配妻子是潘美的第八女，当时真宗赵恒尚在藩邸，由太宗赵光义为其聘娶。潘氏辞世时，年仅二十二岁，一生无所出。真宗即位后，追封她为庄怀皇后。

潘氏过世后，赵光义又做主，给儿子续娶了宣徽南院使郭守文第二女。太原郭家是名门大家，郭氏谦约惠下，厌恶奢靡。真宗即位后，册立其为皇后。郭皇后前后育有三子，其中次子赵祐曾被封为太子，长到十岁时夭折。景德四年（1007年）郭氏病逝，时年三十二岁。

五年后，大中祥符五年（1012 年），刘娥被立为皇后，是真宗的第三位皇后。真宗的前两位皇后都是大将之女、名门之后，可他真爱之人，只有这第三位皇后刘娥一个，二人相识相爱的时候，真宗和他的第一任妻子潘氏甚至都还不认识呢。

刘娥出生在太原，祖父是后晋、后汉时任右骁卫大将军的刘延庆，父亲是宋太祖赵匡胤时的虎捷都指挥使刘通，后来刘通任嘉州（今四川省乐山地区）刺史，带着家眷前往四川，不久病故，身后无子，妻子庞氏只能带着尚且年幼的刘娥回到娘家。

母女俩寄人篱下，但庞氏没有放松对女儿的教育，刘娥长大之后聪慧伶俐，姿容出色，她跟随表兄龚美离开蜀地，到京城一带谋生。龚美做银匠，刘娥一边摇着播鼗（一种类似拨浪鼓的乐器），一边唱歌，走街串巷为其卖货。但生意不好做，龚美遂决定卖掉刘娥。

这时，真宗赵恒刚被封为襄王，任开封府尹，麾下有一个指挥使叫张耆。张耆觉得刘娥不错，将她引荐给真宗。

性格果断、聪慧美丽的刘娥，一下吸引住了赵恒。这两个人，不光一见钟情，而且心灵契合。赵恒处理日常事务，刘娥在旁红袖添香，遇到难题的时候，刘娥可以引经据典地和赵恒讨论，给赵恒以启发，而刘娥发表的看法也非常符合赵恒的价值观，赵恒庆幸觅得如此知音，两个人爱得难舍难分。

但刘娥的出现和受宠，却惹得一个人不高兴了，这便是赵恒乳母秦国夫人。秦国夫人生性严肃，觉得刘娥日日和真宗黏糊在一起，有魅惑之嫌，绝非良人。于是，在宋太宗赵光义询问儿子日常生活的时候，秦国夫人把刘娥的事情和天子说了。

赵光义不能容忍儿子被一个来历不明、出身低微的民间女子迷惑，令赵恒逐刘娥出王府，随后为赵恒聘潘美之女为妻。

赵恒不能违抗父命，但也舍不下刘娥，将她秘密安置在张耆家中。张耆是整件事里最有眼力见的一个，看出赵恒对刘娥的感觉绝非一般。所以，刘娥在张府时，张耆对刘娥极为恭敬，他也不敢居住在自己府邸了，搬出去住在别处。而赵恒则经常前往张府，和刘娥私会。

等到赵恒登基为帝，刘娥便被接入皇宫，景德元年（1004 年），她被封为美人。两个人爱得如胶似漆，可是有一个问题，刘娥没有孩子。

没有孩子，怎么给她更高的地位？自己以后如果离世了，她又能依靠谁呢？真宗很是苦恼，一方面是因为真爱，另一方面是因为他知道没孩子这件事的主要问题在自己。

宋真宗热衷于道教，自然也少不了加入炼丹服丹的队伍，以追求长命百岁、延年益寿。结果，长生的目的没有达到，所生育的孩子身体弱活不久的副作用倒是来了。真宗前后五个儿子，全部早夭，没有一个活过十岁。

这时候，后宫里是真宗的第二任妻子郭皇后当家，郭皇后的身体也不太好。在真宗心里，等郭皇后过世以后，再也不可能有人阻止他册立刘娥为皇后。但刘娥出身卑微，没有强大的娘家支持，除了“生儿子”，很难找出更好的理由册立为后。

真宗着急，刘娥也着急，在这样的背景之下，刘娥让身边的侍女也“承宠”，尝试怀孕，就不足为奇了。最后，一个姓李的侍女怀上了孩子。于是，真宗对外宣布刘娥怀上了孩子。

大中祥符三年（1010 年）四月十四日，真宗的第六了赵受益出生。

大禧二年（1018 年），赵受益被立为皇太子，改名赵祯，后来成为大宋第四任皇帝宋仁宗。

宋仁宗一直到刘娥过世之后，才知道自己的生母是另一个人。

这个事情演化到后来变成了京剧故事里的《狸猫换太子》，故事里的刘娥成了一个恶毒的女子，用剥了皮的狸猫换走李妃的孩子，并以此说李妃诞下妖物，将李妃害死。

可历史的真相并非如此。

刘娥对李氏非常优厚，李氏后来又诞下一个女儿惠国公主，刘娥让真宗封李氏为才人。惠国公主早夭后，刘娥又让真宗晋封李氏为婉仪。真宗驾崩之后，刘娥让李氏守陵，不论是生活上还是地位上都没有亏待李氏。

李氏出身贫苦，原本有一个弟弟，在她进宫之前给弟弟做了一个鞶囊，说："等姐姐以后过得好了，一定来寻你。"

刘娥知道这件事后，派宦官帮李氏四处寻找这个弟弟，后在街头找到重病的李氏弟弟。刘娥又将事情告知真宗，真宗给这个小舅子安排了右班殿直的职位，是一个小武官。后来到宋仁宗时期，仁宗尚幼，刘娥听政，又提拔他为地方刺史。

李氏失去了孩子，没能亲自抚养儿子长大，但另一方面，儿子放在刘娥名下，才能自幼享受到最好的照顾和教育。她作为少数的知情人，守口如瓶，怀着对孩子最大的祝福，默默注视孩子长大，最后成为一个不错的皇帝，李氏无疑是一个伟大的母亲。

但刘娥的付出也不能被磨灭，她一方面忍受着不能生育的痛苦，一方面把这个借腹得来的孩子视如已出，从生活用度，到身边的乳母侍从，全都仔细挑选，事无巨细都安排到位。若刘娥随真宗外出，必然派人回来仔细过问孩子的情况。而如果在宫中，她会亲自督促孩子的学习，全心全意地培养他成为王朝的接班人。甚至，因为这个孩子到来的时候，刘娥年龄已经不小，她还请真宗的另一个妃子杨淑妃帮忙一同照顾。

明道元年（1032 年），在欣慰地看着儿子做了十年皇帝后，李氏病重，刘娥又晋封她为宸妃，册封当日李氏逝世，享年四十六岁。

刘娥接受了宰相吕夷简的提议，以皇后的服装，用水银实棺，厚葬李宸妃。

她对李氏是无愧的。

刘娥对真宗，也用尽了一生的全部去爱，她努力学习，走到他身边，担负起一国之母的职责。真宗重病时，她拿出自己的私产为他四处祈福，她不是不能动用国库，但那意义不一样。刘娥为真宗祈福，是一个妻子为深爱的丈夫祈福。

而在真宗心里，刘娥既是妻子，又是知己，更是他依赖信任的人。

真宗朝后期，真宗身体欠佳，面对繁重的政务，心有余而力不足，刘娥陪伴在天子左右，帮忙处理国事，恭谨周密。真宗倚重她，体弱不朝之后，嘱咐臣子："政事多由中宫决定。"

真宗还夸奖刘娥："行为不违规矩，朕无忧也。"

真宗病重后精神错乱，记忆时常发生偏差。有一次，他和大臣抱怨："昨晚上，皇后不知道有什么事情把人都叫走了，屋里就朕一人，哼！"

天子耍小性子一样，还"哼"了一声，表示不满，仿若回到十几岁和刘娥认识时候的那个情窦初开的少年郎。

但是，天禧三年（1019 年），辛卯，太白星在白日出现，占卜的结论是："女主昌"。

一直沉迷道教、相信神学的真宗，深感不安，生怕是刘娥权力过大，危及赵氏江山。而且，宋朝有史以来，从未有过女子权力过重。于是，真宗向心腹周怀正透露了让太子监国的意思。

周怀正正是当初"天书降临"时，爬梯子上去把天书取下的宦官。

周怀正觉得这个主意太好了，可是真宗一个身体不好的天子，他一个太监，要完成这件事是不可能的，还得让有能力的重臣参与才行。

周怀正欣赏寇准，将这件事透露给了寇准。

寇准于是秘密拜见重病的真宗，大胆地提出在真宗在世的时候，提前完成权力交接，让太子监国。当时太子才十一岁，肯定需要强而有力的大臣辅佐，而寇准又说丁谓是奸臣，无疑代表这个堪当大任的辅臣正是他自己，大宋第一宰相寇准。

这个大胆到有些"自找杀身之祸"的建议，也只有向来自负、强硬又敢做的寇准才会提出来。

真宗听后觉得有道理，史书记为“上然之”。

有了天子的首肯，寇准才放手去做，当时他考虑用杨亿来顶替丁谓，因此把事情提前透露给杨亿，让杨亿准备撰写相关过渡性的文件。

杨亿也万般小心，总等到夜深人静，呼退左右，才悄悄撰写文书。文书的内容，杨亿如此看重，自然不会透露出去。寇准也知事态严重，不会轻易泄露。可是，手眼通天的丁谓还是知道了。

原本的“五鬼”之首王钦若，这时候已经失宠，丁谓成了“五鬼”中权势最大的一个。他和寇准彼此早有意见。

寇准复相之后，丁谓是他的副手，几个人经常在一起吃“工作餐”。一次吃饭的时候，寇准的胡子沾了汤汁，丁谓讨好地帮他擦干净。

寇准不留情面地呵斥：“你一个堂堂朝廷重臣，竟然给上司溜须，合适吗？”

“溜须拍马”一词，由此而来。

丁谓知晓寇准要搞“太子监国”，决定借机扳倒寇准。这时除了寇准，还有一位宰相李迪。

丁谓问李迪：“寇相要搞‘太子监国’了，若回头陛下身体又好了，怎么办呢？”

李迪不答反问：“太子在外可统率大军，在内可代理朝政，有什么问题？”

丁谓随后以“寇准此举是在诅咒天子”为由上奏真宗，欲解除寇准的相职。

这一天看起来身体不错的真宗，却完全忘记了自己和寇准曾有过“秘商太子监国”之事。

真宗很生气，叫翰林学士钱惟演起草罢去寇准相职的文书。

钱惟演的父亲是吴越国主、后来被宋太宗一杯毒酒毒死的钱俶。他的女儿嫁给了丁谓的儿子，妹妹嫁给了刘娥的表兄龚美（后改名为刘美）。所以，钱惟演是坚定的丁谓一派，也是刘娥参与朝政的支持者。

真宗虽然生气，罢去寇准的相职，但又封了寇准为太子太傅。

钱惟演有心推举丁谓接替相位，向真宗进言："如今中书只有李迪一位宰相，恐还需另任命一位才行。"

宋朝一直有一位以上的宰相，这是相权"不集中"的一种手段。天禧四年（1020年）六月，真宗任命丁谓、冯拯为宰相。

但是，这件事还是没完结，周怀正决定冒险把"太子监国"的事继续下去，除去丁谓，不让刘娥干政，尊真宗为太上皇，让太子监国。

周怀正的行为看起来很是荒谬，但他是真宗的心腹，又负责教导太子，和太子关系不错，被唤作"周家哥哥"，不论哪一个在位，周怀正的荣华富贵都不会少，而且也没有任何证据证明，周怀正和刘娥之间有矛盾。

可周怀正还是坚持发动"政变"，他找来弟弟礼宾副使周怀信、客省使杨崇勋、内殿承制杨怀吉、阁门祗候杨怀玉，一起商量并决定在当月二十五日举事。

但是，到约定的前一夜，杨崇勋和杨怀吉心生反悔，跟丁谓告发了这件事。丁谓又找了曹利用商量。

曹利用当初听寇准的话，把澶渊之盟给辽朝的岁金降到三十万一年，回来后被提拔，做到枢密副使，是寇准的下属。寇准经常骂曹利用啥事不懂还妄谈国事，次数多了，曹利用也不痛快，跟丁谓走到了一起。

丁谓和曹利用商议之后，由曹利用出面跟真宗做了秘密汇报，真宗当即下令将周怀正抓捕。

寇准虽然没有直接参与后来这件事，但调查下来，周怀正的计划是等太子监国以后，让寇准做辅臣。寇准因此成了受益者，丁谓一派对他反复打压。尽管李迪多次出面劝说真宗，为寇准求情，但寇准还是被贬了又贬，先知相州，又知安州，后知道州。应验了真宗那句“知小儿远处”，寇准被贬得离京城一次比一次远。

令人唏嘘的是，寇准被贬离京，真宗又犯病了。

不记得发生过什么的他，时常问左右的人：“为什么好几日不见寇准哪？”

左右畏惧丁谓，不敢据实回答。

乾兴元年（1022 年），寇准再一次被贬，这一次是雷州（今雷州市，湛江市代管，处于雷州半岛上）参军。初到雷州时，他连一处像样的住所都没有，当地官员、百姓都知道这是一个好官，主动帮他盖了安身之处。

次年，寇准病逝在雷州。

古代政坛上的一代奇才寇准，他的仕途像被一把锋利的刀一切为二，前半段花团锦簇，后半段没落飘零。

最开始，他是少年探花郎，百姓十里相送的好官，春风得意，而后他第一次拜相，在宋辽两国交战前线饮酒下棋，谈笑间指点天下。但最后的最后，他在一个极南之地，山高皇帝远，当年风云都是一场梦罢了。所幸，那段时光，他似乎走出了内心的枷锁，谈诗作赋，读书写字，登高望远，时常豪饮大笑，不再关心国家大事。

寇准过世后，他的夫人宋氏向朝廷奏乞将寇准的灵柩归葬故里，宋仁宗准奏，拨予经费，可是数目不大，灵柩运到半路，经费已尽，只能就地掩埋。又过十年，宋仁宗为寇准昭雪，他的灵柩才得以归回故里。

寇准一生，成在才华，失在性格。但若他不是那个不在意人心、敢作敢当的寇准，后人又怎么会隔着历史的长卷缅怀他，为他痛心惆怅呢？

“太子监国”这件事后，真宗对儿子也产生了顾虑，毕竟这事严格计较起来也算是“谋逆”，甚至有臣子上奏说太子也应该责罚。

这时候，接替寇准的宰相李迪从容站出来说：“陛下，您有几个儿子？”

真宗才恍然清醒过来，他只有这么一个儿子，折腾不起。

但是，对于刘娥过分参与政事，李迪深感不安。

汉朝的吕后和唐朝的武后已是先例，如果将来太子登基，年岁太小，刘后必然会垂帘听政，那又怎么保证刘后不会成为下一个吕后武后呢？

李迪大胆问真宗："如果是这样，何不以法治之？"隐晦地表示，与其将来收拾不了，不如现在就废掉皇后。

后来，这件事被刘娥听到了，似乎对李迪有了意见。

站在刘后独揽大权的角度，这件事李迪没有错，说了一个忠臣该说的话。如果是刘娥狭隘歹毒，因此记恨上李迪，所以在丁谓清除异己、贬走李迪之时，刘娥没站出来帮李迪说话，那么丁谓垮台后，刘娥为何要复用李迪？

后来，李迪回京上朝时，已是太后的刘娥坐在帘后，对李迪说："爱卿不希望我参与国事，认为是一种危害。而今我将天子抚养成人并登基为皇，爱卿认为怎么样？"

李迪答说："臣下蒙受先帝的恩德，如今见天子聪明通达事理，是臣过往时候，不明白皇太后的大德。"

刘娥也很高兴，觉得终于被李迪理解了。复用李迪，任尚书左丞知河阳，升任工部尚书。

可见，历史上的很多男性都不理解女性。

刘娥没有篡权夺位的野心，只是一个为心爱的男人守好天下的女子，那么她当初听见李迪和真宗说要废后的时候，因不被理解而怒火中烧，又有什么错呢？

天禧四年（1020年）二月，真宗病情加重，下诏告知大臣，太子仁宗听政，皇后刘娥辅助。

两年后的正月，大宋由"天禧"改元"乾兴"。

真宗在重病的情况下，坚持登上正阳门，大赦天下，减免赋税，鼓励百姓重视农事。

几日后的戊午日，真宗在延庆殿驾崩。

丁谓、王曾、冯拯、曹利用等两府大臣急忙赶到延庆殿，放声大哭。

一个严厉的声音自帷幔后传出："以后有哭的日子，现在，且听事情如何安排！"

刘娥展现出了一个女人在大事面前的冷静和自制。

她宣布真宗的口头遗诏，责令王曾记录。

遗诏的第一句话是："太子继位。"

于是，十三岁的皇太子当即在灵柩前登基，成为大宋第四任皇帝，史称宋仁宗。

遗诏的第二句话是："皇后刘娥为皇太后，杨淑妃为皇太妃。"

杨淑妃就是与刘娥一起抚养太子的真宗的妃子，在这里王曾提出了异议，但其他几位大臣都不赞同他，最后王曾持保留意见。

遗诏的第三句话是："军国大事由皇太后暂时代理。"

注意此处，刘娥亲口所说为暂时代理，丁谓媚上，建议把"暂时代理"的意思去掉，王曾不肯。

刘娥也没有支持丁谓，可见刘娥心里维护的是大宋社稷，并不是一己私利。

宋真宗驾崩后，向辽朝派遣特使"告丧"。

但特使还未到契丹中京，辽圣宗已然知道消息，不禁失声痛哭，而后又想到两国邦交的事，万一宋真宗这一去，而新上位的皇帝还小，不清楚两国通好的来龙去脉，被一些有心人离间，又怎么办?

这时，宋朝"告丧"的特使赶到，向辽圣宗表示，刘太后也已想到这层顾虑，两国之盟不会改变。

辽圣宗放下心来，让妻子萧氏给刘娥写信慰问，并在辽朝境内为宋真宗设灵堂，然后派庞大使团前往大宋吊慰。

刘娥听政之后，丁谓专权了一段时间，竟然胆大妄为到在宋真宗的陵寝上做文章，这件事触及了刘娥的逆鳞。

同时，通过颁布遗诏时各官员的表现，刘娥看出王曾是一个耿直、认理、可以托付的人。

后来在王曾的协助下，刘娥罢去丁谓的相权，贬丁谓为太子少保，分司西京，离开开封，后又贬到崖州（今海南省三亚市），与寇准当年在的雷州倒是不远了。

面对天之涯的碧蓝海水，丁谓倒是和寇准一样淡然得很，笔耕不辍，看透百态，潜心归佛。

目睹了真宗一朝的刘娥是理智的，她听从大臣吕夷简的建议，将天书从葬真宗的永定陵。

八年后，天圣七年（1029 年），六月丁未（二十日）夜，玉清昭应宫突然发生火灾，一夜之间几乎全部化为灰烬。

这是真宗生前一场旖旎的梦。

刘娥哭着对众大臣说："先帝极力造成此宫，如今一夕延燔殆尽，幸好还有一二小殿留存。"

枢密副使、给事中范雍听出刘娥有重建玉清昭应宫的意思，抢奏道："不如烧光了的好。"

刘娥追问原因。

范雍答："先帝朝为修此宫，耗尽天下财力人力，岂料会化为灰烬，非出人意。如要动工修复，则民不堪负担，就违背了上天警告的本意。"

宰相王曾、吕夷简等大臣，都赞成范雍的话。

刘娥沉默片刻，认同诸大臣的意见，随后昭告天下，不再修复玉清昭应宫，把剩下的长生、崇寿殿改为万寿观，同时撤销全国所有的宫观使，不再劳民伤财，是黎民之福。

刘娥对仁宗的管教甚为严格。

仁宗因为经常被风痰之症困扰，刘娥下令不许给仁宗吃虾蟹等海鲜。

反而是一同抚养仁宗的杨太妃，会给仁宗吃鱼虾，还跟刘娥说：“还是小孩子，你为何要这样苛责呢？”

仁宗年纪小，刘娥也严防他在男女之事上荒诞，选了平卢军节度使郭崇的曾孙女郭氏为仁宗的皇后。

当时仁宗十五岁，郭皇后十三岁，两个人犹如玩伴，相处融洽。

刘娥垂帘听政十一载，始终没有还政给仁宗，一直到明道二年（1033年），刘娥辞世，宋仁宗赵祯亲政。

宋真宗赵恒的八弟赵元俨告知仁宗：“你的生母其实是李宸妃。”

原本悲伤的仁宗得知真相，非常愤怒，再加上一些居心不良的臣子不断添油加醋，仁宗差点将刘娥的娘家满门抄斩。后来打开李宸妃棺椁，发现竟然是以皇后冠服厚葬，仁宗才幡然醒悟，以厚礼安葬刘娥，谥号“章献明肃皇后”，同时以皇后之礼厚葬生母李氏，谥号“章懿皇后”。

刘娥在世时，虽然没有还政给仁宗，但她也从未想过自立。

天圣二年（1024年），刘娥曾在参加宋廷册封大典时，身穿帝王龙袍。

有多心眼的臣子上书请刘娥“依武后故事”，献上《武后临朝图》，均暗示刘娥称帝。

刘娥将之重重掷于地上，表态说：“我不做这种对不住大宋列祖列宗的事！”

纵观历史，多少强势干政的女性，都会提拔自己的娘家，然后等到外戚强大反过来作为达到自己政治目的的依仗。但刘太后的表兄刘美，在太后执政之前就已过世。举朝上下，也就是做了刘美大舅子的钱惟演，和太后算半个亲戚。但钱惟演一个末代吴越国的王子，自身都在朝野努力减少存在感，怎么会和太后走得太近而惹火上身呢？

再加上宋代家法对太后干政约束甚严，并设置了宰相、台谏官等制约机制，所以两宋时期虽然前后出现了八位垂帘听政的太后，却未曾出现一次危乱政局。

刘娥，有吕武之才，无吕武之恶。只因为后世《狸猫换太子》的故事广为流传，而被世人看作一个妒忌恶毒、残害忠良，甚至意图谋夺赵氏江山的“奸妃”，实在不公平。

纵观刘娥一生，为妻子，她深爱真宗，为他看护天下；为母亲，她悉心教养仁宗，没有半点私心；为执政者，她主政期间，良策颇多，创建谏院、严惩贪官、兴修水利、完善科举、兴办州学，《宋史》评价她：“内外肃然，纪纲具举，朝政无大阙失。”

刘娥，她是一个好妻子、好母亲，也是一个优秀的女政治家。

第十一章

庆历和议——西夏崛起（上）

明道二年（1033年），刘太后刘娥过世。

常言道：养儿一百岁，长忧九十九。

刘娥如其他每一位母亲一般，一直到咽下最后一口气之际，都在担心：哎呀，仁宗这孩子行不行啊，能不能照顾好大宋啊，他吃饭香不香呢，万一自己也照顾不好自己怎么办……

因此，刘娥临终留下一句话："尊杨太妃为杨太后，垂帘听政。"让共同抚养仁宗的另一位德高望重、仁宗喊之为"小娘娘"的老姐妹，再帮儿子干几年。

仁宗不同意，他都二十三岁了，还是妈妈心里长不大的孩子吗？再说这还不是亲妈。刚知道自己身世的仁宗，在内心深处对刘娥的意见不小。

杨太后本身政治欲望不强烈，也比较疼惜孩子，再加上她手腕远不如刘太后，而且大臣们的意思都很明白——仁宗该亲政了。

所以杨太后乐得清闲，顺水推舟就去后宫颐养天年了。

仁宗大权在握，第一件事就是扫除刘太后的势力。

这些上一代用惯了的人，如果不是不给他亲政，怎么会得到刘娥的重用呢？仁宗如是想。

枢密使张耆、枢密副使夏竦等曾经追随刘太后的人马，在这一轮朝堂洗牌中被洗了出去。

宰相吕夷简原本不会被波及，这个人身上有几件事给仁宗的印象不错。

第一件是吕夷简曾经建议刘太后，以皇后之服、水银实棺，厚葬仁宗的生母李宸妃。

第二件是仁宗亲政前一年，皇宫曾发生大火，仁宗登上拱宸门接受群臣朝拜，唯独吕夷简没有拜。

仁宗遣人问其原因，吕夷简回答："恐宫中有变，希望能亲见陛下容光。"

仁宗于是挑起帘子，露出真容。

吕夷简确认是天子本尊且安然无恙，方才下跪。

仁宗心想：吕相公对朕倒是忠心。

因为这两件事，吕夷简赢得了仁宗的信任。后来，他又专门和仁宗解释了自己没有力劝刘太后早日还政的缘故。

吕夷简说："担心提出这个意见，太后会疑心是陛下指使臣，由此导致陛下母子离心就不好了。"

仁宗表示理解，遣吕夷简协助清除刘太后亲信。吕夷简能力很强，顺便向仁宗提出多项改革提议。没想到，前头见面还很热络的仁宗，第二天忽然宣布诏书，罢去吕夷简的相职，外放澶州。

吕夷简百思不得其解，皇上怎么这么善变！后来才了解到事情的真相。

原来，仁宗那日下朝之后，去了郭皇后那边，随口提了吕夷简不错。

郭皇后很不以为然，说道："你把他想得太好了，你怎么就肯定吕夷简不是依附太后的呢？他不过是比较聪明，做得没让你瞧出来罢了。"

仁宗一想还真是，吕夷简在刘太后手底下做了四五年宰相，能不是刘太后的亲信吗？于是就把吕夷简一起贬了。

那段时间，察言观色的官员纷纷跟刘太后划清界限，抓住仁宗和刘太后并非亲生的空子，一个个和仁宗打小报告，诋毁刘太后时期的政策，把问题归结在刘太后身上。

有一个人勇敢地站出来，发出反对的声音，他的名字叫范仲淹，一个刻苦读书、草根出身、没有任何背景、依靠大宋科举制度走上仕途的年轻官员。

从他开始，那些后人耳熟能详的大宋名士，如欧阳修、司马光、苏轼、苏辙、曾巩……都将逐一登场，绽放属于他们的风华。

当年在刘太后主政期间，范仲淹直接向最高权力发起挑战，上书直谏要太后还政于仁宗，被贬河中府通判。

三年后，刘太后过世，仁宗将范仲淹召回，拜为右司谏，这就是一个专门给皇帝提意见的谏官职位，范仲淹于是可以更多地就朝中的国事政策上书直言。

当大多数人把过错推到刘太后身上时，范仲淹力劝仁宗："太后护陛下十多年，如今应掩盖其小过失，而保全其大恩德。"

言下之意，不要再清算刘太后了，应该多考虑十多年的母子之情啊。

仁宗想想有道理，要求大家不要再看过去，往后想一想未来的发展和改善。

这一年，大宋遭难不断，先是旱灾，后是蝗灾。范仲淹上书救灾，却没有得到仁宗的回应。

范仲淹干脆找到仁宗，质问天子："如果宫中停食半日，陛下当如何呢？"

仁宗意识到问题的严重，责令范仲淹救灾。

这时，接替吕夷简上位的张士逊能力平平，再赶上大宋境内大灾不断，确实没办出什么漂亮事。吕夷简在被贬半年之后复相回京，不过他并没有忘记是谁令自己经历这么一个人生小低谷。

很快，吕夷简就等到了报复郭皇后的机会。

郭皇后本来并非仁宗属意的皇后人选。

当初入宫甄选的女子之中，仁宗最先喜欢大臣王蒙正的女儿，刘太后担心如此美貌的女子会影响皇帝专注于政务，把这位王姓女子指婚给了自家侄子。

等到选后环节时，仁宗又比较中意宋初老将张美的孙女张氏，想立张氏为皇后。结果还是被刘太后强加干预，仁宗被迫娶了郭氏为后，张氏被封为才人。

红颜薄命，四年后，张氏重病，晋为美人没过几日便过世了，成了仁宗心里的白月光。

仁宗初懂男女之事时，刘太后掌权，对仁宗管束严格，不允许他放纵。郭皇后又爱吃醋，再加上背后有刘太后撑腰，仁宗偏爱其他妃子，郭皇后就找刘太后训斥皇帝。

仁宗以前无可奈何，但现在刘太后不在了，挣脱束缚的仁宗，迎来了迟来的叛逆期，在男女之事上放纵得很，特别宠幸美人尚氏和杨氏。

后宫也是现实的地方，郭皇后失去了刘太后的依仗，又没有仁宗的厚爱，于是尚氏和杨氏也渐渐不把皇后放在眼里，两个人和郭皇后经常发生冲突，甚至当着仁宗的面争执。

一次，郭皇后和尚氏又闹开了，郭皇后扬手就是一巴掌。仁宗护美人心切，挺身而出，结果这一巴掌就结结实实打在了天子脸上，仁宗怒不可遏，决定废后。

吕夷简坚定地站出来："臣支持！"

不过，这一国之母的废和立，属于国家大事，从来不能由着皇帝的性子来。当初真宗想立刘娥为后，还要看大臣的脸色，几次三番都没成功，最后还是刘娥有了儿子才成功为后。

吕夷简灵机一动，说道："臣支持废后的原因，不是皇后德行不好，失手打了陛下。而是皇后为一国之母九年却无所出，在这关乎江山社稷、赵氏未来的问题上，皇后实在失职。"

这话说得仁宗的背脊立马笔直，对，他是为了天下考虑而废后，没什么好心虚的，废后的事就这样提上了日程。

明道二年（1033年）十一月，郭皇后被废，册封净妃，居长宁宫。

同时，仁宗下令，严禁官员讨论此事。

范仲淹是不会保持沉默的，身为谏官的职责就是说不许说之事。他挺身而出，与御史台官孔道辅（孔子第四十五代孙）等人在仁宗的内宫垂拱殿外集体上谏："陛下，不能废后！"

仁宗看这么一群人冲过来，个个能说会道，一人一口唾沫都能把他淹死，遂令人赶紧关门，让吕夷简在外面应付。

范仲淹手持门环，大声拍门："陛下，废后之事，为何不听谏言？"

而孔道辅斥责吕夷简说："帝后对臣子来说犹如父母，父母不和，应该劝和，哪有让父亲休弃母亲的道理？"

几个人坚持："大宋几朝以来从没有出现过废后，硬要废后就是有违祖宗之法。"

吕夷简反驳："汉唐也有废后的事情。"

孔道辅一句："为人臣子当多劝天子做尧、舜这样的贤明君主，哪有让君主做汉唐失德之事的？"

吕夷简被怼得哑口无言。

而仁宗一直不能做自己的主，小时候因为刘太后，现在因为这群言官，他的脾气起来了，就是不妥协，不光不妥协，还要立威，叫他们知道什么是天子。

祖训说不杀士大夫，仁宗不能杀他们，那就贬，一个个赶得远远的。

第二日，范仲淹和孔道辅双双被逐出京，范仲淹外放睦州（今浙江省杭州市淳安县），孔道辅谪守泰州。唯恐他俩赖着不走，宫中还派人到二人家中，监视两人即刻动身。

仁宗又下令言官以后只能单独秘密上奏，不许拉帮结派。盛怒之下，他让已经降为净妃的郭氏入道修行，离宫去瑶华宫。瑶华宫是后宫女子谪居的道观。

之后，仁宗越发沉迷女色，甚至沉迷到朝廷里的官员也着急，那就可见不是一般的“沉迷女色”了。

滕子京，就是范仲淹《岳阳楼记》里“庆历四年春，滕子京谪守巴陵郡”提到的这位滕子京，他与范仲淹是同年进士，两个人年龄相近，志趣相投，患难与共，是一生挚友。

范仲淹以性子直、敢说出名，而滕子京比范仲淹的胆子还要肥。在仁宗沉迷女色这件事上，滕子京上书直谏：“陛下日居深宫，流连荒宴，临朝则多羸形倦色，决事如不挂圣怀。”滕子京遂被贬知信州（今江西省上饶市）。

不过，仁宗很快就体会到了沉迷女色的恶果。郭皇后才被废一年，他就出现了中风的前兆，在一日上朝时忽然晕厥。这情况，他爸爸宋真宗岁数大了以后才出现，可仁宗这才二十多岁。

尚氏和杨氏不能再留了，所有人一致决定，把她们赶出宫，给宋仁宗找个新皇后管理后宫。

开国大将、大宋第一好员工曹彬的孙女曹氏，年十八，奉诏入宫，被杨太后看中，并获得一干朝臣的支持。景祐元年（1034 年），曹氏被册立为后。

新婚宴尔时，夫妻二人感情不错。曹皇后性禀柔闲，体含仁厚。仁宗勤俭律己，性格宽仁，尤擅飞白书。两个人很能谈到一起。

仁宗这个人，唯一被后世抨击的也就是沉迷女色。其实换个角度，也可以说他其实是个多情之人。所以，没过多久，他又想念起那个脾性刚烈的前皇后郭氏，派人去问候她并赐以乐府。

郭氏推辞，态度怆惋。

仁宗又尝试密召她入宫。

郭氏拒绝："若再见召者，须百官立班受册方可。"也就是除非再立她为后，否则不再相见。

然而这时候，仁宗已经有了曹皇后，所以只能作罢。

景祐二年（1035年），也就是仁宗迎娶曹皇后的第二年。郭氏抱恙，仁宗派御医前去诊治。没想到，没过几日，郭氏就过世了，年仅二十四岁。

景祐三年（1036年），仁宗追封郭氏为皇后，葬奉先寺。

不过，仁宗的悲伤不会持续太久，他马上就要在一场酒宴上遇到下一个令他心动的女子：因姿容出众、舞姿优美而宠冠后宫十几年的贵妃张氏。

这段时间，范仲淹在故乡苏州做知州，正在积极治理当地水患，兴修水利，并采取"以工代赈"的方式，组织灾民参与水利工程，他写的治水文章《条陈江南、浙西水利》等对太湖治水有深远影响，不仅适用于当时，更为千百年以来治水措施中的上策，惠泽无数后人。

因治水有功，范仲淹被重新调回京城，被任命为开封知府。范仲淹迅速开始治理京城冗官的问题。

早在宋真宗时期，就有官员提出，目前大宋面临着"三冗"问题：冗官、冗兵、冗费。

冗是闲散、无用的意思。"三冗"问题也就是：官员太多，宋初因为相互制约的考量，设置的机构臃肿重叠；军队太多，因为要防止出现唐末、五代十国地方藩镇割据的情况，扩充禁军，后期因和辽朝多年交战，继续保持着庞大的军队；而官员太多、军队庞大，也就造成了朝廷花费太多。

范仲淹进行了许多变革，在很短的时间内使开封"肃然称治"。而他在整顿冗官时发现宰相吕夷简把持朝纲，把很多亲信安插在重要职位上。

这权力、关系错综复杂，一时之间甚至难以和天子说清楚，但是范仲淹有办法，他绘制了一幅《百官图》，指着上面一个个人，跟仁宗解释谁谁谁和吕夷简是什么关系，并连续上书四次，谏言仁宗，官员升迁应当按照合理的顺序，对官员任命不宜任由宰相一人专权。

吕夷简反驳范仲淹："越职言事、勾结朋党、离间君臣！"

自古帝王都忌讳拉帮结派，架空皇权，这件事触动了仁宗。范仲淹又一次被贬，这次是出知饶州（今江西省上饶市鄱阳县）。"唐宋八大家"之一的欧阳修为范仲淹鸣不平，也被视为同党，被贬到夷陵（今湖北省宜昌市夷陵区）做县令。

吕夷简的追随者还作了一幅《党人榜》，列出范仲淹的同党，以回应《百官图》。

然而这件事，反而促成了更多人站到范仲淹这一边，这些人大部分都是和范仲淹一样的草根出身，通过科举制度开始仕途，希望施展政治抱负的官员。甚至有些人，本来不在《党人榜》上，还主动说自己是朋党一员，要求朝廷把自己也贬出京城。

不过，吕夷简这个人并不是丁谓那种极力打压异己之人，范仲淹被贬之后，他没有再追加迫害。

到饶州不久，范仲淹的夫人李氏便病故了，令范仲淹在被贬失意的同时又多添了忧伤。

好友梅尧臣被誉为宋诗的"开山祖师"，他给范仲淹写了一首《灵乌赋》，委婉地规劝范仲淹以后不要总是直言上书，缄默前行，展翅高飞。

范仲淹看罢，一扫郁结，新作一首同名的《灵乌赋》回复："宁鸣而死，不默而生。"

景祐四年（1037年），吕夷简因为和另一位宰相王曾互掐，触怒仁宗，被罢去相权。士大夫们又开始了新一轮的上书，为范仲淹辩白。范吕互相反驳，北宋最大规模的党争由此开始。

仁宗每日被大臣们吵得头疼，但是更加令他头疼的事发生了。

宝元元年（1038 年），西北再次不太平，夏州李氏的李元昊称帝，建国号大夏，史称西夏。

宋太宗时期，西北的李继迁依附辽朝，时不时骚扰宋境。到宋真宗登基之初，已经变相承认李继迁所有五州的独立。

宋太宗驾崩后，宋真宗即位，为息事宁人，割让夏、绥、银、宥、静州给李继迁，事实上承认了它们的独立地位。咸平五年（1002 年），李继迁率部先后攻陷宋朝重镇灵州（今宁夏回族自治区灵武市一带），后又攻取凉州（今甘肃省武威市），宋朝与西域的商道就此被切断，难以获得西域优良的马匹，军事作战能力受到影响。景德元年（1004 年），李继迁遭吐蕃潘罗支算计，被劲弩射伤，伤重而死，时年四十二岁。其子李德明成为党项族首领。

次年，辽宋签订澶渊之盟，正式议和，党项从此失去依仗，大宋也有招抚之意。李德明顺水推舟，归顺大宋，之后每年向大宋上贡马匹，宋也还以丰厚赏赐。

李德明和辽朝的关系也没断，先被辽朝封为西平王，后被册封为大夏国王。大宋于是加赐他为守正功臣，后又加封他为中书令。

李德明在宋辽之间两边得利，盘踞西北，奉行“联辽睦宋”之策，同时与吐蕃、回鹘围绕凉州你来我往。

在和吐蕃、回鹘的斗争过程中，李德明基本占据上风，其子李元昊功不可没。

李元昊文武双全，精通汉、蕃文字，通晓佛学，自幼酷爱研读兵书，对治国安邦素有独到见解。

年少时期，李元昊就对父亲的睦宋政策提出异议，不止一次提出不要臣服大宋，宁与宋开战。他认为汉文化侵蚀族人，党项民族本来应当征战四方，而且他们用马匹和宋朝换取回的物品也时常不是需要的物资。有一次，李德明为此生气，甚至把派去大宋的使臣杀了。李元昊劝诫父亲：“您将使臣杀掉了，以后有谁肯被我们使用呢？”

这时候，大宋开国大将曹彬的第四子曹玮负责镇守西北，他认为李元昊绝非凡俗，他日必为大宋边疆大患，一语成谶。曹玮还曾多次向朝廷上书希望重视西北的问题，但并未被朝廷重视。

仁宗天圣七年（1029 年），李元昊迎娶辽朝兴平公主为妃，与辽朝加深了政治利益捆绑。

明道元年（1032 年），李德明去世，终年五十一岁。李元昊继位。辽宋两边都派遣使者，给予李元昊封爵和赏赐。但李元昊对此都不感兴趣，称帝这个想法在他心里盘踞已久。他和左右大臣说：“先王大错特错了，我们如此强大，根本不需要对其他人称臣。”

上位第二年，李元昊就完全控制了河西走廊，开始做称帝之前的准备工作——在党项族内去除汉化。

首先，不允许再使用唐、宋“赐”给党项族的李、赵等姓氏，李元昊以身作则，给自己改姓“嵬名氏”。下令党项部族的男子不再使用汉人的发型，要剃光头顶，穿耳戴重环饰，三日内不服从“秃头令”，改回党项部族发型的，格杀勿论。衣服也要改回党项族的传统服饰，官员、庶民衣服颜色都不相同，以别贵贱。

其次，创造党项族自己的文字，即后世所称的西夏文。精通多国语言，又擅长佛学的李元昊亲自参与了西夏文的设计工作，随后要求全境推广。在与宋朝往来的文书中，要汉文、西夏文两种文字各书一份，对辽朝也一样，契丹文和西夏文同时使用。另外，他对涉及“祭祀、吉凶占卜”等的礼乐制度也做出了改革，有不遵守者，格杀勿论。

最后，完善政府机构设置和军事制度。升兴州（今宁夏回族自治区银川市）为兴庆府，定为都城，设置类似宋朝的中央与地方官制体系。整顿军队方面，之前是党项族各部自行组织部队，每次斗争都需要获得部落支持才能行事，李元昊要求各部族十五到六十岁的男子，每二人出一人，成为一支由王室直接统领的部队，就此拥有了国家级的常备军。

在称帝之前，李元昊就频繁派出军队骚扰宋境，摸排宋朝的边防部署，顺便掠夺物资，为日后与宋开战做准备。

称帝之后，李元昊要求宋朝正式承认他的政权。

宋朝自然不同意承认李元昊的帝位，下诏“削夺赐姓官爵”，重金悬赏李元昊的首级。在宋朝廷内部，基本是主战的呼声：大宋如此富裕，军队上百万，何愁对付不了一个小小的西夏？

大宋的反应完全在李元昊的意料之中，他是个能做就不多说废话的人。

西夏与宋边界有一条自东北向西南方向延伸的山脉，是天然的“国界”，自李元昊称帝之后，两边各自依山脉密集部署军事阵地。李元昊通过不断派兵骚扰宋境，基本摸排清楚了宋军的军事部署。

就在大宋朝廷内在吵吵嚷嚷的时候，李元昊设计好了作战方案。

延州（今陕西省延安市）是宋朝西北边境的军事要地，同时也是西夏出入的要冲。李元昊把延州定为目标，决定出击。

当时，大宋在陕西的军事负责人范雍和夏竦，一个驻守延州，一个驻守泾州（今甘肃省平凉市泾川县）。

康定元年（1040年），李元昊放豪言让范雍等着，他马上就杀过去。

范雍严阵以待。

结果，李元昊耍心机，几次出击，几次佯败。范雍觉得不正常，李元昊如果这么弱，哪里敢和大宋叫板。他希望宋廷可以增兵西北，但朝廷觉得一直收到前方捷报，完全没必要再增兵了。

在这样的背景下，李元昊实施第二步计划——瓦解金明寨。

金明寨是延州门户，守将李士彬是西北世族名将李继周之后，而李继周曾经大破夏军。李士彬号称铁壁相公，手下有守军上万，但他本人残暴不仁，下属多不满。

李元昊一面贿赂李士彬的下属，一面多次故意败给李士彬，让李士彬俘虏大量西夏兵。几次胜仗之后，李士彬扬扬得意，以为自己特别了不起，又听从范雍“以德怀远”的建议，将西夏俘虏收编入自己麾下。

李元昊认为时机已经成熟，正式攻打金明寨，与大批收买的内应和俘虏里应外合，李士彬大败，逃跑时内应还故意牵了一匹劣马给他，致其被李元昊俘虏。

金明寨失守，在延州的范雍往城外望去，西夏兵马阵势浩大，绵延到天际，吓得范雍派都监李康伯和西夏议和。

李康伯严词拒绝：“求和不行，除非你把我斩了！”

范雍没办法，只能召集人手守卫延州。

这时候，一支兵马正驰援延州，这支队伍由鄜延、环庆副都部署刘平，鄜延副都部署石元孙，屯驻保安的鄜延路驻泊都监黄德和三路人马组成。

李元昊诡计多端，但不能否认他确实是军事奇才。西夏原本声称攻打土门，驻守庆州的刘平与驻守延州的宋太祖赵匡胤的“义社十兄弟”之一的石守信之孙石元孙，分别带兵驰援土门。

刘平与石元孙刚会合，西夏趁大宋调兵，延州防御薄弱时，又掉转矛头打延州。

刘平与石元孙最先收到延州防御的消息，匆忙带着几千骑兵掉头救援。他行军极快，到了集合地点没有见到其他人马，又掉转往回走了二十里，方才和黄德和等人会合，勉强凑成步骑一万余，以刘平与石元孙队伍为前军，黄德和队伍为后军，往延州进发。

在距离延州不远的三川口，驰援队伍撞上西夏军队，西夏号称十万人，双方人数悬殊，但宋军前军将士冷静应对，摆开防守阵型。

双方展开厮杀，西夏军异常勇猛，进攻不断，前一拨打完，带着同伴尸体退下，后一拨进攻又来。宋军虽然人少，死伤惨烈，亦始终守阵地不退。刘平身先士卒，在战斗中中箭，仍坚持指挥作战。

结果，宋军后军的黄德和竟贪生怕死，先行后撤逃跑，刘平之子刘宜孙拉住黄德和的马，央求黄德和回军，黄德和不听。

前面的宋军见状，人心涣散，乱作一团。西夏抓住时机发动猛攻。

刘平的部下延州西路都巡检使郭遵是一员猛将，手持九十多斤的铁鞭铁枪作战。见此情形，郭遵主动殿后，护送宋军后撤。他大呼杀贼，独自一人杀入西夏战阵，杀得西夏军人仰马翻，西夏军无法抵挡，连连后退，试图用铁索阻拦他。郭遵将铁索统统打断，西夏人又调来弓箭，万箭齐发，郭遵的战马中箭倒地，郭遵被西夏人围住，乱刀砍死。

宋军边战边退，与西夏军激战三天后，退到西南山，刘平收整残兵，与西夏对峙。

李元昊派人伪装宋军送文书给刘平，被刘平识破，斩了来人。

李元昊又派人在阵外对刘平喊话："你要么投降，要么受死！"

刘平一概不回应。

李元昊恼羞成怒，带领骑兵发动攻击，此时的宋军早已筋疲力尽，没能坚持太久，被西夏军全部歼灭。

三川口战役结束，宋军大败，延州危急。消息传到开封，朝野震惊，谁也没有想到宋军会输，而且输得如此惨烈。

万幸这时北方大雪，西夏军队准备不足，李元昊见好就收，选择退兵，延州才没沦陷。

逃跑的黄德和厚颜无耻地把责任推到刘平身上，说是刘平降敌导致宋军战败，刘平在京城中的家属二百多人因此被捕入狱。

仁宗命文彦博调查此案，后又令陕西都转运使庞籍一同调查真相。

黄德和同党甚多，重金收买了刘平的仆从做人证，而从前线逃回的、可以证明刘平没有投降的前线士兵还不见了踪迹，幸好，跟随刘平作战的将领卢政侥幸没死。

仁宗亲自过问，卢政力证："刘平没有投降！"刘平才得以昭雪，家人被释放，庞籍将黄德和腰斩，以告慰这场战争中牺牲的英勇将领。

三川口惨败后，宋朝廷急需人才，五十二岁的范仲淹被重新重用，调往延州，成为陕西经略安抚招讨使夏竦的副手，负责鄜延路。继寇准之后，大宋又迎来了一位能文能武的名士。

一同成为夏竦副手的韩琦主持泾原路，他与范仲淹是至交，对待西夏的态度一样坚决，但在作战方案上却持完全相反的主张。

韩琦认为应该主动出击，给西夏以痛击，立大宋之威，并制订了一系列反击作战方案；范仲淹则认为此时刚经历一场大败，不是反击的时机，应当先治理军队，增强防御能力，以待战机。

韩琦的建议最终获得了夏竦的支持，但夏竦也担心做错抉择，所以派经略判官尹洙同韩琦一道回京请示仁宗。

仁宗认为这个时候的大宋亟须一场胜仗扭转气势，于康定二年（1041年）正月，正式批准韩琦的方案。

尹洙于是转而找范仲淹，要他和韩琦一起出兵攻打西夏。

范仲淹当即拒绝。

尹洙苦劝不成，气道："韩琦说兵家应将生死置之度外，你如此谨慎，真不如韩琦！"

范仲淹拂袖而起："大军一发，千万性命悬于一线，这种将生死置之度外的看法，我不认为有何高明之处！"

宋朝前线还在拉锯，西夏却不想再给他们争论的机会了。

康定二年（1041年）二月，李元昊再次率领十万大军南下攻宋，直抵好水川口。

好水川，位于今宁夏回族自治区隆德县以北的六盘山下。六盘山横贯陕甘宁，乃是关中平原的重要屏障，"泾渭分明"一词中泾水的发源地。好水川位于六盘山主峰西麓山根下，是一条自东而西的水流。其源头泉眼水涌甘冽、经久不涸，俗称好水泉，因此也得名“好水川”。

李元昊率大军而来，声称要攻打渭州。

韩琦在当地征募士兵，派因夜袭白豹城一战出名的任福为大将，耿傅为参军事，泾原路驻泊都监桑怿为先锋，率军出击。

临行前，韩琦和任福做了周密的部署，并再三叮嘱任福必须按照部署行事：“如果违命，即使有功，也将定罪处斩。”

但他们千算万算却没有想到，李元昊本来做的就是诱敌深入的计策，把主力埋伏在好水川口，另一支军队出发诱敌。当这支部队遇到任福带领的宋军后，立刻假装败退。先锋官桑怿率领部队追击，任福等大军在后接应。

在追击的路上，宋军发现西夏军沿途丢弃了一些密闭的盒子，里面发出咕咕声响。士兵奇怪，将盒子砸开，原本装在里面的鸽子随即飞出，直冲上天，这正是李元昊设计的宋军进入埋伏圈的信号。

西夏主力于是从六盘山中冲出，宋军甚至来不及摆开阵势，大战就开始了。

混战持续半日，任福下令突围，没能成功。先锋桑怿此时已力竭战死，任福身受十多处箭伤，仍带领众人殊死抵抗，身边的小校刘进劝说任福投降。任福说：“我身为大将，带领军队作战失败，只有一死以报效国家。”随后挥动兵器四刃铁简冲入敌阵，被敌人一枪从左脸刺入，砍断喉咙而死，其子怀亮在内的十六位将领和一万多士兵一同殉国，仅朱观带部下千余人逃脱。

后来才知，任福最后作战的地方距离朱观仅有几里，朱观逃脱时，尚不知道主将已然殉国。

韩琦率领余部返回，因为这支军队士兵主要来自当地招募的勇士，他们的父兄、妻子闻讯赶来，没有人说指责的话，众人号泣在韩琦的马前面，拿着旧衣、纸钱，呼喊亲人的名字，祈祷亡魂与队伍一同归来。

韩琦深感没有颜面见这些父老乡亲，停下马来让百姓们完成仪式，同时抑制不住地恸哭号啕……

范仲淹的好友滕子京此时在泾州担任知州，他设牛酒迎犒众将，在佛寺设醮祭祀阵亡将士，抚恤遗族。明明是义举，却在几年后，被人拿出来做文章，害滕子京被贬巴陵郡。

任福等人牺牲的消息传到宋廷，仁宗惊愕悲痛。他还记得这个将领负责庆州的时候，曾上书详解如何针对庆州的地形环境做军事布局。仁宗阅览之后非常满意，嘱咐任福可以放手去做。那份奏章仍在，人却已经永隔。

西夏方面欢欣鼓舞，李元昊的随军参谋张元尤其觉得畅快。他是宋人，考不上功名，投奔西夏，一直是李元昊身边的主战派主力。

好水川之战后，张元题诗讽刺宋国："夏竦何曾耸？韩琦未足奇。满川龙虎辇，犹自说兵机。"——你们这些考上功名的人又如何，还不是输给我一个落第举子。

整个大宋都被乌云笼罩。

从结果来看，范仲淹战略防御的策略是正确的，但在当时，谁也没有上天的眼睛，并不能说韩琦的策略就是冒进贪功。归根到底，还是宋朝内部没能形成统一的战略，错失时机，给了李元昊阴谋取胜的机会。

好水川大战之后，夏竦、韩琦被降官职，范仲淹也被牵连，宋朝的主战派就此噤声，宋对西夏转为保守防御策略，不久将陕西划分四路，分别是：秦凤、泾原、环庆、鄜延。任命韩琦为秦州知州，王沿为渭州知州，范仲淹为庆州知州，庞籍为延州知州，并各自兼任本路马步军都部署、经略安抚使、缘边招讨使。

第十二章

庆历和议——西夏崛起（下）

好水川之战，说不尽的悲壮凄凉，但边境战事还远未结束，范仲淹一直默默进行着战略防御改革和部署，而这些很快将在后面的战役中发挥功效。

其实，范仲淹到任西北后，就着手这项工程。他认为强大的防线，既需要强大的军队，又需要牢固的城池。

军队方面，治军必须先治兵。

当时戍边的军人以从内地调来的禁军为主，长期在边疆，思乡情切，作战意志消沉。范仲淹于是先淘汰军中的老弱病残，再从当地招募士兵作为补充。一来，当地士兵熟悉环境，利于作战；二来，作战地区就是家乡，保卫家乡和家人的情绪令他们战斗意志更强。同时，在当地征集民兵，进行与正规军一样的训练，作为军队的后备补充力量。

针对边关贪污、消极迎战的情况，范仲淹赏罚分明，斩首贪污之辈，提拔良将，重赏勇猛士卒。有勇有谋的大将种世衡就由范仲淹一手提拔。另一名大将狄青由尹洙举荐给范仲淹。范仲淹不拘一格招人才，提拔狄青的同时，教他读史书，说："将帅若不知古今历史，就只有匹夫之勇。"狄青因此勤勉读书，精通兵法，后来成长为一代名将，是仁宗朝唯一武将出身的枢密使。

在检阅州兵之后，范仲淹着手改革军队制度，将一万八千人的州兵分为六部，每部设置一将，加强训练，设计使用新颖阵法。作战时，根据

“敌之众寡”灵活出战。

军队整肃之后，就是加强城池防御。

范仲淹派遣任福破白豹城，迫使入侵保安军和镇戎军的西夏军撤兵。后来在好水川之战中牺牲的大将任福就是因此成名而受到了重用。

之后，范仲淹又派狄青攻取西界芦子平，再派种世衡兴筑宽州。

宽州在延州东北二百里，原是一座废弃的城垒。若用来抵挡西夏的锋锐，右可稳固延安的形势，左可致河东的粟米，向北可图取银、夏州的旧地。种世衡负责修筑事宜的过程中，西夏人多次出击。种世衡一边战斗，一边筑城。但城中没有泉水，无法长期驻扎。种世衡下令凿地，深挖一百五十尺碰到石头，石工认为石头难以凿穿，种世衡下令再凿，奖励一畚碎石一百钱，终于得到泉水。

城筑成后，仁宗赐名为青涧城，将范仲淹革新后的这支军队定名为康定军。

庆历二年（1042 年）三月，范仲淹秘密令长子范纯祐和大将赵明率兵偷袭西夏军，将庆州西北的马铺寨一举夺回。随后，他亲率大军出发，命令每人不光带上兵器，还要带上筑城工具和材料。出发时，众将都不知晓此行的目的。等到了地方，范仲淹下令：“筑城！”

结果全军只用十日，便建起一座坚固的新城。

此城的北、东、南三面环水，北面依山，易守难攻。与周围白豹城、金汤城等堡寨遥相呼应，构成坚固的战略体系。

仁宗御笔为其赐名“大顺城”。

五十四岁的范仲淹在这里写下千古名作《渔家傲・秋思》：“塞下秋来风景异，衡阳雁去无留意。四面边声连角起。千嶂里，长烟落日孤城闭。浊酒一杯家万里，燕然未勒归无计。羌管悠悠霜满地。人不寐，将军白发征夫泪。”

莫逆之交张载，受范仲淹之邀，登上大顺城墙，写下《庆州大顺城记》，评价它："百万雄师，莫可以前。"

在之后很长的岁月之中，大顺城都将屹立在此，迎击西夏一次又一次的攻击，牢不可破。

好水川战败之后，韩琦开始反思，并认可了范仲淹的防御策略，开始加强城池防御建设。

西夏这边，连续取得三川口、好水川两场大胜，但李元昊的胃口可远不止这么大。自他称帝以后，宋朝停止与西夏互市，致使西夏境内的粮食、绢帛、布匹、茶叶及其他生活日用品奇缺。再加上国相张元以灭宋为志，力劝李元昊扩大对宋战争。这正中李元昊下怀，他认为，要么扩大西夏的版图，要么就狠狠地敲诈宋朝一笔。

张元向李元昊献计："宋之精兵良将聚集宋夏边境地区，而关中地区的军事力量薄弱。所以，西夏应当用大军牵制宋边境的军队，使其无暇顾及关中地区，然后另派一支劲旅乘机直捣关中平原，攻占长安（今陕西省西安市）。"

李元昊采纳其建议，于庆历二年（1042年）闰九月，再次进攻大宋。张元为其写下豪气干云的对宋宣战书："朕欲亲临渭水，直据长安。"

十万西夏军兵分两路，一路出彭阳城（今宁夏回族自治区固原市东南），向渭州发动攻击；一路出刘璠堡（今宁夏回族自治区固原西北），钳击镇戎军，诱宋军出击，聚而歼之。

泾原路经略安抚招讨使、渭州知州王沿获悉西夏军的动向，命令副使葛怀敏率军阻击。

葛怀敏带兵到瓦亭寨。两名将领违令往北冒进，进屯瓦亭寨北的五谷口。王沿得知消息，马上遣使赶去劝诫："勿深入，一定要倚靠城堡前进，示弱诱敌，设伏奇袭，攻其不备。"

葛怀敏通知其他部队继续进发，很快到达镇戎军的西南，在羊马城驻扎。在这里，知镇戎军曹英，泾原路都监李知和、王保、王文，镇戎军都监李岳，西路都巡检使赵璘等相继抵达会合。

此时，宋军得知西夏军队已经到达固原西北，几员将领商议作战方案，泾原路都监赵珣认为西夏军远道而来，适合速战速决，建议在马栏城设埋伏，断西夏军的归路，同时固守镇戎以保障粮道，等到西夏军疲惫之时发起进攻。

葛怀敏没听从建议，决定于第二天凌晨对西夏军发动突袭，兵分四路：刘湛、向进出西水口，赵珣出莲华堡，曹英、李知和出刘璠堡，葛怀敏则出定西堡。

结果刘湛、向进一路刚出发不久就遇到了西夏军队的拦截，只好退守向家峡。

西夏军乘胜追击，逼近宋朝主力部队。葛怀敏意识到情况不对，但也无法再做出改变，于是，带领赵珣、曹英等人誓死守在定川寨。

到中午时，西夏军摧毁桥梁，阻断宋军送粮通道和退路，又截断定川寨的水源，围困城中宋军。

军中物资紧缺，葛怀敏决定率军主动出击。李元昊则准备逐个击破宋军的防卫，西夏军击败河西刘贺的部队，再进攻寨东葛怀敏的部队，葛怀敏这边久攻不下，西夏军转击列阵于寨东北的曹英部队。

这时，老天帮了西夏军，狂风突起，飞沙弥漫。

宋军营阵大乱，陷入混战，士兵们惊骇，争相往城里逃，葛怀敏差点被践踏致死。幸有赵珣带领刀斧手等勇士以门桥为据点，奋力反击，暂时击退西夏军。

到了傍晚，西夏军围城。

葛怀敏与几位将领商计突围，去镇戎军，赵珣认为途中必定会遭到西夏军的截击，主张出其不意，迂回到笼竿城前看情况，其他将领认为不可。

之后天明，葛怀敏下令曹英、赵珣为先锋，刘贺、许思纯为左右翼，李知和、王保、王文等负责殿后，按照阵行东进。卯时，战鼓未响，葛怀敏上战马，有将士觉得不妥当，拦住马劝他三思。葛怀敏执意为之，继续带领大军驱马东南驰二百里，发现撤退的道路已经被彻底阻断。

原来，西夏军队已经绕到宋军后方，与前方西夏军夹击宋军。

宋军被打了个措手不及，陷入苦战，最终葛怀敏等十六名将领战死，九千四百余名士兵牺牲，只有葛怀敏的儿子葛宗晟、郭京、王昭明、赵政等少数人活着撤回来。

定川寨之战，宋军大败。

至此，三川口战役、好水川大战、定川寨之战，宋与西夏的三大战役都以宋军大败结束。

九月，定川寨之战后，李元昊继续挥师南下，进逼渭州，关中震动。

平原辽阔，无险可守，但渭州知州王沿固守城寨，之前新起的城墙起到关键防御作用，渭州迟迟没能被攻下。

西夏军已经深入宋境近两百里，李元昊没有再往下深入，以免战线太长难以支撑。

十月，范仲淹亲率六千军队，从邠州、泾州出发救援渭州。

西夏军和范仲淹几番交手，都讨不到便宜，无奈感叹他“胸有数万兵甲”。

因此，李元昊听闻范仲淹亲率军队前往渭州救援，庞籍也派军队在进攻西夏，决定不再深入，迅速回撤，退出宋境。

十一月，范仲淹的建议被仁宗采纳，恢复设置陕西路安抚使、经略招讨使，由范仲淹与韩琦一起负责泾州，二人同心协力，共同御敌，诚恳接纳来归附的各个部落，深得百姓认同和朝廷倚重，且两个人守卫西北的时间最长，在同一时间扬名，故而被天下人称为“韩范”。

大宋奉行防御战略之后，西夏内部开始出现问题。

李元昊连续三年率兵出征，掠夺回来的物资还抵不上出兵的损耗，各个部落怨声载道，不想继续参与后面的军事行动。而西夏境内又没有发展起自己的生产力和经济，生活所需物资以前依靠用马匹和宋朝交换，但西夏建国之后，宋停止了两国互市。就算老百姓不抱怨，各大部落的首领贵族也忍不住抱怨，好衣服、好茶，要啥啥没有。日子过不下去了，西夏境内很多百姓纷纷逃往大宋。可见，自古以来，不搞好经济，穷兵黩武搞军事，都没前途。

与之相反的是，大宋的经济体量庞大，家底厚，即便西北的驻军人数从宝元二年（1039 年）到庆历二年（1042 年），短短三年翻了倍，人、马、兵器每一项都是花费，国库支撑得颇为辛苦，可到底是撑得下去的。

仁宗看范仲淹的策略有用，也想开了。西夏掌握了进攻的主动权没错，我们打不过去只能防着，可是对付你西夏，我大宋还耗得起，除非得对付两个……

第二个不能念叨，一念叨就出现了，那就是已经签订了澶渊之盟、明明说好了做好兄弟的辽朝。

庆历二年（1042 年）正月，辽朝在边境增兵，在位的辽兴宗耶律宗真派出南院宣徽使萧英、翰林学士刘六符前来索要关南土地。

仁宗头疼得很："怎么辽朝还挂念后周世宗时候丢的土地呀！"

辽兴宗的真实目的是要转移国内矛盾。

辽兴宗其实也是个可怜孩子，他是辽圣宗的长子，生母乃辽圣宗的妃子萧耨斤，辽兴宗出生后被交由皇后萧菩萨哥养着。萧菩萨哥与他倒是母子情深，但生母和他的感情就淡漠很多了。

辽圣宗驾崩后，十五岁的辽兴宗登基，萧耨斤私藏遗诏，把正宫太后萧菩萨哥踹了，自立为太后，把持朝政，而且不待见这个亲生长子，预谋册立小儿子耶律重元为皇帝。耶律重元把这件事告诉了辽兴宗。辽兴宗不得不暗中策划先发制人。

趁着萧耨斤在行宫，身边没有太多亲信的时候，辽兴宗率领两百近卫将她捆绑，幽禁于庆陵守陵。因感念耶律重元的兄弟情分，辽兴宗册封耶律重元为皇太弟，并许诺日后传位于他。

辽兴宗这头解决了皇位的矛盾，那头国内经济就出现了问题。辽朝毕竟不像中原有适合农耕的土地，财政收入严重依赖燕云十六州。澶渊之盟宋每岁给辽三十万银绢，对宋来说毛毛雨，可对辽朝来说却是好大一笔收入。

长期不用打仗以后，辽朝人口增加，当年的三十万如今用着用着，也就不那么足够了。为了安抚民众，辽兴宗抓住宋与西夏的矛盾，站在道德制高点上指责大宋破坏和平，没有信守睦邻友好的承诺，大宋要重新做回一个好人，就应当把关南十县还回来。

合着大宋必须乖乖挨揍被抢才是一个好邻居呀。

仁宗肯定不答应归还关南这件事，他爸爸宋真宗都没有丢掉的地，要在他手里丢了，以后没法子见列祖列宗了。

仁宗表态："朕不同意这件事，你们谁去和辽朝谈一谈？"

那可是杀人不眨眼的辽朝人，重臣都不知道辽朝葫芦里卖的什么药，不敢轻言前往。

宰相吕夷简琢磨了一下，建议："要不让富弼去？"

吕相爷还在任上，脾气也没变，之前刚和富弼闹过一些小矛盾。

欧阳修等人便觉得吕夷简公报私仇，在奏章中引用唐朝大臣颜真卿的事，希望能留下富弼。当年，颜真卿被宰相卢杞排挤，到叛军李希烈处宣读圣旨，被扣押囚禁，后被杀害，终年七十七岁。

但奏章被吕夷简扣下，没能递呈到仁宗面前。

富弼之后上朝，向仁宗叩首曰："自古臣子视君主忧虑为辱，臣不敢做贪生怕死之人。"

仁宗深受感动，委派他接待辽朝使者。

富弼展现出了非凡的外交和谈判才能。

辽使萧英等进入宋朝境内，代表大宋皇帝的中使对辽朝一众人等进行迎接慰劳，萧英则借口有病不拜。

陪同的富弼见状，问道："我从前出使北方的时候，卧病只能躺在车里，但听到上令赶紧就起来了。如今中使到来，你却不拜，为什么呢？"

萧英闻言惊惧，起来拜过。

《宋史》写富弼与萧英敞开胸怀，坦然相待，萧英大为感动，将辽兴宗的底线透露给了富弼。

富弼后来官拜宰相，自然有他的手腕和人格魅力。但说萧英完全折服于富弼而据实相告，又显得事情太过简单。萧英是辽朝权臣，绝不可能如此毫无心机。这两个人不过是在相谈甚欢的表象之下，行沟通之实而已。

富弼将从萧英处获得的信息汇报给仁宗。仁宗掂量了辽朝的真实要求，答应可以增加岁币，还可以将宗室女子嫁给辽朝皇子，缔结秦晋之好。

随后，仁宗提拔富弼为枢密直学士，前往辽朝做下一步谈判，富弼接受了任务，但推辞官衔说："国家有难，本就应义不容辞，不惧烦劳，作何还要授予官爵？"

富弼动身到辽朝，辽朝派刘六符到别馆设宴招待。之后，富弼拜见辽兴宗。

辽兴宗见面就先倒打一耙，然后给自己贴金："你朝违背盟约，堵塞雁门，增加塘水，修治城隍，招募百姓为兵，是想要干什么？我这儿的大臣们纷纷要求兴兵南下，我不想大动干戈，和臣子们说不如派遣使者索要土地，索求不成，兴兵南下也为时不晚。"

富弼一点也不客气，反驳道："北朝忘记了真宗皇帝的大恩大德吗？澶渊战役，章圣皇帝如果听从各位将领的建议，北朝军队将一个也不能脱逃。北朝与中原互通友好，作为君主独享其好处，但臣下一无所有。如果发动战争，则利益全部归于臣下，君主却要承担发动战争的祸患。因此奉劝发动战争的人都只是为自己考虑，自私自利罢了。”

辽兴宗惊讶地问他：“此话怎讲？”

富弼好好给他解释了一通：“晋高祖欺骗上天背叛君主，末帝昏乱，土地疆域狭小，上下离心叛乱，因此契丹能保全军队而战胜他们，但壮士健马物资也失去一大半。如今中国疆域万里，精兵百万，法令严明，上下一心，北朝打算发动战争，能确保一定能获胜吗？即使获胜，损失的军队马匹，是群臣负责，还是君主负责？如果互通友好不断绝，岁币全部归君主您，群臣又能享有什么利益呢？”

至于辽兴宗之前给大宋泼的脏水，富弼解释：“堵塞雁门，是为了防备西夏的元昊。至于塘水，真宗朝的宋方大将何承矩就开始造了，远在互通友好之前。城隍都是修理好的，让老百姓当士兵也是为了补充军队的缺额。这都不是违背盟约。”

富弼说的这些，辽兴宗无法反驳，只能坚持：“要求归还的关南，是辽朝祖先的地盘。”

富弼说：“后晋送燕云十六州给契丹，周世宗则打下关南，都是不同时代的事情。如果您要关南，那我们就要回燕云十六州，这样难道对北朝有好处吗？”

辽兴宗唱了红脸，富弼离开时，刘六符又来唱白脸，富弼不卑不亢地对辩。

第二天，辽兴宗召富弼一同打猎，又一次向富弼提到：“得回关南，辽朝才能高兴。”

富弼坚守底线，说：“北朝若以获得土地为荣，南朝定会以失地为耻。我们是兄弟之国，又怎能一国荣耀而一国受辱？”

打猎后，刘六符说：“您那番有关荣辱的话打动了我们陛下，接下来不如结成婚姻吧。”

富弼给他算了笔账，宋朝长公主出嫁的聘礼也不超过十万，还是一次性的，哪里像岁币，年年都能入账来得好？

辽兴宗已然心动，在富弼回去时候，说："下次再来，带上你们能接受条款的盟誓书来吧。"

之后，两边又沟通了两次，辽朝不要婚约，而要增加岁币。书写国书的时候，辽兴宗还说："南朝将东西给我们时言辞应当说'献'，否则就说'纳'。"

这种咬文嚼字的事最关乎国家荣辱，富弼据理力争。

辽兴宗轻蔑地说："南朝既然害怕我们，对区区两个字何必如此坚持。谈崩了，我们可以率领军队南下，到时候你们就后悔了。"

富弼脸色严肃，始终都不松口。辽兴宗无奈，说这件事搁置，等以后刘六符去大宋时再谈。

富弼回宋后，上奏说到这两个字的问题，表示已经坚决拒绝，请朝廷不要同意。

结果，刘六符来谈合约国书的时候，朝廷竟然将"纳"字赠予辽朝。富弼不惧生死，两次入辽朝洽谈，恰逢家中大事发生，一次丧女，一次生子，他都毅然不顾，在辽朝据理力争，也要坚守住尊严，就这样还被当权者弃如敝屣，不当回事。

最后，辽朝提出在原有岁币的基础上，增加关南的税赋，一年约十万。宋国爽快答应，以前三十万都是毛毛雨，现在四十万也没压力。不过钱出了，辽朝要办事，必须参与调停西夏和大宋。辽朝其实看不惯李元昊很久了，这家伙不像他爹那么乖乖听话，对辽的态度十分傲慢。当初把兴平公主嫁给李元昊，辽朝把李元昊当女婿对待，结果兴平公主在西夏死得不明不白，辽朝派遣人查问原因，西夏拒不回答。辽朝准备借此次宋和西夏问题的契机敲打西夏一番，便欣然答应帮助调停。

辽朝看不惯李元昊，焉知李元昊也看不惯辽朝。当初，明明哥儿俩好的是辽朝和西夏，还一起打劫宋朝，结果宋辽签订澶渊之盟，好处让辽朝自己拿了，西夏还是穷光蛋一个，他爹李德明还要两边受气。再看到，辽朝最近又敲了大宋一个竹杠，还倒过来对西夏指手画脚，李元昊恼羞成怒。

不过，李元昊也知道西夏不能同时和宋、辽斗，因此，西夏加快了和宋朝议和的步伐，宋朝求之不得。

其实，庆历二年（1042 年），西夏就递来了议和的橄榄枝。当时，西夏境内暴发旱灾和鼠疫，宋将种世衡用离间计除去了李元昊的重臣野利旺荣。李元昊迫于国内压力，派李文贵出使宋朝，表示西夏打累了，愿意和谈。庞籍不相信能有这好事，李元昊的奸诈大家可领教够了，于是将李文贵扣押在青涧城数月。

李元昊死要面子，不肯去帝号，说自己："如日之方中，止可顺天西行，安可逆天东下？"

但宋朝思来想去，"厌兵"情绪高于一切，还是坐到了谈判桌上，使得谈判没有破裂。围绕着"能不能用皇帝帝号"这个问题，庞籍与西夏使臣李文贵反复谈判，庞籍坚持要李元昊去帝号，才能将西夏和谈的国书转达宋廷。

庆历三年（1043 年）正月，李元昊终于同意，自称宋帝之子，派六宅使兼伊州刺史贺从勖携国书出使宋朝。

宋廷册封李元昊为夏国主，在西夏境内李元昊还可以自称皇帝，甚至叫玉皇大帝都没问题。同时，宋朝同意开放榷场，支付银、绢、茶二十五万"岁赐"。

看，宋对西夏用"赐"，何故要对辽用"纳"呢？富弼的内心一定很痛。

四月，大宋派使臣去西夏。

七月，西夏也派使臣到大宋。仁宗亲自接见了他们。

庆历四年（1044 年）六月，两国和约终于签订，史称"庆历和议"。

仁宗认为这是可以比肩“澶渊之盟”的事，应当名垂千古。但这一次，宋朝从上到下都忽略了一个关键细节。“澶渊之盟”和约的第一条就是约定两国国界，为以后领土方面的纷争提供了强有力的支撑，使得宋国与辽朝在之后百年中，能够有理有据地处理问题。“庆历和议”却没有规定西夏和宋朝之间的边境线，这给之后西夏多次进犯宋境埋下隐患。

但是，至少眼下的大宋朝长舒了一口气，终于解决了一个问题。

三个月后，辽夏战争爆发。

一直挨揍的大宋，终于轮到一回看着别人打架，自己在旁吃瓜。

触发最终矛盾的是在这一年的五月，辽朝境内的党项部落叛乱，辽朝派兵前往镇压，李元昊得知，派兵救援党项部落，还把辽朝的招讨使杀掉。

辽兴宗大怒，率三路大军，十万精兵，亲征西夏。

辽军渡过黄河，深入四百里未遇抵抗，最后在贺兰山碰到李元昊的部队，将西夏军打得满地找牙。李元昊服软，主动向辽兴宗谢罪请降。

辽兴宗本来打算见好就收，下面的大臣却觉得我们还能再搞大一点，纷纷劝辽兴宗一鼓作气扫平李元昊，以免日后他再生祸患。

辽兴宗考虑之后，觉得这是个扩大辽朝版图的机会，于是命韩国王萧惠为前锋，追杀西夏军，活捉李元昊。

李元昊确实处于下风，但打仗方面他的脑子可好使了，再说，这是西夏，他李元昊的地盘。

李元昊用了个损招，一边逃跑，一边放火，把沿途的粮草房舍全部烧毁，一溜跑出去一百里远，也烧了一百里远。

这一招对辽军太有用了，西夏真算是知己知彼。不论是西夏军还是辽朝军，以前打宋国的时候，都不爱带太多粮草。因为宋境富饶，他们可以一边打，一边打劫补充军耗，甚至打完还能带许多战利品回境，可以用上好些时间。

西夏就不一样了，和辽朝一样穷，四周都是草和山，除了能养马放羊，压根儿没怎么发展出成熟的城市和生产。辽朝打西夏就跟打自己一样，没啥便宜好占，再加上西夏把最后一点点的“财产”都烧了，十万辽军，十万张嘴巴，马上捉襟见肘。最惨的是辽朝的战马，因缺草料，在西夏境内病亡大半。

这时候，李元昊又主动请降，然后在辽军商议接不接受西夏投降的时候，杀了个回马枪。

辽军急忙整军迎击，西夏军败逃，辽军追击。

此处应该也是李元昊的诈败，他熟悉西夏地貌，因而才有之后辽军遇到的狂风大作、沙石乱飞的情况。天气忽然变化，辽军以为是鬼神作怪，军心大乱。西夏军趁机反攻，辽军大败，辽兴宗自己都只有数十骑护送，勉强逃脱，狼狈之态，完全不输当年被辽军追着跑的宋太宗赵光义。

李元昊能屈能伸，打赢了之后，又和辽朝求和，辽兴宗借坡下驴就答应了。但这件事之后，辽朝升级了面对西夏方面的防御部署。又在几年后，第二次发兵西夏。历史再一次重演，在贺兰山下，西夏军把辽军打得满地找牙，辽军大败而归。

总体而言，从庆历四年（1044 年）起，西夏虽然表面臣服，其实已经与宋、辽形成三国鼎立之势。

而同样在庆历四年（1044 年），宋朝名相、前后主政长达二十年的吕夷简病故，享年六十六岁。

仁宗辍朝三日，悲哭说：“安得忧国忘身如夷简者。”

吕夷简虽被后世评价专权，打击异己，但他也善于发现真正有能力的人才，知人善任，比如提拔范仲淹出知西北。也因为有了吕夷简，宋仁宗和刘太后母子才能以较为温和的方式完成权力过渡，没让小人有可乘之机。其视野长远，是遇大事极能匡正之人。

吕家在宋朝前后出了三位名相：太宗朝的吕蒙正，仁宗朝的吕夷简，后来吕夷简的儿子吕公著在哲宗朝也官拜宰相。吕氏一门后嗣绵延到南宋，所出从政、治学之人不计其数，是宋朝名门。

这样的家族在宋朝之所以谓之凤毛麟角，源于宋朝通过科举选择人才。仁宗甚至督促考官在排名的时候，尽量把官家子弟往后排，把更多机会给寒门学子。

吕夷简退场了，范仲淹的时代要到来了。

第十三章

庆历新政——仁宗盛世背后的荣与痛

和辽、西夏两边的关系进入缓和阶段，作为皇帝的宋仁宗赵祯却不觉得轻松，“冗官、冗兵、冗费”这“三冗”问题，搞得他每天都睡不好觉，琢磨着问题发生的原因以及应对办法。

比如冗兵问题。

宋太祖赵匡胤曾担心需要重兵保护京城，进而国家被沉重的军费拖累，因而考虑迁都。结果大宋开国到他仁宗手上一共才走了八十年，为了养兵就需要消耗每年国库收入的八九成。

这一方面是因为开国以后的南征北战，又遇到辽、西夏以及大大小小的造反，使得国家需要足够的军队。另一方面，是源于宋太祖开国时候的一条政策，因为在五代十国的乱世，有太多闲散人员和流民，容易造成社会问题。赵匡胤把他们纳入军队，以避免这些人成为社会不稳定因素，打家劫舍、起义造反之类。这一吸收，吸收了几十年，军队人数可想而知。

仁宗看着自己的国家，地大、物博、山多、水好，百姓勤劳，他也勤政，可怎么还这么穷？这位以宽仁出名的皇帝不得不从皇宫府库——皇帝自己的小金库里掏钱出来补贴国家。

仁宗倒不是心疼自己的腰包，而是担忧这个问题再发展下去国家就完了。

景祐三年（1036 年），范仲淹就曾呼吁改革，认为是腐败导致了严峻的社会问题。结果后来演变成党派之争，范仲淹被贬饶州，欧阳修被贬去夷陵。

几年过去了，仁宗痛下决心要进行一次大刀阔斧的变革。穷则变，变则通，通则久。是时候解决开国以来沉积的问题了。于是，宋仁宗又想起了这几个实干派、改革派。

康定元年（1040 年），欧阳修被召回京，负责编修《崇文总目》。仁宗扩大言官编制，欧阳修向来仗义执言，仁宗亲自任命他为谏官，和余靖、王素、蔡襄，史称“四谏”。

庆历三年（1043 年），吕夷简年老体弱，离开相位，晏殊接过相权。但其实离不开欧阳修对吕夷简的弹劾。

这一年，虽然西夏和宋朝的和议尚未完成，但西北局势已转危为安。仁宗一口气召回夏竦、欧阳修、韩琦三位西北名帅，分别任命为枢密使和枢密副使。范仲淹第一次跻身两府要员。

朝内名士云集，仁宗准备励精图治。

欧阳修上书说范仲淹有宰相之才，推举好友。仁宗确实想拜范仲淹为参知政事，但范仲淹推辞不就。之后，副相王举正被罢黜，仁宗再次拜范仲淹为参知政事，范仲淹坐上了副相的位置。和当年在辽朝入侵时，力挽狂澜、“挟”天子御驾亲征的寇准一样，虽然在副手位置，但是实际上范仲淹的权力和声望都超过了同时期的主相晏殊。

仁宗多次与范仲淹、富弼等人探讨改革问题，多次催促他们提交改革方案，并为此下诏。在这样的背景下，范仲淹经过反复思考、总结和酝酿，在庆历三年（1043 年）九月，向仁宗递呈著名的《答手诏条陈十事》，提出十项改革主张：明黜陟、抑侥幸、精贡举、择官长、均公田、厚农桑、修武备、推恩信、重命令、减徭役。

其中前五项“明黜陟”“抑侥幸”“精贡举”“择官长”“均公田”都和用人制度有关。

当时官员的问题中，首先是官员升迁制度。文官三年一迁，武职五年一迁，官员有的不做实事，但求无过。其次，古时诸侯有世子袭国，如今又有赐宠待大臣的兄弟子孙官位，遇到太平无事，广泽圣恩的时候，各地官员都上奏为子孙求官。甚至有的官员任职二十年，便有二十多个兄弟子孙在京城求得官做。第三，科考选拔人才的形式，过于拘泥辞赋，以笔墨取胜，而忽略考查学子对地方治理、经济、生产等方面的认知和相关能力。第四，是地方长官的委派，不问贤能，不考虑是否可以胜任，官员都等着论资排辈往上升。第五，地方长官的收入之一公田，也就是职田，存在缺乏标准、分配不均的问题，并进一步造成了腐败和与民争利的问题。

对于这些问题，范仲淹建议：一、建议对官员考核和升降做出明确规定，对于有能力、出成绩的官员破格提拔，对于昏庸、无作为，甚至有罪的官员，尽早清理出官员队伍。二、国家开科举才是广纳贤才的正道。皇帝给予官员恩泽本身没错，但要谨慎恩荫。三、兴办学校，修改科举考试为注重策论，来考查学子的政治才能。四、稽查地方官员的政绩，奖贤能，罢昏庸，今后对地方官员的选派，都先进行能力考察，再作委派。五、均衡官员的职田，没有给足的要按等给足，避免他们生活不够，转而压榨百姓，对于不合格官员的职田则要收回充公并进行严厉的惩罚。

之后的“厚农桑”“减徭役”“修武备”针对民生和百姓压力。宋朝的政权虽然始终稳固，但是一直以来，大大小小的地方起义其实从未停止，都因百姓生活太苦，而不兴农事，不减赋税，无法提高百姓生活水平。范仲淹建议培训地方官员农耕水利方面的知识，把地方经济生产发展纳入官员考核，同时合并减少官员层级，以减少官员人数，相应就减轻了百姓负担。同时针对军队庞大造成的财政压力，范仲淹建议用京城做实验，先招募京城附近的百姓，军事紧张时作为京城防御的辅助力量，军事压力小的时候专注于农桑，这样可以在保证国家军事能力的前提下，进一步提高粮食等的生产能力。若京城实验成功，再在全国推广。

最后的“推恩信”“重命令”，都侧重于严肃和谨慎对待朝廷的政策和号令，不能朝令夕改，使得政令和皇恩无法实施到位，并造成国家信誉的损失。

仁宗对这十条改革建议非常满意，在未与其他重要大臣，尤其是没与中书门下众多机构进行讨论商议，未对中央、地方官员做思想宣传等前期铺垫工作的情况下，仁宗就将改革方案昭告天下，全面推广。

不久，韩琦又上书四策："一曰和，二曰守，三曰战，四曰备。"请朝廷力行七事：一、密为经略；二、再议兵屯；三、专于遣将；四、急于教战；五、训练义勇；六、修京师外城；七、密定讨伐之谋。

措施来得如此之快、如此之严，自然触犯了不少人的利益，相关的人事变动也极其频繁。

甚至有一度，为了调查清楚地方贪污、不作为的官员，朝廷下派许多按察使，按察使到各地调查情况后，马上快马加鞭递送结果。范仲淹一手拿着官员登记簿，一手拿着毛笔，犹如地狱里的无情判官，富弼见状，委婉地劝范仲淹："你一笔下去，又有一家人要哭了。"

范仲淹正气凛然地答道："一家人哭总比一州一县的百姓哭要好。"

不只是地方，京城朝野也有很多反对声，其中就包含范仲淹之前在西北的上司夏竦。

夏竦刚回京担任枢密使，是范仲淹和韩琦的上司。而欧阳修等台谏官竟纷纷上书，导致夏竦改任亳州。

国子监直讲石介甚至高兴地写了篇《庆历圣德颂》，令改革派为"众贤之进"，而把夏竦的改任说成"大奸之去"。

这令夏竦怎么能不恨？

坚定站在范仲淹一边的欧阳修，在庆历四年（1044年）向仁宗递交奏折，开篇便道："君子以同道为朋，小人以同利为朋。"

但，谁是君子？谁又是小人？难道说与范仲淹政见不一的人就都是小人吗？原本朝野中居中的一派也被棒打，站到了范仲淹、欧阳修的对面。

欧阳修还在奏章中指出朝廷中有奸邪者尚未除尽，更说两制推荐的御史台官“多非其才”。

这篇文章虽然出自欧阳修之手，却代表了范仲淹整个“朋党”的声音，一时间御史台对朋党恨之入骨，报复的手段也酝酿开来，先烧向范仲淹身边的重要人物滕子京、欧阳修、韩琦、富弼、尹洙、石介等。当时的宰相晏殊是典型的中间派，但身为晏殊女婿的富弼都相继被贬。

第一个被针对的是石介。

此时御史台被保守派控制，宣布破获一起惊天谋逆案，起因是石介写给富弼的信件，有废黜天子仁宗的意思。

后来，这件事被查明是夏竦一手导演，让家中女婢模仿石介笔迹，将代表伊尹和周公的“行伊、周之事”改为“行伊、霍之事”，霍指代西汉废立国君的权臣霍光。

然而在当时，石介和富弼都觉得莫名其妙，可又百口莫辩。幸好仁宗也觉得事情可笑。

但是，谋逆这种事，自古多少天子是“宁可信其有，不可信其无”，就算仁宗觉得再可笑，脾气再好，宋朝也有不杀士大夫的誓言，石介还是被外放到了濮州（今山东省菏泽市鄄城县），并在次年郁郁而终，病卒在任上，年仅四十一岁。

石介虽然死了，夏竦还不依不饶，后来又找时机，污蔑说石介没有死，由富弼帮助逃去了辽朝。朝廷将石家子弟关押起来，差点开棺验尸。是杜衍等上百人联名担保，才使石介免受开棺之灾。

对于石介那封信的事，范仲淹和富弼也惶惶不安，自请出朝巡边，分别任陕西河东宣抚使和河北宣抚使。

而在范仲淹任陕西河东宣抚使之前，滕子京也出事了。

自四月起，御史中丞王拱辰和监察御史梁坚，不断上奏参劾滕子京以及良将张亢滥用公使钱，致使二人一度入狱。

公使钱是一种地方小金库，一般不做私用，但当时也没有明确的规定，与滕子京、张亢类似的使用公使钱的例子比比皆是。

御史台指控二人乱用公使钱十六万贯，朝廷随后派人前往调查。

原本，滕子京是在西夏大败宋军时犒劳了将士，祭奠了逝者，无可非议，是个义举。但得知朝廷来调查时，滕子京走了一步错棋，他担心株连无辜，将账本和抚恤名录等全部烧光。如此，罪名反而坐实了。

而张亢，《宋史》说他“好施轻财，凡燕犒馈遗，类皆过厚，至遣人贸易助其费，犹不足。以此人乐为之用”。以往宋太祖赵匡胤还特别给予郭进等边将这方面的特权，张亢这样做又何罪之有？

但是，就算范仲淹不惜辞去执政之职为滕子京、张亢辩护，甚至说自己在西北前线时，也用公使钱接济过将领，要求将自己一起治罪，还是没能避免滕子京和张亢两个人被贬。

庆历四年（1044 年）四月，滕子京谪守巴陵郡。而张亢先被降职，几年后又被剥夺兵权，此后仕途坎坷，最终病逝在出知徐州的任上。

庆历四年（1044 年）八月，欧阳修也被除去龙图阁直学士，任河北都转运按察使。这是他被贬的开始，原本欧阳修可以就此脱离朝野纷争，但性格耿直的他，在见到其他改革派相继被贬后，又站出来仗义执言。

这时候一桩风流案被大肆宣传，令欧阳修名誉扫地。

据说，欧阳修有个妹妹，嫁给一姓张的男子做继室，嫁过去时对方已经有个女儿，后来姓张的男子病故，欧阳修的妹妹带着继女张氏投奔哥哥，寄居在欧阳修家。张氏后来嫁给欧阳修的堂侄子欧阳晟。按道理是亲上加亲的婚事，而且欧阳晟还是一个官员。结果，张氏与人私通被发现，在公堂之上，张氏供称自己未出嫁时就与欧阳修有染。

这事要发生在范仲淹身上，世人定然摆头说不可能，但欧阳修是自诩“洛阳花下客”的风流人物，他做出这样的事，在当时许多人心里倒成了“理所当然”。

欧阳修这个人长得不好看，个头儿矮小，高度近视，五官有些丑，但他的女人缘一直不差。在高中进士之后，欧阳修娶了老师胥偃的女儿，金榜题名时又迎来洞房花烛夜。胥小姐和父亲一样，中意欧阳修的才华，小夫妻俩婚后也很是甜蜜。可惜，胥小姐一年后就过世了。欧阳修又续娶一位杨氏，结果杨氏进门一年也过世了。欧阳修这次没有马上再娶，过了一段时间单身生活。不过，这鳏居的生活非但不枯燥，反而是欧阳修最风流享乐的一段时光，带他走上这“无处不销魂”生活的还是他的上司钱惟演。

钱惟演的父亲是吴越国最后一代君主钱俶，曾经的末代王子很会享受，而且颇为豪爽，很喜欢带着欧阳修、尹洙等几个年轻人在西京洛阳享受贵族生活，花天酒地，出入官妓场所。欧阳修也在这时，写出了那篇牡丹专著《洛阳牡丹记》和惊艳后世的诗句“洛阳地脉花最宜，牡丹尤为天下奇”。

欧阳修和他的堂侄子媳妇有染的风流案，最后以难以查证告终，可一代风流才子终究百口莫辩，成了德行不堪之人。庆历五年（1045 年）八月，欧阳修被贬滁州。

在滁州，欧阳修登上风景秀丽的琅琊山，立于醉翁亭。作为诗人，他用欢乐的语气醉情山水，流芳百世。作为政治家，踏上山巅，看着山岚缥缈的四周，他是否悟到了什么？因此，才四十岁，正在壮年的欧阳修，却作了“苍颜白发”这样的自画像。一个明明还年轻的人，心境已老，是对朝廷的失望吗？非也，“禽鸟知山林之乐，而不知人之乐；人知从太守游而乐，而不知太守之乐其乐也”，他以一种乐观、张扬、通透的心态笑对人生的低谷和高峰，发出“世人皆醉我独醒”的感叹。

这次被贬，欧阳修带着夫人薛氏一起上路，薛氏是已故宰相薛奎的四女儿。

薛奎还有一个女婿，就是前面上奏弹劾滕子京的王拱辰。

王拱辰与欧阳修参加同一届科考，是那一届的状元，薛奎看上了王拱辰，将三女儿许配给他，同时也看上了欧阳修，不过欧阳修已经被当时的老师抢先一步定为佳婿。后来，王拱辰的妻子过世，薛奎又将五女儿许配给他。欧阳修为此调侃王拱辰："旧女婿为新女婿，大姨夫做小姨夫。"

王拱辰活到神宗朝元丰八年（1085），在他过世前一年，他的孙女王氏诞下了一个女孩，长大后成为一代女词人，也是婉约派的代表，有着"千古第一才女"之称，女孩的名字叫作李清照。

范仲淹身边的人一个个被贬，庆历新政陷入僵局。

庆历五年（1045 年）正月，随着御史台的反对声一次比一次高，而改革派几乎全被贬黜，范仲淹自请出知邠州，仁宗准奏，遂罢免范仲淹的参知政事之职，改为资政殿学士，知邠州，兼陕西四路缘边安抚使。

三月，韩琦被贬出朝，罢枢密副使，出知扬州。

至此，主持庆历新政的主要人物全被逐出朝廷，仁宗下令终止推行仅一年的改革措施。当初十条之一就是"重命令"，强调朝廷太多命令朝令夕改，造成恶果。结果这一场可能给宋朝带去跨时代意义的变革，也犹如烟花和昙花，绚烂芬芳，转瞬即逝。

北方的严寒令范仲淹旧病复发，咳嗽吐血，他已经五十八岁，想为地方再做些什么，但是身体无法支撑。同年十一月，范仲淹自请调往温暖一些的地方，朝廷又解除了他四路职务，调他出知邓州。

次年，庆历六年（1046 年），到巴陵的滕子京保持着"不以物喜，不以己悲"的心态，勤政为民，修筑防洪长堤，重修与武昌黄鹤楼、南昌滕王阁齐名的岳阳楼，并请范仲淹为岳阳楼作记。

范仲淹一夜写成了那篇名垂千古的《岳阳楼记》，每一个字仿佛都是心血凝成，一抒"先天下之忧而忧，后天下之乐而乐"的高尚情怀。

同年，好友、一起被贬的庆历党人尹洙病重。

范仲淹再三奏请，终于获得朝廷同意，允许他把尹洙接到邓州养病。

尹洙内刚外和，博学有识度，尤懂《春秋》，年轻时候喜谈兵事。可到后来，却常常说佛，“非取其所谓报施因果，乐其博爱而已”，他认为佛的“博爱”和孟子的“仁义”相近。

在过世前的两日，尹洙还能如常行走，后来忽然就进入弥留之际，他将家人和两个年幼的孩子托付给范仲淹：“跟家里人说，我要走了，不能再照顾他们了。”

尹洙病故，年仅四十七岁。欧阳修为其撰写墓志铭。

又过一年，庆历七年（1047 年），滕子京因在巴陵政绩出色，调任苏州，上任不到一个月，在苏州病逝。范仲淹为好友作墓志铭，赞好友：“君知命乐职，庶务毕葺。”

志同道合的人一个个离世，范仲淹还在奔波，从邓州到杭州，自杭州到青州，皇祐四年（1052 年），他在去往颍州上任的路上病逝，终年六十四岁。

这位被后世称为“北宋第一名臣”的老人，过世的时候贫困交加，家无余财，只因为他将毕生的积蓄都捐赠了出去。在四年前，被贬知杭州时，他在家乡苏州购买千亩良田，创建中国第一个私人助学机构——范氏义庄。

他在《告诸子书》中说：“吾吴中宗族甚众，于吾固有亲疏，然吾祖宗视之，则均是子孙，固无亲疏也。苟祖宗之意无亲疏，则饥寒者吾安得不恤也？自祖宗来，积德百余年，而始发于吾，得至大官。若独享富贵而不恤宗族，异日何以见祖宗于地下，今何颜入家庙乎？”

因为幼年丧父，范仲淹和母亲颠沛流离，再加上个人“先天下之忧而忧，后天下之乐而乐”的情操，他希望能通过义庄救济贫苦族人，给宗族子弟提供读书的机会。

范仲淹和他的儿子们几乎将所有的收入都投入到了义庄，并制定了完善的管理和收益分配制度。义庄后来几经朝代更迭，历经战火乱世，持续了八百多年仍运行良好，到清朝宣统年间，运营到巅峰，有田五千多亩。

听闻范仲淹的死讯，西北地区和他出知时认识的地方百姓，无不哀痛。仁宗也怅然若失，悲戚唏嘘，追加范仲淹为兵部尚书，亲书褒贤碑，谥号“文正”，这是自宋开始对文臣最高的谥号，而范仲淹是第一个获此谥号的人，因此后世又称他为范文正公。

南宋的朱熹赞他为“有史以来天地间第一流人物”。

而在今日，中华大地上，每一个学子都能背诵《岳阳楼记》。时光超越千年，无人忘记这位前辈崇高的精神和情怀。

庆历新政是仁宗极力想要做的改革，最终却也是仁宗先败下阵来，主动放弃改革。但这不能掩盖他是一位千载难得的“仁君”。

苏辙在参加科举考试的时候，在试卷上讥讽皇帝只知道宠幸妃子，不关心百姓和国家大事。

仁宗听说这事，非但没有生气，还对这种大胆敢说的行为非常赞赏，他对臣子说：“选拔敢说之人正是科举的意义之一，要好好提拔这个敢说的人才。”

而那位深受仁宗宠爱的张贵妃，想为伯父求官。仁宗耳根子软答应了，等到上朝时刚想下诏，谏官包希仁，也就是后世称颂有“包青天”之名的包拯大人，站出来据理力争，长篇大论，反对任用张贵妃之伯父，唾沫星子乱飞，喷了皇帝一脸。

仁宗对此的反应，也只是擦一擦脸上飞来的唾沫，继续听着。

如果说，对官员的和蔼宽容是帝王的素养，那么对待身边仆从也和蔼，甚至为他们着想，就真的可以体现出仁宗个人的温和性格了。

有一次，仁宗用膳。太监端上一碗甜粥，仁宗没吃几口，忽然牙齿咬到一个硬物，是个石子。他赶紧吐了出来，然后压低声音对身边的人说：“勿言吾尝食于沙，此乃死兮。”他担心自己吃到石子的事公开后会导致做餐食的厨子被处死。

还有一次，仁宗在花园散步。可能当时跟随的人经验都不够丰富，仁宗频频回头，但是随从们都只在心里奇怪，没人领会到皇帝此举何为。后来，仁宗顶着烈日回到殿内，立刻提起水壶一通猛灌。

妃子好奇地询问："陛下怎么如此口渴？"

仁宗笑道："朕屡屡顾，然未见其将壶，若朕问者，必有人欲诛矣，故遂忍渴还饮之。"

他考虑得太周全了，口渴了没有人主动递水上来，本可以开口让人准备。但仁宗怕这么做，会让随从被责怪。所以，他选择忍着口渴，回到屋内再饮水。

便是如此宽仁的一位帝王，在他在位期间，社会经济文化各方面空前发展，达到北宋甚至中国封建王朝的巅峰。

仁宗曾问包拯历代编户的数目，包拯经过认真考证后回答天子："跨唐越汉，未有若今之盛者。"

仅从宋真宗晚期到宋仁宗执政的这段时期内，国家人口增长了三百七十九万户。单单增长的户数就相当于唐太宗贞观时期的总户数。

财政方面，嘉祐年间的国家税收增长是唐朝最多货币岁入时的四倍。仁宗天圣元年（1023年），朝廷发行"官交子"，这是世界上的第一张纸币。

整个北宋，尤其仁宗统治期间都对农桑实行轻赋税政策，甚至出现了仁宗时期开垦的田的数量比真宗朝多，可上交的赋税却更少的情况。

国家的财富主要来自商税。在真宗景德年间，商税四百五十万贯，而仁宗庆历时，商税猛增到两千二百多万贯。可见仁宗统治期间商业的巨大发展与繁荣程度。当时的商税分为商品在流通贩卖过程中收取的"过税"和商品从店铺中卖出时发生的"住税"。

科技方面，中国的四大发明中的火药、指南针、印刷术都在这时候蓬勃发展。火药在对西夏的战争中发挥了作用。指南针在宋朝开始用于航海，使宋朝拥有当时世上最庞大的帆船舰队。毕昇在宋仁宗庆历年间发明活字印刷术，使宋代典籍得以大规模印刷，其中许多得以保留至今。

除了人口、商业、科技，文化也在仁宗时期实现了大繁荣。“唐宋八大家”中，属于宋代的苏轼、苏洵、苏辙、王安石、曾巩、欧阳修全部活跃在宋仁宗时期。

同时，仁宗也极其重视教育，他封孔子后人为衍圣公，鼓励各州县兴办学校，后世耳熟能详的名士王曾、晏殊、范仲淹、富弼、狄青、欧阳修、王安石、包拯、司马光，以及苏洵、苏轼、苏辙合称的“三苏”等，都对中华文学有着杰出贡献，所写诗词名句能流传千古，至今广为传诵。

也难怪大文学家曾巩自豪地表示：“生民以来，能济登兹者，未有如大宋之隆也。”

昌盛繁荣的仁宗时期，有“仁宗盛治”之称。可就是这样一个“仁君”“名臣”荟萃、各方面发展闪耀的“盛治”时期，各种各样的起义依然在四处开花，屡禁不止。仁宗在位四十二年，有记录的叛乱六十起，平均每年至少一次。

庆历七年（1047 年）十一月，庆历新政刚结束没多久，发生了贝州（今河北省邢台市清河县）兵变。

这和一般的叛乱造反不同，是由低级军官和底层士兵发起的，有组织，有纪律，具备军事能力，而且兵变的原因往往和不公、欺压有关，通常会引起其他地方军队人员的共鸣而造成更大规模的兵变。

贝州兵变起义军的领袖王则，原本是涿州（今河北省涿州市）农民，后因饥荒流落贝州，投了驻扎当地的宣毅军，当上了小校。他利用民间秘密流传的弥勒教，用“释迦佛衰谢，弥勒佛当持世”的谣言，组织了一批农民出身的士兵武装。但是弥勒教的信徒广布于河北、山东一带，王则原本计划次年元旦在河北各地同时起事。后因为教派内出了叛徒，计划泄露。王则闻讯，提前在当年冬至起事。

他们趁着州官们去天庆观拜谒时，打开兵库，夺得武器，打开监狱，释放囚犯，杀了通判，囚了知州，占领了贝州城。

王则自称东平王，建国号安阳，任命了宰相、枢密使等官员，参与起义的人脸上都刺着“义军破赵得胜”的字样。

贝州外，河北体量安抚使明镐赶来镇压起义。

城内有人将书信绑在箭上，射向其营帐中。有了百姓做内应，上百官兵翻墙进入贝州，但随后被起事民众发现，逐出城去。

仁宗得知兵变，而后贝州又久攻不下，极为震惊。

枢密副使、参知政事文彦博自请镇压。

仁宗遂任命文彦博为河北宣抚使兼体量安抚使，明镐为副使，领军围攻贝州。

文彦博一面派兵在城北假装兵败，一面命人秘密挖通城南地道，选派二百多强壮官兵趁着夜色从地道进入城内，杀了城门守卫，引大队人马入城。

庆历八年（1048 年）闰二月，这场持续六十五天的兵变，被镇压下来。王则被抓处死，贝州改名恩州。

事平当月，仁宗提拔文彦博为同平章事。

文彦博第一次拜相，也不独居功劳，多次推举明镐。

明镐不久被提拔为参知政事，同年六月却患了重病。

仁宗亲自前往慰问，凄惨地说：“朕还要靠卿来谋划国家大事，为何这么快就病了！”

次日，明镐去世，享年六十岁。

而文彦博拜相之后，御史台上书弹劾他走“夫人路线”。

原来在文彦博拜相之前，曾经送仁宗的爱妃张贵妃蜀锦中最负盛名的灯笼锦。元宵节时，张贵妃穿着灯笼锦制的衣服，深深惊艳仁宗。

这次弹劾在朝廷上下闹得沸沸扬扬，一句“夫人路线”弄得宋仁宗又是尴尬又是恼怒。最后导致文彦博在皇祐三年（1051 年）被贬知许州，御史台弹劾他的官员也一样被贬，等于各打五十大板。

次年四月初六，大宋中南又发生了侬智高起义。

侬智高的祖上一直雄踞西原，世代是广源州（今广西壮族自治区）首领侬氏一族。唐末，中原弱而交趾（今越南北部）强大，侬氏依附交趾。因为长期受交趾的压迫，父亲还死在交趾的手里，侬智高起兵反抗，建立政权，称南天国，请求归附宋朝。宋朝不愿在边境生事，不予同意。后来侬智高给大宋递交金函书，大宋也不回应。侬智高怨恨大宋，与广州进士黄师宓密谋盘踞广西。

皇祐元年（1049 年），侬智高率五千人起义造反，攻下邕州（今广西壮族自治区南宁市）横江寨，守臣张日新等奋勇反抗，以身殉国。

皇祐四年（1052 年）五月，侬智高攻陷邕州，建立大南国，建元称帝。他想收邕州司户孔宗旦为己用，孔宗旦不肯，大骂侬智高之后被害死。

侬智高之后连下数城，每到一处，守臣只能弃城逃走。

起义军只用一个月时间就打到了广州，广州知州魏瓘力战防御。英州知州苏缄招募数千勇士前往救援，意图扼住起义军的退路，并斩杀了侬智高军师黄师宓的父亲。而转运使王罕也赶到，招募民兵，修筑城墙，加强防御，使得广州城没有沦陷。

眼见宋朝援军相继而至，侬智高撤围退回邕州。

仁宗想要征讨侬智高，但南方素来缺乏战备，缺少将才，虽然命孙沔、余靖为安抚使，率官军讨伐叛贼，但仁宗仍甚为忧虑。

这时，大将狄青主动请战出征。

这是一位每每提到北宋中期武将，都不得不提及的人物。

狄青出身寒门，山西汾州（今山西省汾阳市）人，十几岁时与人斗殴入狱，脸上刺字，发配充军。善于骑射，有勇有谋。在李元昊叛乱时，狄青作战在第一线，他身先士卒，经常亲自担任先锋。四年经历二十多场战斗，身中乱箭八次。

尹洙将狄青推举给范仲淹、韩琦。

狄青在范仲淹的指导下发奋读书，由此通晓秦汉以来将帅兵法。他上阵杀敌时，披头散发，喜欢戴一张青铜面具以震慑敌方。西夏军在他手上吃了不少败仗，对他闻风丧胆，称他“狄天使”。

庆历和议，西夏称臣之后，狄青任真定路副都总管，历任侍卫步军殿前都虞候、眉州防御使，迁步军副都指挥使、保大安远二军节度观察留后，又迁马军副都指挥使。

依智高之乱，狄青主动请缨：“臣从军起，除了打仗没有别的报效国家的本事。愿能捉拿贼首，献给陛下。”

仁宗遂任命他为宣抚使，全权负责剿寇事宜。但仁宗又不放心狄青独掌兵权，任命内侍任守忠为狄青副手。

知谏院李兑说：“唐之所以灭亡，是因用宦官观军容，导致主帅受到掣肘，所以陛下派任守忠去也没什么意义。”

仁宗于是罢免了任守忠。

结果，谏官韩绛又说：“陛下呀，狄青是一个军人，不宜让他专权。”

公说公有理，婆说婆有理，仁宗为难了，转而问宰相庞籍。

还是庞籍说了句公道话：“用人不疑，疑人不用啊，陛下。”

仁宗这才下令岭南诸军皆受狄青统领，并且亲自为他置酒饯行。

这时候，交趾提出愿意帮着一起消灭依智高，狄青上奏说：“用外人的兵马剿我们自己内部的匪寇，对我们没好处。而且一旦允许交趾入境，他们一旦贪利忘义，和依智高同流合污，我们就难以防御了。因此请陛下拒绝交趾的提议。”

仁宗采纳了他的意见。

从京城到广西路途遥远，狄青在路上下令诸将不要贸然与敌人交战，等待他的号令。但是广西钤辖陈曙不听，率兵八千主动出战昆仑关，大溃而归。

狄青要严明纪律，以儆效尤，说道：“不听从军令，所以才会战败。”

狄青将陈曙等三十二人按军法处斩。孙沔、余靖惊愕相看，在场诸将无不胆战心惊，都不敢抬头看狄青，军纪自此改观。

狄青随后下令按兵不动，大军休整十日，众将士都不知道他葫芦里在卖什么药。狄青给大家说明他的安排，明日他将自己担任前军，孙沔次之，余靖殿后，大概傍晚时全军渡过昆仑关。

隔日黎明，诸将依照狄青安排，环立在大帐前等待狄青发布进军令，却久久不见狄青现身，之后狄青派人来叫他们到外面吃早饭，他们才知道狄青昨夜已经趁着夜色渡过昆仑关，此刻已在归仁铺（今广西壮族自治区南宁市东北三十里）列阵迎敌。

狄青和起义军展开恶战。右将孙节与起义军搏杀而亡，起义军士气大振，孙沔等人都害怕得变了脸色，但狄青挥旗指挥他从西夏前线带来的蕃落骑兵，与先锋张玉率领的前军形成夹击之势，整个队伍半点不乱。

最后敌军大败，狄青追出五十余里，生俘五百余人，斩首数千，侬智高的党羽黄师宓、侬建中等都在其中，侬智高趁着夜色纵火烧城。

天明之后，狄青带军入城，用缴获的金银安抚被起义军俘虏的七千二百多壮丁，并差人翻找侬智高的尸体。有的士兵找到了穿着金龙衣的人，说这就是侬智高。但狄青认为有诈，没有贸然和朝廷邀功。后来果然得知，侬智高由合江口逃往了大理。

侬智高之乱平息，捷报传到开封，仁宗大喜：“狄青能破了这贼寇，都是庞籍的功劳哇。”而后下令由余靖继续追捕侬智高，召狄青、孙沔回京。

作为平定广南的奖励，仁宗打算晋升狄青为枢密使，孙沔为枢密副使。

仁宗委婉地劝狄青把脸上的刺字消去。狄青不肯，而且非常自豪地说："就是要带着这样的刺字，要让天下人都知道国家会善待有能力的人。"

然而，宋朝文贵武贱的氛围已经形成，就算是为国家抛头颅洒热血的名将都不被很好地看待，哪怕这个时代云集了大宋诸多名士，在名士们眼里，狄青依然是被看轻的。

比如，韩琦曾当面折辱狄青，说："东华门外以状元唱出的才是好汉。"

又如这次狄青升任枢密使，宰相庞籍说："这嘉许有点过了。"他和御史台、谏官都认为此举不妥，武将不适合久居枢府。

仁宗没有采纳，五月，狄青升任枢密使。紧接着，台谏侍从要求罢免狄青执政之职的章奏接踵而至。

仁宗朝的枢密使都是文官，唯狄青一个异类。同僚见到他就如空气，百姓却视狄青为骄傲。狄青在枢密院四年，外出时经常被爱戴他的百姓围住。

文官们别的不行，嘴巴最溜，天天用莫须有的罪名跟皇帝打小报告，甚至说出狄青家的狗长出了角，是天降凶相这类话。

长此以往，就是宋仁宗也受不了了。

嘉祐元年（1056 年），开封大水。

狄青为避水搬到了大相国寺，住在佛殿上，民间对此有了议论。文官又站出来，这一次是大名鼎鼎的欧阳修，把事情和阴阳五行挂上钩了。欧阳修和仁宗说："水也是阴，武将也是阴，这分明就是天谴，提醒陛下罢黜狄青。"

仁宗心里没数吗？他又不是真宗，天天搞迷信，不由得嘀咕了句："狄青是忠臣。"

旁边的宰相文彦博冷冰冰接了一句："太祖不是周世宗的忠臣吗？"

可见这些名士也不完美，是人都有两面性，都有认知的不足。

狄青就这样被免去了枢密使之职，出知陈州。

这件事对狄青打击很大，之后的岁月他一直郁郁寡欢。仅仅一年后，这位一代名将在陈州病故，年仅四十九岁。

消息传到京城，仁宗追封狄青为中书令，亲自为他题碑“旌忠元勋”。

也就是狄青知陈州的这一年，韩琦被召还为三司使，随后接替狄青成为枢密使，两年后拜相。

庆历新政时离开的改革派，如今还活着的，陆续都回京了。

在韩琦之前，富弼于至和二年（1055 年）授职同中书门下平章事、集贤殿大学士，与文彦博一同为相。

欧阳修也在皇祐元年（1049 年）奉诏回朝，任翰林学士等职务。五年后又遭诬陷，被贬同州。

那日欧阳修上朝拜别天子，仁宗忽然心念一动，生出伤感来。

这一年欧阳修四十七岁，当年的“醉翁”真的进入暮年了。

仁宗叹息道：“算了，别去同州了，留下来修《唐书》吧。”

其实，五代时期就已经有《唐书》（即《旧唐书》）编成，但仁宗认为有诸多问题。庆历四年（1044 年），他下诏重修《唐书》。

至和元年（1054 年）七月，仁宗又催促将修好的《唐书》尽快送上阅览。

欧阳修在接下来的几年，埋头修书，除了《新唐书》之外，又写了《五代史记》，将短暂而纷乱的乱世脉络梳理清晰，留给后人，不忘历史，以史为鉴。

嘉祐二年（1057 年），欧阳修被任命为科举主考官，主持进士考试。

范仲淹最先提出的科举改革，摒弃高深的措辞和刻意卖弄辞藻，注重策论以及考查学子见识、主张考核从政的能力。欧阳修与其主张高度一致，主张罢黜“太学体”这种用奇怪字眼的写作方式，认为“言以载事而文以饰言”，希望彻底扭转晚唐以来不务实的文风。

而且，欧阳修做到了。

当时被欧阳修刷下去的考生们，甚至沿街拦他的马，要与主考官大人对峙叫板，欧阳修都不为所动，态度坚决。

在欧阳修的坚持之下，这一届科举是大宋历史上最为辉煌的一场考试，足以媲美寇准获得探花的那届“龙虎榜”，唐宋八大家中的三位，苏轼、苏辙、曾巩都在这一届考生里脱颖而出。

根据考场批卷的要求，卷上考生名字、籍贯等个人信息都做密封，欧阳修读到了许多令他眼前一亮、惊喜连连的文章，其中他最满意的一篇是《刑赏忠厚之至论》。欧阳修读完，拍案称绝，决定将此人定为第一。但刚做出这个决定，欧阳修又犹豫了，他猜测这篇文章出自得意门生曾巩之手。

欧阳修担心，曾巩已年近不惑，屡考不中，如果偏偏在他做主考官的科举考试中获得第一，世人会说三道四。他自己已经是半个身体入黄土的人，已没有名声可以毁，但曾巩的仕途才开始，以后还有很长的路要走。

欧阳修不想影响爱徒的前途。

犹豫再三，他将这份卷子判为第二名。

结果，当所有判卷结束，揭开试卷上密封的名字，这份试卷上的名字苏轼出现在眼前时，欧阳修震惊无比！

竟然不是曾巩！

竟然是苏轼！

就在前一年，欧阳修才向朝廷引荐过苏轼的父亲苏洵。

苏洵科考多次不中，一边苦读，一边游历增长见识，认识了益州知州张方平。这个张方平认为苏洵父子三人都是人才，推荐他们去京城拜会欧阳修。

后来，欧阳修与苏洵一见如故，对他作的《衡论》《权书》《几策》等文章给予了高度评价，并大力向朝廷推荐苏洵，导致公卿士大夫争相传诵苏洵的大作，苏洵之名很快就轰动京城。

而今，苏洵的两个儿子苏轼和苏辙，在这一届考试之中双双高中，又一次在京城轰动。曾巩也没有令恩师欧阳修失望，不仅自己中举，连带着他的弟弟曾牟、曾布及堂弟曾阜四人全部都在进士榜上。这些年轻人就此一考成名，登上了大宋文坛，并在不久的未来绽放光芒，一直璀璨耀眼，为后世传颂。

这一年是嘉祐二年（1057 年），仁宗已经进入他第九个年号，也是最后一个年号。

此时，不惑之年的天子，身体多次不豫（皇帝病危的代名词），而盛世大宋还没有接班人。这对于大宋以及四十七岁的仁宗来说，毫无疑问是种无法言说的痛。

第十四章

曹太后垂帘听政——短暂的英宗朝

宋仁宗执政期间，宋朝各方面进入巅峰状况，但他的子嗣方面却十分艰难。在位十多年，二十多岁了还没有儿子。臣子们雪片一样送上来希望过继子嗣的奏章，更压得仁宗喘不过气。

实际上过继子嗣的事情，在仁宗父亲宋真宗身上就发生过。

宋真宗沉迷道教，在仁宗出生之前，五个儿子全部夭折。在大臣们的劝说下，真宗在咸平六年（1003年），接四弟赵元份的第三子——八岁的赵允让进宫抚养。

赵允让在宫中生活八年，虽然没有完成过继手续、明确身份，但一直是以默认的真宗“养子”的身份存在。一直到大中祥符三年（1010年），赵允让被真宗高兴地送回家去了。因为真宗第六个儿子，即后来的宋仁宗赵祯出生了。

如今，仁宗遇到了和父亲一样的问题，更糟糕的是父亲还能从自己兄弟的儿子里挑选孩子过继，而仁宗连亲兄弟都没有。

于是，所有人的目光，又回到了当年的真宗“养子”赵允让身上。

赵氏宗室的子弟当然不是只有赵允让一个。在血缘上，真宗还有其他兄弟在世，赵允让和宋仁宗的血缘关系并不比其他人近。在能力上，真宗几个兄弟都一样是闲散宗室，赵允让最为人称道的是孝顺，不过在讲究孝道的古代，好像这也是他理应具备的素质。说来说去，也唯有赵允让有真宗“养子”这一层身份，其他人无法匹敌。另外，赵允让虽然没福气继承正统，子嗣方面却非常兴旺，一共有五十多个孩子，其中三十多个都是儿子，数量比他所有兄弟的儿子加起来还多。

景祐二年（1035 年），仁宗松口过继子嗣，派宫中内夫人到赵允让府上挑选孩子。内夫人看了一圈都没有对眼的孩子，正要准备出门上车离开，碰到了在屏风后面匍匐玩耍的赵允让的第十三子。

赵允让的孩子太多了，这个长到虚四岁的儿子还没起名，因此当内夫人问这是哪个孩子的时候，赵允让的家人们只能笑笑。

大概是因为年龄小，又不被家人重视，以及其他某些点符合了内夫人的挑选准则，最后这个孩子被带上了车，接入皇宫。

仁宗给这孩子赐名赵宗实，交给皇后曹氏抚养。

曹皇后因膝下无子，很早把姐姐的女儿高氏接到身边抚养。小女孩小字滔滔，和赵宗实一样年纪。自此，两个孩子彼此做伴，承欢皇后膝下。

景祐四年（1037 年），仁宗终于迎来第一个儿子——皇长子赵昉。这一年，仁宗已经二十七岁，这对于生育年龄较早的古代人来说，尤其是一个很早就需要为国家留下血脉的皇帝来说，真的太晚了。

不幸的是，皇长子在出生当日便夭折了。

仁宗悲痛不已。

而六岁的赵宗实呢？

史书记载他话少、内敛，喜好读书，再加上宫廷生活使人早慧，他的内心应该是复杂的。从一开始听闻皇长子出生，自己终于可以回家去的激动，到生活可能随之改变的害怕，以及后来皇长子过世，他的生活一切如旧的叹息。这个孩子明明欢喜又不能表达欢喜，明明悲伤也不能表达悲伤。

宝元二年（1039 年），仁宗最宠爱的妃嫔之一苗贵妃，为仁宗生下了皇次子赵昕。

小皇子看起来很健康，八岁的赵宗实随即被送回家。

可惜被悉心呵护的皇次子赵昕，也只活到了两岁。

大臣们旧事重提，接赵宗实回宫的奏章又起。

仁宗态度很坚决："朕能生，不急！"

同一年，朱才人生下了皇三子赵曦，后来这个孩子一样没能活过两岁。

在之后的岁月里，仁宗又有过很多女儿，却再没有过儿子。他一生所生十四位公主，也只有其中五位长大成人。

在位四十二年期间，仁宗多次不豫，时常昏迷数日，并且出现神志不清、胡言乱语的情况。每次天子的身体亮红灯，朝野上下都承受着巨大的压力。

嘉祐元年（1056 年）正月，仁宗上朝，在刚卷起珠帘时，突然发病，被扶入宫禁。天子这一次病情危重，持续二十多日，群臣惊骇，人心惶惶。

幸好宰相文彦博当即要求内侍及时通报仁宗的情况，否则以军法处置，并与同为宰相的富弼在宫中轮流值班。两个人如定海神针一般稳住政局，及时压制流言蜚语，稳定人心。但经历此事之后，皇位继承人的问题已经迫在眉睫。

最先坚决上疏立太子的是知谏院范镇。

文彦博责备他上疏之前不与宰相等人商议。毕竟立储是朝廷大事，一般臣子不能随便妄加评论。

五十岁的范镇回答："我已经做好了必死的准备，才写这篇奏章。与你们商议，若你们觉得不应该上奏，那我就不写吗？"

在立储这件事上，还有一个态度坚定的臣子叫司马光，就是小时候砸缸出名的那位。这时候在并州通判任上的司马光，专门写信给范镇，表达对范镇上疏立储的支持。

翰林学士欧阳修也上疏："陛下登基三十余年，没有立太子，这种情况自古都没有过。”

殿中御史包拯、吕景初、赵抃，知制诰吴奎、刘敞等都上疏力请，宰相文彦博、富弼也都劝君立储，早定大计。

仁宗都不听。

范镇三次面圣，和天子当面争论立储之事，又十九次上奏本章，力述立嗣之理。

仁宗压下了这十九道奏章，就是不表态。

范镇在家待罪百日，头发胡子都白了。

仁宗又气又动容，革去范镇知谏院职位，改任集贤院修撰。

庆历七年（1047年），三十七岁的仁宗还是没有儿子，不过曾经养在宫中的赵宗实年龄也不小了，他和高滔滔青梅竹马，两小无猜，即使后来各自出宫回到自己家中，感情也没受到影响。

仁宗想起来这事，对曹皇后说："宗实和滔滔都大了，我们为他俩主婚，如何？"

三月，由皇帝和皇后做主，赵宗实迎娶了高滔滔。民间因此有了"天子娶媳妇，皇后嫁闺女"的说法。

小两口感情融洽和美，高滔滔还在第二年就生下了长子。

想必仁宗都在心里暗暗羡慕这小两口，一面继续跟大臣们较量，不肯松口立储，一面在后宫不断努力，希望造出一个继承人。

至和元年（1054年），仁宗最爱的生育了三位公主的张贵妃过世，再无人可以把舞跳到天子的心里去。仁宗不顾曹皇后还在世，追册张氏为温成皇后。曹皇后脾气好，倒也没说什么。

嘉祐三年（1058年），这位温成皇后的伯父张尧佐去世。

仁宗发牢骚，对着朝臣道："台谏官员以为朕任用张尧佐，如同唐明皇用杨国忠一样，国家会有播迁之祸。依我看来未必如此！"

户部员外郎唐介马上反驳："陛下一旦有播迁之祸，只怕还不如唐明皇。他有儿子肃宗起兵靖难，恢复社稷。可是陛下能靠谁？”暗指仁宗无子。

仁宗被戳心了，当时面色大变。天子子嗣是个人的事，也是朝廷的事，朝臣为社稷说话，一朝天子也反驳不得。沉默良久之后，仁宗只能回道：“立储之事，已经在和韩琦商量了。”

韩琦刚任宰相不久，一直进言请仁宗尽快立储，吸取过往朝代储君不定引起的教训。当时仁宗后宫正有妃子有孕，以此为借口没有定夺。

没过多久，孩子生下来了，还是一个女儿。

这一年三月，宰相富弼由于母亲去世而离职服丧。韩琦少了一个帮手一起向皇帝施压，只能另外找人帮着劝皇帝了。正好手边还真有一个小伙伴适合做这件事。这个小伙伴的名字叫司马光。

嘉祐六年（1061 年）闰八月，知谏院司马光上书请仁宗立储，列举历代相关的教训。

仁宗让他把奏章交给中书。

司马光一步三回头地请求天子，务必与宰相商议这件事。

韩琦马上接上，命人叫司马光把奏章送到中书去，以便宰相和皇帝就此事做出讨论。

司马光和韩琦说：“如果不及时讨论这件事，到某一天深更半夜，宫里忽然拿出一张纸说，立某个人为太子，天下谁也不能吱声了。”

韩琦等人都认同，表示必然尽力。

司马光之后又先后上疏七次。

大家不敢直接说，只能在侧面提醒皇帝，你看哪，您往上的几位都是在五十多岁过世的，您算算您今年多大了。

到十月初，五十出头的仁宗松口，问几个人：“宗室中谁适合做太子？”

韩琦趁机说：“这事不是臣等可以议论的，请陛下自己定夺。”

仁宗思来想去，还是当初收养过的赵宗实吧，这时候赵宗实和高滔滔小夫妻都已经生了四个儿子了。如果定为皇储，那么再下一代皇储都有人可选了。

可是这一次不干的是赵宗实。

离开皇宫的赵宗实依然是府邸里那个不受宠、没有存在感的人。三年前，父亲濮安懿王赵允让逝世。轮到赵宗实的财产没多少，兄弟和仆从都敢欺负他，占他便宜。借走他的金腰带，换回来一根铜的。下人把这件事告知赵宗实。赵宗实看着那根腰带，说："这就是我的腰带。"

是他好脾气吗？

是他争也争不到，命里不属于自己，便要想通，不做妄想。

一根腰带如此，一个皇位也如此。

十月，朝廷准备复起赵宗实，担任秦州防御史、知宗正寺，负责宗族事务，以便为后面立储做准备。赵宗实以守丧期未满推脱，又称生病，不肯上任。

宰相韩琦于是向仁宗建议："不如马上就立储，为其正名。"

次年八月，赵宗实被立为皇子，改名赵曙。

诏命到府，赵曙称病，推辞不肯，并且上疏十八次，请求皇帝收回诏命。

王府记室周孟阳是赵曙亲信，赵曙十八封推辞立储的奏章都出自其手。他不解赵曙为何推脱，皇位继承权自古是多少皇室子弟梦寐以求的东西，甚至不惜骨肉相残也要争取。

赵曙感叹："不敢求福，但求无祸。"多次被接入皇宫，许多时间里他都和这个皇位继承权很近，但他依然觉得福祸相依，就算走到那个位置，也前途未卜。

周孟阳劝导他："今日天下都知晓您是那个位子上的人，如果您不去，将来换了其他人做，您又能平安无事吗？"

那头仁宗命人前往劝告赵曙服从命令，这头赵曙被周孟阳一番话点醒，于是无奈决定去做皇子。

离府之前，赵曙还觉得以后还有变数，他最后应该能离宫回来，因此几乎没带行李和仆从，并告诫留下的人："请务必谨慎地守好我的房子，皇上有了后嗣，我就回来。"

他的这个回来，最终没有成真。

仅仅半年之后，嘉祐八年（1063 年）三月二十九日，仁宗于东京福宁殿驾崩，享年五十四岁。

曹皇后一边禁止宫人出宫报丧，另一边悄悄派人通知宰相韩琦等人。韩琦入宫，请示曹皇后宣赵曙入宫继位。

赵曙进宫之后才知道要做皇帝，掉头就跑，说道："我不敢做，我不敢做。"

韩琦等人一拥而上，抱人的抱人，脱衣服的脱衣服。

赵曙被强行穿上了龙袍。

这种不愿意做皇帝的情况，在中国历史上不说绝无仅有，也绝对是极少数了。

之后负责草拟遗诏的翰林学士王珪因为太过紧张惊恐，一时不知道如何落笔。宰相韩琦面不改色，吩咐道："我来说，你写。"

次日早朝，韩琦宣读遗诏，先帝驾崩，新帝已在昨日继位。

这位新帝就是赵曙，史称宋英宗。

宋仁宗赵祯驾崩的消息传出后，举国上下，上自王公宗亲，下至百姓，甚至乞丐都为其哭号，远在山野的百姓也戴了纸糊的孝帽为他服丧。消息传到辽朝，辽朝境内无论什么民族的人皆俱悲落泪。辽道宗悲伤地抓住宋朝使节的手，哀恸地说："四十二年不识兵戈矣，让我给宋仁宗修建一个衣冠冢，寄托辽人的哀思吧。"

为人君，止于仁。

被孔子推崇的“仁”，在中国古代具有非常意义，是对帝王的最高评价，而宋仁宗是历史上第一个以“仁”为庙号的皇帝，且无愧于这个评价。

而宋英宗赵曙，从登基那一刻开始，就一直担心自己坐不稳皇位。

当时的宗室里确实有反对的声音，比如北海郡王赵允弼就跳起来说英宗不配做天子，他是宋太宗身后活得最久的孙子，德高望重，窥伺皇位已久。甚至当着英宗的面，就要闯到帝王宝座所在的丹陛上，又是韩琦冲出来将他死死拉住，才没让变故发生。

可是，英宗还是被吓到了。

四月一日，英宗登基。

四月四日，他就在巨大的精神压力之下发病了，说有人要害他杀他。

四月八日，宋仁宗大敛之日，英宗病情加重，在灵柩前跪拜的时候，忽然一跃而起，狂奔乱号，尽失常态。韩琦当机立断，放下帷幔，抱住英宗，命内侍上前护主，其实是让他们看住英宗不要乱动乱说话，仁宗的葬礼才得以完成。

看英宗精神问题这么大，韩琦等重臣不得不请曹太后垂帘听政。

英宗的病来得又急又重，加上他对在宫中这件事非常反感，性情越发乖张，举止失态，对宦官内侍，动不动就发脾气打骂，甚至对太后和大臣也多有不恭。

有一次，韩琦亲自给英宗送药，被英宗推开，汤药洒了韩相一身，恰好曹太后见到此景，命人快去取衣服给韩琦更换。

韩琦谦恭地表示：“无碍，本是臣子分内事。”

曹太后不由得感叹：“相国您不容易呀。”

但就算是换上英宗的儿子给他奉药，英宗也一样不理睬，或者发脾气。对于曹太后，更是多次出言挖苦，令她非常难堪。

英宗的问题主要就是心病，他并不想做这个皇帝，甚至与当年支持立他为储的曹太后都有了很深的隔阂。

到仁宗出殡的这一天，英宗理应亲自前往祭拜，但英宗称病不出。在朝野巨大的压力之下，他又拖了四日，才不情不愿地去集英殿祭奠仁宗，而且只是人站在那里，面无表情，一滴眼泪都没有。在当时，为表示孝行，理应在祭奠父亲时痛哭流泪。礼官无法，想了个新词语，曰“卒哭”，以此来掩盖英宗对仁宗淡漠不孝之事。

英宗的病情时好时坏，不好的时候经常打骂内侍，造成他们心怀怨恨，到曹太后那边告状。英宗又一直说一些令曹太后尴尬难堪的话语。两宫因此“失和”。

原本曹太后垂帘时，说好等到英宗身体好转，就会还政。也因为隔阂迟迟没有还政，甚至产生了另立皇帝的想法。

太后哭着跟韩琦等重臣诉苦：“皇帝最近越发脾气不好，总是胡说八道。”并和韩琦说了汉代刘贺为帝，没多久因无道而被废去的事情。

如果大臣们接了太后的话，太后定会着手开始换皇帝的步骤。

韩琦回道：“臣等在外朝，内朝多依仗太后。如果陛下出了什么问题，太后必然也不安稳。”

太后听了脸色黑下来：“相国这话是什么意思？我一直用心照管陛下。”显然因韩琦的话生气了。

韩琦面不改色，说道：“太后照顾好陛下，臣等自然也会一起照顾。”

后来出了宫殿，有臣子说韩琦这话讲得太重。韩琦表示为了天下社稷，没什么不能说的。

两宫公然失和，太后有意废帝，于国家不是好事。大臣一面处理政事，一面还要尽心尽力进行调和，做两宫之间的和事佬，这里面出力最大的还是韩琦这位“太平宰相”。

十一月的某一天，曹太后将一份文书送到中书，里面都是英宗不当的行为和言语。

韩琦看完，当即烧了文书，与左右说："就是和平常一样，跟我们说一些陛下心神不宁的情况罢了，不用奇怪。"

韩琦在面见曹太后时，费心地劝解她："陛下如此，都是得病的缘故。哪有母亲因为儿子生病而不能容忍的呢？"

欧阳修委婉地劝曹太后："当年先帝偏宠妃子张氏，张氏气焰何等嚣张，您都为大局容忍了她。天下都赞您是国母风范。如今怎么会容忍不了母子之间的隔阂呢？先帝在位时久，德泽天下，百姓因此拥戴他指定的继承人。如今太后您和我们几个文弱臣子要换皇帝，天下人能同意吗？"一番话先捧了太后，又阐明了利弊和原则。

几人轮番相劝，晓之以理，动之以情，总算稳住了太后。

但皇帝那边如果不改变，曹太后废立的心思还是会再起。韩琦又去劝英宗。英宗开口就说："太后对我也没什么恩情。"

欧阳修引经据典地教导英宗："生育之恩很大，教养之恩更大。您若像东汉章帝那般孝顺太后，朝廷内外的谣言不攻自破。"

韩琦则对英宗说："父母慈爱而孩子孝顺，这是常事，没什么可说的。但若父母不慈爱，孩子依然孝顺，才值得称颂。再说了，天下哪有父母不慈爱，不想疼孩子的事呢？"

面对大臣们温和的劝解，英宗若有所悟，意识到自己也存在一些问题。一直以来，他错误的行动和荒诞的话语导致两宫失和。英宗表示以后会改过，不再犯类似的错，他会对曹太后尽孝，一来消除谣言，二来为亲政铺路。他其实也清楚，唯有亲政勤政，成为真正的天子，他的位子才稳定，才不会存在有人要"害他""杀他"的情况。

英宗之后确实改过，不再对曹太后有不当的言语，再加上韩琦等重臣坚定地拥护英宗，朝野内外的流言渐渐平息，两宫的关系开始好转。

新的一年开始，大臣们费心拟出了"治平"两字作为年号，希望天下太平，期盼皇帝的身体越来越好。

英宗的身体如大家所愿慢慢好转起来，已经可以处理朝政，甚至非常勤勉，经常处理事情到很晚，不知疲倦一般。曹太后却没有还政的意思，表示让英宗再养养身体，过两三年再说亲政的事。

韩琦等人当然不希望朝廷再出现一个刘娥刘太后那样权倾朝野的女性，纷纷上疏请太后归政。

治平元年（1064 年）四月，曹太后和英宗乘车出宫，前往相国天清寺和醴泉观祈雨。这是新帝病愈后第一次出城，百姓夹道围观，不时欢呼。

韩琦还把英宗处理的政务批文带去给曹太后看，太后看后表示很是满意。

如此，舆论的压力，百姓的认可，处理政务上无错可挑，都已具备，只等一个适合的时机让曹太后撤帘还政。

一日，大臣们禀事以后，韩琦单独留下，请求太后允准他辞去相位，出灵州郡。

曹太后大吃一惊，转而明白了韩琦的意思，生气道："韩相国是真的要退吗？老身本应居住在深宫之中，却要每日在此听政，又不是自己愿意的，要退也是老身先退吧。"

韩琦明知曹太后这话是讽刺，依旧顺势赞美曹太后还政之举，贤明超过东汉马皇后和邓皇后，并追问："究竟决定何日撤帘？"

曹太后生气地站起来，转身就走。

韩琦一不做二不休，当即大声喝左右宫人撤帘。

大臣们态度坚决，曹太后也知道再坚持没有意义，回到宫中便传出手书，还政于英宗。

此时距离英宗登基已一年又一个月，他终于掌握了大宋朝至高无上的权力。

刚刚亲政半个月，他就处理了一批过去在曹太后身边说他坏话的人，并把对自己继位有微词的大臣贬出京城。但刚刚拿到实权的他还急需立威，正好，眼下就有件事情特别合适。这件事就是怎么称呼英宗的亲生父亲濮安懿王赵允让，作为大宋第一个以过继身份登基的皇帝，英宗亲生父亲的名分问题是一件大事。

其实，英宗刚亲政时，韩琦就提请英宗讨论这个问题。

当时仁宗驾崩才一年多，急于谈亲生父亲的事确实不太好，英宗表示先缓缓，等满了两年再说。从他后来的举动来看，这其实是在拖延时间，为他追封父亲为皇帝做准备。

治平二年（1065年）四月九日，韩琦等人再次提出商议英宗亲生父亲的名分问题，欧阳修起草了《中书请议濮安懿王典礼》。

英宗下诏将议题送到太常礼院，交由两制以上官员讨论，由此一场持续十八个月的论战开始了，史称“濮议”。

朝臣们分为了泾渭分明的两大派。一派以台谏官、礼官为主体，有司马光、范仲淹的儿子范纯仁等，主张英宗应该称濮王为皇伯，理由是英宗已经过继给仁宗了，那么他的亲生父母不再是他的父母，根据濮王是仁宗堂兄这层关系，英宗应该称呼亲生父亲濮王为皇伯。另一派以中书大权在握的宰执大臣为主，如韩琦、欧阳修等，主张英宗应该称濮王为皇考，认为虽然皇帝已经过继给仁宗，但是对于亲生父母也应该称呼为父母。

双方各执一词，引经据典，唇枪舌剑，连曹太后都惊动了，身为仁宗的皇后，她当然不能接受韩琦等人的提议，出了一份手诏，怒斥几个人的“恶劣行径”。

实际上，韩琦、欧阳修不是不知道台谏官坚持的意见才符合儒家思想，但是，手握实权的他们比起一般文人更加务实，他们知道天下已经是英宗的，英宗能不能好好做皇帝比什么都重要。

英宗这头看出苗头不对，舆论形势不站在自己这边，于是决定暂缓商量这件事。

但是，事情不是皇帝想喊停就能喊停的，认为自己占理的台谏官们表示这件事必须马上定下来。

韩琦和欧阳修敏锐地意识到关键还是在曹太后这边，台谏官代表的是太后的意思。欧阳修于是修书一封对太后“晓之以理”，曹太后不知做了哪方面的考量，最后选择了妥协，在欧阳修起草的议定濮王称作皇考的诏书上盖了印章。

这份诏书，英宗没有称濮王为“皇”，但用了“亲”字，并把濮王坟茔称为陵园，也就是将生父与仁宗并列。

诏书下发，在朝野引发了巨大的震动，包括英宗在藩邸时候的幕僚都站出来反对。而曹太后的态度突然软化，令台谏官们炸开了锅，表示太后的印章一定是假的。

欧阳修等人则说：“你没看到不是太后本人盖的章，就不能瞎说。这就是货真价实的太后印。”

权御史中丞贾黯被解职出京，知谏院司马光被免去谏职担任侍读。到这年十月，在朝的台谏官只剩下三人。

台谏官随即一起弹劾宰相等人，表示“请尚方之剑，虽古人所难；举有国之刑，况典章犹在”，说完司马光请贬，台谏官员集体辞职，表示与韩琦等人的“皇考派”势不两立，只能有一种真理存在。

英宗本来就是站在韩琦这一边的，只是韩琦说出了皇帝的主张罢了。他找韩琦等人商量怎么处理。

欧阳修等表示：“御史们认为与我们势不两立，那陛下认为我们有罪，就留下御史；认为御史们不对，就留下我们好了。”

于是，反对称皇考的台谏官全部被贬黜出朝，“濮议”告一段落。

英宗摩拳擦掌，准备励精图治。其实，他除了刚登基时行为荒唐了些，其他时候都表现出了一定的政治才能，而且行事果断、雷厉风行，同时还是一个勤勉的皇帝。

一次，他询问欧阳修：“为何都说朝廷不能进贤任能呢？”

欧阳修回答："人才能得到提拔任用的道路太窄了。"

英宗很惊讶："中书推举过来的人才，不都有任用吗？"

欧阳修对英宗的行为马上做了肯定，表示他和韩琦、富弼等人有感皇恩，推荐的人才都是善于管理钱粮刑名的人才，而不是文学方面出众之士。

英宗顿有所悟，国家主要的选用人才的通道太过单一，局限于科举，而科举考试能不能出头依然离不开文学修养。他决定广招人才，之后韩琦等人又推举人来应聘馆阁职位，英宗都允许他们参加考试。在改革方面，英宗的作风远比仁宗大胆。

另一方面，司马光向英宗提议想要整理史书，表示历代史籍浩繁，学者难以遍览。英宗非常赞同。治平三年（1066 年），司马光把依照《史记》初步完成的八卷《通志》递呈英宗阅览，英宗给予赞赏，鼓励他继续努力，还允许司马光选聘助手，批准他将书局设置在国家级的图书馆崇文苑内，允许他阅览皇家藏书。

司马光主笔，与协修者刘恕、刘攽、范祖禹三人，一起用时十九年，成书两百九十四卷，三百多万字，将中国十六个朝代，一共一千三百六十二年的历史做了整理。成书时，在位的是英宗的儿子神宗，神宗给予此书极高评价"鉴于往事，有资于治道"，赐名《资治通鉴》。

此时的英宗眼前一片光明，在外他正大展拳脚，准备在政治上有所建树，在内他还有一个坚定支持他的高皇后，夫妻二人恩爱和睦。

曹太后曾劝高皇后不要专宠，应当给皇帝立妃，开枝散叶。

高皇后狡黠地回答太后："不是臣妾不想，是陛下不愿意，太后去与陛下商议吧。"

球踢到了英宗这边，英宗又是坦然又是自豪地问曹太后："朕子嗣不多吗？"

他所有的孩子都为高皇后所出，一共八个孩子，四子四女，凑成了四个“好”字。四个儿子除了一子早夭外，其他都健康好学、聪慧谦恭。

史书总说高皇后强势，所以英宗只有高皇后一人。但若英宗执意纳妃，高皇后再强势又有什么用呢？毕竟宋朝的言官谏士也不是吃素的。

如此幸福美满的一家，又偏偏是天家，怎么看都称得上是千古佳话。要说唯一的遗憾，那便是英宗的身体一直不太好。

为免天子忽然驾崩，出现政治动荡，也鉴于先前仁宗立储的艰难，韩琦很早便提出立储。

这又遭到了曹太后反对，太后讽刺他：“韩相国野心不小哇。拥立英宗有功，还想拥立下一个，要成为两朝老臣吗？”

治平三年（1066年）十一月，英宗再次“不豫”。他已经失语，但神志尚且清醒，仍坚持在病榻上处理国事。

韩琦知道朝廷又一次面临君权交替的考验了，要求英宗的长子颍王赵顼不离开皇帝左右，赵顼回答说这是人子之责。

韩琦却说道：“不仅如此呀！”真是意味深长。

这一个思虑长远的政治家、大宋的忠臣，想到了曹太后当年想废英宗另立新帝的事，也想到了三年前提出立储时，曹太后的坚决反对。韩琦是在担心，太后以及其他势力是不是会在这关键时刻有其他动作。

到了十二月，英宗病情加剧。

韩琦带几位重臣亲自到天子床榻边请示：“请陛下早立皇太子，以安众心。”然后，把纸笔递给英宗。

英宗随后亲笔写下“立大王为皇太子”七个字。

韩琦阅后，又说：“是颍王，烦圣上再亲笔书写。”

在传位遗诏上，字字关键。英宗明白，他吃力地拿起笔，又添加了“颍王顼”三个字，一边写，一边泫然泪下。

韩琦随后把翰林学士张方平叫来起草遗诏。

出宫时，文彦博问韩琦：“你看到陛下流泪了吗？”

韩琦回道："国事当如此，有何办法！"

次日，在早朝上，宣布了英宗立赵顼为皇太子的诏书。

半个月后，英宗驾崩，韩琦安排人去叫皇太子赵顼火速入宫即位。

这时候，有人发现英宗的手动了一下，在场之人都惊呆了，如若英宗没死，而这边皇太子正贸然即位，岂不是所有人包括皇太子都属大逆之罪。

关键时刻，韩琦再次表现出了非比寻常的决断力，他曾自称"某平生仗孤忠以进，每遇大事，即以死自处"。

欧阳修也曾评价韩琦："临大事，决大议，垂绅正笏，不动声色，措天下于泰山之安，可谓社稷之臣。"

明代冯梦龙推崇韩琦的胆略，盛赞他胆色无二。

当下，在所有人都处于惊慌之中时，韩琦果断平静地说："先帝复生，就是太上皇。"继续安排人去催促赵顼继位。

赵顼入宫后，百官参拜，顺利继位，是为宋神宗。

第十五章

熙宁变法——王安石的改革

宋神宗赵顼，二十岁继位，正处于一个有抱负且可以有所作为的年纪。

他自幼酷爱读书，常常读书到废寝忘食的地步，总要英宗和高皇后派人去反复催促，才放下书本。继位后，他这酷爱读书的习惯也没有改变。诸子百家之中，他最推崇法家，佩服商鞅变法的魄力。他想要一展抱负，提升国家实力，振兴祖业。在没登基之前，就时常与幕僚探讨国家大事，因为怀着重整国威的雄心，他穿上军装去觐见祖母曹太后，问太后："您看我穿铠甲好看吗？"

神宗即位第三日，掌管财政的三司使韩绛奏报：国库空虚，自仁宗朝和西夏打仗那次就开始了，仁宗拿自己的小金库贴补国库，但如今已经到了"百年之积，惟存空簿"的地步。

这对于想要重整国威、大有作为的神宗来说，真是当头一棒，他没有想到泱泱大国会穷到这个地步。各种问题越积越多，国家陷入贫困，入不敷出，其根源还是"三冗"问题——冗官、冗兵、冗费。

仁宗庆历时期每年赤字就有三百万贯，到英宗治平时期，扩大到一千五百多万贯。与之对应的是仁宗时期的官员比真宗时期翻了一倍，神宗时期的军费开销是宋太祖时期的五倍之多。为了分散权力而重复建设官僚机构，造成了政策总要多番讨论、难以定论实施，而兵马扩充也没给宋朝带来实力的提升，反而在与辽、西夏的摩擦之中，一直处于弱势。

国家的土地被富人大量占有，利用各种政策手段逃避上税，穷人食不果腹、苦苦挣扎在生存线上，挣扎不了的，就在各地爆发大量起义造反，朝廷进而又需要更多的官员和军队去镇压。

这些问题其实在仁宗时期都暴露了出来，仁宗也试图解决，因而有了庆历新政。但庆历新政本身有不成熟的地方，而且最终也没能贯彻执行。社会问题没能解决，只是被随后的宋与西夏的摩擦掩盖了下去。

国家面临的问题如此严峻，神宗没有惊慌，广泛征询意见和办法，想要找出解决问题的办法，同时马上要求各部门节省开支。

没想到，各部门开销没节约出来，还先搞了点事情出来，主要参与这件事的就是当初在英宗朝“濮议”时吃了大亏的台谏官们，针对的对象也是韩琦、欧阳修等当时获胜的实权派。

欧阳修之前就有一个“与继外甥女有染”的乱伦风波，被贬去了滁州。重返京城之后，他非常注意个人风评。所以当妻弟，也就是小舅子薛宗孺身上出问题时，欧阳修要求相关部门必须对薛宗孺严肃处理。

那头小舅子薛宗孺以为自己犯了事，欧阳修帮衬几句就没事了，没想到因此被免官了，而且还是在欧阳修的要求下发生的。

薛宗孺就不痛快了，说欧阳修不是个好东西，他跟自己儿媳有染。

因为之前欧阳修就有过跟继外甥女乱伦的“先例”，不少人都相信了这回事。御史蒋之奇听闻了这件事，就把它捅到了神宗面前，上章弹劾。

神宗对这件事很看重，要求严肃彻查，特意把蒋之奇叫到跟前询问始末。蒋之奇本来就是道听途说的，没有任何物证人证，回答得支支吾吾，推说这事另一个官员彭思永也听说了。

神宗于是把彭思永叫来问话。

彭思永竟也说不出始末，只道：“这是个人私事，当然拿不出证据，臣等都是风闻奏事。再说，风闻奏事是我们的职责所在。这个欧阳修之前在‘濮议’时，就站在道理的对立面，不是个好人，不应该留在重要职位上。”

神宗都被气笑了，说道：“好哇，无凭无据，风闻奏事，职责所在。”然后把两个人贬了，蒋之奇贬监道州酒税，彭思永出知黄州，后改太平州。

这件事就这样结束了，没有像上次风波时，造成欧阳修莫名其妙被贬谪，可是对欧阳修内心的伤害却比上次更甚。因为，把这件事提到明面上的人正是他一手提拔起来的后辈蒋之奇。欧阳修深感心寒，此后一直上书请求外任，神宗舍不得这位老臣，不予同意。

欧阳修之后，台谏官们又开始攻击韩琦，说他两朝定策，把持朝政，说不定马上要篡权了，应当罢相。

神宗内心气愤得不行，这群拿着国家工资的家伙，不给国家干实事，还净弹劾难得能做事的人才。

气归气，神宗安抚了欧阳修，又要去安抚韩琦。

出乎神宗意料的是，韩琦也想罢相，而且去意已决。

韩琦知道自己的权力确实顶天了，皇帝现在年轻，还依仗他，但以后皇帝成长起来，未必还需要他在眼前碍眼，而台谏官对他的弹劾不会结束，留在京师的日子会是无穷无尽的争吵，与其如此，不如急流勇退，到地方上做一些实事。

韩琦罢相的态度坚决，而在这个当口，西北又见风波，大宋和西夏有了摩擦的情况，于是十载为相、两朝定策的老臣韩琦被紧急派往西北，担任陕西路经略安抚使。这是当年他和范仲淹一起奋斗过的地方，韩琦向天子表示必不辱命。

而有韩琦镇守西北，神宗也放心了，能够放手解决朝廷的问题，他知道一场改革势在必行，唯有彻底解决问题的根本，大宋才能发展下去。

英宗首先参考了仁宗朝的庆历新政，认为其中部分措施确有道理，又反思了庆历新政后来演变成内讧的原因，是仁宗没有和大臣们商议就草率下诏实施改革。

对此神宗找来庆历新政时候的改革派富弼，询问如何国富兵强。没想到富弼已经不是曾经年轻气盛的年轻人了，时光和经历让他有了不一样的看法，如今新帝即位，尤其不能大动干戈。

富弼回神宗道："陛下即位之初，当布德行惠，愿二十年间不演兵。"

神宗大失所望，既然朝内无人可以托，只能起用外面的实干官员。

神宗还是颍王的时候，经常与记室参军韩维探讨国家政策等事，韩维曾经极力推崇好友王安石，每当提到什么令神宗惊叹的想法时，韩维总说："这不是我想出来的，这是我的好友王安石说的。"

神宗于是决定重用此人。

王安石，临川（今江西省抚州市）人，年少时，聪明好学，过目不忘，下笔如神，意与日争光辉。稍大一些，与其父游历多处，接触到民间疾苦，开始思考宋朝的社会问题。曾巩特别欣赏他的文章，推荐给老师欧阳修看，欧阳修也给予了高度赞扬："翰林风月三千首，史部文章二百年。老去自怜心尚在，后来谁与子争先。"预判之后难有人可以超越王安石的文章。

仁宗庆历二年（1042 年），王安石参加科举，中进士榜第四名，被授职淮南节度判官。

到任后，许多人都谋求升职，到京城做官。但王安石偏不，他选择在地方苦干，而且也确实做出了成绩，像这样有能力的官员能到中央做事那就更好了。欧阳修、文彦博等朝廷要员都曾为此做过努力。

皇祐三年（1051 年），宰相文彦博向仁宗举荐王安石，王安石以不想激起越级提拔之风为由拒绝。之后，欧阳修又举荐王安石做谏官，王安石以祖母年高推辞。

直到在地方做了十几年，仁宗嘉祐三年（1058 年）十月，王安石担任三司度支判官，才到京城。在这个职位上，王安石总结了自己为官的所见所想，写了上万字的《上仁宗皇帝言事书》，向仁宗提出了变法主张。在万言书中，他指出国家正处于经济困窘、社会风气败坏、国防安全堪忧的情况下，认为要解决根本必须改革制度，并且提出了人才政策和改革方案的基本设想。

但这篇万言书并没有引起仁宗和当时宰相大臣们的注意。

五年后，王安石母亲过世，丁忧回到金陵。在之后的四年里，他在家乡兴办学院，收徒讲学。

神宗读过王安石的万言书，非常赞同里面的改革意见，就算王安石这个人实在不好请，年轻的天子也打定了主意要重用这个人。

神宗先单独召见了韩维，问："王安石现在在哪儿？"

韩维说："他在金陵。"

神宗又问："朕要召见他，会肯来吗？"

韩维太了解老朋友了，答道："陛下以礼相请，安有不来之理？不过在手法上不宜操之过急。"

于是，神宗先任命王安石出知江宁，几个月后提拔为翰林学士兼侍讲。

熙宁元年（1068 年）四月，王安石入京，神宗激动地召见他，并表达了自己强烈的改革意愿。

王安石阐述了自己在政治、财政、军事上的思考，也表示自己同样有改革的想法。

神宗感叹王安石与自己真是志同道合，进而表达自己想要向唐太宗等前辈学习，建功立业，振兴国家。

王安石直呼唐太宗也一般，要学我们就学尧和舜。

神宗连连摆手："太抬举我了，要求这么高，做不到哇。"内心却笑开了花，一再要求王安石必须辅佐他，以成治国大业。

之后，神宗多次召见王安石，商谈改革事宜。

神宗问王安石："世人都说你只知经术，不懂世务，你怎么看？"

王安石说："世人恰恰不知道，经术就是经世务。"

神宗很满意这种"以彼之道，还施彼身"的回答，又问王安石当务之急是做什么。

王安石道："变风俗，立法度。"

王安石吸取了范仲淹在庆历新政时的教训，知道改革一出，反对的声浪必然此起彼伏，到时候他一个人来对付无数个人肯定不够，所以他很有前瞻性地向神宗提议，要成立一个专门的改革部门。

当时，韩琦正要前往西北外任。神宗也询问了这位元老级人物对王安石的看法，韩琦说："这人做翰林学士绰绰有余，但做宰辅却还能力不够。"

另一个宰相富弼则和王安石政见不合，但不想与他争执，称病罢相。神宗问他说："你走了谁来接替你呢？"

富弼推荐文彦博。

神宗沉默很久，又问："那王安石呢？"

富弼以沉默回答。

神宗很无奈。

熙宁二年（1069年），神宗最终还是不顾周围反对的声音，正式任命王安石为参知政事，主持改革事宜，同时成立"制置三司条例司"部门，单独向皇帝汇报工作，一批年轻有为的新鲜血液力量苏轼、苏辙、吕惠卿、曾布、沈括……被陆续提拔重用。

有了神宗坚定支持，王安石的变革新法陆续出台。一场轰轰烈烈的变革就此拉开序幕，史称熙宁变法，也称王安石变法。

最先出台的均输法，源于对国内的经济和货物缺乏统筹，负责物资供应的发运司，既不了解京师实际的物资需求，也没有权力管从东南六路运往京城的物资，能做的事只有用国库的钱买物资到京城，以至于物产丰富的时候，也不敢多采买以备后患，物资匮乏的时候就提高价格去抢购物资，钱不够则提高税收，使得国库的钱被随意浪费，而农户被搜刮压迫，富商则有机可乘牟取暴利。均输法意在节省国家开支，减轻农民的负担，打击不法商贩，了解京师和各地物资的实际情况，以便做出灵活调整。

均输法出台两个月后，又出台青苗法。因为每到青黄不接或者天灾的时候，底层农民只能依靠借高利贷等方式度日，长此以往，贫者更贫，甚至失去了赖以生活的耕种土地，而发放高利贷的富户更加富有，贫富差距加大，激化社会矛盾。青苗法的措施就是由国家出面，给农民借贷款项，缓解他们的生活压力，切断富户牟取暴利的渠道。

以上两种措施刚出台，就迎来了反对的声音。

宰执之一的唐介本来就反对王安石担任参知政事，变法出台后又与王安石争论变法措施的错误，神宗这时候站在王安石一边，唐介愤慨不止，结果后背生疽，很快病故了。

时人称当时的五个宰执是“生老病死苦”。生是指王安石，朝气蓬勃，正意气风发地实施新法措施；老是指曾公亮，年近古稀，不在新旧党之间站队；病是指称病不出的富弼；死是指愤而离世的唐介；苦是说赵抃，每每新法出台，必言“苦者数十”。

御史吕诲上疏弹劾王安石“误天下苍生”，神宗正在改革的兴头儿上，指望着王安石拿出更多办法，遂将弹劾的奏章还给了吕诲。吕诲拿出了台谏官最后的抗议手段，皇帝不听我的，好，那我走，自请出朝。神宗留下了这份自请没有回应。王安石让人传话吕诲让他改任知制诰，吕诲根本不领情，就是要走得远远的。王安石也生气了，请求神宗重贬吕诲。神宗并未采纳王安石的意见，他知道吕诲也非出于私利，派吕诲担任成都路转运使。

在青苗法出台之前一个月，一直称病表达对王安石不满的富弼终于得到神宗的批准，外任亳州。

当知道青苗法出台之后，富弼表示不会在他管辖的地方执行，后被弹劾不执行圣旨，以左仆射之职改判汝州。

王安石启奏："富弼虽受责罚，却富贵没丢。大禹时期，他的父亲鲧由于违命被诛杀。黄帝时期，共工貌似恭敬但内心傲狠被流放。富弼同时犯有这两条罪行，只夺去使相之位，又怎能阻止同样的奸邪呢？"

神宗很为难。

富弼表示："既然要推行新法，而不论臣负责哪个郡县，臣都不会让新法在那里实行，那么臣愿回洛阳养病。"

不久之后，富弼上疏请求告老还乡。神宗恢复了他武宁军节度使及同平章事之职，让他以司空、韩国公之衔致仕。

司马光和王安石曾经都在铁面无私的"青天"包拯手底下做事，二人年纪相仿、看法相近，很快成为挚友。王安石刚到京城的时候，司马光欢喜地迎接他，畅想以后共事之乐。

一开始，司马光也主张变法，并向朝廷递交过自己的意见措施。但随着变法的深入，他和王安石之间的分歧越来越大，王安石主张开源，司马光主张节流。但青苗法出台后，司马光与变法派的吕惠卿在神宗面前对青苗法争论不休。

熙宁二年（1069 年）十一月，王安石推出农田水利法，要求各州县对需要新建的水利工程提出实施方案，小的项目州县自行解决，大的项目上报朝廷，凡能提出合理建议或者能募集到人、钱新建的项目，朝廷给予奖励。

同时，朝廷开始讨论新的变法措施——募役法。宋代地方差役原本由主户按户等高低分配，是义务劳动，但其主要职责又是物资运输、督税等工作，如有缺失需要自行补足，加上地方官员的腐败，导致服役的户等倾家荡产。募役法的目的就是让本来的轮流担任改为雇佣人担任，雇佣的费用由原本服役的人缴纳，原本不需要服役的官户、未成丁户、女户、寺观户等也要按照半户出钱。

神宗还想提拔司马光帮忙变法，司马光表示自己不懂财务也不会治军，连上五封札子，自请离京，同时希望神宗停止青苗法。

原本支持变法的苏轼和苏辙兄弟，选择和王安石分道扬镳。

一直请求退休却不被神宗批准的欧阳修，此时正负责东京路事务，也坚决反对变法。

熙宁三年（1070 年）三月，负责河北路的主政官韩琦上书痛批变法措施带来的问题。神宗看了奏章，自责道："以为可以有利百姓，没想到会害百姓如此。"于是决定停止青苗法。

王安石意识到他坚定的支持者神宗也开始动摇，他很清楚，一旦神宗不能坚定改革，那么什么变法到头来都是一场空，于是，王安石称病不朝，并且决定辞职。

神宗思前想后，觉得变法的目的是国库充裕、国家富强，而今反对派虽然不断反对，却也没有给出更好地解决国家问题的办法，于是他的态度又强硬起来，王安石复出继续变法。

在财务方面，相继又推出市易法、免行法、方田均税法。强兵方面，推出保甲法、保马法、军器监法、将兵法。用人方面，推出科举新法、三舍法、《三经新义》。

在参知政事曾公亮以年老为由提出退休时，有人讽刺他当初推举王安石，导致现在推行变法，国家一团乱。曾公亮说天子与王安石犹如一人。可见神宗对王安石的支持多么坚定，因此这些新法都得以迅速实施。

新法涉及范围广泛，涵盖社会多个方面，大宋财政收入随之提高，耕田面积增加，社会生产力飞快发展，宋朝军队的战斗力也得以提升。最显著的就是熙宁五年（1072 年），大宋在西北取得了熙河大捷，拓土二千余里，安史之乱失去的熙、河、洮、岷、叠、宕六州收复，并生擒羌人首领，献俘京师。

然而变法取得一定成效的同时，反对声也从未停止。

王安石重新开启改革后，驳斥了韩琦之前的奏疏，韩琦愤而反驳。两个人吵得不可开交。

甚至王安石的胞弟王安国也反对哥哥的举措。熙宁四年（1071年），王安国从西京洛阳回京，神宗询问他外界对变法的看法。王安国直言："外面的人都说用人不当，光急着敛财了！"

而数次表明要离开的欧阳修，一直没得到神宗批准外放的旨意，反而被神宗委任要职。欧阳修已经心灰意冷，坚辞不受。神宗无奈，让他知蔡州。第二年，欧阳修以太子少师身份退休。这个老人已经看开了，国家的命运，朝野的风波，他在波澜之中，只是一片落叶而已，什么也改变不了。人生的最后时光，他豁达、淡然，最后于熙宁五年（1072年），在家中安详离世。

但是，朝野内的风波永远不会停止。

宰相之一的赵抃，曾经匹马入蜀，只带一琴一鹤，深得神宗赏识。凡遇到朝野要事，赵抃常向神宗密奏自己的看法，得到天子褒奖。在神宗内心动摇，想停止青苗法而王安石称病的时候，赵抃建议神宗："新法是王安石提出的，要终止也请等他回来吧。"

没想到最后变法重启，赵抃非常悔恨自己当初出言帮王安石，向神宗说："制置条例司设使者四十余人，扰乱天下。王安石善于诡辩，刚愎自用，诋毁天下公论为庸俗，违背众议，欺瞒民众，文过饰非。近来谏官们多因说话无人听而辞职，司马光受聘枢密，不肯赴任。而且事有轻重，体有大小，一时的财富利润是轻，人心的得失才是重；青苗使者的荣辱事小，左右大臣的取舍为大。现在因小失大，弃重取轻，臣担心这不是国家的福气呀！"随后恳请辞官，之后改任青州知州。

赵抃离开后，宰相位空缺，王安石提拔支持变法的韩绛填补。

也如赵抃所说，台谏官们不断因为反对新法而离职，王安石破格提拔自己的学生李定为监察御史。知制诰宋敏求、苏颂、李大临坚决反对，反而被王安石革去知制诰的职务，硬是让李定做上了监察御史，以便在舆论上援助变法，减少台谏官那边的反对声。

这一年，神宗召集了两府讨论新法，枢密使文彦博坚决反对说：“祖宗法制俱在，不须更张以失人心。”

神宗说：“更张法制，于士大夫诚多不悦，然于百姓何所不便？”

文彦博说：“为与士大夫治天下，非与百姓治天下也。”

文彦博代表了官僚地主阶级的利益，而神宗想要的是富国强兵，所以神宗并没有完全被说服。但是身为天子的他一直远离市井，没有意识到不光官僚地主阶级不配合，底层百姓也不配合。

枢密副使吴充委婉地说：“朝廷举事，每欲便民，而州县奉行之吏多不能体陛下意，或成劳扰。”

果然在免役法在开封试行时，遭到民间阻力。

百姓认为本来差役是上等户的事，如今改为招募雇佣，下等户竟然也要为此出资。女户、寺观户更觉得委屈，本来不需要出人出钱，现在竟然要承担这额外的负担。东明县数百群众因此聚集到开封闹事。

对此司马光上奏表示归根到底不是服役的问题，而是钱的问题呀！可惜没有得到神宗的认可。

与此同时，户部侍郎范镇五次上疏反对新法，希望神宗：“陛下有纳谏之资，大臣进拒谏之计；陛下有爱民之性，大臣用残民之术。”

王安石看到奏疏，十分气愤，亲自起草诏书，痛斥范镇。范镇被罢官，他选择了致仕。临行前，他上表谢恩，仍坚持己议，反对王安石变法，请求天子“集群议为耳目，以除壅蔽之奸；任老成为腹心，以养和平之福”。

司马光看到自己的奏章不被重视，好友范镇又遭遇不平，请求任职西京留司御史台，从此退居洛阳，绝口不论政事，继续完成英宗离世之前给的任务——编撰《资治通鉴》。

当年反对王安石而被贬官的吕诲，因病退休后，仍然日日为天下事担心，早晚愤叹。

司马光到洛阳不久，前去看望。吕诲在弥留之际，听到司马光的哭声，强打精神握住他的手说："天下事尚可为，君实勉之。"之后离世，终年五十八岁，海内闻者皆痛惜。

苏轼向神宗讲述新法的弊病，王安石愤而让御史陈说苏轼的过失。苏轼于是请求出京任职，前往杭州任通判。

神宗爱惜人才，后来想重用苏轼，却遭到王安石反对。

神宗又提议让苏轼修《起居注》，王安石直接说苏轼是"邪恶之人"，并检举苏轼贪腐。后来这事经过调查是一桩冤案，但可以令人感受到王安石对政治对手的杀伐决断，铁血无情。

舆论对新法声讨不断，反对官员或遭遇贬谪，或选择致仕，朝中人才流失。

到熙宁六年（1073 年），文彦博也看不惯新法实施以来的种种，比如市易法虽然可以从商人手中分利，增加国库，却阻碍了商品经济的发展。他向神宗辞去枢密使职务。

这一年，文彦博已六十八岁，是朝中在要职上的最后一位老臣，经历过仁宗、英宗两朝，他的离开让神宗非常神伤。

不光是朝内肱股重臣一个个离开，宗室、外戚也抓住一切机会表达反对之意。

新法改革了宗室子弟的任官制度，许多远方子弟因此失去官职，当街围住王安石要个说法。

神宗和四弟嘉王赵頵打马球，许以玉带为注，嘉王赵頵说："如若赢了，不要陛下的玉带，只希望陛下能废除青苗法等新法。"

甚至曹太皇太后也站了出来，找神宗痛哭，希望不要改变祖先的法度，告诉神宗："百姓怨青苗法、募役法，皇帝应该深思缘故哇！"

当年父亲英宗和继祖母曹太皇太后关系不融洽，甚至曹太皇太后一度迁怒到神宗兄弟身上。但神宗也没有生出怨恨，反而对曹太皇太后越发敬重，最终感化了曹太皇太后，祖孙二人感情融洽。到他登基之后，曹太皇太后经常会亲自站在宫门内等他下朝回来，并给神宗送去他喜欢吃的小点心。

除了感情深厚的祖母曹太皇太后，还有母亲高太后的痛诉："王安石是在乱天下呀！"

他的结发妻子向皇后也站在太皇太后和皇太后一边，请他多考虑两位长辈的意见。

神宗推行新法的时候，考虑到会遭到很多阻力，但他一定没有想到自己一生中最重要的三个女人也会一起反对。

因此神宗才会在三弟岐王赵颢劝他应该听从祖母意见的时候，脱口而出道："那你来干这个皇帝好了。"可想而知，那段时间，神宗面临着朝野内外巨大的压力，内心充满了矛盾、烦躁和不被理解、支持的愤慨。

连老天爷也仿佛都在和神宗开玩笑，自从新政推行，全国各地的灾害就没有停过，河北大风、陕西华山崩裂，在那个相信天有预示的时代，这些都被解读为上天的警告，甚至是谴责，并被有心人用来抨击、围剿神宗和王安石的变法。

自熙宁六年（1073年）至次年春的一场大旱，给新法又一重击。官员郑侠还绘了《流民图》，递呈给神宗。

郑侠曾被王安石提携，担任光州（今河南省信阳市潢川县）司法参军，任期满后，入京向王安石提出新法给人民造成扰害的弊端，王安石没有回答，郑侠被贬为京城安上门的监门小吏。不过王安石看重人才，不久，准备提拔郑侠担任修经局检讨。郑侠推辞不去，忠于职守亲临城门巡查。后来他看到"天大旱，久不雨"，人民无以为生，忧愁困苦，然而各地地方官吏还催逼灾民交还青苗法所贷本息，灾民们被新法弄得倾家荡产，只能逃离家乡。

郑侠于是画《流民图》，上《论新法进流民图疏》，写道："但经眼目，已可涕泣，而况有甚于此者乎？如陛下行臣之言，十日不雨，即乞斩臣宣德门外，以正欺君之罪。"

因上疏递交后被压下，郑侠又假称秘密紧急边报，改为疾马递呈给神宗。

神宗反复观看这份图和奏疏，长吁短叹，寝不能寐。第二日，他下令暂停新法，又下《责躬诏》，责躬罪己，问天下人治政得失，希望得到有志之士、有才干之人的直言进谏。

神奇的是，废除新法三日后，天降大雨。

辅政大臣入内祝贺，神宗皇帝把郑侠所进的《流民图》及奏疏拿给他们看，同时责备他们的错误做法，大臣们拜了又拜以谢罪。

王安石被舆论围剿的时候，以"天变不足惧，人言不足恤，祖宗之法不足守"来高昂反抗，他是一个无畏的改革者，也是一个孤独的理想主义者。

神宗作为北宋的统治者，他有王安石一样推行改革的决心，但他要照顾的是整个天下，所以尽管王安石很强硬地排除异己，神宗仍然善待反对派的人才，并屡屡尝试在反对派和改革派中找到平衡点。渐渐地，他也越来越清楚地意识到变革的阻力，不仅是天怨，更有人怨，因为一场好的变革，应该被大多数人所欢迎，而不是如此抗拒。

他说："今取免行钱太重，人情咨怨，至出不逊语。自近臣以至后族，无不言其害。两宫泣下忧京师乱起，以为天旱更失人心。"

也许在某一刻，神宗体会到了祖辈仁宗喊停"庆历新政"时的踌躇和无奈。

王安石敏锐地感受到，这次改革中最坚定的支持者、他的战友神宗动摇了，反对改革的保守派自然也感受到了，加大了对王安石以及新法的舆论围剿。

在这样巨大的压力下，王安石没有让神宗难做，主动递交辞呈。

不过君臣之间的默契依旧，为了变法成果不付之东流，王安石向神宗推举韩绛和吕惠卿接替自己主持朝廷事务，二人都是变法的积极追随者，神宗都一一应允，并在收回王安石相印后表示："间又未安，考察修完，期底至当。士大夫其务奉承之，以称朕意。无或狃于故常，以戾吾法。敢有弗率，必罚而不赦。"可见神宗对变革的态度，确实如之前的诏书用词，是"暂停"，不是终止，更谈不上废除，他依然想在改革的道路上往前走，只是在寻找并思考更适合的方式和措施。

熙宁七年（1074 年）四月，久旱结束，天降大雨。王安石第一次罢相，改知江宁府，回到了他的故乡金陵。

第十六章

元丰改制——神宗未竟的事业

王安石离开京城的时候，应该预料到了自己有朝一日还会回来，所以早早推举韩绛和吕惠卿主持朝政。这两个人因为对王安石萧规曹随，被戏称为“传法沙门”和“护法善神”。

王安石罢相前，吕惠卿表现出了坚定地支持变法的姿态，一面让监司郡守们响应变法，一面劝说神宗：“不应该因为新法执行的偏差，而废除新法。”或许他也揣摩到了神宗坚持变法的决心，故而有此一说。

神宗顺着台阶就下了对应的诏书。

王安石看到这一幕，深感找吕惠卿接班没错，非常欣慰，但他绝对想不到给自己此生埋下的最大一颗炸弹也正是吕惠卿。

吕惠卿，仁宗嘉祐二年（1057 年）中进士，与苏轼、苏辙、曾巩四兄弟是同科进士。那一届主持科举的主考官欧阳修赏识他，将他推荐给仁宗皇帝说：“这个吕惠卿才识明敏，文辞优异，善于自省，是个端雅之士，可以作为国家未来的顶梁柱来培养。”

熙宁变法出台之前，王安石和神宗多次探讨变法时，已经开始留意寻找志同道合的人，吕惠卿进入了王安石的视野，他当时正任集贤殿校勘，编校集贤殿的书籍。

熙宁二年（1069 年），制置三司条例司设立，广纳人才，王安石向神宗推荐吕惠卿说：“学习先王的道理而能用于今世的，只有吕惠卿一人而已。”

吕惠卿之后被任命为检详官，负责王安石和制置三司条例司内涉及变法的奏章。吕惠卿因此成为新党核心，王安石遇事时常与他密商，故而当时有人称呼王安石为孔子，而吕惠卿为颜渊。

王安石没有真正看清吕惠卿，但他身边有两个人却很早就发现了这是个奸佞之人，一个是当时和王安石还没有撕破脸的司马光，一个是王安石的弟弟王安国。

熙宁二年（1069年），宋神宗询问入宫奏对的司马光，如何看待吕惠卿。

司马光说："吕惠卿此人邪佞不是良士，都是因为他的作为才让王安石招致朝野的诽谤。王安石贤良却固执，又不谙世务，吕惠卿谋划变法的方略，并通过王安石极力推行，因此让天下人认为王安石也是奸臣。另一方面，他确实文采出众，思辨明慧，但是用心不正，但愿陛下能慢慢考察他。"

司马光还写信劝王安石远离吕惠卿这种谄媚阿谀之人，表示吕惠卿是看王安石得势而顺从依附，一旦王安石失势，吕惠卿必定出卖他以换取利益。

当时，王安石对这种"逆耳忠言"非常不悦，却没有想到最后叫司马光一语中的。

而胞弟王安国，不但不支持变法，而且对王安石身边的人很有意见，其中就包括吕惠卿。一次，吕惠卿到王安石家谈事。王安国在外面吹笛，王安石叫他："别吹了行不行啊？"

王安国不客气地回老哥："那你远离旁边这个奸佞之人行不行啊？"

这么当着吕惠卿的面说他是奸佞，对吕惠卿这种暂屈权势的小人来说，自然是深深地把羞辱记在心里，一旦将来找到机会，必定是狠狠地报复回去。

果然，在王安石罢相后，吕惠卿以《流民图》为理由，搞了个文字狱，污蔑郑侠反对新法，将之下狱，同时判王安国与郑侠是同党，王安国因此被削职放归乡里。当时天下人都说这是一件冤案。等朝廷想重新重用王安国时，才知晓他刚刚在家乡过世，年仅四十七岁。

吕惠卿还下手对付起了王安石罢相之前非常看重的担任三司使的曾布，利用曾布与下属吕嘉问不和做文章。

这个吕嘉问在王安石准备推行新政时，负责提举市易法。他出身名门，来自仁宗时名相吕夷简的那个吕家，因为支持王安石变法，在吕家对新法有异议准备上疏反对时，从家中窃出这份奏章给王安石，被吕家称为“家贼”。

王安石罢相后，朝野内反对的声音没有停止，甚至开始追责新法导致的问题，包括检举吕嘉问在执行市易法时有收取好处的经济问题。

神宗让吕惠卿和曾布一同调查此事。

曾布对变法的态度已与过去不同，再加上他与吕嘉问不和，便说市易法不好。

吕惠卿跳出来说道：“你怎么能说市易法不好，是不是要阻挠新法推行？”三番四次编排曾布。

一等王安石罢相，吕惠卿被任命为参知政事，立刻开始弹劾曾布，曾布被贬为饶州知州，吕嘉问也被贬为常州知州。

而宰相韩绛显然也不是吕惠卿的对手，二人每在政务上有争执，吕惠卿都占上风。

神宗也发现韩绛并没有足够的能力，无法成为一个定海神针般的宰相。韩绛倒也聪明，随后建议神宗重新起用王安石。

吕惠卿已经在要位，又怎么会让王安石回来？他现在不想要上司，而想自己做上司。所以吕惠卿一得知这个消息，就秘密上奏神宗：“王安石这个人不能用。”

他拿出了这些年收集到的王安石的私人信件，交给神宗。神宗一看，好样的，原来王安石瞒了他不少事情。

这次事件从侧面反映出吕惠卿的城府之深，他从很早就开始收集这些“证据”，准备摆王安石一道，也难怪后世评价宋朝这些宰相的时候，往往把他划入奸相一列。

而王安石呢，对于身边人的信任又是到了何等程度，才能让吕惠卿接触到这些私人信件。

但是出乎吕惠卿意料的是，神宗看完这些信后竟然没说什么，反而传来刚刚罢相一年的王安石，奔驰七日赶到京城，再次入相的消息。

而且神宗反手还把这些信件和吕惠卿的密奏给王安石看了。显然在这两个人之间，有着超越一般君臣的信任，他们有着共同的理想，犹如同一个战壕里相互依靠的战友。包括王安石的主动请辞，神宗的顺势罢相，都似乎是一种默契的合作，是他们一起做给那些反对派看的一场戏。

王安石也是心大，竟然在这种情况下还对吕惠卿不计前嫌，予以重用。反而是助王安石回来一臂之力的韩绛先走了。

韩绛和吕惠卿不对付，又受不了王安石强硬的改革作风，身心俱疲，最后选择了主动走人。

吕惠卿就没那么容易认输了。在王安石复相推出新的变法政策时，吕惠卿也没心情玩哥儿俩好了，露出了他的本来面目，给王安石提拔的官员和推行的新政上下绊子，并公然和王安石作对。

王安石可能觉得非常莫名其妙，不知道自己哪里得罪了吕惠卿。但很多人表现出恨意往往并不是真的被亏欠过，就是他内心的阴暗作祟，要某个人不好过，踩到脚底下才罢休。

神宗曾有意提拔王安石的儿子王雱为龙图阁直学士，王雱推辞不受。

吕惠卿在背后力劝神宗接受王雱的辞呈。

王雱对吕惠卿的行为特别愤慨，王安石和吕惠卿的矛盾也完全闹到了明面上。

王安石也将这个儿子作为接班人培养，让他接自己衣钵，凡事与他商量探讨。在改革派内部分裂以后，王安石推出的改革措施，基本是王雱和王安石两个人共同商量的结果。

王雱自幼出色，在他小时候，有人送王安石一只獐子一头鹿。王安石特意考儿子，指着这两物问儿子："哪个是獐，哪个是鹿啊？"

王雱淡然地回答父亲："獐旁边就是鹿，鹿旁边就是獐啊。"

他被当时文人称作"小圣人"，是一颗冉冉升起的政治新星。但是，谁也没有想到他会在三十三岁如此年轻的时候辞世。

熙宁九年（1076 年）六月，爱子王雱过世，王安石万念俱灰，备受打击。白发人送黑发人，令原本在政坛上就孤独前行的王安石更觉力不从心和疲惫。他向神宗提出了辞职，这一次和第一次离开不一样，他是真的觉得累了，想要退隐闲居，回故乡去。

神宗还在犹豫，吕惠卿不知哪儿来的自信，觉得自己在皇帝心里的位置和王安石差不多了，竟然和神宗说："两个人里面，只有一个可以留下，陛下您选吧。"

神宗爽快地让吕惠卿走人了，他看出了吕惠卿小人的一面，他虽有"美才"，却过分在意权力和私欲，为人不公，对政敌的打压血腥、冷血、没有原则。

十月，吕惠卿被贬谪陈州。

御史台见风使舵，这时弹劾吕惠卿，审理他强买秀州民田的事，吕惠卿因此又改知延州。

吕惠卿离开的这个月，彗星出现。又一个天降谴责的借口，被反对改革的保守派抓到了，变法陷入舆论的旋涡。

在这样的背景下，神宗同意王安石离开。王安石改为镇南军节度使、同平章事、判江宁府。

王安石回到家乡，居住在金陵城郊，寄情山水，过着清贫安静的生活，《泊船瓜洲》《梅花》《江上》都创作于这个时期，不同于他以往借诗暗喻政治和社会问题的风格，写下后来这些诗歌的时候，他已经从政治家转变为一个纯粹的诗人。

反思熙宁变法，其实改革派和反对派并不是在为是不是要改革做斗争，而是在怎么改革上有争议。而熙宁变法称不上成功，归根到底有两处问题需要反思：第一，王安石的推行太过仓促，这一点和范仲淹与仁宗的庆历新政非常相似，区别只是神宗给予王安石的支持和信任相比仁宗对范仲淹的更长更久，变法施行十年，社会各界还是不能完全接受，甚至产生巨大的反弹；第二，是王安石用人不当，身边围绕太多小人，改革派内部也并非坚如磐石，目标一致，相反从内到外都是问题，比如吕惠卿最后甚至成为变法的绊脚石，这些都被保守派敏锐地发现了，因此保守派无法相信改革派能做出成绩。

历史送走了王安石，但迎来了更加成熟的神宗。

王安石罢相的第二年，神宗改年号为元丰。经过十年亲政，他从熙宁变法屡遭“反对”的战斗中，摸索和梳理出更适合宋朝的改革措施和推广方式。这位正值壮年的帝王，准备走一条属于自己的改革之路。

实际上，从王安石复相开始，他和王安石的政治理念已经有所区别。在内心深处，神宗感激王安石这个自我燃烧式的指路人、伙伴、战友，但是他对国家社会的问题有了自己的思考，对王安石的想法也不再完全赞同，而是“意颇厌之，事多不从”。

元丰元年（1078 年）到元丰八年（1085 年），神宗从改革的幕后走到幕前，史称“元丰改制”。

元丰改制基本上是延续了熙宁变法的措施，以保证变法果实，同时在解决冗官和强国强兵方面有所发展和突破。

元丰三年（1080 年）开始，神宗开始宋朝官制改革。整个熙宁变法由王安石一手推行，符合神宗的政治意愿，但也令神宗深刻感受到了相权对皇权的制约。这次官职改革的目的之一是分散相权，加强中央集权，同时改善官僚机构庞大，官员人数众多，组织重复，办事效率低下，官职等级、俸禄混乱，造成国库被不合理消耗等问题。

元丰三年（1080 年），朝廷颁布《寄禄新格》。元丰五年（1082 年），三省以下朝廷机构组织法规以及《官品令》颁布。

神宗先统一了全国官员的薪金，使“卿士大夫莅官居职，知使责任，而不失宠禄之实”，发挥了官员的积极性。在当时，一个官员身上的头衔是很多的，有官衔，有职衔，有差遣。一个官员挂某部官职，但没有得到对应差遣，就并没有具体的管理权，也就等于是一个领着工资却不干活的人。同时，很多官员有职衔，那也没什么用，只是荣誉性质的头衔，但是这些荣誉也都可以拿俸禄。元丰三年（1080 年）这次改革，撤销了领空名的官职，原本作为虚职的省、部、寺、监官员改为相应的阶，设定考核、俸禄、升降标准和薪金标准。

随后，整改中央机构，神宗要求“台、省、守、监之官实典职事，领空名者一切罢去，而易之以阶，因以制禄”。恢复唐朝机制，由中书省、门下省、尚书省统管中央行政。中书省主决策，宣布皇帝诏令，批复臣僚奏议，决定重要官员的任免；门下省主封驳，负责审议中书省所定事宜；尚书省是执行机关，设宰相，分六部，行使实际权力。原本用来制约、分权的三司、审官院等被撤销。宋初以来朝廷机构虚职多而实职少的弊端，因此得以扭转。但因为神宗这方面改革主要集中在中央，因此地方官员冗官的情况仍然严重，而之后也未再出现如神宗般有魄力的皇帝，宋朝冗官的问题一直到最后都没能解决。

另一方面，熙宁变法的重点在经济方面，军事改革成效有限，因此有着强国强军梦的神宗也把这一方面作为元丰改制的重点。他的改革方向主要有两点：第一，加强正规军的训练，提高作战能力；第二，对民兵进行训练，让他们成为优秀的军队替补力量。但是，朝廷的出发点没有问题，落实到地方又层层弱化，有许多可以弄虚作假的空间，最后宋朝的军队并没有真的提高战斗力，这从永乐之战惨败的结果便可知晓。

另外，在这个时期还发生了一件大事，就是历史上有名的“乌台诗案”。这场风波不光造成苏轼个人的悲剧，牵连司马光等人，甚至波及已经辞世的欧阳修。

元丰二年（1079 年），苏轼到湖州赴任。按照朝廷惯例，不论官员到哪里任职，是升职还是贬谪，都需要向神宗上表致谢。因此苏轼也作了一篇《湖州谢上表》，结果谢上表到朝廷，引发了狂风般卷向苏轼的政治风暴。

的确，苏轼对变法的态度从支持到反对，又因此被贬，他个人对变法是深恶痛绝的。因此在谢上表中，他继续反对变法，甚至有一些带着个人情绪的字句。这很快就被支持变法的人抓住了，开始对苏轼以及其他保守派核心人物进行猛烈攻击。

一开始，御史何正臣检举苏轼，随后李定、舒亶搜寻提交了更多苏轼的诗句，从其中断章取义，编织罪名，比如“读书万卷不读律，致君尧舜终无术”这句是嘲讽皇帝昏庸，不能成为尧舜那样的圣君。这些人还清查苏轼“同党”，进而收罗其他保守派的言论诗句，牵涉司马光、范镇、苏辙等二十九位大臣名士，事情越闹越大，一时满城风雨。

这件事看似从苏轼而起，其实是从御史检举开始。御史府多种植柏树，因此又称“柏台”，又因为乌鸦喜欢待在柏树上筑巢休息，叫声不绝，而有“乌台”的别称。

苏轼在御史府被调查的时候，受尽了非人折磨，最后屈打成招，御史们不光给他定了四大罪状，舒亶甚至上疏提议处死苏轼以及他身边亲友五人。

苏轼在狱中等待着朝廷或者说神宗最后的决定，其实他已经有了赴死的心理准备。当时监狱有规定，苏轼和给他送饭的儿子苏迈并不能见面，两个人暗中约定，如果最后判的是死刑，苏迈就给父亲送一条鱼来。结果一日苏迈有事，将送饭的事情委托给朋友代劳。朋友不知道这个约定，给苏轼送去了一条鱼。苏轼叹息命不久矣，给弟弟苏辙写了两首诗，其中一句便是："与君世世为兄弟，更结来生未了因。"

苏辙读了这两首诗，痛哭流涕，上疏神宗，希望以自己的官爵赎兄长的罪。神宗读了这两首诗，也颇为动容。

御史派轰轰烈烈要置苏轼于死地的同时，朝野内外也有无数人在努力解救苏轼。

苏轼任职过的地方如凤翔、杭州、密州、徐州、湖州的百姓纷纷为他祈福消灾。当年推举苏洵父子去找欧阳修的前太子少师张方平，不顾个人也正被御史弹劾，积极上书为苏轼辩白。这是一位对苏轼来说，犹如父亲一般的人。甚至是改革派领袖，已经退休不问世事的王安石也为苏轼求情。要知道王安石主持变法的时候，苏轼可是变着法子上疏怼他。

王安石不计前嫌，上疏神宗道："岂有圣人在的时代杀士大夫的？"既赞美神宗是圣贤，又提醒了太祖立下的之后每一任帝王都应遵守的誓言"不杀士大夫"。

这时，神宗的祖母曹太皇太后病重，神宗为她大赦天下。曹太皇太后在弥留之际，唤孙儿到床边说："不用大赦天下，你只放了苏轼就足够了。"

太皇太后第一次跟孙儿说起了仁宗昔年说过的话："那一日，仁宗得到了贤良，特别高兴，说：'我今天又为我的子孙得了两个太平宰相，他们一个叫苏轼，一个叫苏辙。'"

这句话令神宗怔愕，好在他也确实是一个明君，在确定苏轼并非谋逆之后，将苏轼贬为黄州（今湖北省黄冈市黄州区）团练副使，其他牵涉人员也一律从轻发落。

经历了乌台诗案，苏轼宛如死而复生。他拖家带口来到黄州，当时正是一年之中最冷的时候，大雪冰封天地。苏轼在黄州东坡上筑雪堂，题名

"东坡雪堂"，自号东坡居士，从此完成了人生的蜕变，以诗来抒情疗伤，写下那首流传千年的《念奴娇·赤壁怀古》："大江东去，浪淘尽，千古风流人物。故垒西边，人道是，三国周郎赤壁。乱石穿空，惊涛拍岸，卷起千堆雪。江山如画，一时多少豪杰。遥想公瑾当年，小乔初嫁了，雄姿英发。羽扇纶巾，谈笑间，樯橹灰飞烟灭。故国神游，多情应笑我，早生华发。人生如梦，一樽还酹江月。"

元丰四年（1081 年），宋神宗赵顼把目光又一次投向了西夏，或者说，他的目光从未离开过边疆两个强大的邻国。尤其是西夏，这个原本并不起眼的小跟班，如今竟然有和大宋平起平坐之意，对于神宗这样有着抱负的君王来说，这是无法容忍的情况。

神宗有着和开国先祖一样的追求，欲把大宋建成强盛的王朝，重现汉唐荣光。恢复唐制的三省六部只是宏伟规划的一部分，把宋朝的版图也扩大如汉唐一般，才是他的终极理想。

庆历和议，西夏的李元昊狠狠敲了大宋一笔，辽朝也借宋、西夏的纷争分了一杯羹。神宗每每思及都悲痛不已，他在展开熙宁变法和元丰改制的过程中，一直强调加强军备建设，因为神宗已经意识到，战争随时都会到来，他必须提前做好准备，甚至主动出击。

实际上，庆历和议之后，西夏和辽朝大战，不仅给了宋朝休养生息、快速发展自身的和平环境，同时也给西夏、辽朝带去了负面冲击。辽朝自此元气大伤，从结果来看，其国力的衰弱就是从与西夏大战开始的。而西夏方面也发生了内乱，政局并不稳定。

李元昊结束与辽朝的战事之后，陶醉于自己的功绩，荒废朝政，终日在贺兰山离宫和宠妾爱妃嬉戏，纵情声色，甚至看上了皇太子宁令哥的未婚妻没藏氏，将之强占，又废了当时的皇后野利氏，把没藏氏立为皇后，还想将皇太子宁令哥废除，立没藏氏生的儿子李谅祚为太子。

野利氏正是皇太子宁令哥的母亲，这对母子自然感受到了前所未有的危机，野利氏的母族已经失势，宁令哥在朝野内外并没有强有力的支持，李元昊换掉他的太子位只是一句话的事情。

当时的国相没藏讹庞是没藏氏的兄长，他抓住机会，怂恿宁令哥刺杀李元昊，并称一旦成功，就拥立宁令哥为皇帝。

宁令哥完全不知道没藏讹庞做了两手准备：如果宁令哥成功篡位，就杀掉宁令哥，扶植妹妹的儿子李谅祚上位；如果宁令哥没成功，那么太子位正好空出来，还是李谅祚上位。不论如何，宁令哥都只是一枚棋子罢了。

而此时这枚棋子，经历了夺爱废母之恨，确实看不清没藏讹庞的野心，真的听从了教唆。

仁宗庆历八年（1048 年），宁令哥进宫刺杀李元昊，在追随者的誓死帮助下，成功闯进内宫，执刀砍向酩酊大醉的李元昊。多年战场征战，李元昊在生死关头还有一些基本反应，飞快躲闪，但仍然被宁令哥削去了鼻子。李元昊吃痛清醒过来，翻身反抗，侍卫们也闻声赶来，宁令哥慌忙逃出宫去，躲到了没藏讹庞家里。

没藏讹庞可不承认自己有过拥立宁令哥的承诺，马上把宁令哥抓了起来。

不久，李元昊因鼻伤严重而过世，享年四十六岁。

这个西夏的开国皇帝曾在弥留之际，遗命从弟委哥宁令继承帝位。当时有几位大臣主张遵从李元昊遗命，但那对话听起来怎么都像是唱双簧。

有大臣说：“先王说立委哥宁令，我们应当听从先帝遗命。”

没藏讹庞反驳：“委哥宁令不是先王的儿子，也没有功绩，怎么有资格做皇帝？”

于是一个大臣说：“国今无主，不然要怎么样呢？难道你想做皇帝？要是你能守护好大夏国土，我们也不反对。”

没藏讹庞道：“哎哟，我怎么敢做皇帝。大夏自祖考以来，都是父死子继，大家才能服气。今天我们没藏皇后就有儿子呀，还是先王的嫡嗣，立他为主，谁敢不服！”

这话一出，大臣们都认为靠谱，于是奉李谅祚为帝，即夏毅宗。宁令哥则被以“弑君罪”处死，宁令哥的母亲、被废掉的前皇后野利氏也一并被杀。

新帝李谅祚年仅一岁，因此由其母亲太后没藏氏摄政。

于是，在大宋和辽朝经常出现的太后听政，在西夏也开始了。

大宋这边听闻西夏新帝登基，派遣使臣前往，册封李谅祚为西夏主。西夏也遣使到大宋谢恩。

而辽朝那边却因为之前与李元昊两次动手吃了亏的缘故，迟迟没有动作，西夏两次派使前往告知新帝登基的事，使臣都被扣下。不久，辽朝向西夏出兵。西夏匆忙应战，一路败退。很快辽军打到西夏都附近，烧杀抢掠，又攻破贺兰山西北的摊粮城，抢劫西夏的粮食。西夏大败，急急忙忙向辽称臣请和。辽朝方面都不予回应，还在边境布置重兵。西夏迫于威慑，时不时遣使赴辽进呈表章、纳贡、献马驼。

这时候，西夏欺弱怕强的性格又表现出来了，大宋一直施以怀柔政策，西夏反而在宋仁宗至和二年（1055 年）将宋朝麟州西北屈野河（今陕西省境内窟野河）以西的肥沃耕地开垦种植，归为己有。大宋一再和西夏交涉，西夏采取“你来我就打，你不来我就种”的对策。

此时在西夏内，内斗并没有停止。

一开始太后的哥哥、国相没藏讹庞独揽朝政，三大将在外分掌兵权，后来三大将年老凋零，权力都集中到了没藏讹庞手中。没藏讹庞出入的仪仗卫士都和皇帝没什么区别，根本没把小皇帝李谅祚放在眼里。

而太后没藏氏沉迷情色，身边有一大堆的情人。这情人和情人之间关系也不好，经常因为争风吃醋大打出手。宋仁宗至和三年（1056 年），其中一个情人气愤太后又有新宠，伺机把太后和新宠一并杀了。

没藏讹庞跟九岁的李谅祚说："别怕，有舅舅在呢。"转手把女儿嫁给了李谅祚，以巩固自己在西夏的地位，继续把持朝政。

然而，李谅祚年龄不大，却早就不满没藏讹庞的专权和飞扬跋扈。

三年后，李谅祚开始参与朝政，没藏讹庞借故杀了李谅祚身边的几个亲信。李谅祚没有表现不满，对没藏讹庞依然做出尊敬的样子，背地里则和没藏讹庞的政敌合作，还通过和没藏讹庞儿媳梁氏私通，掌握了没藏讹庞的动向。这个少年天子继承了父亲李元昊的优秀基因，既有头脑，又懂得蛰伏等待时机。

后来，梁氏告诉李谅祚，没藏讹庞父子准备动手弑君。李谅祚先一步动作，在大将漫咩等的支持下执杀没藏讹庞，灭其家族，连他的皇后没藏氏也没放过，西夏没藏氏的专权就此结束。

李谅祚把真爱梁氏立为皇后，提拔梁氏的兄弟梁乙埋为国相，展开了西夏新的篇章。

李谅祚年轻有为，很快展现出过人的政治才能。他一方面在西夏境内废除旧礼，恢复汉礼，一方面又和大宋频频摩擦，同时又把这种摩擦控制在预设的范围内。李谅祚的策略和当年的李元昊非常相似，他一方面不准备和宋朝撕破脸，断了每年轻松到手的岁币，一方面又要秀肌肉，让宋朝不敢小瞧，西夏就可以要求更多的好处。

宋英宗治平三年（1066年），李谅祚率军攻打宋大顺城，兵败回到西夏。宋派使谴责。李谅祚认错，三月向宋朝进贡，宋朝赐以绢五百匹、银五百两。十月，李谅祚又遣使向宋朝"请时服"，又请岁赐。第二年，李谅祚又故技重施，诱杀宋将，准备攻打青唐城（今青海省西宁市）。这样的一个李谅祚，活脱脱一只蚂蟥，叮在宋朝西北，甩不掉，还不断吸宋朝的血。

但谁也没想到的是，也就是这一年，李谅祚驾崩了，年仅二十一岁。当时他的儿子李秉常继位，即夏惠宗。李秉常年仅八岁，太后梁氏听政，她和国相梁乙埋把持朝政，李秉常基本上就是一个傀儡。这个时期，梁氏兄妹和西夏皇族之间的纷争不断，为了转移矛盾，西夏不断骚扰宋朝边境。

几乎差不多的时间，神宗继位，一个有雄心壮志的君主不可能容忍这种情况长期存在。

熙宁元年（1068 年），王韶向他献上《平戎策》，详细阐述了个人对西夏的策略：先收复河湟地区，围住西夏；再联合吐蕃、羌族等部，孤立西夏；最后等待时机，环而攻之。

老臣富弼、司马光等人纷纷上疏反对，认为眼下时机并不成熟，不宜主动发动战争。

但神宗对这份计划非常满意，任命王韶为秦凤路经略司机宜文字，负责执行这个战略。宰相王安石也支持尽快实施，认为时不我待。

有了这两人的支持，王韶前往西北拓边。这一去，就是七年。他没有辜负这份期待和信任，北进银川，西到南山，将这片地区的部落三十万人招抚，拓地两千余里，收复安史之乱时失去的熙、河、洮、岷、叠、宕六州，史称"熙河大捷"。

宋朝举国欢庆，国威大振。神宗也信心大增，他开始等待时机，一个可以和西夏动手的时机。

元丰四年（1081 年），这个时机到来了。

西夏夏惠宗李秉常反感梁太后兄妹的专政，他本身是一个喜好汉族儒家文化的君主，亲政后重用汉臣，常向汉族学士请教学习。对外政策上，他主张和宋友好，准备把河、洮以南的土地还给宋朝。这一想法自然遭到梁太后的反对，同一年，梁太后果然把亲生儿子、西夏皇帝李秉常给囚禁了。

消息一经传出，西夏上下震惊，一时间举国大乱。神宗激动得差点直接上马杀过去，这就是进攻西夏的时机！

驻守两国边境的大将种谔也认为这是千载难逢的机会，表示："西夏现在没人，皇帝还是个小孩，臣认为打下他们就是手到擒来的事。"

这话正中神宗下怀，神宗决定召集大臣商议攻夏："朕准备打西夏，大家怎么看？"

话音刚落，知枢密院孙固和同知枢密院吕公著就站出来泼冷水："我们没有可以打仗的武将啊！"

神宗大手一挥："这不是问题，朕身边的李宪可以担此大任。"

孙固道："让一个宦官担任主帅，哪个士大夫肯为他所用？"

神宗听后非常不高兴。

第二日，孙固又进言："五路大军出发，没有大帅统率，就算成功了，也会乱的。"吕公著附和："此去是问罪之师，应该先选帅。如果选不出来，就先搁置出兵。"然而，神宗已经听不进反对的声音。

七月，任熙河经制李宪为攻夏主帅，出熙河路；高遵裕出环庆路；刘昌祚出泾原路，听从高遵裕指挥；王中正出河东路；种谔出鄜延路，听从王中正指挥。这五路大军，总兵力三十多万人，民夫二十多万人，人数接近西夏人口的五分之一。这么大的阵势，神宗认为没有失败的可能。但是，领兵的李宪、王中正是宦官，高遵裕是高太后的伯父，都不具备大帅的才能。

出发之前，高太后得知伯父受此任命，还专门找神宗说："高遵裕报国忠心，天地可鉴。但他气度太小，虚荣心强，不容别人之功高于他。到攻城夺池的时候，他只想着把功劳归己，不给其他将领机会，这是一个大问题，一旦失败，损失不可估量。陛下只以他为副将，不能命他为主帅！"

神宗却没有把这当作一回事，仍然坚持以高遵裕为一路兵马主帅。

结果，刘昌祚已率部进入西夏境内，而高遵裕的队伍却迟迟不到。

刘昌祚只好孤军深入，率先攻至灵州城，当时灵州城门尚未来得及关上，宋军先锋夺门，几乎就要攻入城内。高遵裕却怕被抢了功劳，快马遣使，阻止攻城。刘昌祚的部队只好停下来。入夜，高遵裕的部队在距灵州城三十里的地方遭遇西夏军队，刘昌祚得信后派兵数千前去救援，打退了西夏兵。高遵裕却嫉妒刘昌祚，想以接应迟缓之名杀掉刘昌祚，在部下劝止下，改为解除刘昌祚的兵权。

随后高遵裕亲自率兵，围攻灵州城，用了十八天还没打下来。而西夏决开黄河水七级大渠，引黄河水倒灌宋军军营，同时断了宋军粮草后援。时值隆冬，大雪纷飞，宋军大批冻死溺亡。高遵裕还叫刘昌祚负责断后，并将此战失败的罪责强加在刘昌祚身上。灵州一战，九万宋军仅仅生还一万三千人。

而在王中正、种谔这一路，种谔先是率领七支军队大败了西夏军，拿下米脂城。种谔将捷报递送朝廷，同时恳请不受节制，神宗予以奖励，并同意解除王中正的职务。种谔留下千余人在米脂，继续进攻到石州，军粮开始不足，粮草后援迟迟不到，又遇大雪，将士们饥寒交迫，冻死饿死大片，只能回撤，最后活着回到大宋的仅三万人。

最糟糕的是李宪一路，在收复了三州古城之后，就几乎不往前走了，等灵州城战败的消息传来，李宪就接旨还朝了。

灵州惨败的消息传到京城，神宗半夜惊起，绕床榻环走，彻夜不能入眠，因此染病。这次出兵得到这样结果，原因显而易见，就是之前孙固和吕公著说的缺少一个运筹帷幄的主帅，以至于粮草调度出现问题，各路军马自说自话，缺乏高瞻远瞩的战略和合理的配合调派。虽然最后也取得了一些硕果，比如占领米脂、兰州等，可是对应付出的代价也实在太过惨痛。

然而，更惨痛的代价还在后面。

元丰五年（1082 年），鄜延路经略安抚使沈括和安抚副使种谔提议在当地筑城，以巩固之前西进的战果。神宗允之，派给事中徐禧和宦官李舜举负责此事。

这又是一次用人不当的行为。

这两人看中米脂西北的永乐，适合作为战略堡垒筑城。沈括和种谔都认为这地方易攻难守，提出反对。种谔说：“永乐一旦筑城，西夏必定力争，不可为。”

但徐禧等人坚持己见，让种谔留守延州，自己率人前往动工，仅用十五日，筑出永乐城。

但如种谔所言，西夏人怎会允许大宋把手深入自己的心腹之地。永乐城筑成仅十日，西夏当即发兵三十万南下，誓要拔掉这个大宋在边境上扎下的堡垒。

得知西夏人前锋已快到永乐城，徐禧还大喜说：“我们建功立业的时候到了。”

大将高永亨说：“我们城池小而士兵少，又没有水源，恐怕守不住。”

徐禧责怪他泼冷水，把高永亨抓起来关进了延州监狱，徐禧自己率兵前往永乐城。

西夏大军驻扎在泾原北，派十万人攻打永乐城，宋军一共只有七万人。

将领高永能建议趁着西夏军队还没完成列队，突袭他们。

徐禧以“王师不鼓不成列”而否决。

等两军列队完成，敌众我寡，士兵心生惧意。主将曲珍说：“眼前军心动摇，已不利出战，请君退守米脂，这里由臣来坚守。”

徐禧不听，还嘲笑他：“曲老将军，你是怕了？”

到西夏骑兵抢渡无定河时，曲珍再次建议：“这是西夏的铁鹞子军，应该趁其半渡时出击。”

也没被徐禧采纳。

最后两军交战，宋军主力精锐大败，曲珍率残部退回永乐城内，西夏军围城七日，断水源，占粮仓，永乐城缺水缺粮，曲珍决定做最后一搏，跟徐禧提议："城中即将没水了，士卒们恐怕不能支撑。不如趁现在士气还在，突围而出。"

然而，不懂带兵打仗的徐禧，又一次否定了武将的提议，说："这是战略要地，怎么可以说放弃就放弃？而且你是主将，竟然提议逃跑，众人的心都被你动摇了！"

宋军在城内，被困七昼夜，临时掘井也挖不到水，只能用马粪水当水，不少人饿死渴死。

在这样的背景下，西夏军发动攻城，宋军仍毅然反抗，未生退意。二十日，永乐城破。夜降大雨，电闪雷鸣，将士们在大雨中战到最后一刻，徐禧、李舜举、高永能等将校数百人，七万守城的士兵役夫几乎全军覆没，仅曲珍带着几人突围逃出。

永乐城失陷的消息传到京师，神宗在早朝上失声痛哭，在场的臣子没一个人敢抬头。

永乐城之役是宋与西夏作战的转折点，从此之后，宋朝转攻为守。神宗也终于深刻地体会到用兵之难，停息了征伐西夏的打算。宋神宗是一个想要有所作为的皇帝，但是，灵州、永乐战役牺牲了几十万人的性命，彻底打碎了他的强军强国梦，也成了压在他心头无法散去的痛。神宗的身体每况愈下。

元丰七年（1084年）秋，神宗宴请群臣。在宴席上，深受病痛折磨的他，控制不住颤抖的手，以至于杯中酒水洒落衣袍。后来他时常敲着头说："朕头疼！很冷！"

第二年正月，神宗病情急速恶化，到二月，他已不能处理朝政。

尚书左仆射兼门下侍郎（副相）王珪请高太后立储。弥留之际的神宗已经说不出话，只能无奈点头表示同意。

而尚书右仆射兼中书侍郎（首相）蔡确和大臣邢恕，却有意册立神宗两个年富力强的弟弟赵颢和赵頵继位。

邢恕以赏花的名义把高太后的侄儿高公绘和高公纪邀请到家中，向他们传达了这个意思，被高公绘和高公纪严词拒绝。

而听到风声的赵颢和赵頵也频频进宫，探视神宗。觉察到意图的神宗对二人怒目视之。

到了神宗弥留之际，赵颢还提出想留在宫中侍疾，并到高太后那边请安，试图打探消息。

高太后出身名门，曾祖是开国大将高琼，曾外祖是开国大将曹彬，尽管赵颢和赵頵也是她的孩子，但她主张父死子继，也深知如今已经到了朝权更迭的关键时刻。

高太后与宰执大臣们说："神宗膝下的延安郡王性格稳重，聪明伶俐。神宗病重后，这孩子一直手抄佛经为父亲祈福，非常孝顺。"

随后，九岁的延安郡王被内侍带出来，与大臣们见面。

三月一日，高太后垂帘听政，宣布将延安郡王立为太子，改名赵煦。她命令侍卫禁止赵颢和赵頵随意出入皇帝的寝殿，又让宦官梁惟简的妻子秘密赶制了一件适合孩童穿的皇袍。

五日后，神宗在福宁殿忧郁而逝，享年三十八岁。

九岁的太子赵煦继位，史称宋哲宗。

宋神宗一生都在追寻自己的梦想，想要建设一个强大富饶的宋朝，重现汉唐荣光。他有雄心壮志，也为之付出努力，熙宁变法、元丰改制、熙河开边，无奈宋朝内外的问题并非短期之内可以改善，灵州、永乐城的失意令他在人生的最后几年郁郁寡欢。但也正是他的努力，才得以让宋朝这个庞大而虚弱的国家机器得以运转得更久，变法改制中的一些措施还一直延续到了南宋，甚至影响后世。

第十七章

党争之巅哲宗朝（上）——元祐更化

宋哲宗赵煦是神宗的第六子，他非嫡生，生母朱德妃起初只是普通的宫女。但因为神宗前面的五个儿子都早夭，非嫡非长的赵熙成了神宗膝下年龄最大的孩子，被高太后选为神宗的继承人。

在神宗弥留之际，高太后已开始垂帘听政，包揽政事，之后摄政长达八年。她对哲宗的教育非常严苛，有点像当年的刘太后对待仁宗。政治生涯的复杂高压，逼得这位本性娴静的女性变得强势而不近人情，以至于在她没有觉察的时候，哲宗已经和她产生了裂痕，只是刚开始哲宗还小，这些矛盾的弊端到后面几年才能爆发出来。

高太后幼时由曹太后抚养，长大后的政治理念也受到曹太后影响。对待神宗改革的态度，高太后和曹太后态度一致，反对改革。于是，听闻神宗驾崩，从西京洛阳赶来奔丧的司马光被高太后留了下来。

在前一年，司马光刚完成了《资治通鉴》这部巨著，朝野内外赞声不断。梁启超把他和司马迁、杜佑、郑樵、袁枢、黄宗羲奉为中国史学“六君子”。

当年司马光坚决反对变法，意见没有受到神宗的重视，之后便一直在西京洛阳撰写《资治通鉴》，不问世事。但是，百姓都认为他日后还会复出，而称呼他为“司马相公”，老弱妇孺都说他是好官。当他回到京师时，百姓夹道欢迎说：“公无归洛，留相天子，百姓有活路了。”

这一年，回到权力中心的司马光已经六十七岁。

高太后问他：“为政应该以什么为先？”

司马光提的建议是：“广开言路。”

高太后随后听从意见下诏。

太府少卿宋彭年、水部员外郎王谔应诏言事。

改革派正要找机会给保守派一个警告，枪打出头鸟，他们判定宋彭年、王谔乱说话，罚铜钱三十斤。

司马光怒而觐见高太后："这不是求谏，而是在阻谏。"

于是，朝廷再下诏，请大家畅所欲言，一概不论罪。新诏下达之后，朝廷便收到数千上书。

当时，与司马光一起被召回中央重用的还有吕公著。

高太后询问他为政的意见，吕公著说："先帝的本意是以宽省民力为先务。但到了主持变法的人手里，变成了侵夺百姓为务，斥去所有与自己意见不同的人，因此日久而弊端更深，新法颁行而百姓更加困苦。如果朝廷能公正对待正直之士，讲求天下利弊，同心协力，就没什么难事了。"

吕公著到朝廷后立即上疏，认为人君即位，要修德以安百姓。当下有十件事最为重要：畏天、爱民、修身、讲学、任贤、纳谏、薄敛、省刑、去奢、无逸，又请求备置谏官。

此时宰相蔡确、韩缜，枢密院章惇都是改革派。保守派人寡力轻，声音非常渺小，只有广开言路，备置谏官，才会听到批评变法的意见，给后续的动作做舆论铺垫。于是，苏轼、苏辙、范仲淹的儿子范纯正等一批大家熟悉的保守派都被陆续叫回。另外在司马光的建议下，三朝元老、已经八十一岁的文彦博也被请回朝廷辅佐。

高太后本身就是保守派，她的家族以及她身边的人大部分都是贵族阶层，是变法改革里面利益损失的一方，因此她自然支持这一举动。

改革派可不会眼睁睁看着保守派的势力大增，他们提出朝廷选拔任用官员是有制度可依的，怎么能想任命谁就任命谁，想怎么任命就怎么任命呢？像谏官这种职务向来更是由两制官推举后，再由几名宰相商议决定。

高太后犯了难。

至于要叫停变法措施的事情，改革派引用孔子的话反对说："三年无改于父之道，可谓孝矣。"这时神宗皇帝才刚刚过世，儿子就要推翻其辛苦推行的新政，这属于不孝顺！

司马光还击："新法是王安石、吕惠卿搞的，跟先帝并无关系，怎么是子改父呢？再说，如今陛下年幼，高太后听政，分明是母改子。根本没有不孝之说！"他同时提交了一批"广开言路"中大批变法的奏疏。

而且，这时候老天爷也来帮忙，元祐元年（1086 年）正月，出现了旱情。司马光为代表的保守派指出，这绝对是当政的改革派们不作为，老天震怒了！

闰月，蔡确和章惇被罢职离京，司马光被任命为尚书左仆射兼门下侍郎，成为当朝宰相，吕公著为门下侍郎，范纯仁知枢密院，保守派开始当权，对变法者开始清算。

实际上，高太后听政以后，已经开始废除部分变法措施。神宗去世那年七月，朝廷废除保甲法。十一月，废除方田均税法。十二月，又废除了市易法和保马法。次年，改元元祐，废除新法的工作还在继续推行，史称"元祐更化"。

二月，司马光当上宰相之后，主政的第一个主张就是："四害不除，死不瞑目！"他把还没被废掉的新法措施青苗法、免役法、将官法和西夏对宋边境的挑衅合称为"四害"。

三月，他要求各州县在五日之内罢去免役法。这对在老家闲居、已在生命最后一刻的王安石来说犹如再一次经受丧子之痛，甚至更甚，每一条新法措施都是他呕心沥血的作品，免役法颁布之前他和神宗彻夜商谈，用时两年才定下全部细节。王安石比神宗还要悲凉，神宗弥留时，变法还在进行，而王安石则亲眼看着这些变法措施被一条条废除。

他悲凉地呢喃："何至于要废除到这个地步呢！"

几日之后，四月初六，这位改革派的领袖带着无尽的遗憾闭上了眼睛，郁郁离世。

王安石执政的时候，有许多人反对他，但反对的都是王安石变法的政见，并不是他的为人。

王安石推行变法并不是为了私利、升官或者敛财，而是完全出于报国为民的赤诚之心。在他两次为相期间，生活俭朴，亦从未以权谋私，贪污一分钱或者接受礼物。那些和他政见不同的人，被罢黜之后，他也没有落井下石。

反对改革的苏轼，他仕途的波折和个人命运的悲惨，可以说都和王安石有着千丝万缕的关系。但两个人后期的私人交往一直没有断绝。苏轼在乌台诗案时，被人不断弹劾，已经致仕的王安石出面上疏神宗，为苏轼辩白。后来苏轼贬谪，还去看望了病中的王安石。两人保持着书信往来，还在信中聊了一起在金陵隐居的事。

哲宗登基，高太后听政，苏轼得以重新被重用，回到朝中。王安石离世后，苏轼为哲宗代笔，撰写《王安石赠太傅》，对王安石的一生给予了公正的评价，也盛赞了王安石的才华。

而王安石的“宿敌”司马光也表现出了极高的政治家素养，他反对改革措施，但从未弹劾过王安石个人，原因无他，司马光也从心底里叹服王安石坚持改革变法是为天下。

这两个人，当初因为见解相同而成为挚友，后来又因改革意见相左而老死不相往来。

王安石变法的推出是站在为百姓考虑的基础上，推行的速度比较激进。而司马光也站在为百姓考虑的角度，废除新法，动作比推行变法还要极端和快速。朝廷的决策好似摆钟，从一个极端快速地转到另一个极端。

这时候保守派的内部，也有声音觉得司马光的做法太过激进，例如免役法已经推行多年，如今却要求在五日之内停止。

范纯仁认为不妥：“好好商议慢慢推行就不会出问题，但要是太过极端造成了疏忽，以后一定会出事。”

苏轼也表示：“差役和免役，各有利弊。免役之害在于搜刮了百姓的钱，让老百姓无法生活。差役之害，在于让百姓不得专心农事，还认为差役过程有猫腻，都是当官的出的坏主意。”

苏轼还为此和司马光争得吵起来，气愤地骂司马光固执至极，是“司马牛”。

五日罢黜免役，恢复差役，这个要求太过苛刻，几乎没人可以完成。而且一个国家的政策也经不起如此朝令夕改。

但，司马光依然坚持己见。

这一年九月一日，主张废除新法的司马光也走到了人生的最后。王安石离世在春天，而司马光是在秋季。相比王安石的郁郁而去，司马光走得很欣慰。他看着之前反对的新法一条条罢黜，心满意足，已经没有遗憾。

后世把司马光与孔孟并列为圣人。他身居高位，但生活清廉，没给子孙留下遗产。他说：“积金以遗子孙，子孙未必能守；积书以遗子孙，子孙未必能读。不如积阴德于冥冥之中，子孙必有受其报者。”

大宋名士都有纳妾之风，如苏轼，失意时候，还有美妾同往贬谪之地。但司马光一生只有一位妻子张氏。

张氏出身名门，父亲张存与司马光的父亲司马池是世交，两家定下了娃娃亲。后来张氏未有所出，内心着急，多次找机会给司马光送妾，甚至还让父亲张存帮忙劝说，都被司马光一一拒绝。

那句“贫贱之交不可忘，糟糠之妻不下堂”，可能只是司马光一时脱口而出的话，但他用一生去履行了，夫妻俩伉俪情深，一生相伴，没有子嗣，便过继了兄长司马旦的儿子司马康到膝下承袭香火。

司马光为人低调，才华横溢，能入他眼的人并不多。就是当年的上司包拯，公正之名流传千载，司马光对他也有政见、处事等诸多方面的不认同。但他独独对范仲淹另眼相看，非常崇敬，后来，还为儿子司马康聘娶了范仲淹的孙女、范纯仁之女为妻。范仲淹过世后，谥文正，司马光过世后，也谥文正。冥冥之中，似是缘分。

相比“老对手”王安石，司马光更得民心。

京城百姓听闻司马相公离世，罢市吊丧，孝衣祭奠。司马光的灵柩一路运往祖籍夏县的路上，沿途千万百姓哭着为他送行。

在变法措施被一条条废除的时候，对改革派的贬黜也没有停止。唯有吕公著、范纯仁、苏轼主张不要追究太多过去的得失，修正变法也可以一步步来，等到问题出现，改革派意识到不对，远比直接打压他们，让他们不服气要好。

但是，保守派虽然把变法的措施都叫停了，却也没有提出更好的办法，北宋的问题依然回到了原点。而高太后的态度很简单，依照祖制办事就行，没有重视朝野内外的问题，并做出因时制宜的处理。这也给后来改革派的卷土重来，埋下了伏笔。

哲宗朝的时间并不长，只有十五年，但这十五年正是宋朝党争最严峻的十五年。从元祐更化到绍圣绍述，飘零的北宋在不断变来变去的措施和政令中，加快了衰败的进程。

司马光之后，保守派领袖是吕公著。

当时中书、门下、尚书三省并建，中书省为取旨之地。吕公著就建议以后有事找三省的官员，可以与执政大臣共同进呈，取旨而各自实行，提高办公效率。后来，吕公著发现执政官员通常几天才在政事堂聚集，由长官决定事情的处理，而同僚之间都不知道对方在做什么，更别提参与意见。于是，他命执政官员以后每天集会，后来这成为朝廷对官员部门的一项规定得以延续。

元祐三年（1088 年），七十一岁的吕公著恳请辞去宰相的工作。朝廷舍不得他，特许他不用每天到岗，但大小军国事务还需过目。

元祐四年（1089 年）二月初三，吕公著逝世，终年七十二岁。

高太后痛惜许久，哭着和大臣们说：“国家不幸，司马相公（司马光）已死，吕司空又逝世。”

哲宗也悲痛感伤，到吕家祭奠，并亲自为他书写墓碑开头的“纯诚厚德”四个字。

元祐五年（1090年），朝廷批准了已经八十五岁的文彦博致仕。

这些老人或离世或退休，令保守派失去了中心，但保守派对改革派的打击并没有因此而停止。

当年主张变法，接替王安石主政的吕惠卿被一贬再贬，才被判贬到南京不到十日，又被加罪贬为建宁军节度副使，而且不得办理所任官的公事。吓得他连凉水都不敢喝，生怕生病了，被人拿来做文章说他对朝廷有不满。

神宗朝最后的宰相蔡确，在贬知安州的路上写了几首诗，被有心人拿来说他在影射高太后是武则天。高太后大为震怒，要求大臣商议处理这件事。

范纯正谏言道：“不应该以文字暧昧不明为过错就贬黜大臣，这个先例一开后患无穷。”

御史中丞李常、中书舍人彭汝砺、侍御史盛陶也反对这种捕风捉影的事情，结果遭到贬黜。不久御史台谴责范纯正为蔡确求情是和蔡确结党，范纯正被罢相。

朝野之中的风气已经完全歪了，为了反对而反对，为了支持而支持，意气用事，看不到是非曲直。

蔡确这个案子牵连甚广，大臣梁焘认为：“现在忠心于蔡确的人，比忠心朝廷的人都多；敢于奸言的人比敢于正论的人多。可见，蔡确气焰之汹，盘根错节，贼人化变危害政治，为患越来越大。”而后罗列了两份名单，一份为蔡确亲党四十七人，一份为王安石亲近的三十人。

这种罗列改革派清单的行为，也被改革派深深地记住了，他们当时处于低谷，没有能力反击，但是风水轮流转，等哲宗亲政、重用改革派后，把这口恶气重重地又还给了保守派。

而此时，这份名单出来之后，梁焘升任御史中丞，蔡确被贬去岭南新州。

重新走上贬谪之路，这一次，蔡确不敢再作诗了，身边也只有一只鹦鹉和一名叫琵琶的妾。后来琵琶先他一步离世，只剩下了鹦鹉。蔡确伤心写下了人生中最后一首诗："鹦鹉声犹在，琵琶事已非。伤心汉江水，同去不同归。"而后离世。

改革派大为震惊，保守派也没想到蔡确会死在贬所，但一切已经无法挽回，两边矛盾激化，不再有缓和的余地。

而保守派的内部也分化成了不同的派系，以他们所属籍贯划分，一派是继承了司马光遗志、坚定激进的反改革派，以崇政殿说书程颐、左司谏朱光庭、殿中侍御史贾易等人为首的"洛党"；一派是对改革意见比较温和，也不完全认同保守派作为的，以中书舍人苏轼、苏辙兄弟，殿中侍御史吕陶等人为首的"蜀党"。洛、蜀两派吵得不可开交，进而延伸出了以御史中丞刘挚、右谏议大夫梁焘、起居舍人兼左司谏刘安世、监察御史王岩叟为首的"朔党"。吕公著、范纯仁、吕大防、范祖禹等则中立自守，不属于这三个党派。

程颐以"布衣之士"由司马光推荐入朝，后担任哲宗的老师，他为人比较古板严肃。司马光过世后，朝廷让程颐负责主持司马光的丧事。当时正好遇上明堂大享，也就是古代祭天的典礼。明堂大享结束之后，群臣讨论等会儿可一同去悼念司马相公。

程颐反对说："大家刚刚从明堂这种大吉利的地方里出来，这就要去司马相公家祭奠丧事，一会儿笑一会儿哭合适吗？孔子说过'于是日哭则不歌'，没人听过？"

当然不是每个人都认可这种论调，但是官场上说话，大部分人总归比较客气。可苏轼这个人就不一样了，他有什么说什么，脑子转得也快，爱给人起小外号，比如他在气司马光执意立刻废掉新法不听劝的时候，就骂司马光“司马牛”。可以说苏轼的仕途起伏，许多次都源自口无遮拦，逞一时口快的这个毛病。

这时候，苏轼就又忍不住酸了程颐：“你真是个‘鏖糟陂里叔孙通’。”

鏖糟陂里是开封城外一个又脏又乱的沼泽地，叔孙通是一位汉代的儒学大家，收过很多学生，这点与有很多门生的程颐一样。

苏轼嘲笑程颐是个肮脏的假老师，这令程颐非常难堪，两个人的梁子就这么结下了。洛党也开始找各种机会诋毁弹劾苏轼。

几个月后，苏轼以翰林学士身份给馆职考试出题，他出的考题是：“今朝廷欲师仁宗之忠厚，惧百官有司不举其职而或至于媮；欲法神宗之励精，恐监司守令不识其意而流入于刻。”

洛党朱光庭马上就弹劾苏轼：“这题目分明在影射仁宗之政苟且、神宗之政苛刻。”

蜀党吕陶为苏轼辩解：“是因为程颐和苏轼在明堂外的口舌，所以程颐一派处处诋毁苏轼。如果听了朱光庭的话，惩罚苏轼，就是助长党争之气。”

苏轼曾经写过一首诗：“山寺归来闻好语，野花啼鸟也欣然。”

洛党也把这句诗翻出来，指责苏轼在神宗去世的时候，一点也看不出悲伤，反而还挺高兴的样子，一会儿“闻好语”，一会儿“也欣然”。差点又搞出一起“乌台诗案”压在苏轼身上。

幸好，高太后坚定地支持苏轼，而且对程颐也有了看法。

元祐二年（1087 年），哲宗身体抱恙没有听政，高太后独自听政。程颐认为皇帝没听政，太后也不应该听政。

高太后算是受够了这个人的迂腐，加上孔子四十七代孙孔文仲也上疏弹劾程颐，便罢去了他给天子做老师的工作。

鹬蚌相争，渔翁得利。

蜀党的苏轼地位稳定，洛党的几个却被贬走了，反而朔党的刘挚升官了。司马光过世后不久，吕大防任中书侍郎，刘挚为尚书右丞。

好景不长，几年后又有人抓住刘挚和改革派的书信，检举到高太后面前。

元祐七年（1092 年），刘挚罢相出朝，出知郓州。

刘挚的被贬之路这才刚开始，因为，保守派的漫漫冬季已经悄然到来。

元祐八年（1093 年），高太后六十一岁。这个为大宋苦苦支撑，坚持祖制的女性走到了人生的最后时刻。

垂帘之初，高太后曾说过，等幼帝长大就还政给他。

可是，哲宗已经长到十七岁，不论是高太后还是大臣们，都没人主动提这件事。

哲宗是个早慧的孩子。

元丰八年（1085 年），神宗驾崩，辽朝使臣前来吊丧。宰相蔡确担心哲宗岁数小，看到辽朝人会生出惧意，于是，反复给哲宗解说辽朝人的服饰、打扮和礼节。

哲宗默默听完，忽然问道："辽朝人是人吗？"

蔡确答："是人，但是是外民族。"

哲宗反问："既然是人，怕他丁吗？"

哲宗即位后，高太后为他挑选的老师是吕公著、范纯仁、苏轼、程颐这些通晓儒家经典，实际上也是保守派、治国态度和高太后一致的大臣们，他们引导哲宗把国家建设成仁宗那般的太平盛世，而不是神宗的激进改革。但是，这些人却忽略了哲宗对父亲的崇拜和思念，因此任何否定神宗的行为，只会加深哲宗要继承神宗遗志的想法。

神宗离世的时候，哲宗已经九岁，他对父亲的记忆很深刻。他跟父亲背诵《论语》，神宗很是欢喜。他把作业拿给父亲看，神宗也夸奖他字迹漂亮。

元丰七年（1084年），神宗宴请群臣，第一次带赵熙前往。赵煦在这种大场面上没有露怯，表现得非常得体，得到了父亲的夸奖。

在哲宗心里，他以得到神宗夸奖，成为一个像神宗一样的皇帝为目标。

登基后，哲宗一直用张旧桌子。高太后见状命人丢弃，哲宗又叫人找回来。问其缘故，哲宗说这是父亲曾用过的。

他珍惜父亲的东西，推崇父亲的理念。在高太后的眼里，这孩子思想不达标，还得再培养培养才给他亲政。而在保守派为主的大臣们看来，问题就更严重了，他们辛辛苦苦才把变法遗留问题铲除干净，哲宗一亲政，之前的就白干了？

山雨欲来风满楼，少年天子的不满，又何止是不还政？在没人看见的地方，祖孙之间的裂痕早就越来越大。

在高太后和大臣们讨论政务之初，双方都把哲宗当作一个小孩子。

高太后和哲宗相对而坐，大臣们汇报事情，总是面向高太后，而把后背和屁股对着皇帝。

到后来哲宗长大了，也没人意识到要尊重哲宗的看法，以至于每到听政的时候，哲宗总是一言不发。

一次，高太后问哲宗："大臣们说的这些事，你有什么看法？"

哲宗回答得很冷淡："娘娘您已经处理过，还让我说什么呢？"

哲宗一开始也不是一言不发，起初他年幼时也会主动说一些话，可是高太后和大臣都如没听见一般，没人回应他。当时只有宰相苏颂听见了，会在回完高太后之后，转身答复哲宗。后来，绍圣绍述时，改革派上台清算保守派，苏颂也被弹劾，但哲宗说："苏颂向来遵守君臣之义，不要轻率议论这位国家元老。"

哲宗不光在朝堂上过得压抑，后宫的生活也处处被高太后管束。

哲宗登基后，高太后要他居住到距离太后寝宫不远的阁楼，派去二十多个亲信宫女，说是照顾幼帝的生活。其实哲宗没有一点隐私，宫女们把他的一举一动事无巨细地汇报给了高太后。

元祐四年（1089 年），大臣刘安世和范祖禹跟太后说："民间有传言说宫中在找乳母。"疑心哲宗是不是沉迷女色。

高太后大惊，明面上说是神宗留下的公主需要乳母，转身却把哲宗身边的宫女逐一严厉查问。

哲宗看到身边的人回来时一个个都吓怕了的样子，才知道是有大臣背后告状，而高太后的查问，也昭示了对这个少年天子的不信任。

还有一件令哲宗非常不满的事，是生母朱德妃一直被太后打压。

朱德妃是开封人，本来姓崔，出身贫寒，入宫之前经历坎坷，生父早逝，母亲改嫁，她不得继父喜欢，只能到亲戚家寄居。

朱德妃入宫之初为神宗身边的侍女，后来有幸得宠，为神宗先后生下包括哲宗、蔡王赵似在内的二子五女。

也许是担心哲宗母子联合起来威胁到朝政的稳定，高太后一直不太喜欢朱德妃。因此，哲宗登基后，高太后下诏尊神宗的皇后向氏为皇太后，却没有提高朱德妃在后宫的地位。

同年十一月，朱德妃护送神宗的灵柩前往永裕陵安葬。途经永安时，时任河南知府韩绛专门从洛阳赶到永安迎接灵柩，并对朱德妃行礼。韩绛是辅佐过仁、英、神宗三朝的老臣，还曾经高居相位。高太后得知此事竟勃然大怒，训斥朱德妃道："你如何配受韩绛的礼遇！"

朱德妃当场被骂哭，不停地向高太后请罪。

朝野上多的是见风使舵的人，当即有不少人上书说朱德妃的不是。

起居舍人邢恕认为这样不妥，请高太后的侄子高公绘劝说高太后："朱德妃是当今皇帝的生母，理所当然应受到尊崇。"

高太后知道是邢恕教高公绘这么说的之后，还把邢恕贬出了京城。

一直到哲宗登基后的第四年，在向太后的坚持下，高太后才下诏尊朱德妃为皇太妃，允许把她居住的地方建为宫殿，仪仗、服冠等与皇后相同。

但高太后绝没想到，性格温良的朱太妃在高太后过世之后还救了高家。

元祐八年（1093 年）秋天，高太后病重。

弥留之际，她已经预感到了哲宗会重蹈神宗覆辙，先是秘密告诫范纯仁等人提早准备，早点求退，以免在风波中遭到迫害，保全家族。而后，她又拉着哲宗殷切叮咛："先帝对过去的事追悔莫及，每每想到都会哭。你一定要好好记住这件事。等老身死后，定然有很多人来教唆你，你千万不要听啊！"

这是她多年的政治经验总结，也是她对身后朝政的忧虑。她想的没有错。朝廷的权力转移到了年轻的天子手上，也就代表了元祐更化的结束和绍圣绍述的开始。

第十八章

党争之巅哲宗朝（下）——绍圣绍述

哲宗亲政，许多朝臣抓住了哲宗对高太后的不满，一等天子亲政，就纷纷上疏说高太后的坏话。

宋末“六贼之首”的蔡京，此时已经靠着察言观色、迎高踩低的手段混到了宰相章惇身边。蔡京先是检举文彦博、刘挚等人意图不轨，之后又向哲宗诬蔑高太后说，在神宗弥留之际，高太后想立自己的儿子为皇帝，有废哲宗的阴谋，甚至说当时废黜太子的诏书都已经写好了，只等让神宗签字。

向太后偶然知道此事，向哲宗解释真相，但是哲宗并不相信。朱太妃为此专门跟哲宗证明高太后的清白，终于让哲宗相信高太后是冤枉的，高氏家族也因此躲过了这次几乎能灭门的灾祸。

当邢恕等人再次请求废黜高氏的时候，哲宗怒斥道：“你们是不想朕进宗庙，让朕无颜见祖先哪！”

哲宗刚亲政，翰林学士范祖禹担心小人作祟，上疏历数之前改革派辜负先帝的行为，包括灵州、永乐的损失。苏轼也正打算写类似的奏章，看到范祖禹的奏章后，认为是经世之文。

哲宗看后表示，如果要起用什么人必然会与宰执们商议了再做决定。

哲宗一开始对保守派抱有希望，专门单独询问范纯仁当初新法时的情况。范纯仁义正词严地把王安石和新法批驳了一遍。

这令哲宗深感失望。

十二月，苏轼祈求外放，出知定州。临走的时候，他上疏哲宗："陛下登基九年，但除了执政、台谏之外，未曾与群臣接触过，是忠是奸一时也难以分辨。不如先保持目前的政策不变，观察三年，再有所动作也不迟。"

但是，哲宗没有听进去。

同月，趁着保守派宰相吕大防护送高太后灵柩离京，一直以保守派为主的御史台里还蹦跶出了一个叛徒杨畏，他建议哲宗起用章惇、吕惠卿、李清臣等改革派。

哲宗采纳了意见，任命章惇为资政殿学士，吕惠卿为中大夫，王中正为遥授团练使。

时任给事中吴安诗、中书舍人姚勔不肯写对应的诏书诰词。而刘安世力谏不要复用章惇，被贬知成德军。

范纯仁温和地劝哲宗："陛下才亲政，四方拭目以待。要学习古时候的圣人，舜举皋陶，汤举伊尹，远离不仁的人。"

哲宗没有采纳。

这时候，苏轼的老毛病又犯了，给哲宗洋洋洒洒写了一封奏章，把神宗和汉武帝放在一起说事。

哲宗看完当场就怒了："这人竟然说先帝与晚年的汉武帝一样弄得民不聊生！"

范纯仁从容地站出来说："汉武帝也是一代明君，雄才伟略，苏轼是在夸先帝。"

结果，右丞邓润普却上来添了把火："先帝法度，就是被司马光、苏辙坏掉的。"

以至于后来范纯仁又补充说："苏轼只是说事，不是说先帝这个人。"可惜于事无补。

哲宗大怒，贬苏轼出知汝州。

不久之后，吕大防、范纯仁这些保守派的中坚骨干也被贬出京城。

第二年，哲宗下诏改元绍圣，意为继承神宗之志，把意图昭告天下。改革派重回京城，哲宗要求恢复元丰改制时候实行的政策。

绍圣元年（1094 年），改革派里的章惇入朝为相，他的报复心极重，隔三岔五翻出陈年旧账，清算保守派。

苏轼先被贬为宁远军节度副使，又被贬至岭南惠州流放。到绍圣四年（1097 年），已经在惠州三年的苏轼又被贬去海南儋州。在当时，这根本不算是去做官，而是一种比满门抄斩轻一些的处罚。

苏轼却把儋州当成了自己的第二故乡，他把在这里的每一天都当作人生的最后一天，努力燃烧自己照亮这个南方孤岛。

在这个蛮荒之地，苏轼兴办学堂，开坛讲学，以至于许多人不远千里，追至儋州，做他的门生。

元符三年（1100年），宋徽宗登基，召苏轼回朝，他才终于结束流放的岁月。

在宋代，之前的一百多年里，海南从没有人进士及第。苏轼北归不久，这里的姜唐佐就举乡贡。苏轼闻讯，题诗曰："沧海何曾断地脉，珠崖从此破天荒。"一直到今日，儋州还屹立着他当初讲学的东坡书院。

但是，这条漫漫北归路似乎比来时更长。苏轼蹒跚而行，却没能走到京师。那一年七月二十八日，他在北归的路上过世，享年六十五岁，过世的地点正是他当年想要终老的常州。弟弟苏辙遵其意愿，将苏轼与夫人小王氏合葬。这位小王氏是苏轼第二位妻子，也是苏轼结发妻子的堂妹，她陪伴苏轼度过了人生中最低落的时期。

哲宗时期，章惇独居相位，他对保守派的态度，远远不如高太后当年对待改革派宽仁。至少高太后和司马光并没有要置人于死地，也没有对改革派的人格有所质疑。章惇却想方设法搜罗证据，给司马光、文彦博、范纯仁等人安上了"挟奸罔上"的罪名。又提起蔡确被逼死之事，认为是吕大防、刘挚的错。

绍圣四年（1097年），陈衍被诛杀，吕大防、刘挚、苏轼、苏辙、范纯仁都在流放之列，韩维等人被贬，子孙都被牵连，好几人死在被贬地。已经过世的司马光、吕公著等人则被一再追贬，削除赠谥，毁去赐碑，更是差一点对他们开棺鞭尸，锉骨扬灰。

此时，七十岁的范纯仁，已经因疾失明，听闻贬谪永州的消息，坦然接受。他儿子想上奏朝廷，当初父亲与司马光政见并不相同，希望父亲免于去永州。范纯仁道："同朝为官，意见相左是常事。今天这种话以后不要再说了。有愧于心而生，不如无愧于心而死。"

左司谏张商英弹劾已经致仕的文彦博，文彦博被列为司马光的同党，参与反对王安石变法和诋毁神宗。文彦博被降职为太子少保，同年五月逝世，享年九十二岁。

三月，章惇甚至提议派人去岭南，赐死流放的几个人。

哲宗道："朕遵循祖制，不杀大臣。"

绍圣绍述与其说是恢复神宗旧制，拨乱反正，不如说完全是改革派对保守派的一场报复。

而且，他们利用哲宗对高太后和保守派的不满，不断激化矛盾，甚至把手伸到了后宫。

哲宗十五岁时，高太后一手操办婚事，为他迎娶了皇后孟氏。孟皇后年长哲宗三岁，是老臣孟元的孙女。

这场婚礼办得如何，难以考证。但哲宗显然并不高兴。过程中，朱太妃觉得日期选得不好，希望能重选，也被高太后否决。可想而知，哲宗必然忍受了不少委屈，才会让一向温柔软弱的朱太妃都忍不住要开口提意见。哲宗也因此不喜欢孟皇后。

婚后不久，哲宗去南郊祭祀天地，途中车队与皇后的车队遇到，两队争道，导致皇帝的队伍不得不停下。次日，哲宗生气地下诏，以后就算是皇后的车队遇到皇帝的车队也必须避让。

绍圣三年（1096 年），孟皇后所生的福庆公主重病，不久病逝。皇后家人为皇后和公主祈福。哲宗的宠妃刘氏把这件事颠倒黑白，说成是孟皇后用厌魅之术诅咒她，一举告到哲宗面前。厌魅之术是古代一种神秘巫术，据传可以置人于死地。

刘妃这状告得很有技巧，充分抓住了皇帝对自己的重视，也精准地借到了朝廷上改革派打击保守派的东风。毕竟是高太后选择了这个孙媳妇，打击了孟皇后，就是打击了保守派。

哲宗半信半疑，命梁从政、苏珪调查此案。

宰相章惇果然没让刘妃失望，在他的授意下，这些人对孟皇后左右宫人严刑逼供。宫人们即便被断手脚，经历割舌等折磨，都不愿污蔑皇后。最后，梁从政等人伪造皇后图谋不轨的供词，提交给哲宗。

于是，孟皇后被废，安置在瑶华宫，和当年仁宗的第一任皇后郭皇后是同一个地方。

孟皇后的婚姻从开始到结束，都充满了政治因素。她被废后，朝中很多大臣认为案子另有隐情，希望重新彻查，惹得哲宗不快。可见这件事情，真相已经不重要了，重要的是这个结果。

孟皇后在瑶华宫待了二十年，后来宋徽宗时期又经历复立和再次废去，甚至不允许她在死后列入宗庙。但也因为这样，金人攻占开封，掳走宋徽宗、宋钦宗、皇室成员和朝中大臣时，反而放过了这位前朝废后。后来孟皇后成为宋朝从北宋往南宋过渡中，定海神针一般的人物，并得以安享晚年，甚至死后的牌位在哲宗旁边，比加害她后升任皇后的刘氏还要靠前，不得不说也是一种大快人心的结局。

在北宋中期，有一个工程也被反复拿来讨论，成为党争的一部分，那就是黄河水道治理。

古代黄河河道变迁非常频繁，一直是历朝历代水利工作的重中之重。

唐初，国力强盛，曾对黄河下游全面修筑堤防。到唐中晚期，国力衰落，而堤防的存在加速了河床淤高，黄河河口段的河水决溢越发频繁。

进入宋朝，朝廷在各州专门设置河堤判官职位，负责相关事宜，可见非常重视黄河问题，但还是连年发生河道决溢的情况。到宋仁宗朝，黄河还改道了，这是历史上八次黄河大改道之一。

景祐元年（1034 年），澶州横陇段黄河决堤。从汉唐时期的旧河道北面，形成一条新道，被称为横陇河。

横陇河一共流淌了十四年，它从横陇出发之后，经过今天河南省清丰、南乐两县，进入河北大名县境，向东北方流经山东省聊城、高唐，在平原一带分成赤、金、游等分流，最后经过山东省惠民县、滨县两地之北入海。

一开始十年，横陇河水流顺道而行，并没有出现问题。但后来下游游、金、赤三河又河床淤高。下游不通畅，则上游易决堤。仁宗庆历八年（1048 年）六月，黄河再次在商胡口决堤，向北直奔大名县，经过聊城以西，在今天的河北青县境与卫河相合，然后入渤海，宋人称之为“北流”。

本来不是非常重视黄河问题的仁宗吓坏了，一面赶紧安排赈灾，一面商议应对办法，结果在朝内引发治理黄河的争论，一派认为应让黄河继续北流，一派则认为应该让黄河回流。这两派谁也不能说服谁，一路从庆历八年（1048 年）吵到至和二年（1055 年）。

回流派提出了两个方案：一是清理原来的河道，同时把决堤处堵回去，让黄河在汉唐时期的旧河道上继续流淌，称之为“回河东流”；一是在“回河东流”的基础上略作改动，用附近一条小河六塔河帮忙分流黄河水，减轻黄河的压力，称之为“六塔分流”。

北流派的欧阳修觉得两个方案都是开玩笑，消耗人力物力，尤其是六塔分流，本来六塔河就是一条小河，只有五十步宽，让它帮忙分流，对滔滔黄河水来说就是杯水车薪，搞不好再来一次决堤，必对附近河北路的财政收入造成重大影响。

欧阳修两次上书反对黄河回流，认为最务实的办法是黄河爱怎么流就怎么流，同时勤快地疏通下流，做好防范工作，以免黄河在目前的河道上再决堤才是正事。

但是，黄河对宋朝来说不是单纯的河流，它还承担着对北防御外敌的天险作用。因此从国防安全的角度，仁宗认为黄河只有回流，国家才踏实。之后在宰相富弼和文彦博的支持下，“六塔分流”方案开工。结果谁能想到，这刚堵上的商胡埽决口当天就崩了，河北数千里遭受灭顶之灾，上万民夫、不计其数的物资都被冲跑，死伤损失难以估量。

到嘉祐五年（1060 年），“北流”又在河北大名第六埽决堤，向东分流，经馆陶、乐陵、无棣入海，宋人称此河为“东流”。

“北流”和“东流”同时存在，又称两股河。两股河的出现令黄河问题更为严峻。朝野中开始了新一轮的争论，一派坚持开两股河，引导东流；一派主张在北流修筑堤坝，防御洪水。

这时已到神宗朝，正是王安石等改革派主持朝政的时候。起初，司马光和王安石意见一致，都认为可以“回河”。随后，司马光到黄河实地考察，发现东流水浅狭，而且堤防设施尚不健全，如果贸然回流，说不定又发生仁宗朝六塔河的惨剧，因此建议淤高北流，开阔东流，渐进堵口，缓行回河。

司马光的意思很明白，不是不回，但是要慢慢来。

可是，神宗和王安石不能接受，就像他们想要一口气解决宋朝复杂的社会问题一样，对于黄河的问题，这两人也不想等。

慢慢来？那是不被允许的！

熙宁二年（1069 年），因为急于表功的张茂、张帆等人谎报水情，说北流浅而东流通畅，神宗和王安石下令闭塞北流，挽河东流。结果，黄河又在许家港决堤，北流和东流之间的州县成了一片汪洋。之后，朝廷采用许多措施维护东流。结果仅仅是第二年，黄河就又发生了三次决堤。

这下神宗和祖父仁宗一样，也不敢再轻举妄动了。反正这个黄河，治理也是决堤，不治理也是决堤。

到了哲宗朝，一直频频决口的东流忽然断流，只剩北流。新官上任三把火，新皇帝上位新目标——治理黄河又一次被提出来，进而拉开了第三次治理黄河大讨论的序幕。

哲宗朝的这次争论甚至比之前两次都要激烈，足足拉锯八年，治理黄河也从水利问题升级为国家战略防御问题。

范纯仁、苏轼、范祖禹等认为应当尊重自然，维持现状，别为了治理黄河而治理黄河，甚至为此耗费国力财力。

但吕大防、文彦博、安焘、王岩叟等坚持回河东流。安焘认为："若不回流，辽军可直抵京师，设险防御辽朝应当高于治水。"

苏轼反驳说："大自然鬼斧神工，指不定哪天黄河就从辽朝境内入海了，那朝廷搞那么大工程不都是白忙活？"

听政的高太后在两派之间左右摇摆，工程一时开工，一时停止，河工一会儿招募，一会儿又遣散。

高太后最后还是站在国家安全角度，勒紧裤腰带，决定回河。后来哲宗亲政，推翻祖母许多措施，但黄河回河却奇迹般保留了下来。这项工程耗时五年，最后在哲宗亲政第二年完工，黄河回道东流。

好景不长。

元符二年（1099 年），黄河又一次在内黄决口，东流决断，主流又回到北流。苏轼等人的论点是对的，至少在当时，人力做不到反抗自然。

而经过仁宗、神宗、哲宗几代人的努力，黄河非但没有回流，河北大片地区还反复遭受灾害，防御重镇被严重破坏。几十年后，他们担心的辽军没来，南下的金兵却进入荒芜的河北地区，如入无人之境，轻而易举渡过黄河，把宋徽宗和宋钦宗给抓走了。

元祐更化和绍圣绍述时期，宋朝对待西夏的态度也截然相反。

高太后听政时期，采用的是“以地换和平”策略，把神宗熙河开边辛苦收回的熙、河、洮、岷、叠、宕六州统统还给了西夏。对此当时朝野里的绝对力量保守派，举双手赞成。司马光觉得这简直就是彰显大宋气概的一个明星项目。苏轼连夸这就对了，之前我们拿下了人家兰州，人家才气不过老来骚扰我们嘛。至于浴血奋战的西北军，可千万别再没事找事去跟西夏对着干了，谁要不听话，谁就是不爱国，必将被严肃处理。

这种软弱的军事外交态度，等到哲宗亲政之后，就直接翻转。哲宗和宰相章惇一致认为对西夏绝不能客气，吸取了神宗朝大刀阔斧西进而吃了败仗的经验，哲宗选择听从西北将领章楶的建议徐徐图之，一面修筑防御工事，一面缓慢向西夏渗透推进，决定用宋朝自己强大的体量，逐年蚕食西夏。

这时候，西夏王位也已经换了人。

之前，神宗趁着梁太后挟持儿子夏惠宗李秉常，令宋军主动出击，取得一定战果，但也付出了灵山、永乐两次失败，几十万人的损失的代价。

永乐城战役之后，梁太后迫于国内压力，又让李秉常复位，但梁氏兄妹依然把持朝政。国相梁乙埋死后，其子梁乙逋又为国相，西夏朝政大权依然掌握在梁家手中。

神宗元丰八年（1085 年）五月，梁太后过世。

次年，夏惠宗李秉常驾崩。其长子李乾顺继位，是西夏第四位皇帝，史称夏崇宗。李乾顺年仅三岁，由其母听政。这位皇太后是前一位梁太后的侄女，也是国相梁乙逋的妹妹，被称为小梁太后。西夏出现了又一次梁氏兄妹势力专权的局面，并在之后十多年里，频繁攻击宋朝边境。

哲宗绍圣元年（1094 年）十月，梁氏兄妹内斗，梁乙逋被小梁太后所杀。为了转移国内矛盾，小梁太后多次挟持年幼的李乾顺率军压境，对宋朝用兵。

绍圣三年（1096 年），西夏屯兵数万于边境上。

宋军西北守将章楶主动出击，获得大胜。

小梁太后随后命人前往宋营，谎称愿意举族归顺。章楶遣将前往受降，西夏军忽然发动攻击，两边打了个平手。

绍圣四年（1097 年），西夏再次进犯，均为宋军所败。宋军乘胜打入西夏，斩杀对方两千余人。

哲宗同意章楶的建议，在胡卢川筑城堡，占据有利形势迫近西夏。章楶之后做了一系列动作以牵制西夏，然后暗中率领四路兵马出胡卢川，用二十天时间，在石门峡江口好水河南边筑城，定名平夏城，取扫平西夏之意。

平夏城筑好之后，陕西各路纷纷效仿，层层推进到西夏境内，所控制的范围恰是西夏最肥沃的土地。西夏本来就贫乏，因此国内矛盾不断加剧，把平夏城看作眼中钉。

元符元年（1098 年）十月，西夏人倾巢而出，围攻平夏城。小梁太后带着幼帝亲自随军，号称领兵百万。

宋军在平夏城的守军，仅有万人而已。

西夏军造高车以临城，载数百人填壕而进，飞石激火，昼夜不息。

宋军守将郭成从容督战，用重炮、神臂弓等坚守城池，同时派出骑兵骚扰敌军。

西夏军攻城十三个昼夜，宋军就坚守十三个昼夜。这次宋军不光没遭受什么损伤，还令西夏军死伤上万，损失严重。甚至连老天都站在宋朝这边，狂刮大风把西夏的战车摧毁。

西夏军取胜无望，而且面临断粮危机，小梁太后无奈撤军。

宋军乘胜出城追击，同时宋将姚雄和姚古率领的援军到达，活捉西夏猛将统军嵬名阿埋等人，斩杀敌军上万，并深入西夏境内，突袭西夏军队，斩首三千余人，缴获牛羊万匹。

这是宋与西夏的第四次大战，也是北宋灭亡之前最后的高光时刻。按照当时的进度和大宋如此强悍的西北军，宋朝灭掉西夏只是时间问题。

西夏迫于无奈，请求辽朝出面调停。

辽朝也并不想打破三国鼎立的局面，一面遣使到宋朝说和，一面毒死小梁太后，十六岁的夏崇宗李乾顺因此亲政。不要小看这个少年天子，日后，也正是他以出色的谋略和外交手腕，协助崛起的金朝先后灭辽朝和北宋，将宋朝西北大片肥沃土地收入囊中。

元符二年（1099 年），意气风发的哲宗同意了辽朝的调停。那时候，他还没发现西北军表现出色的同时，巨大的军费令深陷三冗问题的国家雪上加霜，宋朝这艘破而庞大的船只已经在风雨中走到最后的时刻。

那时候，哲宗才二十四五岁，正站在人生最辉煌的时刻。

那时候，大宋的所有人正沉浸在胜利的喜悦之中。

谁也没想到，元符三年（1100 年）正月，哲宗会因为着凉生病而离世。他的身体一直不算太好，体弱易染病。起初，枢密院入内问安，哲宗坐在榻上，神采如常。结果没过多久就陷入病危，连话都说不出口，很快驾崩。

第十九章

海上之盟——徽宗的联金灭辽梦

哲宗忽然驾崩，朝野上下始料未及。好在有向太后坐镇，向来不干预朝政的她，当即宣诸王入宫。

忽然离世的哲宗给大家留了个难题，他身后没有子嗣。

继承人只能从哲宗的兄弟、神宗在世的五个儿子里面选，分别是：申王赵佖，端王赵佶，莘王赵俣，简王赵似，睦王赵偲。

同时被太后召进宫的还有大宋的宰执班子。

向太后哭着和几位朝廷肱股开闭门会议："国家不幸，大行皇帝没有后嗣，继承人的事情必须早定。"

宰相章惇沉声道："从礼法和道理上来说，都应该是先帝的同母弟弟简王。"

向太后不太高兴："老身一个儿子都没有，如今的诸王都是神宗帝的庶子，是不是同母都没有区别。"

章惇于是道："那论年长的话，就应该立申王了。"

"申王眼睛有疾，不行啊。"估计向太后想说，你们这些大臣眼睛也不太好使吧，看不出哪个适合当皇帝，那只能由她来说了，"申王再往下是端王，端王没什么毛病，就立他吧。"

章惇急得拍大腿："端王太过轻佻，恐怕不适合君临天下！"

首相和向太后争执不下，话题一度上升到端王的人品问题。这时候，知枢密院事曾布站了出来。

一直被章惇打压的曾布，终于逮着个机会报复章惇。他道："章惇你是做主做惯了吧，你说不行，可没跟其他人商量过。皇太后，臣认为就应当如您圣谕，立端王！"

曾布这话一出，其他人再支持章惇就不合适了，当即附和并请皇太后下旨。

向太后满意地看着几个人，道："嗯，先帝神宗在世的时候，也常说端王是有福寿的人，而且很是仁孝。"

大家就这样把神宗第十一子、端王赵佶立为新帝的事给定了，由蔡京起草诏书。随后，赵佶被召到内殿，来到哲宗灵柩前，哭着跪拜，并即位为帝，史称宋徽宗。

当时筠州推官崔鶠说章惇这个人，左右以为忠，天下人皆认为是奸。以前丁谓做宰相的时候，独独针对寇准一人打压，而章惇却打压了一片忠臣，被天下士大夫叫"惇贼"。

可是，章惇有一句话却说对了，赵佶确实不适合君临天下。

宋徽宗赵佶之前的七位北宋皇帝，不论个人成就大小，都是心怀天下和百姓的君主，为政勤勉，生活勤俭。

宋徽宗却完全不是这么回事，他自幼养尊处优，性格轻佻浪荡，爱好丹青、笔墨、骑马、射箭、蹴鞠，喜欢奇花异草、飞禽走兽，尤其在绘画和书法上有极深造诣，这样一个适合做闲散王爷的人，却偏偏被推上了至高无上的皇位。而他当皇帝以后的大部分时间，依然是沉迷声色，无心朝政，像极了他的偶像南唐后主李煜。徽宗大概怎么也没有想到，自己最后的结局也和李煜差不多。

徽宗还是亲王的时候，娶德州刺史王藻之女为妻。王氏姿色平平，徽宗不光在府邸里有许多美妾，还经常到处寻花问柳，甚至喜欢把名妓乔装打扮带入王府玩乐。登基之后，徽宗依然本性不改，经常微服出宫，踏访秦楼楚馆，甚至一度约会名噪一时的名妓李师师。

尽管当时的朝政被蔡京父子、王黼、童贯之流把持，但是，大宋从来不缺刚正的名士。

宣和元年（1119 年），大臣曹辅毅然进谏："陛下厌倦在正式宫殿居住，时常乘小轿去街市远郊，尽情游乐而后返，有负祖宗和国家的重托。"

徽宗接到奏疏后，出示给宰执大臣看。

曹辅被召到政事堂审问。

副相余深斥责："一个卑微小官，竟然也议论国家大事？"

曹辅反驳说："大官不言，故小官言之。"他义愤填膺，指责这群宰执玩忽职守，装聋作哑。

首相王黼勃然大怒，即令属官给曹辅录口供。曹辅提笔写下"区区之心，一无所求，爱君而已"几个字，接受流放，坦然离京。

徽宗自己爱玩乐，结交的朋友也都与他趣味相投，他有一个好朋友叫王诜，娶了英宗最疼爱的女儿魏国长公主。

公主贤淑，性不妒忌，尽心侍奉婆母。王诜却不珍惜，常与小妾玩乐，纵容小妾顶撞公主，甚至在公主重病时，当着公主的面与妾玩乐，因此被公主的哥哥神宗贬黜。

元丰三年（1080 年），公主病笃。高太后亲临探病，神宗随后到公主府，赐金帛六千，希望她能康复，又问公主还有什么心愿。公主只是请求恢复王诜的官职。神宗当即令王诜官复原职。第二天，公主病故，年三十岁。之后，公主的乳母向宋神宗告发了王诜的种种，神宗大怒，杖打王诜之妾，并把王诜贬去均州。

这样的王诜却是徽宗的挚友，两人以诗画会友，经常相约一起上秦楼楚馆。王诜绘山水画《渔村小雪图》，现藏于故宫博物院，上有徽宗的题记。

王诜身边有个小厮，乖巧善佞，写得一手好字，又擅长蹴鞠。徽宗也爱玩蹴鞠。一日，这小厮帮王诜送东西给徽宗。徽宗正在玩蹴鞠，就跟这小厮玩了一场，惊叹于这小厮的蹴鞠玩得实在好，于是跟王诜把小厮要了过来。不多久，哲宗驾崩，徽宗即位，小厮摇身一变，从王府亲信，变成了朝廷要员。可见宋徽宗这个人，任命官员随意得跟过家家一样。这个小厮名叫高俅，后来被施耐庵写入《水浒传》，是书中的奸诈大反派。

就是这么一个私生活糜烂、胸无大志的赵佶，怎么又入了向太后的眼，非立他为帝不可呢？

这事主要是向太后的滤镜太重，加上有了哲宗的衬托。

徽宗长得清秀，嘴巴甜，孝顺长辈，在向太后眼里是妥妥的十佳好少年。再转头去看哲宗，从小一张冰山脸，坐在皇帝位子上一声不吭，暗地里对高太后充满不满，亲政之后又完全和高太后反着来。向太后是高太后坚定的追随者，再加上哲宗的生母朱太妃在世，哲宗自然和向太后不怎么亲近。

章惇一开始提议立哲宗的同胞弟弟简王赵似，最高兴的当数朱太妃。可当时她并不是皇太后，想支持章惇也没有话语权，只能眼睁睁看着向太后否决了章惇的提议。

徽宗即位后，恳请向太后垂帘。

向太后更加满意，对比之前的哲宗，徽宗这是多听话乖巧的孩子呀，选他果然没错。

即位之初，徽宗也确实想要有所作为。

他上位的第一件事，就是将名相韩琦之子韩忠彦提拔为尚书左仆射兼中书侍郎，然后迎回保守派的主心骨、元祐旧臣范纯仁。

范纯仁在永州，徽宗得知他身体不佳，亲自赐药，谕曰：“朕在藩邸，太皇太后在宫中时，都知道您忠直言事，如今虚相位以待。不知您眼疾怎么样了，有没有寻人医治？”

等拜范纯仁为观文殿大学士时，徽宗又说：“希望以后每日能听您的忠言。”

范纯仁感激涕零，虽然最后因为身体原因不得不休养。徽宗每日见辅臣，都要问询范纯仁的情况，并叹："得一识面足矣。"

除了范纯仁，司马光、文彦博、刘挚、苏轼、苏辙等在哲宗朝遭贬的元祐大臣，都恢复了名誉并被重新起用，被哲宗废黜的孟皇后也被尊为元祐皇后。

但是，徽宗想把朝廷内的情况修正一下，却并不代表是让保守派重新上位，然后再把改革派赶出京城。徽宗想要的是在两派之间寻求微妙的平衡，良性的讨论可以有，恶意的打击报复不可取，因此，罢去改革派的章惇之后，他又任命改革派的曾布为右仆射，和韩忠彦一起主事。

同时，徽宗广开言路，希望能听到更多谏言，他说："其言可用，朕则有赏。言而有失，朕不加罪。"

于是，不论是保守派还是改革派都纷纷上言，阐述各自的观点，以及对神宗朝、哲宗朝的执政看法。

徽宗中立地表示，两边都各有得失，现在应当以大公至正，停下党争，共同建设美好大宋，随后改元建中靖国。

向太后本来也不热衷朝事，见徽宗这个开局架势，认定他为妥妥的好皇帝。于是，在听政半年之后，向太后放心地撤帘了。

建中靖国元年（1101 年）正月，向太后病逝，保守派失去了最大的靠山。现在改革派的带头人曾布又比保守派的韩忠彦更会玩弄权术，韩忠彦处处落在下风。改革派还抓住徽宗与神宗的父子感情，主张徽宗继承父志。

但韩忠彦和曾布都没有想到，他俩谁都没赢到最后，上来的人是蔡京。

徽宗即位后，属于改革派阵营的蔡京被贬出了京。

不久，善于揣度皇帝意旨的宦官童贯，前往江南访求名家书画和各种奇巧之物。童贯停驻杭州时，蔡京极力巴结他。蔡京本身和徽宗一样，书法造诣了得。童贯将蔡京的笔墨、折扇、屏风等物送往宫中，帮蔡京说好话，徽宗正被韩忠彦和曾布吵得脑仁疼，遂决定起用蔡京。

蔡京回到京城，先与曾布一起令韩忠彦被罢相，之后取代曾布成为首相。

崇宁元年（1102 年），新首相上任之日。

徽宗对蔡京说："神宗创法立制，先帝继承，两遭变更，国家大计还未确定。朕想继承父兄的遗志，爱卿有何指教？"

蔡京表示："臣不怕个人牺牲，但求为陛下做出成绩来。"可他打着变法的旗号，所做之事却与神宗朝的熙宁变法、元丰改制完全不同。蔡京大搞茶法和盐法，与民争利，是彻头彻尾地剥削百姓。

可被蔡京这么一搞，国库还真有钱了。

徽宗很高兴，他的每一项爱好都需要花钱，花石纲北上、新建延福宫、在苏杭设立造作局打造精美之器、把御府所藏书画编书刻帖……他的爱好也都很与众不同，风流得很有讲究，让在宫中设立集市，宫女扮作卖酒姑娘，而他化身叫花子前去行乞。

皇帝的爱好需要钱，国家打仗也需要钱。

童贯对蔡京有引荐推举之恩。蔡京上位之后，大力支持童贯在西北拓边。有了哲宗朝打下的良好基础，童贯在西北捷报连连，基本上把西夏逼到了角落里。徽宗把这一成就也归功于自己。

蔡京、童贯、王黼、梁师成、朱勔、李彦"六贼"围绕在徽宗身边，对他奉承至极，怂恿他沉迷在奢靡享受之中，徽宗甚至还逐渐迷恋上了道教，觉得自己是神仙下凡，所以天下在他的手中一片"歌舞升平"。偶尔一点小波动，比如宣和二年（1120 年）十月爆发的方腊起义，也被童贯轻而易举地解决了。

徽宗想听点唱反调的都听不到，之前保守派、改革派吵闹不休的情况早没了。因为蔡京一上位，就搞翻了保守派。

为了不给保守派再翻身的机会，蔡京弄了个“元祐奸党碑”，把司马光、吕公著、苏轼等共计三百零九人的名字刻在德殿门东殿，并要求全国各州都要刻石。景灵宫内司马光、范纯仁等大臣的画像被毁，“三苏”、范祖禹等人的书被列为禁书，见之销毁。

实际上，蔡京是以打击元祐旧党的名义，行清除异己之事，只要是与自己对立的，不论身份，不论官职，统统都归于奸党，甚至这些人的家人、亲友、学生都被牵连，不能擅自入京。

在这种背景下，徽宗又怎么可能听得到反对蔡京的声音？

但是这个宰相在徽宗心里，是又能给国家捞钱，又能让他这皇帝当得省心省事。徽宗对蔡京满意得不得了。因此，徽宗朝二十七年，蔡京四起四落，一共做了十四年宰相，其中十三年还是独相，大宋进入了最黑暗的时期。

政和三年（1113 年），辽朝境内的女真起兵造反了。

只要不是造自己的反，那就是大好消息，宋国嗑着瓜子看戏。

这时候，辽朝在位的是天祚帝耶律延禧。

与一般父死子继的情况不同，耶律延禧的帝位来自爷死孙继。耶律延禧在三岁时父母双亡，而间接造成这个情况的正是抚育他长大，并传位给他的爷爷辽道宗。

仁宗至和二年（1055 年），辽兴宗辞世，长子耶律洪基继位，史称辽道宗，随后就有人发动政变，意图篡权夺位。

事情起因还要追溯到辽兴宗登基初，为感激弟弟耶律重元告发太后萧耨斤的废立之事，辽兴宗把耶律重元封为皇太弟，并在一起酒醉之时，承诺将来传位耶律重元。因此辽道宗登基之后，最担心的就是这个叔叔耶律重元，为了稳住耶律重元，辽道宗上位之后立刻又封耶律重元为皇太叔，还加封耶律重元之子涅鲁古为楚王。

耶律重元其实对皇位没有那么执着，可是耐不住儿子涅鲁古想做皇帝，一直蛊惑老爹造反。

辽道宗得到密报说耶律重元父子要发动政变，派人前去试探。这一下，耶律重元父子就不装了，率先领兵进攻辽道宗所在的行宫，最后失败，涅鲁古被射杀，耶律重元逃到大漠，前无去路，后无退路，自缢身亡。

这件事辽道宗虽然赢了，内心却埋下了多疑的种子，认为就算是亲人也不能信任。

于是，在皇太子耶律浚受命领导北南枢密院事时，知北枢密院事的耶律乙辛，抓住辽道宗的疑心病，设计诬告皇太子的母亲、辽道宗的皇后与他人有染。辽道宗不听皇后的解释，也不顾皇太子的求情，赐死皇后。之后，耶律乙辛又诬陷皇太子记恨辽道宗弑母，意图废帝自立。辽道宗仅这一个儿子，却不信任皇太子，将他废为庶人，押往上京囚禁。耶律乙辛随后派人将皇太子杀死，对辽道宗谎称是病故，又派人杀害了太子妃。

一系列的事情之后，辽道宗才意识到耶律乙辛的野心，为皇太子昭雪，并加强了对唯一直系血脉皇孙耶律延禧的保护。

但是辽道宗继承的本就是一个走向衰落的国家，而他又不是一个有能力的皇帝，他仰慕宋仁宗，喜欢汉文化，却又忠奸不辨，用人不善，造成辽朝政治越发腐朽黑暗，同时他又崇奉佛教，广建寺庙，劳民伤财，使社会矛盾进一步激化。

元符三年（1100 年），天祚帝耶律延禧继位，他从爷爷手里接过的是一个岌岌可危的辽朝。

当时，居住在今东北松花江和黑龙江地区的女真部落，分为已经归为辽朝人的熟女真，和在辽境外生活、属于辽朝从属的生女真。

自辽兴宗时期起，生女真逐渐强大，组成部落联盟，由完颜部落的首领担任联盟酋长。

徽宗政和三年（1113 年），完颜阿骨打成为新一任完颜部落的首领。

长期以来，辽朝压迫生女真，要求生女真进贡人参、貂皮、名马、北珠、俊鹰、蜜蜡、麻布，等等。尤其是因为宋朝非常喜欢“北珠”，辽朝通过贩卖“北珠”去宋国做贸易生意，获利巨大，因此不断要求出产“北珠”的生女真扩大供给，而“北珠”的获得却非常艰难，需要生女真付出巨大的代价。辽朝派往生女真部落的官员，更是肆意掳掠物资，随意玷污女真族妇女，激起了生女真部落对辽朝强烈的不满情绪。

完颜阿骨打继任之后，决定先发制人，南下攻辽。

古代打仗讲究出师有名，完颜阿骨打用的名头是辽朝不肯交还女真族的叛徒阿疏。

阿疏是生女真纥石烈部落的人，纥石烈部落和完颜部落有矛盾，辽朝自然乐意生女真部落内部有矛盾。后来，阿疏败于完颜部落，逃入辽境。生女真部落以辽朝接纳叛徒为由，拒绝上贡，并多次派人深入辽朝，打探虚实。

完颜阿骨打继任第二年，集合各女真部落兵力，在涞流水（今东北拉林河）祭祀天地，而后进入辽境。

在辽朝人眼里，女真这简直是自寻死路。

完颜阿骨打集结起来的女真军总共只有两千五百人，而他们要面对的辽朝有几十万兵马。

九月，女真军进入辽境，即遇辽朝渤海军。完颜阿骨打一箭射死辽将耶律谢十，女真军见状，勇气百倍，辽兵溃败逃跑，死者十之八九。

身边的人劝完颜阿骨打称帝，完颜阿骨打说：“才打一次胜仗，就称帝，太肤浅了。”

他率领女真军乘胜进攻宁江州城，十月，顺利将宁江州城拿下。

辽朝朝廷闻讯，大为震惊，天祚帝召大臣商议。汉人行宫副部属萧陶苏斡说：“女真虽小，女真人却英勇且善骑射。我辽朝兵久不练，若遇到强敌，稍有不利因素，就部将离心，难以压制敌军。不如今日我们派出大军，以威压制女真。”

天祚帝认为这话有理，任命司空萧嗣先为东北路都统，萧挞不野为副将，带一万辽军攻打女真。

而在辽朝商议部署的这短短时间，完颜阿骨打对女真军的兵制做了改革，将原本来自不同部落的士兵统一为行军，设置千夫长、百夫长，强化军队管理，并将招抚的熟女真部和生女真统一编制，有力促进了女真的内部统一。

十一月，上万辽军抵达鸭子河。

完颜阿骨打领兵三千七百人，集于鸭子河北岸，趁着黎明，渡河迎击辽军。两军在出河店相遇，恰起大风，尘埃蔽天，完颜阿骨打乘风奋起，大败辽兵。仅辽军主将萧嗣先带着十七个人逃出来。

出河店一仗，女真掳获大批车马及兵甲、武器，收编俘虏辽朝士兵，女真军队人数扩大到一万。周围人见女真军的首领是天降勇人，纷纷来投奔，女真军的势力迅速扩大。

次年正月，完颜阿骨打认为时机成熟，效仿中原制度，称帝建国，国号大金，完颜阿骨打即金太祖。

而辽朝方面，逃回去的萧嗣先按律应当被斩杀，以儆效尤。萧嗣先的哥哥萧奉先劝天祚帝道：“东征溃军，正四处抢掠，若不赦免他们的罪过，只怕会聚众为患。”天祚帝因此只是免了萧嗣先的官职而已。辽军诸将见状，纷纷认为以后打仗，“战则有死无功，退则有生无罪”，因此再无斗志，遇敌直接溃逃。

女真军势如破竹，拿下辽朝的宁江州、宾州、咸州等广阔地区，进而攻陷辽朝重镇、国库所在的黄龙府（今吉林省长春市农安县），并和辽朝喊话：“要是归还叛徒阿疏，金兵当即班师。”

十二月，天祚帝决定御驾亲征，率五万骑兵和四十万步兵东行，号称七十万大军奔赴黄龙府。

完颜阿骨打闻讯，仰天恸哭，与部众道：“辽主大军将至，与其人人战死，不若你们杀了我，迎降辽主，转祸为福。”

诸将纷纷拜地发誓：“我们愿誓死追随您！”

女真这头，完颜阿骨打以退为进充分调动起了军队的作战积极性，决心与辽军决一死战。

而辽朝那边竟然出现了内部问题，都监耶律章奴发动政变。天祚帝闻讯，急匆匆回头平叛。

金军得知天祚帝回头了，诸将请求分兵追击，完颜阿骨打说：“敌众我寡，兵不可分。辽军现在中军看起来最有气势，主将一定还在。我们要集中兵力挫败他们的中军，以振士气。”随后派金军右翼先战，之后左翼会合攻击辽朝中军。

辽军大败，将领萧特末逃跑之前，还放了把火焚营。即便如此，金军依然缴获大批物资、兵械、牛马。

天平已经完全发生偏转，现在掌握主动的一方变成了完颜阿骨打，辽朝的颓势越发明显。

这让一直在旁边愉快看戏的宋朝，看到了收复燕云十六州的希望。宋朝决定联合金朝，夹击辽朝，问题是两国之间本来就隔着一个辽朝，要怎么联络呢?

有人提议：“可以从海上绕道过去。”

徽宗一拍大腿，“就这么办。”

经过不懈的努力，政和七年（1117 年）七月，宋朝使者终于通过海路与金朝接触上了。

听宋使说了“欲与通好，共行伐辽”的来意，金朝并没有表现出多大的兴趣。

灭辽嘛，金朝觉得凭实力自己也搞得定。还要还你燕云十六州?那就更不行，谁打下那就是谁的。

归根到底，联金灭辽，只是宋朝的一厢情愿罢了。战场上做不到的事情，在谈判桌上也一样难以达成。

最后，完颜阿骨打经过综合考量，力排众议，回复宋使：“这件事可以谈。”

徽宗激动坏了，当时这场合作还属机密，因此不适合撰写国书，他给金太祖写了一封亲笔信，竟然在信中只说燕京其下州城是汉地，而忽视了燕云十六州的其他地区。

这给前去谈判的使者造成了很大困扰，也让金朝拿捏住了把柄。

金朝只同意将来交还燕京，并要求宋朝把每年给辽朝的银绢转给金朝。同时提出，双方一起出兵，同时夹击辽朝才行。

徽宗觉得银绢不是问题，但是要求把燕京扩大为燕云十六州。

使者来回奔波，把意思传达到金朝。金朝却强硬表示：“你们皇帝第一次来信可不是这么说的，要合作就给燕京，不合作就拉倒。”

宣和四年（1122 年），双方终于达成一致，由宋军攻打燕京一带，金军攻打辽中京，联手灭辽之后，燕京等六州归宋，宋将原给辽之岁币转纳于金朝，史称海上之盟。

在宋金拉锯，秘密商议联手灭辽的时候，金军已经拿下了辽朝的上京（今内蒙古自治区巴林左旗东南），天祚帝匆忙逃往西京大同府。这时候，辽朝内部又因为皇位继承问题而爆发内乱。

天祚帝六个儿子中，最受人拥戴的是其次子晋王耶律敖卢斡。先前劝天祚帝不杀败将，导致辽军士气大落的萧奉先，是天祚帝第五子秦王耶律定的舅舅，他污蔑晋王想篡位，已经联合了母亲文妃以及文妃的大姐夫耶律挞葛、小姐夫耶律余睹，一起谋反。天祚帝因此杀了耶律挞葛以及文妃母族多人，赐死文妃。

要处死的人里面，也包括在前线和金军打仗的耶律余睹。耶律余睹于是决定投降金朝。当时奉命追捕耶律余睹的辽军将士觉得抓了耶律余睹，自己日后就是下一个耶律余睹，因此放过了耶律余睹，以“追击不及”回复了天祚帝。

宣和四年（1122 年），金军前锋攻下辽朝中京（今内蒙古自治区赤峰市宁城县），天祚帝匆忙逃往辽朝南京（今北京市）。熟悉天祚帝的耶律余睹带金军紧随其后。

萧奉先撺掇天祚帝杀掉晋王，说：“这样绝了耶律余睹立晋王为帝的念想，耶律余睹自然就会退兵。”

晋王被处死，辽朝上下无不寒心，纷纷思叛。

而耶律余睹也没有退兵，反而对天祚帝穷追猛打。

天祚帝这才反应过来，一切的根源都是他偏信了萧奉先的话，因此不允许萧奉先再跟在身边。

萧奉先离开不久，就被手下绑了起来，准备献给金朝，半路又让气不过的辽军抢了回去，由天祚帝亲自下令处死。

但这时，天祚帝身边只有五千多亲兵，如丧家之犬，到处躲避逃命。

辽太祖的八世孙耶律大石见跟随天祚帝不可能恢复辽朝大业，便离开天祚帝，率两百骑北上，集合辽朝西北的兵力，而后在可敦城立国，自立为王，之后建立西辽。西辽又绵延九十四年，最后被蒙古人所灭，辽朝到此才算真正灭亡。

失去了耶律大石的天祚帝，则收到西夏夏崇宗李乾顺的邀请，短暂西入西夏避难，后来西夏迫于金朝的压力，不能再收留天祚帝。天祚帝只好回到辽朝境内继续东躲西藏，最后在徽宗宣和七年（1125 年）被金军俘虏，押送到金朝上京，之后关押在囚所。

据《大宋宣和遗事》记载，天祚帝后来还见到了被金朝俘虏的宋徽宗赵佶。一个辽朝末代皇帝，一个北宋的亡国之君，共住一室，说了些悄悄话。第二天，这件事就被告发。当时金朝皇帝金太宗完颜吴乞买，下令把两人分开，自此两个亡国君主再未见面。

宣和四年（1122 年），宋朝应金朝之约，出兵攻打辽朝。

徽宗命童贯为河北、河东路宣抚使，后命蔡京的儿子蔡攸为副使，名将种世衡之孙种师道担任都统制，一起领军北上。童贯到河北地区一看，因为百年未有战争，边防军懒散，防御设备破损。但童贯实在舍不得功劳，又继续硬着头皮前进。

到了燕云地区，百姓已经被辽管辖多年，因此并没有非要归于宋朝的强烈感情。童贯想号召百姓主动归顺王师，一起讨伐辽军，结果百姓一点反应都没有。

更要命的是，童贯命手下大将种师道出战，种师道却觉得趁着辽朝虚弱背后戳刀的行为有违道义，因此消极怠工。正好先锋军和辽朝作战，先后吃了败仗。于是，种师道主动退守雄州，辽朝人追着战败的宋军一直追到了城下。

徽宗闻讯，连忙叫宋军班师回朝。

辽朝气不过，遣使者把童贯骂了个狗血淋头说："你们宋国为了一时之利，放弃与辽朝的百年之好，真不像个大国的样子！"

童贯无言以对。

种师道建议与辽朝议和，童贯也不答应，反而秘密弹劾种师道助长了辽朝的气焰。种师道因此被徽宗罢官，干脆退休回家了。

到了七月，童贯再次请求攻打辽朝，得到徽宗的支持，这次由刘延庆替代了种师道的位子。但刘延庆也因宋军之前种种败绩，害怕辽军，迟迟不前。

这时，辽朝涿州守将郭药师认为辽朝已经岌岌可危，主动率军八千人投降，献上涿、易二州。

宋国不费一兵一卒赢得了两座城池，宋徽宗还真把这当成了自己的功绩，高兴地给燕云各地赐名，却忘记了除了主动投降得来的两州，其他地盘根本还在辽朝手里。

郭药师摇身一变成了宋国的将领，反过来攻打燕京，并为刘延庆献计："属下领兵五千，攻打燕京，您随后带大军前来接应，拿下燕京定然如探囊取物，手到擒来。"

刘延庆觉得这主意好，让儿子刘光世做接应郭药师的援军。

于是，郭药师带兵夜渡卢沟，奇袭燕京。

辽朝将领萧幹闻讯带兵驰援，分三千精兵入燕京与郭药师作战，自己带大军与刘延庆对峙。

刘光世因此不敢依约救援郭药师，郭药师在燕京被三千辽军团团围住，死伤过半，又迟迟等不到刘光世，只能弃城出逃，帐下好多士兵被辽军活捉，还是后来金军破燕京，才把这些被俘虏的人找到送回宋朝，格外讽刺。

刘延庆就此失去了拿下燕京的机会。

被金朝打得一路吃败仗的辽军，在宋军面前，竟然还有余力分出士兵断了宋军的粮道。主将萧幹自知兵力不如宋军，想了条妙计，对外号称自己有三倍于宋军的兵力，很快将以火为号，一举歼灭宋军。

刘延庆刚到敌营就看到了火光，就以为对方要杀来了，直接自焚了营地，仓皇南逃，兵甲物资落了一地，身后士兵自相践踏无数。次日，宋军在白沟又被追兵大败，退回了雄州。

宋朝吃败仗的样子，统统都落在金朝眼里。金太祖随后率兵亲自攻下燕京。

宋国遣使赵良嗣和金太祖商量按照"海上之盟"约定的交割事宜，金太祖态度傲慢地说："听说你们大将刘延庆带了十万人攻打燕京，结果一败涂地，还有脸来跟我要燕京等地？"

赵良嗣无言以对。

几轮讨价还价之后，金朝最后的要求是在原来合约的基础上额外多要一百万贯钱，算是帮忙打下燕京又代宋朝管理这么多时日的费用。

徽宗认为："给钱好说，就是能不能把辽朝的西京也还给宋国呀？"

金朝呵呵："想要西京，再给二十万贯钱。"

徽宗还真爽快地答应了，结果二十万贯钱送过去，金朝也没把西京给宋国。

金军占领燕京城半年，因一开始就知道将来要把城池归还宋国，因此在城内大肆搜刮财物，掠走百姓，损毁房舍。至宣和五年（1123 年）四月，金朝交割燕京城以及其属州给宋国时，燕京城只剩一座空破的城池。

至此，太行山以南的燕京城和涿州、易州、檀州、顺州、景州、蓟州回到了宋国手中，徽宗君臣陶醉在胜利的喜悦里。

这是自后周世宗柴荣起，每一位中原皇帝做梦都想收回来的地方啊！宋太祖、太宗未竟的事业终于在他赵佶的手里完成了！

欢呼的声音太高太响亮，徽宗根本没有听清楚，金太祖在离开的时候说了什么。

他说："过两三年，必再夺回燕京！"

第二十章

开封保卫战——北宋灭亡

对宋、辽、金三国的关系，当时小藩国高丽反倒看得很明白，“辽为兄弟之国，存之可以安边；金为虎狼之国，不可交也！”

在宋国想着“联金抗辽”的时候，高丽国王递书，劝徽宗三思。可高丽隔得太远了，又是小国，宋国上下根本没人把他的话当回事。

当时的宋国只觉得接二连三的好消息从天而降。

首先，燕京等七州回到了手中。

其次，金太祖离开燕京不久，就在返回上京的路上病故了，时年五十六岁。其弟完颜吴乞买即位，史称金太宗。

第三，因为金太祖突然离世之后，金朝号召燕云一带的百姓往北转移，平州守将张觉觉得富贵应当险中求，主动向宋国投降了。

宋国高兴坏了，一直以来辽朝和金朝你来我往，今天你夺一个城，明日我又夺回来，根本没宋朝什么事情。结果，竟然有主动投降这种好事落在自己头上。

实际上，张觉是个彻头彻尾的投机分子。他本来是辽朝将领，趁着辽末之乱，杀了自己的上司，占据了平州，做了一方老大。金军一来，他就主动降金，被金朝封了官，负责留守平州。现在眼看金朝权力交接，他又主动投宋，换取利益。

徽宗果然对张觉大加封赏。

赵良嗣建议不要这样，他委婉地劝徽宗说：“只怕金朝不能接受张觉的叛变，如果我们接受了张觉，万一引火上身惹恼金朝就不好了。”

徽宗很不高兴，这什么乌鸦嘴，坚决要接纳张觉。

张觉作为报答，带着五万兵马，想胁迫迁、来、润、隰四州也投降宋朝。

金朝派锦州军出发前往讨伐，连败张觉两次，后来又在兔耳山被张觉打败，但是张觉只向宋朝廷报告了最后胜利的这一场。徽宗大喜，下令在平州组建泰宁军，任命张觉为节度使，赏赐万两银绢。

金朝自然不会善罢甘休，金太宗派完颜宗望接管完颜阇母的军队讨伐张觉。

张觉正得意忘形，出城接受徽宗嘉奖诏书。

金朝人趁机将他堵住，杀了个出其不意。

张觉和弟弟从混战中逃出来，跑入大宋境内，祈求宋国庇护。

金朝随后抓了张觉一家老小，张觉弟弟听闻此事，带着宋国诏书回头又投奔金朝。

金朝这下爆了，抖着徽宗的诏书，质问宋国：“这是什么意思？”限时要求宋国交出张觉。

这是熟悉的味道，熟悉的方式，和当初金太祖完颜阿骨打要求辽朝交出女真叛徒阿疏一样。区区一个张觉，其实金朝根本不在乎，他们要的是一个对宋开战的借口。

宋国完全没有意识到问题的根本，童贯竟然还出昏招，找了个和张觉长相类似的囚犯，砍下头颅送去金朝，谎称已斩杀张觉。

计谋被金朝识破，金朝要求宋国必须马上斩杀真的张觉。

宋国迫于压力，将张觉缢杀，尸体送往金朝。

这件事对辽朝降宋的将领郭药师的影响很大，他意识到，宋国在金朝面前根本抬不起头，今日金朝要张觉，宋国便杀张觉，那明日金朝要他郭药师的脑袋，宋国也必会杀了他，交给金朝。

实际上这时的金朝已经考虑对宋开战，因为辽朝天祚帝还没抓住，才没有动作。

宣和七年（1125 年）二月，天祚帝被俘，金朝最后的顾虑也没有了。十月，金太宗下旨，正式攻打宋国。

金军兵分两路，一路由国相长子完颜宗翰带领，直奔太原；一路由金太祖次子完颜宗望带领，攻取燕京。计划各自完成任务之后，会合一处，一起攻打宋国京师开封。

燕京守将郭药师率常胜军到白河，与金军相遇。金军见对方戈甲鲜明，步伍整肃，认为不可小觑。两军鏖战三十余里，郭药师并未落下风，甚至即将击溃金军主力。结果，猪队友张令徽害怕，一声不吭地偷偷跑了。金军抓住机会，派人追杀张令徽等人，最终导致常胜军的全面溃败。

燕京已经岌岌可危，郭药师和燕山府路安抚使蔡靖商议投降。蔡靖不肯。郭药师也不跟蔡靖啰嗦了，扣了蔡靖父子，向金军投降，随后打开城门，引金兵进入燕京。

金朝知道郭药师了解宋国军情，是个不可多得的人才，赐姓完颜。完颜宗望给予郭药师两千骑兵，任命他为先锋。

实际上，金军出征之前，宋国已侦知金军的情况。童贯被派往太原，宣抚河北、燕山。童贯遣使前往金朝，希望能缓和局势。使者回来告诉童贯，金朝责怪宋国之前收留张觉之罪，要求割让河东、河北两地给金朝，以示谢罪。

童贯不知道如何回复是好，准备一走了之。

太原留守张孝纯说："你今天要是逃回去，就放任河北给金朝了。这让河北怎么办？"

童贯被看破了，恼羞成怒，说道："我只是被任命来宣抚，又不是被任命来守疆土。"全然不顾张孝纯等人的反对，逃回开封。

与此同时，金朝要求割地的事也传到开封，宋朝派使去金朝求和。

没多久传来了郭药师投降金朝的消息，吓得徽宗立刻下了罪己诏，急召之前被罢官退休的种师道进京，同时准备禅位给皇太子赵桓。

对忽然坐上皇位这件事，赵桓完全没有想到，因为他本来并不得徽宗喜欢。赵桓的母亲是徽宗的正宫皇后王皇后，王皇后贤惠温柔，相貌平平，不得徽宗喜欢。赵桓深受王皇后影响，性格恬淡，生活俭朴，与徽宗的活泼和奢靡完全不同。王皇后离世那年，赵桓九岁，这对他的打击很大，此后越发沉默。

赵桓被立为太子后，徽宗曾经一度想换储君。当时蔡京的政敌王黼极力劝说徽宗改立徽宗偏爱的第三子郓王赵楷为太子。赵桓也因此提心吊胆，生怕说错做错什么遭到贬黜，越发沉默谨慎。

宣和七年（1125 年）十二月二十日，徽宗任命太子赵桓为开封牧，并赐下只有帝王才能佩戴的碾玉龙束带，以示对赵桓的信任。

徽宗也不是不想换一个继承人，只是不能在这紧急关头再生波折罢了。三天之后，他就急匆匆地宣布禅位赵桓。

赵桓坚持不住，几次急得昏倒在地，最后被内侍强行扶到福宁殿，在那里齐集的宰执大臣们也一起帮忙扶赵桓。赵桓被迫坐上了皇位，史称宋钦宗。

钦宗心里很清楚，自己在朝野中毫无势力，朝政依然被蔡京等人把持。他之所以坐在这个位子上，只是父亲徽宗急于甩锅，需要一个收拾残局的人而已。

钦宗上位之时，金兵距离开封只有十日路程了。

徽宗连太上皇的名头都不要了，告诉众人称他为“道君”即可，随后任命蔡攸为行宫使，带了一批官员先行逃离了开封。

钦宗独留在开封，心里也没底，根本不知道怎么应对。如果不是徽宗不让他走，他本意是要跟着徽宗一起跑的。京城没留下几个官员，基本上也都是主和派。幸亏大臣李纲站了出来，他表示开封是几朝古都，城墙牢固，积极防御应该还有希望。

钦宗于是提拔李纲为尚书右丞，负责开封防御事务。

实际上，金军南下并不顺利，他们擅长打野战，遇到坚固城池往往难以攻下。完颜宗翰那一路军就被太原拖住了，守将王禀、张孝纯积极坚守，使得这一路金军未能继续南下。只有完颜宗望一路金军，孤军深入宋境，南渡黄河，直奔开封而来。

在金军抵达之前的短暂时间内，李纲率领开封军民及时完成了防御部署。

金兵抵达城下，李纲本是一个不善用兵的文人，他抱着誓死卫国的决心，登城督战，第一次开封保卫战开始。

金军当日即发动攻击，出动数十只大船，进攻开封城的西水门。李纲派两千宋军驻扎在西水门，用长钩和石头打退了金军的进攻。

金军随即改为在酸枣门、封丘门架设云梯攻城。李纲站在城墙上指挥宋军英勇抵抗，使用弓弩、礌石、床弩、投石机等攻击攻城的金军，打退了敌人一次又一次进攻，另一边悄悄派遣精锐军队，出城袭击金军，烧毁敌军几十座云梯，斩首十余名金军。

金军的攻击被挫败，见识到了什么叫固若金汤的城池。

完颜宗望见一时难以攻下开封，转而和开封喊话："出来和谈。"

实际上，这时候，战局对宋国有利，开封尚且安全，各地集结的勤王大军也正在赶来救援开封。尤其种师道带着宋朝最厉害的西北军也已经赶到，二十万大军在外围把金军围住。现在这路金军就是夹心饼干里的心，如果宋军一鼓作气将之拿下，必将震慑金朝，完全改变历史！

可是除了李纲和种师道，朝野内外包括钦宗自己都只想和金朝求和，割地赔钱都不是问题。

李纲因为主战、反对割地，而被罢官。

甚至，钦宗要把李纲和赶来救援的种师道推出去给金军谢罪。

太学生陈东等人上书乞留李纲，上万开封军民愤怒地聚集到玄德门外反对。

这是陈东等人的第二次上书，第一次上书发生在钦宗刚登基时，陈东等人祈求严惩祸国殃民的“六贼”。

钦宗被迫收回成命，赶紧让李纲官复原职，并下诏将“六贼”中的王黼、李彦、梁师成处死，朱勔流放。

靖康元年（1126年）二月，金朝提出四个条件，宋国逐一履行：

第一，送上割让的河北三镇太原府、中山府、河间府的地图。

第二，答应巨额赔款。

第三，派肃王赵枢跟金军北上做人质。

第四，与金朝更改盟约，称金朝皇帝为“伯大金皇帝”，钦宗自称“侄大宋皇帝”。

金军那边，完颜宗望在局势不利于自己的情况下，意外收获颇丰，当即撤军北归。

开封之危解除。

钦宗反手就罢免了刚刚立下大功的种师道，说他年纪太大，可回去养老了。不久，种师道听闻弟弟种师中所率救援太原的大军，在杀熊岭被金军主力围歼，种师中战死。种师道在病床上，老泪纵横，不久便病逝了。

而李纲被排挤出了京城，接替种师道出任河东、河北宣抚使，可是钦宗又不给他前线指挥权，使得队伍难以管理。九月，李纲无奈提出辞职，而后被安上诸多罪名，被一贬再贬，最后贬谪夔州（今重庆市奉节县）。

此时，钦宗心里想的，既不是整顿军队，也不是发愤图强，而是太上皇徽宗在外面玩得乐不思蜀，怎么把他请回来呢？

钦宗真正担心的是万一徽宗忽然要把皇位要回去，又或者，在哪里宣布另组一个朝廷，那自己如何自处。一山容不得二虎，一个国家也不允许有两个皇帝。

因此，钦宗放不下心，放任徽宗整日在外面，而不是在自己的掌控之下。什么国家大事，都不如先把自己的皇位坐稳来得重要。

徽宗在外面的日子看似是一场游山玩水，每月花费竟然高达二十万贯。更让钦宗眼皮乱跳的是，徽宗果然想在外面单过，留在江南再搞一个小朝廷。钦宗不同意，马上派人去请徽宗尽快回京。

徽宗也不傻，宫斗的戏他比儿子多看了几十年呢，所以一路走得很慢，今天绕到亳州，明日又说要去洛阳。但不论走得多慢，还是在四月回到了京城，钦宗亲自出城迎接。

随后，徽宗就被小心地奉了起来——变相软禁，身边的人统统被换掉，并且为防止徽宗收买这些人，每次这些人当值结束，就要先交出刚刚被赏赐的东西，然后才能离去。

随后，在百姓一声高过一声的呼声中，蔡京父子、童贯，都被贬黜流放，随后蔡京在流放路上病死，童贯、蔡攸、朱勔被下诏处死。

钦宗除了“六贼”，大快人心，获得了百姓的拥戴。但，当时的掌权官员其实多出于“六贼”之门，根本不堪重用。钦宗又优柔寡断，不能坚定执行政策，忠臣李纲等人又丢在一边，寒了人心。等到金朝再次南下包围开封的时候，朝野根本无人可用。钦宗急忙派人去召回李纲，可惜李纲被贬得太远，收到诏书的时候，开封城都已被破了。

金朝也早看穿了宋朝内部的这些问题，仅仅八个月后，又一次出兵南下，还是完颜宗翰和完颜宗望两路兵马，分别自大同府（今山西省大同市）、保州（今河北省保定市）南下，攻打开封。路线对这两位金朝将领来说，真是熟门熟路，因此南下的速度比之前更快。

已经坚守了半年的太原，这一次也真的坚持不下去了。城内弹尽粮绝，城外没有援兵，三军煮弓弩皮甲充饥，百姓啃食草根树皮，甚至分食饿殍。即便是在这样的情况下，太原城破之后，守将王禀依然率领幸存的军民与金军展开巷战，最后身中数十箭，投水自尽，城内军民大多战斗到生命的最后一刻。

太原保卫战如此惨烈，京城开封却一点感触都没有。钦宗忙着令各地不要来救，免得惹恼了金朝。他的策略是求和，割地赔钱什么都好说，而不抵抗就是他能表现出来的最大诚意！

徽宗第九子康王赵构，被钦宗派去和谈。赵构走到磁州就被反对割地的百姓们拦住。磁州守臣宗泽力劝赵构："殿下，河北现在的情况非常糟糕，您要不就留下来吧。"

赵构于是没有贸然北上，而是停留在了磁州。这时候，他绝对想不到，五个月后，宋朝皇室和在京大臣都被金军掳去，他成了宋太宗一脉唯一逃过此劫的人。

很快，金军的先锋军抵达开封城外。

摇摆不定的钦宗这下又不"无为"了，认为自己最后关头可以再抵抗一下。紧急派人去召回李纲，同时任命赵构为天下兵马大元帅，叫赵构赶紧带着河北守军过来救驾。

实际上，此时开封城内有七万守军，如果上下一心，确实可以坚守上一段时间，等到援军到来。

偏偏这时候，一个叫郭京的小士兵，自称身怀道教之法术，能施道门"六甲法"，用七千七百七十七人布阵，击退金军。

如果钦宗好好翻看史书，必会发现，类似的事情，当年南汉就干过，最终结局是被宋太祖所火。

可是在当时，钦宗和一众朝廷官员竟然听信了郭京的话。郭京被授以官职，并赐得金帛数万。

靖康元年（1126年）十一月，开封连续暴雪，雪深数尺。百姓请求开国库，给守军增衣，钦宗竟然舍不得这些布匹。

二十五日这天，金军开始攻城，第二次开封保卫战开始。

金军先后攻击多处城门，守将范琼、姚仲友等率兵击退金军的进攻。

范琼反击出城，焚烧金军营寨，守城将士甚至“缒城”杀敌，焚毁敌炮架等军械。同时，宋军也付出了众多将士阵亡的代价。再加上天气寒冷，将士连兵器都握不住，甚至出现冻死的情况。

眼见城内守将损失惨重，已折损十之三四，钦宗认为是时候让郭京作法御敌了。

郭京登上城头，屏退上面的守护士兵，装腔作势地作起法来，而后，他要求打开宣化门，让“神兵”出城。结果，金军趁机入城，杀上城头，郭京在混战中不见踪迹。

宋朝的国都开封，就以这种荒谬的方式被攻破了外城。

但是开封军民的反抗并没停止，三十多万军民自发抵抗金军，守城将领率人与金军巷战，于是出现了金军不得不在城内又修筑防御工事和宋国百姓对峙的情况。对此，金军没有对内城再发动进攻，而是假惺惺地表示可以和谈。

被吓破了胆的钦宗立即表示：“谈，当然谈！”

到这个关头了，他还在防着自己老爹徽宗，当金军要求由太上皇赵佶前往金军营帐谈判时，钦宗马上表示太上皇年纪大了，吓生病了，还是由他本人亲自前往议和吧。

金军简直用看傻子的眼光在看这人，还能有这种赶着自投罗网的家伙?

靖康元年（1126年）闰十一月，钦宗抵达青城金营，完颜宗翰和完颜宗望根本不屑见他，扣留了钦宗，要求开封搜缴武器，防止反抗。

而在金营内，钦宗急急忙忙献上降表，被金人嫌弃写得不好，钦宗和近臣埋头在金营里把降表改了又改。金人终于对降表满意了，搬出桌椅，让钦宗对北下跪，行臣子之礼。哆哆嗦嗦的钦宗答应了一系列丧权辱国的条款。

三日后，钦宗终于被金人放回，满腹屈辱的他，看着宫门口迎接他的百姓和官员，号啕大哭。随后，更神奇的一幕上演。金人要求赔款为金一千万锭，银二千万锭，数目巨大，国库不够，钦宗责令权贵商户出资，不配合者死，这其实是明抢，包括皇后的娘家都未能幸免。可是，所得到的金银依然不能满足金朝提出的赔款要求，于是，钦宗把主意打到了搜刮普通百姓身上。

开封官员四处搜刮金银财物，要求五户为一保，相互监督举报。根本无人关心百姓，百姓饥寒交迫，易子而食。

靖康二年（1127 年）正月，金人要求钦宗再次前往金营。

钦宗命孙傅、谢克家辅佐太子监国，随后出宫，在宫门外，数万百姓拉着天子的车请求他不要去。钦宗不敢不去，百姓跟着哭泣，钦宗也落下了眼泪。

钦宗抵达青城金营，被扣留在一个简陋的小房间里。时值冬天，钦宗又冷又饿，度日如年，尝到了阶下囚的滋味。

金人说，赔款一日不达到要求的数目，就一日不放回钦宗。

这时候，开封内外经过几轮搜刮，很难再找出更多金银。金朝提出，钱不够，可以用女人补，要求给金太宗献上三千贡女，并给金军一千五百名少女。于是又一轮对百姓的凌辱搜刮开始了，只要是年轻的女性，哪怕蓬头垢面、饥寒交迫见不得人的也没关系，朝廷派人给你们梳妆打扮，更有贪生怕死的官员送上自己的妻女。

二月六日，金太宗收到了钦宗的降表，随后下诏宣布钦宗和徽宗被贬为庶人。

当时钦宗在金营，金人下令剥去他身上的龙袍。臣子李若水上前抱住钦宗，大骂金人："不可侮辱天子！"被金人直接砍了脖子，壮烈殉国。

次日，徽宗和其他皇室宗亲被押去金营。徽宗也很奇葩，先前他被金军抓住的时候，面不改色，后来等听说自己收藏的字画都要被搜刮走时，却悲痛大哭，可见是真心喜欢艺术。

到金营后，徽宗哀求金人说，自己愿意去金朝，但请留下钦宗以侍祖先。

金人不同意。

徽宗和大臣希望能从皇室中选择一人留下，或者留下皇太子监国。

金朝人一听："什么？你们竟然还私藏了一个？"下令交出皇太子。

太子和皇后被押送出宫时，太子太傅孙傅本可免于同行，但他说："我是太子的老师，没有不去的道理。"

金人说："我就是要得到太子，你又能怎么样？"

孙傅答："我是宋之臣子，太子之师，应同生死。"随后留在太子身边，随时等待被杀。

金人将宋朝整个皇室全部控制，显然已经打定主意，斩草除根，不给宋皇室一点复辟的机会，同时决定立一个异姓人为天子，以黄河为界，"以王兹土"。曾在靖康元年（1126 年）当过两个月宰相的张邦昌被推了出来。金人要求开封上下所有官员签署同意立张邦昌的文书，任何反对者，一律处死。

张邦昌不愿意，甚至打算自杀不受金人的册立。但大家都劝说他："现在死了，再引起一场浩劫怎么办？"

张邦昌无奈，痛哭着登上了皇位，为了表示自己不是叛宋，没有立年号，不坐正殿，不受朝礼，还在宫殿的门上都贴上了"臣张邦昌谨封"的封条。

四月一日，金军带着大批战利品，徽宗、钦宗、皇室人员以及宰执大臣等三千人，启程北归。临走之际，金军放火烧城，《清明上河图》中繁华的开封被付之一炬。

北宋就此灭亡。

第二十一章

高宗嗣统——南宋建立

金人带走全部皇室成员的目的很简单——斩草除根，彻底断绝赵氏再起的可能。

但若一切都如金人所愿，便不会有之后的南宋。

冥冥之中，自有天意。

徽宗第九子康王赵构奉旨离京，因而逃过发生在汴京的劫难。

徽宗共有三十一子，其中排行第九的赵构并不出众。其生母韦氏是宫女出身，身份卑微，在徽宗的众多嫔妃之中也不得宠。甚至，韦氏能生下赵构都属机缘巧合。

韦氏和深受徽宗宠爱的贵妃乔氏原本都是宫女，二人情同姐妹，彼此约定：将来不论是谁先富贵，都要提携对方。后来，貌美如花的乔氏先得到荣宠，她没忘记当初的约定，几次三番恳请徽宗宠幸韦氏。韦氏唯一还算可以的，大抵就是性格温良，但是在后宫之中，温柔顺从的女子实在太多，徽宗本对韦氏没什么兴趣，但是爱妃又多次请求，他才临幸了韦氏。韦氏因此受孕，诞下儿子，这便是赵构。

赵构天性聪明，博闻强识，史书记载他在武学方面也不错，可以拉开一石五斗的大弓，是个能文能武之人。赵构十五岁那年被封为康王。韦氏并未因儿子封王开府而得到晋升，依旧是后宫之中一个地位不高的修容，但韦氏的内心非常满足，儿子健康长大，封为王爷，就算是皇室闲散之人，也不会缺荣华富贵，她的地位不论高低，这后半生都算有了依靠。

可惜，历史并未像韦氏期盼的那样发展，她很快被晋升为贤妃。

靖康元年（1126年）十一月，金人第一次渡过黄河包围汴京，向宋朝提出的要求之一是徽宗得派出一个亲生儿子到金朝为质。徽宗的儿子们个个心惊胆战，深知一旦到了金朝，必然没有好下场，轻则受辱，重则丢命。这个时候，康王赵构站了出来，自请前往。

徽宗大概是第一次意识到，自己还有这么一个儿子。

十九岁的赵构气定神闲，目光灼灼，他并非懵懂不知前景，而是有着不惧赴死之心。

韦氏丝毫没有被封为龙德宫贤妃的喜悦，她恨不能拉住儿子的衣袍，恳请他不要前往金营。对于一个母亲而言，如果要用儿子的性命去换取身份的尊贵，那她宁可不要这份尊贵。

历史，不会因一个母亲的哀求而改变。

徽宗领着文武百官，亲自给赵构送行。

赵构随后离开宋军范围，步入金营。

金朝主帅完颜宗望、完颜宗翰要给这个宋朝皇子一个下马威，在大帐周围安排的净是目含杀气、手持军刀的武士。

赵构目不斜视，镇定自若，随后在金营中的日子，他如常看书生活，与在家中并无二致。

完颜宗望不相信这个宋朝皇宫里长大的十九岁的年轻人能如此镇定，故意问他看什么书。赵构答曰："《孙子兵法》。"

完颜宗望讥讽道："宋人果然只会纸上谈兵。"

赵构随即说道："那将军将弓借我一用如何？"

完颜宗望遂把弓箭给他，并说道："我这弓箭一般军人都拉不动，就不信你这个宋朝皇子能有此本事。"

赵构不再言语，拉弓搭箭，对着天空射出一支箭，直飞入云。

完颜宗望大吃一惊，对赵构的身份产生怀疑。他猜测眼前这个送来做人质的年轻人是将门之后，是个冒充的宋朝皇子。随后发生的事情，更是加强了金人的这份猜测。

当时，宋朝各地听闻京城危急，集结勤王兵马，陆续赶到京城救援。宋廷鉴于双方兵力变化，一改之前的懦弱，派出敢死队突袭了金营。

金营防御森严，并未因为一时处于优势而放松戒备，宋朝的敢死队没有讨到任何便宜，反而被金人全歼。

金人虽然赢了，但非常生气，当即问责宋朝，并要把他们认为的假皇子赵构送回去，让宋朝换个真皇子来。宋朝只得将五皇子肃王赵枢送去做人质，赵枢此后再没能回宋。而回到京城的康王赵构则获得朝野内外一致赞赏，被加封为太傅、定武军节度使。

韦贤妃悬了十多天的心终于落下。

金人听说赵构被加封的消息，才明白他确实是个真皇子。因此在第二次渡过黄河围攻汴京的时候，金人点名要康王赵构前去议和。这实际上是金人的奸计，他们表面议和，背地里对大宋的进攻一点没有放松。

但宋朝没有选择，康王赵构因此离京，再一次踏上了前往金营的道路。在他走到磁州时，老百姓把与赵构同行的王云看作卖国贼，将王云活活打死，守臣宗泽等人也力劝赵构留下。

宗泽说："肃王一去不返，如今金人狡猾地提出非要请您前往议和，他们的兵马已经逼到眼前，您再去又有何好处？还是不要去了！"

赵构经过多方考虑，决定暂时不再前行。

赵构到了磁州之后，金人失去了他的消息。他们认为赵构是个隐患，派出数百骑兵到磁州城下打探赵构的消息。

知相州的汪伯彦得知消息，给赵构送去密信，并亲自带着箭弩，领兵到黄河边将赵构悄然接到相州。

后世将汪伯彦定为奸相，但他在当时国将灭的情况下，确实保护了赵构这个皇室血脉。赵构也因此对汪伯彦极为信任，他跟汪伯彦说："将来若能见到陛下，定请他任你为京兆尹。”

他们还不知道，已经再没有机会见到钦宗了。

此时被金军围在京中的钦宗，正把骗子郭京当作最后的救命稻草，听信其能请来天兵天将击退金军的谎言。

也许，在内心深处，钦宗也清楚这不过是饮鸩止渴，根本起不到作用。因此在汴京即将城破之时，他听到赵构在相州的消息，马上命心腹秦仔等四人，将有着“封赵构为河北兵马大元帅，汪伯彦、宗泽为副元帅”密旨的蜡丸藏在头发中，突出重围去寻赵构。

靖康元年（1126 年）十一月二十五日，金军兵临城下，发动总攻。郭京爬上城头，命人打开城门，让他招来的天兵天将出城迎击。推演过无数种攻城方式的金军，做梦都没有想到会这般轻易地冲入城去。宋朝的皇城最终便以如此可笑的形式被金军拿下。

十二月，收到密旨的赵构在相州正式建立元帅府，并发出诏令，集结军队，进京勤王。此时，大宋各地残余的兵马和百姓已经失去了主心骨，各自为战，形如散沙。这份诏令一出，如一星微弱的火种，点亮了大家心头的希望之灯，各地残余的兵力开始聚集。

最先抵达的是磁州老臣宗泽和他召集的两千余人，加上相州本来的兵马，赵构手里有了万余兵马，终于不再是一个光杆司令。

要靠这一万余人赶走金军，实属天方夜谭。赵构很清楚这一点，但他依然宣布启程，带兵去解京城之危。

在这万余人中，有一个刚刚二十岁的相州当地小伙，听闻招募士兵，他踊跃报名，后来成长为一代将领，他活着的时候差点改写中国历史，扭转宋金格局，他死后亦是令无数中国人充满敬仰、为之不平的抗金英雄。这个年轻人叫作岳飞。

“三十功名尘与土，八千里路云和月。莫等闲，白了少年头，空悲切。”

此时，激昂慷慨的《满江红》还未面世，岳飞也还只是一员新入伍的小兵，但报效国家的理想，以及母亲“尽忠报国”的教诲已深深根植在心头，他满怀期待地看着队伍前方的赵构。

赵构宣布大军出发。

宗泽担任先锋，为其开路。这位文臣在战场上表现出色，以稀少的兵力与金人力战，最后将大名府（今河北省邯郸市大名县）打下。

赵构和汪伯彦随后带着主力部队抵达大名府。

信德府（今河北省邢台市）知府梁扬祖随后率三千兵马赶到大名府，加入赵构的队伍，其麾下兵官张俊、苗傅、杨沂中、田师中等，皆是后来南宋历史上赫赫有名的将领。

勤王队伍扩大，威名提振，正是加快勤王速度的好时机。

官员曹辅却从汴京赶到大名府，拿出钦宗的密旨，对众人道：“金人登城不下，刚刚要和我们议和，陛下要你们屯兵近甸，不要轻举妄动。”

对于这份密旨，几个人的态度泾渭分明。

汪伯彦认为密旨为真，应当听从君王之言，等待后续指令。如若轻易出动，就是抗旨。

宗泽认为密旨有诈，很可能是已经攻破了汴京、挟制钦宗的金人的诡计。现在时间就是一切，大军应当马不停蹄地赶去解汴京之危。

赵构则有自己的判断，经历过一开始的热血冲动之后，他已经冷静下来，清楚地认识到眼下这些人手去对付强悍的金军，等于以卵击石。

汴京之危，自然要救。赵构派宗泽先行，前往澶渊。

钦宗旨意，自然也要听。汪伯彦请求移师东平府（今山东省泰安市东平县）。赵构听从建议，而此时不在赵构身边的宗泽就算想反对也鞭长莫及。

靖康二年（1127年）正月，宗泽已奉命离开大名府，奔赴开德，其间与金人大战十三回合皆胜。随着捷报连连，宗泽一边请赵构号召天下各路兵马到京城会师，一边派人送信给北道总管赵野、河东北路宣抚范讷、知兴仁府曾楙请求增援。后者认为宗泽没有胜算，没有回应。宗泽无奈，只得继续孤军进军。

都统陈淬向宗泽提出，敌人兵强马壮，不可轻举妄动。宗泽大怒，差点将陈淬斩首，诸将纷纷求情，陈淬才被宽免。不久，陈淬戴罪立功，大败金军。

但是，宗泽的军队随后便与金军主力相遇。宗泽避其锋芒，转而往东。而金军那边不断有增援前来，宗泽被前后包围。

眼见部将王孝忠战死，周围都是敌军，宗泽下令："反正进退都是一死，我等唯有死中求生了！"

众将士报着一死殉国的决心，无不以一当百，奋力杀敌，很快斩杀金军数千人。

金军被这不畏生死的气势震撼，败退数十里。

宗泽估计金军不会善罢甘休，毕竟金军人数是宋兵的十倍之多，一战而退只是暂时的，金军定会再来。而眼下敌强我弱，如若再遇，未必还有胜算，宗泽于是下令趁夜转移。果如宗泽所料，金军当晚发动偷袭，但没想到宋军已经悄然退却。偷袭未成，金军意识到宗泽是个用兵了得之人，对他生出敬畏，准备避开宗泽不与他正面作战。但令金军更意想不到的是，宗泽兵行险招，随后派兵渡过大沟河，主动对金军发动袭击并获得胜利。

靖康二年（1127 年）二月，赵构听从汪伯彦的意见移师东平府，依靠着宗泽吸引金军主力的注意，赵构和汪伯彦带着主力部队迂回东移，并没有离汴京越来越近，而是绕着开封画了个半圆，最后在山东境内的济州、濮州等地屯兵。

高阳关路安抚使黄潜善、总管杨惟忠带着数千人赶来，真定总管王渊也带来了三千人。至此，陆陆续续聚拢到赵构麾下的已有八万人，成为一股不可小视的势力。

在汴京的金军听闻消息，一面加快在汴京搜罗金银美女，一面威胁钦宗马上派人叫赵构回京。

接二连三收到催他回京的诏书，赵构没像第一次收到钦宗诏书时那般痛哭流涕，他问左右怎么看待此事。

后军统制张俊说："这多半是金人奸计。您如今在外，受命于天，不能轻易前往京城。"

此话正中赵构下怀。

金人见赵构没有中计出发前往汴京，便派遣五千骑兵奔驰而来，意在取赵构性命。

哲宗朝的宰相吕公著之孙吕好问当时在汴京，闻讯赶紧派人给赵构送信，并建议说："如若康王您的兵马，可以对抗就与之尽力一战，若是不能，就尽快远避。"

在这期间，金军其实已开始准备北撤。

金人也没有想到此次南下，能一举拿下汴京以及宋朝的皇室。金人并没想好怎么治理黄河以南的大片土地和数以万计的宋朝百姓。再加上中原的气候对金军来说难以适应，眼看冬去春来，马上就要进入炎夏，离开家乡许久的金军都希望早日北归。

金朝决定参考当年辽朝起用宋朝降臣治理抢来的土地的经验，在汴京的金军将领完颜宗望先后约谈了保静军节度使萧庆和汉军都统制刘彦宗，两个人都不敢接受这种任命。

金人见状，决定建立一个伪政权。当然，这个伪政权姓什么都可以，就是不能姓赵。在做出决定之后，金人把徽宗、钦宗贬为庶人，随后宣布推选异姓天子。为了平息百官和百姓的反对，金人逼迫钦宗赵桓向被叫去投选新皇帝的百官表示："我辜负了百姓和天下，确实不适合为天子。如今另立贤者，是百姓之幸。"

百官也不知道选谁才符合金人需求，又不敢相互商量，一个个如芒在背，坐立不安。

就在大家左右揣测写谁的名字时，左司员外郎宋齐愈掏出一张写着“张邦昌”的字条。

张邦昌是何许人？

原来，金人第一次要求宋朝送出一个皇子去金朝为人质时，还要求有一个宰相陪同。那次去金营的人是康王赵构，而陪同去的宰相便是张邦昌。与赵构的气定神闲形成鲜明对比，张邦昌刚见到金军就吓得腿发软，痛哭流涕。

后来，康王赵构被退了回来，换肃王赵枢去做人质，陪同的臣子依然是张邦昌。

让百官投票推选天子的时候，张邦昌还在金营之中，并不在汴京。不知道是百官趁其不在不能反对，还是认为宋齐愈拿出的写有“张邦昌”的字条是金人的暗示，总之，百官不由自主把手里的票投给了张邦昌。

当然，也有人不肯就这样顺从金人推选异姓天子。同知枢密院事孙傅发起了“乞立赵氏”的行动。

孙傅深深后悔当初支持钦宗相信骗子郭京，导致汴京城破。钦宗被要求前往金营，同时身为太子太傅的孙傅受钦宗之托，陪同太子监国。后来金人搜罗太子、皇子、公主等赵氏皇室成员时，孙傅曾谋划将年幼的太子藏于民间，寻找类似的孩童替代，可惜没能成功。

后来宋朝的臣子们知道金朝准备立异姓王管理宋朝的土地，于是展开“乞立赵氏”的行动。孙傅给金军将军府上书，请求立赵桓为帝，被拒后又请求立任何一个皇子为帝，再次被金人拒绝。

孙傅锲而不舍，继而上书表示只要是赵氏的子弟，随便立哪个都可以。

他是完全没看明白金人不想赵氏复起的决心，自然又一次被金朝拒绝。

孙傅在上书中写道："择立异姓，天下人不服。"

金朝狠狠训斥他："若废旧立新如此艰难，当初赵氏如何被拥戴？当年宋太祖自立为帝都成功了，如今天下推举贤能，谁说不行？"

在反对立异姓天子的过程中，许多忠臣文人都表示了反对，被后人认定为奸相的秦桧也是其中一员，当时他任御史中丞，写了洋洋洒洒的千字文来反对立异姓天子。秦桧这篇文章写得实在太好了，令金人对他印象深刻，下令："把这小子拘起来。"

最终，张邦昌被定为伪政权的异姓天子。当时身在金营的张邦昌也表示反对，金人骗他是册立赵氏为天子，要他辅佐，请他尽快入城。

待张邦昌穿戴朝服赶到城内，百官夹道等待相迎，金人昭告天下："张邦昌被推选为皇帝。"

张邦昌惊愕之余，又是称病，又是绝食，坚决不同意。

金人随后要挟："若三日之内不接受做天子，就先杀大臣，再杀军民！"

百姓为了避免金人屠城，哭着求张邦昌接受这个推选结果。

张邦昌无奈只得接受，他虽懦弱，并被列为《宋史》叛臣中的第一人，但设身处地地思考张邦昌所处境地，便能理解他为何说出"愿用我九族性命换一城百姓的性命"这句话。个人的生死也许不如君臣礼教，但是一城百姓还不如吗？那可是几十万条性命！被金军反复践踏的汴京，实在承受不住再来一次劫难！

不理解张邦昌的不光是史官，还有许多官员，他们没有勇气反抗金军，却决定密谋杀掉张邦昌，似乎杀掉了这个人，金人就不会立李邦昌、王邦昌一样。殊不知对金人来说，立谁，立几次，又有何难？

密谋杀张邦昌的官员抱着必死的决心起事，在起事之前，他们将妻儿杀死，以绝后路。

如今看来，这些细节不禁令人长叹，中华民族从来不缺勇敢的人，张邦昌是勇敢的人，密谋杀张邦昌的官员也是勇敢的人，他们为天下、为百姓抛却个人生死荣辱。但是，如果把这份勇敢放在与金人对抗、誓死保卫汴京上，似乎远比用在后来种种更为合适。

靖康二年（1127年）三月七日，张邦昌登基，国号大楚。

登基仪式搞得如同丧事，不论是张邦昌还是群臣，都愁容满面。仪式上，张邦昌没有坐文德殿的帝座，而是在侧下方另外放置了一把椅子。群臣要向他朝拜时，他慌忙站起身不受，并对群臣说："是为百姓而行权宜之计，不敢窃位。"

群臣坚持要朝拜，张邦昌于是转身面东而立，并且几次悲从中来，痛哭出声。历史上，做皇帝的人，恐怕没几个人如他这般战战兢兢，充满悲切和自责。他不敢有丝毫僭越之举，在接下来在位的三十多天里，不称朕，不受朝拜，并将皇宫房屋用写着"臣张邦昌谨封"的封条封起来，完全是一个臣子为赵氏守家护国的姿态。

登基七日后，张邦昌前往金军将军府，求见完颜宗望等人，表示城内百姓已经没有金银和粮食了，如若继续搜刮，无异于将百姓逼向死路。他提出七项请求，包括：不毁坏赵氏宗庙；免征金帛；保存汴京城楼；三年后迁都南京，即应天府（今河南省商丘市）；五日内金军撤兵；让他以帝为号，称大楚帝；向金朝借一些金银以在日后需要时做犒赏用。

完颜宗望等答应减免岁币，并释放了一些大宋臣子。

甚至当初写千字文反对立他为异姓天子的秦桧等人，张邦昌也请求能将他们释放，但被金朝方面拒绝。

四月一日，金军北归。

如南下时一样，金军分为两路：一路由完颜宗望负责，监押徽宗、郑皇后等人，沿滑州（今河南省安阳市滑县）北去；另一路由完颜宗翰监押包括钦宗、朱皇后、太子等人沿郑州北行。皇室成员、臣子、教坊乐工、技艺工匠等数千人，以及金银珠宝、宋朝奇珍，被分为七批陆续押送，前往金朝。经济文化繁荣昌盛的北宋终以这不堪回首的靖康之耻收尾。

金军开始撤离这日，张邦昌在南薰门送别徽、钦二帝，他全身缟素，潸然泪下，身后的臣子也无不悲切。

金人给张邦昌留下了管理所需的臣子，书信告知赵构金军动向的吕好问也在其中，他被任命为事务官。当时张邦昌没改年号，但是不少见风使舵的臣子已经上疏请求他一定要更换年号。在这样的背景下，代理门下省的吕好问则在每次颁布的文书上都使用“靖康二年”字样。

金人挟徽宗、钦宗二帝撤离后，吕好问又问张邦昌：“您是真想继位，还是姑且敷衍而后慢慢图谋后举呢？”

张邦昌表示不解其意。

吕好问说道：“金人是拿刀逼迫大臣和您，您才答应做这个临时皇帝。如今金人走了，大元帅在外，元祐皇后在内，这大概是天意。您不如尽快迎元祐皇后入宫，同时请康王早日继承皇位，那便能免于祸事，转危为安。否则的话，只怕死无葬身之地。”

在天子位子上如履薄冰的张邦昌当即接受了吕好问的建议，一边迎元祐皇后入宫垂帘听政，一边给赵构写信并献上“大宋受命宝”玉玺，请他接受天下。

元祐皇后是宋哲宗的原配皇后孟氏，不得哲宗喜欢，被哲宗宠妃陷害废黜。哲宗驾崩，徽宗继位，支持徽宗上位的向太后在世时，孟氏被短暂复位，因为她最初封后是在元祐年间，故被称为元祐皇后。向太后过世，新旧党争越演越烈，孟氏被牵连其中，二度被废，撵出皇宫，在宫外孤苦生活二十多年，甚至从记录皇室人员的宗册上删除。但也幸好因为册上没有她的名字，元祐皇后才没被金人掳走。靖康之变时，金人根据宗室典册抓赵宋皇室成员，因此根本不知道元祐皇后这位非在册人士的存在。

张邦昌将元祐皇后迎入皇宫，尊她为宋太后。这位命运坎坷的女性，勇敢地肩负起了为赵宋坚守江山的重任。

与此同时，正努力奔向京师的宗泽听闻金军胁迫徽、钦二帝北去，立即领兵奔赴滑州，经过黎阳，到达大名府，想直接渡过黄河，控扼金人的退路，截回徽、钦二帝，然而其他勤王之师却无一到达。在他悲愤之时，又听说了张邦昌登基建立大楚之事，于是准备讨伐张邦昌，并上疏赵构说："如今赵氏的血脉只剩下您了，这是上天的授意。请尽快一起讨伐，兴复社稷国家。"

赵构接到了张邦昌请他回去继承大统的书信后，并没有表现出愿意的样子，他既没有同意，也没有拒绝，而是用词温和地给张邦昌回信，将他勉励了一番。

宗泽得知此事后，向赵构明确表示出希望赵构登基的意愿，说道："天下的期望在于王爷，如果王爷行事得道，则可以使天下人之心得到慰藉。"

宋太后也派侄子孟厚忠给赵构送去请他继位的书信，并对天下发表诏书，公开表态支持康王继位，诏书中写道："汉家之厄十世，宜光武之中兴，献公之子九人，惟重耳之尚在。兹惟天意，夫岂人谋？尚期中外之协心，同定安危之至计。"

这段文字中，宋太后将赵构比作历史上有名的两位中兴再造之主汉光武帝刘秀、晋文公重耳，言明赵构继位完全顺应天命，是众望所归。

赵构表面上对皇位并无渴望，不接受大家的推举，这让一些与徽宗、钦宗血缘关系很远的赵氏子弟蠢蠢欲动。宋太后的诏书发出之后，各地百姓都开始传诵诏书中的词句，原本有些异动的宗室子弟也只能表态支持康王继位。

那赵构为何不接受大家的推举呢？他真的不渴望皇位吗？

当然不是。

赵构跟身边人说，他在相州时做了一个奇怪的梦，梦里兄长钦宗把身上的腰带解下来送给他。送腰带的梦，赵构做没做，无人知晓。可当年徽宗面对金军压境，急匆匆要把皇位传给钦宗的时候，就有过解腰带赠予的动作。

可见，作为徽宗、钦宗唯一的嫡亲，赵构早就看清了天子这把龙椅，他是唯一的人选。之所以不急于马上继位，是因为赵构顾虑张邦昌本身是金人所立，从那边拿过玉玺和皇位，依然有名不正言不顺之嫌。赵构想要的自然是从钦宗那儿接过皇位，而以目前的实际情况，在他心中并不够顺应天命、名正言顺。

汪伯彦领会了赵构的意思，他对赵构说："钦宗的年号'靖康'二字，拆出来便是'十二月立康王'。您看，一切早有天授，您才是正统。"

赵构听罢，这才软下口气说："如此，是可以重新考虑大家的推举之意了。"

知南京应天府（今河南省商丘市）朱胜非也恰好来到济州，恳请赵构前往应天府："南京即宋州，是当年太祖皇帝龙兴之地，是大宋国号起源，而且交通四通八达，是个好地方。"

此提议获得宗泽的大力支持。

赵构本也不想前往汴京完成继位仪式，而若在当年太祖发迹之处继位，更能展现是天命所归之意，于是他决定听从朱胜非的建议前往应天府。

即将出发到滑州时，鄜延路副总管刘光世、西道都总管王襄、宣府司统制官韩世忠都赶来会师。赵构手下的兵马增至十万。

四月，赵构抵达应天府，继位大典定在五月初一。

应天府立刻开工修建受命坛，皇帝穿的龙袍等御用之物由东京留守王时雍护送过来。同时，张邦昌也赶在四月底抵达应天府，朝见赵构。

张邦昌痛哭流涕地跪在赵构面前，表示自己实在迫不得已，为了汴京百姓不遭屠杀，才被迫做金人的傀儡。

赵构伸手扶他，表示体谅其为难之处，并赞许张邦昌，若非有他这番义举，汴京的情况必定更加糟糕。

赵构和张邦昌曾一同为人质前往金营，对于那种“人为刀俎我为鱼肉”的境况，赵构深有感触，他同身边的人说：“若以后金人用张邦昌之事为借口来问罪，便说他是顺应民意而主动交权。”

五月初一，赵构即位，史称宋高宗，是南宋历史上第一位皇帝。但他依然属于赵匡胤建立的宋朝的延续，并非建立新的王朝。后人创造“南宋”“北宋”之词，是为将靖康之耻前后的宋朝做出区分。

在汴京的宋太后，被高宗尊为元祐太后，后为避太后祖父孟元的名讳，又改为隆祐太后。高宗登基的同一日，隆祐太后在汴京宫中撤去听政之帘，表示还政高宗。

高宗遥上被金人掠去的钦宗赵桓为“孝慈渊圣皇帝”，生母韦氏为宣和皇太后，遥立一样被金人掠去的妻子邢氏为皇后。

张邦昌被封为同安郡王。高宗任命他为太保、奉国军节度使，后来又加封为太傅，并让他参与军国大事的讨论。

同时，高宗宣布大赦天下，但凡过去投靠过金人的朝臣，一概既往不咎，唯对徽宗时期的“六贼”蔡京、童贯、王黼、梁师成、朱勔、李彦的后人，依旧不得起用。

高宗登基之初这番作为，包括对张邦昌的处理，可谓宽厚，甚至有太祖赵匡胤当年之风，自此为世人开启了绵延一百五十二年的南宋篇章。

第二十二章

李纲入朝——南宋第一相

高宗登基后，改年号建炎。

古人讲究运数，以五行代表王朝，宋朝为火，因此赵构等人参考太祖赵匡胤的年号“建隆”，将新朝代的年号定为“建炎”，也取火能克金之意，希望借此能抵挡住金人，光复大宋，收回故土。

因高宗的登基发生在五月，故而建炎元年（1127 年）和靖康二年（1127 年）实为同一年。

新帝登基，新的领导班子也随之确立，黄潜善为中书侍郎，汪伯彦为枢密院知事，吕好问为尚书右丞，王渊、韩世忠等人也都得到了相应任用。

一系列的任命之中，独独空出了宰相之位，但这并非高宗的疏漏。

这时的高宗虽然只是个二十岁的年轻人，但从他主动站出来赴金为质，到集合各地军事力量后一边喊着勤王一边却没有贸然与金军正面冲突，再到顺应民意继位等行为决策都可以看出高宗是个清醒、有政治头脑的人物。

对于宰相人选，他有着另一番深思熟虑。

新朝建立之初，宰相之位更应当给予一个深受百姓认可的人物，而此时他身边的臣子虽然都很能干，却并无一人的个人声誉或者在百姓心中的地位足够胜任此职。

那是否有符合的人选呢？

有，那便是组织并成功领导第一次开封保卫战，后被昏庸的钦宗罢官，令十万京城百姓伏阙上疏要求重用的前宰相李纲。

于是高宗果断下旨，请李纲火速到应天府担任尚书右仆射（即右相）兼中书侍郎。

高宗心意已决，但在朝廷之中，反对的声音并不小。

右谏议大夫范宗尹上疏说："李纲名浮于实而有震主之威，不可以相。"并一连上了三份奏章。

功高盖主一向是帝王最忌讳的事，范宗尹此话说得非常严重，直击高宗心头。但他没有真正体谅到高宗面临的短期问题正是稳定朝纲，急需一个德高望重的人物做南宋这艘大船的压舱石。即便李纲真的深得民心、功高盖主，那也可以以后处理。

高宗赞李纲："学穷天人，忠贯金石。"把范宗尹挡了回去。

另一个积极反对李纲为相的御史中丞颜岐是张邦昌的故友，他上疏请高宗三思的理由更为离谱。颜岐奏道："金人喜欢张邦昌，陛下封他为三公郡王还不足够，应该加封同平章事，才显得倚重他、礼遇他。而李纲这个人最被金人讨厌，立他为相的诏书虽然已经下了，但最好能尽快罢免。"

金宋属于敌对关系，这种以敌人的喜好为用人标准的话，竟然出自一个士大夫之口。宋朝自太祖赵匡胤开国以来，给予文人最高级别的尊重和最大的包容，是希望能得到有才之士为国献计，不带顾虑畅所欲言进献良策，但其初衷恐怕绝不包含如此荒诞的卖国行为。

高宗看到这个奏章也极为不悦，说道："金人恐怕也不喜欢朕做天子，依你所言，朕是不是也不要做天子了？"

一般臣子听得此话，定然诚惶诚恐，不敢再提，但颜岐反对李纲的步伐竟然并没有就此停止，他一转身就把御史台的官印盖在反对李纲入相的奏章上，差人送给正往应天府赶来的李纲，想以此让李纲知难而退，让他以为是高宗同意了御史台的主张，不再需要李纲入朝为相。

颜岐的行为开创了一个特别坏的先例。翻看以往宋史，找不出一个官员敢违背圣意，暗地里做这般小动作。但是自颜岐起，欺上瞒下、不顾天下安危的荒唐行为，竟然充斥南宋一朝，一个个奸臣佞贼粉墨登场，一步步把国家推入深渊。

李纲倒是没被这些奏章打退，他向高宗上疏："英哲不足之人不可能成为中兴之主。英是内心刚强，可以做大事，而不会被小故左右；哲是善于明辨是非，可以任用君子，不为小人离间。愿吾皇以汉高祖、汉光武帝以及唐太宗为榜样。"并加快了前往应天府的步伐。

范宗尹和颜岐是明着反对李纲的主力，但并不代表其他没有站出来的人就支持李纲。高宗身边最重要的臂膀黄潜善和汪伯彦都认为自己从龙有功，宰相之位肯定是囊中之物，谁料半路杀出个李纲。虽然他们都位列宰辅大臣，可屈居李纲之下他们不甘心。矛盾的种子就此种下，只是这两个人老谋深算，没有轻易发作，而是在等待时机。

六月，李纲抵达应天府，风尘仆仆的他立刻得到高宗召见。

君臣二人见面，不禁都潸然泪下，思及之前的浩劫，更是差点抱头痛哭。等二人情绪平缓后，对眼下的情况展开详谈，李纲吐露出心中准备良久的光复大计，其中许多观点和高宗不谋而合，高宗甚是感动。

李纲道："金不是一个有道义的国家，专以诈谋取胜。若我朝不领悟这个道理，永远都会在他们的设计谋害之中。幸有天命眷顾，陛下您率师在外，避免浩劫，且为天下百姓所爱戴。如今，内修外攘，迎回二圣，收回故土，定国安邦等责任在陛下与宰相。"

高宗已登基，因此大家不再将徽宗、钦宗称为帝，而用"二圣"替代，徽宗为道君太上皇，钦宗为渊圣皇帝。

言及此，李纲拿出颜岐派人送给他的奏章，表明态度道："陛下，臣在来的路上，知道了言官颜岐等人道我不足以胜任宰相，而且被金人所讨厌的事，也自知能力有限。"他推辞不做宰相。

高宗当即下令革去颜岐的职务，范宗尹外放知舒州（今安徽省潜山市）。

李纲依旧推辞。

高宗道："朕知道你忠义且足智多谋很久了，要使我国强盛，四方安宁，非由你出任宰相不可，爱卿不要再推辞了！"

李纲由此确认高宗坚定起用自己的决心，才起身哭着拜谢道："昔日唐明皇想要让姚崇为相，姚崇提出十项举措都逐一切中问题要害。如今臣也有十项建议，请您听一听，是否符合现在面临的问题，只有得到您的准许，臣才敢接受任命。"

这十项建议分别是：

一、议国是。

李纲认为，中国自古统领四夷，能自守而后才能战斗，能战斗而后才能和平，但这些在靖康之变时都失去了。如今宋想要与金作战，尚且能力不足，但要放弃失去的故土，那也不可能甘心。所以为今之计，大宋应该自治，坚持以守为攻，加强自身能力，提高士兵气势，才有可能谈收回故土、与金一战等长远之事。

二、议行巡。

李纲建议高宗尽快回汴京祭祀宗庙，以慰京城百姓之心。若汴京不能居住，则实施巡幸。根据天下的局势，以长安（今陕西省西安市）为西都，襄阳为南都，建康（今江苏省南京市）为东都，高宗在三都间巡回停留，让金军难以捉摸高宗的具体位置。

三、议赦令。

特赦令一直有祖制可循，之前的大赦不符合标准，而且有滥用之嫌，会造成不好的影响，尤其是对张邦昌这种人的处理，李纲希望高宗能够重新处理张邦昌。

四、议僭逆。

有了第三条议赦令的铺垫，李纲进而提出对张邦昌的正确定性应该是叛臣。张邦昌身为国之大臣，遭遇金人的挟持而登基为异姓天子，修改国号。这等大罪，应该处死。

五、议伪命。

国家发生如此重大变故，竟然鲜少有死义之士，而做金人走狗张邦昌属下的人却不计其数。昔年肃宗平定贼乱，把这类人根据情节轻重定了六等罪，李纲认为高宗应当考虑参考这一先例整顿士大夫的风气。

六、议战。

李纲认为大宋的军政荒废已久，士气低下，当务之急便是重整纪律，信赏必罚，以提振军队士气。

七、议守。

李纲看透金朝狡诈，势必还会再次南下，眼下应该沿黄河、长江、淮河做好防御工作，以扼其冲。

八、议本政。

当下朝野内外纲纪混乱，李纲恳请高宗马上把权力归于中书省，统一政令，这样说一不二的朝廷方得天下敬重。

九、议久任。

李纲总结靖康朝的失败之一，是朝臣的任命和贬黜都太快，建议高宗今后能谨慎任用，用之则尽量让其在任上长久，才能显现臣子的能力以及措施的效果。

十、议修德。

最后，李纲向高宗提出期许，天子修身养德，则得民望，而后得中兴。

李纲精心准备的十条建议，其实围绕着两个核心——重整朝纲和抗金兴宋。这两点相辅相成，缺一不可。要抗金兴宋，必要重整朝纲。只有完成了重整朝纲，才有机会抗金兴宋。李纲是主战派的代表，他内心看不起张邦昌这样的主和派，并认为国家要推行对金强硬的措施，就必须把张邦昌作为典型拉出来，作为重整朝纲的第一步。如果受金胁迫就可以投降，就可以做异姓天子，那后患源源不断，每次金军南下势必出现一批未战先降的软骨头，拖宋朝后腿。因此，李纲的态度其实非常坚决，就是要办了张邦昌，以儆效尤。

李纲这个主战的核心思想有没有得到高宗认可不好说，但深得宗泽赏识，对于李纲的归来，他高兴得手舞足蹈。冷眼旁观的黄潜善和汪伯彦悄然交换了一下眼神。眼下，高宗倚重李纲和宗泽，黄潜善和汪伯彦还不能有所动作，但他俩是主和派，宗泽、李纲是主战派，双方势必无法站到一起。

次日，高宗深思熟虑后，压下了其中涉及张邦昌的“议赦令”“议僭逆”，将其余八条下诏颁行。

李纲把处理张邦昌作为整理朝纲一个里程碑式的事来办，他再次上疏道：“张邦昌在徽宗朝十年，钦宗上位，立他为相。汴京遭难时，金人要挟，张邦昌如若以死守节，天下会更爱戴大宋，感动于张邦昌的忠义，金人这些蛮夷说不定还会后悔对赵宋皇室惨无人道的作为。但张邦昌自以为是，修国号，住宫禁，擅自发出诏书，阻止四方勤王之师。陛下想要中兴大业，又将有僭逆之举的张邦昌放在尊贵的位置，又封三公郡王，又允许议政，如此，天下人怎么看？又如何会归附朝廷呢？”

高宗于是动摇了，举棋不定地询问黄潜善、汪伯彦对这件事的看法。黄潜善、汪伯彦和李纲政见不同，思考角度也完全不同，二人认为张邦昌在当时金人胁迫的情况下做出无奈之举，保了京城百姓的安危。而且当初，无奈成为伪政权的朝臣之人良多，不少是现在朝廷的一员。如果处理张邦昌，也就寒了这些人的心，如此人心就会不齐，又谈什么中兴大业呢？

高宗无奈，双方都说得很有道理，难以下结论。

他不得不又找来吕好问咨询："吕爱卿当时在汴京，对实际情况最清楚不过，怎么看处理张邦昌的事？"

吕好问和得一手好稀泥，无非是把以前说的再重复了一遍："张邦昌之事，天下人皆知，还请陛下裁夺。"

高宗很是犹豫，李纲穷追不舍。

李纲当面和高宗说："张邦昌若在，天下人会以为有两个天子。"这句话深深戳痛了高宗的心，这里两个天子，还有两个被金人掠去了，仔细算起来都有四个天子了。

李纲继而又说道："臣以后见到张邦昌一次，就用笏板打他一次。如果陛下坚决要选择留他，就不要留老臣了。老臣愿意解甲归田，不做宰相。"笏板，便是古代臣子每次上殿面君时手里持的工具，可以用来记录圣意，或者把想奏禀的事提前写在板上，以防忘记，一般由象牙制成。

高宗迫于无奈做出选择，但他还是不忍心对张邦昌赶尽杀绝，于是选择折中处理，下诏道："张邦昌确有僭逆之举，理应处死。但念在他迫于威胁，且主动悔改，暂饶一死。"

高宗把张邦昌贬为昭化军节度使，安置在潭州天宁寺，一班伪政权的官员也相继被贬谪。

历来不缺捧高踩低之人，眼见张邦昌不受高宗待见，一下子从高处跌落，这种揭发其行径的奏章就冒了出来，其中一件秽乱之事，最终触及到高宗逆鳞。一直认为高宗对张邦昌的处理还不够严厉的李纲，也以此事为依据，再次要求严办张邦昌。

此事在宋朝的正史中虽无记录，但野史中一直流传甚远，且可以在金人的记载中找到痕迹。

《金史》曰：康王即位，罪以隐事杀之。

"隐事"二字，说明这件事不太能上台面，不适合公开来说。

事情发生在张邦昌登基之初，当时金人把宋徽宗的嫔妃靖恭夫人李氏等十余宫女赐给张邦昌，且立李氏为伪政权的皇后。

张邦昌向来胆小，行事谨小慎微，就算是金人赐给他的女子，他也不敢真有非分之想。李氏可不这么认为，天已经变了，张邦昌身居高位，她没有道理不牢牢依附。因此，在宫中，李氏几次三番劝张邦昌饮酒，并趁机投入张邦昌怀中。

还未完全糊涂的张邦昌推开李氏，说道："使不得！"

李氏爬起来重新扶住张邦昌，再劝他饮酒，并安排干女儿陈氏在内的宫女陪同其过夜。

可惜李氏的富贵梦没做几天，张邦昌就迎了宋太后入宫垂帘听政。张邦昌退居东府时，李氏还曾专程相送。

高宗听得此事，大为震怒。李氏是徽宗后宫之人，也就是高宗的父母辈人，张邦昌胆敢染指徽宗的女眷，对赵氏皇室是极大的侮辱轻视。他当即令人将李氏抓住拷问。李氏招供了始末。陈氏知道事情败露，吞金自尽。

李纲提出必须严办张邦昌和当时加入伪政权的官员。

吕好问也是当初被金人任命的伪政权官员之一，他为张邦昌说公道话，责问李纲："王业已经很艰难，现在正是纳污含垢的时候，根本没必要对如此多人绳以峻法，弄得朝野人心惶惶！"

李纲不听，仍然坚持。

高宗最后下诏，赐死张邦昌。

吕好问则自请解职，被贬知宣州。

高宗把相位交给李纲，也把所有国家大事交给李纲决策安排。偌大的国家，其实是一个烂摊子。李纲身为南宋第一相，虽然在位仅仅七十五天，但他是南宋开国时如定海神针一般的人物，他的一系列措施为后续南宋与金、元上百年对峙奠定了坚实的基础。

在对金的态度上，李纲是坚决的主战派。在积极推动高宗处死张邦昌的同时，他也与黄潜善、汪伯彦这些主和派斗智斗勇。

高宗朝初，黄潜善、汪伯彦将主战的宗泽视为眼中钉。两个人在高宗身边屡进谗言，促使高宗疏远耿直的宗泽。李纲为相后，立刻提拔宗泽为东京留守兼开封府尹。黄潜善、汪伯彦见李纲和宗泽亲密无间，也想把宗泽调离李纲身边，于是纷纷赞同。

毫无疑问，宗泽是东京留守最适合的人选。在靖康之变中被金人重创的开封府，在他手下迅速修复，成为抗金一线的重要城池。但李纲安排宗泽守汴京，无形之中也入了主和派削弱主战派力量的圈套，给两个人之后的结局埋下了隐患。

为了提升北方的防御能力，并且把同金朝的战场往北推进，同时形成协同保护汴京的能力，李纲提出了极具战略眼光的军事部署——在黄河沿线设置河北招抚司和河东经制司，他分别任命张所和傅亮为河北招抚使、河东经制使，负责组织两河军民抗金。

在靖康之变中，宋失去的土地并不多，金人南下掠过之后，也自知难以治理大片的宋朝疆域，选择将主力退回金境。但靖康之耻对宋朝心理上的摧残是致命的，京师被破，徽宗、钦宗二帝被掳，各地力量缺乏统一部署，也失去了主心骨，成了一盘散沙，自守、观望的情绪占了主导。

针对这个问题，李纲整顿军队，五人为一伍，二十五人为一甲，百人为一队，五百人为一部，两千五百人为一军。他奏请朝廷派出将领，前往抗金一线做指挥，同时吸收游击抗金义军，把所有的防御力量凝聚到一起。

通过李纲这些有效的战略部署，将宋军那种一打就散、一打就败的局面扭转了过来，从抗金一线传来的捷报也给整个大宋上下提振了士气。

战争，既耗人命，又烧金钱。

刚经历过劫难的宋朝，国库空虚，不光要支持前线，还要照顾各地因战火失去家园沦为难民的百姓。与此同时，汴河上贼寇不计其数，决堤处随处可见，致使汴京漕运阻塞，南北不通，包括东京汴京、南京应天府等地在内的城市出现缺粮的情况，导致城内粮价大涨。

李纲迅速主导打通京师漕运、陆运，短短二十余日，粮食入京，粮价回落。李纲深知经济问题和抗金一样必须马上解决。经历过北宋最后那段时光的他对徽宗、钦宗朝的问题看得很深刻，他深知国家遭遇磨难的原因之一，就是当时“六贼”当道，与民争利。

李纲对高宗道：“财与民的关系犹如水和鱼，财为水，民为鱼，鱼需要水养，民也需要财养，水干则鱼亡。故而养鱼者，深知蓄水的重要性。养民者也当施行宽厚简易之政。”他希望精简行政机构，减少官员，以减缓国家财政的压力。

毫无疑问，这触动了许多利益集团的利益，朝廷中对李纲的反对声、高宗耳边对李纲的贬低越发多起来。原本很信任李纲的高宗在这样的环境下，慢慢地对李纲也不像过去那样支持。李纲上交的许多奏章都被“留中不发”。身为天子的高宗还运用他的“政治智慧”，将李纲提升为左相，同时任命黄潜善为右相。表面上，李纲的官位得到提升，实际上是用与李纲政见不合的黄潜善牵制了李纲。这给李纲独相的局面画上了句号，也完全结束了李纲一人对朝政大事说了算的局面。

黄潜善上位之后，主和派马上针对李纲独相时期力推的措施展开行动。

黄潜善授意河北转运副使张益谦，上疏反对李纲设置河北招抚司。张益谦称这个设置导致河北盗贼愈炽。此时，被李纲任命为河北招抚使的张所甚至还在上任的路上，尚未到任，何来的影响？又如何能导致盗贼问题？

李纲说道：“张所尚在京师，张益谦何以知道张所导致了盗贼愈炽？张益谦这么说一定有幕后指使之人。”随后要求张益谦给出合理解释，并下令枢密院核查。

汪伯彦照旧上疏要求取消河北招抚司。李纲和他力辩，汪伯彦无言以对。李纲随后又在高宗面前与黄潜善据理力争，但高宗表面上没有支持主和派，却仍旧下诏罢免了张所。

被李纲提拔为河东经制使的傅亮，于是成了主和派的下一个目标。从之前主和派阻止李纲为相的意见就可以看出，主和派内部非常担心强烈的反抗会造成金人反感，甚至导致他们主张的和谈也遭到拒绝。

傅亮才到任几日，主和派就指责他故意拖延时间，延误战机。黄潜善要求傅亮立刻渡河。

傅亮表示："准备尚且没有完备就渡河，只怕延误国事。"

高宗却支持主和派的意见，下令让傅亮立即回应天府。

李纲反对。

高宗奇怪："难道少了他就不行吗？"他似乎忘记了李纲当初十条建议中就有一条"议久任"早就指出了任命和罢免都不宜频繁，而傅亮才刚要着手恢复河东地区的防御。

高宗竟然说防御是小事便打发了李纲，甚至李纲表示如若罢免傅亮那他也会辞官，依然没能令高宗收回旨意。

显然高宗不希望因为抵御金人这样关于国家危亡的"小"事，影响了卑躬屈膝求得金人饶命的"大"事。这恐怕就是经历了两次金人南下，耳听了徽宗、钦宗如何被金人羞辱的高宗，当时心里的真实想法。这也就不难理解，为何在得知金人再次打来时，高宗要坚持南巡，说白了其实就是南逃。当初徽宗匆忙让位于太子，自己仓皇出逃，用的也正是南巡的名头。高宗心里早有打算，万不得已他就一口气跑到江南，与金朝划江而治。谁能相信这是当初不惧生死，挺身而出主动前往金营为质的康王呢？

原来，一切还是皇位的诱惑。

而最后要了李纲政治生命的也就是他坚决主张"收复失地，迎回二圣"，触及了高宗心头最敏感的点。李纲忘记了，他坚决要求处理张邦昌的时候说天下不允许有两个天子。那么原本没有继承皇位可能的高宗，又如何能接受比他更正统的徽宗、钦宗回来呢？那天下岂不是有了三个天子？且论资排辈，他还是末尾的那一个！最后真正打倒李纲的不是主和派，而是高宗不允许失去的皇权！

此时，刚升任殿中侍御史的张浚又参了李纲一本，说李纲以私意杀侍从官宋齐愈，量刑不公，有伤新政。

张浚斥责李纲："杜绝言道，独擅朝政，事之大小，随意必行，买马之忧，招军之暴，劝纳之虐，优立赏格，公吏为奸，擅易诏吏，窃庇姻亲。"请求高宗罢免李纲的相位。

这个宋齐愈便是之前金人要大家推选伪政权皇帝时，拿出写有"张邦昌"三个字的字条，促使大臣们都纷纷跟随推举张邦昌的官员。

张浚表示，在李纲要执行募兵、募马、募捐等措施支援前线作战时，宋齐愈曾私下和他说："这些不可行。西北的好马买不到，东南能买到的马不适合作战，并且招人当士兵，每增加两千人，要增加多少军费？哪里能出这么多钱？从百姓身上寻求募财更是不现实！"说完，宋齐愈表示要好好上疏阐述一下观点。

但宋齐愈的观点还没正式提上去，李纲就用宋齐愈是当初伪政权里的臣子之名，将他抓捕。之后，宋齐愈被定"附逆之罪"，在东市被腰斩。

张浚并非主和派的一员，但主和派很乐得见他上疏请求罢免李纲宰相之职。黄潜善、汪伯彦等人也不会放过这个打压李纲的机会，他们反复在高宗身边弹劾李纲。李纲又正好为了傅亮的事要挟高宗，说若高宗罢免了傅亮，他便辞官不做宰相。

建炎元年（1127 年）八月二十日，高宗正式下诏罢去李纲左相之职，为观文殿大学士、提举杭州洞霄宫。

这已经是李纲第二次被罢相了。上一次罢相，是在他刚赢得开封保卫战之后。不论是在钦宗朝，还是在高宗朝，李纲为相的时间都极其短暂，君王在国家面临危机的时候起用他，又在他将力挽狂澜，扭转历史局面时，把他清除出权力中心。这不仅仅是李纲个人的悲剧，也是整个宋朝的悲剧。

这一年的李纲才虚龄四十五岁，已经经历了人生几个起落。他分明有寇准、王安石之才，可惜，没有遇到属于他的仁宗、神宗。连元朝宰相脱脱都禁不住为李纲惋惜："以李纲之贤，若能在靖康、建炎时完全发挥出来，二圣又何至于被掳北行，宋又何至于南渡偏安一隅？自古以来，都是用君子则天下安，用小人则天下危。李纲在任仅仅七十多日，提出数个谋略都被采用，高宗独独听信黄潜善、汪伯彦、秦桧之言。"

李纲被罢相两个月后，又被罢去了观文殿大学士，只剩下提举杭州洞霄宫一个虚衔。

杭州洞霄宫是一个始建于汉的道观，位于杭州九峰山下。这个提举洞霄宫职位，在南宋时期主要用于安置离任的宰相。

在第一次开封保卫战后，钦宗罢去李纲官职，但是太学生陈东带领学生们上书请愿，各地上万百姓为李纲鸣不平，钦宗虽然没有重新任命李纲为相，但也不得不委派李纲其他官职。

而这一次，陈东再一次为李纲辩护："要恢复中原，非用李纲不可！如果李纲不做宰相，是不是就要任命黄潜善为左相、汪伯彦为右相？这两个人对陛下只有私恩，有何才能为相？"他甚至问高宗："将来若赵桓回来，你将如何自处？"这个问题直戳高宗的心病。

布衣欧阳澈也上书高宗，力挺李纲，并称主和派不堪重任。

黄潜善、汪伯彦自然鼓动高宗将这两个大言不惭的文人砍头，因为他们深知对方已经触犯了高宗的大忌。高宗顾及太祖赵匡胤定下的"不得杀士大夫及上疏言事之人"的祖训，没有明着点头。黄潜善深知圣意，暗示应天府尹以召见之名将之杀害。

陈东自靖康为李纲上书起，不论到哪儿都带着一口棺材，他早知道自己最终的归宿，从不惧死。当府尹大人传见的消息传来，陈东从容手书一份遗书，差人带给身在家乡的父母，然后吃完了府尹安排的一顿午饭。

饭后，陈东和差役表示要去一趟茅厕。

差役怕陈东趁机跑了，面露难色。

陈东朗声一笑，说道："吾陈东也，畏死即不敢言，已言肯逃死乎？"

他去过茅厕，整理衣冠，坦然赴死。

建炎元年（1127 年）八月二十五日，李纲被罢相后的第五日，陈东和欧阳澈在东市被问斩。

当年太祖赵匡胤定下"不得杀士大夫及上疏言事之人"的祖训，要求每一任皇帝都必须发毒誓：有渝此誓者，天必殛之！

北宋九位帝王，无一人违反此誓。就算是无能软弱如钦宗，在知道自己南归无望后，都知道让南逃的官员向高宗转达"不可杀士大夫"的祖训。

刚登基不到一年的高宗，竟然将其打破。这个年轻皇帝固然有一些政治智慧，但恐怕并没有明白大宋之所以有如此多前赴后继为国肝脑涂地的文人义士，追其根源便在太祖这句誓言之中。

数年后，不知是不是怕受到报应，高宗给陈东、欧阳澈平反，追授陈东为承事郎，拨五百钱做每年祭祀费用，给陈东扫墓。

但，这又如何？

李纲下位，义士被杀，南宋的命运已在这一刻悄然注定。

在离开相位之后，李纲再没有回到权力中心，也就无力左右整个国家的抉择和命运。但他并没有自暴自弃，始终为国家的命运奔波呼吁。不论大事小事，他仍坚持向高宗上疏发表意见，但是，主和派没有放过他，在黄潜善、汪伯彦等人的再三打压下，李纲一度被越贬越远。

建炎二年（1128 年），李纲被贬澧州（今湖南省常德市澧县），还没等到澧州上任，又被贬万安（今海南省万宁市），这个地方比当初苏轼被贬的儋州还要遥远。在南下海南的路上，因为发生黎民叛乱，李纲和儿子李宗之被困在雷州，不得不滞留雷州长达一年。

在这里，李纲偶遇京师太学时期的同学。此时对方已遁入空门，在湖光岩楞严寺任长老，法号释琮。释琮邀请李纲到湖光岩一游。奔波许久的李纲，终于得寺庙一偏房暂居，与老友阔论畅饮，倾诉这些年来彼此的所遇所想。

李纲下位后，高宗也过得相当糟糕。建炎三年（1129 年），他被金军追着不断南逃，举国上下充斥着不满的声音。为挽回民意，高宗下旨罢免黄潜善、汪伯彦等人，并特赦李纲等被罢黜的主战派大臣。此时，李纲父子已经在渡海前往海南岛的路上。这份特赦走过李纲曾经长途跋涉的道路，历经大半年的时间终于送到了这位一心为国的忠臣手中，李纲终于得以北归。

绍兴二年（1132 年），高宗重新起用李纲，提拔他为观文殿学士，任湖广宣抚使兼知潭州。李纲把全部精力都投入这份工作中，全心全意为国效力，为民造福。当地匪乱严重，高宗虽然不喜欢李纲，但知道他在治乱方面可以信任。李纲也在这个时期，因为负责筹措军费军粮，而遇到了被朝廷从前线抽调到此镇压起义的岳飞，一老一少两位爱国人士，共商抗金保国大业，畅谈古今，相见恨晚。

绍兴九年（1139 年），李纲又一次被罢免了，他又失去了报效国家的机会，只能在家关注着各方局势。在生命最后的岁月里，他看到了各路宋军在“中兴四将”韩世忠、张俊、刘光世、岳飞的带领下，对金兵发起了一轮轮有力的反攻，将战线一路往北推进，收复失地。他也看到了在有如此大优势的前提下，高宗再一次向金人乞和。

“还是要议和呀，为什么还要议和！”悲愤、忧虑的情绪围绕在这位已经五十七岁的老臣心头。

绍兴十年（1140 年）上元节，李纲祭奠早逝的弟弟校书郎李经，悲伤恸哭，而后病倒，没多久，在仓前山楞严精舍的寓所病逝，给后世留下无尽的惋惜。

一百五十年后，南宋最后一位宰相文天祥扶持着飘摇欲倒的国家，穿过身边漫天的炮火，透过前方源源不断杀来的蒙古军，仿若透过时光，与这位前辈同战又同泣。

七百年后，林则徐在李忠定公祠提笔写下："进退一身关社稷，英灵千古镇湖山。"

相似的人总是惺惺相惜，相似的人总是做出一样的选择，不论我们的民族处于盛世还是遭遇危难，一代又一代的人身上都有一种精神，即便个人死去、王朝更迭，这种精神也从未从我们这个民族消失……

第二十三章

第一次南宋与金战争（上）——建炎南渡

在高宗任用李纲为相又将其罢黜的这段时间，金朝方面其实已经知晓张邦昌结束大楚而赵构建立南宋政权的事。金朝之所以没有马上有所动作，是因为在其内部也一直有着两种不同的意见。

一方主张温和地处理与宋朝的关系，认为可以放还徽宗等人，只要宋朝真心臣服，以后一直向金朝岁贡。金朝打击掠夺宋朝的目的，便可不战而达。其代表人物完颜宗望信奉佛教，是金太祖完颜阿骨打的第二子，世称“二太子”“菩萨太子”。

一方主张积极打压宋朝，其主要人物完颜宗翰，是协助完颜阿骨打建立金朝的国相完颜撒改的长子。完颜宗翰勇猛有谋，铁面无私，就算金太宗完颜吴乞买做错事，他也敢主张打皇帝二十棍。

据传，金朝开国之初，家底不丰，金太祖曾与群臣约定：国库财物只可用于战时，违者打二十大棍。

原本此约定一直执行得很好，谁知金太宗登基后竟然挪用了国库中的财物，结果还被负责清点国库的国相发现。

完颜宗翰得知后，于朝会上当众揭发此事。大臣们闻言，一致认为天子犯法与庶民同罪，哪怕是金太宗也不能逃避这二十大棍。

金太宗也认识到错误，咬牙忍了这二十大棍，并发誓以后绝不再犯。

天子挨完打后，群臣下跪请罪。

金太宗宣布宽恕众臣。

完颜宗望和完颜宗翰都是金朝重臣，有能力影响金太宗的决策。对于怎么处理赵构在南面建立政权的事，两个人相约到一处叫“山后草地”的地方，与其他大臣们一起商议。

这次商议，自然谁也没说服谁。

但是，完颜宗望在商议结束后不久因疾病暴毙。这一变故导致金朝朝廷内对宋强硬派占据了主导地位，随后以出使大楚为名，派人前往汴京，打探南宋的虚实。

与金朝派人南下差不多的时间，高宗也写了信交人北上，试图打探金朝对南宋政权的想法。

但金朝方面并没有回复高宗，去信如石沉大海。

金朝打探虚实的人一到汴京，就被东京留守兼开封府尹宗泽扣下，言明他们明为使臣，实为间谍。

宗泽上疏高宗道：“金人假装遣使到伪楚来探虚实，臣愚昧，恳请将之斩杀以破金人奸计。陛下受人蛊惑，认为要对这些人礼遇有加。臣不敢领命照做，这样会令金人觉得我大宋国弱。”

求和心切的高宗根本听不进去，坚持要将人遣返。

主和派还跳出来谴责宗泽拘留金使行为不当。

时任尚书左丞许景衡上疏极力为宗泽争辩，并说道：“宗泽为开封府尹，威名政绩，卓然过人，今日的士大夫没一个比得上他！”

宋朝名将宗泽，实为文人，出生在浙江义乌，一生耿直忠诚，敢于直言。在北宋元祐六年（1091 年）的考试中，他写长文批判朝廷弊病，因此只得了个“末等”，获“赐同进士出身”。

建炎元年（1127 年）五月，李纲还在宰相任上。金人又侵河中的消息传来，时任贵州防御使郝仲连率众力战，然而始终等不到援军。郝仲连预感城池即将失守，先杀了家人，而后率其子与余部奋战。最终城池沦陷，郝仲连父子英勇殉国。

消息传来，宋廷一片哗然，李纲主战，黄潜善主和。

宗泽主动上疏曰：“上次金人再度南下，朝廷没有出一个将领、一支军队，却有奸佞之臣不断劝告议和，乞求金朝，最终导致二圣北迁，社稷蒙耻。臣猜测陛下继承皇位后，定会赫然震怒，扭转乾坤，再造大宋王室，复兴我大宋基业。陛下登基四十天来，未有大号令发出，但刑部发出的命令如云，包括不能誊写传播大赦布告给河北东路、河北西路以及陕西路的蒲、解二州。这是剥夺天下人忠义之气，使忠臣义士都不能尽忠报国、仗义驱敌的行为。提出这种主张的人，太不忠不孝了！臣虽然胆小无能，但愿用性命报答国家。”请求前往前线。

再加上当时李纲极力推荐宗泽担任东京留守，高宗于是准许宗泽前往开封上任。

宗泽到达开封时，这里几乎是一片废墟，物价飞涨，人心惶惶。他立刻着手平稳物价，处理贼患。

当时，金朝在黄河北岸留有骑兵，时不时南下骚扰，并可隔岸听到对面的军鼓声。而宗泽手中的军队人数远远不足以抵御，但在开封周围还有各种残兵、流寇、义军各自为战，于是宗泽决定说服他们，形成统一的抗金力量。

其中有一支力量庞大的匪寇，首领叫王善，盘踞在河东。宗泽单枪匹马入其营劝说：“国家先前危难之际，如若有你这样的人，何至于变成现在的样子？”

王善被宗泽的真挚打动，诚心归顺。

另一支草寇，首领是大盗杨进，宗泽对他晓以利害，成功招降。

还有一支残兵“八字军”，活跃在太行山一带，其首领王彦曾是种师道的部下。种师道和李纲分别是钦宗朝时一武一文两位救国之士，钦宗罢了李纲的相位，又把种师道清出权力中心，种师道这位七十六岁的老将在悲愤之中病逝。王彦的这支八字军治军严明，骁勇善战，当时金人悬赏缉拿王彦，部将们为表忠心，都在脸上刺字“赤心报国，誓杀金贼”，由此得名八字军。在听闻宗泽抵达开封后，王彦一边加紧练兵，一边派人送信给宗泽，约定日期，一起大举伐金。

在这个时期，还有一个有名的将领也在宗泽麾下，便是大家都熟知的抗金名将岳飞。

岳飞原本是王彦的部下。建炎元年（1127 年）九月，王彦带领包括岳飞在内的一千七百人渡过黄河，到达新乡，与金军狭路相逢。金军人马远胜王彦，王彦谨慎起见，不想出兵。岳飞这时单骑而出，直接杀入敌阵，一刀砍倒金军旗杆。王彦和剩下的人见岳飞如此英勇，大受鼓舞，也都奋勇冲上去，将新乡夺回。

次日，岳飞又率兵与金军在侯兆川大战。岳飞受伤十几处，仍不畏生死，奋勇杀退金军。但当时他的部队出现粮草紧缺的情况，所以请求王彦支援。

王彦没有同意。

岳飞并未因此退缩，继续深入太行山，最终抓住金朝将领拓跋耶乌。

事后，岳飞明白自己已为王彦所不容，便率余下人马到汴京投靠宗泽。宗泽认为岳飞是一员将才，任命岳飞为留守司统制，并在后来的战役中委以重任，岳飞也因此飞快地成长起来。

宗泽一面招募、扩大军力，一面加紧修缮开封，加固城墙，提高防御能力，并将防御范围扩大到城外，加建二十四座堡垒，沿着黄河修筑连珠寨，挖掘壕沟等可以抵抗骑兵的军事防御设施。

防守如此完备，宗泽上疏高宗，请他回到汴京坐镇。宗泽深知，他个人的威望无法和天子匹敌，真正可以鼓励军民奋勇抗金的是高宗能够御驾亲征，亲自领导抗金战役。

宗泽在奏疏中写道：“陛下回汴京是人心所向，千万别再提南巡了，那是人心所恶。再者，陛下忍心丢下祖宗两百年的基业吗？”

一直到次年秋病逝，这位老臣先后连上了二十四道乞求高宗回汴京的奏章。透过这记录于史书的细节，后人仿佛能看到那一份份奏疏上，书写所用的并不是墨，而是宗泽的血与泪，是无数抗金儿女的悲与哀。

甚至，当时还只是一员小将的岳飞，也上疏给高宗，请求帝王“亲帅六军，迤逦北渡，则天威所临，将帅一心，士卒作气，中原之地，指期可复”。

但是高宗受黄潜善等人的蛊惑，始终不回复这些奏章。

主和派黄潜善、汪伯彦甚至污蔑宗泽这些奏章之语实在癫狂，户部尚书张悫反击二人：“像宗泽这种忠义之士，要能再多一两个，天下早就安定了！”

八月，李纲被罢相。

在高宗做出这个决定时，就已经下定决心南逃，他甚至还下诏粉饰了一番自己的逃跑行为，说：“连年战争，国势不强，为长远考虑，南巡淮河一带。”又道：“有任何人敢造谣，动摇朝廷，必须积极揭发，就算知情不告之人也一起处死。”

太祖赵匡胤的龙兴之地没能给高宗带来任何勇气，这位南宋的第一任皇帝在上位五个月后，迈开了他南下逃跑的步伐，也注定了南宋从此只能拥有“半壁江山”的格局。

十月，高宗抵达扬州，顾不上喘息，他派朝奉郎王伦、阁门舍人朱弁前往金朝，提出议和请求。

果然如宗泽所料，完颜宗翰看到宋朝急于求和，内心更加鄙视，反而更加坚定了南下攻略宋朝的决心。

建炎元年（1127 年）十二月，金朝以赵构废除张邦昌的大楚为由再次出兵，南下讨伐，完颜宗翰担任金军统帅。

南宋与金战争第一次爆发。

金军兵分三路：中路由完颜宗翰率领，从河阳渡河，主攻河南；完颜宗望过世，由金太祖完颜阿骨打的第三子完颜宗辅（女真名讹里朵）顶上，率领东路军从沧州渡河，主攻山东；西路军由金朝名将完颜娄室（女真名斡里衍）和完颜杲（女真名斜也）率领，从同州渡河，攻打陕西。

汴京作为宋朝名义上的国都，意义非凡，自然是中路军的主要目标。

宗泽当即做出反应，派遣部将刘衍前往滑州，刘达前往郑州，做好防御工作，牵制敌军，同时下令诸将严守汴河，严阵以待。金军每次南下军备所带不多，基本依靠四下掠夺，为此，宗泽一早要求将汴京周围区域粮食清空，不让金军获得任何补给，迫使金军打不了持久战。

建炎二年（1128 年）正月，金朝的中路军进军西京洛阳，攻取汝州。完颜银术攻下邓州，邓州守将李操等人被杀。不久，金军又攻克颍昌府（今河南省许昌市），颍昌知府孙默以身殉国。

金朝大将完颜宗弼（女真名兀术）率队攻打郑州。完颜宗弼是金太祖完颜阿骨打的第四子，人称“四太子”，而郑州通判赵伯振是太祖赵匡胤的八世孙。两位皇族之后的斗争，赵伯振处于势弱，却没给太祖丢脸，他一面奋勇杀敌，一面安抚军民，坚守城池八日。郑州城破后，赵伯振又率兵与金人展开巷战，后被流箭射中坠马，他与冲上来的金军一直搏杀到生命的最后一刻。

郑州之后，完颜宗弼的下一个目标便是汴京。正月初七，完颜宗弼率军抵达距离汴京仅数十里的白沙镇。

宗泽安抚士兵和百姓道：“不用惊慌，刘衍等在外防守，必能御敌。”

他一边让百姓照常准备元宵灯会，以安民心；一边派出精锐数千人，绕到敌人后方，准备伏击敌人。

张灯结彩的汴京城令金人摸不着头脑，生怕宗泽做了什么埋伏。在金军犹豫之际，宋将刘衍主动出击。双方激战进入胶着状态时，埋伏在后方的宋军冲出来前后夹击，金军顿时慌乱，仓皇败退。刘衍一直把金军逼退到滑州才作罢。

捷报传回汴京，士气大振。

此时，完颜宗翰已占据西京洛阳，与汴京对峙。

宗泽派出阎中立、郭俊民、李景良三将，率军出兵郑州。这支军队在路上遭遇完颜宗翰派出的金军主力，双方大战，结果李景良临阵脱逃，而阎中立战死沙场，郭俊民投降金人。

宗泽大怒，将逃回汴京的李景良按军法处死。

完颜宗翰狡诈，写了亲笔信，派使带着降将郭俊民前往汴京，意图招降宗泽。

这一年，宗泽七十岁，到了生命的最后时光，视荣华富贵如浮云，他唯一的心愿是北上收复故土，迎回二圣。

完颜宗翰想要宗泽这位忠肝义胆之士投降金朝，那真是天方夜谭。

宗泽不但撕毁了那封信，而且斩杀了来使和郭俊民。

不久，金军又趁刘衍返还汴京，再次攻打滑州。宗泽闻讯，差部将张㧑前去解滑州之困。

在滑州，张㧑遭遇金军围攻，寡不敌众，部将劝他撤退。张㧑道："苟且偷生，我没有颜面见宗公！"继续奋勇杀敌。

听闻张㧑陷入苦战，宗泽心如刀割，刚一得知消息便让部将王宣前去救援。因为滑州地理位置特殊，是挡在汴京前的重要防御城池，一旦滑州失守，汴京将直面来势汹汹的金军。

可惜王宣赶到滑州时，金军已经破城，张㧑力战而死。

"兄弟们！"王宣振臂一挥。其实，在赶来救援的路上，他已下决心，要么打赢此战，要么便以身殉国。

所以，王宣举刀策马对身后的部将们说道："兄弟们，跟我把滑州抢回来！"

金军刚拿下滑州，还未站稳脚跟，又闻城外杀来宋军，匆忙应战。

双方杀得不知日月几何，最后竟真叫王宣从金军手中把滑州夺了回来！

这一役，不亚于虎口夺食，令宋军士气大振，金军也轻易不敢再进攻汴京。金军三路军因此没能完成会合的目标。

完颜宗翰认为如今想一口气拿下南宋已经不可能，再战下去会变成持久战，这不利于物资向来不丰富的金军。于是，完颜宗翰决定收兵，在临行之前，金军把西京洛阳洗劫一空。

金军的中路军一撤，另外两路也相继撤退。当时，西路军已攻破同州、华州，拿下潼关。

宗泽保护了宋朝的国都，声名远播，甚至连金军也私下称呼他为“宗爷爷”。

为了实现收复故土的愿望，宗泽储备足够宋军用半年的粮草，筹谋好作战方案，联络活跃在太行山一带的八字军共同北上，只盼高宗可以到汴京坐镇，甚至御驾亲征。他在上疏中写道：“老臣已快七十岁了，早到了致仕还家的年纪，之所以一直没有这么做，不是贪恋功名，而是因为二圣还在北方蒙尘，陛下尚未能回到京师。”

然而，请高宗来汴京的奏疏，总如石沉大海，了无回音。

宗泽日日担心战机因此延误，复国大业不能完成，悲愤交加，心血熬尽，导致背上毒疮复发。

弥留之际，他怆然泪下，对诸部将说道：“若诸君他日能歼灭强敌，我使死而无憾了！”

众将无不泣然：“吾等必尽全力！”

待众将退出后，宗泽叹呼：“出师未捷身先死，长使英雄泪满襟。”这是杜甫的著名诗句，喟叹诸葛亮一生宏愿未达，终成千古遗恨。也许在那一刻，除却这首诗，再无其他语言可以替代他满心满腔的遗憾。

“过河呀！过河！过河！”

这是这位忧国忧民的老臣留在世间的最后话语，他到最后一刻都心系社稷，他没有给家人留话，也未交代一件家事。

建炎二年（1128 年）七月，宗泽病逝，后被追赠观文殿学士，谥忠简。

汴京百姓无不恸哭，不计其数的文人为他撰写悼文。

与宋朝不同，宗泽的离世对金朝而言无疑是一个天大的好消息。但是，金朝方面并没有轻举妄动。他们在观察，宗泽活着的时候将以汴京为中心的抗金一线建设得固若金汤，那么他死后，这个防御布局是否能得以延续？

宗泽的儿子宗颖一直跟随在宗泽身边，在军中也很有声誉。宗泽离世后，他与岳飞将父亲的灵柩护送到镇江安葬。大家都以为，事情完成以后，朝廷会让宗颖子继父职，担任东京留守。然而，朝廷最后下的调令是让杜充为东京留守。

杜充此人，说他是主和派都算抬举，从他后来的作为来看，应该说他是个不折不扣的投降派。

刚上任，杜充便将宗泽先前的措施全部推翻。

《宋史》评价他：喜功名，性残忍好杀，而短于谋略。

他也知道自己不得宗泽原来的部众认可，于是想出杀鸡儆猴之计，以剿匪为借口要岳飞出兵，攻打活动于汴京东的义军首领张用。岳飞以“寡不敌众”为由，婉言推辞。但杜充以军法行事相威胁，勒令岳飞出兵。岳飞只能带了几千人，敷衍出征，很快败给张用。张用看出杜充的用意，觉得在汴京已经没有意义，便带着一班兄弟离开了。

宗颖与杜充意见不同，多次劝谏杜充不达效果，失望至极，干脆也请辞回家为父守孝。

八字军的首领王彦本来与宗泽约定一起举兵北上收复失地，如今见宗泽过世，杜充不可靠，王彦便率亲兵求见高宗。可惜，来见他的是黄潜善和汪伯彦。王彦对两个人陈述河北、河东地区的大军都在翘首盼望高宗可以回到汴京坐镇。主和派的黄潜善和汪伯彦觉得他这是无稽之谈，而且当时朝廷已经派了议和的人前往金朝。二人害怕王彦破坏和谈，于是请高宗取消接见王彦的安排，让王彦去担任御营平寇统领。王彦大为失望，于是称病致仕。

宋朝抗金力量由此一再被削弱。

也许，上苍不忍看宋朝一步一步走向“半壁江山”的局面，又给高宗送来一个警喻。

这个时候，太祖赵匡胤的七世孙赵子砥从燕山逃了回来。于情于理，高宗都应亲自接见赵子砥，并询问那些被掳去北方的皇室情况以及金朝在燕山周围的动向。可是，高宗竟然派黄潜善和汪伯彦代做此事！

赵子砥和两位宰相说起二圣到金朝后，一个被封为昏德公，一个被封为重昏侯，囚禁在苦寒之地，许多皇室子弟过得很凄苦。

黄潜善和汪伯彦都无动于衷。他们大概都忘记了，建炎之初，大臣曹勋从北方逃回，带来徽宗写在里衣上的亲笔书信：“速来救父母。”还有高宗生母与妻子让曹勋一并带来的书信。当时，高宗哭着将这些信物给近臣们看。曹勋又提出招募敢死之士的请求，希望由海路北上营救徽宗。

不，他们没有忘记。当时，高宗就没有应允曹勋营救二圣的提议。那么逃回来再多的曹勋和赵子砥又有什么用呢？

听到两位宰相询问北方的情况，赵子砥认真地回答说：“金朝一面议和，一面还在打着南下侵略的主意。宋朝停止一切军事部署，同金人议和，和引狼入室没有区别。遥想当年辽朝也想和金人议和，金人依然对辽用兵，随后只用了十年便灭了辽。这些我们都要引以为戒呀。”

然而，黄潜善和汪伯彦听了这些，只是转头和高宗说：“赵子砥这个人不行，说话太过夸张，陛下没必要见他，听他说什么废话了。”

于是高宗见都没见赵子砥，就打发他出任台州知州。

行文至此，其实一切都很清楚，高宗根本不打算接回二圣，只求和金朝互不干扰，哪怕宋朝牺牲一些钱财和土地都没关系。他似乎一点也不怀念北方的故土，一心只想保住皇帝的位子。

那是帝位上的荣华富贵太过吸引人吗？

似乎也不是。

赵构和父亲徽宗不一样，他过的完全是一种修士般的生活。

元朝宰相脱脱回顾宋史时，赞高宗“恭俭仁厚”，称他为“中兴六君”之一，与夏朝第六任君王少康、周宣王姬静、东汉光武帝刘秀、东晋元帝司马睿、唐肃宗李亨相提并论。

在扬州的日子，高宗每日都穿戴整齐，端坐着听臣下们奏事。下朝后，他便在旁边小阁内思考国家大事，身边除去纸笔等物，没有任何奢华之物。到江南以后，各地官员进奉的家具中有的用了镶嵌螺钿的工艺，这种工艺要求工匠有较高的技艺，也需要消耗珍贵的木材和珠宝。高宗非常生气，让人把这些家具搬到街上当众砸碎焚烧，以示反对奢靡的决心。

对于一日三餐，高宗没有特别要求。宫人呈来什么他便吃什么，并说不敢忘记靖康之难时，面对金人追击，自己风餐露宿，以天为被地为席的日子。

后来高宗禅让，上位的孝宗很孝顺，宋朝经济发达，临安是当时最富饶的城市之一。身为太上皇的高宗身边什么山珍海味没有？可高宗还是没有改变简朴的性格。他既遗传了赵家的艺术造诣，也遗传了赵家的温厚性格。每次吃饭，高宗都让人拿两副碗筷，然后他把要吃的部分从大盘子夹取到其中一个碗里，再端起另一副碗筷把之前夹取出来的食物全部吃完。当时，他的妻子吴皇后非常不解，询问缘故。

高宗说：“不想食物撤下去给宫人吃的时候，宫人都吃我的剩饭罢了。”他这份修养，恐怕在古今中外的帝王之中也是少数，令人不禁想起他的祖上，那位吃到小石头都要悄悄吐掉，怕做饭的宫人因此受到惩罚的宋仁宗。

在扬州时，高宗的后宫也非常简单，皇后邢氏在靖康之耻时被金人掳走，他没再册立其他皇后，身边只有之前离开汴京时跟在他身边的妃子潘氏。高宗登基时，潘氏被立为贤妃。建炎元年（1127 年）六月，她为高宗生下了一个儿子。

高宗把隆祐太后也接到扬州后，时常叮嘱潘贤妃好好侍奉隆祐太后，他也经常给隆祐太后问安，把隆祐太后当作亲祖母一般尊敬。

很显然，高宗比起他的父亲徽宗、兄长钦宗，更像个靠谱的皇帝，他也确实想把国家带回正轨，并以身作则传承自古以来的优良品德。但是，靖康之耻给他造成沉重的心理压力，让他对金人产生了恐惧，失去了反抗的勇气，只求偏安一隅。

看淡了钱财奢靡的高宗甚至对身边人说："普通人丢弃玉石，毁坏珠宝，就不会被小贼惦念。"他追寻古人质朴的生活，也希望这样的国家不被强敌惦念。

但是，作为后人的我们都知晓这只是高宗的一厢情愿罢了。从古至今，在战场上得不到的东西，永远不要期望在谈判桌上得到。

建炎二年（1128 年）七月，金朝认为宋朝北方防线已经松散，也获知了赵构在扬州的消息，宣布再次南下。金太宗甚至在诏书中写道："康王当穷其所往而追之。"

康王，金太宗用这个词语称呼赵构，显然是不认可赵构建立的南宋政权，并要不惜一切代价抓到这个人，赵构入山便搜山，赵构下海便检海，不达目的不罢休，不抓到赵构不收兵。

这是高宗最不想看到的情况，但它真实发生了，虽然高宗没有拔腿就跑，但是接下去在扬州的日子，每一次前方传来金兵越来越近的消息，便如同把他推入油锅，高宗终日惶惶不安。

金太宗对未来格局已经定下方向——拿下赵构，然后建立一个类似张邦昌的大楚那样的伪政权。

完颜宗翰领命，出任十万金军的元帅，带领主力部队对宋朝发动第二轮进攻。完颜娄室率领另一支队伍平定陕西。

南下的道路对金军来说已经驾轻就熟，西京洛阳很快落入完颜宗翰之手。

完颜娄室那边也捷报不断，顺利攻占永兴，而后秦州守将投降，金军顺利开入秦州，一直到西河才算遇到顽强的抵抗。

原来，同州观察使刘惟辅带三千骑兵赶去救援沦陷的秦州，在新店这个地方同完颜娄室的先锋相遇。刘惟辅趁着黎明抢先发动攻击，当先一刀砍中对方将领黑锋的胸口，黑锋堕马而死，金军士兵顿时没了之前的嚣张气焰，纷纷败走。

完颜娄室得知爱将被杀，自然不会轻易放过这些人，安排埋伏准备伏击对方。

随后，右都护张严不听刘惟辅的劝告，坚持追击，入了金军的包围圈，主力尽失。刘惟辅等人一面往西奔逃，一面继续抵抗金军的追击。最后，刘惟辅带亲信数百人藏匿在山里的寺庙中，遣人去西夏求助，被西夏拒绝。走投无路之下，刘惟辅的部下竟然投降了金军，金军劝刘惟辅也投降，刘惟辅面不改色骂道："死狗！要杀便杀！"又怒斥投降的人："国家没有辜负你们，你们为什么要投降敌人？！"而后闭口不言，毅然赴死。

在西京洛阳的完颜宗翰，没有强行攻打汴京，他留下完颜宗弼守河阳，自己绕过汴京往东，目标直指在扬州的高宗。

此时，河南统制翟进奉命收复洛阳。他的队伍先抵达福昌县，驻扎下来后，翟进派兵袭击金军营垒，并不断伏击金军在外的游击部队，屡屡获胜。随后，双方在灵山寨（今河南省洛阳市宜阳县）大战。翟进突破包围后，率领七百死士，昼伏夜出，奔行五夜抵达洛阳，于半夜破城，生擒金军将领高世由。夺回洛阳之后，翟进整军攻打完颜宗弼所在的河阳。完颜宗弼早有防备，设置好了埋伏圈等翟进上钩。翟进命次子翟亮为先锋，遭遇金军埋伏，整个部队几乎全军覆没。幸好驰援洛阳的韩世忠路过，率人冲入乱战之中，将翟进救出。

韩世忠出身贫寒，年少时应募从军，抵御西夏，常年驻守西北，并屡立战功。宋徽宗宣和二年（1120年）又在平定方腊起义中表现出色，升迁承节郎。靖康元年（1126年）正月，金军南下，韩世忠追随李纲参与了第一次开封保卫战，随后一直活跃在抗金一线。靖康二年（1127年），他响应勤王号召，来到当时还是康王的赵构麾下。高宗登基后，韩世忠升为定国军承宣使，率部属跟随他前往扬州，颇受高宗重用。

与此同时，河北抗金义军基地五马山寨被金军攻陷。

五马山寨位于河北西路庆源府（今河北省石家庄市附近），靖康元年（1126年），七品武官赵邦杰在此依山设寨，召集各路乡兵义士。建炎二年（1128年），马扩投奔山寨。

别小看马扩这个看似普通的人名，他可是一位传奇的外交家，周旋于宋、金、辽三国，促成了宋金海上之盟，共同灭辽。

马扩年少时考取武举，随后从父出使金朝。

金太祖完颜阿骨打有意试探马扩的功夫，邀马扩一起去打猎，还暗中叮嘱部下发现猎物以后不许轻举妄动，要看马扩怎么反应。等到打猎时，一只黄獐忽而跃起，被马扩跃马追逐，一箭射中。金太祖拊掌，笑称："果然善武。"赏赐马扩貂裘、锦袍、犀带等物。

马扩因为有金太祖这份赏识，后来多次负责出使金朝，与金朝重臣多有交情。

海上之盟，原本约定由宋朝负责攻打燕云十六州，收复失地，结果被金朝打得奄奄一息的辽朝，依然守住了燕云之地。宋朝不得不请金朝出兵帮忙。当时负责出使金朝求兵的便有马扩。

在金朝同意出兵后，马扩一路跟随金军，目睹这支军队何等勇猛、高效地拿下燕京城。马扩深深地感知到，如果金朝调转目标攻打宋朝，宋朝必承受不住。在他的积极活动下，金太祖在世时，金朝严格遵守海上之盟的约定。灭辽之后，即便金朝朝内大臣极力主张攻打宋朝，金太祖都没有答应。

金太宗登基后，金朝打破盟约，南下伐宋。

马扩最后一次出使金朝时，来到金军元帅完颜宗翰面前，提出金朝应该继续履行和约。

完颜宗翰表示是宋朝招降金朝叛将张觉违反合约在先，应该为此付出代价。

这一次见面，双方不欢而散，自然什么也没谈成。但在送别马扩时，完颜宗翰命人备下盛宴，马扩欣然赴约。彼此都知道，这是他们最后一次把酒言欢，辞别之后便是战场再见。

一别之后，马扩参与义军，活跃在抗金一线。

靖康二年（1127 年），拿下汴京的金军拔营北归，带着俘虏的北宋皇室和无数珠宝。“菩萨太子”完颜宗望听闻马扩在真定（今河北省石家庄市正定县）被俘，特意绕道探望马扩，并劝马扩投金：“金朝大大小小的官员，随便你挑。”

马扩笑道：“国难当头，我怎么可能到敌国当官？”

完颜宗望最后还是放了马扩，准许他开酒家为生。

因此马扩在五马山寨复出，马上被推举为义军首领。

当时，徽宗的第十八子信王赵榛悄悄从金军押送赵宋皇室北上的队伍里逃脱出来，也投奔到五马山寨。

周围的义军听到信王赵榛的消息，都纷纷赶来。五马山寨很快成为抗金义军的重要据点，据传人数达到十万之多。信王派马扩带着他的亲笔信前往扬州，希望得到朝廷的认可和支援。

马扩到达扬州后，信王的亲笔信被递交到高宗手中。当时黄潜善和汪伯彦都在高宗身边，两个人怀疑书信为伪造，写信的信王也是假的，说道："金军防范很严，不可能让人逃跑出来。"

高宗道："是我亲弟弟的笔迹，怎么可能认不出来？"

不论事实真相如何，高宗认下了信王，下旨封信王赵榛为河外兵马都元帅，是负责黄河以北军事的最高长官，封马扩为拱卫大夫、元帅府马步军都总管，并授予马扩"便宜从事"的权力。须知自宋太宗赵光义开始，这个权力就被没收了，每每带兵出战的武将头上都压着个监督武将不能"便宜从事"的文臣。

但是，主和派自然不可能支持马扩，拨给他的尽是一些乌合之众。甚至，黄潜善在马扩离开扬州的时候，不放心地秘密叮嘱他："陛下要你暗中监视信王，你可要看清他的真假呀。"

马扩见此情形，心知这一次来扬州算是白走了。而且在他回去的途中，高宗又差人追上来，叮嘱他切莫渡过黄河。

马扩预感前路有变，在大名府停下。

九月，完颜宗辅听闻马扩已到大名府，恐他带了援军，提前对五马山寨发动围攻。

信王得讯，率领众义军迎战。由此可见，不论他的身份是真是假，都要比龟缩在扬州的高宗有骨气得多。

完颜宗辅的人马围住五马山寨后，没有立刻发动进攻，而是切断了五马山寨的水源。

天正大旱，水源断绝，起义军陷入绝境。金军趁起义军人心惶惶之时攻陷山寨。马扩在寨中的妻儿均被金军俘虏，而信王赵榛在混乱之中失踪。有人说，信王已被乱刀砍死；也有人说他有幸逃命出来，但对高宗失望透顶，隐姓埋名。

马扩听闻山寨被围的消息，马上招募人马前去救援，但还没赶到，又遭遇金军伏击，败走扬州。

十一月，完颜宗翰率军从黎阳渡过黄河，与完颜宗辅在濮州（今河南省濮阳市范县）城下会合，觉得这个小小的城池应当很轻易就能拿下。谁知濮州知州杨粹中趁金军尚未站稳脚跟，命将领姚端主动发动夜袭。完颜宗翰吃惊不小，差点没能全身而退。在金军猛烈的进攻下，濮州这座不起眼的小城，成了一块难啃的骨头。

杨粹中和满城的将士、百姓苦守三十三日，始终没能等来朝廷的援军。金军最终冲破城门，杨粹中坚守到最后一刻，以身殉国。

金军继续南下，进攻开德府。

开德府守臣王棣是北宋名相王安石的继孙、王安石弟弟王安礼之孙，因王安石之子王雱早逝无子，王棣被过继在王雱名下。开德府沦陷，王棣战死。

金军进而进攻相州。

相州通判赵不试，是太宗赵光义的六世孙。自靖康元年（1126 年）担任相州通判起，赵不试便助当时的相州知州汪伯彦，与磁州守将宗泽、大名府军一起围歼金军。高宗登基后，汪伯彦随驾前往南京应天府，而赵不试继续留守相州。

此时，金军围相州数日，城内无粮草，城外无援兵，赵不试知道再守下去，也是和开德府一样的结局。他登上城楼，与外面的金军约定："可以投降，但不能伤害百姓。"得到金军应允。

于是，赵不试打开城门，让金军入相州。而他回到官邸，东面而拜，命身边的东京留守统制张琼待他死后以土掩埋，而后跳井殉国，张琼后来也在井旁自刎殉国。

相州虽然失守，一城人的性命却得以保全，百姓感激赵不试，均自发祭奠他。

在扬州的高宗得知赵不试跳井殉国，亦黯然神伤，追封他为观文殿大学士，并敕封为护国将军，配祀宗庙。

同月，另一路金军由完颜娄室率领，攻下延安府。

一开始，金军只拿下延安府东城，并没有攻下由延安通判魏彦明坚守的西城。魏彦明散尽家财犒赏将士，西城在他的努力下又苦撑十三日才沦陷。当金军冲入时，魏彦明淡然地坐在城楼上。完颜娄室以家人的性命要挟他投降。

魏彦明不为所动，说道："我食大宋俸禄，你这狗东西要我背叛国君？"

完颜娄室大怒，将其杀害，随后进攻晋宁府。

晋宁军知军徐徽言，本来约了知州折可求合围金军，谁想折可求为保妻儿性命，带着麟、府、丰三州投降。

完颜娄室得知折可求还是徐徽言的妻舅，于是让折可求到城下喊话，劝徐徽言投降。

徐徽言挽弓对折可求说道："你和国家都没感情，我与你又有何感情可谈？不光我无情，我这箭矢更无情！"说罢一箭射中折可求，带人杀出城去。

完颜娄室没想到徐徽言会如此孤勇，被杀了个措手不及，急忙败退，完颜娄室的儿子也在混战中被宋军所杀。

完颜娄室一口气退出数十里后，重新收整兵马，发誓为子报仇，再攻晋宁府。

当时河东各州府都已被金军攻陷，孤城晋宁又顽强地独撑了三个月有余。

金军阻断其水流，导致晋宁城内水绝，同时粮食也即将用尽。徐徽言不断激励将士，带着残兵破甲与金军死战。到最后知晓难再坚持的时候，徐徽言下令将全城军械毁去，以免留给敌人，而后致信兄长徐昌言。徐徽言告知兄长，此战他已报必死决心，请兄长继续为国尽忠。

后来，部将变节，悄悄开启城门将金军引入，徐徽言与太原路兵马都监孙昂誓死抗击，自知大势已去，忍痛将妻儿烧死于室内，准备拔剑自刎，被破门而入的金军俘虏。

完颜娄室敬徐徽言是个汉子，以官爵诱降道："只要你归顺，我可以让你和子孙世代统率延安，管辖全陕。"

徐徽言斥责他异想天开，斥道："我受国厚恩，为国而死，死得其所，岂会向你卑躬屈膝！"

完颜娄室见他敬酒不吃吃罚酒，遂射杀之。

至此，秦陇一带尽数被金军攻陷。而完颜宗翰的那一路大军则攻陷东平府（今山东省泰安市东平县），继而攻破济南。

在济南，金兵想挖孔子的陵墓，看看里面有没有珠宝。完颜宗翰得知孔子是圣人，立刻下令制止，并处死了参与挖陵的金军士兵。可见金朝高层已经达成共识，在拿下宋朝的城池之后，要减少宋朝百姓的反感，为将来金朝推举统治宋地的伪政权打下民意基础。

十二月，完颜宗辅进攻大名府。

守臣张益谦欲弃城逃跑，提点刑狱郭永力劝道："北方门户若失，朝廷危矣！眼下打不赢，我们就死守到底，挫敌锋锐，等待援军，还没有到放弃的时候！"他看出张益谦降意难去，于是招募士兵趁夜色出城给朝廷送去急报防备金军。

但自两个人理念不一的那一刻起，大名府已非一块坚硬铁板。

金军拉出东平、济南投降的百姓在城下对大名府官民喊话："我们两地都已投降了，投降者有富贵，不投降的什么都没有。"

那些贪生怕死的自然都有异动，郭永见状大声说道："今日是我们报国之时！等王师赶到，大名府肯定能守住，大家只要努力，就不用怕这些金人！"众将士的信心又被激起，表示愿意坚守。

金军劝降不成，趁入夜大雾四起，用战车冲撞城墙的残破裂缝之处，开始攻城。

良久城陷，郭永坐在城楼上，儿子们请他撤离，郭永说道："我受国家恩惠，当以死报国。然而我死了以后，覆巢之下安有完卵，你们怎么办呢？这是我们的命吧，都不用怕。”

很快，张益谦率众向金军投降，被金军质问：“破城许久，怎么现在才来投降？”

几人哆哆嗦嗦说：“有人不让投降啊。”

郭永此时已正衣冠，向东南叩拜，等金军骑兵过来询问何人阻碍投降，他起身坦然答道：“是我！”

完颜宗辅听闻过他的大名，意欲以高官厚禄招降。郭永不为所动，反问：“为何还不快点杀了我？我死后做鬼也不会放过你们。”之后，一家都被金人杀害。

金军不断逼近南方，前方的战报也如雪片般飞入扬州。有些忠君之士认为必须有所作为，做好下一步规划。

户部尚书叶梦得上疏道：“御敌之计有三：形、势、气。形以山川地理为本，势以城池、军队粮草、器械为重，气以将帅、士卒为急。形固可以持守，势强可以资立，气振可以作用。由此，敌人皆在可以应对的范围里。”他提出，“请陛下渡江南巡，依赖长江天险，以备不虞”。又请求安排重臣守泗州（今江苏省盱眙县）和金陵（今江苏省南京市），以备退保。

侍御史张浚进言说：“中原是天下的根本，应当修葺东京、关陕、襄邓以待陛下巡幸。”

高宗说他“知无不言，言无不尽”。升任张浚为礼部侍郎，授任御营使司参赞军事。可见高宗也不希望身边尽是黄潜善、汪伯彦之辈，他亦渴望听到不一样的声音。

十月，张浚请求先把后宫女眷、皇子安排到更安全的杭州，建议苗傅、刘正彦为扈从都统制、副都统制。

高宗虽然没有马上表态，但在次月，他将祖宗牌位安置于寿宁寺，祭天祭祖，大赦天下，而后十二月，便安排兵马护送隆祐太后先行前往杭州。

有一些史书记载，黄潜善和汪伯彦扣押了前方的军报，故而高宗并不知晓金军即将兵临城下。高宗说：“有黄潜善为左相，汪伯彦为右相，朕何患国事不济。”当时，金军已攻到山东，山东境内匪盗群起，而短视的黄潜善和汪伯彦认为这都不是问题，根本不向高宗上报地方请求朝廷派兵的奏章。甚至，张浚认为金军必来，这两个人都只是一笑置之。

但真相是否如此，有待商榷。首先，高宗若不知金军逼近，不可能在建炎二年（1128 年）十二月，新年春节即将到来之时，安排隆祐太后提前撤离，又于次年二月，安排后宫女眷和皇子到杭州。第二，朝廷不派遣军队镇压各地贼匪，恰恰不是高宗不知，而是高宗知道，但贼匪的问题并非眼下亟须处理的问题。在当时，高宗心中的第一大问题，必然也一定只有金朝。宋朝此时有限的兵力和防御能力，都是他留给自己最后保命之用，要是调兵去剿匪，金人到了面前，他又该怎么办？第三，对于金朝，高宗希望可以和谈，因此不敢贸然兵戎相见，归根到底还是求和的心理作祟。而在建炎南渡后，高宗为平复天下百姓的怨言，把责任推到了主和派黄潜善和汪伯彦的身上，用“朕不知道”这个拙劣的理由掩盖他的优柔寡断、懦弱求和。当然，高宗在事后反思时，确实也气这两个人摸准了他“求和”的心理，不断进言金军不可能那么快南下，粉饰太平，又附和唯有求和才能解决宋金问题，消磨了高宗最后一点点的抗金信念，所以后来贬黜二人时，高宗用了“误国”二字。

在惶惶不安之中，高宗在扬州过了建炎三年（1129 年）的春节。但是，该来的还是来了。

正月初九，完颜宗翰率数万大军攻打中原战略要地徐州。知州王复坚守孤城二十天。正月二十九日，徐州弹尽粮绝，被金军攻陷。五十二岁的王复拒不投降，满门百口遭金军杀害。

驻扎淮阳的大将韩世忠，率领数千宋军救援。

完颜宗翰闻讯，率大军迎战韩世忠，同时分出万人往高宗所在的扬州方向前进。

宋金两军大战，韩世忠因兵寡而败退沭阳。完颜宗翰没有放过他，追至沭阳，宋军溃败，韩世忠再往盐城撤退。

随后，完颜宗翰坐镇徐州，下令金军攻下楚州（今江苏省淮安市）和泗州，在两处寻找渡口渡过淮河。在徐州城内，金军找到了宋朝存放于徐州府库的大量官银和物资，完颜宗翰将之犒赏给各路金军，金军士气大振。

二月，高宗下诏百姓自行躲避金军，刘正彦护送皇子和女眷前往杭州。

此时，楚州守臣朱琳投降，金军开入楚州，乘胜南下，攻下华东腹地天长军（今安徽省天长市）。

被高宗派去探听前情的宦官邝询刚到天长军便远远地看见了金军，吓得他掉转马头急奔回扬州。

高宗得知金军已近在咫尺，二话不说，披甲出城。这一次走得匆忙，连宰相黄潜善、汪伯彦在内的大臣们都没通知，他身边只有御营司都统制王渊、礼部侍郎张浚、宦官首领康履以及少数禁卫军。

高宗一行人出了扬州城北门，黄潜善、汪伯彦等大臣才听闻消息，当时这些重臣刚刚开完一个会议，正在会后的宴席上，当即就乱了，有的回府携家眷一起跑，有的直接上马去追高宗。

扬州城内的百姓，得知皇帝和宰相都出了城，金兵已经快到扬州城外，也纷纷出城往南逃难，城门附近还发生了踩踏事件，死伤数人。

一个叫黄锷的大臣被家丁护着出城。因见到前方堵塞难行，家丁高呼："快让路，这可是黄大人！"

百姓误以为此人是黄潜善，大喊："你这个祸国殃民的贼子！"不等黄锷争辩，就将他活活打死，连脑袋都被扭了下来。

另有一个叫黄哲的大臣，也被乱箭射死。

慌乱之中，还是太常少卿季陵赶到太庙，带着历代宋朝皇帝的神位逃出扬州。

高宗等人跑到江边的瓜洲镇，渡口一艘船都没有。此时，不论官民都在惊慌之中跳江、坠江，淹死之人不计其数。最后是张浚找到了一条小船，载着高宗过江抵达镇江。

高宗在镇江和陆续追上来的大臣召开了一次紧急会议，主要是商量下一步怎么做。

吏部尚书吕颐浩幼年生长于西北，娴熟军事，建议高宗："陛下坐镇镇江，声援江北，这样江北的军民定会拼死抗金。"

王渊则说道："镇江三面都有金兵，已经不再安全，不如再往南退。"

高宗的目光在地图上徘徊。

王渊进一步说道："杭州有钱塘江为屏障，易守难攻。"

张邵则说道："还是进都金陵为佳，纵使不能夺回中原，也可以靠江、淮、蜀、汉、闽、广，以图恢复。"

高宗考虑再三，最终采纳王渊的建议，决定前往杭州。

大将刘光世此时赶到镇江，因担心高宗知晓他的部队尚未与金兵作战就撤退渡江，刘光世一面圣便指责王渊："渡江船只都由你调配，而你把船只都调去运你的家人和私财，令我们的将士们无船渡江！"

"陛下明鉴！"王渊当即跪地，把责任推给下属，"这都是江北都巡检皇甫佐办事不力，臣已将皇甫佐正法！"

高宗已没有空管这些龌龊事，他在镇江短暂停留一晚，即启程南下，经过常州、无锡、平江府（今江苏省苏州市）、秀州（今浙江省嘉兴市），最后抵达杭州。

这一路上，高宗连下任命。令吕颐浩任同签书枢密院事、江淮两浙制置使，留守江宁府（今江苏省南京市）；令中书侍郎朱胜非和江淮节度使刘光世任五军制置使，屯守镇江府；后又改令朱胜非在平江抗御，张浚为副，一同节制军马，镇守平江府；承宣使张俊驻守吴江。

高宗这头快马加鞭、一刻不停地往南跑，恐怕根本没有想到进入扬州的仅仅是金军方面的五千先锋。如果当时宋朝将士拧成一股绳，何愁对付不了这人生地不熟的五千敌人？结果他们从上到下自乱阵脚，白白把一座扬州城拱手让人。

五千金兵进入扬州城后，放言要杀掉留在城中的所有人，于是百姓也不问青红皂白一股脑儿逃出城去。五千金兵就此轻松地将城中的财富扫荡一空，而后放火烧城。在扬州城真正死在金人刀下或者被火烧死的百姓，其人数远远不及逃出城后渡江、坠江而淹死的多，而那个有十万人之众，“烟花三月”的扬州城也就此被一把火毁去……

高宗这次从扬州逃到杭州，史称建炎南渡。

后来民间流传着的“高宗泥马渡江”的传奇故事，说的就是高宗这次南渡。据说，高宗来到江边时，后方是金朝追兵，前路被滔滔江水阻隔，此时一匹白马奔来。高宗翻身上马，一跃过江，一口气直接跑到杭州。而高宗翻身下马后，白马饮了井水，便变回了泥马。于是大家在白马变回泥马的地方建造了一座寺庙，称之为白马庙，里面祀奉着这匹白马的神像，被百姓们尊为“白马明王”。如今的杭州已经找不到白马庙，但仍然有一个叫作“白马庙巷”的地方，据说就是当初白马庙所在的地方。

这个传说故事就如同许多帝王出生之时有奇异的天象一样，其目的是告诉百姓，此人是天选之子，理应做皇帝。但仔细想想，若高宗真有神助，何不返身把金兵击退？因此，传说只是传说，只能引人一笑而已。

第二十四章

第一次南宋与金战争（中）——建炎复建

高宗刚在杭州落脚，便发布“罪己诏”，公开求谏，大赦天下。

吕颐浩从扬州送来奏报，说金军已撤离扬州。吕颐浩派遣将领陈彦渡江，收复扬州，但扬州城内多处被金军烧毁，百姓亦死伤无数。

此时，仍在宰相位上的黄潜善和汪伯彦竟然还没把国家危亡当成最重要的事，一心只想阻止高宗赦免李纲。

不过，这两个人的好日子也已到头。

建炎三年（1129 年）二月，御史中丞张澄弹劾黄潜善和汪伯彦，称其导致天子蒙尘，天下怨怒，有大罪共计二十条。

高宗为安抚百姓，下诏贬黄潜善为江宁知府、汪伯彦为洪州知州。

右司谏袁植认为贬得太轻，上疏要求把二人斩首。

高宗提及“不杀士大夫”的祖训，认为罪过不可尽归大臣，拒绝袁植的请求，还把袁植贬官了。

相位空悬，高宗提拔朱胜非为右相兼中书侍郎，王渊升入枢密府为枢密院事。此时的高宗万万没有想到，正是因为他对王渊的提拔，引起了七品将领苗傅、刘正彦的不满，导致二人兵变。

苗傅、刘正彦是从康王时期就追随高宗的武将，祖上世代为将，忠心家国，之前负责护送太后、皇子南下杭州的任务，他们认为自己的功劳不输王渊，理应得到晋升。而王渊在高宗逃出扬州时，分明有失职行为，导致国库绢帛、皇帝的御用之物都落入金军之手。结果，高宗提拔将领时，偏偏只提拔王渊，而没给二人任何认可。苗傅、刘正彦愤感天子用人不公，认为是因为王渊与高宗身边的宦官康履等人勾结所致。

而康履此人仗着自己是高宗身边被重用的宦官，就是在逃离扬州的路上，还专横跋扈。在路过吴江时，他竟然和其他宦官在江边比赛射鸭子为乐。等到了杭州，康履又提出到钱塘江观潮，其所用的帐篷挡住了百姓行走的道路。

苗傅因此指责康履："是你们这些宦官导致了天子颠沛流离至此！"

康履反唇相讥说："朝廷养你们这些士兵，一个个都是吃白饭的，打仗又不行，所以金人如此猖獗！"

苗傅一个武人，嘴皮子自然没有宦官康履厉害，因此越发恨康履。而同样心存不满的刘正彦和苗傅一起抱怨康履和王渊，二人一拍即合，决定一起起兵清君侧。

这两个人本属于王渊的下属，便向王渊密报有人准备在天竺山一带起兵叛乱。王渊遂将自己的精兵派去天竺山埋伏，准备平乱，立一大功。随后，苗、刘二人带兵埋伏在王渊下朝的必经之路上。

三月五日，朝廷宣读晋升大将刘光世为检校太保的诏书，王渊听完之后下朝离开，遇见苗、刘二人带着士兵冲上来。

王渊奇怪："你们怎么都穿着盔甲？"

没人回答，士兵们一拥而上将王渊从马上拖下来。

刘正彦道："你勾结宦官谋反，吾等为民除害！"亲自将王渊斩首，随后将王渊的头挂起来示众，并带人包围了康履的住处，见到宦官便杀，处死了百余宦官，但没找到康履，于是带士兵们前往行宫。

原来，康履已获知消息，急忙入宫报告高宗有人作乱。

高宗不知道如何处理，此时，苗、刘二人带兵来到行宫北门外。

正好宰相朱胜非入宫禀事，尚在宫中。朱胜非当即登上城楼，喊话苗、刘二人："你们这是要做什么？为何要杀朝廷命官？"

苗傅道："苗傅不负国家，只是为天下除害。"同时，遣人布告杭州城内的百姓，都是奸臣误国，导致扬州之灾，今日他们为民除害，意图中兴，绝无二心。

朱胜非与对方交涉许久，苗傅等人始终坚持要见高宗。守宫门的中军统制吴湛与苗、刘是同党，这时打开城门，引二人手下进城，一起高喊"苗傅不负国家，只是为天下除害"。

杭州知州康允听闻有人作乱，领兵入宫护驾。此时他领着百官，请求高宗上城楼安定军心。

高宗随后亲自登上城楼，与苗、刘交涉。

当皇帝的华盖出现在城楼上，苗傅和刘正彦领着诸将士跪地叩首，高呼万岁。

高宗的心略略一定，知道这些人还认他这个皇帝，遂问二人此举的目的。

苗傅高声答道："陛下听信宦官，赏罚不公，军士有功者不赏，内侍所主者却得美官。黄潜善、汪伯彦误国至此，犹未流放。王渊遇敌不战，但因为结交康履，还被任命为枢密。臣自陛下即位以来，立功不少，只封为遥郡团练使。如今，臣已将王渊斩首，但凡在行宫之外的宦官也都诛杀。恳请陛下下令一并斩杀康履、蓝珪、曾择，以谢三军。"

高宗说道："康履等人有罪，我定将他们流放海南。诸将离去吧。"

苗傅等人不肯，说道："天下生灵涂炭，都是宦官作祟，若不将他们正法，吾等不走。"又说道："今日之事，都是臣一人主张，臣的部将们事先并不知道，也未参与预谋，他们无罪。"

高宗随后表示可以下旨封苗傅为承宣使、御营都统制，刘正彦为副，并且宣布不追究任何参与此事的将士。

苗傅道："若我等要高官厚禄，只需要攀附康履就行了，何必兴师动众来这里？"

高宗一下噎住了，问计于身后百官。

军器监叶宗谔道："陛下何必珍惜康履？眼下平息三军怒气才最重要！"

高宗无奈，他不想做下诏杀人的皇帝，但现实不允许他仁慈。而后，康履被捆着装入篮子，吊下城楼，随后被城下将士腰斩。

临死之前，康履大呼："官家何故只杀我一人哪！"这句话喊得惹人深思，看来康履觉得不公平，像他这样该死的人还有许多。

但康履已是一枚被高宗放弃的棋子，不论如何呼喊都改变不了命运。他的首级后来被砍下来，和王渊的首级一起挂在城阙上示众。

高宗以为做到这一步，苗、刘理应满意离去。但他没有想到，苗傅又道："陛下的皇位有些不妥，将来渊圣皇帝（即钦宗赵桓）回来，又要如何处理？"

高宗一直有一块心病，便是他的皇位是由金人扶植的张邦昌那边得来，而迎回二圣更是他最忌讳的话题，苗傅此时把这个话光明正大说出来，显然这个问题不光折磨着高宗，也同样徘徊在底层士兵们的心里。如果国家强势还好，可眼下金兵到了眼前，高宗毫无作为，更令他们生出了对天子身份的怀疑和怨怒。

高宗呆立良久，他已无法朗声和几个人对话，示意朱胜非再次下去跟苗、刘二人沟通。

朱胜非坐吊篮下城楼，询问苗、刘二人想要如何。

苗傅提出要隆祐太后垂帘听政，派遣特使与金人议和。

朱胜非再上城头，把话转达给高宗。已经到这份儿上了，高宗别无选择，即下诏书，恭请隆祐太后垂帘，权同听政。

百官听诏下拜。

唯独苗、刘二人依然不拜，又提出进一步的要求——请高宗传位皇太子。

二人身边的幕僚还对高宗喊话："民为贵，社稷次之，君为轻，陛下应以社稷百姓为重，效仿徽宗禅让。"

众皆惊愕失色。

浙西安抚司主管机宜文字时希孟道："要不问一下三军的意见吧。"

杭州通判章谊斥责他："这是什么话！难道要听从三军的意见办事？"

高宗示意章谊不用说了，章谊立刻屏息不语。

高宗看了章谊一眼，转身对宰相朱胜非道："朕确实有做得不妥之处，理应避让，去请太后来主事。"

朱胜非道："从古至今，都没有这样让位的道理呀！"

颜岐颤巍巍地说："若太后下谕，也是有过的。"

高宗随后命人去请隆祐太后上城楼。

当时还未开春，城楼上没有避风之处，寒风阵阵。

隆祐太后登楼后，高宗立即起身将唯一的一把凳子让给太后坐下，他自己站在太后一侧。群臣再三请他入座，高宗道："我已经没有资格坐了。"

隆祐太后环视四周，道："让哀家出城安抚将士吧。"

"不可呀！"百官皆认为此举危险，担心城外的士兵挟持太后。

唯独朱胜非力排众议道："叛军不敢，若他们有此举动，反而说明他们之前所言都是假的，我们可探明他们的真实想法。"

隆祐太后亦认为有道理，她经历过太多变故磨难，早把生死看淡，随后坐轿出城。

到城楼外，隆祐太后询问苗、刘二人："尔等为何如此逼迫陛下？"

诸将士对隆祐太后跪下行礼，苗傅道："国家有难，二圣未归，陛下被奸佞蒙蔽，无所作为。吾等建议陛下禅位给太子，太后垂帘听政。"

隆祐太后缓声道："以前道君太上皇任用奸臣，随意更改祖宗法度，才造成了今日的局面。当今陛下神圣孝明，只是被奸臣汪伯彦、黄潜善所贻误，现在两人也都被放逐了。再者，强敌在外，国难当头，正应该上下一心，何必再生混乱，轻易更换君主呢？”

苗傅坚持道：“必须如此，不可改变。”

隆祐太后也坚守底线，说道：“可以依你们所请，但哀家要与陛下一起执政。”

苗傅不依，他们都是武将，坚称若不立幼帝，他们就只能动粗了。

隆祐太后反问：“好，以哀家一个老妇和幼子执政，我们一老一少，如何与金朝抗争？”又质问在旁的宰相朱胜非：“你们这些大臣怎么光站着，一言不发？”

朱胜非一头冷汗，正不知作何回答。这时从城楼上跑下人来，禀告隆祐太后：“皇上已同意让位，请太后下诏。”

隆祐太后坚决不允，甚至要拂袖离去。

朱胜非登楼，对高宗哭泣道：“事态发展到这样，是臣的失职，身为宰相，臣应当以死谢罪。”

高宗道：“形势发展到这个境况，爱卿又怎么预料得到呢？如今已经没了王渊，又要害爱卿，朕以后怎么办？”而后，挥退左右，轻声与朱胜非道：“只能先听他们的，再看以后如何挽救。若是失败了，再道生死也不迟。”

朱胜非闻言伏地，久久不起。

高宗轻叹，让朱胜非起来，下去告诉苗、刘等人，让他禅位可以，但得应允四个条件：

第一，禅位之后，他的待遇要如道君皇帝让位一样，供奉丰厚；

第二，禅位之后，国家大小事务要听太后及即位的幼君处置；

第三，禅位诏书下达之后，诸将和士兵立刻回到营区；

第四，必须约束军士，不可抢掠纵火、骚扰百姓。

苗傅和刘正彦同意了这些条件，并马上指挥士兵返回驻地。离去时，将士们都觉得为国家做成了大事，个个欢欣鼓舞。

当日，高宗禅位给三岁的儿子赵旉，史称宋简宗，请隆祐太后垂帘听政。当日，高宗即从行宫搬出，移居显忠寺。显忠寺是一座简陋的庙宇，之后改名睿圣宫。

次日，太后垂帘听政，尊高宗为睿圣仁孝皇帝。

五日后，宫中颁诏大赦天下，改年号明受。而苗傅被加封为武当军节度使，刘正彦被加封为武成军节度使。

蓝珪、曾择被贬去岭南，随后被苗、刘派人诛杀。

太后垂帘听政后，朝中主要的政事由宰相朱胜非处理。但苗、刘二人仍然担心高宗会暗中干预政务，秘密筹划挟太后、宋简宗离开杭州。

另一边，禅位和大赦的消息传到驻扎在外的重臣和大将处，平江留守、礼部侍郎张浚当即觉得此事有异，高宗才二十岁，正值盛年，为何要传位三岁稚子？他叮嘱左右压下消息，并派人秘密前往杭州打探真相。但派去的人尚未回来，平江府又收到了从杭州发出的檄文，其用词多有忤逆之意。张浚敏锐地预感到皇帝身边定然发生了大变故！

此时，同张浚一样预感到情况不对的还有江宁留守吕颐浩和驻守在吴江的武将张俊。

张俊收到杭州来的旨意，命他秘密带三百人前往杭州，余下兵将交由其他将领负责。张俊认为这个密旨出得太过奇怪，怀疑有人假传圣旨，于是跑到平江找张浚商议。

张浚此时已大致了解到苗、刘二人在杭州兵变，逼迫高宗禅让，并将高宗软禁的情况。危急关头，张浚非常清醒，当务之急是立刻起兵勤王，但是只凭平江府和吴江的兵马还远远不够。

正好江宁留守吕颐浩的信在这时送到平江府，吕颐浩也已决定起兵，来信要请张浚一起。张浚马上给吕颐浩回信，表示愿意一起勤王。同时，又给在镇江的大将刘光世去信，请他一同勤王。

吕颐浩、刘光世马上回信表示支持。

与此同时，还有一个人来到了平江府地界，他就是“中兴四将”之一的韩世忠。韩世忠败于金军，退守盐城后，带着残余兵马南下前往杭州。张浚的人找到韩世忠时，他的队伍正行舟到常熟。从张浚的信中得知高宗落难，韩世忠大哭一场，当即发誓与苗、刘不共戴天，并希望能和张俊一起做勤王的先锋军。

张俊担心韩世忠兵寡，又问张浚借调了两千人给韩世忠。

如此，吕颐浩、张浚这两位忠心耿耿的文臣，韩世忠、刘光世、张俊三位武将都已集结在一起。

此次起兵勤王，吕颐浩已是年近六十的老臣，而另外三位都是手握重兵的武将，但都不约而同以张浚为首，听他调派，足见这个年仅三十三岁的文臣已经展现出卓越的才干和个人魅力。此次起兵，以韩世忠为前锋，张俊为两翼，张浚和吕颐浩为中军，刘光世大军殿后，往杭州进发。

为了给几方大军争取会师的时间，张浚摆出谈话的姿态，遣人去杭州向苗、刘叛军阐明大意，要求他们尽快归政于高宗。

苗、刘二人虽是武人，但能成功举事，也非毫无头脑之辈。在得知张浚几人起兵后，苗、刘二人决定分化他们，一方面声讨张浚叛乱，一方面则开始拉拢韩世忠。

刘正彦给张浚下达命令，要求他尽快到杭州。张浚明白此去凶险，托词说军心不稳，等情况缓解之后再去杭州。

刘正彦要比苗傅心思细腻，知晓张浚不会中计，于是起了杀心。

一日夜里，张浚家里来了刺客，来人掏出一张悬赏张浚首级的告示，道：“苗傅、刘正彦正悬赏您的首级。”

张浚问他：“那你要下手吗？”

来人道：“我乃河北人，书读得不多，但也知道几分道理，晓得要分辨忠奸，不会跟着逆贼做事。此次特意前来，是为提醒您小心，只恐还有其他杀手。”

张浚感激不尽，问其姓名。

那人不答，一转身已消失在高墙后。

张浚之后将主要将领叫到面前，询问他们：“你们认为我们和苗、刘谁是忠义，谁是叛逆？”

诸人都道：“我们是忠，苗、刘为逆。”

张浚掏出那张悬赏他人头的告示给几个人道：“你们觉得我此举大逆不道，就杀了我，拿我的人头去领赏。否则，就跟随我去杀逆贼，但凡有退缩，都军法处置。”

诸人无不应是。

在当时，张浚也不知道此去是赢是输，如若输了，将根本没有命离开杭州。他这番话，既是亮明自己起兵勤王的决心，也为鼓舞军心，一鼓作气。

韩世忠这边，他的家眷都在杭州城内。张浚担心韩世忠会被苗、刘威逼利诱，叮嘱韩世忠的副将把从杭州方向送来的书信一律丢入水中。

后来，苗傅和刘正彦果然以宋简帝的名义，许以韩世忠加官晋爵，试图招安韩世忠。而韩世忠看到招安信上写了年号明受，怒道：“我只知建炎，不知明受。”并将来使斩杀。

当韩世忠行到距离杭州不远的秀州时，苗傅和刘正彦又考虑将韩世忠的夫人梁氏作为人质，逼韩世忠退兵。朱胜非闻讯，有意策应张浚等人，便对苗、刘二人道：“不如让梁氏迎接韩世忠，反而体现了你们的仁厚，也令所来将士安心，相信他们的家人无恙。”

苗、刘二人认为有道理，奏请太后。隆祐太后封梁氏为安国夫人，允许她带上儿子和太后懿旨，快马迎接韩世忠。至此，苗、刘二人失去了掣肘韩世忠的人质，也叫朱胜非看清这两个人孔武有余而谋略不足。

三月二十五日，张浚、吕颐浩等人公开讨伐苗、刘的檄文传到杭州，城内人心惶惶。苗傅和刘正彦也内心不安。朱胜非于是借机再次劝说二人还政给高宗。

苗傅最后顶不住压力，接受了提议，他带领百官前往睿圣宫，请高宗复位。

高宗表示知晓二人的忠心，做了一番勉励，并再次加封二人。

四月一日，隆祐太后下诏还政高宗，恢复建炎的年号，史称建炎复建。

消息传到张浚等人这边时，他们已经全部抵达秀州，于是聚在一起商议接下去是继续前往杭州还是回头。

既然高宗已经复建，再前往杭州则可能被苗、傅二人抓住把柄，说几个人出师无名。但此时杭州的兵马还掌握在苗、刘二人手中，如若就此回头，这两个人又一次反悔并逼高宗禅让，然后再派兵追讨他们，怎么办?

最后，几个人一致认为，不论前路多么凶险，也要继续前往杭州清君侧，彻底解决苗、刘二人。

几路勤王人马继续开向杭州，并在郊外遇上苗、刘二人安排在此的叛军，双方展开大战。韩世忠异常勇猛，持枪上阵，并号召部下："今日我等以死报国，等会儿谁没有箭伤，杀无赦！"

战斗一度陷入胶着，张俊、刘光世的部队随后赶到增援，胜利最终倒向韩世忠这一方。

叛军开始四散败退，消息传到苗傅、刘正彦耳中，二人自知大势已去，急忙找到高宗和隆祐太后，表示要离开杭州。但在离开之前，二人请求给予铁券，俗称免死金牌。

高宗看着他们按在佩刀上的手，点头说："理应给。"

苗傅、刘正彦在拿到丹书铁券之后，带着两千人马迅速离开杭州城，前往福建，同时命令手下在杭州城内纵火，让人无暇追讨，但当夜天降大雨，火没能烧起来。

韩世忠率先进入杭州，拜见高宗。

高宗见到韩世忠便号啕大哭，并低声告诉他："守宫门的中军统制吴湛和苗、刘是一伙的！"

韩世忠随即找到吴湛，作势要和吴湛谈话，然后一把折断吴湛手指，将其逮捕，诏斩于市。

张浚、刘光世等人后来也赶到宫中，拜见高宗。

朱胜非见苗、刘之事已经平定，向高宗提出辞职。

高宗甚为意外："苗、刘之事，并非爱卿所致，何至于要如此？"

朱胜非称这件事在他任上发生，他有不可推卸的责任，坚持离开。

高宗叹息，又问他："那谁可接任宰相之位？"

朱胜非推荐吕颐浩和张浚。

高宗道："张浚还年轻，可以如此委以重任吗？"

朱胜非道："张浚虽年轻，可这次勤王也是他主持的，可见其忠义和能力。"

高宗思索几日后，正式下诏罢去朱胜非右相职务，提拔吕颐浩接任右相，韩世忠为御营左军都统制，加封为检校少保兼武胜、昭胜军节度使，由高宗亲笔赏赐"忠勇"二字，并封韩世忠的夫人梁氏为护国夫人，享受朝廷俸禄，自此开创重臣、功臣的妻子领取俸禄的先例。而张浚原本要和吕颐浩一样位列宰相，却被他拒绝了。

实际上，高宗在张浚勤王入宫后，对张浚慰问再三，并引他觐见太后，还御赐所服玉带，并透露了要他为相的意思。张浚冷静而克制地以"资历浅，不敢当"为由婉拒。

张浚出生在天府之地，家族往上可以追溯到刘邦第一谋士"谋圣"张良。张家在汉州是地方世家，张浚的父亲张贤良在宋哲宗时期参加科举，因其观念与当时主政担任宰相的改革派代表章惇不一致，不得主政者重用，仅仅被分配回老家担任判官。张贤良一生仕途不顺，在张浚四岁时便过世了，但张浚继承了父亲忠直勇敢的性格。二十一岁，张浚考取进士，从最底层的小官做起，按照正常的逻辑，他的晋升之路不会有大波折，但是，一场颠覆国家的靖康之变发生，所有的规则都被打破。高宗在南京应天府登基，张浚闻讯毫不犹豫策马前往投奔，就此拉开了他不一样的人生。

建炎初年，面对当朝宰相李纲，张浚敢于直言弹劾，而他这一生最为后世诟病的也正是弹劾李纲。

但我们必须看清，张浚自始至终都不是主和派的一员，他主张与金抗衡。张浚弹劾李纲，完全出于他的忠直和对朝纲法纪的维护。

高宗在罢免李纲后，曾评价李纲："朕以其人，心虽忠义，但志大无才，用之必亡国。"话里固然有为自己开脱的嫌疑，但这也可以让世人换一个角度去看李纲。在处理问题的出发点上，李纲并没有错，但他坚持处死张邦昌、宋齐愈的态度，确实固执、不近人情，所以引起了张浚对"公正"二字的追问。

张浚虽然弹劾李纲，并最终导致李纲下位，但他一直非常尊重李纲，并多次在高宗面前夸奖李纲之忠。在张浚拜相后，他又推动高宗下决定重新起用李纲。

绍兴十年（1140 年）李纲过世，张浚作诗《李伯纪丞相挽诗二首》。

其一：

苍苍安可料，旧德奄重泉。
痛为黎民惜，谁扶大厦颠。
英风摩日月，正气返山川。
丙午功勋在，丰碑万口传。

其二：

十相从明主，唯公望最隆。

召周虽异迹，李郭本心同。
未遇升天药，空余济世功。
熏风歌吹咽，泪尽古城东。

从诗可见，张浚赞李纲“丙午功勋在，丰碑万口传”，认可李纲“十相从明主，唯公望最隆”。还剖析自己和李纲之间，如当年召公和周公、李光弼和郭子仪一样，虽然执政上有分歧，但其心赤诚，皆为社稷。当初他弹劾李纲，完全不是私人恩怨，其初衷和心境坦坦荡荡，经得起世人的剖析评价。

再者，张浚的忠直敢言也不单单针对李纲，就在弹劾李纲没多久，他又因为韩世忠手下逼死谏官之事，上奏请求夺韩世忠观察使之职。当时，正是高宗需要倚仗韩世忠等大将保家护国的时候，而张浚只是一个人微言轻的殿中侍御史。结果，张浚不断上疏，逼得高宗无言以对，只得罢了韩世忠观察使的职务。

更甚者，在李纲下位、宗泽苦劝高宗北上无果，且黄潜善、汪伯彦当道，人人都知道附和议和的时候，张浚依然上疏要求加强北方防御。他固然不是唯一做这件事的臣子，但能触碰高宗心头敏感之处又得到高宗赏识的，恐怕就真只有张浚一人了，张浚随后被提拔为礼部侍郎，足见其政治智慧。在他的身上，仿若有寇准当年的影子，但又与寇准有所不同，不论如何，一颗政治新星冉冉升起了。

平定苗、刘叛乱，《宋史》将张浚定为头功。因为当时高宗是整个宋皇室嫡亲唯一留在宋朝境内的血脉，如果高宗遭遇不测，那么整个中国历史的走向都将完全被改写。张浚主导的建炎复建，帮助的不仅仅是高宗一个人，不单单是南宋，更对整个历史走向有着深远影响。

因为张浚的推辞，高宗最后下诏任命张浚为枢密院事，很快，张浚又以他的足智多谋为高宗解决了一个心头大患。

话题还需要回到苗傅、刘正彦身上。这两个人被韩世忠抓获后，他们急忙拿出了铁券保命，这时才知道高宗在铁券上做了手脚，上面写着“除大逆外，其余不问”，而他们犯的恰恰是大逆不道之罪，最后被押送到江宁府（当时已改名为建康府，今江苏省南京市）当街凌迟处死。

但有一个人站出来，给两个人求情，认为其罪不至死，他就是庆远军节度使、湖北制置使范琼。但范琼并不是真要帮苗傅和刘正彦，而是在试探朝廷的态度，因为范琼此人做的事也并不比苗傅、刘正彦好多少。

在靖康时期，金军攻入汴京，范琼受金人委派逼太上皇徽宗赵佶出城，将宋徽宗和皇族、后妃等三千多人，或者乘轿，或者乘牛车，或者徒步，陆续押送到金营。徽宗被胁迫出城后，汴京百姓号哭不止，范琼竟然立斩数人，并领兵向百姓宣读金朝的文书，称赵氏已失国，令百姓不许阻拦皇族、后妃们出城。

金军掠走二帝，扶持张邦昌建立伪楚政权后，范琼作为金人的走狗，率人杀害不愿事二君的官员和他们的家人。

高宗即位后，特意下诏表示不问责范琼，并加封范琼为定武军承宣使、御营使司同都统制。

结果，建炎初年，金兵南下，范琼竟然拥兵自重，不听朝廷调令。从事后种种来看，这时候的范琼应该已知道朝廷对他不满。作为一个没有忠诚度可言的人来说，原本也不需要在乎朝廷的态度，他只是每次都等到胜负分出以后，投靠胜出的那一方罢了。

建炎三年（1129 年），苗傅、刘正彦兵变，监察御史陈戬赶到驻兵于南昌的范琼营中，请他回朝救驾。范琼不但不应，还令士兵围着陈戬，强迫陈戬观赏活剥人皮，以此来恫吓陈戬。

建炎复建后，范琼假意给苗傅、刘正彦求情，实际上是希望高宗能够赦免他先前依附苗傅和刘正彦的罪名，并以自己在淮南、京东招揽了十九万盗贼要挟高宗。

以范琼一直以来的行事可见，只要给予机会，他绝对能做出苗傅、刘正彦一样的兵变之事，但其出发点恐怕远不如苗、刘二人，而行事狠绝又远远在二人之上。让其发展下去，必然是南宋的一个大患。

见此，张浚反应果断，上奏范琼“大逆不道”的罪状，请求将范琼治罪。

高宗原本忌惮范琼手握重兵，但见这位年轻的枢密院事如此自信，于是准奏。

张浚忠直，但不鲁莽，他在抓捕范琼这件事上颇费了一番心机。先以商议平乱为名，派人叫范琼与刘光世等人一起前来。等范琼踏入会场，提前埋伏在会场里的张俊便带兵出来一下把范琼制服。范琼随后入狱，子弟被流放岭南。

名臣张浚和武将张俊，都是南宋初期非常重要的人物，时常出现在这段历史的文献记录之中。两个人名字相近，非常容易混淆，因此每每读到这两个人名字时，都令人不得不停留下来仔细分辨一番，不失为读南宋历史的一个有趣之处。

苗、刘之乱平息，高宗对有功之人论功行赏，被提拔起来的张浚也不忘对高宗道：“若没有太后这位中流砥柱，局势不能稳定，也应当厚赏太后的家人才是。”他提议封隆祐太后的侄子孟忠厚为宁远军节度使。

高宗准奏。

建炎三年（1129年）七月，苗傅、刘正彦被处死，这场兵变按理说已经完全结束，但其实这件事还留下了一个令人惋惜的尾声。

那位被迫接受高宗禅位的三岁孩童、宋简宗赵旉，在高宗复建后没多久便过世了。

高宗在当康王的时候，膝下有五个女儿，在靖康之耻的时候都被金人掠走，其中三个年幼的死在北上的路上，两个年长的女儿说是年长，其实也只有四岁，她们长大一些以后，被金人安排在洗衣处遭受凌辱。她们的父亲在南宋做皇帝，但她们在金朝过的是奴隶的生活。

高宗登基后，潘贤妃为他诞下皇子赵旉，这是高宗的第一个儿子，也是当时唯一的儿子，一直被悉心教养。复建后，高宗立赵旉为太子。但赵旉经历过苗、刘兵变之后，身体一直虚弱。有一日，宫女不慎打翻金炉，发烧中的赵旉因此受到惊吓病故。

高宗震怒，将打翻金炉的宫女、赵旉的乳母等一干人处死，追封赵旉为元懿太子。

赵旉过世，高宗失去了唯一的儿子。但是在当时，高宗还只有二十多岁，不论是他自己，还是大臣都没有想到，赵旉会是高宗这一生唯一的儿子，而这无疑给本就艰难的南宋又出了一个大难题，留待以后详说。

高宗经历了苗、刘兵变退位，又有张浚等人勤王复建，人生大起大落，但此时，第一次南宋与金的战争还未结束。

建炎三年（1129 年）五月，高宗复位刚刚一个月，在确认金军离开扬州北上以后，他离开杭州，抵达金陵，随后将金陵改名建康。之所以这么勇敢北上，并不是高宗下定决心抗金，做出天子守国门的态度来，而是他认为金朝会和他和谈，因此特意到金陵去，免得金朝派人来谈的时候，他不能第一时间召见。

那是什么原因让高宗有此自信，金朝会来和谈呢?

因为高宗自认为把姿态放得很端正，他不是明着求饶暗地里想要雄起，他是真诚到每一根头发丝都想通了，他不会抗金，他要结束斗争，只要能维持现状，哪怕让他当孙子都可以。为此高宗不断往金朝遣使送去国书，表示可以去掉自己的封号，使用金朝给予的封号，宋朝成为金朝的藩国。

高宗也知道金朝几位大将的话对金太宗能有影响，派人带了他的亲笔信去拜见完颜宗翰。

高宗在信中说：

八月日，谨致书国相元帅阁下，某昨遣洪皓输恳切之诚，惧道途梗塞或不时布闻，则又令崔纵进书御者。

既遣使者于庭，君臣相聚，泣而言曰：

古之有国家而迫于危亡者，不过守与奔而已。今大国之征小邦，譬孟贲之搏僬侥耳。以中原全大之时，犹不能抗，况方军兵挠败，盗贼侵交，财贿日朘，土疆日蹙。若偏师一来，则束手听命而已。守奚为哉？自汴城而迁南京，自南京而迁扬州，自扬州而迁江宁，建炎二年之间，无虑三徙，今越在荆蛮之域矣。所行益穷，所投日狭，天网恢恢，将安之耶？是某以守则无人，以奔则无地，一身彷徨，局天蹐地，而无所容厝，此所以朝夕鳃鳃然，惟冀阁下之见哀而赦已也。

恭惟元帅阁下，以宗英之重，行吊伐之师，谋略如神，威权不世。其用兵之妙，与黄帝争驱。遂北平契丹，南取中国，极天所覆，混为一区。此岂载籍所有哉？

故……愿削去旧号……

金珠玉帛者，大金之外府也。学士大夫者，大金之陪隶也。是天地之间，皆大金之国，而无有二上矣。亦何必劳师远涉，然后为快哉？昔秦并天下可谓强矣，而不废卫角之祀；汉高祖成帝业可谓大矣，而不灭尉陀之国；周武帝兼南北朝可谓广矣，而许留萧詧以为附庸。

伏望元帅阁下，恢宏远之图，念孤危之国，回师偃甲，赐以余年。

今社稷存亡，在阁下一言。某之受赐，有若登天之难；而阁下之垂恩，不啻转圜之易。伏惟留神，而特加矜察焉。

谨再遣使资政殿学士、朝请大夫、文安县开国子、食邑五百户、赐紫金鱼袋杜时亮，副使武功大夫、开州刺史、武功县开国男、食邑三百户宋汝为特诣行府。傥蒙许使参见，而受约束，幸甚！素秋将杪，冀益顺时保重，永绥寿祉。

从信可见，身为一国之君的高宗将对方高级将领尊为“大金朝相元帅阁下”，把自己放在“宋康王”的位置，可见他这个南宋皇帝，如果没有得到金朝应允，连他自己都不敢承认。

继而，高宗在信中哭惨，表示金朝如此强大，继续攻打宋朝的话，他唯有死守和逃跑两条路，所以希望对方看他可怜的份儿上，放过他，别再追击了。为了表示诚意，高宗还愿意削去旧号，尊金朝为天地之间最大的国家，而且认为做到这一步，金朝的士兵们也没必要再长途跋涉了。

甚至为了能让完颜宗翰到金太宗那边美言一二，高宗不惜许予城池。他似乎忘记了，以完颜宗翰的能力，根本不愁拿不下南宋，到时候，金太宗一样会奖赏他不输高宗许诺数量的城池，那高宗许诺的这份厚礼对完颜宗翰来说，又有什么吸引力呢？

再者，如若金朝对南宋有吞并之念，之前又何必要扶植张邦昌这个伪政权？完颜宗翰出兵之时，金太宗就已明确，拿下南宋之后，另立异姓天子管理这片土地。可见，金太宗实际上不满意的是赵家，是宋朝，而不满意的理由也早在之前出兵拿下汴京，抓走徽、钦二帝时说得明明白白——金朝认为赵宋说话不算数，多次出尔反尔，不可以信任。

高宗看不清真相，盲目自信，以为会得到金朝的恩许。

但有人看明白了。

北宋有史学大家司马光著《资治通鉴》，南宋也有一位有史学之才的人叫李心传，他著有《建炎以来系年要录》《建炎以来朝野杂记》等书，公正地把高宗这份国书记录下来，并道应当让后人知晓真相。因此如今的后人才能看到高宗这篇用词优美、引经据典却怎么也掩盖不了“委曲求全”行为的大作，一个帝王的摇尾乞怜之相跃然纸上。

在建康，高宗一面苦等金朝的回复，一面也在暗自担心，如果金朝人一定要抓到他，那么下一步往哪里逃？

高宗个人看重杭州，认为有天险钱塘江守护，再加上前面还有长江，两道屏障，怎么都更安全。

韩世忠反对，认为宋朝已经一退再退，不可再主动放弃江淮的土地。

吕颐浩则认为，金人的目的是抓住高宗，因此且退且战，到哪里都可以住，哪里也都可以打，不应该拘泥。作为宰相，他愿意留守江淮。

高宗自然舍不得吕颐浩，也不知道是哪根筋不对，他说：“江淮可交给杜充。”

没错，这个杜充就是在宗泽死后接任东京留守的那个人。杜充不光毁了宗泽苦心经营的河东、河北防线，导致金朝认为宋朝已不足为惧，再次出兵南下，爆发第一次南宋与金战争，他更是在金朝出兵之后，为了保命逃出东京开封，投奔在扬州的高宗。

而高宗非但没有处罚杜充，还认为他“徇国忘家，得烈丈夫之勇；临机料敌，有古名将之风。比守两京，备经百战，夷夏闻名而褫气，兵民矢死而一心”。一个擅离职守、贪生怕死之辈，被任命为同知枢密院事。

杜充深谙官场之道，假意推辞。

高宗随后任命他为右相，官职仅在左相之下，而且这个位置是越过了年轻有为又功绩不菲的张浚，破格提拔上来的。

随后杜充上任并兼江淮宣抚使，领行营之众十余万镇守建康，王民、颜孝恭、孟涓、刘经、鲁珏等统制官，殿前副都指挥使郭仲荀等人都归其调配指挥。甚至，骁勇善战、擅长用兵，平定苗、刘之乱功劳的韩世忠为浙西制置使守镇江府，也被安排在杜充之下。

怎能不说高宗此举可笑至极？

建炎三年（1129 年）七月，盼不到金朝议和的赵构决定回杭州，他将杭州升级为临安府，并粉饰说是感念末代吴越王钱俶归宋以及钱家对宋朝的贡献，所以以其故里“临安”为杭州府名。

在八月下旬诏令三省枢密院事滕康、刘珏以及建武军节度使杨维忠护送隆祐太后以及后宫妃嫔提前往江西转移。

闰八月，高宗启程，一路经镇江、常州、无锡、平江，于十月初八抵达杭州。

也就在这个十月，休整一段时间的金军再次对南宋发动进攻，负责带兵的是四太子完颜宗弼。这一次，金朝下定决心拿下南宋，彻底解决问题。发誓不抓到高宗赵构不回金朝的完颜宗弼在奏报中用了“搜山检海”一词，因此后世也将这阶段金军的行动称为搜山检海行动。

那段高宗一生中最惊心动魄的逃亡之路，自这个金秋拉开序幕。

第二十五章

第一次南宋与金战争（下）——搜山检海

金军兵分四路大举南侵，四太子完颜宗弼亲自率领主力部队渡过长江以追击赵构，却听闻赵构已经提早一步跑去临安，下一步甚至可能逃到海上。完颜宗弼于是决定兴建水军，准备从海路攻打浙江，捉住赵构，同时，他下令分出一部分兵马，由完颜拔离速、耶律马五率领，从黄州（今湖北省黄冈市）渡江，追击去往江西洪州的隆祐太后。

黄州守臣赵令峸，乃太祖赵匡胤之子燕懿王赵德昭的玄孙，当时他本已身体抱恙，被准予退任还乡，但听到金军再次南下而来，赵令峸依然折返黄州。

建炎三年（1129 年）十月二十四日，赵令峸才赶到黄州，便拖着病躯和一身疲惫带领城内军民抗金。

可惜因为准备匆忙，黄州没能挡住强悍的金军进攻。

次日一早，黄州城破，金人俘虏赵令峸，令其投降。

赵令峸一身戎装，严词拒绝，被金人不断鞭打，直到最后一刻，他都在怒骂金人并道：“身为大宋子民，只跪天地、祖先、君王、父母，永远不会对你们金人下跪！”

高宗听闻，悲痛不已，追赠赵令峸为徽猷阁待制，谥号愍忠。

在那个风雨飘摇的年代，不少赵氏子孙被金人掳走，只有零散血脉残留在外。这些人大部分是关系比较远的散亲，根据祖制，既不可能得高官厚禄，又不能有任何继承皇位的机会。但是，他们中的大部分如当年的郑州通判赵伯振，如今的黄州守臣赵令峸这样，在抗金事业中献出了生命，无愧家国先祖以及大宋的百姓。

十月二十六日，金人自黄州渡江。

对岸的江州（今江西省九江市）守将是“中兴四将”之一的大将刘光世，原本负责镇守镇江的他因参与平定苗、刘兵变有功，升为太尉、御营副使，先后任江东宣抚使，守太平州、池州，移守江州。

刘光世出身将门世家，以荫补入官，和韩世忠一样，在徽宗朝宣和三年（1121 年）镇压方腊起义之中表现出色，继而获得提拔，升任耀州观察使、鄜延路兵马钤辖。后来刘光世又参与宋朝攻辽的战役，在夺取易州（今河北省保定市易县）时表现出色，领奉国军承宣使，成为宋朝的高级武官之一。

与同样出身贫寒、靠自己打出军功的韩世忠不一样，刘光世是跟随父亲刘延庆参加的镇压方腊起义和易州之战，再结合他后来单独负责的战役表现来看，我们实在很有必要在刘光世是不是具备带兵打仗能力这件事上画一个问号。

但必须承认的是，此人的官运非常亨通。

汴京被围时，刘光世率三千步骑勤王，没等一行人赶到汴京，北宋便亡了。刘光世立刻转投到当时还是康王的赵构麾下，从此一路飞黄腾达。

步步高升的刘光世在奉命镇守江州时，日日与江州知州韩梠寻欢作乐，把酒笙歌，丝毫没有把外面金军的动向当一回事，甚至金军大批渡过长江之时，还只当来犯的是一些游散盗贼。

要知道，金军渡江可是用了三天时间。

若能把这三天宝贵的时间交给刚刚殉国的赵令峸，黄州又怎么会守不住！可刘光世却偏偏任由大好的时机从身边溜走！

而在知道前方来的是金军而非游散盗贼之后，刘光世和韩梠竟然丢下了满城江州百姓，从后城门逃跑了。

连这样贪生怕死的一个人，都可以名列“中兴四将”，便知道南宋多么缺乏优秀的将领！也令后人越发为同样位列四将之一、后被奸人所害的岳飞不平！

金人进入江州，如入无人之境，一番抢夺之后，直奔隆祐太后所在的洪州。

护送隆祐太后和后宫家眷的滕康、刘珏等人明白洪州必然失守，便带着太后连夜乘舟离开，踏上逃亡之路。

到了吉州（今江西省吉安市），滕康、刘珏畏惧追来的金军，竟然丢下太后自顾自逃跑，连护送太后的将领、建武军节度使杨维忠都不见了踪影，上万兵马不见了九成。而太后身边的宫人也大多跑散，财物一路丢失。

搭乘的船家见状，对隆祐太后和后宫家眷所带的金帛财宝起了贪念，趁夜偷走大部分财物悄悄溜走。

幸好太后身边还有百余亲卫，保护着太后和元懿太子的母亲潘贤妃，一路退到虔州（今江西省赣州市）。在虔州，他们遇到了赶来救护的杨维忠以及部众，而后，杨维忠护送着太后辗转逃亡，于第二年八月到达浙江越州（今浙江省绍兴市）。

完颜拔离速、耶律马五这一路兵马攻打洪州，江西制置使王子献闻讯直接弃城跑了，知州李积中投降。金军入洪州之后，继续追击太后，一路将江西各城逐个攻下，但都没能追捕到隆祐太后等人。第二年二月，这路金军转而进入湖南，四月攻下潭州（今湖南省长沙市），并在这里进行了惨绝人寰的屠城，而后带着搜罗的财物北归。

而完颜宗弼率领的金军主力军则在建炎三年（1129年）十一月初一拿下庐州（今安徽省合肥市）。初四又攻下和州（今安徽省马鞍山市和县）。

庐州和和州的南宋守臣都未做抵抗，献城投降。

初五，金军进攻南宋的淮南道无为军，一样未遇到抵抗，南宋守臣和百姓弃城出逃。

一直到初六，金军攻打采石渡（今安徽省马鞍山市西南），才遇到顽强抵抗。太平州（今安徽省马鞍山市当涂县）知州郭伟不光击退了金军，还追着金军，在芜湖又一次打败金军。

对于金军来说，要渡过长江，只能走两个渡口：采石渡和马家渡。既然在采石渡遇到阻碍，金军便转向马家渡，并连续攻破六合、真州，于十一月十八日开始从马家渡渡江。

马家渡对面即是杜充负责镇守的建康。

一开始，防守的宋军占据南岸高地，向金军投石射箭，致使金军难以靠近渡江。然后，宋军乘坐轻便小舟主动发动攻击，击沉金军船只数艘。金军于是假装后撤回北岸，排出列阵，令宋军以为金军一时不敢渡江，要发展成对峙之势。

等到入夜，宋军防御松懈时，金军又派出先锋乘坐小船渡江，最终一千人成功登上南岸。

听闻已有金军登岸，都统制陈淬向杜充提议道："金军来人虽多，但是只有战船二十艘，每艘船上士兵不超过五十人，因此每次只能一千人渡江，渡江进度缓慢。我们可以埋伏在江边芦苇密丛中，等他们上岸一批就抓一批，出其不意又不会被后面的金兵知晓。如此，金兵渡过长江，也就全部被我们俘虏。"

但杜充不肯采纳这个建议，命大将戚方领前军，陈淬领中军，共计两万人前往马家渡迎战，阻击金军，又命王燮为后军，带一万三千人前去增援。当时，岳飞也在陈淬的队伍中。

十一月二十日，金宋双方在马家渡相遇，展开激战。

结果，率领后军的王燮看到前面战争陷入胶着，心生胆怯，率军逃跑，导致陈淬带领的主力军陷入孤立无援之境。

但，陈淬坚决不退，他与金人可有杀子之仇。

建炎元年（1127 年），陈淬在名将宗泽麾下，兼大名府都总管兵马钤辖、恩州知州。金军攻打恩州，陈淬与长子陈仲刚出兵迎战。两军交战，金人向陈淬掷出飞刀，陈仲刚急忙去救父亲，用自己的身体挡在陈淬身前，不幸中刀，为国捐躯。

马家渡之战，陈淬死守到最后，身边三千多将士尽数殉国，陈淬与另一子陈仲敏力尽被金军俘虏。

金兵主帅亲自劝降陈淬，陈淬破口大骂，即便是敌军把大刀交架在他胸前，也神色自若，毫无怯意。最后，金军见劝降无用，将陈淬与其子陈仲敏都杀害了。

这一仗，宋军大败。岳飞带着残部退到蒋山（今南京市紫金山），准备继续抵抗金军。

当时的南宋军队一共有六万人，真正在前面的战役中殉国的人数不足一万，余下部众如果重新组织到一起，完全还有机会抵御金军。但是大将陈淬的牺牲和王燮的临阵脱逃对宋军气势产生了致命的打击，最终宋军溃散，没能形成有效的抵抗，导致金军最后全部登陆南岸。

眼见金军上岸，而宋朝正规军都溃逃不见踪迹，宋朝的百姓没有都坐以待毙。上元县丞、宣教郎赵垒之率领乡兵迎战金军，可惜力量悬殊，赵垒之与其子双双战死殉国。

南宋诗人、书法家张孝伯闻讯，写下了那首著名的《哭宣教郎赵垒之》:“长江天险失，铁骑逼金陵。拒敌无留守，捐躯有县丞。戈挥天日皎，血洒阵云腾。蒋尉英灵在，千秋配食能。”

十一月二十三日，杜充眼见完全抵挡不住金军，竟然带着三千亲兵逃出建康，躲了起来。

完颜宗弼看清了杜充也就这点能耐，于是派人给杜充去信劝降。

当时，杜充身边的人劝他可以南下与高宗会合，杜充想着自己到高宗那边肯定要受罚贬官，还不如接受金人的招降，干脆踩着完颜宗弼那边递来的梯子，主动跑去金军大营投降了。

这对高宗绝对是个打击，他那么相信杜充，对杜充不薄，姓杜的这小子就这样回报自己？

高宗一直到第二年四月才知道杜充投降的事，气得几日吃不下饭，反复哀叹："朕待杜充可谓厚恩，令他从庶人到官拜宰相，杜充到底为什么要反叛朝廷？"

此时杜充已经不在南宋，高宗就是要杀杜充也没办法下刀子，最后只能下诏削去杜充爵位，流放其子杜嵩、杜岩、杜崐和女婿韩汝等人。

留守建康的陈邦光、户部尚书李棁见杜充都降了，也主动投降迎金军入建康，这个历史悠久的城池、江南第一重镇便这样被金军收入囊中。

所有建康的官员之中，唯有通判杨邦乂拒不投降，不向金人叩拜，并咬破手指写下"宁作赵氏鬼，不为他邦臣"的血书，但求速死。

完颜宗弼派几个降臣劝降杨邦乂，说："你家境清贫，兄长早逝，寡嫂无依，家有五个幼子嗷嗷待哺，若你有什么不测，让这些亲人怎么办？再说，国家都已如此，一个人也改变不了什么，不如顺应天命。"

杨邦乂拒绝道："国难当头，家国不能两全，我已经决心报国了，不必多言。"

后来，这些投降的宋臣和金人把酒言欢。

完颜宗弼故意让杨邦乂前来，杨邦乂见状，怒斥厅堂中的人："陛下让你们守城，敌人来了你们不但不抵抗，还与他们摆宴作乐，你们有什么颜面见人哪？"

据说，当时有一人对杨邦乂说："你要是想死，就写个死字。"

杨邦乂当即从旁边一个官员那拿过笔墨，写了一个"死"字。之后，杨邦乂又大骂完颜宗弼道："你们女真对中原有所企图，上天可不会长久相帮，将来定然把你们碎尸万段！"

完颜宗弼闻言大怒，竟命刽子手割掉杨邦乂的舌头，乱棒打死，之后又令人剜出他的心脏泄愤。

杨邦乂就义时，年仅四十四岁。

待南宋收复建康，宋高宗方知晓杨邦乂殉难之事，下旨为他立碑，谥号忠襄。

南宋灭亡之后，人们在杨邦乂就义的雨花台，建造二忠祠，祠中纪念的另一位人物是南宋末年的抗元英雄文天祥。

从高宗知道杜充投降和杨邦乂就义的时间如此之晚，可以看出当时前线军报已经不能顺利地抵达宋廷，高宗和身边大臣基本上和没头苍蝇一样。

建炎三年（1129 年）十月，高宗把建康交给杜充，自己南下渡过了钱塘江，随后抵达越州（今浙江省绍兴市）。

十一月，建康失守，没有一支宋军返回，高宗只听闻金军已经渡过长江，以为好几万的建康守军全军覆没了，怎能不心惊肉跳？与此同时，韩世忠也从镇江退守到江阴，宋军的整个长江防线基本上像断了的珍珠链，意义不大。

高宗明白宋朝这边的军力已经防不住南下的金军，思考下一步该往哪里走，他和宰相吕颐浩说："二圣之所以被金人掳走，就是因为避祸不及时。"

吕颐浩明了圣意，随后提议："陛下不若先到海上避难。一来金军擅长骑兵，但是他们的水军、海军薄弱，难以实施追击；二来金人难以忍耐江南以及更南方的酷热，因此不会长期滞留。等待金军退却，陛下再来浙江。这是兵法上的'敌进我退，敌退我进'之法。"

高宗采纳了这个意见，决定到海上避难，并命大将张俊为浙东制置使负责浙江防御，殿帅郭仲荀为两浙宣抚副使留守越州。

十二月初四，高宗抵达明州（浙江省宁波市），准备在这里乘船入海。

许多人读到高宗逃跑这段，往往把原因归咎在高宗个人的"怕金病"

上。实际上，“怕金病”的发生，除了高宗个人的内因，金军强悍的外因，还离不开另一个因素——宋廷环境的恶劣。当时，南宋刚刚建立四年，中央号召力很弱，各地残余的军力和臣子很多处于观望态度，或者自顾自坚守、不能配合朝廷命令，或者看宋朝强则依附宋朝，等金军来了又投降金朝。高宗身边真正可用之人没有几个，而且还分了一部分保护隆祐太后等家眷，否则，最终陪他入海逃跑的大臣不会仅有六人。

出于家国情怀，大家都推崇那些不惜为国牺牲的英雄人物。然而，换一个角度思考，在当时那种境遇下，如若高宗为护国与金人战死，那么宋朝也便彻底灭亡了，就算还有一些赵姓人组织起小政权与金人继续抗争，接过宋朝的旗帜，也不可能有一个人如赵构这般对宋朝子民有号召力，最终的结果大概率还是失败，那么南宋就从我们的历史课本里消失了，宋朝的历史会缩短一百五十多年，甚至对后世产生不可估量的影响。

因高宗决定到海上避难，朝廷从南方各地调遣了二百艘大型战船到明州，另外还有很多正在赶往明州。

当时的宋朝海船威力并不弱，船上设有弩炮和投石机，船体有加固木板的防护，动力装置是船体内部的水车，运行起来速度极快、机动灵活，无论是攻击还是防御，都是当时最为强大的。

看着这些高大强悍的海船，高宗心里略略一定，嘉奖了先前到福建招募船只的监察御史林之平。

十二月十一日，金军进入浙江境内，攻打临安。

守臣康允之弃城，临安府首县钱塘县的县令朱跸率领部下金胜、祝威带着弓箭手、两千名骑兵以及民兵到城外迎敌。

金军首领完颜宗弼根本不把这些游散力量当一回事。

朱跸鼓励士兵们：“我们守住这里，钱塘百姓才有活路！”

众人无不应是：“誓死保卫钱塘！誓死保卫钱塘！”

完颜宗弼听到对面传来的宣誓声，下令放箭。

金军飞箭如雨，人数不多的宋军无人畏惧，始终坚守阵地。激战一天一夜后，朱跸身中流箭重伤，下令让余下的人后撤到天竺山。

金军出兵追击。

在天竺山，朱跸因伤势过重离世。部下金胜、祝威匆匆将他埋葬，便拿起武器继续与金人作战。他们利用金人不熟悉江南地形与之周旋，多次引金军入陷阱，导致金军损失不小，难以前进。

完颜宗弼遂决定兵分两路，一路在前面牵制金胜、祝威等人，一路绕到后面，准备实施背袭。

金胜、祝威这支宋军最后因腹背受敌，寡不敌众，全部牺牲。

十二月十五日，临安城破。

完颜宗弼入临安之后，方知晓高宗已经南逃明州，立刻派大将斜卯阿里、乌延蒲卢浑率领四千先锋军追击。

十二月十六日，高宗在明州仓皇登船。

那一刻，高宗内心凄凉，早已没了前几日看到两百艘海船的欣喜。这凄凉的原因，不仅来自身后凶狠的金军，更因为他的身边刚刚发生了卫队哗变。

原来，在十二月初八，明州就已开始准备登船事宜。当时公布每一艘船可以容纳的人员有限，限载卫士六十人，而每个卫士可以携带两位家眷上船。

但是，每个人都有父母妻儿，只有两个名额怎么够呢？这等于是让卫士们选择带什么亲人生，留下什么亲人死。

大家向主管禁卫的内侍省都知陈宥提问，陈宥回答不了部下。

于是，卫士张宝等人拦住宰相吕颐浩，代表部下们向吕颐浩发出疑问。

当年，朱胜非提出辞任，在和高宗举荐宰相人选时，朱胜非评价吕颐浩办事干练而残暴。

从后来的情况来看，朱胜非一语中的。

听闻张宝提问，吕颐浩粗暴地回答：“你们射箭都射不准，抵抗不了金人，时到今日，国难当头，是不是都不肯为国家战死呀？”

气得张宝等人要杀吕颐浩，幸好参知政事范宗尹见势不妙，拉着吕颐浩走了。

后来，这件事被高宗知晓，高宗亲自下诏告诉卫士们他的安排，并命人处死了带头的张宝等人，放逐内侍省都知陈宥。

经历了这番波折，再加上前路茫茫，不论是登船的士兵还是官员，面色都很凝重。而留下来守卫明州的将士官员，考虑到即将抵达的金军也同样心情沉重。双方都知道自此一别，生死难料。

四日后，金军攻打明州，大将张俊在明州城外十五里桥迎战。

这场战役被称为“明州之战”，列为“中兴十三处战功”的头功。除了张俊本人对战况有夸大邀功的因素外，“明州之战”真正的功绩是为高宗争取了逃跑的时间，所以，夸大这场战役能够体现高宗是“天选之子”，有“天运守护”，与“高宗泥马渡江”的传说有异曲同工之用。

金军攻打明州的时机，正是汉人的除夕和春节，可想而知，当时明州城内外的军民根本没有过年的心情。

张俊迎战金军，据说，机智的士兵们通过观察，发现了金军骑兵的弱点，而后将草席铺设在金军必过之处。来自草原的铁骑踏上滑不唧溜的草席，当下控制不住地摔倒了，而后宋军冲上去将摔下马的金兵斩杀。

这次小胜，在张俊后来的军报中是如此写的：杀敌近千人，其中包括两个带环首领。

估计张俊是根据女真人的发饰打扮推测，杀掉了两名金军小首领。

之后，张俊退回明州城内，利用坚固的城墙抵御住金军的两次进攻。这时，张俊估算高宗已经安全逃离，于是他率领部下离开明州，往台州方向撤退。

城外的金军先锋军因前两次的不顺利，也没有再贸然发动进攻。金军主力随后抵达，重新整合后，对明州城发起第三次进攻。

这一次，明州城破。

城内的百姓遭到了金军报复性的烧杀抢掠。史书记载，连邻近的城池台州都听到了城内百姓的哀号，台州百姓吓得纷纷逃去山林里。

自古以来，战争之中最受伤害的都是百姓。

金人伤害百姓，姑且可以理解为利益对立。而张俊的部队，竟也没有放过普通的百姓。他们从越州退守明州的时候，就对沿路百姓进行了搜刮，等从明州退出后，又一路抢夺物资，百姓苦不堪言，不得不放弃家园，踏上逃难之路。

一个月后，金军的“搜山检海”行动结束，撤离明州时又一把火将明州城烧毁。

但是，明州的百姓抱着对家园的无限热爱，展开了重建明州的工作。

根据宁波市的考古工作资料显示，重建后的明州城有十道城门，城基巨大，城门下有宽阔的砌石大道。作为南宋都城临安府的南部守卫之城，重建后的明州强化了其防御功能，对于防御力最弱的城门部分，都安排了三道防御，第一道是瓮城的城墙，第二道是瓮城本身，如若敌人突破城墙进入瓮城，战士们便在内城的城墙上对瓮城中的敌人进行“瓮中捉鳖”一般的阻击。而后，才是最后一道内城防御。除此以外，朝廷也加强了明州的驻军，并在这里建立了明州水军。

明州城在南宋经济上也处于举足轻重的地位，拥有南宋十四个盐场，经营盐业的利润全部纳入国库，此外还有酒、醋等生意，是南宋王朝税收的主要来源地。

张俊撤出明州后，越州知州李邺向金军献上越州，两浙宣抚副使郭仲荀弃军退去温州。

建炎四年（1130 年）正月初二，金军夺取明州，金军在明州搜罗当地船只，入海追捕高宗。

宋朝水军将领张公裕率船赶到舟山附近拦截金军。

金军方面的主将是斜卯阿里，他自南下以后，率领金军打的几场水战从无败绩，因此产生了轻敌的念头，随后金军便领教了宋朝海船的威力。

张公裕虽然是一位在历史上没留下什么名气的将领，但没有他在这次海战中的英勇迎击，高宗能不能逃脱金军的追击还真不好说。

宋金两边海船相遇，宋军就发挥了利用船上弩炮和抛石机进行远程打击的威力。

张公裕一声令下："开炮！"

炮火与石块如雨一样密集，如流星一般快，纷纷打向金军的船只。

金军意识到自己搜罗来的船只并无还击能力，但向来骁勇的金人没有畏惧，硬顶着炮火逼向宋军，想要以此缩短彼此距离，使得宋军的远程攻击失去威力。

令斜卯阿里没有想到的是，宋军船只竟然同样开足马力迎了上来，并利用船体的坚硬、庞大对金军船只进行撞击，这种体积和力量上的差距是碾压式的，金军的船只或被撞毁或被颠没，金朝士兵又不善游泳，没有被撞死的金军落水之后，淹死无数。这次惨败，最终导致金军望洋兴叹，放弃对高宗的海上追捕。

高宗一共在海上漂泊了四个月，海上风浪很大，有时因为船只损坏而不得不停泊在海上，有时又因为担忧金人追击不敢靠岸，面临物资匮乏的问题。有一次，高宗饿得没办法，令船只靠岸，上岸以后找到一处寺庙求食。僧人给了他们一些饼，高宗一口气吃了好几个才停下来。他这辈子狼狈的岁月很多，做康王时和汪伯彦风餐露宿是一次，建炎南渡匆忙逃出扬州也是一次，而这一次海上漂泊与前两次不一样的地方是在高宗身边有一位勇敢且有学识的女性，即后来被封为皇后的吴氏。

相传，吴氏的母亲在羊年诞下女儿，她的父亲吴近跟妻子表示，他曾做过一个奇怪的梦，梦里一片芍药花绚丽夺目，花下有一只白羊，而在这花和羊的旁边有一个亭子，匾额上写着“侍康”二字。后来，吴氏在十四岁时被选入皇宫，侍奉高宗，父亲的梦境成真。

两年后，隆祐太后和后宫家眷被高宗安排前往江西。高宗身边只有吴氏和张氏，吴氏极有胆色，身穿戎装，护卫在高宗身边。

卫队哗变时，曾有士兵冲入皇宫，差一点找到高宗的住处，也是吴氏勇敢地引走卫士，确保了高宗的安全。

金兵南征，高宗乘船入海，吴氏陪在帝王左右，她博习书史，通晓书法翰墨。高宗对身后的追兵忧心忡忡，多亏有吴氏这朵“解语花”，时常不着痕迹地宽慰高宗。

有一次，有鱼出水跃入船内。吴氏跟高宗说：“陛下，这是周人白鱼之祥。”

《史记》记载，商纣王残暴无道，周武王决定推翻商朝建立新的政权，并在黄河渡口检阅部队。在渡黄河时，周武王的船行到河中间，突然有一条白色的鱼跳到船上。武王于是俯身捡起鱼并祭天。后来，武王伐纣成功，建立新的王朝。因此，白鱼成了祥瑞的征兆。

高宗闻言欢喜，封吴氏为和义郡夫人，后来结束海上漂泊，回到越州以后，又晋封她为才人，不久晋为贵妃，最后成为高宗的第二位皇后。

高宗的原配皇后邢氏，比高宗大一岁。在靖康之变时，怀有身孕的邢皇后被金人掳走。一路北上颠簸，传出很多皇室女子坠马流产之事，邢皇后的孩子应该也没能保住，后来她还遭受了金人的侮辱。

大臣曹勋受宋徽宗之托逃回南方时，邢皇后摘下一枚耳环请曹勋带给高宗。

结发夫妻，少年情深。

高宗从扬州逃跑的时候，祖宗牌位都没来得及去取，却一直将妻子的这枚耳环带在身边，可见他对邢氏之情深。

高宗登基之后，金人为了侮辱他，将他的生母、妻妾和两个女儿都送去洗衣院，邢皇后自然也在其中。她在北方苦苦挨了十二年后，黯然离世。

三年后，高宗才从由金朝还朝的韦太后口中知道结发妻子已经过世。高宗悲伤不已，为邢氏辍朝数日，谥为懿节皇后。同年八月，邢皇后的梓宫回到南宋，被安置在隆祐太后梓宫的西北处。

之后，高宗的后位又空悬了一年，大臣们纷纷请立皇后，高宗才正式册立已为贵妃的吴氏为皇后。

温柔体贴的吴皇后非常明白邢皇后在高宗心中的分量，也知道高宗一直对邢皇后存有愧疚之心。她请求让娘家两个侄儿分别迎娶邢家之女为妻，让高宗可以借这两桩婚事稍微弥补一下发妻，略感宽心。

吴皇后不光陪伴了高宗的余生，还为南宋守护了孝宗、光宗、宁宗，成为中国历史上在位时间最长的皇后和皇太后，此为后话。

建炎四年（1130年）二月初三，金军烧毁明州撤回临安，随后在临安周围一带，一边放火一边抢掠，然后继续北撤。

二月十八日，秀州沦陷。

二月二十五日，金军攻打平江府。负责守平江的两浙宣抚使周望、平江府知州汤东野都提前跑了，只剩下曾班、郭仲威。

得知金军到城下的时候，郭仲威正在喝茶，他和来报的下属说："看我怎么弄死他们！"

这话一出，下属和百姓都觉得大为安心。读到此处的我们也定会认为郭仲威即便不是一位有力挽狂澜之能的大将，也是一位护平江城和百姓到最后一刻的爱国人士。

现实根本没有想象的这么美好。

傍晚时分，平江府城头突然燃起大火。城内的百姓以为是金军冲入了城，城外的金军也莫名其妙。

郭仲威借着大火引起的混乱，逃出了城。

当日，平江沦陷。

前面那位守平江的两浙宣抚使周望跑哪儿去了呢?

答案是太湖。

金军和平江百姓一样对这些守臣的逃跑表示愤怒，完颜宗弼愤怒道：“你们宋国的皇帝跑到海里，抓不到他也就算了。这几个狗屁大臣也跑，行！非抓住你们不可！”随后遣军前往吴江县，组织军队下太湖搜捕周望。

周望以为自己这回必死无疑，没想到驻扎在青乌镇的水军统制官陈思恭听闻金军要入太湖，带着部将疾行舟船到金军必经的长桥附近埋伏，待金军到来，突然出击。

金军完全没想到会有一支宋朝水军忽然从波光粼粼、芦苇丛丛的视野尽头出现，整个船队顿时被冲散，乱作一团。完颜宗弼考虑到江南水道复杂，他们初来乍到，地理不熟，很容易被宋军打闪电战和埋伏战，他没有恋战，下令即刻撤回。

陈思恭一击即中之后也未追击，以免陷入金军的埋伏，反而损失巨大，转而号召部将迅速退回太湖。

史官给了这场“太湖之役”很高的赞誉，主将陈思恭还曾在平定苗、刘兵变时追随韩世忠立有功绩，以及参与平定反将李成的叛乱。他出身名门，是北宋父子名相陈恕、陈执中之后，其排名虽然在“中兴四将”之后，但陈思恭是高宗身边比较亲近信任的将领，曾统率负责皇帝和中央朝廷安危的神武后军。但很可惜，这位重要的将领并没有太多信息流传下来。

而成功捡了一条命的周望，无疑是这场战役中获益最高的一方。

建炎四年（1130年）四月，金军从平江府往北撤离。

驻守镇江的韩世忠一直认为金军孤军深入宋境，必然不会长留，因此他勤加练兵，准备到时阻击金军。此时听闻金军果然后撤，韩世忠带领八千水军疾行到金山、焦山附近。韩世忠观察地形，认为金军首领会以运河入江口的银山龙王庙为指挥中心，因此也提前在寺庙内外做了埋伏，准备生擒金军主将完颜宗弼。

三月十五日，宋金两军相遇，激战一触即发，局面发展果然如韩世忠所料，只可惜最终只生擒到完颜宗弼的贴身随从二人，让完颜宗弼纵马逃出了埋伏圈。随后，两军在长江江面上交战，韩世忠的夫人梁氏亲自为宋军擂鼓助威，可谓女中豪杰，宋军受此鼓舞，气势大振。金将斜卯阿里、韩常所率船队很快被击败。宋军歼灭敌人二百余人。

完颜宗弼明白，长居北方的金人在水上不是宋人的对手，便主动向韩世忠示弱，表示愿意尽数归还在宋境抢掠的人畜、财物，并向韩世忠献上名马，以求借道渡江，但被韩世忠拒绝，随后金军寻找其他道路渡江。这又在韩世忠的预料之中，他亲自带人堵截，金军不得不仓促驶入建康东北的黄天荡。

韩世忠随后命船队封锁荡内唯一入江水道。等金军发现黄天荡是一处死水港，掉转船头回来的时候，韩世忠的船队正等着他们，拴着铁索的铁钩飞掷向金军，在金军尚不明白发生了什么的时候，铁钩已经勾住金船。宋军心头一震，开足马力拉动铁索，金船倾翻，金兵都落入水中。金人不善水，淹死之人无数。

与此同时，金军大将完颜昌（女真名挞懒）遣人接应主将完颜宗弼，其部队也在真州（今江苏省仪征市）被宋军水师阻截。

完颜宗弼出不了黄天荡，又盼不来援军，于是第二次向韩世忠提出交涉。

韩世忠严词拒绝："还我两宫，复我疆土，则可以相全。"

四月十二日，已经被困一个月有余的完颜宗弼发动突围，并于次日冲出黄天荡，驶至建康附近江面，被韩世忠追上，并守住建康江面，阻止金军渡江。

完颜宗弼这时得到福建人王某的献计，一面增强了船只机动性，秘密准备火箭，一面另开水路绕到宋军上游。

四月二十五日，金军趁宋军不防备，用轻便无声的小舟靠近宋船，忽然对宋军的船帆射出火箭，船帆起火烧毁，宋船因此失去动力，宋军大将孙世询、严允战死。本来只有八千人的韩世忠面对号称十万的金军，终究力寡，不得不撤退。金军为报之前围困之仇，全力追杀韩世忠。幸有长芦崇福禅院僧人普伦等率乡民千余人，驾轻舟接应韩世忠，掩护宋军退至建康北岸的六合西南方登岸，韩世忠随后返回镇江。

这便是“中兴十三处战功”之一的“黄天荡之战”。

这一仗打出了宋军的士气和自信，也给金人一顿不小的教训。甚至有记载说完颜宗弼回到金朝后经常拉着人的手，说起这次被围声泪俱下。不过，完颜宗弼毕竟是金朝大将，自幼追随父亲金太祖征战各处，战绩斐然，他在回国后，与人分享南下作战经历，提到战况的凶险属于很正常的情况，但行为举止如上述那般畏惧的可能性就真的很小了，应该是一种恶意杜撰。

黄天荡一仗虽未获得全面胜利，但它结束了宋朝一边倒被金军碾压的状态，是整个局面扭转的关键之战。

因为这一仗，时人都赞颂韩世忠的忠勇无双，但因宋军最终错失重创金军主力的机会，韩世忠的夫人梁氏上疏弹劾丈夫，请求治其“失机纵敌”之罪。

举朝为之震动，朝廷再次加封梁氏为“杨国夫人”。

五年后，韩世忠的原配夫人白氏过世，梁氏成为韩世忠的正妻。

这位梁夫人，在戏说故事中，有一个好听的名字叫作梁红玉。她是一位名副其实的抗金女英雄。梁氏成为韩世忠正妻一年之后，绍兴六年（1136 年），韩世忠被任命为武宁安化军节度使，驻扎楚州。梁氏随夫同行，与士卒百姓同甘共苦，一面加强城池防御建设，在旧城之外建造新城，一面加速恢复经济生产。夫妻二人驻守楚州十余年，史书盛赞“兵仅三万，而金人不敢犯”。

黄天荡一仗之后，金军北撤也并不顺利。

先前建康失守，岳飞带着残部退到蒋山附近，此时他在建康南面的牛头山内，时常骚扰金军。

五月，完颜宗弼渡江，成功北撤。

岳飞知道金军人数众多，并不能很快完成全军渡江。听得消息，他第一时间带领骑兵冲下牛头山，金军被他伏击，受到重创。岳飞随后又追至靖安，消灭了未及时渡江的金军，而后收复建康。这时候，岳家军已经初步形成。靖安大捷，收复建康，是其首捷。

完颜宗弼被困在黄天荡的时候，高宗也结束了海上漂泊的日子，返回越州。

五月下旬，岳飞亲自押解战俘前往越州，拜见高宗。高宗赐予金带、马鞍等物。

到这时，第一次南宋与金战争结束了吗？

答案是没有。

这年七月，金朝按照原计划，正式扶植起伪政权管理从宋朝抢过来的土地。伪政权的皇帝是建康守臣杜充吗？

杜充倒是想，当初完颜宗弼忽悠他投降的时候，就夸了这个海口。

可金朝另有看重的人选，这个人叫刘豫。

刘豫字彦游，景州阜城人，祖上世代耕读。北宋元符年间，刘豫中进士，终于实现了从种地汉到仕宦阶层的转变。

徽宗朝时期，刘豫任殿中侍御史，这个位子张浚也坐过，属于言官，但凡看到什么不对的地方，都可以启奏弹劾，向皇帝进谏。此时的刘豫尚且尽忠职守，再者，他面对的还是一个经常乱搞事的皇帝——宋徽宗。因此，刘豫时不时就得给徽宗提点意见。

那三天两头送上去的奏章搞得徽宗很是没趣，徽宗道：“他刘豫一个河北种田叟，也懂礼制不成？”随后罢黜刘豫为察访使，让他离开京城去两浙。

徽宗宣和六年（1124 年），刘豫改任河北提刑。恰逢金军南下，各处难民贼盗不断，刘豫一点没有衣锦还乡的快乐，他磨磨蹭蹭地不想赴任。结果，北宋灭亡了，刘豫还没走到河北。

建炎二年（1128 年）正月，刘豫跑到南宋朝廷，请求给他委派任务。

当时正是主和派当政，黄潜善、汪伯彦眼看河北基本已被金军攻陷，刘豫这个河北提刑确实没法上任，于是将刘豫派去当济南知府。

刘豫到济南没多久，完颜宗翰的大军开到济南。

刘豫派儿子刘麟出战，当时金军重重包围济南，危在旦夕，幸好济南郡张柬带兵增援才迫使金军撤退。但金军已经打听明白了刘豫是个贪生怕死之人，随后给刘豫写去劝降信，许予高官厚禄。

刘豫正愁没有机会换个更强的主子，免得如今这般日日担惊受怕，这下收到金朝的劝降书，那真是打瞌睡就有人递枕头。金人在信中还提了条件，要求刘豫杀了大将关胜以投诚。

这位关胜，名将关羽之后，因《水浒传》而被无数中国人称颂认识。在《水浒传》中，他绰号大刀，位居马军五虎将第一位，精通兵法，骁勇善战。在南宋现实之中，他也是一位忠心爱国、擅长调兵遣将之人。

可就是这样的关胜，却被刘豫为了向金朝新主子求荣而毫不犹豫地设计杀害了。

关胜死后，刘豫以为就此没有了后顾之忧，要求济南百姓一起投金。谁知百姓不屈不挠，坚决不肯。刘豫竟然把自己绑在绳子上吊下城楼，主动跑去金军的营中投降。

在刘豫以及他在城中安排的内应合作之下，济南城门大开，金军入城，那些反对投降的百姓都被金人杀害。刘豫也如愿以偿，被金军安排为东平府知府，兼京东西、淮南等路安抚使，刘豫之子刘麟任济南知府，金人把黄河以南交由刘豫统领，命他节制大名府、开德府、濮、滨、博、棣、德、沧等地。

建炎四年（1130年）七月，刘豫在大名府登基，国号大齐，史称伪齐，与南宋划黄河而治。

紧接着，建炎四年（1130年）十一月，一个对中国历史产生重大影响、被后世唾骂近千年的奸臣秦桧回到了南宋。

此时，距离靖康之变秦桧随二帝被掳去金朝，已经过去了三年。

后人在了解了历史的发展之后，都纷纷猜测秦桧是不是一个已经被金朝策反的奸细。怀疑的理由之一便是当年被带走的臣子那么多，连帮高宗递交求和信的使臣都有去无回，为何你秦桧平安回来了呢？

但在当时，宰相范宗尹给秦桧做了担保，时人并没有对秦桧产生怀疑。

秦桧回来的时候，范宗尹也刚当上宰相不久，正是深受高宗信任的时候。前面一位宰相吕颐浩在高宗逃亡的那段时间表现着实不怎么样，因为他和卫士们发生口角，导致高宗登船入海之前遭遇了卫士哗变。而且吕颐浩为相期间专横跋扈，引起诸多臣下不满。因此，高宗回到越州没几天，就罢去了吕颐浩，提拔范宗尹为相，这时候范宗尹才三十岁，可谓年轻有为。

古时候，要做大官，得有两样特别拿得出手。第一是书法，要能写得一手好字。第二是长得端正，模样出众。这位范宰相据说是一位帅哥，长得俊秀白嫩，而且非常注重仪表，起床之后要照好几回镜子，有“三照相公”的外号。

有了当朝宰相的担保，秦桧被任命为礼部侍郎。

新的一年即将到来，年轻的高宗认为应该有所作为，于是下诏在新的一年启用新的年号“绍兴”，期许“绍奕世之宏休，兴百年之丕绪”。

绍兴元年（1131 年）二月，写得一手好文章的秦桧就升职为参知政事，进入了最高权力层。

同月，高宗把临时都城搬到临安，并在七年之后正式定其为国都。所用的宫殿是杭州城南凤凰山、馒头山一带的原吴越国王宫。之前，金军在离开临安之时，在此处宫殿放了一把火。高宗是一个勤俭之人，只命人简单收拾修缮便搬了进来。之后一直到南宋灭亡，南宋皇宫都在这里，且一直都遵循着简单质朴的风格，虽有修缮之举，但从未扩建。

两个月后，被高宗视若祖母、半世颠沛的隆祐太后过世，享年五十九岁。弥留之际，太后拉着高宗的手说：“一切后事从简，将来战争结束，归葬于巩县陵园。”

巩县陵园是北宋历代帝王的陵寝，所在之地已落入金人之手，要想落葬其中，唯有光复故土，这显然不是一件短时间内能解决的事情。因此，隆祐太后被简单地安葬在越州郊外富盛镇宝山南麓。后来，南宋前面六位皇帝的皇陵——宋高宗的永思陵、宋孝宗的永阜陵、宋光宗的永崇陵、宋宁宗的永茂陵、宋理宗的永穆陵、宋度宗的永绍陵都在这片区域，被称为“南宋六陵”。虽然称之为陵，但考虑到将来要回到故土落葬，南宋帝王都没有建陵，只是修建了“攒宫”，暂时存放灵柩。

这年七月，范宗尹因为政治主张触动了权贵的利益，朝内反范之声四起。之前范宗尹极力担保的秦桧见风使舵，也站到了反对范宗尹的行列里。最后，范宗尹迫于压力提出辞职。

高宗不得不把前任宰相吕颐浩又叫回来。

但吕颐浩从外地赶来上任还需要一个月，秦桧抓住了机会，向高宗表示他有治国良策。

八月，高宗任命秦桧为右相兼枢密院事。之后吕颐浩出任左相。二人意见相左。吕颐浩主战，提出继续北上把都城建到建康，兴师北伐，抢回失去的土地。秦桧主张议和，认为眼下根本没有实力和金人一较高下。两个人的争论，很快演变为朝野派系之间的权力斗争。

高宗虽然内心偏向秦桧这条议和的道路，但他对秦桧之前提出的治国良策更感兴趣，等待了数月，仍然不见秦桧拿出具体方案，而是忙着和吕颐浩争权。高宗忍不住询问秦桧："爱卿的治国之计可准备好了？"

秦桧答曰："良策即河北人还金，中原人还刘豫。"

高宗震怒。

秦桧的意思就是已经失去的就不要想了，一切照旧，他甚至用了"还"这个字，仿佛这些地区和百姓原本就属于金人和刘豫。

高宗怒斥他："朕就是北人，你让朕还哪里去？！"

高宗愤怒并不意味着他放弃了与金人议和，转为支持吕颐浩的北伐建议，而是他不能接受秦桧"河北人还金"这句话，这等于直接否定了宋朝和赵氏的根源。

历史把秦桧定为奸相，但秦桧此人毕竟在回宋后把持朝政多年，可见他是一个相当会揣摩圣意之人，再加上这人写文章写得好，往往能把同样的意思说得格外好听顺耳。因此，实在令后人费解，秦桧为何会对高宗答出这种政治错误的回答。当时，高宗甚至气到了决意不再起用秦桧的程度。

绍兴二年（1132 年）八月，秦桧拜相正好一周年，被高宗罢免。

高宗虽然对金软弱，处处退让，但对当时南宋各地爆发的起义却毫不手软。南宋建立之后的很长一段时间，"中兴四将"的主要任务都不是抗金，而是平息各地起义。

比如，绍兴元年（1131 年）七月，陈颙带领乡丁千余人起义，后来渐渐坐大，朝廷派出岳飞前去讨伐。绍兴三年（1133 年）四月，岳飞将之成功镇压，起义宣告失败。

可见高宗是个奉行"攘外必先安内"政策的人，"中兴四将"所带部队的作战能力也在这一次次平乱的战役中加强，一直到后来可以与金军平分秋色。

另一方面，伪齐政权从金朝接过了所夺取南宋土地的管理权以及接应金军伐宋的任务。

绍兴二年（1132 年）四月，刘豫把伪齐的都城迁往宋朝原本的都城汴京。这件事对高宗来说，杀伤力不大，侮辱性极强。而且，刘豫为了敛财，安排官方的盗墓官员“淘沙官”盗掘各地墓穴，甚至连北宋的皇陵都未放过。换到任何一个人身上，都不会愿意祖坟被扒。

迁都之后，刘豫派儿子刘麟、侄子刘猊攻下南宋战略重镇襄阳。

襄阳守将、镇抚使原本是流寇出身的桑仲，在刘豫进行动作之前，他便与唐州镇抚使翟兴一起讨伐刘豫，结果二人遭遇部将叛变被杀，以致讨伐之事未能成行。

六月，发生了一件令刘豫头疼的事情，官员凌唐佐秘密把金军情报送往南宋的事曝光了。

凌唐佐是宋哲宗元符三年（1100 年）的进士，原本任南京应天府知府。

金兵大举伐宋之时，刘豫受命攻陷应天府。

身为留守知府的凌唐佐原本决心与应天府共存亡，在城池被攻陷后，凌唐佐不幸被俘，金人命刘豫劝凌唐佐在金朝枢密院当官，凌唐佐坚决不答应，金人随后便让他继续留守应天府，以图感化他。

凌唐佐之后改变想法，忍辱负重留任应天府，暗中整理了金兵的军事情报和伪齐动向，封成蜡书，派人送给南宋朝廷，并请求南宋派遣援军，到时里应外合，收复南京。

这件事败露之后，凌唐佐被押至汴京。

刘豫大概永远也不明白凌唐佐这些人心中的“忠义”二字，他问凌唐佐：“金朝待你不薄，你为何要如此？”

凌唐佐反问：“那大宋又有什么地方对不起你，你要跟贼人同流合污？”

刘豫气急败坏，将凌唐佐和他的妻子田氏杀害。

高宗后来听闻此事，深受感动，诏赠凌唐佐徽猷阁待制。

凌唐佐这种“身在伪齐心在宋”的人不是个例，伪齐宰相张孝纯原本是河东宣抚使兼知太原府，太原被金军攻破后，张孝纯被俘拒降，被关狱中，后不得已降金。金人命刘豫建立伪齐时，命令张孝纯担任伪齐宰相。

绍兴六年（1136 年），刘麟准备派人刺杀高宗，想来一招“荆轲刺秦王”。张孝纯得知消息，立即把这条毒计告知南宋，使得刺杀未能成功。第二年，张孝纯又将十条机密送往南宋。幸运的是张孝纯的结局要比凌唐佐好上很多，就在十条机密送往南宋的同一年，金人不满意刘豫并将其废除，而后命张孝纯任汴京行台左丞相。一年后，张孝纯向金人请归乡里，得到准予，七年后，他在家乡安然离世。

金人不满意刘豫的原因之一是伪齐对南宋的进攻计划基本上都落空了。

伪齐攻下襄阳之后，绍兴四年（1134 年），岳飞向高宗递交了《乞复襄阳札子》。

时任宰相朱胜非和参知政事赵鼎都支持岳飞这一提议，这才促使高宗不再犹豫，同意岳飞出兵收复襄阳。但为了不至于影响金宋和谈，高宗给岳飞加了三条限制，分别是不得出六州军界、不得远追、不得说“提兵北伐或收复汴京”。

四月，岳飞奉旨出发，进攻襄汉六郡，他在出发时对部将立下誓言：“不擒贼帅，收复旧地，我岳飞决不再过此江！”

岳家军以及朝廷分拨给岳飞的总计三万五千精兵从鄂州渡江，五日后攻下郢州。岳飞在此将岳家军一分为二，命张宪和徐庆率军进攻随州，岳飞自己率主力进攻襄阳。伪齐守将李成不战而逃，五月十七日，岳飞占领襄阳。

刘豫急忙向金朝求援，但是金朝南下主将完颜宗弼此时刚被一个我们许久没有提到的人物大败，这个人物便是年轻有为的张浚。

建炎三年（1129 年），张浚前往西北，负责牵制完颜娄室率领的金军主力。

出发时，张浚与高宗约定到西北后三年才可以用兵，君臣二人都明白，张浚这个年轻的空降老大，一开始并不被西北地区手握重兵的大将们认可，那又谈何用兵作战？

建炎三年（1129 年）年末，完颜娄室攻打陕州。

陕州守将李彦仙已经弹尽粮绝，张浚令大将曲端出兵增援李彦仙。曲端拒不出兵，导致陕州被金人攻破，随后因为在攻城过程中遭遇了陕州军民的激烈反抗，金人下令屠城。守将李彦仙原本在城破后逃出了陕州，想要渡江寻求救兵，听闻屠城之事，他深感愧疚，于是自沉江中。追随李彦仙的部将以及李彦仙的家人全部殉国，无一降金。

这件事令张浚极为愤慨，不久之后，与曲端齐名的西北名将吴玠在彭原店战败，也是因为曲端不肯增援吴玠。张浚遂将曲端罢免。一年后，曲端以谋反罪入狱，张浚交由武将康随负责审案。康随和曲端有私人恩怨，对曲端用了残忍的刑罚，最后曲端被活活烤死。虽然下手的并非张浚本人，但导致曲端惨死这件事还是被一些后人评为张浚的污点，认为这个结局对大将曲端来说太不公平。但是，要为曲端寻找公正，那些因为曲端而失去的宋朝土地、战死的宋朝士兵又该找谁去寻公正呢？

建炎四年（1130 年），张浚决定对金军出兵，便向金军大元帅完颜宗翰发出一封慷慨激昂的檄文，随后得到高宗允许出兵的诏令。

张浚率领西北五路大军共计四十万人，集结在关中平原富平地区。

同时，金太宗令刚刚渡江北归成功的完颜宗弼前往西北，配合西路军进攻，又令完颜宗辅接替身体抱恙的完颜娄室为西北主将。

金军几路会合有时间差，宋军却没有抓住敌军先后奔赴战场的时间不同，来一个敌人处理一个敌人，平白错失了优势。等金军会合，富平之战开始，金军抓住宋军环庆路军赵哲所领兵力最为薄弱的弱点，集中兵力进攻环庆路，原本人数几倍于金军的宋军就这样被撕开了口子，最后全军溃散而败，导致陕西土地大部分落入金人之手，之后再未被南宋收复。

但是，这场大战，面对如潮水一般的宋军，金军也付出了惨重的伤亡代价。战斗中，完颜宗弼所领的右路军被宋军包围，一度陷入困境，是抱病参战的完颜娄室带援兵及时赶到才反败为胜。富平之战，是女真人心目中的“一代战神”完颜娄室人生中参加的最后一次战役，他一生几乎没有败绩，追随金太祖完颜阿骨打立国，生擒辽帝，最后在伐宋成功北归的路上过世，享年五十三岁。金太宗伤悼不已，令自己的亲兵卫队即刻赶去为完颜娄室护丧，金朝举国肃然。

富平之战之后，金军主力将进攻方向定在西北，无形之中为在临安的高宗缓解了危机，张浚也一直留在了西北。

绍兴元年（1131 年），十万金军准备夺取和尚原，此地位于陕西宝鸡西南，是通往四川、陕西的交通要地。

一路被张浚提拔起来的大将吴玠先一步抵达和尚原，但是吴玠身边仅有士兵数千人，却要面对十倍于自己的金军。吴玠不畏惧，与将士们歃血为盟，死守险地，同时还得到了当地百姓的倾力帮助，战斗中，吴玠的军队一度缺少粮食，多亏当地百姓偷偷送来粮食。这一仗，最后吴玠以少胜多，令金军付出了惨痛的代价，也成为西北战场宋军从败转胜的转折点。

当金朝得知惨败的结果，举国哗然，认为这是奇耻大辱。为了雪耻，西北统帅完颜宗弼做了半年充足准备，再次领兵十万从宝鸡渡过渭水，攻打吴玠。

第一次和尚原战争是五月，这一次完颜宗弼进攻发生在十月，可以说和尚原地区的紧张局势横跨了整整一年。

这一次，把守和尚原地区的宋将依然是吴玠，在正面战场上，宋军利用“硬弓强弩”等装备对付金军，金军被如狂风暴雨的箭阵逼退，随后很快休整再次冲锋，双方前后交锋三十多次，金军的每一步推进都付出了巨大的伤亡代价。而吴玠又断了金军的粮道。金军推进到一定距离后，发现自己陷入了断粮危险，不得不做出后撤决定。吴玠安排人埋伏在金军后撤的必经之路上，又狠狠地杀了金军一个措手不及，最终完颜宗弼狼狈地逃跑了，这是他一生中鲜有的败绩，金军折损一半，被俘上万人。

和尚原大捷之后，吴玠被提拔为四川宣抚使，统率宋军四路军，继续与金人对抗。因为他用兵得当，四川蜀地一直在南宋手中，挫败了金朝“入陕取蜀”的战略计划。绍兴九年（1139 年），吴玠暴毙，时年四十七岁，谥号“武安”，后被追封为涪王，位列七王之一。吴玠在世时，对士兵如兄弟，提拔不论亲疏而论战功，体恤百姓，减轻税负，广开良田，兴修水利，四川百姓非常爱戴这位将领。后来，宋金议和，把一部分地界划给金朝，其中就包括安葬吴玠的宁夏陇干县，百姓一直祭奠着这位抗金英雄，而金人并不阻挠，吴玠之墓因此一直保存完好。

张浚也在和尚原大捷后升为检校少保、定国军节度使。

有了张浚和吴玠对金军的有力牵制，绍兴四年（1134 年）七月，岳飞带军夺回襄阳六郡，南宋对金的防线重新连为一体。

九月，金军联合伪齐军，兵分两路南下，威胁临安。高宗吓得差点又跑去海上避难，参知政事赵鼎劝道：“如若没有捷报，再去海上也不迟。”

高宗因此镇定下来，留在临安。

随后，南宋宰相朱胜非因为母亲过世返家丁忧，高宗提拔赵鼎接任右相。

赵鼎一上任，便把刚刚被吕颐浩排挤弹劾被贬黜去福州的张浚拉了回来。张浚重回重臣行列，任知枢密院事，结束了这次短暂的贬黜。

十月，韩世忠收到高宗亲手写的诏书，深感皇恩，带兵进驻扬州，一面亲自率领骑兵诱敌，一面在扬州西北设下二十处埋伏。等金军进入埋伏圈，伏兵听到作为信号的鼓声，奋起杀敌，大败金军。

捷报抵达临安，十月二十三日，高宗宣布“亲征”，自临安起驾前往平江。与此同时，在安徽的宋将仇愈、岳飞带领的宋军也分别传来捷报。也算天助南宋，这时候，领兵的金军大将完颜宗弼收到金太宗病危的消息，连夜撤兵北去。

第二年，绍兴五年（1135 年）初，高宗结束亲征，回到临安，他认为没有赵鼎当初劝说他留在临安，南宋不会有如今扬眉吐气的局面，遂提拔赵鼎为左相，同时提拔三十八岁的张浚为右相。

张浚拜相后的第一件事，便是与岳飞前往洞庭湖平定杨幺领导的农民起义。

而金朝方面，二月，金太宗驾崩，享年六十岁。金太祖完颜阿骨打的长孙完颜亶继位，史称金熙宗。金熙宗自幼跟随辽代进士韩昉学习汉文经史，对中原文化有浓厚的兴趣，没有强烈的南征宋朝的意愿。他一上台，就罢免了主战派的完颜宗翰，夺其兵权。完颜宗翰郁愤非常，于第二年去世。

面对这样的利好于南宋的局势，南宋内部却有了矛盾。两位宰相赵鼎和张浚当初亲密合作，如今却产生了巨大的政治分歧。张浚主张北上夺取建康，灭刘豫；赵鼎认为应当保守一些，刘豫的伪齐背后是金朝，金人不绝，只灭刘豫，意义不大。之后，赵鼎两次提出辞职。最后，因为高宗更加倚重军功卓越的张浚，便同意了赵鼎的辞职。

但是在这个节骨眼儿上，淮西军发生兵变。

张浚回到中央朝廷以后，安排兵部尚书吕祉留下监督诸将。副都统制郦琼和都统制王德不和，郦琼便一直和吕祉说王德的坏话。吕祉明面上安抚郦琼，暗地里向张浚报告此事，有意罢去郦琼，结果信件没能寄出，消息就走漏了。郦琼一不做二不休，杀了吕祉，率部将和十万百姓投靠伪齐。

刘豫大喜，认为这是大好时机，向金朝请示伐宋，但因没得到金朝的准许而作罢。

御史中丞周秘认为淮西军变是张浚失职导致的，在绍兴七年（1137年）上疏弹劾张浚。

张浚提出辞职。

高宗批准了张浚的辞呈，并征询张浚："谁可以接任宰相？"

张浚认为赵鼎可以。

赵鼎随后到任，高宗向其透露要严办张浚的意思，赵鼎坚决反对。最终，高宗没有要张浚的性命，只是贬张浚去了永州，并感慨道："赵鼎和张浚之前不和，但张浚离任时推荐赵鼎，赵鼎回来又护着张浚。"

淮西军变，张浚确实有失职之处，但如赵鼎所言，张浚罪不至死。而且没有张浚，高宗又如何能安然至此？但是高宗的心意已经改变，一方面张浚军功太盛，隐隐已有功高震主之象；另一方面，淮西军变令高宗意识到军队既可以保护他，也是一只难以控制的猛虎。他对能征善战的将领们产生了怀疑，两个因素结合在一起，是高宗对张浚起了杀心的根源。

张浚弹劾李纲，间接令曲端惨死，这两项后世对张浚多有抨击的事，前文都已概述，不能单一看成张浚的错误，但张浚拜相期间提拔秦桧这件事，倒确实是他认人不清。

好在张浚离任时，高宗问他秦桧是否可以接任，张浚否定并回答说："秦桧这个人太过阴暗。"

赵鼎上任之初也道："此人若得势，我等没有安身之处。"

但是，秦桧太懂审时度势，在这样一个不喜欢自己的宰相手底下办事，他事事以赵鼎的意见为上，成功骗得赵鼎信任。

自金熙宗登基后，宋朝方面继续派议和使臣多次前往金朝，而金朝使臣也在绍兴五年（1135年）十月前往临安。

绍兴五年（1135年）四月，金太宗过世后两个月，被囚禁了九年的宋徽宗赵佶也因不堪精神折磨而死于五国城。但是这个消息一直被金朝隐瞒，一直到绍兴七年（1137 年）正月，金朝忽然释放之前扣留的宋朝来使何藓、范宁之，并由他俩带回完颜宗弼的亲笔信，信中告知宋方：宋徽宗和显肃皇后都已离世。

这是一个节点，高宗的态度一下坚决起来，他希望能将生母韦氏活着迎回宋朝。自绍兴七年（1137 年）起，两国议和的秘密沟通一直在悄悄进行。

结果是高宗和宰相赵鼎的蜜月期也因此结束，高宗倾向于与金朝施行议和，而赵鼎上任之初就提出了以守为攻、以静制动的对金政策，他虽然不是主战派，却也不是主和派。而且金朝提出的条件是宋对金称臣，这件高宗自己都接受的事，有气节的士大夫都表示不能接受。

不久，高宗和主和派秦桧站到一起，形成了统一战线。赵鼎和秦桧也正式反目。后来，赵鼎下野离开，秦桧假惺惺的带了大臣们去送别，赵鼎只匆匆一礼就走了，话不投机半句多。

绍兴八年（1138 年），赵鼎辞去相职，高宗提拔秦桧为相，秦桧十七年的独相专权局面自此开始。

四月，宋方派使臣王伦前往金朝，请还徽宗和显肃皇后的梓宫以及高宗的母亲韦氏。结果，王伦被伪齐刘豫扣留，后来还是金朝方面出面，伪齐才将王伦放行。伪齐这次自作主张，为金朝废除它埋下了伏笔。

十一月，金熙宗令大将完颜昌和完颜宗弼前往伪齐。二人抵达汴京之后，把伪齐的军队调出开封，再用议事的名义把刘豫的儿子刘麟骗出来抓住。随后，完颜宗弼独自返回汴京，将刘豫关押，宣布废除伪齐。

史料记载，刘豫后来见到完颜昌，哀求道：“我们父子尽心竭力，无负上国，请将军哀怜哪！”

完颜昌冷笑道：“前赵氏少帝离开京城，百姓焚香送别，号泣之声远近都能听到。现今你被废，没有一人可怜你，你还不知道自己有什么罪吗？”

刘豫哀求完颜昌主要是担心他对金朝无用，遭到杀手，或者被送还宋朝，和张邦昌一样下场，依然是个“死”字。但金人对他倒还算可以，后封他为曹王，赐田宅以居。

绍兴八年（1138 年），宋金双方对议和内容达成一致。八月，金熙宗封尚书右司侍郎张通古为诏谕江南使，遣签书宣徽院事萧哲为“明威将军”，向南宋皇帝颁发诏书和进行册封。

正如高宗之前送往金朝的信中所写，他愿意“削去旧号，尊金朝为天地之间最大的国家”，他愿意自称康王而不是宋帝。金朝这次要求当金朝使臣进入宋境时，宋朝境内的迎接官员要面向北方，遥遥叩拜金主。等到传达诏命的时候，高宗脱下龙袍拜接。

这对南宋的每一个百姓来说，都是一种屈辱，朝野上下反对声一片，有说要复仇叫金人付出代价的，有说金人不可信没有议和必要的，也有出于自尊心不愿屈于金人的。为了反对议和，宰相赵鼎之外，礼部侍郎张九成、中书舍人吕本中等人相继辞官。

高宗压力极大，甚至愤怒地说：“我本来就不愿做皇帝！”还说：“如果是当年在明州被金军追杀的时候，让朕跪一百次都不会有人多说。”

最后，经过与金朝协商，对于官员向北方叩拜这条，宋朝依然照办。但在最后接诏时，改由宰相秦桧替代高宗行跪拜礼。

宋金议和成功，双方约定主要有四点：

第一，宋对金称臣。

第二，金以黄河为界，金将陕西、河南故地归于宋。

第三，金归还宋徽宗和显肃皇后的梓宫，放还高宗的生母韦氏。

第四，宋每年向金贡银二十五万两，绢二十五万匹。

因为议和达成的时间是金朝的天眷元年，因此历史上也将之称为“天眷和议”。

至此，第一次南宋与金的战争结束。

第二十六章

岳飞之死——第二次南宋与金战争

第一次南宋与金的战争前后共计十一年，时间比后面两次宋金之战加起来都长，而在这场漫长战争背景下完成的“天眷和议”却很快破裂，其背后既有金朝的因素，也有宋朝的因素。

金朝方面，金太宗驾崩，金熙宗登基，朝野内外不免进入新一轮洗牌和权力斗争，其中最为关键的人物是完颜昌。

完颜昌，金太祖完颜阿骨打的堂兄弟，史书记载他深受汉文化影响，一直主张对宋实施温和政策。金太宗时期，主战派的完颜宗翰是手握重兵的大元帅，完颜昌时常以辅助的角色出现在这段金朝伐宋的历史中。但实际上，完颜昌对金朝不少对宋政策的制定都起到了关键作用。

刘豫，这个被金朝扶植起来的伪齐皇帝，在担任济南知府的时候，所面对的便是奉命攻打济南的完颜昌。为了避免过多杀戮，完颜昌采取了极富耐心的劝降工作，最后刘豫投降，金军以极小的代价拿下济南。等到金朝准备在宋地安排伪政权与南宋抗衡时，也是完颜昌推举刘豫担任这个角色，并最终获得金太宗和完颜宗翰的认可。

完颜昌与后来促成“天眷和议”的宋朝宰相秦桧也颇有渊源。秦桧在金朝期间，就在完颜昌手下做事。秦桧这个人很会做文章，在完颜昌伐宋的过程中，送出的不少劝降书都出自其手。这两个人合作时，相处得非常融洽。建炎四年（1130 年），完颜昌攻破楚州，秦桧认为时机成熟，向完颜昌提出归宋的意愿，完颜昌同意后，秦桧因此才能带上妻儿亲信乘船归宋。

至于这两个人是否达成了协议，秦桧是不是完颜昌安排到宋朝的奸细，无从考证，难下定论。实际上，大国之间，真正的阴谋很少，更多的是顺势而为。因此我们可以想象，主张温和对宋的完颜昌与力推与金议和的秦桧，虽然站在不同的利益出发点，却寻求着相同的结果，殊途同归的两个人不论是不是合作关系，都确实一起推动了“天眷和议”的达成。

金熙宗登基以后，很快清理了一批异己，其中就包括主张对宋强硬的完颜宗翰。金熙宗先是收了其兵权，封其为晋国王，而后又以贪赃罪处死了完颜宗翰的心腹高庆裔。完颜宗翰性格暴躁，见心腹被杀，又无能为力，气急攻心，没几天就气死了。完颜昌遂成为金朝最高军事将领之一，另一人便是经常出现在前文之中的四太子完颜宗弼。

除了秦桧，宋朝多次出使金朝的使臣王伦，与完颜昌也有渊源。

绍兴五年（1135 年），完颜昌把被金朝扣押了五年的王伦放回宋朝。因此，绍兴八年（1138 年），再次代表宋朝出使金朝、意图促成和议的王伦，最先想到的是去找完颜昌。

根据金史的记载，完颜昌在没有和金熙宗进行沟通的情况下，许诺王伦金朝将会归还河南、陕西给宋朝的条件。七月，完颜昌带王伦到国都，向金熙宗提出归还宋朝土地的建议。

金熙宗命群臣商议，当时朝中反对声不少，其中还包括完颜昌的弟弟完颜勖。但在完颜昌以及金太宗长子完颜宗磐、丞相完颜宗隽的坚持之下，最终金朝决定同意将河南、陕西归还宋朝。

结果“天眷和议”的第二年，完颜宗磐和翼王完颜鹘懒谋反失败被杀。曾与完颜宗磐一起促成归还宋地的完颜昌，被认为与南宋私下勾结。

金熙宗下诏诛杀完颜昌。

完颜昌逃到燕京，准备继续南下逃往南宋，但半路被完颜宗弼追上抓获，押送到祁州处死。

完颜宗弼随后一跃成为手握金朝兵权的第一人，被金熙宗封为越国王。

“天眷和议”的条款之中，最先履行的就是归还土地这一条。

完颜宗弼认为河南中原之地是天赐金朝，不存在归还宋朝的必要，如今根据“天眷和议”的条款交给宋朝，属于金朝下赐给作为臣子的南宋，但是南宋根本不认为这是上国的恩赐，没有心怀感恩，这样的南宋是有罪的。

而且，南宋在重新拿回河南、陕西之后，得知金朝在边境仍然部署大量军队，不像要停止南伐的样子，于是宋朝在河南、陕西开始做军事防御部署。这个情况令金朝更加不满。虽然高宗在得知这件事刺激到了金朝之后，立刻下令停止修筑军事防御布置，但金朝并没有作罢。

绍兴九年（1139 年）六月，王伦再次出使金朝，准备与金朝着手处理条款的后续部分——归还宋徽宗和显肃皇后的梓宫，放还高宗的生母韦太后。但这一路非常波折，等到十月，王伦终于见到金熙宗。但是金熙宗根本不理会他，随后王伦以及副使蓝公佐被金朝扣下。

金朝有意撕毁“天眷和议”，宋朝内部对和议的态度也并不统一。

对于议和这件事，宋朝内部的士大夫、百姓都极为忧虑，其中反对声最大的是手握兵权的将领们。

早在绍兴八年（1138 年）八月，高宗便召韩世忠、岳飞、张俊三员大将入朝，准备给他们做思想工作，希望能压下军中对于宋金议和的反对声。

但是，韩世忠和岳飞态度坚决。岳飞道：“金人不可信，和好不可恃，相臣谋国不臧，恐贻后世讥。”

张俊成名较早，当年岳飞还在他门下，如今岳飞在抗金战争中迅速崛起，已经成了与之齐名的将领，这令张俊非常嫉妒。后世对张俊、刘光世二人的评价也较差，认为他俩没有资格位列“中兴四将”。

张俊为讨好高宗，也怀着和岳飞作对的心思，积极支持议和。

而“中兴四将”剩余的一位刘光世没有入朝。之前张浚督理军务时，有意将兵权从各大将领手中收回到中央，这件事得到了高宗的支持。张浚先拿刘光世开刀。刘光世迫于压力，主动提出了辞去军中要职，因此，他现在正赋闲在家。

绍兴十年（1140 年）正月，出使金朝的使臣王伦没能回来，只有副使蓝公佐带了金人新的条件回来，包括南宋改用金朝的年号、每年缴纳岁币三千两黄金、交还投靠南宋的北人等。

高宗顿感压力巨大，本来议和就被宋朝许多人所不接受，没想到岳飞提出的“金人不可信”还这么快成真。就算宋朝有能力做到这些，也难以获得支持，高宗唯有拒绝，随后派使臣前往金朝转达回复并争取与金朝的关系不要破裂。结果，使臣和王伦的下场一样，一到金朝便被扣下。

五月，完颜宗弼请战伐宋，获得金熙宗准许。随后金军单方面撕破“天眷和议”，进军山东、陕西、河南，第二次南宋与金的战争爆发。

这次，带兵的是金朝军事方面的最高掌权之人完颜宗弼，大军兵分四路：完颜宗弼亲自带领十万大军进取南宋的东京汴京；金太祖完颜阿骨打的孙子完颜雍（女真名乌禄）进攻归德府，也就是大宋的南京应天府；右副元帅完颜杲出兵陕西，连败宋军于凤翔、泾州、渭州；降金宋将李成作战勇猛，负责攻打河南，直取西京洛阳。

汴京、归德府等河南、陕西各地原本刚转为宋朝管辖，守臣武将大都还是金、伪齐时期的旧臣。金军一到，守臣便开门相迎，气氛分外融洽，仅仅一个月的时间，归还宋朝的土地又重回金人之手。

此时，宋朝大将刘锜正在前往汴京上任的路上。刘锜出身武将世家，自少随父征战，骑射出色，后得张浚提拔。富平之战，宋朝虽败，但刘锜身为五路大军之一的泾原路统帅，表现勇猛出色。绍兴十年（1140 年）四月，高宗任命他为东京副留守，刘锜带着两万将士和其家眷，踏上漫漫长路前往汴京，准备去治理刚刚从金朝交还回来的宋朝故都。

刘锜和先锋军先行抵达顺昌城后，这时才知道金军主力已经重新占领汴京，且正往他的方向进发，隔日就会到前面的陈州，而朝廷令刘锜撤退的折子也在这时送到了刘锜手里。这时候要撤的话，将士们已经习惯了奔行，倒是不担心，可将士的妻儿父母却不可能跟上这样的速度，带着亲人会成为累赘，丢下妻儿谁都不愿意，更何况顺昌城里的军民又怎么办呢？

顺昌城知府事陈规问刘锜："将军可有决定？"

刘锜看顺昌城墙壁坚固，道："若城中有粮，能与君共守。"

陈规道："有米数万斛。"

刘锜道："那足够了！"

这时，刘锜所属部队的选锋、游奕两军及辎重和所带的百姓，距离顺昌城还有一定距离。刘锜派遣骑兵飞奔接应，顺昌城门大开，击鼓到天明，终于让所有人都进入顺昌城内，关闭城门。

凌晨信报传来，金朝骑兵果然已经到达陈州。

刘锜随即命人将颍河等水道的所有船只破坏沉毁，他鼓励将士："破釜沉舟，拼死一战，没有退路。"而后，刘锜将自己的家人安置在寺庙中，四周堆放柴草，对卫兵们说："若顺昌失守，即焚吾家，不能让他们落入敌手遭辱。"

众军士见刘锜如此，视死如归，男子备战守，妇人砺刀剑，气势高涨。这支军队还有一个响亮的名字，叫作八字军。对，他们就是当年与汴京留守宗泽约定要一起北上抗金的王彦所属的八字军。王彦于绍兴九年（1139 年）过世后，八字军归刘锜统领。

完颜宗弼的先锋军先抵达顺昌城下，刘锜命集中强弓强弩在城楼上对金军射击，金朝士兵纷纷中箭，不由后撤。宋军趁机出城，杀了敌军一个措手不及。

完颜宗弼听闻战败，于是带主力军前来，准备会一会这个刘锜。

面对十万金军，处于弱势的刘锜简直把《孙子兵法》用活了。

他安排一队侦察兵“偶遇”金朝主力，在撤退逃跑过程中，两个小兵故意翻落马背，被金人抓住带去见完颜宗弼。完颜宗弼问他们刘锜是个什么样的人。

这两个小兵就把刘锜事先交代的话抖了出来，一个说刘锜就是个兵二代，有他老爹才爬这么高；一个说刘锜是纨绔子弟，只知道吃喝玩乐，现在城里的百姓担心极了，只想尽快还乡。

完颜宗弼中计，为了尽快拿下顺昌城，他下令大军放下大型攻城装备，轻装奔向顺昌城。

一到顺昌城下，完颜宗弼先把先锋军给骂了个狗血喷头。

先锋说：“这里的宋军比以前的强啊！”

话音刚落，刘锜的战书送到金营。

信中，刘锜故意刺激完颜宗弼道：“金军只要敢过颍河来一决生死，我就为金军在河上架设五座浮桥，方便金军渡河。”

完颜宗弼轻蔑道：“看我一个靴子尖就踢倒它！”

第二日，刘锜果然架设了五座浮桥。史书记载，他还令人在上游的水里投毒。

完颜宗弼过桥应战，结果宋军没有出城。当时正值夏日，烈日炎炎，金军没有贸然撤退，但长期暴晒难免口渴，便有不少士兵和马匹饮用了河水，随后出现晕厥症状，这让剩余的士兵不敢再喝水了。完颜宗弼也不敢有丝毫怠慢，让士兵们保持十二分警惕。一直到深夜，又下起大雨，士兵们疲倦不堪。

抓住这个时机，顺昌城门中的西门忽然打开，宋军自门内冲杀出来。金军见状纷纷涌向西门。与此同时，刘锜组织的精兵自南门而出，两面夹击，金军出现颓势。

完颜宗弼毕竟是经历过大战厮杀的著名将领，他马上安排金军的杀手锏“铁浮屠”摆出“拐子马”阵势迎战。这批“铁浮屠”士兵身穿重甲，从头到脚如有铁罩保护，一般刀剑难以冲破。

但刘锜的士兵异常勇猛，他们不惧生死，冲上去直接用长枪挑开“铁浮屠”的铁帽对其实施斩首，或者用巨斧斩断对方的臂膀。这使得“铁浮屠”失去了以往的优势。

刘锜这支仅两万人的宋军，只有五千人出战，却大败十万人的金军主力，这是军事史上著名的以少胜多的一战，史称“顺昌大捷”。

另一方面，得知完颜宗弼领兵南下，高宗却令将领们不要反击。

当司农少卿李若虚带着圣旨抵达岳飞营中时，岳家军的先锋已经出发北伐，而岳飞本人也即将出发。

李若虚当即冒着抗旨的罪名，勇敢地表示：“既然已经发兵，将军就不要回头了，任何罪名由我来承担。”

岳飞于是带领主力开始北伐，他一面命令麾下各大将领出击，一面联系原先在太行山抗金的义军首领梁心等人渡河召集河北的抗金义军，攻取河北、河东州县。

六月，岳家军将领张宪、傅选等人先后收复颍昌府、陈州、郑州。

七月，将领张应、韩清夺回西京洛阳，而后与翟兴带领的义军会合，一起攻克永安军。

宋军的连连大捷，迫使完颜宗弼不得不召集在中原的金军迎战。

七月初，在堰城北，岳飞亲率的主力遭遇金军。

岳飞令儿子岳云迎战，说道：“此战只准胜，不准败，否则我亲手宰了你。”

岳云和岳家军不负所望，其中岳家军的将领杨再兴更是单骑深入敌中，试图擒贼先擒王，诛杀完颜宗弼，可惜没能找到完颜宗弼，遂杀死金军数百人后返回。宋军与金军大战半日，金军大败。

到七月中，杨再兴带着三百骑兵组成的先锋军又遇到金军，对方有十二万之众，原来是完颜宗弼重新组织了大军要反攻颍昌。杨再兴奋勇杀敌，但因寡不敌众，中箭无数而死。金军后来找到他的尸体，竟得到箭镞两升之多。随后岳家军主力出战应敌，战士浴血，无人后退，将领王兰、高林先后阵亡。两军战得天昏地暗，一直打到次日，岳家军部将张宪率援军加入战场，局面逐渐倒向岳家军，金军不得不主动撤退。这就是历史上著名的“颍昌大捷”。

金军在中原地区遭受着岳飞强势进攻的时候，驻屯楚州的韩世忠也令部将王胜攻打海州（今江苏省连云港市）。

王胜的部队在海州外与金军海州统兵官花太师所率部队不期而遇，金军毫无准备，被王胜大败。宋军一路追赶，于第二日抵达海州城下。王胜确认城北是防御弱点，遂从城北开始攻城，顺利光复海州。金朝随后安排一支上万人的主力部队，意图夺回海州。宋军借着刚刚光复海州的士气，守住了海州，还乘胜追击，一举收复了海州的怀仁县。

而一直与岳家军有联络的义军也在敌后各地取得胜利，光复赵州、兴仁、怀州等城，截断了金军的补给通道。

金军人心惶惶，想着偷偷回金或者对岳飞投降。其中一个金军将领韩常，因为在颍昌之战战败时，其属下死伤之人中有完颜宗弼的女婿，怕被完颜宗弼报复，畏罪不敢回金朝，便秘密遣使寻到岳飞，表示愿率五万众投降。

完颜宗弼此时意识到金朝已经失去对燕京以南地区的控制，准备放弃中原，撤回金朝。

对于宋朝来说，收复全部故土，甚至北上攻金的希望从未如此近在眼前。岳飞激动地对岳家军众人道：“等直捣黄龙府，吾与诸君痛饮耳！”

黄龙府是金朝的首府，这位一代名将的目光已经飞过汴京，延伸向更远的地方。他给高宗上疏，建议召集各路兵马前来会师，发动总攻。

高宗的想法与将士们的气势高涨、满怀希望完全不同，他回复岳飞，下令撤军。

岳飞仍然力争："陛下，敌人锐气沮丧，已经准备逃跑，我方豪杰云集，天时人和，强弱已见，机不可失，时不再来呀！"

高宗不明白岳飞胸怀中的忠义和天下，岳飞也不明白高宗在意的是再打下去金朝人还有没有再议和的心情，以及帝王对手下这些握有重兵的大将的忌惮，尤其岳飞，这已经是这一年之中第二次抗旨了（第一次是金军单方面撕破协议南下时，高宗命诸将不得反击）。

高宗很了解岳飞的性格，说不定就能做出"将在外君令有所不受"的选择，为逼岳飞后撤，高宗急令韩世忠、张俊等人马上拔营回撤，使得岳飞陷入孤军入敌营的境况。

之后，我们熟悉的"十二道金牌"的剧情上演了。

岳飞看着这一道道撤军令，不禁英雄泪满襟，他悲愤至极地感叹道："十年之功，毁于一旦！"

据说，岳飞当时正在朱仙镇，镇上百姓听闻岳将军要归去，拉着岳飞的马说："您走了，我们这些人怎么办哪？"

岳飞随后下令多停留五日，保护百姓南撤。

岳家军回到鄂州之后，岳飞带少量亲兵前往临安觐见高宗。而中原那些岳家军辛苦打回的城池，如郑州、颍昌等，又一次落入金人之手。

岳飞悲愤非常，情绪低落，他向高宗递交辞呈，高宗没有回应。

心高气傲的完颜宗弼那边却不能接受之前的败绩，绍兴十一年（1141年）一月，他亲率十万大军，再次渡过淮河，进攻淮西。

高宗命在淮西的三支军队迎战。

先前在顺昌城赢得大捷的刘锜此时任淮北宣抚判官，他受命渡江抵达庐州，庐州知州兼淮西安抚使便是当年共守顺昌的陈规，老搭档再次合作，没准儿能重写顺昌的奇迹。

但是，刘锜抵达庐州时，却听到了陈规过世的噩耗。

史书记录，在陈规离世之前，下属抱着公文进来请求批复。陈规从病榻上挣扎着起来，将事务一一批复处理，并叮嘱下去，城中的政事暂由机宜（一种官职，地方长官）负责处理，而通判接管郡城的修葺事宜，交代完这几句话，老人闭上眼睛，随后便与世长辞了，享年七十岁。

陈规离世后，庐州便乱了，逃跑之人不计其数，城墙也没来得及修缮。

刘锜看到老友的心血毁于一旦，他含着泪判断此时的庐州抵御不了金军的进攻，遂果断放弃防守，撤离庐州。

金军第二次占领庐州。

二月，金军攻打和州。

宋朝已经提前在和州屯兵防御，由将领杨沂中和张俊副将王德共同防守，金军没能拿下和州。

宋军气势大振，之后又收复庐州。

此时，岳飞的援军赶到舒州。

张俊想独揽功劳，让岳飞在舒州驻军，又令刘锜回撤。但张俊错判局势，以为金军已经大多撤回，准备在淮河以南再打几拨散兵，记作大捷上报。

结果，金军忽然攻陷了亳州。

张俊急忙叫回撤的刘锜赶紧回来救援亳州，并且由于轻敌，杨沂中和王德的军队被金伏兵所袭而大败，张俊闻讯惊慌南逃渡江。

这就是第二次宋金战争的后半段战役淮西之战。

三月，金军回撤。

战斗的部分到此已基本结束，下面即将进入新一轮的议和。

有一些观点认为，高宗在岳飞掌握大好局势的时候连用“十二道金牌”将其召回，是担心岳飞继续北上最终迎回钦宗，影响到高宗皇位的稳定。确实，在建炎期间，高宗确实曾把这个问题视为最大的心病。但此时，高宗已经登基近十五年，当初忠于北宋，坚持要北伐迎回二圣的老臣如宗泽、李纲都已过世，他对皇位合法性的担心其实已经没有那么强烈。

那高宗的目的是什么呢？

且往后看高宗的下一步动作。

绍兴十一年（1141 年）四月，高宗召韩世忠、张俊、岳飞三位大将到临安，撤销对金作战机构，同时论功行赏，升韩世忠、张俊为枢密使，升功劳最大的岳飞为枢密副使，本质上就是罢了三人的兵权，把他们困在眼皮子底下。史学家评价这是宋朝的第二次“杯酒释兵权”。可高宗的涵养显然不如宋太祖，他对武将已经动了杀心，只是还没急于马上动手。

南宋自创立之日起，北面有金军铁骑，内有各处起义，各地拥兵自重之事屡见不鲜。在一开始，南宋的军力虚弱而松散，而后数年，北抗金，内定乱，在军事凝聚力提升的同时，军权和庞大的军队也越来越集中到少数高级将领手中。

在张浚为相期间，这就引起了高宗和张浚的重视，二人尝试第一次削兵权，结果操作不当，导致淮西兵变。高宗心中对武将的猜忌不减反增，进一步的改革势在必行，只是改革因金军撕破协议南下而按下了暂停键，而且，高宗的改革之心随着宋金战斗的发展也变得愈发急迫。

金军对淮河一带发动攻击时，高宗几下急令叫岳飞出兵援助，但岳飞到最后都没有出现在淮西之战的正面战场上，又一次出现了疑似违反军令的情况。

而在第二次南宋与金战争中，岳家军在中原获得大胜，遍地所插的军旗上写的是“岳”字，而不是“赵”字，怎不叫高宗心惊？

再加上高宗亲身经历过苗、刘兵变，眼前的每一个大将可都是比苗傅、刘正彦更有头脑、更有群众基础和大批军队的人哪！

武将跋扈，有了威胁中央的嫌疑，再加上宋太祖开国就做出了榜样，立下重文而轻武的基调，站在高宗的角度，他对武将的防备都只是遵循祖制和未雨绸缪罢了。

淮西之战后，高宗和秦桧一面向金朝表达议和的请求，一面加快了削兵权的动作。

韩世忠、张俊、岳飞三人之中，张俊最会趋炎附势，也懂得迎合上意。

高宗对张俊说："郭子仪功勋卓越，手握重兵，但心中只有朝廷，皇帝一纸诏书，他便即刻去觐见，这才是武将应有的样子。"

张俊忙道："臣愿做郭子仪这样的人。"

秦桧则暗中授意张俊带头表态交出兵权，等韩世忠、岳飞也交出兵权之后，三支军队都交给张俊，之后张俊爽快地交出了兵权。

因此，张俊并不是高宗的眼中钉。高宗的注意力主要是在韩世忠和岳飞两个人身上。

这两人是寒门出身，为人耿直。

比如，看到高宗白白放弃了对付金朝的大好时机，而是卑躬屈膝与金再提和谈之事，韩世忠就提出异议道："朝廷大挫士气，难以重振。"他多次弹劾秦桧奸相误国，还嘲讽文人，叫他们"子曰"。秦桧那边自也不闲着，依附秦桧之人多次上疏指出韩世忠的各种问题。

有评论说，韩世忠、岳飞不肯依附权臣秦桧，因而遭到秦桧排挤。但与其说是秦桧对韩世忠、岳飞怀恨在心才有了后来一系列的动作，倒不如说是秦桧成了高宗手里的刀，在执行高宗的心意。

金朝违反"天眷和议"再次伐宋，高宗当时手里有三个为相的人选，分别是秦桧、赵鼎、张浚。后两个人的能力并不在秦桧之下，张浚"以文驱武"的实力更为出众，可后两个人的个人意愿那么强烈，干过多少与高宗意见不一的事，哪儿有秦桧好用啊！至于不论是史书还是民间传说都把害死岳飞的罪过放在秦桧身上的原因，还得在下一任皇帝宋孝宗身上去寻，以后再表。

回到绍兴十一年（1141年），韩世忠反对议和，嘲讽秦桧的情况远远比岳飞多，为什么秦桧没有杀韩世忠而只坚决杀岳飞呢?

肯定不会仅仅因为岳飞说："金人不可信，和好不可恃，相臣谋国不臧，恐贻后世讥。"其中"相臣谋国不臧"便指秦桧，因此秦桧怀恨在心。

我们可以从高宗的举动中看到一些端倪。

绍兴十一年（1141年）五月，高宗把韩世忠留在身边，却令张俊、岳飞去楚州检阅韩世忠的韩家军。最后就是"深得高宗心意"，在秦桧"迫害"岳飞时得到颇多"暗示"的张俊都没有在韩家军身上发现什么不妥。

可想而知，如果当时发现了什么问题，韩世忠就不能全身而退了。

到了七月，秦桧一党的右谏议大夫万俟卨弹劾岳飞："爵高禄厚，志满得意，不思进取。"又道岳飞"救援淮西不利还弃守楚州，导致国事败坏"，请求罢免岳飞的职位。

接着，秦桧的左膀右臂御史台官何铸、罗汝楫也交章弹劾，请求对岳飞"速赐处分"。

随后，岳飞请辞。

紧接着，刘锜也被收回兵权，出任荆南府知州。

后来被重新起用的刘光世见状，马上主动提出不再担任军中职务，高宗准许。

可见，除了会站队的张俊、杨沂中，之前对金战役中表现出色的大将都在这次"杯酒释兵权"中被波及。

事情发展到这里，基本可以告一段落，但接下去的九月又发生了岳家军部将王俊告发另一位岳家军将领张宪预谋发动兵变之事，随着调查的深入，又牵扯出岳飞之子岳云，说岳云给张宪写信，让张宪向朝廷假报金人入寇，以助岳飞夺回兵权。

张宪最先入狱，遭受严刑拷打，但始终没说出任何对岳飞、岳云不利的证词，也找不到任何所谓的实质性的证据。

万俟卨、罗汝楫遂诬陷岳云写给张宪等人的谋反信，已被张宪等焚毁灭证。

十月，岳飞入狱。

当时还在朝内的韩世忠质问秦桧："凭什么认定岳飞谋反？"

秦桧根本拿不出证据，厚颜无耻地答道："飞子云与张宪书虽不明，其事体莫须有。"

韩世忠愤慨反问："仅'莫须有'三字何以服天下！"同时，也感受到了笼罩全身的寒意。他向高宗提出辞呈。

高宗准奏，封韩世忠为福国公。

与此同时，被关在临安大理寺中的岳飞遭受了非人的折磨。这位抗金名将久经沙场，见过多少血肉横飞的场景，可连他都发出"今日才知狱吏之尊"的感叹。

询审之人，严词逼问。

可明明就没有做过的事，又怎么能承认呢？

一开始担任主审官的是当初弹劾岳飞的何铸，连他都发现确实找不到岳飞有罪的证据，开始认为岳飞之事另有冤情。

秦桧随后将主审官改为万俟卨。

万俟卨的动作很快，马上给岳飞定下"淮西之战坐观胜负，指责高宗，与张宪有谋反动作"三个罪状。

岳飞看到自己的定罪书，仰天长叹，写下"天日昭昭，天日昭昭"八个字！

十二月，岳飞被毒酒赐死，年仅三十九岁。

张宪被斩首。

岳飞之子岳云原本被秦桧等人定为流放。高宗亲笔改为死刑，与张宪一同被斩首，并令杨沂中监斩，且刑场周围安排密集防护以防岳云被人救走。

天日昭昭！

怒发冲冠，凭栏处，潇潇雨歇。
抬望眼，仰天长啸，壮怀激烈。
三十功名尘与土，
八千里路云和月。
莫等闲，白了少年头，空悲切。

靖康耻，犹未雪；
臣子恨，何时灭！
驾长车，踏破贺兰山缺。
壮志饥餐胡虏肉，
笑谈渴饮匈奴血。
待从头，收拾旧山河，朝天阙。

一首《满江红》，道不尽英雄对北方国土沦陷的悲愤和对断送大好收复中原契机的痛惜！

当初，万俟卨弹劾岳飞“爵高禄厚”，在岳飞被处死之后，朝廷对其抄家，只搜出御赐之物、军装以及千卷书籍而已，家中财产微薄。

那万俟卨所言“爵高禄厚”又在何处？

须知那清河王张俊，仅仅在摆宴之初的七道开胃菜就用了七十二碟果品、果干、蜜饯。

可是，天日昭昭，无处诉说！

有人道，这是因为岳飞一味想要收复故土，与高宗的意愿相违背，遭到高宗和秦桧的毒害；也有人道，岳飞之死是金人提出的和谈的“前提条件”。这第二种推论，主要源自宋金第二次议和跨越了岳飞冤案的整个时间线。

先前金朝提出新的条件，高宗不能同意，因此金人撕破“天眷和议”再次伐宋。九月，作为对高宗回复“不能同意”书信的回复，完颜宗弼也写了一封信让宋使莫将、韩恕带回临安，信的大致内容是指责南宋不同意金朝新的条款。书信抵达的差不多同时，金朝又夺取泗州、楚州，以威胁南宋。

高宗赶紧回复，对之前宋军迎战金军表现出的英勇、取得的胜利，均表示抱歉。

绍兴十一年（1141年）十一月，金朝派使来南宋。

高宗对金使道：“朕虽然有天下，可想赡养父母都做不到，徽宗已过世了。今天向你们立誓，只要归还母后，朕不耻于议和。”

宋金双方往来信件数封，数次派使互访，最后在岳飞被处死之前，达成了新的和议条件，大致如下：

第一，宋向金称臣，金册封宋主为皇帝。宋主每到金主生日、元旦，需遣使称贺。宋不得随意更换宰相。

第二，两国边境重新划分，以淮河中流、大散关一线为界，宋又割让唐州、邓州以及商州和秦州一半以上的土地给金。

第三，宋每年向金纳贡银二十五万两、绢二十五万匹。

这便是宋金之间的第二次和谈“绍兴和议”，高宗依照约定在对金的誓书中称“臣构”，还发誓以后“世世子孙，谨守臣节”。“绍兴和议”的签订，也明确了南宋的国土范围，不再将北方失去的土地视为国土的一部分。高宗和秦桧给未来南宋的定调即为沿长江展开防御，不再怀念失去的故土。

这一切，自然都令大宋子民尤其是将领们充满屈辱。但紧随着“绍兴和议”发生的就是岳飞被杀，以及诸多名士名将被贬，这无疑对军中将领们起到了很大的震慑作用。

“中兴四将”之首的韩世忠此后一直大隐隐于市，闭门谢客，连过去的部下都一个不见。

另一个被高宗忌惮，有“以文驱武”之力的张浚被贬到岭南连州，四年后又徙永州，之后很多年都被困在永州，被严密监视着。

至于在第二次南宋与金战争之前出使金朝被扣的宋使王伦，则一生都未能回到南宋。金人欣赏他，威逼利诱，希望他能为金所用。

王伦拒绝道：“我奉吾主之命而来，并非为投降而来。”

六年后，金熙宗命他出任金朝的平滦三路都转运使。

王伦依然不肯，终于惹怒金人。

金熙宗下令勒死王伦。

王伦得知这个结果，整理衣冠，向南叩拜，随后就义，享年六十一岁。

第二十七章

采石大战——第三次南宋与金战争

宋金达成“绍兴和议”之后，宋朝就积极地与金朝协调下一步事宜，接韦太后归宋，以及迎回徽宗和显肃皇后的梓宫。

绍兴十二年（1142 年），“绍兴和议”达成的第二年，韦太后终于踏上归途。

靖康之变，金人掳走宋朝皇室等三千多人，在北上的途中一直传出女性受辱、惨死的消息。这些人抵达金朝之后，金朝又举行了献俘仪式，要求徽宗、钦宗及他们的皇后都穿上金人百姓穿的服装，后妃和宗室等人袒露上体，到金太祖庙去行“牵羊礼”。之后，钦宗妻子朱皇后不堪污辱，投水身亡，而那些活下来的女性被当作战利品分给金朝的贵族、士兵，或者送去军队妓院。

高宗称帝后，金朝又将高宗的生母韦太后以及高宗的妻子邢皇后、侧室以及两个活下来的女儿都送去了洗衣院，作为对高宗的折辱。可想而知，这几位女性在其中遭遇了何等的屈辱。一直到绍兴五年（1135 年），她们才被安置到位于如今黑龙江省依兰县的五国城。

韦太后的好姐妹乔贵妃也在这里，当年若没有乔贵妃的提携，韦太后不可能获得徽宗的临幸，怀上后来的高宗。如今，韦太后即将归宋，乔贵妃又摘下身边最后的金银首饰，给韦太后拿去换成金子，用来打点护送她南下的金人。

乔贵妃心知自己归宋的可能性几乎为零，她没有恳求好姐妹回去以后想办法来救自己，只是请韦太后："将来到了快活处，莫要忘记这里的不快活。"

韦太后失声痛哭。

钦宗也在五国城，到了金朝，他被金人封为"重昏侯"。一直到前一年宋金关系缓和，签订"绍兴和议"条款，金人才封钦宗为天水郡公，给予他的生活待遇也有所改善。

韦太后登车准备离开时，钦宗哭着挽住她的车轮，请她告诉高宗："若能让我归宋，我只求当一个太乙宫主就行了。"

韦太后哭着发誓道："若不能将您迎回去，便瞎了我的眼睛。"

但是最终，钦宗终其一生都没能回到祖国，他在金人手下过了将近三十年奴隶般的生活，于绍兴二十六年（1156 年）去世，享年五十七岁。

据《大宋宣和遗事》记载，钦宗的死因是：金海陵王完颜亮命钦宗和辽天祚帝（这位已经八十一岁，倒是长寿）比赛打马球。钦宗身体孱弱，患有严重的风疾，又不善马术，在比赛中从马上摔下，活活被乱马铁蹄践踏死。

而他的父亲徽宗在病死之后，尸体还被金人用作点灯。徽宗的梓宫后来被迎回宋朝，但是根据《元史》的记录，元人后来打开徽宗的棺椁，里面只是一段木头，与徽宗一起迎回的显肃皇后的棺中也是一段木头。

徽宗、钦宗两个人从高高在上、不可一世的国君沦为向敌人俯首称臣的阶下囚，到最后惨死，其遭遇令人唏嘘，但宋朝的悲剧止是这对虽有着文学造诣，却对政治优柔寡断，用人不善，轻信谗言，整日耽于享乐，放任朝中奸臣胡作非为的庸君父子一手造成的。他们遭受的苦难，又怎么能比得上千千万万被金人蹂躏的宋朝百姓呢？

绍兴十二年（1142 年），韦太后终于踏上了归宋之路，她一路用兑换的金子打点金人，但至半路，钱已用完，此时天气炎热，而金人厌恶南方的夏日，因此越走越慢。韦太后不得不跟金人借了高利贷。护送的人拿到了钱，才一路顺畅的送太后到淮河北岸。可走到这里，金人又不肯走了，非要韦太后把所借金子连本带息都还上才行。

宋朝这边的官员不敢擅自做主偿还这笔钱，导致韦太后不得不看着家国就在前方却不能渡江，硬生生又等了三日。直到秦桧的妻舅王唤闻讯，向金人缴纳了银钱，才使得韦太后回归。

八月二十一日，韦太后抵达临安郊外。

高宗亲自迎接母亲，二人见面，不禁对哭。

按道理，韦太后以宫女身份入宫，很快被临幸生育高宗，在高宗不到二十岁时，她被掠去金朝，当时韦太后的年龄应该是三十五岁到四十岁之间，加上多年在宫中养尊处优的生活，因此不太可能显得苍老，在金朝遭受侮辱的可能性很高，甚至有一些记载说她被分给了金朝将领，生育了两个孩子。在回到南宋后，车队里有三四岁样子的孩子喊其“阿母”。

但不论真实情况到底如何，高宗都必须弱化母亲受辱的情况，因此在之后的时间里，每次高宗为韦太后做寿，韦太后的年龄都被悄悄加上了几岁，以此来造成韦太后到金朝时已是年老之人的假象。

韦太后回到临安后，八月二十八日，徽宗和显肃皇后的梓宫也抵达了，高宗再次前往迎接，之后安葬于永佑陵。

绍兴十三年（1143 年），高宗为徽宗加谥，同年十月，高宗对徽宗和显肃皇后进行祭祀，十一月，又举行只有天子才能举行的天地、宗庙合祀活动，并大赦天下。徽宗梓宫归返，以及之后恢复的宗庙祭祀，令高宗继位的合法性得到进一步的巩固，再加上金朝在“绍兴和议”中承认了南宋，这意味着在靖康之变后诞生的南宋政权从此成为真正具备国家主权、对所辖区域拥有权力的统治体制，南宋政权正式确立了。

“绍兴和议”之后，作为宰相、一力促成与金缔结盟约的秦桧，其声望也达到了空前状态。第二年，秦桧加封太师、魏国公。自秦桧拜相起，至绍兴二十五年（1155 年）过世，都是其专政时期。

绍兴十四年（1144 年），秦桧开始打压异己，主要针对他以前的政敌赵鼎、张浚、李光、吕颐浩、胡舜等人，甚至牵连他们的下一代、旁支、幕僚等。

当初与秦桧政见不合而愤然辞去相职的赵鼎，与李纲、李光、胡铨并称“南宋四名臣”。

在秦桧的暗示下，朝野不断有人弹劾赵鼎，导致原本已经被贬谪至兴化军的赵鼎又被贬到潮州。但秦桧仍然不死心，秦党成员再次弹劾赵鼎，赵鼎在绍兴十四年（1144 年）又被贬谪至吉阳军（今海南省三亚市）。

皇帝的恩赐，不论是赏是罚，都要谢恩。北宋时期，苏轼就是在被贬之后上疏谢恩时，被人拿到了把柄，差点死于乌台诗案。

有前车之鉴，赵鼎也不畏惧。

他上疏谢恩道：“白首何归，怅余生之无几；丹心未泯，誓九死以不移。”

绍兴十七年（1147 年），赵鼎到吉阳军已经三年，秦桧的眼线依然盯着他，将赵鼎每月的生活上报。赵鼎自知秦桧不会放过他，告诉儿子赵汾道：“唯有我死，才不祸及全家。”他给自己写了墓志铭，然后绝食而死，享年六十三岁。

李光，唐朝汝阳王李琎之后，在吕颐浩、朱胜非担任宰相的时候，李光被认定为秦桧一党，遭到打压。秦桧复起后，请高宗重新起用李光。

但后来，李光反对与金议和，他在高宗面前与秦桧激辩道：“秦桧盗弄国权，怀奸误国。”因此被秦桧憎恨。

认为与秦桧已经不能同朝共事的李光九次上折请辞。

虽然高宗再三挽留，李光依然心意不变，之后外任绍兴知府。

绍兴十一年（1141 年），秦桧一党的万俟卨弹劾李光，把百姓反对议和的游行说成是李光鼓动的。李光被贬至建宁军，被安置在滕州。四年后，在秦桧的授意之下，李光又被移置到更加偏远的琼州。

绍兴十七年（1147年），吕颐浩虽然已经过世，但秦桧仍然没有放过他的后人，又暗示部下告密，将吕颐浩之子吕摭被流放到梧州。

甚至到秦桧重病时，他仍然在密谋陷害张浚、李光等人，把赵鼎的儿子赵汾抓捕入狱，要赵汾指控张浚、李光等人谋反。

秦桧一面打击异己，一面任人唯亲。

在秦桧专政期间，台谏官都是秦桧的同党，他们利用舆论，不断操纵朝政。

绍兴十九年（1149年），秦桧提拔与自己有姻亲关系的曹泳担任户部侍郎，这是掌管国家财政的最高职位。

与此同时，秦桧与妻子王氏没生育后嗣，妻兄王唤将庶子过继给秦桧，这便是秦桧之子秦熺。绍兴十二年（1142年）的殿试，秦熺喜中第二，高宗亲自下旨，任命他为临安通判。之后，秦熺平步青云。

秦桧的子侄们也被重用，在不同职位上任职。

有一年，中书舍人程子山被邀请去宰相府，被安排在一处环境宁谧的房间中，桌上有一本书，写着“秦暄呈”。程子山左等右等不见人来，便大着胆子拿起书翻阅。一直到最后，秦桧都没有出现。几日后，程子山被任命为负责科举的官员，他赫然在考生名单中看到了秦暄的名字，顿然明白了前因后果。最后，秦桧的侄子秦暄便成了那一年的状元。

绍兴二十三年（1153年），朝廷安排了专门给官员宗室子弟们参加的考试“锁厅试”。秦桧暗示主考官陈之茂，他的孙子秦埙会参加考试。陈之茂翻阅试卷时，看到陆游的答卷最为出众，顶住压力将第一名给了陆游。秦桧大发雷霆，还迁怒于陆游。第二年，陆游参加复试，直接被定为不录取，而群臣推荐的榜首就是秦埙。

秦桧所娶的妻子王氏是北宋神宗朝时期宰相王珪的孙女，这门姻亲令他身边围绕着一批权贵。比如前文提到的担任户部侍郎的曹泳便是宋朝开国名将曹彬的后人，曹家在宋朝是大家族，还出过一位皇后，即宋仁宗的曹皇后。秦桧爬到权力的巅峰之后，他的利益得失都不再代表个人，而是与这些权贵息息相关。在当时，甚至连皇帝身边的宦官、侍医都主动巴结到秦桧身边，形成一个利益共同体，把持朝政。比如御医王继先就主动与秦桧之妻拜为异姓兄妹。

绍兴二十二年（1152 年），秦桧的孙女、秦熺之女嫁入吴家，夫君是高宗的第二位皇后吴皇后的弟弟吴益。也就是说，秦桧与外戚也结为了姻亲，可见秦桧之势盘根错节，深入权力各处。

有人依附、谄媚秦桧，自然也有人憎恶、远离秦桧。

绍兴二十年（1150 年）初春，秦桧在入宫早朝的路上被人伏击。

此人大呼着“秦相趋朝，闲人躲闪”，冲开秦桧的随从，直刺秦桧所坐的轿子。

因为轿夫受到惊吓，有人躲闪，而有人依然扛着轿子，导致轿身偏移，刺客这一刀没能命中秦桧，随后被秦桧的随从制服。

事后调查，刺客名叫施全，曾经是岳飞麾下的士兵，他为岳飞不平，而来行刺秦桧。

秦桧认为一个小兵不可能有如此胆量，令人严刑逼供，要施全供出幕后主使。

施全始终不屈，最后被处凌迟之刑。百姓感慨于他对岳飞的忠心，自发给他建造了施公庙。

为了迎合高宗，秦桧组织上报各种“祥端”，一会儿说天降瑞雪，一会儿为高宗立丰碑，营造出“绍兴中兴”的局面。

十多年安定的环境给南宋文化、经济的繁荣提供了沃土。

北方地区常年战乱，导致百姓为了避战而迁徙到南方，而江南地区在北宋时期就已经经济繁荣、物质丰富，因此成为人口涌入的重点区域。之后，高宗在临安定都，更是把大批士族贵族带到这里，刺激了文化的迅速发展。

绍兴初年，高宗亲自给太学书写课本，采用楷书抄写，每日不断，在他感到疲惫时，便由吴皇后帮忙“续写”。这套书后来被铭刻在巨石之上，被称为《南宋太学石经》，内容包括《周易》《尚书》《春秋》《论语》《孟子》《毛诗》《中庸》等，现存于杭州文庙。

宋朝著名的女词人李清照也生活在北宋、南宋交替时期。

李清照出身名门，父亲李格非是苏轼的学生，官至礼部员外郎，学富五车，享誉齐鲁，母亲是北宋仁宗时期的状元郎王拱辰之女，极具修养。在这种家庭环境的熏陶下，李清照自幼饱读诗书，待字闺中之时便是小有名气的女诗人，她成长于繁华的北宋都城汴京，这里的一切都成了她创作的灵感来源，也成为她日后流落南宋后，日日梦思之处。

徽宗建中靖国元年（1101 年），李清照嫁给了大她三岁的赵明诚，夫家同样门楣出众，公公赵挺之是当朝宰相，两家门当户对，夫妻情投意合，小日子过得甜甜蜜蜜。即便后来赵挺之过世，赵家遭受政敌蔡京一党的迫害，赵明诚的仕途不太平顺，被贬出汴京，在青州定居，后又到莱州、淄州为官，夫妻俩的感情也没有受到影响。在这段岁月中，李清照陪伴酷爱金石的丈夫到各处寻访搜集碑文资料，帮助赵明诚编写了金石学专著《金石录》。这段时光，夫妻二人过得并不富裕，遇到什么珍贵藏品，他们往往需要变卖物产才能买下，但是他们觉得很满足。

很快，随着靖康之变的发生，美好的小家庭生活在这国破家亡的大背景下也变得难以坚守。赵明诚的母亲过世，他奔母丧前往金陵，而李清照独自到青州整理两个人这些年来收藏的金石、书画等物，装载了十五车精品上路。没多久青州兵变，留下的大量真迹毁于一旦。李清照艰难护着十五车珍贵藏品与丈夫团聚，但是很快，二人因为赵明诚罢守江南，临阵逃跑产生了嫌隙。李清照没有想到自己的丈夫会在国难时做出这般胆小、没有骨气的事情。赵明诚也因为妻子的埋怨，郁郁寡欢。建炎三年（1129 年），赵明诚病逝，年仅四十九岁。

李清照从此孤身一人在这乱世之中颠沛流离，这个带有珍贵藏品和丈夫尚未完成的《金石录》的孤身女子，遇到了诸多不顺，也被无数人暗中窥视。李清照很清楚自己并不安全，绍兴二年（1132年），局势已经相对平稳，她把十五车藏品中的大部分托付给逃难到洪州的弟弟李迒。不料，这一年洪州被金军攻陷，这些藏品也没能幸免于难。

李清照怀着巨大的悲痛，立志完成丈夫的《金石录》，可是厄运并没有放过她。

一个叫张汝舟的男子走进李清照的生活，对李清照嘘寒问暖，给予了这个深陷困境之中的女子一丝温暖，再加上张汝舟是弟弟李迒的同窗，李迒极力撮合二人，李清照做出了再嫁张汝舟的决定。结果好景不长，婚后的张汝舟马上暴露本性，原来他是觊觎李清照身边的藏品。李清照严词拒绝，却遭到张汝舟的殴打，他甚至想把新婚妻子折磨死，这样便可以继承她的财产。

李清照做出了一个惊人之举，她举报张汝舟曾有“在科举考试中作弊”的罪行。根据当时的法律，妇人状告丈夫，即便最后情况属实，也要坐牢两年。一代著名女词人与丈夫的离婚官司也成了当时的热门新闻。幸好在友人的帮助下，李清照基本上没有遭受牢狱之苦，张汝舟也被罢去了官职。

李清照的晚年，生活清贫，居无定所，但她努力完成了《金石录》，也没有停止写诗词。

“生当作人杰，死亦为鬼雄。至今思项羽，不肯过江东。”这首《夏日绝句》让我们看到了李清照这位女性借项羽讽刺当时南宋上自高宗下到官员南逃的行为，她多么希望，这些人有项羽不肯逃跑、决战江东的勇气呀！

绍兴二十五年（1155年），有“千古第一才女”之称的李清照黯然离世。同一年，秦桧病重，请求高宗批准他和儿子秦熺辞官。

高宗舍不得秦桧，没有批准，还亲自到秦府探望这位处处体贴他心意的老臣。

秦桧挣扎着穿上朝服，对高宗行礼，但他已病重得说不出话来，唯有泪满衣襟。

高宗甚为感慨，掏出手帕交予秦桧拭泪。当晚，高宗令人起草允许秦桧父子辞职的文书，并加封秦桧为建康郡王。

两日后，秦桧过世，给他和高宗这对君臣的合作画上了句号。

秦桧晚年的权势如日中天，也有意让儿子秦熺接班，将富贵留在秦家。但高宗并不糊涂，他赐给秦熺许多金银，让他给老父亲秦桧守孝。此时，秦桧余党在朝野中还有很大的势力，高宗巧妙地让张浚复出，潜移默化地淡化秦党的权力。

三年后，宋朝依照“绍兴和议”，派太常少卿孙道夫前往金朝贺元旦。孙道夫回宋后，带来一个令人意外的消息——金朝可能有意南侵。

高宗根本不相信，自“绍兴和议”之后，金朝与宋朝相安无事已经快二十年了，金朝没事干怎么要南侵呢？

结果，孙道夫被贬为绵州知州。

高宗没有看清的是，此时的金朝已经不是当年的金朝。

签订“绍兴和议”时，金朝的皇帝是喜欢汉文化的金熙宗。通过推行汉制，金熙宗推进了金朝的封建化，完善了君臣之间的等级制度，强化了皇权。同时，有了宋朝的岁供，皇宫的生活也奢华起来，金熙宗开始沉迷享乐。

绍兴十二年（1142年），皇太子完颜济安病重。金熙宗非常疼爱这个儿子，到寺庙为皇太子祈福，并宣布大赦。但这一切，没能留住皇太子的性命。十二月，皇太子过世。

绍兴十八年（1148年），一直辅佐金熙宗的左膀右臂完颜宗弼去世，金熙宗的皇后裴满氏又不断干政，再加上皇储问题一直没有解决，金熙宗得了皇帝的通病“多疑”，甚至像是出现了精神问题，经常因为一些小事滥杀无辜。

第二年，金熙宗杀掉了裴满氏及其党羽，而在此之前，他已经杀了多人，包括自己的两个亲弟弟，还杖责了平章事完颜秉德、尚书左丞唐括辩等人，令大臣们心生不满。

金熙宗把自己逼入了孤立的状态。

朝野内外人心惶惶，暗流涌动。

不久，金熙宗对右丞相兼都元帅完颜亮也产生了不满，将其贬职，使完颜亮产生了反意。

完颜亮与金熙宗实际上是同母异父的兄弟，金熙宗的母亲在守寡后改嫁给了丈夫的哥哥，之后生下完颜亮。

绍兴十九年（1149 年）十二月，完颜亮带人悄悄潜入宫内，杀死金熙宗，之后众人拜完颜亮为新帝，史称海陵王。对，这就是那个找钦宗打马球，导致钦宗跌下来被马踏死的海陵王。

完颜亮登基后，迫不及待地修改年号，改元“天德”，随后下令推平上京会宁府（今黑龙江省哈尔滨市）的宫殿楼阁、佛寺道观、市井街巷，改为耕种、放牧之地，把金熙宗留下的痕迹完全磨灭。上京同时也是女真族的发源地，如此一来，也为将来迁都，推行进一步汉化打下了基础。不久，完颜亮下令改燕京为中都大兴府，汴京为南京，取消会宁府的上京称号。

上位后的完颜亮比金熙宗还要喜欢杀人，最先被拿来开刀的便是当初支持完颜亮登基的颜秉德和唐括辩，这两个人因为被金熙宗杖责而对金熙宗心怀恨意，参与了完颜亮的弑君篡位行动，却没想到自己没享受几天富贵就走到了生命的尽头。而金太宗的后人，以及金太宗时期的重臣完颜宗翰的后人更被完颜亮赶尽杀绝，导致这两支绝嗣。

在对宋观念上，完颜亮与前任金熙宗不同，读到汉人书里有“夷蛮”

这类词语的时候，完颜亮都非常气愤，认为不应该如此区分贵贱，因而有了吞并宋朝的想法。为给下一步伐宋做准备，绍兴二十八年（1158 年），完颜亮决定南迁都城，欲把金朝都城迁往燕京（今北京市），这遭到金朝上下的一致反对。

左丞相张浩认为此举劳民伤财。

完颜亮的嫡母徒单氏，此时正在生病，她借着完颜亮来探望她的机会劝谏："我的病是因为担心皇上要远征宋朝才起的呀。"

完颜亮气到下令赐死徒单氏。

绍兴二十九年（1159 年），金朝在燕京大兴土木修建宫殿的消息传到宋朝，高宗才对之前孙道夫所讲的"金人有意南侵"之言产生警觉。

第二年，韦太后去世，宋朝的使臣到金朝去报丧，带回明确的金朝有南下打算的信息。宋朝开始做战争准备。

实际上，早在绍兴二十六年（1156 年）十二月，秦桧刚刚去世之后两个月，张浚复起为观文殿大学士、洪州知州，他便有先见之明地提出要防御金人。

时任丞相汤思退是秦桧余党，在对金政策上并没有建树，便沿用秦桧的思路，主张卑躬屈膝地求和，保住现有太平日子。他们一面嘲笑张浚杞人忧天，一面让台谏官弹劾张浚动摇人心，而且有与旧时部下抱团的趋势。

军人抱团向来是高宗的心病。

张浚因此被贬回永州。

绍兴三十年（1160 年），金军南下的意图已经非常明显，主战派弹劾汤思退。

殿中侍御史陈俊卿向高宗进言："冬日没有云而传来雷声，这种征兆代表着宰相不得上天满意，下遭百姓厌恶。"

在巨大的舆论声讨之下，高宗罢免汤思退。

三月，陈俊卿上请复用张浚，但高宗没有回应。陈俊卿并不放弃，干脆入宫面见高宗，力陈利弊。

高宗仍旧没有同意，不想第二年，有一统天下心愿的完颜亮就举兵南下，张浚一语成谶。

绍兴三十一年（1161年）四月，完颜亮下令百官迁往汴京办公（金朝称之为南京），他本人也从燕京搬到汴京。

一路上，完颜亮走得很慢，他说："要看洛阳的花。"其实他不光想看洛阳的牡丹，还想看临安的芙蓉。

江南形胜，三吴都会，钱塘自古繁华。烟柳画桥，风帘翠幕，参差十万人家。云树绕堤沙，怒涛卷霜雪，天堑无涯。市列珠玑，户盈罗绮，竞豪奢。

重湖叠巘清嘉，有三秋桂子，十里荷花。羌管弄晴，菱歌泛夜，嬉嬉钓叟莲娃。千骑拥高牙，乘醉听箫鼓，吟赏烟霞。异日图将好景，归去凤池夸。

北宋时期的词人柳永因作这首《望海潮·东南形胜》，名噪一时。此词后来传到金朝，被完颜亮听到，不禁对临安产生无限向往。他命画匠混在前往南宋的使团之中，把临安以及周围美景记录成画，阅览之后，更加坚定了南征宋朝的决心：如此美丽繁华城市，应当为金朝所有！

绍兴三十一年（1161年）四月，完颜亮往宋朝派去使臣。金使在南宋态度傲慢，还带去了钦宗已在五年前过世的消息。

高宗惊愕非常，悲伤不已，一时不能控制情绪，马上起身离去。

钦宗离世的消息传到张浚耳中，作为一位曾在北宋任职的官员，他"号恸不食"，既是为故主，也是为一个时代的离去而悲痛不已。

七月，在明知自己不被高宗待见的情况下，张浚挥笔，毅然上疏，请高宗早为应对金朝南下制定备战之策。

九月，完颜亮领金军南下，第三次南宋与金战争爆发。

金军百万之师，兵分四路南下：

一路主力为东路军，由完颜亮亲自率领，自汴京出发，经过寿春（今安徽省淮南市凤台县）渡淮河，攻打临安。

一路水师自海路绕到长江入海口，配合主力攻打临安，由工部尚书、浙东道水军都统制苏保衡率领，包括上百战船和七万余名士兵。

一路西路军由陕西统军使兼河中尹、西蜀道兵马都统徒单合喜率领，由凤翔进攻大散关（今陕西省宝鸡市西南），从而进攻川陕。

一路中路军由辽朝降金之后的南道行营兵马都统制、大将刘萼率领，自蔡州（今河南省汝南县）出发，直扑荆襄。

宋朝也对应做出了四路安排：起用老将刘锜迎战完颜亮，防备两淮；恢复张浚为观文殿大学士、潭州（今湖南省长沙市）通判，坐镇荆楚，同时令兼京西、河北招讨使的成闵守武昌，令原四川宣抚使吴玠之子、利州西路御前中军都统制吴拱为襄阳知府，防守襄阳；原四川宣抚使吴玠之弟吴璘为四川宣抚使，镇守川陕；由南宋水军名将李宝防守海路。

九月初，金军西路军率先出击，攻取大散关，进而进攻黄牛堡。

九月初五，金军抵达黄牛堡城下，宋朝守将李彦坚一面利用强弓应对金军进攻，一面请求支援。

吴璘此时病重。

时任四川制置使王刚中策马两百里，奔进吴璘帐中，责备他说：“身为大将与国家义同休戚，临敌怎么能高枕而卧？！”

吴璘闻讯，急乘肩舆出发，由兴州北上，驻于青野原，指挥各路战斗。将领高松被派往黄牛堡救援。

九月十八日，吴璘麾下将领彭青到宝鸡渭河，趁着夜色袭破金军所立的桥头营寨，随后收复陇州。

九月二十五日，将领刘海收复泰州，捉到金将数人。

九月二十七日，将领曹泳收复洮州及管下冷丁堡、通岷堡等地。

不久，吴璘奉诏遣使向契丹、西夏及被金朝占领的山东、河北等地义军送去檄文，邀他们一起举兵讨金。

十月二十五日，吴璘的第五子吴挺在德顺军的治平寨与金军交战，大败金军。

十一月，吴璘病情加重，希望朝廷能让去防守襄阳的吴拱回来坐镇四川，但未获得朝廷应允，吴璘只能抱着病躯继续指挥作战。此后，川陕战区一直陷于胶着状态。

荆楚方面，九月十八日，对抗金军中路军的成闵渡过长江，屯驻应城县。

九月二十一日，成闵派麾下统制官赵撙率兵五千人屯驻德安（今湖北省安陆市）。到次月二十日，赵撙趁着金朝在蔡州（今河南省驻马店市）的兵力不足，主动渡淮北上，进逼蔡州。

十月二十七日，见金朝驻蔡州守军摆开架势准备迎战宋军，赵撙率领队伍驻扎在城外二十里处，下令士兵乘风焚草，做出烟雾腾腾，大军奔袭的尘雾，壮大声势，随后他亲自率军冲向金军阵营，直接斩杀对方将领，剩余金兵见状都作鸟兽散，宋军乘势收复蔡州。

但到次月初五，金军又趁着赵撙率主力驰援淮西，只有少量宋军驻守蔡州之际，发动攻击，并夺下蔡州。

三日后，已经行军到麻城（今湖北省麻城市）的赵撙奉命回头，再取蔡州，并在十二月初一再次夺回蔡州。

随后宋金两军在蔡州展开长久拉锯战，你来我往，城池多次易主，战斗进入白热化的时候，赵撙本人几次与金军陷入巷战，但一直到次年二月，他都牢牢将蔡州握在手中，史称“蔡州之战”，被列为“中兴十三处战功”之一。

除了蔡州这一处战场，金军中路军主将刘萼的重点主要在攻打樊城。

十月，刘萼亲自率主力进攻樊城，有吴拱坐镇的樊城，没让金军得逞，但也付出了牺牲诸多将士的代价。金兵退走后，吴拱遣军收复唐州（今河南省南阳市唐河县）。

十二月，金军进攻茨湖。

茨湖在十堰和襄阳之间，若让金军水军从这里驶入长江，便会与下游的东路军主力形成合围之势，因此宋军必须守住此处。

金军的水军刚到，就遇到了宋军的奋勇阻击。其中，吴拱的部下史俊奋不顾身，涉水登上金军船只杀敌，造成金军恐慌，宋军乘势加强进攻，最终令金军败走。这一场战役也被列入“中兴十三处战功”，称为“茨湖之战”。

“中兴十三处战功”所说的十三场战役之中，吴拱一人就得三处，而且全部发生在第三次南宋与金战争的中路战区。

吴拱虽然是当年四川宣抚使吴玠的长子，早年随父从军，但吴玠过世的时候，吴拱还只是军中的中下级将领。失去了父亲的庇荫，吴拱是靠着自己一步步走到如今的位置，与淮东制置使成闵、淮西制置使李显忠，并称为三大帅。由他领导的被计入“中兴十三处战功”的第三场战役是发生在绍兴三十一年（1161 年）的“确山之战”。

此时，金军大部队开始回撤。吴拱考虑到金人不会任由宋朝拿回蔡州，而赵撙的少量兵力也不足以与金军对抗，决定放弃蔡州。随后，他派出大将王宣率步骑一万三千人增援赵撙，掩护赵撙的部队和百姓撤出蔡州。

王宣的部队在确山遇到金军过来迎战的军队，敌军有骑兵上万人，而王宣的一万三千人里只有三千骑兵。这种局面要放在北宋末年，绝对是必败的局面，根本不用打，宋军就主动投降了。但如今，宋军已经成长起来，王宣果断将三千骑兵全部调出，分为三队，轮番对金军骑兵发起冲击。金军没能抵抗住这么猛烈而持久的冲击，被迫撤退。当然，在这种冲击对金军产生巨大威力的同时，宋军也不可能没有折损。史书虽然没有详细记载，但可以猜测，宋军付出了惨烈的代价，才换来这次胜利。

与此同时，在东部战区，十月，金军准备包围海州。海州守将魏胜闻讯，派三千精骑前往石闼堰（今江苏省东海县东南）依险阻击金军。

十月十二日，金军又增兵十万来袭。

魏胜率部迎战，斩杀金人数千，金军败溃，随后围城数日。魏胜一面加强防御，一面派兵夜袭金营，焚其攻城器械。

十月十五日，镇江都统制张子盖率兵驰援石闼堰，见到敌军有上万骑兵。

张子盖对将士们说："敌众我寡，利在速战，不能让金人看出我军虚实。"随后他一马当先驰入金阵，士兵见状亦奋勇争先与金军激战。

很快，魏胜率兵赶到投入战斗，宋军水师李宝也登岸增援，金军大乱，不少士兵淹死水中，余下金兵见状，越发慌乱。最终，金军败退，海州之围解除。

李宝随后率水师继续北上，迎击金军水师，行到密州胶西县附近海域时，李宝发现敌军因遇海上风浪而停泊在陈家岛，遂令宋朝水师停到相距只有三十里的石臼岛。

李宝曾经是岳飞的部将，联系到山东当地义军，在义军的帮助下，李宝了解到金军不熟悉此处海道，决定趁其不备发动进攻，令金军陷入慌乱而失去信心。

十月二十六日深夜，趁着黎明之前的黑暗和南风大作，宋军向北疾进。第二天早晨，将领曹洋所带先锋军向金舰主动发起攻击，利用火箭，引燃敌舰的风帆。金军仓促迎战，急急忙忙打开风帆，南风悄然相助，点燃的风帆顿时整个燃烧起来，之后火势蔓延到船上，火光冲天。金军士兵不少被火烧死、被烟雾呛死，或者跌入海中溺亡。

随后，李宝指挥将士们奋勇爬上没有着火的敌舰，双方短兵相接，展开近身战，最后在黄昏时分获得全胜。

金朝水师主帅苏保衡逃走，多名金军将官被宋军斩杀，向宋军投降三千多人，宋军俘虏金舰六百多艘，而金军南下的船只总共就七百多艘，等于基本上被全部歼灭。这次大胜史称“胶西海战”，也被列入“中兴十三处战功”。

至此，金军伐宋的四路大军，三路都遭遇宋军的顽强抗争，难有进展。但是作为金军主力的东路大军在完颜亮的亲自带领之下却所向披靡，令宋朝付出了惨重的代价。

十月初二，完颜亮亲率大军渡过淮河，然后一分为二，一路攻打庐州（今安徽省合肥市），一路攻打扬州。

宋军老将刘锜原本令建康府都统制王权迎战淮西方向的金军，但是王权胆小如鼠，走到庐州就不肯再前进，每日寻欢作乐，等攻打庐州的金军来到眼前，这家伙派将领姚兴御敌，自己竟然逃去了和州。

姚兴只带了四百人，与十万金军在尉子桥相遇，金军以铁骑进击宋军，姚兴指挥部下奋勇战斗，他被金人团团围住，亲自杀死金军几百人，自己和敌人的鲜血浸满盔甲。其间，姚兴向王权求援，王权毫无反应。姚兴这四百人一路孤军奋战，与金军战斗到最后一刻，姚兴的儿子也一直在父亲身边，最后父子俩双双为国捐躯。

金人尊敬英雄，获胜后，他们互相发出了这样的感叹：“要是前面有像姚兴这样的十人，我们敢前进吗？”

十月二十二日，金军逼近和州，王权又一次放弃和州，仓皇逃跑，就这样和州也白白送了人。完颜亮屯驻于和州，准备渡河。

而东路军另一支金军，在十月十二日顺利攻下滁州，于十月十九日攻打真州，宋军在真州的守将邵宏渊只是做做样子，和金军过了几招，就撤退了。金军进而直冲扬州而去。

已经病重的刘锜预感到败势，他下令收容从真州、扬州两地逃出来的百姓，并护送他们到长江南岸避难，自己则从扬州后撤，亲自镇守瓜洲渡。刘锜判断瓜洲渡必然是这支金军的渡江之处，他令部将吴超、员琦、王佐等人率军埋伏于皂角林，金军一到皂角林，埋伏的宋军万箭齐发，瞬间把金朝骑兵扎成刺猬，金军乱成一团，很快溃散。刘锜随后亲自带兵追击，追敌二十多里，杀死了金朝将领高景山。此为“中兴十三处战功”之一的“皂角林之战”。

但是，王权的溃逃，让高宗深感不安，便命令刘锜退守镇江，确保长江防线，刘锜留下麾下大将李横和侄子刘汜在江北继续镇守瓜洲。

不久，金军大军攻打瓜洲，李横刚引兵八千出城迎战，刘汜就带着帐下五百名士兵逃跑了。李横孤军不能抵挡，只得也跟着后退，瓜洲镇失守。

刘锜此时已经病重，闻讯愤恨不已，病情更加严重。

数日后，都督府参赞军事虞允文取得采石渡胜利，这才化解国家的危机。事后，虞允文特意拜谒刘锜，并询问这位老前辈的病情。

刘锜悲伤地说：“病情不必问。朝廷养兵三十年，一事无成，远远不如你一个文人，我惭愧死了！”

这位大将一生为宋朝浴血奋战，一直到生命的最后也没有放下国家。可悲的是，在最后的岁月却被一些小人“折辱”。

朝廷知道刘锜病情严重，将之召回，让他好好养病。第二年，宋金准备再次议和，刘锜暂住之处要用来迎接金朝议和使者。建康留守、主和派的代表汤思退，请刘锜移居别处。

刘锜认为移居之处至少已经打扫干净，结果到那地方才发现是“粪壤堆积”，一气之下吐血数升。

那是绍兴三十二年（1162 年）的二月，寒意正浓，春天还未到来，六十五岁的老将刘锜仿佛听到了前辈宗泽那三声“渡河呀”，听到了韩世忠悲凉的自嘲："布衣出身，身经百战而封公王，得天佑护不死，躺在家里善终，有什么可以悲凉的？"

有什么可以悲凉的？

一代老将刘锜闭上眼睛，享年六十五岁，他期许来世与前辈们死在战场上。

长江后浪推前浪，每个时代都如此，老者逝去，新人登场。南宋这边的刘锜和虞允文是，金朝那边的完颜亮和完颜雍也是。

先看宋朝，瓜洲镇失守之后，南宋朝廷哗然。

海上漂泊的岁月仿佛回到了眼前，但是高宗还是义无反顾地做好了再次入海的决定，他悄悄把这事写了条子交给右相陈康伯。

陈康伯不动声色烧掉了字条，他劝说高宗："这样的话，朝廷威望会受损。"然后力请高宗御驾亲征。

高宗是热锅上的蚂蚁了，但是他在用人这块还不错，就像当年他知道李纲是用来平乱最合适的人选一样。此刻他也知道，张浚很适合在危难时候保护国家。高宗随后下令让张浚来勤王护主，知枢密院事叶义问到建康督视江淮军马，中书舍人虞允文参谋军事同往。

叶义问此人对军事一问三不知，可是被派去采石渡犒军的虞允文却有真本事，他知道瓜洲已经失守，金军的另一个渡江口是采石渡，此战关乎国家命运。

采石渡的宋军有一万八千多人，但要面对的是四十万金军主力，不怪他们人心惶惶，不敢与金人对战。虞允文勉励他们为国奋战，他们跟虞允文诉苦："就算我们愿意打，也没有主将啊！"这时候王权逃跑，新派来的督军李显忠还没赶到。

虞允文举起了圣旨，大喝一声，声音如雷："金帛在此，只要为国奋战，都属有功！"又道："社稷危矣，吾等将士难道要逃避吗？"

将士随后信心一振，道："既然有主，那我们愿意一战！"

虞允文与统制时俊马上将士兵们分开列阵，刚刚操作完毕，金军的先锋就开始渡江了。

虞允文在前线督战，将士们看他没有逃跑，信心大增。时俊带领将士们与金军展开殊死搏斗。江面上，宋船冲向金军船只，金船不稳，不少士兵落水。虞允文灵活指挥宋船，遇风时使用灵活的战船，无风时使用身大稳健的船舰，金军难以应对。

此时，有另外一支宋军逃跑到采石渡，虞允文简直有化腐朽为神奇的能力，拦住这些逃军，说服他们重新组织起来，加入斗争。

金军以为宋军援军抵达，部将请求完颜亮撤退，完颜亮自然不肯，但是此时金军已经生出惧意，大战不得不暂停。

对于宋军来说，这便是胜利。虞允文给将士们鼓劲，同时令大家做好准备，金军还会再来。果然次日金军又至，但是做好充足准备的宋军没有让他们得逞。

虞允文成为张浚之后第二位"以文趋武"的能臣，宋朝战场前沿的重担也悄然在大将刘锜病退之后，交接到了年轻的文人虞允文肩上，这便是南宋这边刘锜和虞允文之间的新旧轮换。

再看金朝那边的轮换。

金军在"采石之战"失利，完颜亮完全可以回去休整军队，来年再战，可此刻为何坚持非要南下不可？

因为完颜亮的大本营金朝在不久之前发生了变故，十月十七日，金太祖完颜阿骨打之孙葛王完颜雍在金朝东京（今辽宁省沈阳市）称帝，这就是后来在金朝历史上有"小尧舜"之称的贤明之主金世宗。

父亲完颜宗辅过世时，完颜雍还是一个十来岁的少年，他的成长过程中，受到出身渤海大族的母亲李氏影响很深。根据金人的传统，守寡后的李氏应当再嫁给夫家的其他男性，但是李氏选择了出家。在母亲的思想和佛学的影响下，完颜雍温厚聪慧，文武双全。他与妻子乌林答氏青梅竹马，一起长大，乌林答氏也是一位有智慧的女性，有这位贤内助相助，完颜雍的仕途总体顺畅。

金熙宗时期，完颜雍有一件传家宝，是他父亲伐宋时得到的宋朝皇帝用过的白玉带。乌林答氏劝完颜雍说："这条玉带不是一般王府可以保存的，应当献给天子。"

完颜雍认为有理，将白玉带奉献给金熙宗，因此得到了金熙宗的信任。

等到了完颜亮登基后，完颜亮起初很忌讳才能出众的完颜雍，不时更换他的职位。乌林答氏又一次劝说完颜雍，完颜雍随后向完颜亮进献了许多珍异，比如辽骨睹犀佩马、吐鹘良玉茶器等，打消了完颜亮的猜忌。

但是完颜亮这个人，除了残暴嗜杀，还喜好女色，他看上了完颜雍的妻子乌林答氏，任命完颜雍为东京留守，而召乌林答氏入宫为人质，这也是逼迫完颜雍最后称帝的关键因素——杀妻之仇。

在当时，完颜雍没有抵抗完颜亮的能力，温柔的乌林答氏请丈夫忍耐，不要抗旨引致杀身之祸，随后乌林答氏跟随下旨的使者踏上进京之路。在即将抵达京城时，乌林答氏趁使者不备，跳湖自尽，没给完颜亮留下怪罪丈夫的借口。

完颜雍为了不让妻子白白牺牲，忍辱负重，只命人草草将妻子收殓，面上不做出丝毫伤痛或者对完颜亮怨恨之意。

完颜亮准备伐宋，但没有放松对完颜雍的警惕，命令心腹高存福为东京副留守，监视完颜雍。

十月，完颜亮出兵征讨南宋。

完颜雍杀死完颜亮的心腹高存福等人，在东京被众人拥护称帝。消息传到淮河边，完颜亮不得不回头北上，而且金军对于渡江的意愿非常低，完颜亮怒道："必须在三日内渡江。"但是，他无法兼顾北方的完颜雍和南方的宋军，实际上"采石之战"中宋军面临的金军的兵力只是金军中的一部分。

此时，李宝在海上烧光了金朝的战船，消息传到完颜亮这边，金朝军队越发不安，出现士兵逃跑的情况。

完颜亮怒斥属下完颜元宜道：“若被我发现少一个士兵，就砍了你的头！”

完颜元宜于是生出反意，在第二天，带了士兵冲入完颜亮的军帐，将之弑杀，并派人杀死完颜亮之子、十二岁的太子完颜光英，随后率军北还。

完颜亮已死，金世宗完颜雍没有给他帝号，封他为海陵郡王，这就是史书上记载完颜亮为海陵郡王的缘故。

同时，金世宗给南下各路金军发出返回诏令，斥责完颜亮的伐宋行为，向宋朝发出求和信。

第二十八章

隆兴北伐——南宋最后的雄心

金世宗对伐宋没有兴趣，他致力于金朝内部的调整、发展、优化，因此有意与南宋议和。绍兴三十二年（1162 年）二月，金世宗以自己登基为由，向南宋派出使臣。

金朝递来了橄榄枝，但不代表宋朝乐意接，而且双方的观念差异仍然巨大。

宋朝认为完颜亮被宋军大败，如今金世宗传递来和平信息，是有求于南宋，宋朝在有巨大武力优势的前提下走到谈判桌前，地位肯定应与之前不一样才是。

南宋主战派的臣子认为，是时候要求两边平等相处，而不是宋为金之臣子了。

高宗倒不是很在意这些，他常说的四个字就是“不以为耻”，这一次也这样，高宗道：“关键是两国和平，这点小事，朕不为耻。”

虽然宋朝的“孝”字头号招牌是下一任皇帝宋孝宗，但高宗其实也是大孝子，在这个可以跟金朝要价的关键时刻，高宗只有一个心愿，那就是——如果可以提一下条件的话，最好请金朝把宋朝皇家陵寝所在之地还给宋朝。

在那里，有北宋的列祖列宗，是隆祐太后想要归葬之处，此时，隆祐太后已经过世整整三十一年了。

高宗没有勇气收回北方故土，也就没机会再去看一眼列祖列宗埋葬之地的现况。出使金朝的宋使倒有一位悄悄地去看了，但他们不敢告诉高宗，各位北宋皇帝后妃的陵寝早已被挖掘得千疮百孔，隆祐太后的丈夫哲宗皇帝的尸骨甚至暴露在外，无人在意。这位使臣不禁失声痛哭，脱下身上的衣袍将哲宗的遗骨包裹起来，重新放入陵寝。

金世宗对议和倒是表现出了极大的诚意，他下令金军撤退时不得骚扰百姓，不得主动挑起与宋军的战斗。

金军撤退得很快，宋军紧跟其后收复了两淮地区的失地。

但是金军的这种表现，并不代表他们认为宋朝以后就能和金朝平起平坐了。金朝的使臣到宋朝来谈恢复“绍兴和议”的条款，要求宋朝接待的官员使用臣礼。

右相陈康伯当即拒绝，虽然当时金朝的使臣们没有表现强硬，接受了两方使用平等的礼节，但等到宋朝的使臣洪迈出使金朝时，一下陷于劣势。

金人让洪迈行臣礼，洪迈不肯，于是，直接被金人关了三天三夜，饭也不给吃，水也不给喝。

高宗这边，在金人撤退后，打着“御驾亲征”的名义北上转了转，当然也不敢走得太北，只是去了一下建康。

此时，坐镇建康的是张浚。

但张浚得到诏令再匆忙奔到建康的时候，宋金大战的胜负已经分出，他的才干没能有机会发挥出来，但他个人在军中的声望依然极高，将士们看到张浚都会驻足行礼。

高宗亲切地慰问了张浚，张浚感激道：“若没有陛下，浚早就没命了。”

高宗勉励张浚：“有爱卿在此，朕无北忧矣。”

高宗只在建康小住十日，就急匆匆回临安去了，不过在这十天里，著名抗金英雄辛弃疾投奔南宋，也赶到了建康，高宗非常高兴，立刻接见了这位才二十三岁的年轻人。

辛弃疾在绍兴十年（1140 年）出生于济南府历城。此时的济南已经不属于南宋，而是被纳入了金朝版图。辛家是世代仕宦之家，辛弃疾的父亲早逝，他由祖父辛赞抚养长大。

辛赞考虑到家族安稳，迫于无奈在金人手下做事，还很得金人赏识，一路做到了开封知府，但是他“身在曹营心在汉”，一直和孙子讲述靖康之耻和北宋的事情，并且表示如果能有机会一定要“投衅而起”，与金人“不共戴天”。

辛赞有段时间在亳州任职，这里是兵家必争之地，处于黄淮平原南端，辛弃疾随祖父在此，耳濡目染了金人对汉人的欺压，这令年幼的辛弃疾立志要成为霍去病一样的大将，将这些金人赶走，为祖国收复大好河山。

十四岁时，辛弃疾北上燕京参加科考，准备通过科考进入金朝内部，获得更多的情报，伺机而动。结果，辛弃疾没考上。他还年轻，三年后又再赴考，又落榜。但是没关系，通过两次北上，辛弃疾把沿途地理山川情况研究了一遍，后来都写入他著名的《美芹十论》等军事奏论之中。

绍兴三十一年（1161 年），完颜亮带兵伐宋，辛弃疾的人生迎来了一个转折点。

辛弃疾自然不会袖手旁观，他散尽家财，组织了一支两千人的队伍，在金朝境内起义。

当时金朝还有一支起义军，人数较多，势力较大，领头人叫耿京。

辛弃疾带着队伍去投奔耿京，在路上又遇到另一个起义的小队，首领是个和尚，名叫义端。

两个人一起加入耿京的队伍后，义端却心生歹念，偷走了耿京的军印。辛弃疾受到牵连，被耿京下令抓住，要问斩。

辛弃疾道：“杀我不是问题，但请给我三天时间，让我把义端抓回来，然后再死！”

耿京也很爽快，当即同意了辛弃疾的要求。

辛弃疾立刻上马，快马加鞭追赶义端。而此时义端已经到了金营投降。辛弃疾竟然带了身边的义士们，冲入金营内把义端抓了出来，而后手起刀落，砍了义端的脑袋回来交给耿京。

经过此事，耿京没有杀辛弃疾，反而更加欣赏他，后来辛弃疾成为耿京这支义军的核心人物。

“采石之战”之后，金世宗向宋朝提出遵循“绍兴和议”的条款，恢复和平，同时抽出兵力处理境内的各处义军。

耿京派辛弃疾南下，联络南宋，商讨南北夹击，讨伐金人之计。

辛弃疾因此南下，冲破一道道金军的封锁，抵达建康，随后被高宗召见。辛弃疾向高宗汇报了起义军在南宋境内的战果，高宗非常高兴，当即任命耿京为天平军节度使。

然而，此时的耿京因部下背叛，被杀害了，已经达到二十万人规模的起义军群龙无首，溃散大半。

辛弃疾在北上的途中听闻此事，没有马上掉转马头回到南宋，反而带领身边的人继续北上，直接冲入虎穴，将正在寻欢作乐的叛徒抓住，随后号召剩余的起义军与他一起南归。最后，有数千人同辛弃疾一起押着叛徒回到南宋。

如此壮举，令辛弃疾名声大振。高宗立刻任命他为江阴签判，也自此开启辛弃疾在南宋的仕途。

这是发生在绍兴三十二年（1162 年）二月的一件大事，才二十三岁的辛弃疾意气风发，对未来充满了展望。但当时的每一个人，包括辛弃疾自己，都没有想到，展望才刚开始，其实已经落幕，他从此再没有带过一兵一卒……

五月，高宗令张浚负责两淮事务兼沿江军马，好好负责沿江安全。

话说得好听，高官也给了，但是高宗依然忌惮张浚，没有准备重用张浚，高宗的算盘是等宋金和议差不多完成，时局稳定以后，再把张浚压下去。当然，高宗没有想到自己会有个想法完全不一样的继承人，此为后话。

绍兴三十二年（1162 年）五月，高宗实在厌倦了天天提心吊胆的生活，他本来不是一个应该获得皇位的人，机缘巧合走到这个位置，面临繁杂的国事，频繁的战事，每天思考这么大的家怎么当，他对金朝那般卑躬屈膝除了个人和环境的主观因素外，还因为只有身在最高位的他，才知道打仗有多费钱，他是多么迫切需要给南宋安稳的大环境，让这个虚弱的国家休养生息一番。

在位三十六年，高宗认为自己呕心沥血，没有一日睡过安稳觉，刚刚在五月才安排张浚做防御工作，高宗在六月就提出了禅让，而此时，距离皇太子册立才刚刚十天，可见高宗禅让的心情之迫切。

高宗唯一的子嗣赵旉过世后，高宗再无所出。不过，随着岁数渐长，他对后嗣的事情倒也没看得如其他的皇帝那般急迫和在意，宋朝历史上曾经出现过多次因为皇帝没有后嗣而传位旁支的事，连高宗的父亲徽宗都是捡了哲宗没有儿子的漏才当上的皇帝。

宋朝开国皇帝宋太祖赵匡胤驾崩后，继位的也并非太祖的子嗣，而是太祖的弟弟宋太宗赵光义。因为当时太祖明明就有已成年的儿子，所以太宗的登基留下了许多谜团和传说，比如太祖突然驾崩那晚奇怪的“烛影斧声”，以及太宗继位是因为他和杜太后留下了要求“兄终弟及”的“金匮之盟”。可是，显然宋太宗没有堵住天下悠悠之口，这两桩悬案一直流传到千年后的今天，依然在大家的心头盘旋，更何况是在宋朝当时。

据说，安葬太祖之后，掌管天象的官员就看出，太祖这一支的龙气还没有断绝，之后便有了“太祖之后，当再有天下”的传言。

百年后，仿佛就是要印证这传言似的，太宗一脉的后嗣除了高宗，都在靖康之变时被金人抓走了，以至于在之后的抗金战场上，继续与金人斗争的赵家人，几乎都是太祖一脉之后。

建炎四年（1130年），宰相范宗尹向高宗提议寻找太祖之后，许多臣子也认为从追思宋祖的角度考虑，宽慰百姓之心，应该从太祖后代“伯”字辈中寻到合适的人，先放在高宗膝下，若将来高宗有了子嗣，可以再调整，进退都不是问题。

高宗令知西外宗正事赵令畤，负责寻找太祖“伯”字辈子孙。赵令畤是太祖次子赵德昭之玄孙，后来于绍兴十三年（1143年）过世，年七十五，高宗追封他为惠王。

赵令畤不负众望，找到了上千个符合要求的孩子，再从其中精挑细选出两个人选，请高宗亲自选择。

这两个孩子一个叫赵伯浩，一个叫赵伯琮。

古时候的人都喜欢孩子胖一些，认为这样有福气，因此高宗本来属意胖乎乎的赵伯浩。结果忽然不知道从哪里跑出来一只猫，赵伯浩忍不住就伸脚想踢一下猫，而瘦瘦小小才六岁的赵伯琮目不斜视，身形不动，显示出了超越年龄的稳重。

高宗因此选择了赵伯琮，并在后宫之中寻找抚养赵伯琮的妃子。

当时，高宗的正宫邢皇后在遥远的金朝，后宫地位比较高的妃子有三人，分别是生育过高宗唯一的儿子元懿太子的潘贵妃，与高宗一起经历过海上漂泊岁月的张婕妤，以及后来的吴皇后，但是此时她的身份最低，尚且只是一个才人。

高宗将赵伯琮带到三人面前，暗中观察赵伯琮与谁亲近，赵伯琮最先走向张婕妤，因此被安排由张婕妤抚养。

潘贵妃看到赵伯琮，联想到自己死去的儿子，差点哭了。

倒是吴才人后来找其他的机会，与高宗提议也想抚养孩子。高宗随后又挑选了赵伯玖放在吴才人膝下。

温柔贴心的吴才人一直深受高宗喜爱，后来又与南归的韦太后相处融洽，封位慢慢变高。张婕妤过世后，赵伯琮也被放到她的名下。南宋的皇后之位已经空悬了十多年，不论是大臣还是韦太后都希望高宗尽快册封皇后，吴氏是众望所归，被册封为皇后。

吴皇后对两个孩子一视同仁，并没有因为赵伯琮是后来到身边的而厚此薄彼。大家都知道，皇位继承人的竞争将在吴皇后名下的两个孩子之间展开，但是高宗并没有给予两个孩子皇子的身份，一开始，是因为高宗还抱着生养自己儿子的期待，到后来是因为难以抉择，吴皇后劝高宗立年长的赵伯琮，而韦太后更喜爱赵伯玖，当时权倾一时的秦桧可能也是认为吴皇后的心底更倾向于赵伯玖，她口中说的希望高宗立赵伯琮不过是一种故作出来的姿态，因此秦桧也坚定地支持立赵伯玖为皇位继承人。

秦桧固然会揣摩上意，可他要揣摩的人实在是太多了，皇帝、皇后、太后、利益集团，甚至连家族未来的富贵都考虑上了，只有吴皇后才是真的了解高宗。在这几十年来对两个孩子的考察之中，高宗其实一直更加欣赏生活俭朴、勤勉专注、恪尽孝道的赵伯琮。但身为君王，有时候表现出喜欢一个人，反而可能是害了这个人。高宗很聪明地表现得对两个孩子一视同仁，没有偏好，这何尝不是对孩子们的保护，以及另一种考察方式呢？

绍兴三十年（1160年），金军又有了南下意图，宋朝的神经再一次绷紧。此时，韦太后和秦桧都已过世，高宗终于下定决心，在这年二月封赵伯琮为皇子，更名赵玮，进封建王，而赵伯玖被定为皇侄，授判大宗正事，正式退出继承人之争。

次年，金军南下，两国再次开战，朝野内外求和或者再次南逃的声音不小，赵玮主动站了出来，要求与金军决战。后来高宗表示要亲征，赵玮又请命护驾，可以看出这位国家未来的继承人对金的态度与高宗不太一样，有强烈的保家护国的意愿，而这个意愿在他登基为帝，有了主宰国家方向的权力之后，表现得更加明显。

绍兴三十二年（1162 年）初，金军已经明确要与宋议和，长江淮河一线的军事警报解除，高宗想要卸下重任，回归平淡生活的意愿越发强烈，他下定决心禅让，把这份肩负社稷和黎民百姓的重担交给继承人。

五月，高宗下诏立赵玮为皇太子，改名赵眘。

六月，高宗提前把赵眘叫到面前，说道："朕决意让皇太子即皇帝位，朕称太上皇，吴皇后为太上皇后，退居德寿宫。"

赵眘顿时泪如雨下，坚辞不受。

几日后，高宗再次叫来赵眘，表示禅让，赵眘坚决不肯，差点转身跑出门去，要回东宫。高宗一再劝说，表示这是他的真实意愿，赵眘才留了下来。而后，百官下跪，高宗下达禅诏。礼毕，宰相陈康伯带着众臣请赵眘即位。赵眘多次推辞之后，才勉强在皇帝的位置上坐了一个边沿，等大臣们下拜行觐见新帝的礼节时，他又慌忙站起来。如此几番，即位仪式才结束，赵眘正式成为南宋的第二位皇帝，史称宋孝宗。

仪式完成之后，孝宗换上帝王的衣袍，高宗乘车前往德寿宫。孝宗冒着雨送高宗到宫门外，高宗再三让他止步，且叫左右也不用再送，他环顾众臣道："托付得人，我没有遗憾了。"

高宗后来的退休生活非常惬意，居住的德寿宫原本是秦桧的府邸。秦桧离世后，族人回到家乡，高宗将这座府邸收回，重新扩建。后来孝宗知道高宗爱游西湖，又命人引西湖水入德寿宫，在宫内模仿西湖景致，建成小西湖，如此高宗可以随时游玩，免去舟车劳顿。

孝宗也时常带皇后、太子等，前往德寿宫陪伴太上皇高宗夫妇，一家人泛舟摘莲，垂钓野炊，其乐融融。如此惬意的退休生活，高宗过了二十四年，于八十一岁时寿终正寝。在古代帝王之中，能如此高寿的，寥寥无几。

话又说回来，孝宗非常孝顺，但并不愚孝，在国家大事上，他有自己的主张，比如对金的强硬。坚持"和议"的高宗倒是想说儿子几句，但是，温婉明理的吴太后拉了拉丈夫，让他别去管不该管的事了，还不如想想明天和孙儿吃什么。因此，孝宗在执行自己政治主张的时候，也没有遇到多少来自父亲的压力。

孝宗是南宋最有作为的皇帝，他有变革之志，上位之后积极整顿贪污、冗官问题，主张联合北方抗金义军，开始有计划地着手北伐，意图收回故土，一直被打压的主战派如张浚等人被大力提拔。

孝宗上位只一个月，就为岳飞平反昭雪，并削去了秦桧的王爵，岳飞受秦桧陷害致死这件事便在这个时期定调。其他被秦桧打压的忠臣也都被平反、复用，已经过世的赵鼎被追封为丰国公，赐谥号“忠简”，吕颐浩、韩世忠、张浚等也都有加封，而张浚本人更是盼来了他人生之中的最后一个高峰。

隆兴元年（1163 年），张浚重回两府大臣之列，任枢密使，都督江淮东、西军马，并被封为魏国公。

孝宗诚挚地和这位已经六十六岁的老臣说：“现在朝廷就依赖您了！”

张浚请求孝宗能前往建康，鼓舞宋军士气，并向孝宗提出了战略部署：“应当用兵淮壖，并请在四川的吴璘声援。”

孝宗非常认同，并道：“朕依仗爱卿犹如长城，不论外界谣言如何，都不会动摇！”

三月，金朝要求宋交出海州、泗州、唐州、邓州和商州，以及宋朝当年应该上交的岁币。

孝宗已经在考虑北伐，怎么可能应允。金朝也预感到宋朝的变化，很快以十万雄兵屯兵河南，声称要南下夺取两淮。

宋朝朝野为之哗然。

张浚上请孝宗，奏道：“我朝也应做好准备，屯兵在盱眙、泗州、濠州、庐州。”

而金朝也送信过来，执笔者完颜宗弼的女婿、名将纥石烈志宁表示如果不依照之前和议条款执行，金朝必然南下，兵戎相见。

见金朝如此强硬，主和派不断弹劾张浚的意见，请求尽快履行和议条款。同时，高宗也找孝宗长谈，孝宗道：“大宋兵强马壮，不惧一战。”随后召见张浚等人，大将李显忠、邵宏渊也献计献策，甚至刚刚南归的辛弃疾也找到张浚献策，主战派激情高昂。

五月，宋军渡过淮河，对金朝主动出击，史称“隆兴北伐”。

张浚调用八万宋军，一路由李显忠带领，出濠州，取灵璧，一路由邵宏渊带领出泗州，攻虹县。

很快，李显忠顺利拿下灵璧，但邵宏渊方面却没有进展，久久没能攻下虹县。李显忠随后令灵璧降兵前往虹县，帮助劝降，虹县因此才被拿下，可是这个举动却令邵宏渊心生怨恨，给隆兴北伐的失败埋下伏笔。随后，李显忠提议一起攻打宿州，但邵宏渊故意按兵不动，过了一段时间才姗姗来迟。李显忠让士兵休息整顿，为攻宿州做准备。邵宏渊却不从。之后攻打宿州时，李显忠令麾下将领杨椿出战，很快攻破城池，邵宏渊才随后入城。

宿州捷报传到临安，孝宗大喜，跟张浚说：“近日边关捷报，中外鼓舞，十年来都没有这么欢喜的事了！”

孝宗不知道前线两名将领之间有了心结，下令升李显忠为淮南、京东、河北招讨使，而邵宏渊为副使，这让邵宏渊越发不满，甚至向张浚提出他不想接受李显忠的指挥，而张浚竟然同意了，至此，北伐失败的结果已经难以避免。

很快，金朝将领纥石烈志宁率兵来夺回宿州，先锋军被李显忠打败，可是随后十万主力抵达宿州城下，李显忠苦战金军，邵宏渊却在一边看戏不去援助，主将如此，让宋军军心涣散、气势低迷。入夜，金军又一次突袭攻城，宋军溃败，李显忠难以挽回溃势，只得带军后撤，史称“符离之溃”。

这场败仗给了孝宗沉重一击，孝宗不由自主陷入了当年高宗的困局，想要坚持雄心，但是现实并不允许。时任宰相陈康伯因病辞去相职，孝宗一面起用主和派的汤思退为左相，一面并没有马上放弃张浚，反而升张浚为右相，似乎想要找出一条平衡路线，又似乎是想先稳住金人，而后再动。

张浚就如当年的宗泽，太过刚烈，他没有给孝宗缓一口气的时间，坚决反对议和，同时加强江淮的防御部署，一面为再次北伐做准备，一面也考虑到金军可能会南下，准备随时应战。

此时，金人的议和条件也被送到孝宗手中：金宋关系可以改为叔侄关系（比以前的君臣好一些），宋必须归还占领的海州、泗州、唐州、邓州，归还之前降宋的金人，另外要补交一直没交的岁币。

朝野上，主和派和主战派发生了激烈的争执，孝宗左右为难。再加上主和派有太上皇高宗的支持，隐隐有压倒之势。

隆兴二年（1164 年）三月，孝宗令张浚巡视两淮，张浚全力备战，还组织一万多人为“万弩营”，在上次“符离之溃”后，金军还有一些零星出击，但都在张浚的防御下没占到便宜。

这时候的宋朝还没有完全失去机会，但是汤思退等人却趁张浚不在临安，向孝宗弹劾张浚“说是准备防守，可防守也没准备好，说是要治兵，但是兵也没练成精兵”。

四月，张浚奉旨还京，随后江淮都督府被撤。他意识到孝宗已经选择了主和，顿感失望，向孝宗提出辞呈。孝宗准奏。

张浚离开临安，他知道自己要去哪里，却又觉得忠魂和雄心失去了方向，于是，一下病来如山倒。之前也不是没有病，而是靠着北伐意志强撑着，当年三十岁意气风发“以文趋武”的俊朗书生，原来已经是六十八岁的老者，他最终在离京的路上病逝。

消息传到临安，孝宗震惊而悲痛，朝内主和之声也再难压制，一场隆兴北伐，最后演变为隆兴和议。

隆兴二年（1164 年）十二月，宋金达成和议，主要内容为：

第一，两国以叔侄相称，金为叔，宋为侄。

第二，宋每年向金缴纳岁币银、绢各减少五万，为二十万两、匹。

第三，宋割唐州、邓州、海州、泗州之外，还要再将秦州、商州给金。

因双方约定，此次和议内容于次年乾道元年（1165 年）生效，故而也称“乾道之盟”。

和议后，受命前往金朝的宋使是陆游的好友、“中兴四大诗人”之一的范成大。他勇敢地在金朝向金世宗提出，要拿回宋朝先祖陵寝所在之地，并久跪不起，逼金世宗给出回复。金朝没有同意归还土地，但同意南宋可以将陵寝迁走，并打算归还钦宗的梓宫。

孝宗为张浚举行了国葬，这位刚刚登基不久的帝王，不光是在安葬一位“忠贯日月”的臣子，也像在埋葬彼此合作时那份挥师北上的意气风发。

但如果主和派和太上皇高宗认为孝宗就此彻底死心，那便是大错特错了，孝宗的雄心还没有死，他只是更加明白宋朝要想奋起，还有很长的路要走，当务之急是隐忍积蓄力量，励精图治。之后宋朝在他的带领下，经济文化飞速发展，形成了真正的中兴之景，史称“乾淳之治”。

乾道三年（1167 年），孝宗重用有同样理念的虞允文。

孝宗跟虞允文道：“吴璘去世，其他人都不如爱卿你。军事上，还要爱卿一一亲临。”随后虞允文仍为知枢密院事，同时接替吴璘，担任四川宣抚使。

虞允文赶赴四川，临走时，孝宗将自己穿过的铠甲赐给他，可见对虞允文有多倚重。

虞允文到达四川后，立刻检阅川陕各路兵马，根据兵马能力的强弱，将之分为三等，上等作战，中下等做后勤，淘汰老弱，清算物资，为国家节约了百万军费。他重视义士，启动招募，为国家又招募两万多人。

乾道五年（1169年），虞允文回到临安，拜为右相，他与左相陈俊卿和睦融洽，志同道合。在中国历史上，左右相能共同进退，是鲜少出现的情况。当时，“冗官”“冗兵”“冗费”的“三冗”问题从北宋延续到南宋，陈俊卿和虞允文联手从负责三军统帅的殿前司、侍卫亲军马军司、侍卫亲军步军司入手，精简机构和人员，提高运作效率。只可惜两个人的合作到第二年便结束了，左相陈俊卿被罢，判福州，虞允文在之后的两年是唯一的宰相。

军国大事都由一人定夺，责任巨大，也让人深深地体会到高处不胜寒的艰难，虞允文屡次向孝宗举荐梁克家为下一任宰相。

梁克家是绍兴三十年（1160年）的状元，年轻有为。虞允文非常欣赏他，在仕途上也竭尽全力提拔。

乾道八年（1172年），宋孝宗将左右宰相的“左仆射”“右仆射”职务更名为“左丞相”“右丞相”，职责不变。虞允文改任左丞相。孝宗又提拔梁克家为右丞相。第二年，孝宗再令虞允文为四川宣抚使。此时的孝宗认为国家已经做好了准备，可以再次对金出战，希望虞允文从西线打响对金的第一枪，而后由他亲率主力从东线出发，两路并驾齐驱，攻打金朝。

但是，虞允文抵达四川之后，认为西线军备还不够完善，要与金对战，还需要继续准备，他对孝宗直言自己的担忧。

焦急的孝宗下旨催促，但虞允文一直回复还未准备完善。虞允文人生的最后两年，一直在四川积极准备，但他的速度令孝宗不满意，就在孝宗要震怒的时候，四川传来了虞允文的死讯，这位六十四岁的老臣死在四川任上。

四年后，孝宗亲临白石检阅三军，虞允文为他打造的军队全员精壮，气势如虹，但是帝王急迫的出征之心已经被现实磨灭，能与帝王一起出征的良臣也都不在，张浚、虞允文……孝宗呢喃着这两个人的名字，眼含热泪，时间让他明白了现实，他的心态也归于平静，出师北伐之事再未被提上日程。

毫无疑问，孝宗的转变在无形之中也使得两个人的雄心无处施展，一个是辛弃疾，一个是陆游。

绍兴三十二年（1162 年），辛弃疾被高宗任命为江阴签判，初到江南，他意气风发，还没有体会到自己“南归人”的身份实际上很难得到重用，更不可能有领兵打仗的机会，不论是朝廷还是普通百姓的内心深处都有着一种担忧，那就是万一这个人南归是假，实际上是奸细怎么办呢？

隆兴元年（1163 年），张浚主持北伐，辛弃疾向朝廷上了著名的《美芹十论》，对于其中的见解，孝宗考量之后，采纳了部分。辛弃疾虽然没有得到大力提拔，但也算稳中有升，先迁广德军通判，后任建康通判。建康是军事要地，扼守江南，说明朝廷对辛弃疾的看重。

乾道六年（1170 年），辛弃疾建康通判的工作任满到期，有了一次面圣的机会。见到孝宗，辛弃疾赶紧向皇帝阐述自己的抗金建议，并递交了《阻江为险须藉两淮》和《议练民兵守淮》两道奏章。孝宗显然还算欣赏辛弃疾，随后任命辛弃疾为司农主簿，这是一个掌管农事的职位，虽然距离辛弃疾期待的军事职位相去甚远，但是辛弃疾上任后依然兢兢业业。他也因此被虞允文欣赏，随后被虞允文提拔举荐到滁州做知事，这个职位就是父母官了，一个地方的事务他都要管，接下去的岁月里，他被频繁调用，一会儿在临安任大理寺少卿，一会儿下湖南担任转运使，一会儿又去江西任提点刑狱公事……他没有忘记北上收复故土的壮志，不断地奔波途中又给朝廷提出了许多抗金建议，但都没得到朝廷重视……

提到“小李白”陆游，后人经常想到的是两件事：一是他和妻子唐琬的爱情悲剧；二是他在《示儿》中叮嘱儿孙的名句“王师北定中原日，家祭无忘告乃翁”。

徽宗宣和七年（1125年）陆游出生在越州，陆家是簪缨之家，高祖陆轸在仁宗朝位列太傅，祖父陆佃官至尚书右丞，父亲陆宰担任京西转运使，职位也不低。靖康之变，金人南下，陆宰力主抗金，反而被朝廷罢免，只能带着家人辗转南下，最后定居越州。

绍兴十四年（1144年），陆游迎娶表妹唐琬，这桩婚事在古代属于亲上加亲，二人又从小青梅竹马，感情深厚，应该是非常欢喜才是。可是据说，虽然小夫妻二人感情融洽，可是陆游的母亲却不喜欢唐琬。成婚一年后，唐琬无所出。身为孝子的陆游在母亲巨大的压力之下，只能将妻子休掉。

爱情失意，仕途也失意。

绍兴二十三年（1153年），陆游参加“锁厅试”，因为文采出众，荣获第一，却因为触动了秦桧给孙子秦埙内定的第一名之位，而遭到秦桧打压。

心情低落的陆游出游沈园，在这里遇到前妻唐琬，然而此刻唐琬已经二嫁，身边站着丈夫赵士程。

仔细说来，唐琬并没有辜负陆游。二人分开之后，是陆游先娶妻王氏，很快得了一子。唐家和陆家是姻亲，本来也门当户对，是个体面人家。如此一来，唐家顿感被陆家打了脸，很快也给唐琬找了一门亲事。

唐琬二嫁的丈夫赵士程是皇族后裔、宗室子弟，虽然千年之后的名声没有陆游大，可在当时是不输陆游的名士，他温文尔雅，饱读诗书，更重要的是，他待唐琬处处体贴，治愈了唐琬的伤痛，两个人的婚姻生活非常甜蜜。

唐琬温柔，也懂陆游，在沈园见到陆游，感知他的失意，后来差人送来一壶花雕和陪酒的小菜，她知道陆游此刻最需要什么。

陆游看到前妻送来的酒菜，心头更加惆怅，在沈园的墙壁上写下了千古绝唱《钗头凤》：“红酥手，黄縢酒，满城春色宫墙柳。东风恶，欢情薄。

一怀愁绪，几年离索。错、错、错。春如旧，人空瘦，泪痕红浥鲛绡透。桃花落，闲池阁。山盟虽在，锦书难托。莫、莫、莫！”

也许，他期许唐琬可以看到，可惜阴差阳错，唐琬看到《钗头凤》的时候，已经是第二年春天，千言万语，无从说起，也唯有寄于诗词，她在陆游的笔迹旁也和了一首《钗头凤》：“世情薄，人情恶，雨送黄昏花易落。晓风干，泪痕残。欲笺心事，独语斜阑。难、难、难！人成各，今非昨，病魂常似秋千索。角声寒，夜阑珊。怕人寻问，咽泪装欢。瞒、瞒、瞒！”这年秋日，唐琬便离世了，这是她唯一留世的作品，也是她唯一一次公开出现在这场爱情悲曲之中。

秦桧死后，陆游在仕途上才有所起色，被任命为福州宁德县主簿。这个职位，与他的祖上比起来，确实微不足道，但陆游欣然赴任。陆游一生的职位都不高，但是他反对与金议和，积极发声，上疏道：“江东自吴国以来都以建康为中心，临安靠近大海，运粮不便，以临安为都城本来就是权宜之策。陛下应当驻扎建康、临安两地。”他还找到张浚，提出自己的抗金建议，没有得到张浚的重用，反而在张浚北伐失败之后遭受牵连，被人弹劾说“结交台谏，鼓唱是非，力说张浚用兵”，因此被罢去官职。

辛弃疾和陆游是南宋孝宗朝时期主战派的一个缩影，他们有激昂的爱国之心，却报国无门，屡遭打压，一个个爱国志士不得不在洪流之下，被时光蹉跎了雄心。

第二十九章

淳熙内禅——多年太子熬成皇

淳熙十六年（1189 年）二月，孝宗决意禅位于第三子恭王赵惇。

孝宗对朝政早生倦怠，禅位之事在他心头徘徊了许多年，自从从高宗手里接过这份家业，孝宗便明白了当家的苦处。只是孝宗不论是做人还是做皇帝，都比较负责任，之前考虑到高宗在世，如果孝宗自己也退位，国家得负担两个太上皇，开支太大，这等于无故给本就不富裕的国库增加了负担，因此孝宗选择了忍耐。如今高宗已过世，守孝也已结束，孝宗方才提出禅位。

接班的赵惇是孝宗第三子，绍兴十七年（1147 年）出生于孝宗藩邸，十五岁时被封为恭王，二十四岁时被立为皇太子。

原本赵惇上面有两位兄长，孝宗的长子邓王赵愭和次子庆王赵恺，三人是孝宗的皇后郭氏所生，也都长大成人，按照古代帝王家长幼嫡庶的继承顺序，这个太子之位正常轮不到排行老三的赵惇。

乾道元年（1165 年）孝宗登基，立刻册封嫡长子邓王赵愭为皇太子。

赵愭谦让贤能，深得高宗与孝宗的喜爱。赵愭成为皇太子后，孝宗诏令增加赵愭身边的侍卫人员，赵愭谦让推辞。后来，赵愭又上奏表示要捐献每月应领杂物，以身作则减少国家的花费，孝宗很是欣赏。

乾道三年（1167 年）秋，刚当了两年太子的赵愭忽然身患重病，再加上太医误诊，用错了药，让赵愭病情加重。高宗与孝宗十分焦急，先后亲自探望他的病情，并为此大赦天下，可惜还是没能挽回赵愭的性命。三日后，赵愭去世，终年二十四岁，谥号庄文。

东宫之位空悬，对皇室和国家来说都不是好事。

好在孝宗比他父亲高宗强，不光有儿子，而且儿子也有儿子。

庄文太子故去，但庄文太子的儿子赵挺长得不错，作为正儿八经的嫡长孙，孝宗可以直接立他为皇太孙。

就算撇开嫡长孙不看，孝宗也还有两个嫡出的儿子。

次子庆王赵恺，为人宽宏仁慈，性子不骄矜，哪怕是身边的宫人，他都以礼相待。三子恭王赵惇也颇得孝宗之心，孝宗认为这个儿子"英武类己"，有自己的风范。

于是，孝宗多了一个他父亲高宗没有的烦恼：选择太多，到底选哪一个好？

皇孙赵挺年龄尚幼，孝宗先撇开了这个选项。剩下两个选择，次子赵恺过于厚道，不像适合做皇帝的人，立三子赵惇又不符合长幼次序。

一时帝意难决，孝宗决定再观察一下两个儿子。孝宗没有想到，自己英明一世，却在选继承人的时候接连看走眼两次。

一是次子赵恺虽然敦厚，但他始终如一，后来虽然错失皇位，到地方为官，也把爱民如子作为人生信条，反而是个做帝王的上佳人选。

二是三子赵惇根本就不像孝宗，而且是个彻彻底底的"逆子"，当下他还没继承皇位，所表现出来的一切都不过是塑造"人设"罢了。

实际上，赵惇觊觎太子之位已久，为给自己造势，他可搞了不少玄学的东西。

比如赵惇的妻子李氏，出身将门，出生时因其父见一只黑凤落在军营前的大石上，于是为女儿起名为凤娘。

传闻，当时京城中有名的道士皇甫坦见到凤娘，李父让女儿行礼，皇甫坦惊呼："此天下人母，我奈何受其拜邪？"后来，皇甫坦把李凤娘引荐给高宗，高宗让孙子赵惇聘凤娘为妻。

这下，李家可开心了，女儿成了恭王妃。娶了凤娘的赵惇也很开心，觉得自己离皇位又近了一步。

但是仔细想一想，这逻辑不通，相比赵惇，高宗更喜欢的当然是长孙庄文太子，如果真的遇到一位凤仪天下之女，不为皇太子说媒，反而说给三皇子，这不是给皇室和国家留下隐患吗？不论是高宗还是孝宗，都不可能在明知李凤娘有皇后命的前提下，将她婚配给一个不是太子人选的人。更何况这位李凤娘成为一国之母后的表现，可以说简直让孝宗作呕。因此唯一说得通的解释是，这是赵惇在庄文太子死后，为了自己能够成为储君，而制造出来的“天命”说。

除了妻子，赵惇在孩子身上也动了脑筋。

乾道四年（1168 年）十月，恭王妃李凤娘生下赵惇第二子赵扩，赵惇对外宣称李凤娘说自己梦到太阳坠入庭中，她用手托住，不久怀孕，所谓“以手承之，已而有娠”。

无独有偶，宋太宗、宋真宗身上都有过这样的传闻，都是母亲梦到太阳后怀孕生下太子。那么赵惇的意思就很明显了，他妻子生的是真命天子，妻子又是“天下人母”，那孩子的父亲也是真命天子。

这个传闻并没有让孝宗反感，反而将此事载入国史中，可能是因为这个太阳落在的恭王府庭院，曾经是孝宗未被立为太子时的居处，也或许这个时候孝宗心中已经对储位继承人有了想法。

不过，赵惇很清楚，光有“天下人母”的妻子和“以手承之”的儿子，皇位也不会平白无故落到他头上，更重要的还是他的表现能不能得到孝宗的认可。

为了凸显个人的学识，赵惇经常提前准备好一些妙句，等到与讲官讨论前代历史时抛出来，令讲官自叹不如，转头跟孝宗称赞：“恭王真是不错。”

同时，赵惇很懂得揣摩上意，对于父亲孝宗高兴的、在乎的事，他都摸得明明白白。父亲高兴，他也高兴，父亲生气，他更生气，令孝宗生出“英武类己”之感。

就这样，时间在孝宗的考察和纠结中来到了乾道六年（1170 年）。

储位迟迟未定，充满彷徨的朝臣们想尽办法请孝宗早日立储。

七月，太史上奏道：“木、火合宿，主册太子，当大赦天下才会避免。”

时任右相虞允文趁机进谏，请求趁早确立皇太子。

这已经不是虞允文第一次提立储之事，自前一年升任宰相之后，他屡次上疏恳请立储，这次又借天象提出立储，终于换来孝宗松口。

孝宗道：“朕其实也早有立储之意，而且想过由谁来继位。但是担心宣布确定皇太子之后，反而造成他骄纵，不勤于学，有失德行，才没说出口来，想再考验一下他处理政务的能力，让他通知古今，以后不会做出让自己和国家后悔的事来。”随后孝宗私下又与虞允文数次商议，最终定下皇太子人选。

乾道七年（1171 年）二月初八，孝宗宣布立三子恭王赵惇为皇太子；次子庆王赵恺为雄武、保宁军节度使，判宁国府，晋封为魏王。

三月二十三日，赵惇接受皇太子封册。

孝宗对皇太子赵惇怀有殷切的期待，他不但精心挑选东宫官员，又增加讲读官李彦颖、刘焞两个人，并明确指示二人“不兼他职”，只专心辅导皇太子，更是在赵惇入主东宫次月让他领临安府尹，可以说从学业和从政两个方面培养他，用心良苦。

赵惇领临安府尹事后，醉心民政，事情的真假都弄得清清楚楚。话虽如此，但实际上他身在东宫，也不过是听取汇报，陈述一下中心思想，做得最多的事就是在临安府的奏疏上“签字画押”。两年后，赵惇辞去府尹一职。

后来，赵惇的儿子宁宗歌颂赵惇以太子尹京“治以简约为本，教以宥靖为先”，但剔除后辈的这些歌功颂德，赵惇实际上到底历练得如何，为之后的君临天下学习到了什么，从他后来上位后平庸的表现便知一二了。

赵惇在太子位上表现得兢兢业业，谨慎小心。

孝宗也常带皇太子到御苑燕射，并作诗以表不忘恢复大业。赵惇也会回诗附和，歌颂孝宗，这种父唱子和的情景并不少。

淳熙四年（1177 年）一场秋雨后，孝宗看着萧瑟的景致，再次赋诗道："平生雄武心，览镜朱颜在。岂惜常忧勤，规恢须广大。"

赵惇立刻领会到孝宗的想法，也和了一首："中兴日月异，王气山河在。万物饰昭回，稽首王言大。"

同年，东宫讲官跟孝宗汇报："皇太子得了一本《唐鉴》，觉得十分受益，要求每日讲这本，十分好学。"

等讲官讲到《周礼·太府》一节时，说论国家用度应该看百姓的收益是丰收还是亏欠，赵惇听后感叹道："人君但当以节俭为本。"

转眼到了淳熙八年（1181 年），立春之前，临安下了一场大雪，东宫幕僚都夸赞是吉兆，赵惇听见，却道："大率芝草珍异之物皆不足为瑞兆，唯年谷丰，民间安业，才是国之吉兆。"

这些话陆陆续续传到孝宗耳中，孝宗深感欣慰，忍不住夸赞儿子"学问过人如此，诚社稷之福"，又说，"东宫亦自俭约，宫中受用凡百技间，无他嗜好，又谦和慈祥"，还叹，"德性自已温粹，须是广读书，济之以英气，则为尽善"。

皇太子赵惇将对孝宗恪尽孝道、勤奋好学、节俭自谦的人设塑造得完美无缺。不过，这些都抵不住时间的侵蚀。

自二十四岁被立为皇太子，十几年的皇太子生涯让赵惇觉得无比漫长。他小心翼翼了太久，慢慢也开始觉得难以忍受，这都到年已不惑的岁数了，怎么还不能当皇帝呢？

有一天，赵惇找到一个机会向孝宗暗示自己年纪已经太大了，应该早点登基做皇帝。

赵惇道："父皇，您看，我的胡须都开始花白了。"

孝宗听出了儿子的弦外之音，但他认为时机还不成熟，不适合传位，便道："有白胡须好，正好向天下显示你的老成。"

赵惇大概完全忘记了，自己的父亲孝宗做储君的时间比他更久，而且大部分时间是没有名分、随时会被踢出去的那种状态，相比之下，是谁做皇太子的时候更苦？但是，即便如此，孝宗也从未催促过高宗，只是身体力行，把"孝"与"忠"做到每一个细节里。

赵惇见试探孝宗起不到作用，又把主意打在太皇太后——高宗的吴皇后身上。此时，吴皇后是吴太皇太后了，她一生都很喜欢儿子们、孙子们，喜欢他们来看她，庭院里热热闹闹的，充满欢声笑语。

太子赵惇便频繁地宴请吴太皇太后，希望老人家能为自己说几句话，助他早日登上皇位。

姜还是老的辣，吴太皇太后向来不干预政事，更不会把话递给孝宗。

孝宗倒是零零散散收到了风声，他很无奈，皇太子处处表现得稳重，但是在最关键的地方到底还是太着急了。

此时太上皇高宗健在，若是再加上孝宗内禅，朝廷就需要再另拨一笔浩大的供养费，"重惜两宫之费"劳民伤财，于国家和百姓都不利，孝宗禅位只能等到太上皇百年之后。

但是，赵惇太心急了，他只想早日登上九五，尝尝当皇上的滋味，一来二往，赵惇反而对父亲孝宗生出了反感，不怪孝宗说这儿子"还未历练到家"。

淳熙十四年（1187 年）十月八日，当朝太上皇高宗赵构病逝于德寿宫，时年八十一岁。

孝宗悲痛欲绝，决定守孝三年。但他对政事已经心生倦怠，再加上想要给皇太子一些历练，便效仿唐朝贞观故事，让赵惇开始参决政事。

淳熙十五年（1188 年）正月二日，孝宗下令以内东门司更改充当议事堂，命皇太子每隔一日与宰执大臣在这里议事。如有官职任命，凡是在内馆职、在外部刺史以上的，皇太子皆可处理。

此事正合赵惇的想法，这是他走向九五之尊的必经之路，自然没有推辞。

这一年，老臣周必大已经六十三岁，有了回家颐养天年、含饴弄孙的想法，他几次向孝宗提出离职。

孝宗跟周必大袒露了禅让之意，并道："皇太子经验还不够，朝廷这个重担还得托付给周爱卿啊！"

周必大哭着退下。

孝宗之后又秘密赐给周必大高宗禅位时的亲札，这一切都是希望在禅位之后，周必大可以尽心辅佐新帝。

淳熙十六年（1189年）正月初三，孝宗正式下诏任命周必大为左相，留正为右相，萧燧兼权知枢密院事，礼部尚书王蔺参知政事，刑部尚书葛邲同知枢密院事。同时，孝宗又下诏，封魏王赵恺的儿子赵抦为嘉国公，安排吴太皇太后移御慈福宫。

一系列人事任免与变动，均是为皇太子赵惇继位做最后的准备。

在这些朝臣中，左相之位是百官之首。周必大经历了孝宗当政的这二十七年，深得孝宗信任。右相留正是赵惇潜邸旧臣，王蔺曾任四川宣抚使，与赵惇所在的恭州很近，也算与他颇为亲近。葛邲除了是谏官，还是东宫幕僚。如此说来，除去左丞相周必大是孝宗唯一点名的，其他都可以说是赵惇的"自己人"。

为了能给赵惇打好基础，而且没有心理上的不适，孝宗可谓用尽方法。

但是在皇太子赵惇眼里，就没那么充满"父爱"了，他认为这是孝宗不甘心放弃朝政，在控制自己，所以才在关键位置上安插孝宗的自己人，两个人之后的感情破裂在此埋下伏笔。

哪怕在当下，身为皇太子的赵惇也没有忍住。在上元节皇太后移御慈福宫那天，赵惇让心腹姜特立向左丞相周必大打听："宫中人人知上元后举行典礼，是要办什么大事呀？"

周必大斥责姜特立道："这不是你应该关心的。"

赵惇听到心腹添油加醋地把周必大的回复一说，对孝宗和周必大的不满又多了一分。等后面他当上皇帝，没过多久，就找个由头把周必大给罢免了。

孝宗这一边，经过一系列的努力，这位老父亲终于认为一切都为儿子安排好了，于是宣谕周必大等朝臣觐见。

看着眼前这些忠心耿耿的臣子，孝宗放心地同他们表示："朕年来稍觉倦勤，欲旬日间禅位于皇太子，退就休养，以毕高宗三年之制。有合施行事，卿等可一面理会进呈。"中心思想便是，我要退休了，准备在十来天内禅位于皇太子。

二月二日，赵惇盼望的内禅大典终于举行。

孝宗穿吉服到紫宸殿，举行内禅礼，应奉官按顺序称庆祝贺，内侍宣读禅位诏书："皇太子仁孝聪哲，久司匕鬯，军国之务，历试参决。宜付大宝，抚绥万邦，俾予一人，获遂事亲之心，永膺天下之养。皇太子可即皇帝位，朕称太上皇，移居重华宫。"

随后，内侍将赵惇引到龙椅前。眼见文武群臣皆在下方，整个天下都在眼前，赵惇收敛内心的激动，只拱手站立，内侍又请赵惇坐，赵惇力辞。内侍扶持七八次，赵惇才微微坐下又起身，摆出十分谦逊的态度。

左相周必大等新帝坐妥，率领百官称庆祝贺，山呼万岁。

战战兢兢十几年，已经四十二岁的赵惇终于如愿登上皇位，史称宋光宗。

礼毕，光宗恭敬地侍立于旁，不久与孝宗一起登上车驾，将孝宗送到重华宫。

重华宫是曾经高宗所住的德寿宫，孝宗认为自己的德行不如高宗，下诏更名为“重华宫”，定为自己禅位之后居住的宫殿。

光宗送完父亲，回到宫内下诏，尊父亲孝宗为至尊寿皇圣帝，尊母亲孝宗皇后为寿成皇后，下诏立自己的元妃李凤娘为皇后。

所有的仪式顺利完成，光宗猛然发现，今日就是当初清湖陈仙写下的日子。

原来在当初请吴太皇太后帮忙劝孝宗禅位没成功之后，光宗又找了个道士给自己祈福。此人号称“清湖陈仙”，又是祭天，又是拜地，一套动作摆足了架势，之后写下“太子惇熙十六年二月壬戌即大位”几字。

“清湖陈仙”的符咒、“天下人母”的妻子、“以手承之”的儿子，这些玄学给了赵惇极强的心理暗示，令他认为自己真的就是真命天子、天选之皇。登基那年的八月，光宗高兴地升自己当王时的藩地恭州为重庆府，他在这里先封王后称帝，得到了“双重喜庆”，重庆之名由此而来。

在光宗登基时，南宋子民安居乐业，经济繁荣，政治稳定，处“中外无事”、偏安一隅的升平景象。

登基之初，光宗很想有所作为，他上位的第一个月就下诏颁布了不少利国利民的政策，包括：免除公私拖欠钱物和各郡县淳熙十四年（1187年）以前的税役；要求各地内外臣僚陈述时政缺失，不接受各地贡献和歌颂；诏令告诫整治将帅；诏令两省官员详细审定内外封事章奏，摘录重要的言论上报；下诏整治官吏；诏令官吏贪赃严重者，从重处罚，不予宽免；诏令中书舍人罗点开列可以担任台谏官的姓名。

这么多的诏令大体可分三个方面：一是关于经济，减轻百姓负担；二是求言用谏，陈朝政得失，特意强调不必歌功颂德；三是告诫整饬将帅官吏。

三条合并起来，被称为“绍熙初政”，但它们在颁布之后都遇到了阻力没能最终贯彻，或者贯彻之后也收效甚微。

首先，在经济方面。

光宗下令，免除民间向官府拖欠的钱物以及各郡县淳熙十四年（1187年）以前的税役，同时又要求“赦民间所欠债务，不以久近多少，一切除放”，即免除民间私债，前者是国家减轻百姓压力，但后者就是干预民间债务，而民间有能力借钱给他人的往往都是地主和富商阶层。相比于借款的穷苦百姓，地主和富商阶层的话语权要更高，他们强烈抵制此事。

因此几个月后，闰五月初一，光宗不得不对此下诏令做出补充和让步，只是免除郡县淳熙十四年（1187年）以前私人拖欠钱物，十五年以后的偿还本金免息。

如此一来，地主和富商是被安抚了，负债的穷苦百姓又生了怨言，皇上言而无信，说话不算数!

七个葫芦八个瓢，按了这头起那头。

这一政令最终没有得到好的反响，也没有贯彻下去，地主富商与负债百姓都没有讨好到。

光宗减免百姓压力的政策很多，仅登基后一年就有十次相关诏书。比如：淳熙十六年（1189年）八月，减两浙“月桩”等税收二十五万五千缗。九月，下诏减绍兴“和买绢”税额四万四千匹。十月，下诏免楚州、高邮、盱眙军民担负的“常平米”一万四千余石。到绍熙元年（1190年）正月，光宗又下令免除临安府百姓身丁钱三年。身丁钱即人口税，男子年满二十就属于一丁，人户每年都要按丁数量输纳钱米或绢，直到这个男子年满六十，属于老人，才能从丁中剔除。

这类赋税减免，属于小恩小惠，不能从根本上解决问题，只能勉强表明光宗确实重视百姓，在想办法减轻他们的生活压力。

“绍熙初政”的第二部分“求言用谏”，是光宗最为注重的一个方面，姿态也最为真诚。

光宗曾在三天内连下三道求谏诏书，又在十余天后连下相关诏令。内外百官也看出了光宗的重视，对每条诏令都有反馈。

比如官员黄裳就向光宗提出“定行都”“设重镇”“课吏治”三项振兴国家的主张。

黄裳，四川隆庆府普城人，乾道五年（1169年）的进士。在巴州的通江县做县尉时，因地制宜，政绩出色，受到百姓和朝廷好评，很快升迁为兴元府录事参军。在讨论蜀中兵民大计时，他给朝廷提了出色的建议，受到孝宗表彰，钦定为国子博士。后来，黄母病故，黄裳回家丁忧，如今再回朝廷，已是光宗朝了。

黄裳向光宗建议，国家如今需要选择“进可攻、退可守”之地建立行都。而建康临近长江，北接平原，南领江南，地理位置优越，是适合的行都所在，此为“定行都”。

另外，基于南宋长期面临来自北方的军事压力，黄裳建议在汉中、襄阳、江陵、鄂渚（今武昌市）、京口（今镇江市）设立五个重镇，分派大将固守，建立起一条牢固的沿江防线，保障南方不受侵犯，此为“设重镇”。

最后，富国强兵，精简行政机构，减少不必要的国家花销，争取收复失地，统一国家，此为“课吏治”。

光宗听后十分认可黄裳，升他为嘉王府翊善，给光宗唯一的儿子嘉王讲学。

但是，光宗在性格上并不是一个包容的人，他广求谏言，却并不接受对他个人的批评。

比如，光宗要提拔心腹吴端，这件事被不少大臣反对，其中言辞最为激烈的殿中侍御史刘光祖就遭到了外放的处罚。

吴端是光宗自恭王时期就带在身边的旧人，巫医出身，非常对喜欢“玄学”的光宗的胃口。在光宗还未被立为太子时，有一回高宗生病，御医也没什么办法，吴端试了一下，结果倒把高宗治好了，这无疑给当时想爬上太子之位的光宗很大助力。

如今光宗已是新帝，犒赏身边心腹，便想晋升吴端为带御器械，大概是个御前侍卫这类职务。

殿中侍御史刘光祖上疏道：“小人逾分干请，而使给谏不得行其职，轻名器，亏纲纪，亵主权，是一日而三失也。”差不多是指着光宗的鼻子，骂他用小人。

光宗很不高兴，寻了个理由，把这个人从眼前贬走了。

类似的情况还有平民余古上书一事。

光宗登基后，非常喜欢享乐，宴饮无度。

太学生余古看不下去，上书道：“近来听闻陛下宴游无度，宫女进献不时，伶人出入无节，宦官侵夺权政，随意宠爱赏赐他们甚至超出礼仪制度升迁。内中宫殿，已历三朝，哪里谈得上简陋？何必建楼台，不停地施工？臣深深为陛下不值，愿陛下以汉文帝为法，唐庄宗为戒。”这直接说到光宗的痛点，还把光宗比喻成沉湎酒色的唐庄宗。

光宗恼羞成怒，再也顾不上维护好言纳谏的人设，特意下诏将余古监管起来。后来，又有言官出来弹劾此举不妥，光宗才改为将余古押送到秀州听读，一边受监管一边就学。

至此，所谓的求言用谏那层皮已经被剥下来，一切也不过就是做戏，表面功夫罢了。

“绍熙初政”的第三部分“告诫整饬将帅官吏”，是光宗表明廉明的决心，要严惩贪赃严重者。

但是，绍熙元年（1190年）五月，曾经的右相赵雄所举荐的官员有行贿之事，赵雄因此受到牵连，但按当时律法，赵雄应当被削三秩，降为银青光禄大夫。光宗面对这样的重臣，不敢下狠手，便想了个折中的办法，降赵雄封益川郡公，削夺食邑一千户。

想要“反贪”却把“惩贪”做成这样，可见光宗自己都没办法好好实行他的诏书。

“绍熙初政”是从淳熙十六年（1189 年）光宗登基后下发的主要诏令，到绍熙二年（1191 年）十一月之间，这些诏令没有一条贯彻到底，徒有其表。连《宋史》都评价光宗“宜若可取”，就是像有什么可取之处，却又没什么可取的。

第三十章

过宫风波——父子不和

绍熙二年（1191 年），光宗才继位两年多，立储一事也被提上了日程。毕竟光宗已经五十岁，宋朝的皇帝除了高宗之外，大部分在五字头的时候驾崩，因此，五十岁对宋朝的皇帝来说绝对是个门槛。

父亲孝宗安排的宰相周必大，光宗不喜欢，罢了周必大之后，他提拔自己的第一心腹留正为左相。因此，立储之事，留正很有话语权，就像当初虞允文进谏孝宗立太子一样。

早在绍熙元年（1190 年），留正便提议立储。

光宗与李皇后生的儿子中，只有次子嘉王赵扩长大成人。

赵扩出生在乾道四年（1168 年），十二岁开始从师就学，淳熙十一年（1184 年），他年满十六岁，按理皇子到这个年纪应当出宫建府，但是两宫都很喜欢他，不想让他搬到宫外居住，于是在东宫侧面建造府第给他居住。

赵扩十八岁，两宫为他聘娶名门之后为妻，最后选中了北宋名臣韩琦的六世孙女韩氏。

淳熙十六年（1189 年），光宗受禅即皇帝位。赵扩被授为少保、武宁军节度使，晋封为嘉王。光宗刚一登基就将自己东宫的藏书全部赐给嘉王，又增加他的讲官，与孝宗当初看重他是一样的。

绍熙元年（1190 年），留正第一次提议立储，他道："陛下现在只有一个儿子，留在宫外不方便，应早日确定他的太子之位，入居东宫，陛下与太子还能朝夕相见。”

此时光宗刚登基一年多，他觉得时间还太短，而且当时嘉王还处于生病状态，便没有答复留正。

一个月后，嘉王病愈。

留正又建议立储，他劝光宗：“太子是天下的根本哪！”

光宗又糊弄了一下，没答应。

一晃到了绍熙二年（1191 年）的夏天，留正再次提起立储之事，光宗没有办法再装聋作哑，就跟留正说：“要与太上皇商议之后再定。”

光宗以为询问太上皇孝宗的意思就是走个过场，嘉王现在已经二十三岁，在光宗心里，他又没有第二个儿子，除了立嘉王赵扩，还能立谁呢？

没想到光宗觉得没有第二选择，太上皇孝宗觉得有！

孝宗看着已经成为皇帝的光宗，觉得他应该和自己一样，要承担起天下的重任。太子之位实在重要，因此更应该慎重选择。

孝宗在一系列孙儿之中观察，觉得魏王的次子赵抦更适合储位。

这就不得不牵出光宗称帝之后的一条暗线——父子不和。

光宗上位后的一系列作为，令孝宗不太满意，说白了，就是孝宗发现自己看走眼了，因此越发后悔起当初的选择。

而魏王便是孝宗的次子赵恺，他与皇位失之交臂之后，到地方担任官员，政绩相当出色，可惜天妒英才，于淳熙七年（1180 年）死在通判明州的任上。孝宗白发人送黑发人，非常悲伤，再对比光宗后来的表现，孝宗总觉得要是一开始选了魏王做皇帝那该多好。

如今魏王不在了，可是魏王的儿子赵抦也比光宗的儿子嘉王赵扩好。

在孝宗眼里，赵抦比起赵扩来更加早慧，而且当初按照长幼顺序应该是立魏王为太子，现在魏王已经过世，他的儿子还在，太子之位传过去也说得过去。

孝宗认为，他自己能为了江山社稷越位传给光宗，光宗也可以越位传给赵抦。

这个结果是光宗万万没有想到的，他十分震惊自己的父亲会这样想，但是也没有理由可以反驳。光宗闷闷不乐了半天，只能和留正说："太上皇的意思是这事再缓缓。"

留正不知道察觉了什么，自此之后都没有再提过立太子之事。

而光宗心中自是又不满又郁闷，他兢兢业业这么多年才当了两年多的皇帝，没承想这皇位最后还不见得是自家的，完全给别人做嫁衣，即便最后还是传给嘉王，那太上皇孝宗对嘉王的评价也实在是让人难堪。太子储位一事也成了他的心病。这无疑令他和孝宗之间的隔阂又深了一层。

而另一边，孝宗对光宗的不满意，除了光宗政事上的不足，还有一点——光宗怕老婆。

光宗的老婆，此时的皇后李凤娘，据说美若天仙姿色艳丽，但性格凶悍而且善妒，手段阴狠毒辣。偏偏光宗怕老婆，甚至发展到让李凤娘插手一些政事的状态。

孝宗在位的时候，就对这个儿媳妇不太满意，批评儿媳妇说："应该学习吴太皇太后的德行，不要插手东宫之事，否则朕必然废了你。"

李凤娘当时不敢说什么，可是背后对孝宗也是恨得牙痒痒。

等李凤娘当上了皇后，也经常不去太上皇孝宗和太上皇后谢太后那边问候。

一次，谢太后实在忍不住，找机会提醒李凤娘道："身为皇后要注意言行，为天下表率。"

李凤娘也是狠角色，张口反讽谢太后："至少我是皇上的原配呀。"

原来谢太后并非孝宗的原配妻子，而是当年高宗的吴皇后身边的侍女，后来才被赏赐给孝宗，由嫔妃册封为皇后。

要不是为了江山社稷平稳，孝宗真想废了这个儿媳妇。

而李凤娘也在后来给了孝宗不少苦头，令孝宗、光宗父子正式反目。

绍熙二年（1191年）十一月，光宗有一件大事要做，即祭祀。

这个月，光宗要先去郊区的景灵宫祭天，再到太庙拜祭历代祖先灵位，最后到南郊举行祭天仪式，因此光宗要离开皇宫几日，并且不能让妃嫔陪伴。

本来是很平常的一个仪式，但这次出宫，却让皇后李凤娘钻了一个空子，她发挥善妒又狠辣的本性，处理了一个一直想处理的人。

十一月二十六日，光宗祭祀太庙，不在宫中。

李凤娘趁机召见皇贵妃黄氏。

黄氏是淳熙后期，当时的太上皇高宗赐给光宗的妃嫔，从藩邸一直跟到光宗成为帝王，性情温婉，深受光宗喜爱，他甚至还为皇贵妃作诗，表达自己给她的恩宠。

两个人如此恩爱，李凤娘自然怀恨在心。她斥责黄氏迷惑光宗，让内侍持大杖将黄氏活活打死，反正光宗不在皇宫，没有人能阻止她，对外便说黄氏是因病暴毙。

光宗正在斋宫等待第二天祭天地，但他很快得知了皇贵妃黄氏暴毙的消息。

光宗并不相信黄氏是暴毙而死，就在不久之前，因为光宗夸赞了一个宫女的纤纤玉手，李凤娘就将宫女的手砍下来送给他。

所以光宗明白，这是李凤娘对黄氏下手了。而且按照李凤娘阴狠的手段，黄氏必然死得很惨。

然而可能因为“天下人母”的传言，又因为个人性格懦弱，听到消息的光宗居然连质问李凤娘的勇气都没有，他只是在斋宫里哭泣。

第二日，光宗忍着悲伤祭祀天地，当天夜里本来月明星稀、天气晴朗，却突然狂风骤起，大雨袭来，狂风将祭坛的灯烛全部吹灭，被吹倒的灯烛将帘幕燃起，一下子又引起了大火。

狂风暴雨又有烈火，光宗被这场景惊吓到，祭祀因此没有办法举行。

直到大火被雨水扑灭，大雨停息，光宗才被扶上车驾。

回到宫中后，光宗因这些接踵而来的突发情况备受打击，得了重病。他除了身体上的病弱，精神也因为震惊和害怕出现了问题。

从现代医学的角度看，光宗精神出问题并不稀奇，他平日里酗酒无度，并不注重保养，加上李凤娘的彪悍和精神折磨，而且在宋朝历史上，除了光宗也有几位皇帝都得过精神病，这背后还可能有家族遗传的问题。

光宗病重，朝廷按例赦免囚犯祈福，但并没有什么作用。很快，光宗的病情就严重到了不能到延和殿听政。

十二月十三日，光宗拖着病体，开始在内殿召对辅臣。因为新年马上要到了，光宗随后又下令免了次年正月初一的大朝会。

这种大朝会，一年会举行三次，分别在正月初一、五月初一和冬至。

第二年，光宗病情稍微好一些，但五月初一的大朝会还是没有举行，并且在未来的几年，也只有绍熙五年（1194 年）的正月初一举行过一次大朝会，可见光宗的病情之严重。

光宗生病，不光成了他个人帝王生涯的转折点，也成了南宋的一个转折点。

从绍熙三年（1192 年）开始，大权旁落李凤娘之手，政事裁定多出自她之手。

李凤娘眼中只有利益，当初光宗一即位就给李凤娘修皇后墓，还是因为天灾，侍从进谏，光宗才不得不停止修缮。现在李凤娘手中有了权力，无所顾忌，在回娘家祭拜家庙时，她用光宗的名义下诏令提拔娘家多人。

这是宋朝从未发生过的情况，朝臣纷纷进谏，然而“怕老婆”又“重病”的光宗根本不接茬。

从这之后的几年内，大宋就在悍后与一个精神病人的治理下存在。

当然，偶尔光宗清醒的时候，他也想办一些事。

绍熙四年（1193 年）三月，光宗发布了一些人事决策，其中一条是任命赵汝愚为同知枢密院事，结果这又在朝野引发了一次动荡。

赵汝愚是太宗赵光义的八世孙，属于光宗的堂兄。

根据宋朝开国皇帝、太祖赵匡胤的要求，宗室成员可以参与政事，但只能做一些小官，不可以成为同知枢密院事这种朝廷中央决策人员的角色。宋朝给宗室子孙优厚的待遇，要求他们远离皇位和权力，不得有不该有的念想。像北宋的倒数第二任皇帝徽宗一开始就是个闲散王爷，压根儿没有往皇帝的角色培养，上位之后也没做成什么事，还导致了国家灭亡。南宋第一位皇帝高宗起初也是闲散王爷，机缘巧合才成为皇帝，他在政治上的表现不能说特别出众，只能说在特定的条件下，至少保住了宋朝对南方土地的所有权，在夹缝之中能走出这么一条路，本不能太过苛责。

赵汝愚生来就应该做一个闲散宗室，但是他偏偏很有才学，也有抱负，说道："大丈夫留得汗青一幅纸，始不负此生！"

乾道二年（1166 年），赵汝愚和普通学子一起参加科举，凭借真才实学成为那一届的状元，之后历任签书宁国事节度判官、秘书省正字、集英殿修撰、知福州、吏部尚书等职，政绩出众。

光宗提拔赵汝愚为同知枢密院事，是宗室子弟第一次进入朝廷的中央决策层。

果然，三天之后，监察御史汪义端就上奏反对，认为赵汝愚以宗室身份执政，宋朝开国以来没有这样的前例，请求罢黜。

赵汝愚知道后，便居家上疏，愿意根据太祖定下的规矩，辞掉执政之位。

然而，汪义端认为不够，他三次递上奏疏，诋毁赵汝愚："植党营私，沽名钓誉。"又说朝野中有人支持赵汝愚是"责台谏等人暗中附和赵汝愚"。

赵汝愚因此竭力辞职，不肯接受任命。

最后，还是嘉王翊善、中书舍人黄裳说了句公道话。黄裳道：“赵汝愚对双亲孝顺，对君主忠心，居官廉洁，忧国爱民，出于天性。并非汪义端所说的那样，是汪义端嫉妒有贤能的人。”

光宗随后罢黜汪义端，让他到地方任职，赵汝愚也不得已接受了任命。

光宗对赵汝愚的这个任命，无形中帮助了自己。在后来孝宗驾崩而光宗处于重病时，正是赵汝愚成了朝廷的定海神针，稳住了局面。但同时，光宗也给自己放了块绊脚石，因为赵汝愚力挽狂澜的方式是让病到脑子不清楚的光宗让位。

光宗生病之后，一直疑神疑鬼，认为当初在东宫陪伴自己的官员才更加可信。比如，绍熙四年（1193 年）五月，光宗提拔了当年的东宫旧人、此时任浙东总管的姜特立。

光宗却忘记了，姜特立和右相留正之间有龃龉，留正曾经弹劾过姜特立。

因此，留正看到这份调令后，立刻担心姜特立回来之后报复自己。再者，自己身为左相，姜特立被调走不过四五年就回来了，光宗简直是直接在往他留正脸上甩巴掌。

留正想了一招以退为进，请求自我罢相。

光宗没有同意留正辞职，但是也没让姜特立不回来。他还十分不负责任地说：“朕的命令已经颁行，不能反悔，爱卿自处吧。”

留正脾气也不小，他马上出京城待罪，以此威胁光宗。

三天后，秘书省著作佐郎李唐卿，秘书郎范黻、彭龟年，校书郎王奭等几人都上疏，请求光宗不要召用姜特立。

在城外待罪的留正也再次上奏，内容写得言辞恳切：“近年不知道是谁谏言，过分强调了任用不可朝令夕改，以致陛下每件事都坚决执行，从来不肯改变。天下很大，机要事务很复杂，如果是正确的事情，那么就不会有不同的意见，陛下可以坚持执行；但对于不一定正确的事情，大家自然会有议论纷争。陛下明辨是非之后，应该按照正确的方向去做。否则的话，臣担心从此以后，事情不管对错，陛下都只按照最初旨意去做，谏言之路也因此堵塞。”

一个月后，不见光宗有动静，留正又弹劾姜特立，并交回前后所得的赏赐，乞求回归故里。

光宗那头依然没有反应，也不知道是病得不轻，还是不知道怎么回答，总之是把留正晾在那儿，既不答应他罢官，又不召他回朝。

就这样皇帝和宰相闹矛盾，双方都把国家大事放一边，视若儿戏。

与此同时，太上皇孝宗与光宗的关系，在李凤娘的挑拨下，越来越不好。

原本对于孝宗不支持立光宗的儿子嘉王的情况，光宗采取的是回避的方式，但李凤娘就彪悍了，她直接跑到重华宫，要孝宗支持立嘉王。

见孝宗不肯，李凤娘道：“自古以来，都立嫡长。我是六聘入宫的皇后，嘉王是我嫡出的儿子，为什么您不答应？”这一串反问，直戳孝宗不是高宗亲生儿子的事，气得孝宗起身而去。

后来光宗被吓病卧床的时候，孝宗与谢太后来探望光宗，孝宗斥责李凤娘不好好照顾光宗：“都是你这个皇后没有照顾好皇帝，若是皇帝有什么不测，看我怎么办了你们姓李的全家！”

李凤娘吓得跪倒在地，但暗地里对孝宗更加憎恨。

孝宗特意为儿子在民间找来秘方，想给光宗吃了治病。孝宗考虑到不想引起李凤娘作妖，破坏了药效，于是便命人去喊光宗到重华宫来，准备让光宗在重华宫服药。

李凤娘知道后，竟暗示光宗道：“太上皇不想立嘉王为太子，这个时候如果药有什么问题，那您……”

光宗本就是精神病患者，心性多疑，他在心中已经想象出一场宫斗大戏，他想到太上皇确实亲口说过不想立嘉王为太子，此时并无太子，如果他死了，还不是太上皇说了算？

他在孝宗眼皮子底下当了十几年的太子，就连登基后也备受压制，因此一个想法便像种子一样在心中发芽了——他决定不去跟孝宗父慈子孝，不过宫了。

所谓过宫，便是光宗到孝宗居住的重华宫去探望老父亲。

光宗刚登基时，曾下令每月五次过宫朝拜孝宗，因孝宗担心影响光宗处理政事就拒绝了，光宗便下诏从今以后每月四次过宫。但是淳熙三年（1176 年）开始，光宗几乎不曾过宫，总是千方百计地拖延日期，导致了持续数年的过宫风波。孝宗也担心光宗的名声，只能自己下诏说光宗不必过宫，好好养病。光宗的孝子人设这才没崩。

朝臣们看到这种情况，纷纷进谏，兵部尚书罗点也上疏请光宗朝拜重华宫。

罗点是光宗的东宫旧官，淳熙十六年（1189 年）二月，光宗即位后，罗点任起居舍人，曾奉命出使金朝告知宋皇太子已登宝位，是光宗颇为信任的臣子。

绍熙三年（1192 年）冬至那天，光宗理应要去重华宫看望孝宗，与父亲一起过节。

罗点言辞恳切地劝谏光宗道：“上自天子下到老百姓，过节按照长幼拜见亲属，没有不这样做的，三纲五常，不应当认为这是常有的事就忽略。”又道：“陛下这一日如果没有过宫，太上皇肯定伸长脖子等着陛下。常人于朋友尚且不可以无信，何况天下之主侍奉双亲呢？如今陛下许久没有见双亲，太上皇欲见不可得，万一忧思成疾，陛下怎么对天下百姓解释呢？”

只可惜光宗犹犹豫豫，一会儿疑心孝宗会害他，另立其他人，一会儿又被李凤娘教唆挑拨，几次都出现答应要过宫却又食言的情况，导致一些重要的节日最后是宰相率文武百官到重华宫奉表称庆祝贺，这令重华宫中的孝宗非常痛心难过。

身为宗室子弟又位居宰辅的赵汝愚站了出来，他当面请求光宗过宫，又请其他宗室出面从中调和，于是不过宫的情况有所缓和。

绍熙四年（1193 年）三月二十六日，光宗甚至还与太上皇夫妻一起游园。

但是，局面很快又急转直下。

绍熙四年（1193 年）九月的重明节，是光宗的生日。

文武百官向光宗祝寿，侍从、两省官员请求光宗朝拜重华宫，光宗没有采纳。这并不单单是因为光宗又犯病了，还因为李凤娘的阻止。

九月二十一日，中书舍人陈傅良给光宗上疏说："陛下不去重华宫是因误会而产生的怀疑，又积忧成疾。臣之前多次为此事与陛下推心置腹，反复论证，陛下也有所感悟。但是事后，疑心又起，经常答应过宫，又临时变卦，导致误会越来越像真的，成了不治之疾，这是陛下自贻之祸。"陈傅良是个反对空谈之人，文章写得别具一格，也很敢说话。

光宗见奏后，认为有理。

给事中谢深甫也说道："父子之情，是人之常情。太上皇钟爱陛下您，也钟爱陛下之子嘉王。如今太上皇年事已高，等到将来太上皇万岁之后，陛下想要尽孝，见一见太上皇，又到哪里去见呢？"

众臣纷纷上言表示，重明节不光是光宗的生日，也是子女感谢父母养育之恩的日子，作为子女的光宗更应该去重华宫拜见父母。

光宗终于被说动，准备过宫。

众臣随后在宫外肃然站成一排，等候光宗出来。

可在光宗整理好衣服，走到屏风处时，被皇后李凤娘拉住，拉着光宗就往回走。

众臣没想到会被半路截和，发生这样的变故，个个怔愣。

陈傅良最先反应过来，马上趋步向前，一把拉住光宗的衣裾，不让光宗离开。

李凤娘当下呵斥道："这是什么地方，岂容你进来！"

陈傅良无可奈何，当下痛哭，走出宫殿。

李凤娘还让人去喊住陈傅良，问他："有什么可哭的？"

陈傅良道："君为父，臣为子，父亲有过错，做儿子的不能劝诫父亲改正，当然要哭！"

这句话就像热油浇在火上，李凤娘便公开说道："以后绝不踏足重华宫。"等于是把孝宗、光宗父子不和的事摆到了台面上！

九月二十五日，著作郎沈有开、秘书郎彭龟年、礼部侍郎倪思等都上疏，请求光宗朝拜重华宫。其中以彭龟年态度最为激烈，他一针见血地指出，光宗和孝宗的矛盾、李皇后和孝宗的矛盾都来自内侍的挑拨离间。

彭龟年，字子寿，是个善于分辨善恶是非，也敢于对朝政问题发表谏言的人。

当初，光宗提拔巫医出身的吴端，殿中侍御史刘光祖提出反对，被光宗贬黜。彭龟年就站出来，为刘光祖喊冤。

此时，因为光宗不肯过宫，彭龟年再次上疏说："陛下亲眼所见，当年太上皇侍奉高宗，是何等尽心尽力，完全遵守为人之子的要求。而今，太上皇只有陛下一个儿子，陛下的孝心当然也不言而喻。以往，遇到要去重华宫的日子，陛下有时延迟，太上皇甚至降旨免去陛下去重华宫的礼节。太上皇是在替陛下开脱，免得陛下被别人评论，这是多么令人感动的父爱，但并不是太上皇不希望见到陛下。自古以来，人君处理骨肉亲人间的事，多不与外臣商量，而是与内侍商量，这样容易将亲人之间的不满情绪一天天加深，彼此的疑心、距离一天天增大。两宫之间可万万不能出现这样的结果！而且，臣还万分担心的是，如今朝内可没有韩琦、富弼、吕诲、司马光这样的忠臣，但内侍已掌握了大权！希望陛下裁断！明察！”

彭龟年又道：“今日内侍中离间两宫的人，当然并非一两个，但只有内侍陈源在孝宗时被重重治罪，最近又被提拔重用。因此，离间一定因陈源而起。陛下，应该立刻裁决，驱逐陈源，然后向孝宗谢罪，使父子之间融洽，如此才是社稷长久之计！”

彭龟年直接点出了内侍陈源的名字，阐述前因后果，但光宗不为所动。这令内侍更加有恃无恐，在宫内搬弄是非。

其实在最开始，光宗没有那么畏惧李凤娘的时候，曾想对内侍下手，以便从李凤娘的管束之中脱身。

但光宗这个人，不光性格懦弱，没有决断，而且他的能力也确实平庸。处理内侍的事，没有快刀斩乱麻，反而让内侍们看出了端倪，反将一军。他们跑到皇后宫中，把光宗的计划都说给了李凤娘听。

李凤娘的脾气确实跋扈，但也被内侍们抓住了这个特点，玩弄于股掌。她当即加强了对光宗的管束，每次光宗流露出要处置哪个内侍的意思来，李凤娘便怒斥光宗，包庇内侍。

孝宗给儿子光宗配药的事，也是内侍们捅给了李凤娘。

一开始，光宗对孝宗产生疑心，很少过宫，但两宫之间的物品交换还与以往一样，孝宗和光宗父子之间看到什么物件不错，会送予对方，或者到了节日时候，有些礼物往来。

但内侍们的脑子太过阴毒，在这些死物身上都能说出各种挑拨离间之词。

有一次，太上皇孝宗把玩到一个玉器，觉得不错，便命内侍送去给光宗。结果，身体不好的光宗，一个没有拿稳，失手将玉器落在地上。

内侍见状，回来跟孝宗嘀咕：“皇上不知道对太上皇您有什么想法，拿到之后就把东西丢在地上，直接砸碎了。”

彭龟年把两宫不和的根源是内侍这件事点破之后，朝臣们开启了新一波的进谏高潮。光十月十九日一日，秘书省官员为请求朝拜重华宫就三次递上奏章。

而嘉王府翊善黄裳请求光宗过宫，光宗面对臣子的追问，直接答说："是内侍杨舜卿，叫朕勿过宫。"

黄裳立刻上疏，请求诛杀内侍杨舜卿。

光宗面对大臣时一副醒悟的样子，回到后宫就又恢复原样，多次出尔反尔，看起来确确实实是一副精神不正常、猜疑多变的样子。

十月二十一日，工部尚书赵彦逾等上疏重华宫，请求会庆节不要降旨说免朝。其实这些免朝的旨意都是光宗以太上皇孝宗的名义发布的，孝宗有苦说不出，只能道："我从秋凉以来，想与光宗相见，你们的奏疏，已经递过去了。"

到了会庆节，光宗因病不朝拜重华宫，只能由宰相率领百官到重华宫祝贺。

光宗如此作为，激怒了临安的太学生们。太学生汪安仁等二百一十八人上书，请朝拜重华宫，依然没有得到光宗的回应。

十月二十六日，宰相以及满朝官员奏事朝拜重华宫。

光宗还是老样子，当着大臣的面表示会在第二天朝拜重华宫，但到二十七日，又对外称病没有成行。

以至于宰相和官员们说出了要请求罢政的话来，都没有打动光宗。

正在大家束手无策的时候，老天给了机会。

大宋各地先后发生地震，太阳中出现黑子，各地也怪象频生，一会儿太白星白天出现，一会儿地上生毛，一会儿又夜里有赤云白气。

面对种种的异象，众人议论纷纷，最终从天象延伸到皇上的家事上。

十一月十五日，深信玄学的光宗终于朝拜重华宫，临安百姓闻讯，欢欣鼓舞。

这个举动似乎是感动了上天，太阳中黑子消失。

十一月二十日，光宗又率领大臣到慈福宫奉上皇太后册宝。

十二月初五，光宗再次朝拜重华宫。

直至绍熙五年（1194年）春正月初一，光宗到大庆殿接受大臣朝贺，于是朝拜重华宫，然后到慈福宫行庆寿礼。

这是光宗发病后第一次举行大朝会，他的精神情况似乎开始稳定，进入到好转的阶段。

然而，绍熙五年（1194年）正月，太上皇孝宗染疾。

光宗又开始猜忌，觉得孝宗并没有生病，是孝宗和大臣们想骗他去重华宫，然后加害于他。

光宗不去探望病重的父亲，可自己却与李凤娘经常结伴而游。

四月初三，正是风和日丽的时候，光宗准备去玉津园出游，皇后李凤娘和后宫都跟随而去，却没有邀请太上皇孝宗。

第二日，太上皇孝宗带病独自到东园，想必是听说了儿子儿媳刚刚游玩过此处的消息。

看着满园春色，孝宗想到当年他年轻的时候，经常带着包括光宗在内的孩子们，请高宗一起游园划船，一家人其乐融融。高宗的晚年极为幸福，活到了八十一岁高寿。可自己的晚年却如此凄凉，不明白呀！这位以“孝”字名满宋朝的老皇帝，实在想不通他和儿子之间怎么会变成如今的样子。

这日之后，孝宗的病情急转直下，比过往任何时候都要严重。

朝臣们因此再次恳求光宗过宫，甚至出现大规模的“罢工”行为。

包括嘉王侍讲黄裳、秘书少监孙逢吉等在内，一百多名官员上疏自求罢职待罪，中书舍人陈傅良请求任命亲王、执政或接近皇上的宗亲一人担任重华宫使。

光宗不光不理会，也不见任何朝臣。

此时，太上皇已经病得无法见人，弥留之际，他泪流满面，想要再见光宗一面。

众臣在宰相留正的带领下，一齐请求光宗过宫。

尚书罗点跪在光宗面前，哭道："太上皇危矣！陛下今日不见，后悔莫及呀！"

光宗无动于衷，自求退居二线。

宰相留正提出，既然如此，那么从他宰相开始，往下所有的臣子全部都辞职！

光宗一怒之下道："那你们就都辞职吧！"

于是，自留正开始，全部官员都被逐出临安，到城外待罪。

但是，反复不定的光宗很快又让臣子们回城待罪。

留正他们比做亲儿子的光宗还孝顺，之后都到重华宫慰问太上皇孝宗的病情。

二十三日，那一天恰好光宗上朝，彭龟年不离开班位，伏地叩头久久不停，鲜血浸在地上。光宗不得不询问："我知道你忠诚耿直，有什么话想说？"

彭龟年连忙奏道："现在没有什么事情能大过拜见太上皇。"

光宗随口敷衍："我一定会去。"

彭龟年已经不信任光宗了："陛下屡次答应我，一进宫后就又不遵守诺言。言行不一致，我实在痛心。"

同知枢密院事余端礼，反问光宗道："臣等在宫殿前的台阶上叩头，对陛下做出恳切之请，做臣子的做到这个地步，为了什么？"

可是光宗依然只是口上说说："我知道了。"

便是光宗的儿子嘉王也跪到父亲面前，哭着请求光宗去看望祖父孝宗。

光宗说："那么就由你代我去吧。"

嘉王赵扩赶紧来到重华宫，孝宗为之感动，可是他一直想见儿子光宗，眼睛看着门口的位置，希望儿子的身影能够出现，但光宗始终都没有踏足重华宫。

绍熙五年（1194 年）六月戊戌日，孝宗在无尽的遗憾和不解之中永远闭上了眼睛，享年六十八岁。

第三十一章

庆元党禁——没有主见的在位者

孝宗驾崩之后，重华宫的内侍们脑子倒很清楚，他们没有去通报光宗，而是赶紧叩响了知枢密院事赵汝愚的家门，向他报告孝宗驾崩的消息。

赵汝愚又是伤心又是忧虑，他思考着如果现在告诉光宗，光宗也许疑心病发作，根本不相信孝宗已经过世，于是决定先压下这个消息。等到第二日光宗视朝，赵汝愚在众臣面前，把孝宗已驾崩的消息说了出来。众臣崩溃，哭着请光宗点头，等下一定到重华宫去拜祭孝宗。

令人伤心的是，光宗依然没有去重华宫。

一直到太阳下山光宗仍没有踏出宫门，他担心这是臣子们骗他去重华宫再杀掉他的新招数。

最后，只能由宰相留正率领百官到重华宫发丧。

六月初十，丞相以下官员上疏，请光宗到重华宫行丧礼，光宗依然不理会。

六月十二日，丞相率领文武百官上表，请求光宗穿丧服行孝。光宗不但不听，还照常设宴饮酒，召见戏子行乐。

六月十三日，孝宗入殓，孝宗的尸体被装入棺材内，钉上棺盖。接下去的丧礼必须请光宗出来主持了。

众臣见无法说动光宗，于是转而请光宗的儿子嘉王进请光宗主持葬礼，光宗继续敷衍道："等朕病情好转，就到宫殿去行礼。"

事情发展到这个地步，众臣已经看明白了，孝宗丧礼无法正常进行。

留正与赵汝愚商议："不如通过太子少傅吴琚请太皇太后垂帘暂且主持丧事。"

太皇太后，便是高宗的皇后吴氏。

赵汝愚也觉得可行。

太子少傅吴琚是太皇太后的侄子，由他去劝说最合适。

吴琚好书画工诗词，尤精翰墨，他一向胆小谨慎，不喜欢参与国家大事，虽然将两个人的想法转告给太皇太后了，但同时也加了一句："请太皇太后不要干预朝政。"

太皇太后吴氏从来没有这方面的打算，就是自己侄子不提醒，她也不打算答应。

吴琚的话音刚落，太皇太后便出声拒绝了垂帘。她道："既然当今陛下都不处理，我也不能参与。"

留正实在没有办法，只能入宫，再三请求太皇太后代行祭奠礼："我们连日上疏请求陛下主持葬礼，陛下都没有回复。陛下再不出宫，百官一起在宫门大哭请求陛下，肯定会引起人心骚动，对国家百害而无一利。恳求太皇太后降旨，说明由于皇上有病，暂且让他在宫中服丧。然而丧事还是无人主持，祝文中要称'孝子嗣皇帝'，宰臣不敢代行啊。太皇太后是太上皇孝宗的母亲，请主持行祭礼。"

最终，太皇太后只同意下旨并主持丧礼，但是拒绝垂帘。

如此这般，这个丧礼的前半段至少马马虎虎地进行下去了。

光宗为国之君为人之子，面对父亲去世，既不举哀也不服丧，不仅满朝愤慨，百姓也十分不满，而且金朝很快就会派遣吊祭使过来。如果到时候，光宗还如此不靠谱，必然叫金朝笑话，影响大宋的国威。不管哪一方面，臣子们都不允许这种情况持续下去。

这种情况下留正又有了新的谋划，他上奏疏说："皇子嘉王仁孝，可早日确定皇储之位以安人心。”

立太子确实是一个很好的办法，这样光宗可以在深宫养病，让太子出面处理国事，如果光宗病好了，也可以继续当政，一举两得。

对于留正来说，无论哪个当政，自己都是左丞相，两不得罪。

可是光宗看到之后，很不高兴，评论这是谬妄！他又开始担心这是不是取代自己的阴谋。

但过了六天，留正又来请求，没想到这次光宗批示说：“很好。”

第二天，大家一同拟旨呈上，光宗亲自批示：“交给学士院降诏。”

按照惯例，当晚就要学士院那边起草立储诏书了，顺利得不可思议！

可这天晚上，光宗又批示给留正“历事岁久，念欲退闲”，就是说执政年月久了，他想退下来清闲一下，是退位之意。

这样的话，留正又为难了，他到底是以哪个为准呢？留正无法决定，立储的诏书只能先行中止。

第二日，赵汝愚询问留正为何没有完成立储的诏书。留正无奈，悄声道：“陛下又说要退位。”

二人再次上疏询问光宗，但是光宗也只是回复，按照昨天说的办，模棱两可，不知道到底是立储还是内禅。

留正十分恐惧，立储与退位是两个完全不同的概念，若是揣摩错了，后果不堪设想。

他私下考虑离去的计谋，就趁上朝时假装摔倒，想要借此罢相。

赵汝愚对这件事则有完全不同的看法，他打算趁机跳过太子监国，直接以内禅事奏请太皇太后。

留正反对道：“立储诏令还没有下，现在就内禅，以后会很麻烦。”

两人意见出现分歧。

距离孝宗大丧之期越来越近，立储之事不能再拖沓不决。

这一晚，工部尚书赵彦逾到赵汝愚的私宅来。

赵彦逾是宋太祖赵匡胤的三弟赵廷美之后，南宋的宗室大臣，比赵汝愚大十来岁，但是没有赵汝愚威望高。

二人谈到国家大事和近期的情况，想起皇室的起起伏伏，不由得对哭出声。

赵汝愚见赵彦逾一心为国，两个人私下的关系又一直非常不错，于是悄悄跟赵彦逾透露出想让光宗传位给嘉王的意思，并把利弊陈述了一遍。

赵彦逾听完，觉得这个方案很不错。

赵汝愚犹豫着说出现在最大的问题："但是现在有一事还没有弄好，若是内禅，需要得到宫禁卫队郭杲的支持。"

郭杲是南宋早期著名的"蜀中三大将"之一郭浩的子孙，手握兵权，之前赵汝愚曾经让人试探过郭杲，郭杲听后并不回答。

而赵彦逾与郭杲关系好，赵汝愚询问赵彦逾："如果郭杲不同意，怎么办？"

赵彦逾考虑了一下，说道："我会让他听从的，明天我回复你。"

赵汝愚不大放心，担心此事拖得太久，夜长梦多，他道："这件事已经从大家口中传出，岂能有时间等待？"

赵彦逾也意识到必须速战速决，于是立刻离开去找郭杲。

事情关乎国家社稷，赵汝愚这晚甚至不敢入寝室睡觉，他退坐到屏风后面，想起过去的事例担心出意外，就让士兵披甲不卧，以备不虞。

赵汝愚等待着赵彦逾回来，略感焦急却并不害怕，他少有大志，以范仲淹、韩琦为目标，这次就是他展现雄心大志的机会！

另一边，赵彦逾找到郭杲，晓之以理动之以情，又质问郭杲之所以不同意是不是因为有其他的想法。

如此威慑，终于把郭杲搞定了，郭杲同意协助内禅。

很快，这个消息留正也知道了，他越发惊恐，想起自己曾经算过一卦。

卦象说自己至甲寅，乃为兔伏草、鸡自焚之凶象。

现在已经明了：今年是甲寅年，光宗是卯年所生，属兔，退闲便是伏草之意，自己是酉年所生，属鸡，也就是说光宗内禅之后，他会自取灭亡……

留正深以为忧，遂定逃归之计。

七月初二，留正称病向光宗上表请求告老："希望陛下收回之前的话，追悟前非，慢慢收回人心，以保全国家安危。"之后也不管光宗是否同意，天没亮就乘轿子出城去了。

宰相出逃，人心动摇，众人都觉得可能有大事发生。

赵汝愚则显得很坦然。

光宗内禅这件事还剩下太皇太后这边没有点头，需要她的支持，必须要有人从中说和。

经过上次的事，吴琚并不是好的人选。

赵汝愚找来大臣徐谊、叶适、蔡必胜一起商量。蔡必胜与赵汝愚时常政见相同，关系亲近，而徐谊、叶适与蔡必胜是同乡，因此这几个人一直很团结。

大家一起商量该请谁劝说太皇太后，最后一致认定派韩侂胄把内禅的意见请示于太皇太后并行劝说是最适合的。

韩侂胄是北宋名臣韩琦的曾孙，宋神宗第三女唐国长公主之孙，他母亲是太皇太后的亲妹妹，嘉王的夫人韩氏是他的族孙女。他与太皇太后十分亲近，由他说服太皇太后最为合适。

韩侂胄也愿意接受这个任务，但是按照规定，他不能随便进入后宫，于是通过所相好的内侍张宗尹去禀奏。

太皇太后知道后，没有明确同意，但是没有完全拒绝。

有这么一丝希望，第二天韩侂胄入宫又让张宗尹试了一次，仍没获得旨意。

如此看来太皇太后应该是不同意，韩侂胄站在太皇太后的宫门口，正迟疑是否离开时，被重华宫提举关礼看见。

关礼是高宗朝宦者，孝宗颇亲信他，因此也能在太皇太后那里说得上话。他询问韩侂胄为何如此，韩侂胄左右为难不敢说。

关礼看出他的难处，指天自誓不会告诉其他人。

韩侂胄这才具体叙述了赵汝愚的意见。

关礼虽然是个内侍，但是也愿意为江山社稷出一份力，他请韩侂胄稍候片刻，让他去太皇太后处试试。

关礼进宫后见到太皇太后就开始哭泣，太皇太后连忙询问怎么回事。

关礼哭着道："圣人读书万卷，有看见过现在这种情况，最后没有出乱子的时候吗？"

太皇太后一听，有些不悦："这不是你应该议论的。"

关礼并不畏惧，说道："这件事已经人人知道、人人议论了，现在丞相离开了，长此下去，朝廷所依靠的赵知院也要走的。如果他也走了可怎么办？"说完眼泪就流下来了。

太皇太后吃惊道："赵知院是宗室，理应与国家共存亡，他也要走吗？"

关礼才解释道："赵知院不离开不是因为他宗室的身份，是因为现在有太皇太后可以依靠。今天他们制订的大计划呈入但没有得到答复，以后的发展怕是令他不得不走。他走了，国家将怎么办？希望太皇太后三思。"

太皇太后想了想，问韩侂胄在哪里，关礼说："我已留他等候命令了。"

太皇太后又与关礼详细说了后面的计划，最后说："事情顺利就行，告诉他好自为之吧。"

关礼出来告诉韩侂胄太皇太后的意见，道："禫祭这天太皇太后在孝宗梓宫前垂帘接见执政。"

服丧期满，在除去丧服时，要举行一次祭礼，这次祭礼称为禫祭。

赵汝愚知道了太皇太后的命令，才把此事告诉陈马癸、余端礼，派郭杲以及步帅阎仲晚上率兵守卫，关礼派他的姻亲宣赞舍人傅昌朝秘密制作黄袍。

内禅一事自此有条不紊地进行。

这件事上，关礼的功劳很大，到后来关礼入内侍省都知，又差兼重华、慈福宫承受，充提举皇城司，迁中侍大夫。但是关礼不以功自居，拒绝恩赐。在南宋，内侍中可以交口称赞的人物也就只有这一位了。

禫祭当日，嘉王或许感觉到什么不对，一向孝顺的他突然告诉赵汝愚，他不想去哭吊孝宗。

赵汝愚劝道：“禫祭这么重要的事，您不可以不去。”

嘉王无法拒绝只得去了。

宫殿中，太皇太后垂帘，赵汝愚率众臣行礼，然后上奏：“皇上生病，不能执丧事，之前我们请求立皇子嘉王为太子，以稳定人心。皇上批示‘很好’二字，又写了‘想退下来休息’的话，臣等惶恐，听由太皇太后处分。”虽然说的都是事实，但是这话里的意思就好像光宗是自己愿意退位。

太皇太后道：“既然有御批批示，你们应当奉行。”

赵汝愚步步紧逼：“这件事事关重大，要传谕天下，载入史册，必须议定一个旨意。”这话听起来，颇有些强迫的意味，不过太皇太后没有生气。

赵汝愚也早有准备，他从袖中拿出为太皇太后所拟定的旨意呈上，上面写着：“皇上因病至今未能执丧，曾有御批批示，想退位休息。皇子嘉王赵扩可以继承皇位，尊光宗为太上皇帝，皇后为太上皇后。”

太皇太后看完后道：“很好。”

赵汝愚继续奏道：“从今日起，我们有需上奏的事，应该听从嗣皇帝处理。然而担心两宫父子间有难以处理的地方，须烦请太皇太后论处。”

其实赵汝愚已经想好解决方法，他继而说道：“太上皇病未好，突然听到此事，肯定会很惊讶，请求令都知杨舜卿提举泰安宫，以后担负侍奉太上皇的职责。”杨舜卿当初就离间过光宗与孝宗，现在把光宗的问题丢给他，也不为过。

太皇太后便召杨舜卿到帘前，当面告诉他。

一切妥当后，就轮到嘉王即位的流程。

嘉王没想到还有这样的戏目，一时不敢确定，坚决推辞：“不可如此，恐怕背上不孝之名。”

赵汝愚上前道：“天子应以安社稷、定国家为孝。今天内外人人忧心忡忡，一片混乱，万一发生事变，把太上皇置于何地？这才是最大的不孝。”

众臣扶着嘉王入素幄，要给其披上黄袍，嘉王依然不同意，不想披上黄袍，最后还是太皇太后哭着并亲自给嘉王披上黄袍，嘉王才没有拒绝。

嘉王站立未坐下，赵汝愚率众臣又拜，山呼万岁，史称宋宁宗。

宁宗即位后，想起几年前自己父亲登基的风光，又想到现在的光景，悲从心中来。

他悲哀地大哭，并没有登基的喜悦，更多的是害怕。

百官请安完毕，行禫祭礼。

紧接着赵汝愚就在主持丧事的地方，派人召回留正为宰相，令朱熹待制经筵，把在朝外的士人君子全部召回。

侍御史张叔椿请求治留正弃国之罪，然而太皇太后道：“光宗在时说过宰相须是留正，听说他已出朝，可速召回。”赵汝愚于是改换了张叔椿的官职。

这才算顺利地完成这次定策大计，可以说是有惊无险。

太皇太后随后撤帘，把朝政交给了没有历练过的宁宗，史称“光宗内禅”，因为内禅发生在绍熙年间，故也称“绍熙内禅”。

一切手续完成之后，大臣面见光宗，请太上皇移居。

光宗没有想到是这样，但也没有反抗，自问自嘲一般说了一句：“你们怎么不早点告诉我一声？”

虽然在高、孝、光、宁四朝里有三次内禅，好似历史在重复，但是“绍熙内禅”是一场老皇帝缺席甚至是并不知道自己已经退位的内禅，确切地说，是赵汝愚、赵彦逾、叶适、徐谊等朝臣以光宗无法执丧为理由，透过外戚韩侂胄从中联络，获得高宗吴皇后支持所发动的宫廷政变。

看起来似乎是君臣和谐，其实隐藏着波澜。

光宗在位四年，时间短暂，主要处理的事件也偏向家事，夫妻关系、父子关系，对整个国家政策并没有多少益处。

到了宁宗时期，反而都围绕着君臣关系、臣臣关系，倒对国家产生了不小的危害。

宁宗性格相对来说比较软弱，他可能没有想到自己会这么快成为皇上。当初光宗在太子之位上都熬了十几年，按照这个标准，他也差不多得熬上十几年，更何况最初孝宗是打算让魏王继位，没准儿还轮不上他。

宁宗如此仓促地登基，让他一时不知道该怎么办，完全没有做皇帝的心理准备与政治觉悟。

尤其是现在这个情况，他不知道怎么面对被迫退位的光宗。

宁宗受禅即位当晚召见彭龟年，他皱着眉头说道：“以前只听说我可能被立为皇储，没想到立即就登上了皇位，我向太皇太后竭力推辞未得到恩准，至今内心还震惊、害怕。我又该怎么对待太上皇？”

彭龟年开解道：“这是关系到国家宗社之事，陛下怎能推辞？现在只需尽人子之责，诚心地侍奉父亲，太上皇清醒后会理解你的。”

宁宗拟定起居札子，彭龟年又与黄裳一同到南内朝拜，制定拜见泰安宫光宗的礼仪。结果宁宗去泰安宫朝拜太上皇光宗，到宫前时卧室门已关闭，光宗不想见宁宗，宁宗没有办法只能奏上拜表就退出了。

实际上，这个时候光宗的精神问题又开始严重，他不愿意听到自己成为太上皇，也不打算从这里离开，只要他还在这儿，他就是皇上。

大臣们开始议论另建宫殿让宁宗居住的方案，彭龟年道：“古人披荆斩棘建立的宫殿并不容易，况且现在的宫殿也是够用的，陛下住窄处，太上皇住宽处，天下百姓定会体谅陛下的，也能表明陛下的孝心。”

于是宁宗听从建议，停止建筑新的宫殿。

而光宗一直住在泰安宫直到五年后去世，也不知道他是否有过短暂的清醒，是否后悔过。

宁宗刚当上皇帝，行事比较谦逊，又想表明自己好学，他经常说：“退朝后无所事事，恐怕自己滋生怠惰之情，非要多读书不可。”

彭龟年对这话并不是很认同：“君主的学问与书生的学问不同，只要能虚心纳谏，迁善改过，这是圣学中的第一大事，并不在于读书多少。”

宁宗对台谏的意见十分重视，但他少有自己的主见，容易听信自己信任的人，如果选择正确的台谏还好，如果是听信奸逆小人恐怕就是国家的悲哀。

宁宗继位后，册立妻子韩氏为皇后，韩侂胄是韩皇后的叔祖父，韩侂胄由此得势，他也因为外戚的身份更容易见到宁宗。

韩侂胄在“绍熙内禅”这件事中发挥了重要作用，本欲借此定策之功获取节度使之职。

但赵汝愚却认为“外戚不可言功”。最终，韩侂胄只升一阶，授为宜州观察使。

韩侂胄大失所望，如果不是因为赵汝愚阻拦，自己定然能飞黄腾达，他冒着危险见太皇太后不就是为了这个吗？赵汝愚是宗亲，太祖定下宗室子弟不能为高官的规矩，可赵汝愚不也是得到了权力，为什么自己就不可以呢？

当时，韩侂胄还兼任枢密都承旨，负责传达诏旨。他逐渐获取宁宗的信任，宁宗的内批，基本上都通过韩侂胄的手。韩侂胄开始假借御批斥逐谏臣，他根本就不听取别人的意见，也不允许其他人反驳他。

有了经手内批的权力，韩侂胄开始伺机打击赵汝愚。

赵汝愚一直很谨慎，在登基这个月，宁宗令赵汝愚暂时兼任参知政事。留正回朝后，赵汝愚乞求免去兼职，于是宁宗又下诏令赵汝愚为右丞相。

赵汝愚继续推辞不接受任命。他说："我是与皇家同姓的官卿，不得已处理君臣之变，怎敢以此为功劳？"

宁宗无奈，令赵汝愚以特进身份任枢密使。赵汝愚又辞去特进身份，十分谦逊。

不过，韩侂胄觉得赵汝愚这是以退为进、欲擒故纵，他决定先铲除赵汝愚身旁的帮手。

赵汝愚与留正虽有意见不同的时候，但是两个人在主要问题上没有矛盾，可以相互都有助力。

韩侂胄就决定先动留正。

正好之前留正责怪韩侂胄在宰执办公的都堂转悠，韩侂胄怀恨在心，在宁宗耳旁煽风点火。

宁宗随后罢免了留正，令留正出判建康府。

赵汝愚没有想到留正被罢免，他之前并没有得到消息，根本来不及让宁宗收回成命。赵汝愚也没有察觉出是韩侂胄从中作梗，他对朝政满腔热血，宁宗是他亲自推上去的，自己又身居高位，他有一番做大事业的雄心壮志。

此时，赵汝愚给宁宗推荐了一代名儒朱熹，担任焕章阁待制兼侍讲，为宁宗讲授理学。

朱熹的父亲朱松也是一个读书人，和张浚是同榜进士，他没有张浚出名，官至礼部员外郎，因与秦桧政见不合，被排挤到福建为官。

绍兴十三年（1143年），朱松病重，去世之前，把十四岁的儿子朱熹叫到跟前，叮嘱他去投靠在武夷山的好友刘子羽，同时还写信给好友刘子翚、胡宪、刘勉之，请他们照顾和教育朱熹。刘子翚、胡宪、刘勉之在当时被称为“武夷三先生”，都是不入尘世、学识出众的人物。

朱熹投靠了刘子羽，刘子羽早年也在宋廷为官，他主张抗金，这与当时议和的主流不符，被主和派找了由头罢官了。刘子羽之后就隐居在武夷山，开设学馆，教授学生。刘子翚、胡宪、刘勉之也将朱熹视如己出。朱熹在他们的精心教育之下长大，等到十八岁时，他娶了刘勉之的女儿为妻。刘勉之师从北宋著名的理学家程颐，而朱熹又师从刘勉之，宋朝理学的主要派别“程朱理学”便因刘勉之串联了起来。

绍兴十八年（1148年），朱熹参加建州贡生试，时任考官蔡兹读到了一份特别的试卷，他点评此生：“他日必非常人。”

这个考生便是朱熹。

三年后，朱熹被朝廷任命为泉州同安县主簿。不久，他拜程颐的二传弟子李侗为师，为表诚意，朱熹步行百里，走到李侗所住之处。李侗也非常喜欢朱熹。自此，朱熹开始全面学习和继承“二程”理学。

孝宗即位之后，求言纳谏。朱熹向孝宗谏言，主张抗金。然而孝宗又重新重用了秦桧余党以及主和派的汤思退。朱熹甚为失望，于是请归。

张浚突然离世后，朱熹震惊又悲伤，他特意赶去哭灵，在这一场忧伤的奔波中，宋金签订了“隆兴和议”。

失望至极的朱熹开始专心研学，一边讲学，一边编写理学书籍。

乾道三年（1167年），朱熹前往岳麓书院，当时掌管岳麓书院的是张浚之子张栻。这两个人年龄相差三四岁，都是程颐一脉的弟子。两位大理学家的见面充满了知己相见的愉悦，畅谈之后，彼此都觉得豁然开朗，思想更加完善。

朱熹的理学到底是什么？

用刻在岳麓书院之中朱熹的手书“忠孝廉节”来解释最为合适，他推崇儒学，从儒学中找到了个人以及天子庙堂的规则，并认为只有在这种框架下行事才是正确的事。

朱熹给宁宗讲学，向天子阐述推广理学。他很快就察觉出内批的危险，担心韩侂胄会危害国政，几次在讲经中和宁宗暗示这件事，并且也提醒赵汝愚道：“可以给韩侂胄高官厚禄，但不能让他担任这么关键的职位。”

赵汝愚不以为意，觉得朱熹杞人忧天。

宁宗也没有反应，朱熹随后约吏部侍郎彭龟年共同上奏抨击韩侂胄。

恰逢彭龟年出朝护送外国使臣，朱熹在给宁宗讲经结束后，一人上奏，极力谏道：“陛下即位未到十个月，关于官职的任免，都出自陛下个人独自的决定，大臣没参与商量，给舍官来不及讨论。内批这个弊端不革除，我担心陛下不但名义上得了独断专行的评论，皇家的威权还下移了。”

这里其实就是暗指韩侂胄得到的权力太多了。

没想到宁宗御批写道：“我怜恤你年岁已高，恐怕难以站着给我讲课，就授给你宫观官的职位吧。”

宫观官是个闲职。

当时赵汝愚得知这个消息后，当即进谏，请求宁宗收回诏令。台谏官争相要求留下朱熹，宁宗没有同意。

至此，朱熹在朝仅四十六日，被宁宗内批罢去了待制兼侍讲之职。

吏部侍郎彭龟年回来后得知朱熹被罢，极力陈述韩侂胄窃弄威福，内外大臣都依附他，不除去他必定后患无穷，他上奏道：“近日陛下驱逐朱熹太过突然，一定是有人进谗言，所以希望陛下立即除去韩侂胄这一小人。”

直接点出韩侂胄的名字，然而宁宗不但没有罢免韩侂胄，还批示令彭龟年任一地方官，令韩侂胄的势力更加膨胀。

已经离开朝廷的朱熹依然为韩侂胄当权而忧虑，他几次写信给赵汝愚，认为应当以厚赏来酬谢韩侂胄尊立宁宗的功劳，但是不要让他来参与朝政，只给职位而不给实权，信中有“及时制止萌芽时期错误的发展，谨慎小心不可疏忽”之类的话。

赵汝愚认为韩侂胄容易制服，对朱熹的话没有在意，但等到韩侂胄来拜访他时，就故意不见，给他一个下马威，韩侂胄又羞又气。

签书枢密罗点提醒赵汝愚说：“你做得不对了，恐怕会出事端。”

赵汝愚这才醒悟过来，又去见韩侂胄，希望避免嫌隙。

韩侂胄表面说那是小事，自己根本没有生气，实际上对赵汝愚恨得牙痒痒。韩侂胄虽然一时扳不倒赵汝愚，并不代表他对别人不横行霸道。

右正言黄度想论韩侂胄的罪。黄度字文叔，号遂初，自幼好学，才思颖敏，文似曾巩。当初，面对光宗朝过宫问题，他就不曾畏惧，弹劾宦官陈源、杨舜卿、林亿年不法劣迹，指斥“三人为今日祸根”。

见光宗不听劝，黄度说道：“我是言官，有责任进谏，如果不能说这些，那我还是离开吧。”因此辞官，后被召回。

到宁宗朝，黄度又因为弹劾韩侂胄再次被罢官。

罢免的诏书都是内批，正是韩侂胄的手笔。

韩侂胄一人赶走了赵汝愚身旁的几名大将，他已进拜保宁军承宣使、提举佑神观，本来可以放下心结。

但当时，知阁门事刘弼因未能参与“绍熙内禅”，也对赵汝愚心怀不满。他在韩侂胄和赵汝愚的关系上火上浇油，说道：“赵丞相是想独揽拥立大功，您岂止是不能得到节度使之职，恐怕还会被贬到岭南边荒之地。但是您只要控制台谏，便可保无忧。”

韩侂胄也觉得这话有道理，因此他想提拔他的私党为台谏，以排斥赵汝愚。

正巧当时赵汝愚请求令亲近大臣推荐御史，韩侂胄秘密告诉他们，要他们推荐与他交情深厚的大理寺簿刘德秀。

不久，宁宗批示升刘德秀为御史，他的党徒也跟随得以升职，言官于是都是韩侂胄的人，逐渐控制了言路。

之后黄裳、罗点死去，韩侂胄又提拔他的党徒京镗取代罗点的职位，赵汝愚地位受到威胁，中书舍人陈傅良、监察御史吴猎、起居郎刘光祖先后被排斥，群臣邪佞附和韩侂胄，视正直之士如仇敌，而士大夫之祸开始。

韩侂胄要做的最后一步，就是毁掉宁宗对赵汝愚的信任。

朝堂上，对赵汝愚不满的，除了韩侂胄还有赵彦逾，赵彦逾自认为他曾传话给郭杲，也是有功劳的，他希望赵汝愚引荐自己为同僚，然而赵汝愚没有同意，赵彦逾最终被任命为四川制置，要离开京城。

赵彦逾心中不满，便与韩侂胄合谋排挤赵汝愚。

赵彦逾到宫中辞行的那天，尽奏当时贤者的姓名，指出他们是赵汝愚的私党。

都知道赵彦逾与赵汝愚关系亲近，如今赵彦逾说出这话来，宁宗虽然没有完全相信，内心也不免留下了一丝疑惑，再仔细一想，这些贤者皆是赵汝愚的党羽，若是心有不轨，自己也无法应对，宁宗心中不免有所怀疑。

此时的赵汝愚在朝廷上基本处于孤立的情况，韩侂胄认为再加把劲就可以驱逐他了。

赵汝愚聚族人而居，家里有三百多人，他所得的粮物全部平均分配，族人没有不满的。赵汝愚自己生活很清苦，哪怕是现在成为宰相也是如此。

韩侂胄无法从名声和钱财上找到驱逐他的理由，这时一个幕僚建议道："他与宗室同姓，说他阴谋危害国家，那么就把他及私党一网打尽了。"

韩侂胄认为这个方法很好，其实这个方法，韩侂胄不是没有想到，只是他不想从自己的口中说出来。

庆元元年（1195 年）春正月二十二日，韩侂胄认为时机已经成熟，让与赵汝愚有矛盾的李沐上疏宁宗，说赵汝愚要阴谋造反。

宁宗心中已经埋下了怀疑赵汝愚的种子，韩侂胄也见缝插针，跟宁宗说："臣也记得赵汝愚在择新君时说，只要是赵氏一族的人便可以，并不是非要陛下您来做。"

宁宗震怒，立刻除了赵汝愚的右相之职，将他贬出京城，知福州。

二十四日，兵部侍郎章颖也因与赵汝愚结党被罢免。

二十八日，谢深甫等再次弹劾赵汝愚。

宁宗下诏授予赵汝愚宫观官闲职，这是安置闲置宰相、以前高管的职位，等于完全要弃用赵汝愚，这很快引起了认同赵汝愚之人的反对。

国子祭酒李祥和博士杨简劝谏道："去年孝宗驾崩，光宗病重，国丧无人主持。赵汝愚奉太皇太后的命令，帮助陛下登上帝位，对国家有显著功勋，对君主的忠诚天地可鉴，而突然受人暗算离朝，天下后世人会怎么看呢？"

李沐随后便弹劾这两个人，令李祥、杨简被罢黜。

太府丞吕祖俭也为赵汝愚说话。

宁宗见这一封封的奏疏都不理解自己，直接把吕祖俭贬去了韶州。

朝内一时人心惶惶，都不敢再为赵汝愚说话。

但是没有朝臣，还有太学生。

杨宏中、周端朝、林仲麟等六名太学生伏在宫前，请求宁宗："去年孝宗驾崩那种人心不安的时候，如果不是赵汝愚的坚定，即使一百个李沐，也不能领朝廷渡过难关。当时他有大好的机会，也没有做出不忠之事。如今上下安宁，又怎么会有异心呢？"

韩侂胄听后大怒，最后杨宏中六人被分别送到五百里外编管。这六人的无畏赢得了世人的称赞，被称为"庆元六君子"。

这些话同样引起了宁宗的不满，这个皇上也并非他之前就想当的，功劳倒都算在了赵汝愚身上，还有谁把他这个天子放在眼里！

在宁宗眼中，越是有这么多的人支持赵汝愚，就越是需要防备赵汝愚。

十一月二十五日，宁宗贬降赵汝愚为宁远军节度副使、永州安置，提拔韩侂胄的同党京镗接任宰相。

本来事情算是胜负已分，尘埃落定。可与赵汝愚不和的汪义端又跳了出来，他引用唐朝杀李林甫的事例，暗示宁宗应该杀掉赵汝愚。迪功郎赵师召也上疏乞求杀赵汝愚。

宁宗最终念在当初赵汝愚的定策之功，没有杀他之心。

赵汝愚得知自己被贬，怡然启程，他对身边的人说："看韩侂胄的意思，一定想杀死我，我死了，你们才可能幸免。"言语之中，已经看淡了生死。

赵汝愚随后踏上了前往永州的路，走到衡州时突发疾病，在漫天风雪之中闭上了眼睛，享年五十七岁。

天下百姓都为赵汝愚感到冤屈。

赵汝愚对理学很有研究，他做学问务求学以致用，凡是平时从师友处听到的可以有作为的话，他都想做到，但没有来得及施行就死了。

如今，赵汝愚虽然死了，但是另一位理学大家朱熹还活着，他的威望更大。

这是韩侂胄最后的一个政敌了。

在韩侂胄集团的策划下，宁宗下令禁止道学，定理学为伪学，罢斥朱熹等理学家，对当时的许多知名人士进行清洗，禁止朱熹等人担任官职，参加科举，史称"庆元党禁"。

赵汝愚死后，韩侂胄一家独大，台谏中都是他的人，有恃无恐。

庆元二年（1196 年）二月，韩党刘德秀要求将道学正式定为"伪学"，以至于这年科举开考，试卷内容只要稍涉义理就会被黜落，连《论语》

《孟子》都成了不能引用的禁书。

伪学之禁搞得人心惶惶，连处在深宫的太皇太后吴氏都已耳闻外朝的折腾，虽然太皇太后不愿干政，但也向宁宗转达了不认同“伪学”的态度。

宁宗对太皇太后还是颇为尊敬的，便下了一道“纠偏建正”的诏书：“今后台谏论奏，不必更及旧事。”

不料韩党强烈反对，殊死抗辩，宁宗不得不收回成命，改为“不必专及旧事”。

以君主之尊收回诏令再更改发布的情况，在此前从未发生过。

宁宗的行为不但没有削弱韩党的势力，反而引起韩党的猛烈攻击，韩党把下一个目标转向了已经被赶走的朱熹。

因为一些朝臣因为攻击理学而升迁，所以朱熹成为韩党进一步搏击邀功的对象。

朱熹早已察觉出这些，归乡一年间，他连上六次疏，请求辞去自己的职名。

他最开始以议论宗庙制度失误而自认为有罪，宁宗不允许，朱熹以有病再次要求去职退休，宁宗下诏回复他：“你辞去公职谢绝政事，不符合朕优待贤才的心意，你还是担任原先的秘阁修撰。”

宁宗不断挽留，而且韩侂胄也安慰过朱熹，表面上一团和气。

然而朱熹有自己的气节，他不想为这样的一个朝廷效力，坚持辞去职名，这让韩侂胄有些不高兴，韩侂胄的党羽也找到邀功的机会。

沈继祖任监察御史，上疏诬告朱熹，还捕风捉影地列举了朱熹不忠、不孝、不仁、不义、不恭、不谦六大罪状，更捏造了朱熹“诱引尼姑，以为宠妾”的桃色谣言，要求宁宗学孔子诛少正卯，诛杀朱熹。

所幸宁宗只是“不得不”下诏削去朱熹秘阁修撰的职位，并没有杀朱熹，又将朱熹的学生蔡元定送到道州监管居住。

但伪学之禁越来越严重，等到了庆元三年（1197 年），刘三杰入宫奏对，说从前御史所弹劾的朱熹、赵汝愚、刘光祖、徐谊等徒党，已经由伪党上升为逆党，他将罪名升级，把伪学之禁推向了高潮，将党争推到了忠逆的审判台，只要反驳的就是逆党。

还有朝臣上奏说："伪学与有权势的大臣结成顽固的反动集团，暗中窥伺帝位，有谋逆的嫌疑。"更加肯定了"逆党"这个词。

宁宗命令起草诏书在全国公布禁止伪学，于是攻击伪学的声势一天比一天急剧。

年末的时候，知绵州王沇上疏："请置伪学之籍。"

韩侂胄也表示认同。

宁宗毫无主见，回复"从之"。

于是，朝廷仿"元祐党禁"的做法，很快编写了一个名单——《伪学逆党籍》，入籍者有五十九人：

宰执赵汝愚、留正、王蔺、周必大等四人，这是伪学逆党之首；

待制以上有朱熹、徐谊、彭龟年、陈傅良、薛叔似等十三人；

余官有刘光祖、吕祖俭、叶适、杨简、袁燮等三十一人；

武臣有皇甫斌等三人；

太学生有"庆元六君子"，士人有朱熹的学生蔡元定和吕祖泰。

显然，道学家并不是这份名单的共同点，几乎有三分之一的人与道学无关，就说上面的宰执四人，留正和王蔺与道学完全无关，周必大也不被人们视为道学家，这三人与赵汝愚一同列为伪学逆党的主要人物，纯属胡编乱造。

这些人上名单的最根本原因是都曾直接或者间接触怒过韩侂胄及其党徒。

而这五十九人有的已经被罢官，有的远斥，也有被逮捕和充军的，甚至有的已被迫害致死。

《伪学逆党籍》把韩侂胄和韩党的对家做了一个总结，它的出现既是“庆元党禁”的高潮，也是韩党强弩之末的开始。

在这种情况下，士大夫循规蹈矩不敢多做什么，那些在儒学上稍有成绩的人被迫隐居在山野中，没有地方可以容身。

他们的学生稍有见地的也只能和老师一样隐居，而那些曲意逢迎的学生则纷纷改投其他老师，甚至改变衣帽穿着，不遵循礼仪，在闹市街区中随意玩耍，以此来说明自己不是“逆党”。

但是，朱熹给他的学生们讲学一天也没有停止，有人劝朱熹说明原因遣散学生，朱熹笑了笑而没有回答。

庆元四年（1198 年），韩侂胄进拜少傅，封爵豫国公，过得如鱼得水，朝廷之中，没有人敢反驳他的话语。

庆元六年（1200 年）三月，一代理学大师朱熹逝世，终年七十一岁。他在人生的最后几日，还在勤勉地修改《大学诚意章》。

弥留之际，朱熹亲笔写下遗言，要儿子朱在和学生范念德、黄干修订自己遗留下来的书籍，并恳切地勉励他们努力。之后，朱熹穿戴得很整齐，靠着枕头在建阳考亭的竹林精舍去世了。

朱熹的丧礼定在当年冬季，许多学生也都来奔丧，无法前来的学生则私下吊祭。

韩党担心丧礼变为“逆党”的一次大示威，命令地方官吏对这些人加以约束。

结果，前来参加朱熹葬礼的人仍然不少。

韩党担心的事情也出现了，即使是在当时高压政策下，也有人敢于直言上疏，北宋名相吕夷简的六世孙、吕祖谦的从弟吕祖泰击登闻鼓上疏朝廷，再起波澜。

吕祖谦和朱熹、张浚之子张栻同被尊为“东南三贤”，吕祖泰个人也是当世名家。他认为理学不该禁，为“伪学逆党”申辩，又请宁宗诛杀韩侂胄，任老臣周必大为宰相。

韩侂胄怒不可遏，将吕祖泰施以杖刑，流放钦州。

韩党认为周必大是幕后主使，为迎合韩侂胄，纷纷弹劾周必大培植私党。然而，周必大从“庆元党禁”开始，就急流勇退，行事谨慎，没有任何把柄落在韩侂胄手中。

最后，宁宗将周必大从少傅降为少保，这一风波慢慢消散。

除了此事，朱熹葬礼没有酿出其他事变。值得一提的是陆游和辛弃疾听说朱熹过世，也都赶过去参加了葬礼。辛弃疾和朱熹虽然理念不同，但辛弃疾给予朱熹极高的评价：“所不朽者，垂万世名。孰谓公死，凛凛犹生。”

朱熹已死，韩侂胄最后的政敌没有了。到了秋季，韩党的重要成员宰相京镗也死了，这两个因素，也促成了党禁的松动。

这时，籍田令陈景思劝说韩侂胄不要做得太过分，陈景思是前朝宰相陈康伯的孙子，和韩侂胄有姻亲关系。

礼部侍郎张孝伯也对韩侂胄道：“再不开党禁，将来不免有报复之祸。”

韩侂胄这才动了解除党禁的想法，他的党羽摸到了他的心思，在嘉泰二年（1202年）正月的时候上奏宁宗：“真伪已别，解除党禁。”

之后韩侂胄正式建议松弛伪学之禁，没有主见的宁宗自是没有反驳。

不久，赵汝愚被平反，恢复资政殿学士之位，朱熹也被赐以华文阁待制的恩泽，《伪学逆党籍》上面还健在的人，如徐谊、刘光祖等官复原职。

看起来似乎和以前没有什么区别，但是平反的诏书上仍然强调，这只是皇上的大赦，相关的人员以后应该谨慎行事。

党禁的恶劣后果却没有随着解禁而消除，它对后期的政风士风都产生了消极影响。

“庆元党禁”使党争以文化之争的面貌出现，扭曲丑化政敌所主张的道德规范、价值观念，并借政治力量予以全面声讨与彻底扫荡。是非颠倒，政风士风在“庆元党禁”前后有明显的转折。

在“庆元党禁”中，受害的也不只道学一个学派，只要反对韩党的人，不问青红皂白，一律清洗，士人普遍受害，搞得人人自危。乾道、淳熙年间的那种学术繁荣、百家争鸣的局面一去而不复返。

但这不应该只归咎于韩侂胄一人，宁宗的毫无主见、冷漠无为，也是造成问题的关键之一。正如彭龟年所说，当皇上与当书生不一样。帝王需要有分辨是非和贤愚的能力，而宁宗一味认定台谏之议代表公论，不管台谏官到底是君子还是小人，一代帝王竟成为韩侂胄打击异己的工具。

第三十二章

开禧北伐——自不量力的决定

韩侂胄是继秦桧之后，南宋历史上第二个权相。他在宁宗朝专擅朝政，但也因为赵汝愚之死和伪学之禁被时人诟病，不得人心。

早在庆元六年（1200 年），宁宗的韩皇后已经去世。

两年后，宁宗坚持要立杨氏为后。杨氏和韩侂胄的关系不好，韩侂胄自然坚决反对。可是耐不住宁宗喜欢杨氏，非她不可，最后杨氏被册立为后，她知道韩侂胄的反对态度，自然也对韩侂胄没好脸色。

韩侂胄在后宫失去了依靠，还多了个能给宁宗吹枕边风的敌人，他担心自己的权势一去不返，开始有所收敛，再加上想要转移矛盾，韩侂胄便想做出一些功绩。

幕僚们灵机一动，建议韩侂胄道："不若立盖世功名以自固。"

韩侂胄道："这倒是个好主意，那么现在有什么盖世功名可建立的呢？"

幕僚们又一琢磨，给了韩侂胄一个方向："北伐金朝！若是能恢复故土，这绝对是盖世奇功。"

当时金朝的情况也不大好，朝政荒疏，内讧迭起，连年征战，国库日空。

韩侂胄估量再三，认为确实有机可乘，决定对金北伐。

宁宗在如此之大的事件上也持听从韩侂胄的态度，丝毫没有考虑到当时的兵力与现实情况。

韩侂胄的本意并非为了国家，而是想借着民众的民族情结提升自己的名望，以达到专权专政的目的。如此儿戏轻率的战争动机，历史上实在少有。

韩侂胄与宁宗开始为开战做准备，首先便是从舆论开始，希望团结主战派，师出有名。

嘉泰四年（1204 年）四月，在韩侂胄的建议下，宋宁再推岳飞功绩，下令将岳飞墓旁的“智果观音院”改建为功德院，并令岳飞之孙岳珂为岳飞作辩白文书，为岳飞申冤。民心因此大振，百姓为之鼓舞，为接下来的北伐能够得到舆论上的支持打下了基石。

不久之后，宁宗改元开禧，取自宋太祖年号“开宝”和宋真宗年号“天禧”的头尾两字，以强化其恢复故国之志。

开禧元年（1205 年），礼部挑选进士，进士毛自知主张“乘机以定中原”，这个观点甚得韩侂胄之心，毛自知被点为状元。

开禧二年（1206 年），尝到得民心好处的宁宗和韩侂胄又下令削去秦桧死后所封的爵位和“忠献”谥号，改谥“谬丑”，要追究秦桧误国之罪。

后世有人认为秦桧这时候就吃了没有后代的亏。当年迫害岳飞，没有高宗的示意，秦桧也做不到那般只手遮天。如今岳家有后人为先祖说话，而秦家却没有后人站出来反驳，成了百口莫辩之人。但换一个角度想一下，此时就算秦家有人站出来，又能如何？就如同当年岳飞的家人也只能看着岳飞和岳云被害一样，这是帝王的决定，是王朝的走向，怎么可能由一个家族左右？再者，秦桧也不是没有后人。宁宗嘉定十四年（1221 年），金人攻打蕲州，蕲州通判秦炬便是秦桧曾孙。金人以为秦炬也是秦桧一般的软弱之人，派人劝降。秦炬严词拒绝，并将来劝降的人斩杀。蕲州城破后，秦炬依然与金军缠斗，到后来他见胜利没有希望，愤然自焚殉国，秦炬的儿子秦浚也随父殉国。

宁宗为岳飞彻底平反而定罪秦桧，有力地打击了朝廷中的主和派，主战派翻身成为主流。

当然，并不是所有人都支持北伐，也有一些有识之士在分析形势之后，认为这场战争获胜的概率不大。

四月，太学生华岳上书道：“将帅庸愚，军民怨恨，马政不讲，骑士不熟，豪杰不出，英雄不收，馈粮不丰，形势不固，山砦不修，堡垒不设。”他认定这次北伐将“师出无功，不战自败”，结果被削去学籍，遭到监禁。

反对的声音被韩侂胄镇压下去，下一步就是军权上的掌控。

不久，韩侂胄加封平章军国事，总揽军政大权，权力之大不可想象，甚至当初的秦桧都不曾得到这个职位。

韩侂胄下令各军密做行军的准备，出朝廷封桩库金万两作军需，光宗朝被排斥的主战派官员均被起用。

一切准备就绪，只等着合适的时候出兵。

开禧二年（1206 年）四月，宋朝军队不宣而战，烽火在东、中、西三个战场点燃：

东路，以御史中丞邓友龙为两淮宣抚使，郭倪以副殿帅兼山东、京东路招抚使。邓友龙曾出使金朝，回宋后他说金朝内部困弱，是当时主张北伐的主要人物。

中路，以兵部尚书薛叔似为湖北、京西宣抚使，鄂州都统赵淳兼京西北路招抚使，皇甫斌兼京西北路招抚副使。

西路，以程松为四川宣抚使，吴曦为四川宣抚副使兼陕西河东路招抚副使。

因东路渡淮北上离中原最近，且主要地形是平原，利于长驱直入，南宋将东路定为北伐主战场，首先在东路发动进攻。

郭倪派武义大夫毕再遇、镇江都统陈孝庆定期进兵，夺取泗州。

毕再遇是南宋名将、武义大夫毕进之子，武艺高超，是曾被孝宗夸奖过的将领。

郭倪确定好进兵的日期，谁知金人听说后，关闭了榷场，阻塞泗州城门防备。

但毕再遇并不担心，他建言道："敌人既然已经知道我们进兵的日期了，那我们就提前一天进攻，出其不意，以奇制胜。"

于是，宋军决定照旧出发，攻打泗州。

泗州有东西两城，毕再遇下令先把战旗、舟楫排列在石囤之下，再让将领陈孝庆领兵假攻西城以麻痹金军，调虎离山。他自己则带着敢死军直奔东城南角，悄悄登上城墙，以少胜多，杀死数百敌人。金军大败，守城的人打开城门逃走。

东城被攻克后，毕再遇打出大将旗前往西城，大声喊道："大宋毕将军在此，你们是中原遗民，可速来归降。"

宋军士气十足，不久西城投降，泗州两城都被宋军夺回。

郭倪赶来犒劳将士，拿出御宝刺史牙牌授予毕再遇，毕再遇推辞说："国家有八十一州，现在夺回泗州两城就得到一个刺史的官职，以后还用什么来赏赐？"

他坚决推辞不接受，不久，朝廷授毕再遇环卫官。

紧接着，陈孝庆继续进兵，攻下虹县。

东路战场初期表现得可圈可点。

中路的宋军也在江州统制许进的率领下，攻取新息县，不久又攻下内乡（今河南省南阳市西峡县），光州的民间义军攻下褒信县。

至此，宋军出兵得胜，形势大好。

泗州之捷让韩侂胄觉得恢复中原指日可待，请求宁宗下诏正式北伐。

韩侂胄先命叶适起草诏书，叶适认为轻率北伐"至险至危"，托病拒绝起草宣战诏书，韩侂胄只得改命权礼部尚书兼直学士院李壁草诏。

五月七日，北伐诏书正式颁布。

诏书上写道："天道好还，盖中国有必伸之理；人心助顺，虽匹夫无不报之仇……兵出有名，师直为壮，言乎远，言乎近，孰无忠义之心？为人子，为人臣，当念祖宗之愤。"诏文铿锵有力，激励人心。

下诏七天后，宁宗以伐金事祝告天地、宗庙和社稷，这便是"开禧北伐"。

金朝虽不愿打这场仗，但也迅速做出了反应，五月在东、中、西三个战场上对宋军发起反攻。

宋军自此由攻转守，随后颓势渐显。

泗州之捷后，郭倪被胜利冲昏了头脑，以为自己有诸葛之智。他调李汝翼、郭倬攻取宿州，统制田俊迈任先锋，派陈孝庆等接应他们。然而，部队驻营在低洼处，时值雨季，一夜豪雨使军帐积水数尺，金军趁机偷袭焚烧了他们的粮草。多日大雨，再加上饥饿，十天后宋军不战自溃，撤围向蕲县，又被金朝骑兵一路追击，团团围住。

眼看将全军覆灭，郭倬居然向金军乞和，金将仆撒孛堇道："你将田俊迈给我，我让你们全师撤回。"

郭倬竟真的将勇将田俊迈缚送到金营。

金军虽让郭倬率军撤离，但还是有约半数的殿后军被杀。

宿州之败是北伐以来最严重的惨败，导致东路宋军完全丧失了进攻的可能性。

韩侂胄罢免东路主帅邓友龙，换丘崈为江淮宣抚使。

这时的金朝，正如辛弃疾所判断的，处在"必乱必亡"的前夕，金朝实际上已不再有继续作战的能力，只是对宋朝威胁、讹诈，他们希望借机提高谈和的条件。

自开禧二年（1206 年）年底起，金军就秘密派人去见丘崈，示意讲和。丘崈上任后，也多次遣使与金军谈和，因此东路并无新的战事。

东路暂行停战的时候，中路也并不顺利。

中路统帅之一的皇甫斌未接到军令就率军一千人北攻唐州，结果初败于支池河，再败于方城。其背后真正的原因是，金人早在一个月前就获得他准备攻取唐、邓的情报，一举击溃了他的部队。

皇甫斌又派出曹统制率步骑数万人分路攻蔡州，谁知道才进至溱水，河水暴涨，皇甫斌下令继续渡河。

金将完颜赛不率骑兵七千人控制了渡桥，待宋军刚过河，金军精骑便出击，宋军大溃，被追杀达两万人。

韩侂胄得知后大怒，夺了皇甫斌三秩，十几天后又夺皇甫斌五官，把皇甫斌贬去了南安军安置。

相较于东路与中路，西路宋军对金朝几乎没有什么大规模的军事行动，可谓可有可无，因为四川宣抚副使吴曦叛变投金了。

见吴曦叛变，四川宣抚使程松也跑了。金军因此无须关注西路战事，将兵力集中到东路作战，再加上从吴曦那里得到宋军伐金的部署，金朝轻而易举地击破了宋军堡垒。

其实，早在宁宗下诏伐金前，吴曦就已在四川里通金朝，图谋叛变，他派遣门客去金军那里，密约献出关外阶、成、和、凤四州，求金朝封他做蜀王。

之后宋出兵伐金，金朝指令吴曦在金兵临江时按兵不动，吴曦同意，金朝见吴曦当真叛变，密许吴曦做蜀王。也难怪韩侂胄日夜盼望四川进兵的时候，吴曦根本不理会他。

西路败仗连连。

金将蒲察贞领兵攻破和尚原，守将王喜力战，但是吴曦下令撤退，宋军溃败。

金兵到兴元都统制毋丘思的关卡，吴曦下令撤防，毌丘思孤军不敌，关卡失守。

终于，在开禧三年（1207年）正月，吴曦公然建行宫，称蜀王，置百官，请金兵进入凤州，献出四郡，并准备改女真辫发，向金称臣。

对于吴曦的无耻行为，坚持抗争的四川军民展开了强烈的反抗：吴曦想召用大安军杨震仲，杨震仲坚决不服从，服毒药自杀；蜀地名士陈咸剃去头发，拒绝向金朝臣服；另一位名士史次秦自己弄瞎了眼睛，拒不做官；其他一些官员也都弃官而去。

可是，愿意为金所用的人也不在少数，随军转运使安丙接受任命，做了吴曦的丞相长史。

安丙曾是服毒自杀的杨震仲的下属，因为杨震仲的义举，他虽然接受了吴曦的封赠，但是心中摇摆不定。

兴州典仓官杨巨源便暗中联络安丙，秘密约了见面。

见面后，杨巨源质问安丙：“你不是要做逆贼的丞相长史吗？”

安丙哭着解释：“我没有士兵，没有办法反抗，肯定会有豪杰能灭掉此人，我定来协助。”

杨巨源知道自己职位比较低，若想除掉吴曦，需要安丙协助，便问安丙：“是确定要协助吗？”

安丙指天发誓：“若能杀死此贼，死而无憾！”

正好兴州中军正将李好义联合兵士李贵，进士杨君玉、李坤辰、李彪等数十人，也在计划杀吴曦。

这些人职位都偏低，威望也不高，便是诛杀了吴曦，也担心会再出现变化，便都同意推安丙出来主事。

杨巨源与李好义等商议好计谋，只待那一晚到来。

夜晚，安丙怀揣杨君玉等伪造的皇帝诏书，带人闯入吴曦寝宫宣旨，喊着：“奉密诏令我辈诛杀反贼吴曦，违抗者格杀勿论！”

吴曦的兵士听到有诏书，顿时都四散逃跑，李好义的队伍冲进吴曦的寝室，趁着吴曦没有准备，一刀砍掉了他的脑袋。

吴曦称王仅四十一天就被诛灭，大快人心。川陕的军民抗金情绪极为高涨。

与此同时，韩侂胄给安丙的密函也还在路上。

韩侂胄在密函上写道："如能杀曦报国，以明本心，会有丰厚的推赏。"结果帛书未到，安丙已奏报吴曦被诛灭。

宁宗与韩侂胄这才安心，韩侂胄即任安丙为四川宣抚副使，赏赐金银无数。

吴曦被杀，对金朝的打击比较大，金军大为沮丧，他们之前并没有在西路备战。杨巨源、李好义等请示安丙，应该乘着眼下的大好形势收复四州。

安丙批准了他们的行动。

李好义随后带领宋军杀到西和，金将完颜钦逃走。李好义整军入城，军民欢呼，然而安丙不许他们乘胜北伐，士气大受挫折。

在这次平叛事件里，杨巨源、李好义功劳最大，但是安丙向朝廷汇报时，将首功占为己有。因此，朝廷奖赏的诏书里居然没有提到这两个人一个字。

而安丙与孙忠锐不和，他命杨巨源伏兵杀孙忠锐，又诬指杨巨源谋乱，把杨巨源下狱害死，假说是自尽，报给朝廷，李好义也被安丙的手下毒死。一时之间，四川抗金的忠义之士无不扼腕叹息。

西路表现还算出色的时候，东路与中路战场却都遭遇惨败，虽偶有毕再遇所率部队获胜的消息，但是也不足以改变全局的败势。

北伐失败已成定局，韩侂胄建盖世功业的美梦成为泡影。而随着战事展开，无论胜败，军费都不能短缺。实际上，军费开支一直是宋廷的大问题。

开禧三年（1207 年）正月，韩侂胄自出家财二十万补助军需。

与此同时，金军左丞相兼都元帅完颜宗浩又大肆张扬，宣称要攻打襄阳。一旦襄阳失守，整个南宋便危险了。

韩侂胄心里害怕，终于决定结束这场战争，他遣使臣方信孺前往金朝谈判。

方信孺此时不过是七品官吏，做萧山县丞，年仅三十岁。他胸有谋略，胆识过人，能言善辩，可是自古以来，战败国都没资格提条件，这次谈判无疑辛苦非常。

当时金军已侵占江淮地区，方信孺行至濠州，被金军元帅纥石烈子仁关押于狱中，断绝薪火饮水，并以利刃威胁他道："只要你答应这个议和条约，就放你离开。"

方信孺神色不改，从容应对："我既然来到这里，就不在乎生死了。"

金军无奈，只得放他离去，方信孺继续北上。

方信孺抵达金朝京都汴京，完颜宗浩派庞赵为议和代表，庞赵到驿所相逼，将"天狱"两个大字挂在驿舍里。

方信孺笑道："事情可以商量，何必吓唬人呢？"

庞赵又讥讽南宋："恐怕你们是无兵可战才来请和的吧！"

方信孺马上回击："难道没有淝水之战那样的八千之众吗？"

庞赵哑口无言，只能重申定下的议和条件："称臣、割地。"

方信孺不愿与庞赵谈论，只道："这事还请让我面见你们丞相相谈。"

之后，完颜宗浩在行省府列兵召见了他，质问他："前日兴兵，今日求和，为什么？"

方信孺道："前日兴兵复仇，为社稷；今日屈己求和，为生灵。"

完颜宗浩颇有汉文化修养，想为难折辱方信孺，让他与自己联句赋诗，道："你若联得上，我们再继续谈。"

方信孺应下。

完颜宗浩吟了两句："仪秦虽舌辩，陇蜀已唇亡。"意思是：你就算像张仪、苏秦那样能言善辩，但南宋已经失去四川，唇亡齿寒，南宋要完了。

方信孺反击道："天已分南北，时难比晋唐！"意思是：长江是天堑，将天下南北分开，这个时候不是石敬瑭卖国的时候了，想以晋代唐，建立附庸国，是不可能得逞的。

方信孺之后侃侃而谈，叙述两广、八闽、淮南、两浙的富庶，告诉完颜宗浩我们国力非常好，只是不想生灵涂炭才议和的。

完颜宗浩考虑再三，修改了议和的条件，让方信孺带回去。

方信孺回朝复命。

复函上金朝提出了议和的五个条件：一，割地，南宋割让两淮；二，增岁币；三，称臣；四，将战俘送回；五，惩罚这次战争首谋者。

南宋对于割地与称臣坚决不能同意，但可以接受其他三个条件。

当然，首谋不是指韩侂胄，而是让苏师旦、邓友龙、皇甫斌来当替罪羊。

方信孺带着南宋的回复再出使金朝，向完颜宗浩递上回书，这五个条件里唯有归战俘一项双方没有争议，其他款项金朝都提出了异议：在岁币上，金方不接受南宋只将二十万提升到二十五万这一数额；罪首谋的分歧点在于到底是谁为首谋；而割地、称臣绝无谈下去的可能。

和谈陷入僵局。

金方和谈代表依然是庞赵，他指责南宋背信弃义，擅起兵端。

方信孺不客气地说：“是因为你们失信，我们才失信的！”

金人愕然：“我们哪里失信？”

方信孺从容地说：“你们致函吴曦，诱使叛降在前，本朝兴兵在后，情理曲直显而易见。”

金人一时语塞。

最后庞赵在谈判条件上松动：“割地之议暂且不谈；你们如果不称臣，也应改称叔为伯；增币五万之外，另加犒军费。”

八月，方信孺南归复命，之后带着宁宗的“合议草案”第三次出使金朝。

这次，完颜宗浩没让庞赵再出面，换了其他人接待他，并出尔反尔地要增加岁币，重新提出了五个要求，条件越来越苛刻。

方信孺不为所动，坚定拒绝，宁愿以死报国。

金朝只能将人放了，但是在复函中攻击方信孺，要求宋朝将难对付的方信孺换掉，下次派其他使者前来。

九月初，方信孺带回完颜宗浩的复函，上面依然有五点：

一、宋若称臣，可以从江淮之间取中划界；若仍称侄，就以长江为界，当尽割淮南。

二、岁币增至三十万两匹。

三、另输银一千万两以充犒军之用。

四、俘虏送回。

五、必须斩元谋奸臣也就是韩侂胄，首级送到金朝。

当时方信孺回到朝廷之后，当面与韩侂胄说金朝的要求，在说第五点的时候，他不敢直说。

韩侂胄再三追问，方信孺才不得不回答："欲得太师头颅！"

韩侂胄恼怒至极，蛮横无理地拿方信孺出气，将其贬谪岭南。

后来宋使再赴金朝，宁宗才得知方信孺在谈判时的事迹，于是下诏表彰。方信孺是杰出的使节，出使金朝时以一己之口舌，弭双方之兵戎，不辱使命，面对敌人的威胁，视死如归，置生死于度外。可惜方信孺后来又被人陷害而遭弹劾，终归故里，家境窘迫，英年早逝，享年四十五岁。

韩侂胄被金朝要他首级的要求激怒，想再度出兵北伐。

九月四日，宁宗下诏招募新兵，想起用辛弃疾为枢密院都承旨指挥军事，然而六十八岁的辛弃疾这时得病在家，任命下达后，还没有去就任，就在家中病死。

韩侂胄的计划付诸东流，再加上他主张的北伐遭遇失利，朝中地位开始动摇，指责他的朝臣也多了起来。

朝中主和的官员大肆活动，等待韩侂胄的将是一场灭顶的阴谋。

第三十三章

嘉定和议——权相更迭

“开禧北伐”失败后，以礼部侍郎史弥远为代表人物的主和派赢来了春天。

史弥远是孝宗的老师、右丞相史浩之子，可是这么好的家世没给他带去什么帮助。开禧元年（1205 年）初，已经四十二岁的史弥远才做到六品司封郎中。这年五月，韩侂胄成为比秦桧权势更盛的权相，史弥远忽然被重用，在接下去不到三年的时间里，一跃成为三品的礼部侍郎兼刑部侍郎。

史弥远没有感激韩侂胄，反而有了除掉韩侂胄的想法，但是他在行动上非常谨慎。

北伐受挫，宁宗下诏让众臣论事，史弥远借机上疏道：“事关国体、宗庙社稷，关系重大，不可举数千万人之命轻于一掷。京师是国家的根本之地，因为北伐已调走很多士兵，留下很少的守卫，万一发生叛乱怎么办呢？沿江屯驻的兵马，是守护首都的，不要轻易调动，这样敌人便无可乘之机了。等到民力更宽国势更壮之后，再大举发兵，才是国家的福气。”

史弥远的门客有些担心，这样说会不会得罪韩侂胄，史弥远道：“如果对国家有益，便是得罪了我也甘心。”实际上，是他看明白韩侂胄虽然还掌握大权，但已经今非昔比，自顾不暇，就算真得罪了，韩侂胄也脱不开手对付他。

开禧三年（1207 年）秋，金朝要北伐主谋的首级，而在众人心中，主谋自然就是韩侂胄。韩侂胄也清楚这件事，他中断议和，想继续北伐。

但是，经过几年的战争，人们已经疲惫不堪，失去了北上的激情。

史弥远觉得机会来了，他此时兼任宁宗嗣子赵询的讲师，便刻意在赵询面前谈论韩侂胄再次北伐的利弊，力陈局势的危急。

赵询只有十六岁，很容易受蛊惑，随即就向宁宗上奏，建议罢免韩侂胄，但是宁宗只是沉默，没有回复。

这时与韩侂胄不和的杨皇后又怂恿赵询再次进谏，她也会在一旁劝说宁宗罢免韩侂胄。

于是赵询再次上奏："韩侂胄轻率地再次起兵端，上危宗社，最好将他罢黜，以安边境。"

宁宗还是没有说话，哪怕杨皇后在旁边一同劝说，宁宗仍一言不发。

自此，史弥远发现通过皇子劝谏和皇后吹枕边风，也无法让宁宗主动罢免韩侂胄，于是他决定绕过宁宗，主动和杨皇后合作。

要说当时世上，比史弥远更想除去韩侂胄的人有谁，那无疑就是杨皇后，她和韩侂胄的嫌隙，要从庆元六年（1200 年）说起。

当时，宁宗的原配韩皇后去世两年，后位空悬许久，朝臣们纷纷请立新后。宁宗也明白册立新后迫在眉睫，但是他优柔寡断，不知道该册立贵妃杨氏还是美人曹氏。

宁宗的内心其实更喜欢杨氏，但韩侂胄支持曹氏。

韩侂胄觉得曹氏性情柔顺，比较好把控，而且曹氏的姊妹都是可以出入宫门的女道士，平时与韩侂胄有来往，彼此相熟。而杨氏熟读史书，胆量非一般女子可比，韩侂胄担心让杨氏上位，不但令自己失去对后宫的掌握，还会多一个难对付的敌人。

杨氏最开始是高宗的皇后吴皇后的侍女，那时候已经是孝宗朝，吴皇后已是皇太后，已经无所谓身边有容貌出众的女性，再加上杨氏举止得体，吴太后非常喜爱她。

宁宗即位后，杨氏经常替吴太皇太后去给新帝送东西或者递话，给宁宗留下了深刻的印象。太后就做了顺水人情，将杨氏赐给宁宗。

杨氏深得宁宗喜爱，一步步成为贵妃。

韩侂胄一边劝宁宗立曹氏为后，一边千方百计地阻碍杨氏与外朝往来。杨氏也看出自己要成为皇后，必须想办法绕过韩侂胄。

嘉泰二年（1202年）岁末，杨氏与曹氏在同一天宴请宁宗。

杨氏坚持让曹氏优先安排在白天，自己晚上再宴请宁宗。

曹氏看不明白杨氏的用意，又觉得白天比晚上长久，能与宁宗多耳鬓厮磨一会儿，便同意了。她其实想留住宁宗过夜，但到了约定的时间，杨氏派车辇多次催促宁宗过去，曹氏也没办法，只能让宁宗离开。

宁宗当晚留宿在杨氏宫中。

杨氏早已备好笔墨，在宁宗处于醉酒迷糊的状态下，让他写下御笔："贵妃杨氏可立为皇后，付外施行。"还不止一份，杨氏让宁宗写了两份一模一样的御笔，命可靠的内侍将其中一份直接送到义兄杨次山手中。

杨氏出身低微，她很早就明白家世的重要性，因此与武学生杨次山认了兄妹。随着杨氏在后宫的地位越来越高，杨次山也屡被加封，成为福州观察使。

而御笔之所以非要准备两份，就是因为杨氏担心第一份御笔会被韩侂胄压下去。而在第一份御笔还没送出去的时候，杨次山已经拿着第二份御笔找到了当值宰相，让其起草诏书。

民间还有一说，称杨氏善书法，尤其可以仿照宁宗的笔迹，所以这份宁宗的御笔到底是不是亲手写的，还要打个问号。

无论如何，杨氏终于如愿以偿地被立为皇后，也对韩侂胄始终耿耿于怀，一直暗中筹谋报仇，通过劝赵询谏言废韩侂胄之事，她发现史弥远是个可以联合的对象。

这两个人一拍即合，一场针对韩侂胄的阴谋便开始了。

史书对这段写得很模糊，宁宗可能不知道这场针对韩侂胄的密谋，也可能知道，但是禁不住杨皇后哀求，一时动摇同意了。总之，杨皇后给了史弥远一张御批，上面是宁宗的笔迹，表示要马上处理韩侂胄。

当晚，史弥远将御批交给钱象祖。

钱象祖曾经是韩侂胄的党羽，后来因公开反对北伐被韩侂胄贬黜离朝，随后与史弥远结盟。

钱象祖看了御批，表示要先奏准宁宗再举事。

史弥远不同意先禀告宁宗，他问钱象祖道："事情一旦耽搁，会泄露出去，到时候谁来承担责任？"

钱象祖思考了一下也只能同意，随后找到殿前司中军统制、权主管殿前司公事的夏震，让他选三百名精兵诛杀韩侂胄。

夏震也和钱象祖一样，一开始不敢如此行事，然而御批起到了关键作用，钱象祖出示御批后，夏震便同意了选兵，并且说："陛下的命令，我自当舍命报效！"

那段时间，韩侂胄似乎听到了什么风声，询问左右是不是有什么事。

左右说："听说内廷有御批出来，但是我等不知道内容，恐怕不太好，有大事要发生。"建议他当天不要去上早朝了。

韩侂胄认为御批都是通过他的手，不可能出现其他御批，因此没有当一回事。

结果，就在韩侂胄刚上马车去上朝时，禁军包围了韩府。

夏震带着士兵拦截韩侂胄的车子，说道："有御批：太师罢黜平章事，即日押出京城！"

韩侂胄惊愕道："御批一向是由我发出，我为什么不知道有旨意？一定是假的！"

但不论他说什么都没用，士兵们押着韩侂胄离开，韩侂胄以为是罢黜自己，押送他去老家。但是发现是走向南面的玉津园后，他察觉方向不对，一路上想尽办法企图离开，他告诉身旁的士兵道：“如果你放了我，我让你拜节度使。”

没有人理他。

走到玉津园夹墙甬道内的时候，韩侂胄就被杀死了。

另一边，史弥远还在焦急地等待着消息，他坐立不安，甚至已经准备好了如果举事不成就逃跑的后路。

皇宫内，宁宗可能是后悔对付韩侂胄，又或者是杨皇后担心事情马上要败露，主动和宁宗透露：“今天将除掉韩侂胄。”

总之，宁宗在上朝之前，写了个笺条，叫殿前司“立刻追回韩太师”。

杨皇后闻言，对宁宗哭诉：“他要废黜我和儿子，又杀了两国百万生灵！你还要追回吗？”

宁宗跟着哭起来，杨皇后见他还没有下定决心，威胁道：“如果陛下要追回他，就先让我死吧！”

宁宗这才停止哭泣，不再坚持追回韩侂胄，他以为韩侂胄是被罢免了平章军国事，押出京城，完全不相信韩侂胄已经死了。

夏震完成任务回来告诉钱象祖事已成。

钱象祖这才向上朝的官员宣布韩侂胄已伏诛，并指着右丞相陈自强道：“你附和韩侂胄才做到宰相，今日起被罢黜。”

陈自强十分害怕，马上从朝堂离开。

之后上朝的时候，皇子赵询再次向宁宗上奏，列数因韩侂胄北伐造成的惨状，请求宁宗罢去韩侂胄的平章军国事。

宁宗同意了赵询的建议，并下诏称自己听信韩侂胄之言，使得他久任国柄，辄起兵端，祸害南北生灵，如今罢了韩侂胄的平章军国事，也罢了陈自强的右丞相，令他们即刻出京。这一切正好对杨皇后交给史弥远的御批做了补充和追认。

接下去，宁宗想升史弥远为知枢密院事。他是没有主见的人，遇事需要有人告诉他该怎么做，因此很快从顺从韩侂胄，变成顺从史弥远以及其党羽。

史弥远开始了善后工作，他学韩侂胄除掉赵汝愚的那一招，利用台谏官，在短短几天之内不停地上奏抨击韩侂胄，说他专权专政，是一个奸臣，借所谓公论迫使宁宗彻底厌恶韩侂胄。

很快，在查抄韩府的时候，搜出了韩侂胄与亲信苏师旦之间的通信，里面有一些裁减兵额的军事计划，又从苏师旦家中抄出“金箔金二万九千二百五十片，金钱六十辫，马蹄金一万五千七百二十两，瓜子金五斗，生金罗汉五百尊，各长二尺五寸，金酒器六千七百三十两，钗钏金一百四十三片，金束带十二条”，这绝对是利用职务之便贪赃而来。

宁宗终于认定韩侂胄确实企图不轨，下诏承认韩侂胄“奸臣擅朝”。

韩侂胄被诛的消息公布后，临安百姓歌舞于市。

一代权相就此离开权力的舞台。纵观韩侂胄一生，专权夺利、打击异己，绝对不是一个忠臣。但是，“开禧北伐”确实符合当时朝野的意愿，百姓想要一致抗金扬眉吐气，只可惜实力不允许，还是失败了。

善后工作完成后，宁宗开始奖赏参与诛韩行动的人员，论功行赏。

没有皇宫侍卫的支持，就没有杀死韩侂胄的利剑，因此夏震最先得到奖赏。他被提拔为福州观察使，主管殿前司公事，晋封县伯。

钱象祖升任右丞相兼枢密使，得到了实权。

还有两个人是内廷与外朝之间关联人物，一是杨皇后之兄杨次山，一是皇子赵询。

皇子赵询在次年被封为太子。

杨次山得到了使相的荣衔，加开府仪同三司，宁宗从内府取玉带一条赏赐给他。

宁宗还赐给了史弥远一条玉带，两条玉带没有区别，但是史弥远那条是宁宗自己佩戴的，表示出了帝王对史弥远特殊的恩宠。

如此，诛韩大局已定，史弥远正式走到了前台：这年腊月二十三，史弥远当上了同知枢密院事。

与金议和的最大障碍韩侂胄已除，议和事宜马上被提上日程。

实际上在韩侂胄被杀以后，史弥远就派人把这一消息告诉了金朝，并以此作为向金朝求和的砝码。

曾经支持议和、与金朝有密切来往的丘崈被任命为江淮制置大使。史弥远甚至冒天下之大不韪，恢复了秦桧的王爵与赠谥。这些都向金朝传递了不欲再战的信息，以及宋朝议和的决心。

此时，在韩侂胄死前派往金朝和谈的使者王柟还不知道韩侂胄已经死了，尚在金朝夸赞韩侂胄的忠贤威略。

当金人告诉他，韩侂胄已经被杀死，王柟一时惊骇无言，也十分被动和尴尬，因为他手上的议和书函还是以韩侂胄名义发出的。

之后的议和谈判，南宋一直处于劣势。

金朝重申议和的五个条件，并强调必须以韩侂胄的首级赎回淮南之地。而南宋对这五个条件里面分歧最大的也是要不要将韩侂胄的首级送到金朝——虽然韩侂胄已死，但是将韩侂胄的头颅送给金朝，实在有损南宋国体和尊严。

朝中对此议论纷纷，史弥远等人自然支持以韩侂胄的头颅为筹码。

宁宗则回复："慎重行事。"

然而，金朝对韩侂胄的首级也很执着，他们认为这是重创南宋尊严的大好机会。

宁宗不得不做出抉择，这简直要了宁宗的命，他左右为难，最后还是决定把这个难题交给所谓公论去裁决，即在大朝会的时候让众臣讨论。

直学士院章良能认为已经死了的尸首，没什么好珍惜的，他道："已毙之首，又何足惜！"

侍左郎官兼太子舍人王介抗议："侂胄之首，诚然不足惜，但国体可惜！”

兵部尚书倪思则大声道：“韩侂胄一颗臭头颅，有必要争得那么起劲？便是送去又如何？！”又威胁：“是不是有人在朝受过侂胄之恩，所以要为他说话？”

这话说了之后可就让人不好接话了，韩侂胄现在已经臭名远扬，谁敢沾边呢？

最后的结论是：奸凶已毙，他的头没什么好可惜的，就把韩侂胄的首级送到金朝去吧。

宁宗顺势同意。

两天之后，宁宗派人从韩氏先茔中挖出韩侂胄的棺木，砍下首级，用匣子装起来送到金朝。

九月十二日，宋以和议达成诏告天下，包括：

第一，金宋之间由叔侄改为伯侄。

第二，宋致金岁币由二十万两匹增至三十万两匹，另支付犒军银三百万两。

第三，金归还新夺取的土地给宋，双方维持原来的疆界。

第四，宋向金函送韩侂胄、苏师旦之首。

这便是“嘉定和议”，虽然和议没有称臣也没有割地，但是岁币数额比“隆兴和议”增加许多，而函首乞和的情况更是有失国体，无怪太学博士真德秀评价这次议和：“金人要多少岁币我们就给多少，金人要韩侂胄的首级，我们也说可以给，至于称呼还有银子，根本来说还是老百姓们受苦。”

后世也感慨：“高宗一朝，有恢复之臣，而无恢复之君；孝宗一朝，有恢复之君，而无恢复之臣。”

“嘉定和议”是宋金议和史上最为屈辱的和议，引起朝野上下不满，降金乞和的主谋史弥远也令南宋军民十分不满。

在“嘉定和议”签订的第二天，赞同“开禧北伐”的几名军官罗日愿、杨明、张兴等，筹谋暗杀史弥远，刺杀未成，都被处死。

十多年后，嘉定十四年（1221年），又发生了殿前司军官华岳谋杀史弥远事件。

华岳就是在“开禧北伐”时上书说北伐定将不战自败的武学生，然后被韩侂胄监禁。

他虽然反对韩侂胄，反对北伐，但是对史弥远的乞降更为不满，刺杀失败后被关到大狱。

宁宗也知道这个人，觉得他有才能，不是很想杀死他。但是史弥远十分生气，对宁宗道：“这个人是要杀朝廷命官哪！”之后将华岳杖死在东市。

此时，史弥远已经把控朝廷，但是在“嘉定和议”之后，也有一段短暂的时间，史弥远并不在朝中。

嘉定元年（1208年），史弥远的母亲过世，他要归家办丧事，太子赵询请求在京内赐给他宅第，让他就此服丧，以便咨询。

嘉定四年（1211年），史弥远丁忧结束，回到朝堂。此时，钱象祖已经去世，宁宗更加依赖史弥远，整个朝堂大权都在史弥远手中。甚至，诛韩行动中助史弥远一臂之力的皇子赵询也是史弥远一派的人，赵询在开禧元年（1205年）被立为太子，一切都向着史弥远希望的方向发展。

可惜，嘉定十三年（1220年）八月，赵询病死，年仅二十九岁，谥“景献”。

对未来富贵充满信心的史弥远和杨皇后备受打击。

实际上，景献太子赵询也并非宁宗的子嗣。宁宗的九个儿子，都在未成年时便夭折了，宁宗只能从宗室子弟中另寻储嗣。

庆元四年（1198年），太祖次子燕王赵德昭的九世孙赵与愿被宁宗接到宫中养育，这便是后来的赵询。

赵询六岁入宫，同一年杨贵妃成为皇后。杨皇后自己的两个孩子都夭折了，她与赵询关系非常融洽。再加上诛韩行动中的合作，赵询得到了杨皇后和史弥远的支持，他十七岁被立为皇太子，出居东宫。

为答谢杨皇后的支持，赵询上疏歌颂杨皇后有孝、俭、诚、断等美德，还说杨皇后待他如亲子，虽然这只是杨皇后在他身上的感情投资，但双方对这种交易都很满意。如果赵询没有病故，顺利地当上下一任皇帝，杨皇后也定然可以高枕无忧地享受皇太后的生活。可惜这一切都随着赵询的离世，变成了一场空梦。

赵询过世一年后，嘉定十四年（1221 年）六月，宁宗选定沂王赵抦的养子赵贵和为皇子。

沂王赵抦是光宗二哥魏王赵恺的儿子，当初孝宗曾想要光宗放弃自己亲生儿子而选赵抦为太子，结果这想法大大地刺激了光宗，搞得光宗和父亲孝宗有了隔阂，最后孝宗悲凉地病死在重华宫，光宗被迫禅位给了宁宗，赵抦也没有得到皇位，可谓三输。

宁宗虽然软弱无能，但对皇位是真心不在意，他与赵抦感情深厚。

当初“绍熙内禅”时，太皇太后吴氏曾当着宁宗的面对赵抦说：“他做了，你再做，自有祖宗例。”

宁宗知道，按照长幼礼节，光宗与他的皇位原应归魏王赵恺一系所有。所以他选定皇位继承人的时候，优先考虑到魏王这一系。

赵家的血脉都比较单薄，赵抦也不例外，他曾有个儿子，三岁左右便夭折了，从此再无所出。为免这一脉绝嗣，宁宗便将宗室赵希瞿之子改名为赵贵和，过继给赵抦。

嘉定十四年（1221 年），赵抦已过世十五年，但他的儿子赵贵和此时已经长大成人。宁宗将赵贵和定为皇子，赐名赵竑，他在立皇子诏书中强调“沂王之子犹朕之子也”，可见宁宗有让赵竑为皇位继承人的打算。实际上，宁宗的这个打算在景献太子离世以后，就已经表现得很明显，老谋深算的史弥远因此很早就开始留意赵竑，想确认赵竑是不是能成为下一个合作对象。

史弥远知道赵竑喜欢琴曲，安排了一名擅长琴艺的美人给赵竑。同时，把这个美人的家人控制在手中，以达到可以控制美人的目的。他让美人暗地里窥探赵竑的举止，事无巨细都要禀报。

这个美人知书达理，乖巧伶俐，又有意讨好，十分得赵竑的欢心。赵竑甚至为了她，还与自己的夫人发生口角。

史弥远在暗中观察赵竑，赵竑何尝不是也在悄眼看史弥远的言行。他看出史弥远专政多年，朝中的人也都是史弥远的党羽，谁也不敢反抗。史弥远与杨皇后合作，一里一外控制着宁宗，宁宗实际上就是个傀儡皇帝。再加上民间的流言蜚语，一切都令赵竑对史弥远十分厌恶。

赵竑终究年纪比较小，阅历不足，他以为皇位是囊中之物，毫不掩饰对史弥远的不满，甚至在纸上写“弥远当决配八千里”的话语来发泄，结果被人偷偷报给了史弥远知晓。

在自己心爱的美人面前，赵竑更是肆无忌惮。

一次，赵竑对美人称呼史弥远为“新恩”，美人问他原因。

赵竑笑着道：“这是我给史弥远取的外号，他将来的流放地不是新州（治今广东新兴），就是恩州（治今广东阳江）。”这两个地方是海南四州军，最为险恶偏僻。

后来，赵竑还干脆把“新恩”两字写在屏风上，丝毫不把史弥远放在眼里。

这件事让赵竑的老师真德秀知道了，可见赵竑身边就算没有美人监视，他对史弥远的不满也快闹得天下皆知。

真德秀马上意识到问题的严重性，他劝解赵竑道：“皇子目前应该努力得到两宫帝后的信任，再提高自己的能力，哪怕是即位以后也不应着急对时政说三道四，免得激怒大臣，招来灾祸。”他希望赵竑不要在坐上皇位之前，失去杨皇后的信任和激怒史弥远。

可惜，赵竑根本就不在意。

而另一方面，史弥远听到美人密报又怕又气，他心中明白，一旦赵竑当了皇帝，自己就没有好日子过了，他必须另寻一个合适的人来做皇嗣。宁宗既然有意立沂王赵抦的儿子赵竑为皇子，那就等于要另外为沂王赵抦再找一个后嗣。也许这就是一个突破点，毕竟时间还长着呢，谁能知道赵竑是不是会发生什么意外？如果赵竑甚至没能活过宁宗，那么后来过继到沂王赵抦膝下的孩子就能复制赵竑的道路，成为宁宗继承人的第一人选。

史弥远很快把这件事跟自己的心腹余天赐说了。

余天赐的祖父就是负责给史家孩子教学的老师，而余天赐没考上进士之前，也在史家做事。所以两家有几代的交情，再加上余天赐这个人守口如瓶，史弥远对他的信任非比寻常，寻找皇嗣这么重要的事，史弥远不放心交给其他人办。

史弥远交代余天赐去寻找适合的孩子，并叮嘱道："沂王无后，宗子贤厚者幸具以来。"

余天赐后来找来一对叫赵与莒、赵与芮的兄弟，不同于孝宗、宁宗、光宗三人属于太祖赵匡胤第四子赵德芳之后，这对兄弟是太祖次子燕王赵德昭之后，这一脉发展到赵与莒、赵与芮的时候，实际上已经离皇室嫡脉关系很远了，家里既没有加官晋爵，也没有什么社会、政治地位。

余天赐找到赵与莒、赵与芮的时候，他们的家境和普通老百姓没有什么区别。再加上兄弟俩的父亲很早就去世，母亲不得不带着孩子们回到娘家居住，可谓寄人篱下。

余天赐把赵与莒、赵与芮带到临安，史弥远看后十分满意，但他一贯谨慎，没有把孩子留下，而是让余天赐送回去。

等到嘉定十四年（1221 年），沂王之子赵竑被正式定为皇子。

史弥远认为时机已经成熟，和宁宗建议应当为沂王再寻一个后嗣。

宁宗深以为然。

史弥远为了表现得公平公正，找来十个符合条件的孩子一起参加甄选，赵与莒、赵与芮兄弟也在其中。史弥远当时已经属意比较年长、面相贵气的赵与莒。

嘉定十四年（1221年）八月，赵与莒被立为沂王后嗣，奠定了皇侄的身份。

嘉定十五年（1222年）五月，赵竑进封济国公，赵与莒在史弥远的支持下也步步紧逼，同时被授予邵州防御使。

而赵竑虽然有进封，身份却依然是皇子而非太子，一字之差，给日后的变数留下了伏笔。

史弥远除了在身份上拔高赵与莒，尽量与赵竑匹敌之外，他对赵与莒的教育也非常上心。

嘉定十六年（1223年），史弥远找到当时担任国子学录的同乡郑清之，屏去众人对他道："现在的皇子不堪重负，我听说沂王之子非常贤明，请你细心教导他。"之后，郑清之被任命为赵与莒的老师。

另一方面，史弥远开始罗织赵竑的短处，他经常向宁宗说赵竑沉迷女色、傲慢无礼，这令宁宗对赵竑开始不满。

相比之下，赵与莒就没有那么浮躁，他寡言冷静，很有帝王风范。宁宗自从对赵竑不满之后，就开始悄然观察赵与莒的表现，史书上虽然没留下宁宗的看法，但写道"宁宗谛视良久，出则目送之"。

嘉定十七年（1224年）八月，宁宗病重，原因未明，但已经处于不能处理朝政的状态，同年闰八月，他在临安宫中的福宁殿过世，享年五十七岁。

在位三十年的宁宗原本属于被迫登上皇位，在他当政初年，任用提拔贤能之人，是个不错的开局，他本人十分勤俭，体察民情。但他的性格过于软弱，没有分辨正邪的能力，不具备一个帝王的政治素养，导致宁宗朝前期有韩侂胄执掌大权，出现伪学之禁，又上演了“开禧北伐”等事，后期又被史弥远独揽朝政，作威作福，致使南宋国力日渐削弱。

宁宗病逝的时候是黄昏，当天夜里史弥远遣人骑快马召赵与莒入宫，并嘱咐道：“现在所宣召的是沂王府皇子，不是万岁巷的皇子，如果带错了人，你们死无葬身之地。”

赵与莒听到消息后入宫，随行的还有他的老师郑清之。郑清之与史弥远之前商量过相关事宜，他在路上告诉赵与莒接下去要立他为新帝。

然而不管郑清之怎么说，赵与莒都保持着沉默。

最后是郑清之说：“丞相把我当作心腹安排在你身边。现在你一句也不回答，我怎么向丞相复命呢？”

赵与莒才拱手慢慢回答道：“绍兴老母亲还在，不要伤害她。”

后来郑清之把此话告诉给史弥远，两个人越发叹其不凡。

赵与莒被送进宫后，史弥远开始做杨皇后的功课，让杨次山的儿子杨谷、杨石告诉杨皇后另择人为新帝。

杨皇后此时还有些刚性，不同意道：“皇子乃先帝所立，岂敢擅变。”意思是要立宁宗认为“沂王之子犹朕之子也”的赵竑。

后世有传言说，赵竑不喜欢杨皇后，曾对外宣扬说杨皇后和史弥远之间有奸情。但从杨皇后这话来看，应该并无此事，否则她不会倾向于立赵竑。当然，从赵竑的性格来看，他对杨皇后也不会有多亲近，否则以杨皇后能参与诛韩行动的果敢性格来看，她要坚持立赵竑的话，赵竑也不至于一点希望也没有。

杨谷、杨石先后劝了七次，杨皇后都没有同意。

最后杨谷没办法了，他跟杨皇后说：“皇宫以及赵竑宫殿处都已经被殿前都指挥使夏震派兵看守，如果不听史弥远的话，恐怕杨氏凶多吉少。”

杨皇后沉思许久，最终权衡利弊，表示同意。

赵与莒很快被带到杨皇后面前。

杨皇后扶着赵与莒的肩背处，说道："从今往后，你就是我的儿子了。"给赵与莒改名为赵昀。

史弥远随后急召知制诰程珌入宫，让他伪造了宁宗的遗诏。

赵竑还以为自己会成为新帝，全然不知一切已经在这一晚完成了部署。第二天，赵竑赶到皇宫，史弥远亲自过来带他到宁宗灵前拜祭，之后让殿前都指挥使夏震陪着赵竑，实际上是看管赵竑。

接下去，百官到位，恭听宁宗遗诏，内侍仍然把赵竑引到之前的位置。

赵竑愕然地询问："我怎能还在这个位置听遗诏？"

夏震骗他道："要等到宣读诏令后再即位，没有宣读遗诏前应当在此位。"

赵竑觉得也有道理。

然而，他很快就看见一个人坐在龙椅上，内侍在旁宣读诏令："废竑为济王，立昀为皇子，即帝位。"

赵昀在宁宗灵柩前即皇位，为新皇帝，并由杨皇后垂帘一同听政。

赵竑才知道自己被骗了，他不肯朝拜，结果被夏震按着头下拜。

赵昀就此登基，史称宋理宗。

第三十四章

联蒙灭金——蒙古崛起

女真族建立金朝并替代辽朝之后，中华大地上一直处于宋、金、西夏三足鼎立的状态，但有一支力量在这样的背景下悄然壮大了起来，它就是北方的蒙古人。因为游牧民族的传统，蒙古各部落一直处于散乱的状态，传奇人物成吉思汗最伟大之处就是将这种一盘散沙的状态终结，开启了属于蒙古人的时代。

绍兴三十二年（1162 年），一个蒙古族婴儿降生，他的父亲是蒙古乞颜部的首领孛儿只斤·也速该，也速该因为刚刚抓了死对头塔塔儿部的首领铁木真·兀格，于是也速该给孩子起名“铁木真”纪念此事，意思是“铁之最精者”。铁木真九岁的时候，父亲被塔塔儿部的部下毒害死，部族里的仇人也抛弃了铁木真一家，他们陷入孤儿寡母的困境。铁木真不得不投靠父亲的结拜兄弟、实力强大的部落克烈部首领脱里。

铁木真慢慢集聚势力，几年后，夺回了家族在乞颜部中的话语权，被推举为部落新首领，之后又打败主儿乞部，收主儿乞部的部将木华黎父子为帐下大将，后来木华黎一直追随铁木真，统一蒙古各部，出征金朝，成为蒙古第一名将。

铁木真没有忘记仇恨，在势力壮大之后，一直想找塔塔儿部为父亲报仇。

蒙古一开始属于辽朝的附庸，女真族建立的金朝强大后，取代辽朝成为北方霸主，蒙古又依附于金朝，并一直被金朝压迫。到铁木真时期，金朝走向衰落。塔塔儿部率先背叛金朝，金朝随后派兵攻打塔塔儿部。铁木真抓住机会，宣布为父报仇，也向塔塔儿部发起攻击，攻破塔塔儿部。金朝因此授予铁木真部族长官的职位，令铁木真在草原上的威望大大提高。

但是，铁木真追随的克烈部首领脱里看到铁木真一步步壮大，对铁木真产生了戒备。脱里借口要和铁木真结为亲家，邀请铁木真前来，想趁机杀掉铁木真。铁木真获悉真相，集合部队向脱里发动突袭，一场大战之后，脱里失败溃逃，后被手下杀死。铁木真自此加快了统一蒙古各部落的步伐。

开禧二年（1206 年）春，铁木真在斡难河召开库里台大会，各部落贵族一致推选铁木真为首领，尊铁木真为“成吉思汗”，意思是“拥有海洋四方的可汗”，蒙古国就此建立。

为了重整军力，提高作战能力，集中指挥权，成吉思汗将在自己部落使用的千户制度进一步优化、推广，他将全部蒙古人归纳为九十五个千户，在指定的区域放牧，选有功绩的将领和部落贵族为首领，封他们为可以世袭的千户那颜，就此结束了蒙古草原上的部落制。另外，成吉思汗又建立了一支直属于他的护卫中军，由博尔忽、博尔术、木华黎、赤老温四大家族世袭卫队长，护卫中军直接听从成吉思汗指挥，同时承担保卫大汗金帐的任务和其他行政、军事管理实务。蒙古国正式打破原有的各部落自管的方式，成为以铁木真“黄金家族”为首和各功臣、贵族领导的国家。

成吉思汗的雄心并不止于蒙古草原，他曾对儿子们说过：“天下土地宽广，河水众多，你们尽可以各自去扩大营盘，征服各邦国。”

因此，实现蒙古统一之后，成吉思汗马上把目光投向了周围。此时，金、宋、西夏都处于纷争动荡的状态，其中以西夏实力最为薄弱，而宋金两国，因为宋发动“开禧北伐”，两国正处于交战状态，无暇顾及其他。于是，嘉定二年（1209 年）秋，成吉思汗对西夏发动进攻。

实际上，早在蒙古国建立之前，成吉思汗就在开禧元年（1205 年）三月，发动了一场针对西夏的掠夺战。之后，又在开禧三年（1207 年）秋，第二次侵入西夏。这两次出兵，蒙古非常谨慎，没有深入西夏腹地，主要是试探西夏的能力，观察宋金的反应，同时掠走西夏的物资。

嘉定二年（1209 年）秋，成吉思汗认为时机成熟，这一次他直接举兵打到西夏首府中兴府（今宁夏回族自治区银川市）。夏襄宗李安全不得不与蒙古签订盟约，向成吉思汗称臣，每年向蒙古进贡物资并且献上女儿。

成吉思汗随后把目光和心思都转向有世仇的金朝，但是他也没就此放过西夏。西夏犹如一条脱水的鱼，被放在砧板上反复折磨、剥削。十五年后，蒙古发动灭夏之战，次年西夏末代皇帝李睍投降，西夏灭亡。

嘉定四年（1211 年），成吉思汗打着“复仇”的旗帜，第一次攻打金朝，他的先祖俺巴孩汗曾被金朝处死，而金朝为了压制蒙古，在蒙古实施“减丁”政策，即剿杀蒙古男子，令蒙古百姓对金非常不满，听到大汗号召对金出兵，大家纷纷响应，斗志昂扬。

二月，成吉思汗亲率十万蒙古军南下。

金朝自认为拥有百万雄师，军力远在蒙古之上，没有把蒙古军之前的作战准备当一回事。等到蒙古军大军南下，金朝才仓促应战。

金朝在位的是金世宗完颜雍第七子完颜永济，后世称他为卫绍王。听闻蒙古军南下，卫绍王令宰相独吉思忠领兵对抗。

独吉思忠下令重新修缮长达三百里的边塞防御工程应对蒙古的进攻，就好像要张开一面巨大的盾牌，但也在无形之中劳民伤财，使得金朝兵力分散在如此长的防御线上。成吉思汗的应对方式是集中兵力以乌沙堡为突破点，就如一支利箭一下刺破盾牌。最终，乌沙堡失守，金军大败。

当时，宋朝派去金朝的使臣余嵘正在前去拜见卫绍王的路上，见到金朝士兵纷纷败退。余嵘想要继续北上了解一下蒙古的情况，但被金人要求马上折返。余嵘于是快马加鞭回到宋朝，把金与蒙古作战的消息带了回来，请朝廷警觉时局变化。但是南宋刚在“开禧北伐”中吃了大亏，朝廷里主要是史弥远这种安逸求稳之人，他们粉饰太平，主张不要参与到金与蒙古之间的矛盾里。

乌沙堡失守之后，卫绍王临阵换将，改令完颜承裕为丞相，对抗蒙古。完颜承裕考虑良久，放弃恒州、昌州、抚州，带领金军三十万主力退守野狐岭，准备与蒙古军决一死战。

成吉思汗又采用打乌沙堡的方式，集中一点突破金军防线，金军大乱，出现溃逃之势，随后金军前方指挥官被蒙古军斩杀，金军士兵见状，纷纷后逃，三十万主力军就此瓦解，史称“野狐岭之战”。

蒙古军趁势继续南下，一路打到金朝中都（今北京市），因为久攻不下才不得不退兵。

嘉定五年（1212 年），蒙古军再次南下。这次因在攻打金朝西京（今山西省大同市）时，成吉思汗被流箭射中，蒙古军选择班师回朝。

面对日益强大的蒙古，金朝认为守住中都的可能性已经越来越小，遂决定南迁到金朝南京，也就是北宋的故都汴京，准备依靠黄河天险抵御蒙古骑兵。历史在这里产生了奇妙的呼应，步步后退的金朝是多么像当年被他们看不起的北宋，而不断紧逼的蒙古军又像极了金朝的开国祖先们。

嘉定六年（1213 年），成吉思汗又一次攻打金朝。主力军一度打到济南府，距离宋朝已经非常近了，蒙古率先向宋朝递出橄榄枝，想与宋朝一起夹击金朝。胆小懦弱的南宋朝廷害怕遭到金朝报复，主动拒绝了蒙古。

宋朝没有想到的是，就算没有和蒙古联合一起攻打金朝，它在金朝的眼里也是一块随时可以下刀的肥肉。

嘉定十年（1217 年）四月，金朝以宋朝不给岁供为由，举兵攻打宋朝，大军攻打南宋门户襄阳。

主管湖北安抚司事兼权荆湖制置司的赵方闻讯，上奏朝廷亲自镇守襄阳，大将孟宗政、孟珙也英勇抗敌，成功抵御住金朝的进攻。

金朝于第二年再次南征，主攻枣阳。赵方派孟宗政、孟珙父子带领的援军前去救援。枣阳守将赵观抵御住了金军的第一拨进攻后，等到孟宗政、孟珙父子带领的援军抵达，孟珙带敢死队突袭金营，获得胜利，联合起来的宋军气势大振，两军随后大战，金军败退。

金朝在枣阳遇到抵抗，又转而攻打宋朝其他城池，赵方早已预料到，提前让各地做好防御，联络在河北各地的义军一起抗金。但是，金朝这次对宋的战争旷日持久，一直不见终止……

嘉定十四年（1221 年），赵方病重，在人生的最后几天，他仍然拖着病躯给朝廷上疏边疆防御的方案。八月，赵方在襄阳逝世。

自这一年起，宋廷开始主动与蒙古联络。第二年，宋朝派使臣前往河北，与蒙古驻汉地的最高级官员木华黎见面。木华黎对宋使非常热情，随后派蒙古使臣跟宋使南下回访。同年，宋朝使臣苟梦玉前往蒙古，见到了成吉思汗。

两年后的嘉定十六年（1223 年），苟梦玉又一次出使蒙古。这次苟梦玉回到宋朝，带来了蒙古的许多信息，南宋朝廷感受到了蒙古的强大，对蒙古的好感急转直下，他们担心和蒙古联手灭掉金朝之后，反而要直面蒙古军，不如让金朝成为宋蒙之间的缓冲地带。

接下去，宋朝和金朝都发生了旧帝驾崩、新帝上位的权力更迭，内部各方势力重新组合。

嘉定十六年（1223 年）十二月，金宣宗驾崩，皇太子完颜守绪不在南京汴京，他的庶兄便准备发动政变，窃取皇位。完颜守绪匆忙赶到汴京，命三万士兵屯守汴京各地，抓住庶兄，才顺利继位。即位后，完颜守绪放还之前俘虏的宋人，并向南宋保证不会再南下侵略宋朝。

宋朝这边，在嘉定十七年（1224 年）八月，理宗登基，一场危机悄然而至，但理宗全然不知。

原来，嘉定十年（1217 年），金对宋发动战争，之后六年，两国处于交战状态，这时候，山东地区义军“红袄军”也参与到了战争中，对牵制金军起到了积极作用，于是，宋廷密遣官员慰问“红袄军”。

嘉定十一年（1218 年），“红袄军”被南宋朝廷正式承认，改名“忠义军”，获得南宋朝廷拨予的军饷，其中势力最大的一支义军，其首领名叫李全。李全说服在山东的金朝将领张林带领所辖山东二府九州归宋。朝廷因此任命李全为广州观察使、京东总管，驻扎楚州。

但是，随着忠义军越来越壮大，投降的义军首领之间开始产生矛盾。宋廷也考虑到要压制和分化忠义军，一面封锁淮水，不许他们南渡，一面令许国为淮东安抚制置使，节制李全等人。许国的强硬手段，激起了李全等人的反感。

宝庆元年（1225 年），李全指挥部下刘庆福到楚州，冲入许国的家中刺杀许国，许国之后在逃跑的路上自缢，而刘庆福掠走了楚州的大批粮草物资。

理宗和史弥远听闻楚州生乱，大惊失色。因为就在一个月前，刚发生了“湖州之变”。

当初，宁宗驾崩，在杨皇后和史弥远的密谋合作之下，理宗被推上皇位，而真正被宁宗视为继承人的皇子赵竑被封为济阳郡王。为了防止赵竑威胁皇位，理宗和史弥远令赵竑担任醴泉观使，离开临安。

赵竑倒是想远离是非，可湖州的潘普等人却想通过拥立皇帝得到荣华富贵。他们宣布起义，找到赵竑后强行给他披上黄袍，想要效仿太祖赵匡胤的“黄袍加身”。赵竑根本不想做皇帝，也清楚潘普等人只是乌合之众，不可能成事，遂暗中联络官府。史弥远闻讯后派人征讨。

潘普等人的起义很快被朝廷镇压，但赵竑经历过此事，更加被朝廷猜忌。理宗和史弥远决定不再留他性命，将赵竑毒死。

“湖州之变”很短暂，也没有对朝廷产生实质性的冲击，但令理宗和史弥远意识到民间反对他们的力量真实存在，他们不想多树敌人。因此在李全逼死许国的事情上，理宗和史弥远决定不做追究，反而安排和李全关系亲近的徐晞稷接任淮东安抚制置使。

宝庆二年（1226年），蒙古军在将领孛鲁的带领下进攻青州。李全在青州坚守，拒绝蒙古的招降，他与蒙古军反复交兵，蒙古夺不下城池，李全也打不退敌人，最后李全只能关闭城门自守，青州因此被蒙古重兵包围。

李全原本让其兄长李福逃出青州，向宋廷求助，谁知宋廷竟然不予援手，还想借助蒙古人之手处理掉这支不够听话的忠义军，同时换下徐晞稷，以刘琸为淮东安抚制置使。

刘琸随后到了李全的大本营楚州，想处理掉李全的妻子杨妙真和兄长李福。杨妙真感知危险，提前下手将刘琸所住楚州州衙围住，把刘琸吓得半夜逃出楚州。宋廷之后出于安抚之意，又令与李全关系不错的姚翀为淮东安抚制置使。可是因为姚翀总是找借口推迟给忠义军的粮草，令忠义军心生不满。杨妙真和李福决定处理掉姚翀，姚翀赶忙逃去明州。

与此同时，李全已经被蒙古军围困一年，城中粮食用尽，甚至发生了人吃人的情况，而久久盼不来援军，李全迫不得已向蒙古军投降。

再加上，换了几任淮东安抚制置使都无法令忠义军完全效忠朝廷，宋廷决定放弃忠义军。忠义军闻讯发生内讧，许多人把问题怪罪在李福和李全身上，他们杀了李福和李全的次子，把他们的首级送往宋廷。宋廷遂决定趁此机会剿灭整个忠义军。

李全得知此事，怒断一指，表示与宋廷不共戴天。蒙古随后授李全节制山东、淮南行省。不久，李全依靠蒙古之力，向南宋宣战。

理宗下令讨伐李全，已经在病榻上的史弥远却想劝降李全，他给李全去信许以高官厚禄。李全大笑史弥远看不清局势，随后攻下泰州，进而攻打扬州。

此时在扬州的宋将是赵范、赵葵兄弟，时值正月十五,二人命百姓张灯结彩做出不想作战的样子，迷惑李全。李全遂放松了警惕，也带人在营帐内寻欢作乐。次日凌晨，赵范和赵葵突然打开扬州城门冲杀出去，李全没有防备，被宋军斩杀。

这一年二月，还爆发了蒙古军入侵四川的“丁亥之变”，后来因为成吉思汗过世，蒙古军才撤离。这件事使得本就冷淡的宋蒙关系降到冰点，南宋已经感觉到蒙古有夺取天下的野心，因此拒绝蒙古使臣来宋。

可是，在强大的蒙古面前，宋朝没有选择。

蒙古派使臣到南宋的目的，就是来谈借道南宋灭亡金朝之事。甚至在蒙古内部有个方案，想借道南宋淮东攻打金朝，因为这条路距离金朝更近。但蒙古知道淮东是宋朝的防御重点，重兵屯守，保护临安安危。蒙古也是虚晃一枪，实际上想途经的是南宋的四川，这个主意早在成吉思汗在世时就已提出。

绍定四年（1231 年），接替成吉思汗成为蒙古大汗的窝阔台汗下定决心用“借道宋境，大迂回之斡腹战略”灭金。蒙古军兵分三路：中路由窝阔台汗亲自带领，渡过黄河，进攻洛阳；左路由斡陈那颜带领，进攻济南；西路由拖雷率领，渡渭水，借道南宋，绕到金朝背后，出奇制胜。三路大军约定在第二年五月会师于金朝的国都汴京。

八月，拖雷率蒙古西路军进入宋境，攻取沔州，之后强攻大兴安军，宋军誓死抵抗，不敌而败，蒙古军沿嘉陵江南下。同时，蒙古以“灭金对宋有利”的说辞要求四川制置使桂如渊让蒙古军取道攻打金朝，实际上，利诱是假，武力威胁是真。

桂如渊组织不起有力的反击，只能屈服于蒙古军的要挟，最终让蒙古西路军取道成功，进入河南。

蒙古中路军在窝阔台汗的带领下，也顺利攻破金朝“关河防线”战略要地河中府（今山西省永济市）。

听闻蒙古军南下，金将完颜合达率十五万大军北援。

绍定五年（1232 年）正月，蒙、金两军相遇于三峰山。此时，蒙古军的人数远不及金军，但是天降大雪，对于习惯了寒冷天气的蒙古军来说毫无影响，而畏寒的金军处于不利状态。随后，蒙古中路、西路两路军队轮番攻打金军，又故意露出破绽，引诱金军突围。金军果然中计，在一半金军冲出包围圈的时候，蒙古军突然发起强攻，将金军拦腰截断，金军崩溃，随后大败，无数金朝名将被蒙古军斩杀，史称“三峰山之战”。

在三峰山遭遇失败后，金军主将完颜合达逃到钧州，蒙古军随后包围钧州，完颜合达誓死不降，在城破后被蒙古军杀死。

三月，蒙古军攻破洛阳，大军直逼金朝首府汴京。

金朝皇帝完颜守绪听闻蒙古军即将到来，急忙与大臣们商议如何应对。

平章政事完颜白撒出了个馊主意，招募上万壮丁去挖掘黄河，想用水冲溃蒙古军。这个主意也就比当初北宋的钦宗相信骗子可以请来天兵天将对付金军好那么一点点。最后，黄河没有掘开，蒙古军已至，这些壮丁不是四散逃跑，便是被蒙古军杀害。

金主完颜守绪无奈，只能向蒙古军求和。同样是汴京，同样是强敌围城，只是匆匆过了一百年时光，金朝人就从当年的强势一方变成了委曲求全的一方。

完颜守绪倒是比徽宗、钦宗更想做一个好皇帝。双方议和的时候，他走出皇宫，慰问百姓和军人。天降大雨，随从想给他披上蓑衣，完颜守绪拒绝了，他说道：“大家都在淋雨，我也不需要遮挡。”

议和最后没能成功，蒙古军对汴京发动了进攻。

平章政事完颜白撒还是净出馊主意，竟然给蒙古军营放风筝，风筝上挂了招降书，号召蒙古军营里的金人起义反抗，被蒙古军发现，看作笑话。

最后，金军反而是依赖北宋开始建造加固的汴京城墙，与不愿意投降的汴京守军和百姓齐心协力，挡住了蒙古军连续十六日的强攻。

蒙古军打不下汴京，才同意和谈，随后撤退，给了金主完颜守绪一丝喘息的机会。

不过，蒙古人走的时候，把完颜守绪生母明惠皇后的陵寝给挖了。完颜守绪得知后，悲伤地命人去重新收殓安葬母亲。

金朝事后追究责任，平章政事完颜白撒被认为要负主要责任，他后来被活活饿死在牢中。倒也不是金朝朝廷故意给完颜白撒这种死法，当时汴京被围，没有外援，城中粮食殆尽，不得不开始搜刮民间的粮食，这种时候，但凡能有一口米饭都不会用来浪费在完颜白撒的身上，所以才让他饿死了。

五月，更诡异的事情发生了。汴京城内暴发疫情，民众死亡过半。

完颜守绪焦头烂额，询问大臣们下一步怎么办。

大臣白华奏道："如今庄稼已毁，存粮将尽，各地援军都不能指望，不如迎难而上，直接攻打在汝州的蒙古军，赢了可以大振士气，慰劳百姓，输了也名传千古，对得起先祖。"

完颜守绪认为有道理，决定与蒙古军决一死战，他把嫡母王太后、皇后和家眷都留在汴京，自己带了大臣、儿子完颜承麟等人出发。但是走到半路，他们发现带的粮食补给根本支撑不到汝州，又谈何攻打？汴京周围上百里荒无人烟，颗粒无收。于是，一行人转了个大弯前往归德府。白华则被定为此行失败的主要负责人，成了下一个被活活饿死的臣子。

蒙古方面听闻完颜守绪出逃，一面派兵追击，一面再次包围汴京。汴京随后被攻破，留在城中的皇室贵族五百多人都被蒙古军掠走，跟当年金军对待北宋皇室的做法一模一样，但蒙古人比金人要更加残忍，带着这批俘虏到半路，就下令杀光全部女真族男子，把女真族女子作为战利品分了。

与此同时，蒙古再次向宋朝派去使臣，希望宋朝一起出兵，联合灭金。蒙古军可看不上南宋那点打仗的能力，真正的要求是要宋朝提供军粮。

绍定六年（1233年），蒙古使臣王楫来到京湖，与京西、湖北路制置使兼知襄阳府史嵩之讨论一起进攻金朝，且宋朝支援蒙古军粮草的事务。王楫口头承诺，灭金之后将河南地区归宋廷所有。

史嵩之是当朝宰相史弥远的侄子，史弥远此时已经病重，但他舍不下权力，任何决定都要干预。他认为可以和蒙古联合，大臣们也都附和。

唯独赵范反对道："之前宋与金有海上之盟，一起灭辽，一开始也合作得很好，后来却造成了祸害，导致靖康之耻，此事就是前车之鉴。"

但理宗的雄心壮志被激起了，依然命史弥远答应蒙古，可是百密一疏，双方的合作没有任何文书可以证明事成之后河南地区由南宋所有，因此给后来蒙古南下留下了隐患。

这一年，宰相史弥远终于死了，理宗追封他为卫王，谥"忠献"。同样是权相，史弥远的结局要比韩侂胄好很多，死后也没像秦桧那样被反复批判。继任宰相的是史弥远提拔的同党郑清之。郑清之倒是很乐意辅佐理宗，理宗当了这么多年皇帝，终于算是正式亲政。

绍定六年（1233年），归德府的粮食告急，金主完颜守绪无奈之下让军队到徐州、宿州、陈州解决吃饭问题，防御能力因此减弱。到三月，归德知州女鲁欢请求让军队外出寻找粮食。完颜守绪勉强答应，至此归德府的主要兵力仅剩下了忠孝军。

五月，蒙古军包围归德府。

金军忠孝军的统帅蒲察官奴，带领忠孝军主动出击，夜袭蒙古军。蒙古军毫无防备，大军溃败，将领撒吉思卜华一军皆没。

完颜守绪因此任命蒲察官奴为参知政事兼左副元帅，谁知蒲察官奴权力欲望过大，竟软禁了完颜守绪。完颜守绪于是找机会和内侍宋乞奴等人商量诱杀掉蒲察官奴。蒲察官奴不明真相，听闻皇帝传他入内觐见，便赶回来，完颜守绪几人趁蒲察官奴不备，将其杀死。

六月，完颜守绪带领剩下的人逃往蔡州，一路上看到满目疮痍，毫无人烟，完颜守绪不由得感叹“生灵尽矣”，潸然泪下。

完颜守绪抵达蔡州后，令完颜仲德（女真名忽斜虎）为丞相，总领各事。

完颜仲德倒是个人才，事无巨细都亲自处理，很快招募到一万多士兵，蔡州也有了一副能防御蒙古人的样子。

八月，蒙古都元帅塔察儿派使臣到襄阳，与宋朝相约一起攻打蔡州。

京西、湖北路制置使史嵩之随后举兵攻打唐州，金朝守将乌古论黑汉战死，唐州被宋军攻克。宋军随后驻扎到息州南面，息州刺史乌古论忽鲁向金主完颜守绪求援，完颜守绪也只能派出五百人去帮忙，实在捉襟见肘。后来，唐州坚守到弹尽粮绝，城中杀妇女儿童为食，实在坚持不下去了才有人主动打开城门投降。而息州刺史乌古论忽鲁拒不投降，与宋军战到最后，力尽被俘，之后被杀。

完颜守绪闻讯，派使臣前往南宋求援，他叮嘱使臣跟南宋说：“南宋负我良多，趁金朝虚弱，占据寿州，攻占唐州，这是战略上的错误。要知道蒙古已经灭去大大小小四十多个国家，西夏也亡了，如今他们来灭我大金，等大金灭亡之后就是你们宋国，唇亡齿寒的道理还不明白吗？”

可是宋朝为了收回河南的土地，也为了一雪靖康之耻，没有理会金朝。

九月，由塔察儿率领的蒙古军抵达蔡州，发动攻城之势。

完颜守绪赐蔡州将士们美酒，勉励众人，大家情绪踊跃，都表示要誓死保卫蔡州，将士们随后到各处迎战蒙古军，异常英勇。

蒙古军百骑先锋冲到蔡州城门，都被金朝守军打退。第二天，金军甚至派出八百敢死队，渡河突袭蒙古军。

蒙古军一时难以拿下蔡州。

十月，史嵩之命孟珙、江海率领两万宋军，带足三十万石粮食，奔赴与蒙古的“攻打蔡州”之约。

十一月，宋军抵达蔡州城外，与蒙古军会合，两军商议之后，决定由宋军攻打蔡州南面，蒙古军肖乃台、史天泽所率部队攻打蔡州北面，东西两面则由蒙古军团团围住，不给金军逃出的可能。

蔡州外城不久便被攻破，随后两军合力攻打内城。金军在完颜仲德的指挥下，加固城墙，深挖壕沟，蒙古军再难往前，完颜仲德也坚守在城墙之上，日夜御敌。

金主完颜守绪见到自己只剩下最后方寸之间的土地，对左右哀叹道：“我为金朝紫金大夫十年，又为太子十年，最后做皇帝十年，自认为没有做过大恶之事，应当死而无憾。可是祖宗基业，毁于我手，实在让我痛苦。自古亡国之人，不愿受辱，等到最后的时候，你们看我表现吧。”

听着外面不断传来的交戈之声，完颜守绪叫来完颜承麟，要把皇位传给他。

完颜承麟大哭不肯，完颜守绪拉着他的手说：“你是金朝的最后希望，也许有能力冲出重围，把国家维持下去，这才是我把皇位传给你的缘故啊！”

禅位在匆忙之中完成，随后宋军就攻破了南城，蒙古军也攻破了西城，完颜承麟在一千人的护卫下，冲出与敌人巷战，试图突破包围。

完颜守绪一个人绝望地在幽兰轩自缢，年仅三十七岁。完颜承麟闻讯，带人冲回幽兰轩，众人商议给完颜守绪上庙号为哀宗，因此完颜守绪被称为金哀宗。

大家还没哭祭金哀宗，金军就彻底溃败了。众人为不让金哀宗尸体遭受侮辱，遂放火焚烧其遗体。

没过多久，宋、蒙联军冲进来，才登基不到一个时辰的完颜承麟拒不投降，被乱兵砍死，史称金末帝，金朝的丞相张天纲等人被俘。

烧到一半的金哀宗的遗体被众人拖拉出来。蒙古军主张要带这个遗体回去，祭祀被金朝杀害的成吉思汗的先祖，而宋军也提出要金哀宗的遗体，祭奠徽宗、钦宗。双方随后决定一方一半，可怜的金哀宗被一分为二，被宋蒙双方各自带回。

值得一提的是金朝的末代丞相张天纲被宋将孟珙擒获，因此被押送到宋朝。

张天纲力求速死。

理宗召问他："你真不怕死？"

张天纲道："大丈夫只担心死而不忠，其他的有何可怕的？"

理宗反而觉得杀了可惜，想收张天纲为己用，相关的人便叫张天纲写罪状认罪。

张天纲道："要杀就杀，写什么罪状！"他始终不屈，就算是写文书也使用金朝格式，对金朝皇帝使用尊称。

金朝有这样的宰相，表现出来的气概，并不输北宋、南宋末年的忠义之士，金哀宗得臣如此，应该觉得欣慰了。

第三十五章

襄阳城破——蒙古征宋

端平元年（1234年）正月，南宋联合蒙古灭金取得胜利，金哀宗自缢而死，宣告建立了119年的金朝正式走下历史舞台。

理宗在亲政后能取得如此政绩，自是非常欢喜。朝野上下也欢声一片，绷紧百年的神经得以放松。

三月，理宗祭祀先祖，告知列祖列宗靖康之耻得以洗雪之事。

等理宗回朝后，淮东制置使赵葵趁着大好局势，向其进言："何不趁机收复三京（东京开封府、西京洛阳府、南京应天府），抚定中原？"

左相郑清之一心辅佐理宗治理天下，也支持赵葵抚定中原的意见。

朝臣们则多数以为，收复三京之事应当延后处理。金朝既灭，南宋与蒙古比邻，和议是上策，当以守为主、战为辅应之。三京之地眼下虽空虚，若兵事一开，蒙古骑锐南下攻之甚易，南宋防守艰难。

主和派参知政事乔行简劝理宗道："陛下，自古以来，明君治世，攘外必先安内。"又道："事有轻重缓急，当下之急非对外征战，而是内聚民心，充实国库，休养生息是要本。朝中连年征战，百姓苦不堪言，国力不丰，百姓得不到休养，朝中要出兵，若粮草不继，岂非进退两难？臣着实担心，陛下一意孤行，恐怕北方未打下来，南方反而先乱。"

理宗正是意得志满之时，自信心爆棚，仍然决定发兵洛阳。

京湖制置使史嵩之持反对意见。

理宗以兵部尚书之职诱惑史嵩之同意，被史嵩之一口回绝。

理宗转头任命赵葵为兵部尚书，京西、河北路制置使，知应天府，南京留守兼任淮东制置使，正式出兵，欲收复三京。

六月，时值盛夏，宋军顶着烈日行军。赵葵率淮东军主力五万人先攻取泗州，再由泗州进入汴京，确实一路收复了一些城池，但连年战事，这些城池大多为空城。而这时汴河堤坝溃决，粮饷运送如乔行简所料，出现了前线粮食供给跟不上的问题。

赵葵只得临时修改作战计划，命淮西制置使徐敏子为监军先行西上，又命杨谊率强弩军万余人跟上徐敏子的队伍为其殿后，两队军士各备五日军粮。

七月，徐敏子率兵进入洛阳，军粮食尽，军士只得采蒿和面做饼充饥。

南宋兴师动众地开动大军意欲拿回汴京，蒙古自然不能坐视不理。蒙古元帅塔察儿立即命手下将领刘亨安率部下南下，并于龙门伏击宋军。

这日，徐敏子的部将杨谊率兵于洛东三十里采蒿，忽然周围蒙古军旗摇动。原来蒙古伏兵于深蒿之中，趁杨谊不备发动伏击，宋军全军覆没。

蒙古军乘胜追击，攻至洛阳城下，徐敏子与蒙古兵战于一处，各有胜负。可宋军将士无粮充饥，已经到了杀马而食的地步，徐敏子无法，只得班师回朝。

而在汴京方面，蒙古军见黄河泛滥，便掘开寸金淀闸，淹死众多到达汴京的宋军，赵葵只得铩羽而归。

宋军入洛行动宣告失败，赵葵班师回朝后，被理宗官降一级，改授为兵部侍郎。

理宗以为这只是一场战争的失败，却不知，正是这场战争，给了蒙古日后南下攻打宋朝的借口，就此拉开了南宋与蒙古长达四十年的战争序幕。

端平二年（1235 年），蒙古大汗窝阔台认为蒙古经过父亲成吉思汗的扩张，无论军事还是经济都有了稳定发展，他便想实现成吉思汗西征的梦想，进一步将蒙古政权的版图扩大。

窝阔台召集蒙古贵族们，宣布长子西征的决定，意在开疆拓土的同时，锻炼各宗室长子的军事能力。由术赤的长子拔都带领托雷长子蒙哥、窝阔台长子贵由等贵族宗亲及百户长以上官员长子们组成的十万蒙古西征大军很快组成，窝阔台命老将速不台随军压阵，向还未臣服蒙古的钦察和斡罗思等国家出发。

窝阔台非常重视此次西征，而长子们的大军也未辜负窝阔台的期望。从火烧俄罗斯境内的不里阿耳至蒙哥带兵攻占钦察部，到弗拉基米尔大公国大公被杀，消灭了位于高加索山以北的阿索国，再到拔都占领了俄罗斯大片土地。长子们的大军所过之处，尸横遍野。

成吉思汗的子孙们以铁血手段，烧杀抢掠，攻城略地，以不到欧洲四分之一的军力，避开欧洲主力军，从侧面对欧洲军队进行袭击，最终将欧洲联军击败，取得长子西征的胜利。

蒙古大军的骁勇善战及赫赫威名使欧洲联军闻风丧胆，托雷的长子蒙哥与术赤的嫡次子拔都也在这次西征中结下了深厚友谊，为将来蒙哥取得汗位打下基础。但蒙古大军残忍杀戮酷爱屠城的行为也引发了当地百姓的强烈仇恨，为后来西征失败埋下了伏笔。

长子西征带走了蒙古国内大部分生力军，但窝阔台和剩余的蒙古军队也不容小觑。此时南宋主动撕毁宋、蒙联军和约，攻占汴京，给了窝阔台向南宋出兵的借口。

端平二年（1235 年），窝阔台派出还留在中原地区的蒙古军队，对南宋四川、荆襄、江淮等地区发起了进攻。窝阔台儿子阔端与将领塔海率蒙古兵攻击四川；忒木䚟、张柔率兵攻击荆襄；口温不花及察罕攻击江淮。

次年七月，口温不花率先在唐州取得南侵胜利。宋将全子才弃师逃走，宋将赵范不敌蒙古兵，兵败于上闸。

在四川战区，蒙古王子阔端率领骁勇的蒙古铁骑，长驱直入四川，如过无人之境，四川西部地区落入蒙古人手中。阔端取得了四川战区的胜利，一番掳掠之后，向陕西撤回主力军，并没有长久驻扎下来统治四川。

在江淮战区，端平三年（1236 年）正月，忒木解与江陵统制李复明在江陵展开游击战，李复明战死，忒木解得胜后离去。

而在荆襄战区，南宋襄阳制置使赵范治下松弛，醉生梦死享受荣华，时任襄阳主将是赵范的心腹王旻。端平三年（1236 年）三月，蒙古军攻来，王旻不战而降蒙古。襄阳城内军粮三十万石、军事战备物资二十四库皆归于蒙古，蒙古军所到之处，烧杀抢掠，无恶不作。襄阳自岳飞收复以来，繁华富庶，百姓安居乐业的生活毁于一旦，而南宋朝廷对于应担重责的赵范的惩罚却仅仅是削去三官，仍旧担任原职。

四川、荆襄、江淮相继有战败的消息传回南宋朝堂，四川、荆襄、江淮等城局势危急，理宗悔不当初，命学士吴泳草诏罪己诏。

左相郑清之也因当初一力主战，致使国家再陷危局，颇为羞愧，自请去相。而当初劝诫理宗的主和派官员都得到了重用，乔行简取代郑清之上位为相，史嵩之升为淮西制置使。

理宗急令史嵩之去淮西前线督战。

史嵩之将督府设在鄂州，力劝皇帝和议。史嵩之之父史弥忠知道儿子的行为后，劝说史嵩之不可轻易议和。史嵩之却视若无睹。

好在史嵩之只是军事指挥官，他在军事上毫无天赋不要紧，真正手握军权的是主将孟珙。

孟珙出身将门，曾祖孟安、祖父孟林皆曾在岳飞麾下。孟珙从小随父亲在枣阳抗金，参与过联蒙抗金，是名优秀的军事人才。

端平三年（1236 年）十一月，史嵩之在黄州抵御口温不花率领的蒙古军。有士兵上报蒙古另一将领忒木解将进攻江陵，史嵩之立即派人传讯孟珙，增援江陵。

孟珙派遣部将张顺先行渡江，而后亲自率领全师救援江陵。一时江面战令频传，夜以继日。孟珙亲自上阵击敌，果然不负朝廷期许，连破蒙古军二十四阵，夺回了被俘的两万人。

嘉熙元年（1237 年）十月，蒙古将领口温不花再攻黄州，孟珙率师营救，将口温不花打败，蒙古军退而转攻安丰。

孟珙命杜杲防守安丰，蒙古军攻占不下，以火炮攻城楼，杜杲命人哪处攻陷立即修补好哪处，随陷随补。蒙古军又诱惑死囚以攻城自赎，杜杲站在城墙上，用小箭将死囚射伤。口温不花一计不成又施一计，在护城河上填埋出了二十七道坝桥，令蒙古士兵穿上几十层牛皮制成的重甲，通过坝桥向安丰发起进攻。杜杲分兵与蒙古兵在土坝对战，他发现披重甲的蒙古士兵只有眼睛暴露在外，于是发明了一种“袖珍箭”专门射敌人眼睛，挫败了敌军进攻。蒙古军见状乘风放火，欲烧死攻坝的宋军，宋军英勇奋战，不惧生死。这时，池州都统吕文德突围入城，增援杜杲，两军一起抵御蒙古军，最终令敌人败走。

孟珙知人善用，有勇有谋，自他与部将坚守黄州起，至嘉熙三年（1239 年）三月，孟珙三战蒙古，尽皆胜利，继而收复了信阳、樊城、光化和襄阳等城，成功地将傲气的蒙古军阻断在长江以北。

打了胜仗的孟珙向皇帝上疏道：“夺回襄阳并不难，如何守住襄阳才是难点。襄阳自古都是兵家要地，襄阳是朝廷门户，当以重兵把守。先前失守，并非守兵不勇猛，亦非军马器械不够精良，是主将不给力。现在好不容易攻下襄阳，为保胜利果实，当以十万甲兵镇守，不可分而守之，战时，便不用抽兵来援。此乃上兵伐谋，不争之争。”

孟珙认为襄樊将会成为之后宋蒙战争的焦点，于是在蔡州等地设置忠卫军，在襄阳、郢州设置先锋军，加强襄阳城周边驻防，进而保卫江南的前哨。

嘉熙三年（1239 年）十二月，孟珙得知蒙古将领塔海等率八十万人南下侵宋，他预测蒙古军队必然由施州、黔州进入湖州进而攻向湖南。

孟珙下令，以十万石粟米为军粮，分兵驻扎于峡州、归州（今湖北省宜昌市）；命弟弟孟瑛率精兵五千驻扎于松滋（今湖北省荆州市），以防蒙古兵攻占夔州（今重庆市）。为防万一，孟珙还给守于归州隘口的万户谷增兵，加强防御；再命伍智思以千人屯兵施州，抵御蒙古军进攻；而孟珙则亲率兵舰于间道抵达均州（今湖北省丹江口市），掌控全局。

不久蒙古兵果然入蜀渡万州湖滩，孟珙提前屯集在施州、夔州的兵力一同发动，孟珙兄长孟璟率兵于归州抵御蒙古军，巴东地区得胜，蒙古军没能进入四川。

嘉熙四年（1240 年）正月，蒙古将领张柔率兵分道入侵南宋，屯兵于襄樊、信阳、随州等地，召集军民，欲在顺阳建立水军，收积船材建造船只。

二月，孟珙调任四川宣抚使。有探子将蒙古军近期动向上报，孟珙派兵阻挠蒙古军，烧毁蒙古军用于建造船只的材料。他屯田于四川，自秭归至汉口，囤积田地十八万八千二百八十顷，备齐粮种，招募百姓务农。四川零散民众被召集加入宁武军，建筑军事防御。孟珙又给予李庭芝于施州建始县以权，李庭芝在施州训务治兵，战时为军，无战为民。在孟珙治理下，四川百姓得以休养生息。

蒙古军几次三番攻宋，均被孟珙阻击。于是，蒙古方面便主动提出和谈。

嘉熙四年（1240 年）四月，蒙古派使者求和。

理宗想用眼前的和平来粉饰天下，同意求和。

史嵩之本就主张和谈，一见皇帝同意议和，立即竭力附和。理宗很满意史嵩之知情识趣，再加上孟珙成功阻击蒙古军的进犯，史嵩之是这场阻击蒙古军前进的最高指挥官，自然更加得到理宗嘉奖。

但日益强大的蒙古只把议和当作权宜之计，故而议和之事迟迟未能商议成功。

嘉熙四年（1240 年）三月，理宗进封史嵩之为相国，史嵩之如愿以偿地实现了梦想。

当上宰相不久，史嵩之的父亲史弥忠过世，史嵩之应当回家守孝三年。可他才得到宰相之位，不舍得离开，因此以“现在是战争时期，凡事都可以破例”为由，想要继续留在任上。

一直以来，朝野内外不服史嵩之的人不在少数，他们俱认为史嵩之心术不正、结党营私，小人行径。如今一个“不孝”的把柄递到手中，群臣弹劾史嵩之的奏章如雪花一般飞到理宗手中。

史嵩之在高压之下，被迫回家守孝。

配合理宗一同努力议和的史嵩之离开了朝堂，而蒙古国内也发生了件大事，令两国和议陷于停顿。

淳祐元年（1241 年）二月，窝阔台在游猎归来后暴毙。大汗死得太突然，更没有留下遗旨，蒙古国内一时群龙无首。

窝阔台在世时，本来属意三子阔出继承汗位，但阔出年纪轻轻便已病故，窝阔台于是想让阔出的儿子失烈门继承汗位。

而窝阔台的皇妃乃马真后，更想让自己的儿子、窝阔台的长子贵由当大汗。

在窝阔台暴毙时，贵由在长子西征的途中，无法回来争夺汗位。乃马真后不甘心将汗位让于失烈门，便召见了丞相耶律楚材，询问大汗人选。

耶律楚材深受成吉思汗和窝阔台两代蒙古大汗器重，对窝阔台忠心耿耿。耶律楚材没有顺着乃马真后的意愿支持贵由为大汗，反而耿直地说道：“此非外姓臣所敢知，自有先帝遗诏，幸遵行之！”即遵照窝阔台遗愿，立失烈门为大汗。

乃马真后拉拢耶律楚材未成，将耶律楚材视为异己，在心里狠狠地记了他一笔。

这时，乃马真后的心腹奥都剌合蛮站出来为主分忧，向乃马真后进言："不如后先临朝摄政，待贵由王子回朝后再定大汗之事。"

乃马真后认为此计可行，在与心腹们急匆匆准备了一番后，迅速夺取蒙古政权，临朝摄政，打了宗室贵族们一个措手不及。

乃马真后摄政后，立即着手排除异己，其中就包括之前坚持要尊重窝阔台遗诏的耶律楚材。为相二十年的耶律楚材最后郁郁而终，享年五十五岁。

乃马真后为了在蒙古国内站住脚跟，大力提拔支持贵由为大汗的官员，任人唯亲，毫无原则地任用拥戴自己的人，使得蒙古国朝纲混乱，法纪废弛，窝阔台时期建立起来的中央集权遭到严重破坏。在乃马真后摄政的这五年内，蒙古国由上而下陷入一片混乱，自然无暇顾及南宋。

此时的南宋王朝并不觉得安稳，虽然因为蒙古内部问题，宋蒙议和暂时搁浅，但中原大地仍时常被驻守北方的蒙古军骚扰打压、攻城略地。

理宗只得下令，在沿江、湖南、江西、湖广、两浙加筑城寨，增加守备兵力，共同制造轻捷战船，组建游击军壮士，以防备蒙古骑兵的长驱奔袭。

在四川的孟珙也利用河流湖沼，疏通水道，修建水库，建造有利于农田的水利工程。还在治下兴建战船，训练军队进行水陆作战。

理宗淳祐三年（1243 年）三月，朝廷令余玠为兵部侍郎、四川制置使，接任孟珙职位。

余玠出身穷苦人家，因得淮东制置使赵葵看重，收为幕僚，后被举荐入朝。

得理宗召见时，余玠自称为粗人，向理宗进言："望陛下能将文武一视同仁，不要有所偏颇，若文臣武将不能友好相处，不是国家之福。"

理宗有所感触，答道："余爱卿言之有理呀，是个敢言之人，可以独当一面。"授余玠四川制置使、重庆府知府。

四川历来都是纳赋大郡，可往上十六年间，制置使九人，或各有嫌隙，或各有谋算，政绩混乱。

余玠到任后，设立招贤馆，集思广益。有忠义之士来投，余玠皆以礼相待，有才者如冉琎、冉璞兄弟来投，向余玠提出意见：“为今四川，若要抵抗外敌入侵，当迁往合州城中！”

余玠高兴地问：“正有此意，但不知该如何行事？”

冉姓两兄弟随后便提出，当采取守点控面的防御措施，修筑钓鱼城（今重庆市合川区），以重庆为中心，在嘉陵江、渠江、涪江等长江险要关隘及要道，修筑起十余座山城。而钓鱼山更是易守难攻的要地，建城之后，存积足够的粮食，足以抵挡十万大军。城池建好之后，便可命百姓迁于城中。

有人劝余玠此事不可为，余玠怒道：“此城建成，四川便得以安全，若不成，也由我余玠一力承担后果！”

余玠力排众议，终将钓鱼城及附近城池建起，还为提出建议的冉姓两兄弟请官，皇帝批复，授二人为承事郎，协助余玠管事。

除此之外，余玠在四川囤积粮食，储备物资，训练军队。数年间，四川在余玠的治理下，百姓终于有了安身立命之所。

江淮、襄阳、四川都有了防备，蒙古国内正在内乱，南宋朝中的大小官员们觉得环境一片大好，便将心思转到了争权夺利之上。

蒙古国内也正为争权夺利闹得不可开交。

理宗淳祐六年（1246 年）七月，乃马真后召开了库里台大会，将她的儿子窝阔台汗长子贵由，推上了蒙古国大汗宝座。

这个决定不得宗室贵族们的支持，术赤嫡次子拔都等人更是没有参加库里台大会。

贵由当上蒙古国大汗后，乃马真后并不乐意放权，时常给贵由拿主意，直至乃马真后去世，贵由才真正掌握蒙古的军政大权。

随后，贵由为了彻底把大权收回，铁腕清洗了乃马真后众多的支持者，又将被迫害的旧臣官复原职，并下令蒙古亲王们必须严格执行窝阔台时期颁布的法令，不得擅自发布法令，着重抽调违反规定的亲王的部下人力去充军。

成吉思汗铁木真之孙、术赤之嫡次子拔都不支持贵由当大汗，他当初没去参加库里台大会的事让贵由耿耿于怀。贵由便发动西征，号称学习窝阔台，实则是去讨伐当年留在钦察汗国当王的拔都。

但是，理想很美好，现实很骨感。

贵由的身体一向不好，加上好酒色，底子早就被掏空了。

淳祐八年（1248 年），西征军队到达新疆横相乙儿地区，便传来贵由过世的消息，时年四十三岁。

执政不到两年的贵由去世，令即将被讨伐的拔都头顶上悬着的剑没了。

拔都对窝阔台、察合台两脉的人早没了好印象。

拔都认为自己身为术赤嫡子、成吉思汗的嫡孙，若非因为术赤可能不是成吉思汗儿子的传言，留下了血统不明的问题，自己绝对可以争夺大汗之位。

此时，拔都年事已高，于是决定将托雷长子蒙哥推上大汗之位。

拔都想召开库里台大会推选蒙哥当大汗，但这并不是件简单的事，首先召集众宗亲，便需要不少的时间。

而蒙古国的汗位不可能空悬很久，多方势力早就蠢蠢欲动。

理宗淳祐八年（1248 年），贵由的皇后海迷失抱着阔出之子失烈门，开始垂帘听政。

在海迷失后垂帘听政的这三年里，老天爷很不给面子，连续三年滴雨未下，牧草干枯引发了大火，河流枯竭，牲畜们纷纷死亡，牧民们生活陷入困境。但诸王及各部落贵族们仍向诸郡征求财货，索取珠玑，争权夺利。

海迷失后在蒙古贵族中并没有太高的威望，对于治理天下和带兵打仗更不精通，还沉迷于巫术，而海迷失后的两个儿子都与海迷失处于敌对关系，他们自立门户，自封为王。

一时，曾经强大的蒙古国有了三个主子，蒙古贵族们干脆有样学样，纷纷自立。

眼看着成吉思汗建立的蒙古政权即将分崩离析，拔都作为亲王老大哥站了出来，亲自组织了库里台大会。

在这次的库里台大会上，蒙哥如拔都所愿，被推选为新的大汗。

可窝阔台与察合台两系的亲王们并未参加这次库里台大会，不承认蒙哥汗的身份。

为此，蒙哥决定到成吉思汗建大蒙古国的首都再开一次库里台大会，但问题是，窝阔台与察合台两系的亲王们根本不想承认拖雷系的子孙，又怎么会积极地来参加库里台大会呢？

蒙哥这一等，便是两年。

两年后，淳祐十一年（1251 年）六月，蒙哥终于在成吉思汗当年登基的斡难河源头召开的库里台大会上，被真正拥立为蒙古大汗，史称“蒙哥汗”。

蒙哥汗即位代表着蒙古大汗的汗位由窝阔台系转向了拖雷系，加深了窝阔台系与托雷系之间的矛盾。

窝阔台系子孙失烈门仍有诸王拥护，蒙哥汗便将失烈门及海迷失后迁往阔端所居地之西，再将其拥护者分别迁离。蒙哥汗的驱逐之意显而易见，海迷失后想做最后的挣扎，派人刺杀蒙哥汗，蒙哥汗最终将海迷失后赐死，囚禁失烈门于没脱赤。

蒙哥汗即位后，立即命其弟忽必烈总掌漠南（今蒙古大沙漠以南）地区军政大权，在金莲川（今河北省沽源县境）开府，设立指挥中心，要求凡军民在漠南，皆听令于忽必烈。

忽必烈在漠南地区掌权后，积极提拔汉族士人。

当时有“王佐略”之称的姚枢在苏门（今河南省新乡市辉县市苏门山）隐居。忽必烈命幕僚赵壁请来姚枢，以宾礼相待。

五十岁的姚枢决定重新出山，他向忽必烈讲述帝王之道。

忽必烈惊讶于其才华，每每有疑问便召姚枢询问。

姚枢得到忽必烈重视，投桃报李，向忽必烈进言，当于开封置经略司，筹划军备，分兵屯田，西起襄阳、邓州，东连清口、桃源，并以列障守之。

忽必烈随即便命人安排。

由于忽必烈对汉人文化的推崇，到了后期他成为大汗之后，蒙古国统治阶层逐渐重视重用汉族将领，此为后话。

忽必烈为蒙哥汗牢牢把握住漠南地区，蒙哥汗遂腾开手出征，将高丽拿下，待高丽依附蒙古国后，蒙哥汗又将视线转向了南宋。

蒙哥汗吸取窝阔台攻宋失败的教训——因进攻战线拉得太长，兵力分散，难以突破长江防御。

眼下南宋已派重兵把守蜀、荆、襄、鄂、两淮等地，以抗击蒙古军从北面南下，蒙哥汗于是决定采取“绕道西南，攻其腹背”的战略方针。

忽必烈向蒙哥汗进言道：“不若利用大理内部皇权交替、政局混乱的时机，先行占领大理，蒙古军在南方便有了据点，再避开南宋主力，迂回南宋侧后，再北上进攻，接应蒙古军主力，然后合兵东下临安，一举灭宋。”

蒙哥汗深觉有理。

淳祐十二年（1252 年）七月，蒙哥汗命忽必烈率十万蒙古大军从陕西远征大理，并先派汪德臣率兵进攻四川。

当时南宋四川制置使余玠屯兵日久，早在淳祐十年（1250 年）冬十月，余玠便与蒙古将领汪德臣、郑鼎于兴元有过交锋，且余玠大胜而还。

蒙古将领汪德臣晓得余玠的厉害，蒙古国内也未有旨意出征，汪德臣也不主动挑衅余玠，老老实实屯兵于沔州（今陕西省汉中市略阳县），进而向利州运动，且耕且战。

至淳祐十二年（1252 年）十月，汪德臣接蒙哥汗旨意，率兵攻略成都，迫近嘉定，四川为之大震。余玠受命率诸将夜开关与汪德臣大战，汪德臣不敌，退军而去。

余玠率兵到了嘉定后，都统王夔率二百羸弱部下出迎。

王夔此人，素来残暴悍勇，恃功骄恣，经常劫掠百姓，四川百姓有苦不敢言。

余玠对王夔深恶痛绝，欲为民除害，可因为王夔拥兵在外日久，恐牵一发而动全身，故而没有对王夔下手。

可嘉定危急之时，王夔仅领二百部下出迎，余玠不由失望："素闻都统兵精，今日一见，大失所望啊！"

王夔装模作样道："非王某人士兵不是精兵，实乃不敢召出来见将军，恐惊从人耳。"

少顷，江面声如擂鼓，旗帜鲜明，可见王夔拥兵自重非一日之功。

可留下这样一个隐患，于四川终究是祸非福。余玠谋将杨成进言："今日不诛此人，恐将来养虎为患。王夔在蜀虽久，有威名在外，但忠心不可与吴氏族人相比。吴氏有四世之功，能百战保蜀，可王夔此人，藐视法度，纵兵残民。若将来王夔真有发达之日，再想诛之，恐难矣。"

至此，余玠终于下定决心诛杀王夔。

王夔伏诛后，余玠举荐杨成为文州刺史。

又因王夔之事，余玠欲革除军中举代之弊端，遣将代姚世安之职。可姚世安素来与宰相谢方叔子侄交好，此时被余玠打压，便求助谢方叔，一来二去闹到理宗面前。

理宗看着面前摆着的两份奏章，一份是姚世安揭露余玠阴私的奏章，一份是余玠专制四蜀，颇有言辞张狂、不够恭谨的奏章，理宗赵昀心下便对余玠有了几分不喜。

徐清叟见理宗面有不悦，向皇帝进言："不若召余玠入朝，待余玠入朝后，再派人取而代之。"

宝祐元年（1253 年）六月，理宗皇帝命余晦为四川宣谕使，取余玠而代之。

宝祐元年（1253 年）七月，余玠暴毙，死因众说纷纭。有人说余玠是畏罪喝药而死，有人说余玠因皇帝召见不安，一夕之间暴卒。但不论是哪一种，蜀人听闻余玠离世的消息，莫不悲伤。

南宋这边自断后路，谋杀有功之臣，而蒙古那边也在为攻下大理而努力。

宝祐元年（1253 年）九月，忽必烈率军攻打大理，兵分三路：中路军由忽必烈亲自率领，以兀良哈台为副将，自临洮（今甘肃省临洮县）南下，向云南进攻，十月渡大渡河到达金沙江；西路军从四川西部，行经山地两千多里；东路军则到达会里地区。

蒙古军队三路军从三个方向将大理团团围住。

大理君主段兴智选择与蒙古军对战，派高泰祥带兵出击。

面对久经沙场的忽必烈，高泰祥根本不是对手，被蒙古军打得节节败退，随后大理主力军被蒙古军全部歼灭，段兴智与高泰祥败逃。

十二月，忽必烈攻占大理，又招降吐蕃诸部，然后率中东两路蒙古军北归，留下兀良哈台继续攻占云南各部。

后来，高泰祥被抓后斩于五华楼，而段兴智又被接回大理。蒙哥汗施以怀柔政策，让段兴智管理大理。

段兴智不但捡了条命，还得到蒙古大汗的赏识，继续掌管大理，对蒙古感激不尽。

由此，段兴智尽力为蒙古讨伐西南地区的反蒙古势力，帮助蒙哥汗统治云南。

宝祐二年（1254 年），蒙哥汗发动蒙古第三次西征。

此次西征军由蒙哥汗六弟旭烈兀率领，旭烈兀大军经过阿力麻里（今新疆维吾尔自治区霍城县西北方的阿脱诺克），到达土耳其斯坦。旭烈兀率军在土耳其斯坦驻扎一年，休整及补充军力后，于宝祐四年（1256 年）九月，向撒麻耳干（今乌兹别克斯坦）进攻，攻占撒麻耳干之后，大军只做短暂停留补给便接着向铁门关（今乌兹别克斯坦）进军，三十天后，继续向木剌夷国（今伊朗）进军。

蒙古军历年来给欧洲国家留下了不可磨灭的印象，此次蒙古军西征更是所向披靡。

不久之后，西征军控制了小亚细亚大部分地区。

宝祐四年（1256 年），蒙哥汗册封旭烈兀为伊儿汗。旭烈兀所建立的国家正式称为伊儿汗国。

宝祐四年（1256 年），蒙古将领兀良哈台在云南诸事告一段落后，率军北攻重庆，大败宋军。

宝祐五年（1257 年），兀良哈台又率军南下攻占交趾（今越南北部），完成了对南宋的战略迂回。

西南计划实施完毕，蒙哥汗决定对南宋发动大规模的进攻。他计划先拿下四川、荆湖两个重点要塞，再上下两路军会师于鄂州，集结兵力后，顺江东下，夺取临安。

宝祐六年（1258 年）二月，蒙哥汗以七弟阿里不哥留守和林，他亲率大军南征。

南下的蒙古大军分兵三路，分别拿下荆湖、四川。

中路主力以忽必烈为主帅，张柔为副帅，进攻鄂州，直取杭州，再由中军分出一路由塔察儿率领进攻荆山（今湖北省南漳县西部）。

南路军以兀良哈台为帅，由云南、广西北上与忽必烈中路军会师鄂州。

西路军由蒙哥汗亲自率领，是此行主力，由陇州向大散关逼近，然后东出夔门。

同时，李全之子李墰率领东路攻海州（今江苏省连云港市）等地，配合各方作战。

蒙古军大军压境，而南宋的皇帝正美人在怀，宠幸宦官董宋臣之流，对于即将到来的灭顶之灾尚未有一丁点意识。

董宋臣是理宗的近侍，以办佑圣观、造梅堂、芙蓉阁、香兰亭逢迎于理宗。董宋臣得帝王信任后，强夺百姓良田，引倡优入宫，收受贿赂，争权夺利，无所不为，时人称其为“董阎罗”。

监察御史洪天锡向理宗进言道：“自古奸人恃宠作恶，盖因主上心知肚明，却仅以训斥了事，会使得奸人更加张狂。”希望理宗远离小人，严加惩治董宋臣。

奈何理宗时边关无警，往日益骄奢这条路上越走越远，对洪天锡的进言不加理会，反而更倚重董宋臣了。

有了理宗的偏袒，董宋臣更是明目张胆地联合后妃阎贵妃勾结外臣马天骥、丁大全。不过几年时间，至宝祐六年（1258 年），四人便权倾朝野，丁大全甚至坐上了右丞相兼枢密使之位。

丁大全当权后，更加目空一切，有人在朝门上题写了“阎马丁当，国势将亡”八个字，丁大全都不放在心上，只因朝堂中多为丁大全党羽。

丁大全不仅把持朝纲、目中无人，最后竟然壅蔽上听，连蒙古大军南侵这等军国大事亦不向理宗皇帝上报。

宝祐六年（1258 年）二月，蒙哥汗先派纽璘为前锋欲与元帅阿答胡会军于成都。

纽璘率军在遂宁（今四川省遂宁市）与宋将刘整大战一天，击败刘整后，长驱直入成都。

时任四川制置使兼知重庆府的蒲择之率军自剑门（今四川省广元市）发兵救援成都。蒙古元帅阿答胡不敌战死，纽璘率军阻击蒲择之于云顶山城，扼制蒲择之回军之路，蒲择之战败。蒲择之誓死不降蒙古军，后来一直在四川地区组织民众抗击蒙古军，直至南宋灭亡，蒲择之隐于家乡。

此时，蒙古军随即攻占成都及彭、汉、怀、绵等州。

四月，蒙哥汗亲自率军，自六盘山出发，由固原出大散关。

七月，蒙古军由宝鸡攻占重贵山。

十月，蒙哥汗渡过嘉陵江到达白水（今白龙江），并命汪德臣在白水架浮桥，进而渡江抵剑门，攻打苦竹隘（今四川省广元市剑阁县）。

宋朝守将张实拼死御敌，终因兵弱不敌。

张实被蒙古军俘虏，蒙哥汗很看重这一战，为了以后的长治久安，没有下令屠城，但斩首英勇抗蒙的几十名宋军战士，张实被施以五马分尸之刑。

苦竹隘已失，四川门户洞开，蒙古军得以长驱直入。

十一月，蒙哥汗围困长宁山，宋军守将王佐战死。而后蒙古军再向鹅顶堡进攻，杨大渊不战而降，蒙哥汗以杨大渊为都元帅，随同攻战。不久，龙州、运山、青居山投降蒙古，隆州、雅州等地被蒙古攻占。

十二月，蒙哥汗率兵渡马湖入四川，南宋急派马光祖前往峡州、大将向士璧前往绍庆府支援，两军交战于房州，马光祖、向士璧战败退回。

至此，四川大部地区被蒙古军攻占，重庆、合川等军事要塞陷入蒙古军包围圈中。

蒙哥汗攻入四川后，一路高歌猛进，宋军毫无还手之力。这让蒙哥汗信心大增，企图一举拿下重庆，不料，却在合州钓鱼城遭遇了滑铁卢。

彼时，防守钓鱼城的是南宋守将王坚和张珏。

开庆元年（1259 年）二月，蒙哥汗派南宋降官晋国宝劝王坚投降蒙古，被王坚杀死。蒙哥汗则派纽璘于涪州造浮梁，以阻断宋军来自长江下游的物资支援；又亲率诸军渡过渠江，抵达合州，俘掠附近居民八万多人，王坚力战固守，蒙古军合围钓鱼城下。

此后数月间，蒙古军尝试各种方法连续进击钓鱼城，均无功而返。

六月，四川制置副使吕文德率战船千余只，增援四川。吕文德到达重庆后，蒙古军兵分两翼，顺流纵击，吕文德败军而还。

七月，蒙哥汗重整旗鼓，命前锋大将汪德臣挑选士卒在夜间用云梯攻城。王坚亲自率部抵御，天亮时，汪德臣又来宋军阵前劝降："王坚，我来是为救活你一城军民，切莫多做无谓之争，当早早投降……"话未落被宋军飞石击伤，不久死去。

汪德臣的死让蒙哥汗非常愤怒，蒙哥汗誓要攻下钓鱼城，这是一代王者的固执与骄傲。

随后，蒙哥汗亲自到城下督战，不料遭到宋军炮击，蒙哥中飞石而亡。大汗身亡，蒙古军需将大汗尸体运往蒙古，随即蒙古军撤军北归。

开庆元年（1259 年）九月，正按照蒙哥汗的部署率中路军南取鄂州的忽必烈收到亲王莫哥加急送来的蒙哥汗死讯，莫哥通知忽必烈尽快北还。

忽必烈为增加争夺汗位的筹码，计划夺取鄂州后再北上，于是加紧对鄂州的进攻。

南宋朝堂被丁大全把持，蒙古大军攻宋的消息被丁大全隐而不报，直至鄂州地区战事实在过于猛烈，难以隐瞒，丁大全不得不上报理宗。

理宗如梦初醒，十分恐慌。面临真正的危机时，理宗赵昀首先将欺君的丁大全发配到边远之地的贵州以平众怒，再听信近侍董宋臣谗言迁都明州。

临危受命的左相兼枢密使吴潜不赞成迁都，但又无力说服慌了神的理宗，便请皇后谢道清出面劝解皇帝。

谢皇后对理宗进谏道："陛下不可战时迁都，唯恐动摇民心。"

理宗这才打消迁都的念头，转而考虑鄂州防御蒙古军将士人选。

十月，理宗任命贾似道为右丞相兼枢密使，发军汉阳以援鄂州。并招调四川制置副使吕文德的重庆军队、湖南制置副使向士璧的湖南军队、江西宣抚使赵葵的江西军队各路军队援鄂。

十一月，忽必烈率军渡江后，蒙古军围困鄂州城下，鄂州危在旦夕。鄂州都统张胜率军民顽强抗击，坚守城池。蒙古军发动二次进攻时被宋军打退，蒙古军又遣人诱降，张胜斩杀使者。但是，此时鄂州城内因为冬季疫病、缺粮等原因，已经失去一半百姓，宋军的伤亡也达万余，而守将张胜在城头防御蒙古军时牺牲。

贾似道急忙率领两淮军屯驻汉阳，诸路援军也集结于鄂州附近。

蒙古军大兵由永州、全州发军至潭州，江西大震。

十一月，理宗听从左相吴潜的进言，下诏命贾似道突围至黄州，并要求贾似道在黄州组织起一道新的防线，以便更好地指挥宋军全局战斗。

此去黄州实在惊险，贾似道几乎死于蒙古军之手，幸而有淮安知州孙虎臣从旁助力，贾似道方平安抵达黄州。

正因此次险些丧命，贾似道将左相吴潜划入仇敌的阵营。

十二月，蒙古军攻城越发急切与激烈，贾似道采取了有效的防御蒙古军措施，使蒙古军队一时难以攻占鄂州。

不巧，忽必烈收到妻子察必寄的密信称，忽必烈的七弟、留守和林的阿里不哥意欲窃取大汗之位。此时，蒙哥汗的几个儿子刚刚成年，不具备争夺汗位的实力，所以汗位之争就在忽必烈和阿里不哥两个人之间展开。

看准了忽必烈无心恋战，贾似道向忽必烈提出议和。他派遣密使前往蒙古军营道："北兵若旋师，愿割江为界，且岁奉银、绢匹两各二十万。"

忽必烈的幕僚赵璧有意拒绝贾似道乞和之请，但忽必烈此时急于回蒙古争夺汗位，最后顺水推舟同意议和，南宋由此获得了十年的安稳日子。

鄂州之战结束之后，贾似道班师回朝，厚颜无耻地向理宗上表称：“诸路大捷，鄂围始解，江汉肃清。宗社危而复安，实万世无疆之休！”却只字不提议和之事。

理宗信以为真，赞扬贾似道：“奋不顾身，吾民赖之而更生，王室有同于再造。”更是下诏加封贾似道为少傅、领卫国公衔，一力将贾似道推上一条权臣之路。

贾似道当权后，禁绝宦官干政和外戚弄权，而后推行“公田法”，即限价购买土地，超额土地归国家所有，朝廷通过回收公田取得的税赋贴补军费开支。而后，贾似道在武将中实行“打算法”，用以核实军费开销，若查出确实挪用又无法说明原因的，一律严惩。最终导致泸州将领刘整因害怕被贾似道清算，率部下军士投降蒙古。

景定元年（1260 年），子嗣艰难的理宗欲立太子，他膝下长成的孩子只有一位公主，便是贾似道姐姐惠顺贵妃生下的瑞国公主。

理宗只得将胞弟赵与芮的儿子，已过继到名下的皇子忠王赵禥立为太子。

赵禥，实际上是赵与芮与小妾黄氏所生。黄氏是赵与芮妻子李氏的陪嫁侍女，黄氏怀孕后，担心被李氏迫害，给自己喝了很多打胎药，想把孩子处理掉。谁知打胎药只起了一半效果，孩子还是生了下来，还是个男孩。打胎药的另一半效果则是令赵禥生来比别的小孩都傻上几分。但他已经是理宗近亲血脉中唯一的男嗣，理宗没有其他选择，只有将赵禥立为太子。

左相吴潜认为一位智力障碍的未来皇帝不值得拥立，向理宗上密奏说：“臣无弥远之材，忠王无陛下之福。”

这下捅了理宗的心病，毕竟理宗也是靠着宁宗朝的宰相史弥远才能被选入宫嗣位，皇位来之不正。

而贾似道作为皇帝唯一女儿的亲娘舅，认为对于立太子一事，自然是顺着理宗的心意来更妥帖。

于是，贾似道借机向理宗进言，污蔑吴潜不同意立忠王赵禥是因为吴潜“奸谋不测”。

已对吴潜心生不满的理宗，很快便罢免了吴潜的丞相之职。

景定元年（1260年）六月初六，赵禥被立为皇太子。

同年，远在蒙古的忽必烈在开平即汗位，成为蒙古的新一任大汗，他将蒙古政权的首都迁到汉人都城即原来金朝的首都燕京，改名大都。

但忽必烈的汗位并不稳当。当初蒙哥汗在四川逝世后，并未立下遗诏。大汗争夺战的当事人忽必烈与七弟阿里不哥各有支持者。忽必烈因崇尚中原文化，又常年在中原地区带兵打仗，在漠南及汉族地区拥有武装势力，而阿里不哥反对汉化，在北方蒙古族内，更多的蒙古宗亲贵族则支持阿里不哥，包括察合台和窝阔台的子孙、术赤的孙子等。

于是，在忽必烈即位后，阿里不哥勾结蒙哥汗的妻子忽都台、儿子阿速台于阿勒泰山召开库里台大会，也当上蒙古大汗。

一国不容二主，忽必烈与阿里不哥的内战就此拉开序幕。

阿里不哥手中掌握的蒙古军队，首先向忽必烈发兵，久经沙场的忽必烈亲自带兵迎战。

阿里不哥天然占了蒙古贵族亲王们支持的优势，与忽必烈战得不分上下，可阿里不哥骨子里有残暴因子，在攻占察合台汗国时，阿里不哥在今天新疆的伊犁地区无所顾忌地进行烧杀抢掠，不仅激起了当地百姓的反抗，也让很多部下感到害怕，于是很多部下去投奔忽必烈。

不久，察合台汗哈剌斡忽勒也对阿里不哥用兵。

阿里不哥双拳难敌四手，终究败给了忽必烈，同时也造成了蒙古政权的分裂。

成吉思汗的四个儿子的后人分别建立了钦察汗国、察合台汗国、窝阔台汗国、伊儿汗国。

钦察汗国是成吉思汗大儿子术赤的辖地。

察合台汗国是成吉思汗的二儿子察合台的辖地，后来因内部斗争分裂为以畜牧业为主的东察合台汗国和以农耕经济为主的西察合台汗国。

窝阔台汗国因窝阔台系与托雷系争夺汗位的关系，后来窝阔台的孙子海都没有战胜忽必烈成为新大汗，海都死后，窝阔台汗国一部分归元朝统治，一部分归属察合台汗国。

伊儿汗国则是蒙哥汗与忽必烈的亲弟弟旭烈兀建立的国家。

忽必烈平定内乱后，投降蒙古的将领刘整对忽必烈道："自古帝王非四海一家者，不为正统。南宋主弱臣悖，正是统一天下的良机。"又道："蒙古精兵突骑，所当者破，唯水战不如宋，为了夺彼所长，当造战舰，习水军。"

忽必烈深以为然，积极扩充军队，增修战船，使得蒙古军队逐渐向以汉族军队为主力、水陆军队齐头发展，蒙古骑兵为精锐的方向转变。

但是，基于内战刚刚结束，根基不牢，忽必烈积极发展农耕经济，设立劝农司，置劝农官，禁止以民田为牧地，奖励垦荒，实行军民屯田等，为日后吞并南宋做着积极的准备。

蒙古忙于发展自己，磨刀霍霍，南宋浑然不觉，还以为能偏安一隅。

景定五年（1264 年）十月二十六日，理宗去世，太子赵禥继位，史称宋度宗。次年，改元咸淳。

曾经，理宗梦里传言儿子有十年"太平天子"的时光。

但事实是，蒙古经过几年的发展已经具备南下的能力。忽必烈决定采取刘整的建言："宜先从事襄阳，如复襄阳，浮汉入江，则宋可平也。"即以主力进攻襄、樊，从中间突破，将东西交通从中截断，然后由汉入江，以迅雷不及掩耳之势直趋临安，夺取南宋的策略。

咸淳三年（1267 年）十一月，忽必烈命大将阿术、刘整备师进攻襄阳。蒙古人知道："所谓守江必守淮，守淮必死守襄阳，襄阳城破，南方无险可守。”

襄阳，是南宋的最后一道门。

襄阳本身有三道防线，第一道是秦岭余脉和桐柏山余脉；第二道是襄阳三面环水，背靠大山；第三道是百米宽的护城河和五米宽、两丈高的城墙。而樊城又与襄阳是子母城，南船北马易守难攻，自古就有“铁打的襄阳”之称。

咸淳四年（1268 年）九月，阿术驻兵马于虎头山，驻兵白河城，以断宋军运送粮饷通道。

时任南宋京西安抚副使吕文焕见蒙古军大兵至，惊惧之下写信告知其兄吕文德。

吕文德怒骂吕文焕少见多怪，告诫吕文焕道：“你不要胡言邀功！若蒙古兵在白河城设垒，亦是假设，无用之功。襄阳、樊城城池坚深，兵备储粮足够支撑十年，有我吕氏兄弟坚守，若刘整小儿敢乱来，等来年春天，我必去取其性命。”

吕文德对襄、樊两城有如此信心，反而认为刘整的谋略可笑。

咸淳五年（1269 年）三月，阿术、刘整军集结于鹿门山，蒙古军对樊城进行围困，牵制和分散宋军增援襄阳的兵力。

三月十六日，京湖都统张世杰率马军、步军、水军救援襄、樊，战于赤滩圃，被阿术打败。

七月，沿江制置副使兼黄州知州夏贵率兵突袭阿术于新郢，亦被阿术打败。而后，宋将夏贵与范文虎对战阿术于灌滩，俱败于阿术。

若不是襄、樊两城阵地坚固，早就被蒙古军拿下了。

十二月，南宋荆湖制置使吕文德逝世，他临死都在后悔，不该接受贿赂同意刘整以防止盗贼、保护货物为名，要求在襄、樊外围筑造墙垒的意见。如今刘整在襄、樊周围率领蒙古军建造的堡垒越来越多，前后连接，造成了如今对襄、樊战略包围的局面。

咸淳六年（1270 年）正月，京湖制置使李庭芝再次受命支援襄、樊。

范文虎害怕李庭芝抢了自己的功劳，私下写信给宰相贾似道承诺道：“若我领兵数万入襄阳，一战可平。不愿受到李庭芝的掣肘，事成之后，功劳全归恩相所有。”

贾似道随即命范文虎从中掣肘李庭芝，李庭芝几次欲进兵攻打阿术，均被范文虎以上面旨意未下达而拒绝。

十二月，蒙古军久攻襄、樊不下，忽必烈派丞相史天泽南下支援。

史天泽部下张弘范献策：“襄、樊之所以久攻不下，实乃夏贵经常送衣粮入城，补给不断，外又有外援，为今之计，断其两者外援即可。”随即，刘整、史天泽调整战略，将襄、樊两地补给线切断。

咸淳七年（1271 年）五月，宋蒙战争进入白热化阶段，各地蒙古军牵制宋军，协助主力围困襄阳。

六月，阿术对南宋范文虎及两淮水师发动总攻。南宋范文虎被打败后，坐船临阵脱逃，蒙古军俘获大量战船及物资。

经此一战，襄、樊的形势陡然直下，城内粮尽援绝。

咸淳七年（1271 年）七月，对于忽必烈来说，是个双喜临门的时间。一则，南侵总算取得阶段性进展；一则，忽必烈宣布改国号为大元。元朝正式建立，从此，蒙古人以少数民族统治国家进入中原政治舞台。

咸淳八年（1272 年）七月，李庭芝派张顺、张贵率领船队救援襄阳。张顺、张贵领着三千民兵义士不畏生死，明知会有去无回，毅然踏上救援被困襄阳百姓之旅。果然，等张顺带着众人通过元兵的防线时，却发现张顺身中四枪六箭而亡。

虽然三千人带来的物资让襄阳百姓得以歇口气，但形势仍然严峻。

吕文焕便与将领张贵商议，挑选五千人去联络范文虎，实施内外夹击的合作方案。

没有想到，消息被泄露，阿术、刘整知道张贵要突围，派了数万人将张贵等人堵死在江面，张贵等人为突围而出，且战且行，等待范文虎接应，结果范文虎根本没来，张贵最终被元军杀害。

咸淳九年（1273 年），元军进攻襄、樊的第六个年头，襄、樊城中断粮已久，朝中支援迟迟不能送到城中。忽必烈又派人将新研发出来的“回回炮”运至襄、樊前线。

一声炮响后，元军便将襄、樊城墙轰开一个缺口，刘整亲自率兵攻入樊城，而张弘范则烧毁了襄阳与樊城的浮桥，樊城守将范天顺城破后自杀身亡；守将牛富率军巷战，寡不敌众，投火殉职。

樊城陷落，吕文焕坚守襄、樊六年，已无力再战，终于接受元朝降书，开城门降元。

襄阳失守，南宋门户已无，改朝换代的乐曲就此响起。

第三十六章

临安沦陷——南宋灭亡

元军攻占襄阳后，班师大都休整。朝会上，大将阿里海牙向忽必烈汇报新一年军事计划："自古以来，湖北荆州都是军事要地。我们去年攻下荆州、襄阳一带，汉水以北尽归大元所有。应当打铁趁热，再挥军南下，一举攻下南宋！"

蒙古人好武，主战的不止阿里海牙一人。

元朝开国功臣速不台之孙、将领兀良合台之子阿术表示赞同："臣等攻打江淮一带时便发现南宋兵力羸弱，不堪一击。我大元勇士正是气势大盛之时，打下南宋那群文弱士人，简直太容易了。若是放任他们，让其休养生息，以汉人的智慧，长久之后会成为大元的隐患。"

忽必烈也有意愿将南宋收入版图，当即问道："那何人可统领诸军南下？"

阿术建议召丞相史天泽入殿一起商议。

史天泽字润甫，大兴永清（今河北省廊坊市永清县）人，出身汉人豪族家庭，金朝末年，随父史秉直降蒙古。二十三岁时，兄长被杀，史天泽接替其兄长任帅职，率军击败金将武仙，表现出优秀的军事素养。他用兵如神，俘杀抗蒙古"红袄军"将领彭义斌，夺下真定（今河北省正定县），之后用几年的时间将真定建设得城池坚固、百姓安居。之后，史天泽跟随窝阔台伐金，在灭亡金朝的过程中立下卓越功劳。忽必烈继位后，史天泽官拜中书右丞相，在他的主张下，元朝政务畅通，税赋减轻，经济发展飞快，是忽必烈极其信任的汉族显贵之一。

已七十高龄的老臣史天泽奉诏来到忽必烈面前。

忽必烈拉着史天泽的手问道："史爱卿，众将皆道此时正是南下伐宋的良机，你看如何？"

史天泽知道忽必烈决意拿下南宋，他不光支持忽必烈此举，而且愿意带兵出征，但是考虑到自己年事已高，可能拖累战事，史天泽道："此等国家要事，丞相安童、伯颜若能统领诸将出征，陛下一统天下，指日可待。老臣也愿做个副将，为大元伐宋的大业，尽一份力。"

忽必烈听从了史天泽的建议，任用伯颜为帅，统率诸军南下伐宋，军兵分三路南征，并以当初贾似道求和后又不守信，扣押元朝使者，为南下攻宋的借口。

不久，阿里海牙上疏忽必烈道："之前的战事令我军折损颇多，望陛下许以十万良兵强将，以充军备。"

忽必烈准奏。

以往元军出征，基本上攻下一城便屠一城，偶尔不屠城，也会将高于车轮的男子统统杀死，仅将女子、孩童收为奴隶。

忽必烈推崇汉族儒学，受汉文化影响日久，认为如此不能长久统治新获得的土地。他对南征的诸将下诏道："我军南下伐宋是因为宋朝官员不为民，使得民生艰难。我军出征是为救百姓于水火，诸军攻下城池之后，万不可再以求功劳而虐杀百姓。凡我军英勇征战，便论功行赏，切不可以杀百姓来充当功劳。"

七月元军临行前，忽必烈又对伯颜再三叮嘱："当年曹彬以不好杀人而平定江南，有一人灭两国之能。今伯颜亦不好杀人，实为我朝曹彬！"

伯颜当即明白，忽必烈不仅要拿下南宋，更有意长久统治这片夺来的土地。他允诺了忽必烈之后，带兵南下。

此时的南宋则发生了一件大事。

咸淳十年（1274年）七月，宋度宗赵禥驾崩！

度宗赵禥在娘胎里受了打击，成人已是不易，天生智力上又落后别人一大截，要这样一位皇帝有所作为着实是强人所难。好在度宗其他能耐比不上之前的南宋皇帝，但于子嗣上却胜出一筹。在他驾崩时，膝下已经有三位皇子。

六岁的皇长子赵昰由杨淑妃所生，四岁的皇太子赵㬎由全皇后所生，三岁的皇三子赵昺由俞修容所生。

对于由哪位皇子登基，南宋的大臣们意见不一，但最终，以宰相贾似道等人主张的立嫡子为帝取得了胜利。四岁的皇太子赵㬎即位，史称宋恭帝。随后，众王公大臣以恭帝年幼为由，推举太皇太后谢道清垂帘听政。

新皇刚刚登基，前线传来伯颜率大军南下的消息，南宋朝廷顿时哗然。

此次元军南下攻宋，主力兵分两支：一支由金吾卫上将军、中书右丞博罗欢率宋朝降元将领刘整取道淮西，直指扬州；一支由伯颜亲率，遣阿术率降元将领吕文焕取道郢州（今湖北省钟祥市）由汉入江，直指临安。

而伯颜这一路又分三路：大将唆都率一路前去枣阳侦探司空山一带；翟招讨率一路从老鸦山攻击荆南；伯颜自己则与阿术同率二十万主力军攻打郢州（今湖北省武汉市武昌区）。

宋军在郢州的守将张世杰，与文天祥、陆秀夫并称为“宋末三杰”，是一位了不起的抗金英雄。但因为他原是蒙古人，乃叛归宋朝的将领，一直为南宋朝中文臣所诟病。尽管如此，张世杰始终忠心为南宋出谋划策，一直坚守在前线。

此时，听到元军压境的消息，张世杰立刻在郢州展开严密防守。随后元军抵达郢州，遭遇了宋军顽强抵抗。

伯颜很清楚，对手张世杰有精兵十余万，依险而守郢州，此处是一块难啃的骨头。

有将领认为，陆战不行，不若水战。

立刻有人反对道："沿江九郡，宋军精锐部队皆驻扎在郢州一带。如用水军于江上攻城，元军多骑兵，恐怕无法与水军相互照应。以此法强攻，实非良策。不如从黄家湾堡绕道，东面有个河口，可以利用小船拖入湖中，避开郢州主力，转道下长江仅有三里。"

其他将领闻言摇头："须知郢州是我军攻下南宋的要塞，若不拿下此城，回头恐被人两路夹击，腹背受敌。"

但绕开郢州的提议给了伯颜新的方向，他决定另辟蹊径，表面上大军压在郢州城外，继续与张世杰正面对垒，同时暗中派精锐主力李廷、刘国杰绕道郢州以南强攻黄家湾堡。

元军开拔之后，以破竹之势攻占黄家湾堡，再从藤湖进入汉江，伯颜、阿术率百骑断后。

时任郢州副都统赵文义得知敌军断后的人马仅有百骑，且其中有元军大将，立时招来精锐骑兵两千余人追杀而去。

宋元两军在泉子湖兵戎相见，赵文义奋勇杀敌，结果被伯颜亲自斩于刀下。

见主将战死，其余宋兵溃散而逃。

元兵行至沙洋（今湖北省荆门市沙洋县东南），先令战俘入城以檄文招降宋守臣王虎臣、王大用。王虎臣、王大用不降，斩杀战俘及焚烧元朝黄榜以示身正。伯颜不想强攻，又派吕文焕前去招降，依然没有成功。

所有敬酒都已用尽，伯颜决定上罚酒。

这日傍晚，天起大风，伯颜命人将金汁炮移到顺风高位，再顺风向沙洋城中攻去，一时，城中硝烟弥漫，不多时便攻占沙洋，生擒王虎臣、王大用，其余宋将尽皆被杀。

元军又来到新城城下，向城内射黄榜、檄文意图招降。南宋守将边居谊不应，站在城墙上喊话，要降元宋将吕文焕过去。

吕文焕以为有可能劝降边居谊，依言来到城下。

边居谊拉弓搭箭，将之射伤。

吕文焕又绑着王虎臣、王大用到新城城下威胁边居谊。

边居谊不为所动，说道："你想得到新城？我已经发誓要死守此地，你看看有什么本事得到！"

吕文焕大为光火，下令用火攻城。

边居谊亲自在城楼上督战，同时散尽家财奖励将士。傍晚时分，城楼之火已经蔓延到了边上民宅。边居谊力战至最后一刻，直到守城无望，跳入火海殉国。

伯颜念其壮勇，还特意去看了边居谊烧焦的尸体。而被元军抓住的王虎臣、王大用也在新城被攻下后，被元军杀害。

湖北一带南宋将领多曾是吕文焕的手下，伯颜利用这层关系，派吕文焕多处劝降，劝降不成，则利用元军骑兵勇猛攻城。双管齐下，元军不久便攻下沙洋、复州等地。

面对元军气势汹汹而来，宋军前线又连连告败，南宋朝廷只得紧急调派沿江制度副使夏贵率淮西水军至鄂州附近，另派王达守住阳逻堡、王仪坚守汉阳，控制沿江要塞，务必要阻击元军。

元军预备在蔡店（今湖北省武汉市蔡店区）渡过长江，伯颜率元军到达此处时，江面上的宋军已部署严密。

面对宋军的严防死守，伯颜深知正面强攻必然损失惨重，他决定兵分三路：一路军佯攻汉阳，务必将宋军主将夏贵困在汉阳，无力支援其他宋军；一路军由阿术率领三千精骑，先秘密从汉口挖开堤坝，连夜从上游潜渡过江，再引元军主力抵达长江北岸；一路军则由张弘范率领攻打阳逻堡。

元军部署完毕，当夜，天下大雪。

天未亮，阿术率部下远远便能看见长江对岸的沙洲营地。趁着夜色，元军迅速上船，载马由挖开的小道过江。万户长史格率领的先行军刚一登岸，立即被宋军守营的鄂州统领程鹏飞发现并阻击。阿术随后命元军加快速度，强行登陆沙洲，元军援军抵达后，败势很快扭转。程鹏飞被重创后逃走，阿术缴获南宋千余只船。

与此同时，宋将夏贵正与元军激烈交战。有士兵来报，元军已顺利渡江，要塞已失。夏贵担心宋军腹背受敌，立即鸣金收兵，率军退往庐州（今安徽省合肥市）。

听闻阿术抵达长江北岸的捷报，伯颜立即派张弘范攻打阳逻堡。

而阳逻堡、汉阳、鄂州等地守将听闻宋军前线传来大军俱已逃跑的消息，士气低落，阳逻堡、汉阳、鄂州等地很快便被元兵攻占。南宋守将张晏然、王信等人投降元军。

元军攻占鄂州之后，沿江又攻占荆、湖各城。

蕲州（今湖北省蕲春县西北）、黄州（今湖北省武汉市黄陂区）、江州（今江西省九江市）等地的南宋将领因受吕文焕劝降先后投降元朝。元军几乎未动用兵力就拿下了这些南宋城池。

至此，南宋大片江山已落入元军之手，都城临安危在旦夕。

风声鹤唳的南宋朝堂上，主政的谢太皇太后忍住内心惶恐，询问朝堂百官当如何行事，是主战还是主和，主战当如何，议和又当如何。

辅政大臣贾似道前一年便多次请求出战，尽皆被皇帝驳回，此次缄默不语。

唯有左相王爚出列，请求出战。

谢太皇太后体恤王爚年事已高，没有同意。

右相章鉴素有“满朝欢”的美誉，引经据典评价了一番出战的好坏，又叙说了一番议和的利弊，口若悬河半天，却来了一句：“是战是和，请太皇太后定夺。”

同知枢密院事兼权参知政事陈宜中，隐晦地向太后建议议和。议和声一起，文官中不少人站出来附和。

而后，陈宜中话音一转，又提出战是武将们的事，比如贾相国便是最佳的出战人选。

客观上，贾似道在军事上颇有些战绩，早年在鄂州与元军交战时曾大获全胜，确有统领百军之能。若贾似道出征，战胜元军，是为国宰相的职责所在，理当尽力。从道义上来讲，若非当年贾似道与忽必烈议和后反而扣押元朝使者，元兵哪有借口出兵伐宋？既然元军发兵皆由贾似道所起，自然应该由贾似道去收拾残局。

贾似道知晓他当年推行的“公田法”触动了太多贵族官僚的利益，如今这次，不论他答应不答应，朝野内外的舆论上都会逼迫他出征。既然结果已定，倒不如爽快出战，还得一个忠君爱国的好名声。

于是，在明显偏向主战派的谢太皇太后问询贾似道意见时，贾似道接下了任务。

谢太皇太后高兴地说：“从元朝大军压境伊始，前线守将一而再、再而三地降元，文臣们都想议和，贾相国此时愿意领兵出征，实乃国之大幸啊。”随后提高了贾平章的军事权力，下诏开设都督府，任命贾似道为大都督，全权负责北上对战元军事宜，并赐予贾似道任命都督府大小官员的权力，可先任命后上奏。

谢太皇太后为南宋朝廷殚精竭虑，满心希望贾似道能领兵大败元兵，大胜归来，重振南宋威名。

但贾似道这头，还未出征就已面临巨大的粮草问题。上一年淮西四郡大旱，这一年余杭等地又闹水灾，闽中等地干旱，天灾不断，百姓艰难。再加上宋元连年战争，朝中早已无力负荷沉重的军饷补给。

德祐元年（1275年）春，诸军才勉强筹备妥当粮草装备。贾似道率齐集结的十三万兵马、军舰两千五百艘，率兵往芜湖而去。

二月初，宋军在芜湖安营扎寨。

贾似道命大将孙虎臣领七万大军驻扎丁家洲（今安徽省铜陵市东北），自己则与夏贵率领水军驻守鲁港（今安徽省芜湖市西南）。由于夏贵善领水军，贾似道命令夏贵领军舰两千五百艘横亘江中。

宋军面对的是强悍元军的先锋军刘整。

刘整是贾似道的老熟人了。

当年，刘整是受到吕文德的陷害，以及看到名将向士璧、曹世雄等被贾似道逼死后才选择了“自保”降元。

贾似道也知道，刘整有领兵之才，并不好对付。

刘整那一边，他参与伐宋是抱了与中路主力争抢功劳的主意，结果遭遇主将伯颜的阻拦，命令刘整不许渡江，而伯颜则自己渡江入了鄂州。听闻这件事，刘整愤郁不已，竟然当晚气死了。

贾似道做梦都没想到，局面还能迎来如此转机。

既然刘整已死，此战便不是非打不可，还有议和的可能。

贾似道一面派人释放元军俘虏，一面派使臣前去议和，再送去荔枝、黄柑等特产，私下许以“岁币称臣”。他的姿态放得极低，以求能达到议和的目的。

可伯颜不好忽悠。

早年忽必烈在鄂州之战时，贾似道就曾私下求和，最后却不了了之，可见贾似道是见风使舵之人。如今局势，元军气势上占据上风，议和完全没必要。

更何况，伯颜临行前，忽必烈曾明言，此番南下伐宋，意要拿下南宋。同意贾似道议和，完全与忽必烈意见相左。伯颜又怎么会为了区区一些财物，而得罪了自己的主上？

宋朝水军主力在元军人数之上，伯颜考虑到刚刚失去了熟悉宋军水兵的将领刘整，决定调整进攻方案，改以智取，令军中制作数十个大筏子，上置柴草，佯言将焚烧宋舟。

南宋将领孙虎臣领军在船上远远望去，深觉元军是要正面强攻，当即命令军士准备对抗事宜，一定不能让元兵火攻成功。火烧赤壁的故事如雷贯耳，孙虎臣不敢掉以轻心。

宋军因此不得不昼夜防备，日子一久，产生疲惫。

与此同时，伯颜派了另一部分骑兵悄悄分布在长江两岸进行夹击。

二十一日，伯颜认为时机已到，一声令下，炮声便在宋军营中轰轰作响。巨炮威力强横，无数宋军还没回过神来，便在这炮声震天中失了性命。战争一开始便如此惨烈，宋军失去了硬扛的勇气。孙虎臣先选择了逃跑，宋军随后溃散。元军乘风冲入宋军阵内，横击宋舰。

而夏贵则担心此战若是宋军赢了，贾似道会怪罪他之前在鄂州战败之事。难以想象，大战之中，国家危亡之际，竟然有将士不希望胜利。有这样的宋将，也难怪宋军兵败如山倒。

夏贵有了心理负担，干脆不战而逃。

贾似道听闻孙虎臣和夏贵都跑了，也知道这一仗必败无疑，还不如保存一点实力。于是，他鸣金收兵，急匆匆乘船逃跑。

丁家洲一战，宋军大败，南宋正规军的军事力量基本瓦解，元军获得大批军资器械，乘胜东进。

贾似道逃往扬州。

时任江淮招讨使汪立信接待了逃难而来的贾似道。汪立信与同为武将出身的贾似道颇有些交情，并未因贾似道打了败仗而将之驱逐出扬州。

当年襄阳被困时，汪立信曾献计贾似道，说："如今天下大势十去八九，而朝臣天天欢歌宴舞，百姓怨声载道，长此以往，国将危矣。为今之计者，其策有三。

第一，南宋天险在长江，全长不过七千里，应当倾尽全力，选精兵五十余万人，一路沿江设防，抵抗外敌。每百里一屯兵，一屯设守将，十屯为一府，一府设总督，在紧要关隘处，设重兵把守，来往巡查，互相照应，有何动静便能提前知晓。再选宗室亲王或忠臣良将，镇守东西两府，此为上策。

第二，忍辱负重，派使臣前去议和，许以岁币缓和对方攻打我们的期限，借此休养生息，巩固城池，待来年兵力强盛，便可攻可守，此为中策。

如果上面两策都不能施行，那是天要亡宋，唯有君主亲自衔璧舆榇投降，此为三策，也是下策中的下策。”

当时贾似道认定汪立信是危言耸听。贾似道认为按照元兵的习惯套路，打下一城，抢占了物资便走，若久打不下，便会撤军。贾似道没有想到忽必烈的战略意图已经变为要统治宋朝的土地和人民，错失良机。

时至今日，再见汪立信，贾似道后悔不已，拉着汪立信哭道：“当初要是听了立信之言，何至沦落到如今这地步？”

汪立信无奈道：“中原大地几乎都被元军侵占，军心涣散，恐怕难逃灭国。我等有负国家交与我等的责任。我愿以死谢罪，生是宋人，死为宋鬼。”一年后，南宋国破，汪立信如言殉国。

而贾似道这头，则上疏谢太皇太后，请求迁都，谋求一线生机。但因为贾似道有过谎报军情的前科，臣子们都以为他是在为打不赢仗而找理由推脱责任。

贾似道的这道上疏引起了众怒，文人志气令他们怒火中烧，纷纷上疏给谢太皇太后要斩下贾似道的头颅。

谢太皇太后迫于压力，下诏将贾似道免职。

众怒依然无法平息，朝野上下都坚决要求处死贾似道，其中尤以陈宜中最为卖力。这令贾似道自认眼不识人，万分后悔当年曾全力提拔陈宜中。

反而是谢太皇太后叹息道：“贾平章好歹是三朝元老，没有功劳也有苦劳，何况他一向也算是勤政，怎么能因为他一时失败，就抹杀他全部的功劳？”

在谢太皇太后看来，贾似道这位权相，在元兵大军压境的情况下，主动领军去迎敌，没有抛下南宋主动降元，可见对南宋有忠。谢太皇太后不想要这位老臣的性命，坚持只把贾似道贬到偏远的广东一带，希望他能到小地方去养老。

然而，贾似道知道谢太皇太后并无杀他之心后，竟然在被押往广东途中，仍不忘捎上十几位姬妾，这令押送贾似道的会稽县尉郑虎臣很是恼火。

郑虎臣此人与贾似道颇有渊源。

郑虎臣家资丰厚，良田无数。贾似道推行“公田法”，等于是在抢郑虎臣锅里煮好的鸭子，郑虎臣又怎么不恨贾似道呢？

更相传，当年郑虎臣的父亲，就曾是被贾似道排挤而被流放，且在流放途中身亡的。

新仇旧恨，汇在一起，如今贾似道落到郑虎臣的手里，郑虎臣不停地挤兑贾似道，甚至说道：“像你这种人，但凡是个人都没脸活下去。”意图逼迫贾似道自尽。

贾似道却道：“太皇太后并未赐死于我，我为何要自尽？要是太皇太后下了诏书，我马上死！”

郑虎臣憎恨贾似道，最终在漳州木棉庵下手，一朝权相贾似道魂归地府。

南宋末年，在统治者们多年的怠政和荒政下，朝中上下整个圈子已经形成了一种糜烂的状态。

文人雅士们只管风流享受，却看不到繁华之下的暗流涌动；军中武将得不到重用，还要受文人轻视；百姓在多年的战争下流离失所，民不聊生，生活苦不堪言，又因连年征战，百姓得不到休养生息，民心浮动；经济看似繁华，实则滥发交子，国库早已空虚。

朝臣上下不齐心一致，互相攻讦，争权夺利，这不是某一位大臣能造成或能改变的现实。

再加上，长久以来，前有金朝长达百年的欺凌，后有强横的蒙古铁骑，强敌在外，虎视眈眈。

内忧外患下的南宋统治者及高层们，只会推诿责任，贾似道是元军南下的借口，也就成了南宋统治阶层最理想的“背锅侠”。

纵观贾似道的生平，确实不是一个忠臣能臣，对元战役上的谎报军情，导致南宋再次被元军铁骑压境，后世评价他为奸相并不为过。但不论贾似道是否有此行为，忽必烈拿下南宋之心依旧，就算忽必烈不以贾似道为借口南下，也能找到其他借口。

贾似道前后都曾率兵积极与气势汹汹的元军对战，即便最后在丁家洲战败，他也未曾降元。反观军中因“打算法”起龃龉的人，害怕追责进而降元后反过来对付南宋的刘整等人，这样的人怎配得到重用？又有什么资格说贾似道专权误国？

贾似道推行“公田法”是为提高南宋国库收入，其初衷并无问题。这项改革动了富裕阶层、拥有大量土地的地主阶级的蛋糕，遭到他们强烈地反对。贾似道用强硬手段，坚持推行“公田法”一直到他下野，增加的国库收入给南宋这艘即将沉没的大船又注入了少许动力，因此并不能全盘否定贾似道这个人。贾似道　个人的死，也不可能扭转临安的局势。

朝堂上，谢太皇太后重新任命王爚为左相，提升陈宜中、留梦炎为右相，总算拉起了新的领导团队。

但这个领导团队也没什么用处。

每日端坐在上的谢太皇太后，听着各地的文武百官又有谁准备投降，元军又在哪里跟谁打起来了的奏报，心酸难受却又无能为力。

日益严峻的局势，使得朝中的枢密使官员及御史相继离职而去，小皇帝恭帝赵㬎尚且年幼不知事，左相王爚年纪大了，身体还不好，陈宜中、留梦炎这两位右相则整天在下头争斗个没完，哪一样都叫谢太皇太后头疼非常。

与此同时，谢太皇太后下诏各地军马上京“勤王”，可响应“勤王”号召的，也仅有两位，一是郢州守将张世杰，一是江西提刑文天祥。

张世杰，原是金朝张柔的随从，后来逃到宋朝当了吕文德的手下，一路东征西讨，屡立战功，甚是勇猛过人。后因协助贾似道夺下鄂州有功，再随从贾似道进入黄州，一路加官升迁，令人艳羡。

但因张世杰的出身并不是土生土长的汉人，又与投降元朝的吕文焕哥哥吕文德有那么点香火情，后来，张世杰又跟贾似道有牵扯，这些身份哪一个拉出去，都让右相陈宜中不放心。

结果，张世杰率领部下经过数次的战斗，才领着仅余八千人的部队赶到临安“勤王”时，手下的兵马就被陈宜中以各种名义调走。

相比不太为世人知晓的张世杰，江西提刑文天祥是南宋末年著名的抗元英雄。

理宗端平三年（1236 年），文天祥出生于江西吉安，他的父亲文仪是一位知识渊博、见贤思齐的儒生，经常以先贤们的事迹教育儿子文天祥，从小培养文天祥忠贞爱国的优良品德，从后来几十年文天祥的所作所为来看，文仪的教育非常成功。

文天祥从小得父亲谆谆教诲，又聪明伶俐，十九岁考中乡试第一名，二十一岁高中殿试第一名，成了状元郎。

据说，文天祥的卷子被送到宋理宗手里时，初评为第七名的进士，理宗拆开密封，一眼便瞧见文天祥的名字，龙颜大悦道：“天祥、天祥，此即天降祥瑞！”随后御笔一挥，提了文天祥为头名。

新科状元横空出世。

后来，文天祥将自己的字改为宋瑞。

君臣相宜，大抵如此。

与文天祥同时上进士榜的还有一个青年，他叫陆秀夫。在南宋末年的历史上，这是两位并驾齐驱的人物。

不管文天祥是进士第七还是殿试第一的状元，都说明文天祥是个文采斐然、胸有邱壑的人，而他的目标是报效国家。可天不遂人愿，文天祥前脚当上状元公，后脚父亲文仪去世，文天祥只得回家奔丧。

宋理宗开庆元年（1259 年），文天祥服丧期满三年，回朝担任八品刑部郎官。不料南宋的边境线上，一群骑着高头大马的元军精骑挥鞭南奔，一路呼喊着挥舞着手中的刀剑，攻向偏安南方的南宋。南宋长江以北防线全线崩溃，急报一封封送达临安，朝中大臣急迫地想要“迁都”，理宗宠臣董宋臣催促皇帝走为上策，一身正气的文天祥眼见即将重演宋高宗赵构逃亡海上的一幕，挺身而出，直言董宋臣小人误国，恶贯满盈，理当斩首。

文天祥一个八品小官的弹劾没能让理宗回转心意，还是江万载曲线救国，搬出皇后谢道清。

谢皇后对理宗劝道：“陛下，战时迁都，恐动摇民心。前线的守将们听闻陛下迁都，岂不是士气低落，到时唯恐丢失更多城池。”

谢皇后晓之以理劝住了理宗皇帝，但皇帝也没有认真听取文天祥的建议斩杀宠臣董宋臣，对文天祥的弹劾只应付几声了事。

文大祥血气方刚、年轻气盛，不愿同董宋臣此类奸臣同朝为官，于是辞官回家。

三年后，理宗想到文天祥曾上疏一系列改革政治、扩充兵力、抗敌救国的建议，虽理宗没有采取文天祥的建议，但他决意重新提拔文天祥。

文天祥对贾似道的专权深恶痛绝，秉承士人的“邦有道则仕，邦无道则隐”的处世哲学，文天祥请求“祠禄”，即只领挂名官职，实无职事，仅领俸禄。就是“祠禄”也仅两年，理宗皇帝重新起用董宋臣后，文天祥被贬知瑞州（今江西省高安市），开启了地方官生活。

在地方上，文天祥爱民如子，为民请命，修复文化遗迹，使瑞州风气为之一清，有了政通人和、百废俱兴之象。

文天祥在地方上为民奔波，盛名远扬，为官颇有建树，官场几十年，几经波折，地方官成就了文天祥。好官总是相似的，文天祥的身上有着北宋名相寇准、范仲淹等前辈的影子。

至德祐元年（1275 年），谢道清太皇太后发了“勤王”诏书，地方官文天祥痛哭失声，而后捐出全部家产，召集义军出征勤王，以“食君之禄，忠君之事，以死报国”的决绝之态，开启了他的戎马生涯。

德祐元年（1275 年）四月文天祥在江西起兵，准备上临安“勤王”，却被朝中百官猜忌，论其态度过于狂妄，要求文天祥留在江西，而另一位已经到达临安的“勤王”义士张世杰也被解了军权，留在临安。

张世杰挂着闲职，但忧心前线，积极向临安各个军队的人探听消息，渐同军队人员熟悉起来。

德祐元年（1275 年）五月，张世杰被重新起用，率领各路军队前往前线抵抗元军，一路奋勇战斗，不仅守护了扬州，还收复了常州，这是南宋末期少有的几场胜仗。张世杰加官到保康军承宣使、总都督府兵。

七月，张世杰与孙虎臣集结战船，准备在焦山与元军决战，为防有人临阵脱逃，张世杰命人将战船绑在一起，没有号令不可出战。但如此一来，宋军的机动性便不够灵活。

元军将领阿术、张弘范爬上了石公山，远远望见张世杰的军事部署，立刻看破了宋军的弱点，定下计策要火攻宋军。

宋元两军开战后，宋军站在连成一片的战船之上，迎面是元军主力的强力攻势，两侧是呼啸而来的火箭，一个个火球落到战船之上，合围之下的南宋士兵逃脱不及，又失了进攻先机，很多士兵为求一线生机只得投江，战力受损严重。

张世杰率残余的宋军艰难逃出生天，继而被元军张弘范、董文炳精锐兵力围追堵截，张世杰无力再组起军队，避开元军主力，逃往圌山，焦山之战宋军大败。孙虎臣率残兵前往真州，张世杰上疏请求朝廷支援，却没有收到朝廷的回复。

眼见张世杰也落败，朝廷才忆起文天祥麾下仍有一支义军。

德祐元年（1275 年）八月，朝廷下诏召文天祥率义军进入临安，并将义军归入朝廷军队。

文天祥一到临安，便向皇帝上疏："国家日渐衰弱，故而元军能攻一城破一城，当今之计，当以全国境内全部军力聚集于四方，都统居中统领全局，四方重点以广西并于湖南，建军于长沙；以广东并于江西，建军于隆兴；以福建并于江东，建军于番阳；以淮西并于淮东，建军于扬州。四方军力集结，长沙军可以拿下鄂州，隆兴军可以夺取蕲州，番阳军直取江东，扬州军收复两淮。南宋地广人多，只要聚起我南宋好男儿，定能抗击元军！"

文天祥的这番慷慨陈词忠心报国，却被时人议论为高谈阔论，纸上谈兵，无可取之处，朝中反对声音一浪高过一浪，最终没有采取他的建议。

十月，常州危急，被十万元军包围。

朝廷命文天祥保卫平江，又命将领张全领兵增援常州。

张全路过平江时，文天祥见他只有两千人，慷慨地拨给他将领朱华、麻士龙、尹玉和八千士兵。

却没想到，这支队伍还没抵达常州就遭遇了元军的攻击。

文天祥的部将朱华、麻士龙和尹玉当即带兵与元军激战。张全却带着他的两千人在战场外隔岸观火。就这样在毫无支援的情况下，朱华、麻士龙力战元军，全部牺牲，只剩下部将尹玉和一些士兵在做最后抗争。

张全眼见元军大杀四方，吓得趁乱逃走。

尹玉的部分部将原本想上张全的船只一起退守，他们拉住张全的船只，结果却被张全的人马斩断手指，推入水中淹死。

尹玉见状，呵止部下的后退之心，率领最后五百残兵与敌军夜战。最终尹玉力尽，被元军杀害，兵士无一投降。

张全率兵潜逃，最终都没去常州。

至此时，常州这座江南城池已经孤军坚守近半年，他们之前没有盼来朝廷的援军，之后也不会再有援军了。

元将阿塔海利用“回回炮”对常州城内发起猛攻，但常州的军民上下一心，坚不可摧。常州知州姚訔，武进署理知县包圭，通判陈炤，都统刘师勇、王安节等率军民修补城墙、收集物资、积极反攻，让城外攻坚的阿塔海部队猝不及防，遭受了惨重的损失。

伯颜闻讯怒不可遏，在十一月初亲率二十万大军包围常州。

十一月十六日，伯颜下令对城内射书招降，又派遣了南宋降元将领范文虎、吕文焕、张彦等人前去招降。

姚訔痛骂他们：“廉耻不知，猪狗不如的东西！”

刘师勇则直接出箭射向几人。

十一月十八日，元军向常州发动总攻。

守城将士和常州百姓与元军主力鏖战，常州并非太原、襄阳那样的军事要地，城墙薄弱，但军民一心，前方有人牺牲，后方便有新人补上，令伯颜不得不惊呼这是“纸城铁人”！

当日，常州城破，姚訔为国捐躯，王安节、陈炤、胡应炎等人转入巷战，力战到最后一刻，全部牺牲。

伯颜佩服这样的城池和军民，但也同样认为此地百姓若留下必然后患无穷，因此不惜违反忽必烈当初“不好杀人”的嘱托，下令屠城。

英勇的常州，在南宋历史上留下了用血书写的一笔。

后来，文天祥每每想到这座城池，都悲痛不已，即便在他被俘押送北上之时，依然不断地写诗悲颂：“常州，宋睢阳郡也，北兵愤其坚守，杀戮无遗种，死者，忠义之鬼，哀哉！山河千里在，烟火一家无。壮甚睢阳守，冤哉马邑屠。苍天如可问，赤子果何辜。唇齿提封旧，抚膺三叹吁！”

听闻常州沦陷，焦山战败，时任南宋宰相陈宜中竟然诏令文天祥弃守平江，退守余杭。

另一个宰相留梦炎则率先弃官外逃，六部官员争先效仿。但作为文人雅士，就这么丢官逃跑显得不厚道，一没得到皇帝的批准，二会留下临阵脱逃的罪名。于是，他们想出一招，请求留在朝中的言官弹劾自己，要求罢免自己，这样一来，他们就可名正言顺地逃跑了。

副相、参知政事陈文龙，上表“乞请告老还乡”，留书之后就逃回了家乡福建。

陈宜中看看同僚们的操作，竟然认为自古法不责众，也弃官跑了！

空空荡荡的朝堂，仅剩六名官员！

谢太皇太后多次召见陈宜中回朝主持大局，左等右等也不见陈宜中前来，最后只好写信给陈宜中的母亲，希望陈母能劝回陈宜中。

走投无路的谢太皇太后在朝堂上贴了张“感天动地”的诏谕：

“我大宋三百年，与士大夫以礼相待。现今我与皇帝遭逢大难，尔等大小臣工不好好想出对策以对强敌，反而擅离职守，左右离间，更甚者挂印弃城而逃，避难偷生，这是人干的事？你们这样以后有何颜面去地下面见先帝？天下还是大宋的，国法也还在。但凡忠于职守的官员，尚书省着重提拔一次；卖国出逃的官员，一旦发现，由御史调查之后通告全国。”

自宋建国以来，都厚待文臣，轻武将，可到国家危急关头，这些士大夫一个个跑得比兔子还快。哪里对得起国家对他们寄予的厚望，又哪里对得起国家尽心尽力地栽培？

谢太皇太后发出这张诏谕又恨又气，心灰意冷。

看到这份诏谕，回朝的官员依然不多，好在陈宜中被陈老夫人劝回了朝中，又开始协助谢太皇太后主持朝局。

当务之急，是拿兵临城下的元军怎么办。

领着义军的文天祥、张世杰一致坚持主战，他们提议："集结所有的义军，三宫暂离临安，背水一战，或有一线生机。"

谢太皇太后高坐上首，对两位义士的话不抱太多希冀。前两次战败近在眼前，义军未必靠得住。这一线生机，实在太过渺茫。

陈宜中则坚决反对再战，他一力主张议和，议和后至少能保留南宋国祚。

此话戳中了谢太皇太后的心坎，她艰难地苦守，为的可不就是南宋国祚？而且元兵面对大好局势，怎肯罢休？

但，议和事宜还是被迅速提上日程。

德祐元年（1275 年）十二月，谢太皇太后派柳岳为乞和使出使元兵大营。

面对元朝丞相伯颜，柳岳的态度堪称谦卑，几乎是垂泪哭泣着请求。

伯颜却道："贵国想要议和，也要有点诚意，请派贵国丞相与我详谈！"

伯颜是大元丞相，他要求南宋同等地位的臣子来议和，本在情理之中。

南宋的宰相陈宜中却当即连忙摆手，表示他干不了这活儿。蒙古人喜欢用人"点灯"，他生怕自己也被蒙古人点了。

此时，文天祥挺胸上前，一向主战的他主动请缨，愿意前去与蒙古人和谈。

谢太皇太后已经没有选择，当下应允。

德祐二年（1276 年）正月，谢太皇太后任命文天祥为右相兼枢密使，加派宗正少卿陆秀夫一同前去求和。

在皋亭山，文天祥与伯颜会晤。

在这场不对等的谈判中，元相伯颜气焰冲天，文天祥不落下风，甚至怒斥作陪的降元将领有何颜面在世，卖国行径可耻可恨，更道元军无信。他一身正气，虽是即将亡国的宋使，却表现出英勇无畏的气势，体现了一国宰相的气度。

气得伯颜将文天祥扣押，待来日提回元大都请忽必烈拿主意。

南宋随行的求和官员一见这架势，连忙表示向大元纳粮、绢帛二十五万石、匹，被伯颜拒绝。

议和失败。

南宋朝堂这边，前脚送走议和使，后脚陈宜中便向谢太皇太后提出迁都的主意。

谢太皇太后自是不答应，从前谢太皇太后还劝过理宗不能迁都，乱了臣下们的心，现今又如何能同意？

谢太皇太后吃了秤砣铁了心，就不同意迁都，陈宜中见状，急得在朝堂上大哭哀求："再不逃，就真的没命了。"

谢太皇太后看着空荡的朝堂，做了长久的心理建设，最终同意迁都。她是一位下定决心便行事果断的女性，当即命令宫人收拾妥当，在慈安宫等陈宜中来接人。

次日，陈宜中却迟迟没有出现。

谢太皇太后气愤至极，怒将头上的簪子摔到地上。

之后陈宜中再三请罪，表示是他的过错，没有规划好时间。但谢太皇太后这一次坚决不再同意迁都。

陈宜中眼见迁都无望，再待在临安必会成为元兵的俘虏，当下便收拾行囊悄悄地逃到了温州。

而文天祥被扣的消息传回南宋朝廷，谢太皇太后无奈地叹了一口气。她明白，元军并不想议和，一切都只是南宋的一厢情愿罢了。

德祐二年（1276 年）正月，宗亲上奏，请封皇帝的哥哥弟弟。谢太皇太后亲自下旨进封皇帝的哥哥吉王赵昰为益王、弟弟赵昺为广王。

元军兵临城下，局势相当不乐观，此时谢太皇太后进封两位皇子，益王赵昰的生母杨淑妃和广王赵昺的生母俞修容都不免奇怪，不知道谢太皇太后是何深意。

两位后妃心中忐忑，谢太皇太后又何尝不是寝食难安？她的每一个决定都如走在刀尖。

几日后，宗亲秀王赵与檡等人入宫求见，一见太皇太后便哭倒在地说："太皇太后大义，我等当与您同仇敌忾一致对敌，但大宋皇氏血脉单薄，还请您酌情考量啊！若是赵氏血脉断在我等手上，我等如何有脸面面见先祖哇！"

一直以来，谢太皇太后可谓为南宋用心尽力，这一刻，听到这番话，她终于略感安慰。

益王、广王尚在稚龄，自宁宗始，皇室子嗣并不丰茂，她不能让赵氏的血脉断送在自己的手中，因此才进封两位皇子，以图来日这两条血脉能兴复赵室。

进封的诏书下达之后，她一直在等，谁愿意站出来肩负这份重任。

如今，她要等待的人出现了。

谢太皇太后注目赵与檡等人道："既如此，尔等且下去准备，务必保护好二位小王爷一路安全。如今这局势，也仅有闽南、广东等地尚且安全，万万要护好二位殿下！"

赵与檡等人连连拜倒称谢，转身便去操办事宜。

谢太皇太后又召过杨淑妃与俞修容。

杨淑妃自进宫被度宗封为美人，入宫三年便升到淑妃位，一直是个明理之人。俞修容是度宗还是太子时的身边人，不是个攀附向上的性格，于她而言，此生有子足矣。只要能保小儿一命，她也没别的奢求。

谢太皇太后对二人仔细分析局势："国破在即，为了保有赵氏血脉，不得不多作打算，兴许，高宗赵构的故事能在你们两个人的儿子身上重写一次，亦未可知。”

只是将孩子交于宗亲和久居宫中的后妃，谢太皇太后还是不放心，随后她连夜召理宗皇帝的女婿、驸马都尉杨镇以及杨淑妃弟弟杨亮节、俞充容弟弟俞如圭入宫，希望靠利益休戚相关的外戚一起照顾好赵家皇脉。

谢太皇太后殷切嘱托杨亮节和俞如圭，经过多方谋划，亲眼看着两位皇子更换常服，跟随他们的母亲、宗亲秀王赵与檡等人离开皇宫。

深夜，几辆马车从临安城慢慢驶出，直往婺州（今浙江省金华市）而去。

德祐二年（1276年）正月十八，谢太皇太后派遣监察御史杨应奎向元朝上降书。

皇室对元朝递交降书，这便是一种暗号，各地守将纷纷降元。其中宋朝老将军夏贵，降元时已经七十九岁高龄。降元后，夏贵也没能享受几年，病逝时，享年八十三岁。时人写对联嘲讽夏贵：“享年八十三，何不七十九！呜呼夏相公，万代名不朽。”

但是，南宋守将李庭芝、张世杰等人仍然坚持宁死不屈，誓要守护大宋江山。

李庭芝、张世杰等人是民族的脊梁，被后人讴歌。但独守皇室的谢太皇太后也不应被苛责，她已经肩负这个赵宋太多时光，如若可以，不会选择投降这种对不起列祖列宗、被后人谩骂千年的道路。

二月，伯颜率军即将进入临安。

元军提前派人来宣旨，且表示：“宋朝皇帝向元朝称臣，要亲自出城迎接元使。”

二月初五这天，天没亮，小皇帝赵㬎就被母亲全皇后从被窝里抱出来。

全皇后含泪给他穿好衣袍，这位贤良的皇后，只此一子，自是希望他平安长大。

但是赵㬎贵为皇帝，如今却要向元朝称臣，往后也没个自由的日子，想起往后的日子，她实在忍不住落下泪来。

谢太皇太后强撑着口气道：“今日我母子三人，当真要重温一百年前那一幕了。莫作小儿女姿态，即便是……也该撑起一国之主该有的气度。”言罢，牵起五岁的宋恭帝赵㬎，一步步往祥曦殿而去。

那么远的路，可怜此时才五岁的小皇帝要自己走。最后，赵㬎实在走不动了，谢太皇太后只好抱起他，率百官亲迎元朝使者入临安，奉上降表，诏谕郡县投降。

元朝使者入了临安城，便下令封府库，收史馆、礼寺图书和百司印符，罢黜官府和侍卫军，并迅速控制整个临安。伯颜听从元军中汉人官员的建议，实施了包括恢复南宋旧臣原职、百姓保留汉人冠服、使用旧币等一系列安抚政策。

宋朝，自960年宋太祖赵匡胤建立，到1276年二月谢太皇太后领宋恭帝赵㬎降元，已经走过316年风雨。在元朝使者入临安那一刻起，南宋主体政权已经灭亡。但逃出临安的益王、广王，这条南宋赵氏皇族单薄的血脉还在续写宋朝的历史，并最终成为历史上永远不能遗忘的悲壮血色……

第三十七章

崖山之战——宋室绝唱

南宋朝廷向元朝投降，被谢太皇太后秘密送出临安的益王赵昰、广王赵昺踏上了逃命之路。出了皇城，四处都是危险，上一刻贵为王孙贵胄，下一刻变成平头百姓，穿不了金戴不了银，更不能仆从环绕，只有轻装简行，一行人为了逃避元军的围追堵截，甚至还得刻意伪装得更落魄。

尽管驸马都尉杨镇、秀王赵与檡等赵氏宗室为了保存南宋皇室最后一点血脉费尽心力，二王出逃的消息还是泄露了出去。

伯颜听闻消息，找人探查谢太皇太后投降前的动作，得知谢太皇太后曾下旨封宋恭帝的哥哥赵昰为益王，宋恭帝的弟弟赵昺为广王，他心底便有了方向。

南宋版图的北方已尽落入元军手中，谅两位小王爷再大胆，也不能往枪口上撞，必是往南而去。赵氏遗脉流落在外面，会导致太多变数。正如当年金朝没能一口气处理掉的漏网之鱼赵构，又让宋朝绵延了多少岁月，以至于金朝都灭了，宋朝还在延续。有此前车之鉴，伯颜深知“斩草不除根，春风吹又生”的道理，必要使改朝换代换得干净彻底！

伯颜派遣南宋殿前副都指挥使范文虎捉拿二王。

范文虎是降元宋将吕文德的女婿，原本镇守安庆，城坚粮足，兵马众多。伯颜大军攻到城下，范文虎放着大好的防御资源而不顾，拱手投敌。伯颜随后任命范文虎为两浙大都督。范文虎甘为元军向导，所到之处，殷勤招降东部各乡镇。

谢太皇太后投降之后，伯颜升范文虎为参知政事。

这次南下捉拿二王，伯颜看中了范文虎江西丰城人的出身，认为范文虎熟悉南方环境，有利于追捕。范文虎也有意讨好伯颜，想在其手下建立功业，争取荣华富贵，当即接了这份差事，率兵南下。

驸马都尉杨镇闻讯不敢大意，他向两位皇妃请示："我会即刻去往别处，引开追兵，你们且速从小路往前。"随即带人离开队伍，吸引范文虎的追兵。

杨淑妃弟弟杨亮节见势不妙，背起两位小王爷，从小路上山，往深山野林里钻。浙西多山陵，可夜宿山林的滋味并不好受，何况从小锦衣玉食长大的两位皇子。但是，为能逃开元朝的追兵，一行人不得不藏在山中七天后才走出山林。

也许是上天眷顾，不忍南宋就此亡绝。

饥肠辘辘又狼狈不堪的几个人一出山林，遇上张全带领的几十名护卫，这才缓过一口气。

益王赵昰与广王赵昺两个小王爷逃得艰辛，而因议和被元朝丞相伯颜扣押的文天祥也在想方设法出逃。

二月九日，文天祥被元军秘密押往元大都。

二月十八日，押解的一行人来到京口，准备第二日渡江，再从运河北上。

当时据守扬州的是宋末名将李庭芝，他拒不降元，坚守扬州多年。元兵要过扬州必是一场战争，押解的人只好又带着文天祥返回京口。

落脚地是一户百姓人家，一名王姓千户看守着文天祥。而与文天祥一起关押的还有十一人，义士天台人杜浒和义士余元庆也在其中。

文天祥暗暗观察，这位王千户只着重看守自己，却对其他十几人不做过多关注，而且，此时对面江岸上就是大宋将士，只需要到了江对岸，元军便奈何不了他了，于是他决定出逃。

趁王千户不注意，文天祥与众义士暗中提出逃跑之事，并指出眼前有三件要紧事：

第一，要渡江，必须准备一条容纳几个人的小船，且目标不宜太大。

第二，元军有宵禁制度，凡是没有官灯引导的人一概格杀勿论。所以还须找到一个能拿到官灯做引导的人。

最后，要想方设法引开看守员王千户的注意力，才可能登船离开。

杜浒及余元庆表示，他们可以搞定这些事情。接下去，这两个人一面装疯卖傻，一面暗中探听百姓中为南宋发声或是对元军不满的汉人，遇到这样的百姓他便暗中塞些银钱，希望能够得到百姓的帮助。

功夫不负有心人，几经周折，再加上金钱相助，余元庆找到一位在元军中职位低微的小官，从其手中掌管的若干船只中借出了一条小船。

杜浒又用银子从一个刘百户手中买到了一盏官灯。

有了以上两位“好心人”的牵线，杜余二人就很容易结识了元军老兵，老兵表示愿意担任向导。

待到二十九日晚上，夜黑风高，王千户被几人灌得酩酊大醉。文天祥等人趁着夜色悄悄上了江中的小船。

三月初一天明，文天祥等人逃到了真州（今江苏省仪征市）。

此时，真州还在南宋手中，守将苗再成是著名抗元将领之一。得知右相文天祥来了，苗再成立刻前去迎接。

真州深陷敌后，已经好些时日未收到朝廷的消息。苗再成万万没有想到，临安城里谢太皇太后和宋恭帝已经领着臣下降元。

这消息简直是晴天霹雳，叫人痛彻心扉，苗再成不禁泪湿满襟，文天祥也潸然泪下。

两位大将对哭之后，文天祥先振作起来，眼下只有真州一处，不论是兵马还是粮草都很微薄。他提笔，分别给淮西的夏贵、扬州的李庭芝写信，表达自己的一片拳拳爱国之心，邀请众同僚共商会师抗敌大计。

文天祥没有想到，淮西的夏贵早在他积极逃出元军爪牙之时已经投降蒙古人。

而在文天祥逃跑之后，蒙古人立刻对外宣称："文天祥已经降元，正代表我大元去各处招降各地的官民！"

因此，在扬州的李庭芝收到文天祥的来信，认为这也许是一个陷阱，实际上是文天祥已经投降，此举要引扬州兵马出城被元军剿灭。

李庭芝随后悄悄地给苗再成去信一封，提醒苗再成别被"卖国贼"文天祥欺骗，甚至建议杀掉文天祥。

苗再成不能判断李庭芝所言真假，观察文天祥行为也不似投降，他思索再三，决定将这个烫手山芋丢出去，于是派人引文天祥出城，点了两名军将带五十多人"护送"文天祥等人去往扬州，并暗中吩咐他们，若文天祥途中真做出大逆不道、背叛南宋的事，便直接将其处死。

文天祥胸怀大义，自然不会有任何出格之举。

一行人抵达扬州。在扬州城外，苗再成的人马先行离去。扬州城内对文天祥的出现，则只有一个态度——杀。

杜浒于是劝文天祥道："相公自是高风亮节，可总有旁人以小人之心度君子之腹。您听这漫天的杀声，万一是里面有军情，咱们这贸然进去，被当成了贼军被乱箭所伤岂不冤枉？何况，李将军先前就对相公多有误解，眼下并非进城的好时机！"

文天祥思虑再三，同意杜浒的说法，决定改道高邮、通州，再从海上南下浙江或福建等地。但跟着文天祥一路风餐露宿的余元庆萌生了退意。于是，余元庆领着几个想走的人与文天祥分道扬镳，文天祥则领着杜浒等人继续南下。

与此同时，南宋的两位小王爷历尽千辛万苦，终于安然抵达温州。

秀王赵与檡深深明白谢太皇太后送出两位小王爷的用意，如今谢太皇太后和宋恭帝已降元，他们唯有拥立一位小王爷上位，重建政权。但环视周围，赵与檡明白仅仅依靠眼前这些人，实在不足以抵抗元军的追杀进攻。

思量再三，赵与檡将两位小王爷抵达温州的消息传播出去。散落在各地不想投降的义军和将领，听到南宋皇室一脉的皇子在温州的消息，于是纷纷动身。

不久，将领苏刘义率部下人马赶到温州。当初临安城破时，率领部下逃到定海的张世杰和曾经担任扬州守将李庭芝幕僚的陆秀夫也马不停蹄地赶往温州。

此时的陆秀夫已不是当年李庭芝幕府中的小进士。

德祐元年（1275 年）两淮宋军与元军交战，打得不可开交。淮东制置使李庭芝率所部军队坚守郡县城邑，他身边的幕僚们见势头不对纷纷逃离，只有陆秀夫始终不离不弃，忠贞不贰，一步不离李庭芝左右，跟随主将的脚步努力抗元。

李庭芝心里很是感念他的忠诚，向朝廷举荐陆秀夫。当时临安已经危乱，朝堂上的官员或逃或辞，但凡被举荐的人都会得到重用。

德祐二年（1276 年）正月，陆秀夫任礼部侍郎，一心想上战场杀敌的他，多次上疏表示要到前线去，却遭拒绝。

但如今，南宋二位小王爷的身边，正需要陆秀夫这样的忠君护主之臣。

几方人马一到，又有人提出前任宰相陈宜中此时正在温州家中。陆秀夫、张世杰当即请这位老臣出山主持大局，一起商议起兵复国大事。

秀王赵与檡没有贸然提出拥立新帝的事，而是先和众位大臣一起游览江心寺！

为何要来江心寺？

因为高宗当年被金军追着跑，就曾滞留江心寺，这段经历与两位小王爷如今的近况是何其相似！

众人拥着两位小王爷一起追忆往昔，于是有眼色的大臣借着当年高宗赵构曾坐过的御座还在为由，提出了拥立之意，几位大臣对视几眼，心里默默打起了从龙主意。

随后，众人遂拥戴益王赵昰为天下兵马大元帅，广王赵昺为副元帅，为往后两位小王爷择一个称帝打下基础。

温州的动静闹得如此之大，伯颜自然不会听之任之。蒙古人以谢太皇太后的名义，派两名宦官带领百余名士兵前来迎接两位小王爷回临安。

陆秀夫等人好不容易才保住皇室这点血脉，怎么可能再送到元朝手里？南宋的这些余臣严词拒绝了这份诏令。

陈宜中又怕宦官回去给人报信，泄露两位小王爷的行踪，便派人将这些来人全部沉入江中。

虽去了一时后患，但陈宜中一想到元朝已经派了人来，温州不可久留，与其坐以待毙，不如继续南下。

众臣一番商议，一致决定前往闽广。

于是，陆秀夫、张世杰、陈宜中等人，带着两位小王爷启程前往福州。

他们前脚刚走，文天祥后脚才到温州，只得继续往福州追去。

与此同时，伯颜收了南宋的降书，押着已降元的宋恭帝等人北上，授命将领阿剌罕掌军，与中书左丞董文炳、大将阿术等继续追击南宋南逃的两位小王爷。

元军北上，经过扬州。

伯颜派人劝降扬州守将李庭芝。

硬骨头李庭芝，直接将元使给杀了。

伯颜对于有骨气的人一向有耐心，便让人去请谢太皇太后写了封劝降诏书。

谢太皇太后如今是他人手中刀、案板上的肉，迫于压力，只得提笔给李庭芝写信道："现下哀家与皇帝都已臣服大元，爱卿固守扬州，是为何人守城？"

扬州城下，元朝使者大声宣读太后的旨意。

李庭芝不发一言，他守的是南宋汉室城池，即便南宋不在，也得守着汉室城池，绝不可叫蒙古人占去。诏书读完，李庭芝拈弓搭箭，将城下宣读诏书之人射杀。随行的其他人一见，作鸟兽散。

另一方面，李庭芝一知道元军押送皇帝太后北上，已令大将姜才埋伏在北上元大都的途中，希望能救下宋恭帝和谢太皇太后。

只是消息泄露，元军更改了行军路线，姜才的营救没能成功。

三月，宋将夏贵投降。元将阿术随后驱赶降兵到扬州城下让李庭芝等人看，李庭芝只淡然道："我只有一死而已。"

忽必烈喜欢有志气的人，亲自给李庭芝写去招降诏书，以示求才之心。

元朝使者送来诏书，李庭芝命人开城门，欢迎使者入城。使者以为李庭芝这次愿意投降了，高高兴兴地随人入城。谁料李庭芝随后带着使者上城门，当着全城百姓的面，一刀砍了使者的脑袋，并将忽必烈亲笔书写的诏书丢到火盆里。

城外的阿术看到此景，当即召集人马，对扬州进行围困，断绝了扬州的运粮船和宋军给扬州的粮草补给。

围城断粮，常见的戏码，但扬州苦战许久，不论是人还是粮都陷入匮乏局面，如今又属孤城，李庭芝无奈之下，向城内百姓集聚存粮以供军饷。但乱世之中，百姓又哪有多少余粮？不久，城中所有能食的粮食食尽，饿死者不计其数。

李庭芝依然咬牙坚守城池，身为大宋将士，当守好每一寸国土，这是宁死亦不可动摇的决心。

忽必烈在元大都听闻李庭芝依然不降，爱才心起，再次亲下诏书，特赦李庭芝焚诏杀使之罪。

七月，诏书到达元军的军帐，阿术挑了个胆大的人前去将诏书送到扬州城中，最后这人因为不敢进城劝降，只好拿弓箭将诏书射到城楼上。

只是这最后一次劝降，注定会失败。

因为，这一年的五月，陆秀夫、张世杰、陈宜中等人在福州建立起一个小朝廷，拥立赵昰为新皇帝，改元景炎，史称宋端宗。

端宗登基的消息给李庭芝注入了一剂强心针，更加坚定了他坚守扬州的信念。忽必烈就是送十封劝降信来，李庭芝也不可能投降，因此他看都未看忽必烈的诏书，便将之烧了。

另一方面，文天祥匆匆从镇江赶到福州，正巧遇上端宗称帝。

端宗登基，改元景炎，尊其生母杨淑妃为太妃，一同听政，封同行的三弟广王赵昺为卫王，任命老臣陈宜中为左相兼都督，陈文龙、刘黻为参知政事（相当于副相），张世杰为枢密副使，陆秀夫为签书枢密院事，苏刘义为殿前指挥使。同时，福州提升为福安府，温州为瑞安府。

文天祥的到来令福州小朝廷的每一个人都很高兴，大家都认为文天祥有勇有谋，一片忠心天地可鉴，何况他本就是领了右相的差出使元朝才被扣押。因此，在新朝廷之中，由文天祥担任右相，无人提出异议。

新朝廷刚刚建立，急需强有力的军事力量护持，文天祥派人到江淮之地招募豪杰之士，又派杜浒到温州募兵，加上南来投奔的南宋残余军力，结集在一起足有十七万之多，是一股不小的战力。福建、两广的大片地区上，有了南宋军队，那更需要一位忠贞服众的将领来带领。

扬州守将李庭芝被推举上来。

小朝廷任命李庭芝为右相，请他来福州主持朝政。

七月，李庭芝收到诏书，打点好行囊，将扬州交给部下朱焕，并吩咐定要好好守好扬州，带着大将姜才领兵从泰州突围南下。

本来扬州的军士在城中都吃不好、睡不饱，在李庭芝突围时又遇元阿术沿道穷追猛打，等李庭芝离开扬州到泰州，身边已损失上千士兵。

阿术想拿下扬州，硬骨头李庭芝不好啃，现在李庭芝一走，他们召来降元汉臣，询问可有法子说动城中守将。

一位名叫陈楚客的汉人站出来表示，他曾是现扬州守将朱焕的好友，愿意前去招降。

陈楚客入扬州见到朱焕，朱焕没能抵挡住元朝递来的糖衣炮弹，已有投降之意，但他顾虑到李庭芝前脚刚走，城中军士及百姓抗元情绪依然强烈，所以并不敢立时投降。

陈楚客见朱焕意动，趁机奉上忽必烈亲笔诏书。

随后，朱焕举降书，开门迎元军进城。

李庭芝妻儿在扬州城内，得到投降的消息，要再逃出去已为时晚矣，被入城的元军俘虏。

元军依照忽必烈的指示，入城之后没有屠城。扬州城内，一片废墟，到处是饥民，也早已没有屠城的必要。

阿术知晓李庭芝刚逃到泰州，决定趁势拿下泰州，活捉李庭芝。

随后，元军主力围攻泰州，阿术命人将李庭芝的妻儿以及部将们的家人拉到泰州城下。

李庭芝心中恨极，却也无可奈何，坚守城池，保卫国土，是他的职责与信仰。但是副将孙贵等人生了降意，他们跟在扬州的朱焕一样，背地里开了泰州城门，引元军入城。

李庭芝闻此叛变，知道再难坚守南宋国土，遂跳入莲池，后因水浅而自杀未成。而此时的姜才因背疽发作，正在病榻上。两个人被叛军抓住，献给元军。

投降蒙古人的朱焕献语道："扬州自从用兵以来，尸骨满地成堆，都因李庭芝与姜才而起，应当杀之。"

阿术下令将李庭芝、姜才押到扬州处死。

姜才一路不语，直到扬州刑场，见到投降元军的夏贵，他才开口，反问夏贵："见到我，有没有觉得羞愧到死？"而后与李庭芝一起，从容就义。

此时，淮东地区最后一块土地——文天祥曾逃去的真州，也被元军攻破，守将苗再成阵亡。

消息传到福州小朝廷，群臣沉默。

文天祥很快意识到，北方的元军已经连成一片，接下去必是元军休整时期。他当即上奏，请求挥兵北上。

文天祥表示："一旦等元军归整完结，要想将之击破将更加艰难。再者，一旦元军集合完军力，全力向着福州而来，我们也抵抗不住。"

左相陈宜中还固守老一派思想，新朝刚建立，百废待兴，先要稳定局势，休养生息几年再说，何况才从浙江逃出来到了福建，不如好好建设眼下手里这点土地。

根据惯例，左右宰相意见不合，那就以权位更高的左相为主，因此文天祥的建议被驳回。

而杨亮节这位国舅爷，一看外甥当了皇帝但岁数还小，辅政的亲王们把持朝政，皇权旁落，又生出了心思想帮外甥把权力拢到手上。

杨亮节争权夺利过于明显，赵氏宗亲秀王赵与檡当然不能视而不见，两人暗地里较起了劲。

官场新秀陆秀夫观点激进，与埋念陈旧的陈宜中产生矛盾，陈宜中指使谏官上奏弹劾陆秀夫并罢免了他。

张世杰坚决反对陈宜中此举，他气愤地说："陆秀夫一路护持陛下，尽职尽责，除了没应和你之外，人家也没什么错，陈公为何老让言官弹劾陆秀夫呢？"

陆秀夫与陈宜中手下都不曾领兵，张世杰这位手握军权的人一开口，陈宜中只得被迫吞下这口气，并将陆秀夫召回。

南宋小朝堂上，不说刀光剑影，至少也是明争暗斗，各自为营，似乎元军南下这种国家不存的事都是远虑，眼下的利益争斗才更重要，让这样一班人齐心抗元，已经是天方夜谭，也难怪南宋最终落得那般下场。

福州小朝廷里刀光剑影，转眼向外，更是处处危机。

六月，元军于鄂州、临安设尚书省，下设诸路宣慰司，全力追歼南宋残余。

紧接着，元军进军江西，江西招谕史吴浚面对的是时任元左副都元帅李恒。

李恒是西夏宗室后裔，蒙古攻占西夏后，他的父亲李惟忠被蒙古宗王收养，而李恒自幼聪颖，深得忽必烈信任，因曾告发李璮谋反，被授予淄莱路奥鲁总管之职，后随元军伐宋，参与进攻襄阳，而后随伯颜进攻江浙，接着随元右丞阿里海牙继续南下伐宋。

对于宋军而言，李恒是一个战场上历练出来的对手，履历漂亮，果敢英勇，有勇有谋。

江西方面有十万军与其骑兵短兵相接，李恒略胜一筹，随后夺取了整个江西，吴浚在兵败后逃往宁都（今江西省赣州市宁都县）。

江西失守，广西在被动防守，广东这边也遭遇元兵袭扰。

广东制置使赵溍赶紧派曾逢龙带领熊飞在南雄抵御元军，宋军不敌，曾逢龙正衣冠自尽旗下，熊飞经过浴血奋战，撤往韶州。元军乘胜追击熊飞，眼见熊飞逃入韶州，更下令围困韶州。韶州之前本就被元兵把守，几个月前熊飞才将其收复。守将刘自立眼见元军带着大部队围困韶州，便生出了投降之心，打开城门降元。熊飞率兵与元军在巷路交战，终不敌元军，为国捐躯。

十一月，秀王赵与檡与几位赵氏宗亲子侄，在瑞安府阻击元军，不幸被俘杀害。浙江的元兵休整好以后，领兵从海上南下进攻福建，行都福州危矣。

陈宜中、张世杰、陆秀夫忙护卫端宗及皇室逃往海上。

随即，南剑州失守，福州主动降元。

十一月二十三日，小朝廷逃到泉州。

南宋秉承着经济开放的策略，泉州更是欢迎各国商人齐聚，到南宋后期，泉州便是最大的外贸通商港口。

而管理这个港口的人，是出身阿拉伯商人家庭的蒲寿庚。

宁宗嘉定十年（1217 年），蒲寿庚的家族便从广州举家迁到泉州定居。蒲寿庚的家族在泉州经商三代，积累了大量的财富。

蒲寿庚的父亲蒲开宗，曾因贸易有功，被南宋朝廷授予“承节郎”的官衔。蒲寿庚更是被提举为泉州市舶使。

泉州市舶司相当于海关，具有招揽外商前来贸易的任务，也有管理处理坊内事务及纠纷的权力。一般不出重大事故，南宋朝廷都不会过问。在这样的制度下，蒲寿庚被提举为市舶使的三十年间，成了当地的土皇帝，不仅拥有巨额的财富，还控制着大量贸易海船。而船在战争年代，属于军事战略物资。

端宗赵昰带人乘船来到泉州时，蒲寿庚起先很是高兴。他整理好衣冠，前去拜见端宗。

端宗尚且年幼，陈宜中及张世杰并一众大臣接见了蒲寿庚，并向蒲寿庚打听福建及泉州的情况。蒲寿庚逐一作答，他见皇帝辛苦奔波，真心诚意地邀请皇帝在泉州停留。

陈宜中与张世杰商议之后，为保险起见，拒绝了蒲寿庚，但提出要征用蒲寿庚的船队和资产。

在南宋上下官员眼中，普天之下皆是王土，四海之内皆是王臣。目前国家危急，每个有血性的国人，都应该将财产捐给国家。更何况蒲寿庚身为南宋官员，当以身作则，当好表率。

只是蒲寿庚不仅是南宋的官员，还是一位地地道道的商人。

在蒲寿庚看来，在商言商，朝廷要物资自然可以，但作为交易，等价交换，朝廷又能给他蒲寿庚什么呢？

张世杰显然还没有意识到蒲寿庚为何拒绝，甚至恼羞成怒。

蒲寿庚也坚决不交财产与船只。

双方因为观念上的差距谈崩了。

张世杰派人前去强制征收了蒲寿庚的船只及资产。

蒲寿庚被小朝廷的行为彻底激怒，他并非没有第二个选择。早在宋端宗来泉州之前，元朝曾派人前来招降蒲寿庚，但蒲寿庚土皇帝当久了，元朝又远在千里之外，蒲寿庚并不太感兴趣。

与南宋彻底撕破脸后，蒲寿庚转头便向元朝抛出了橄榄枝，写信给元军表示要投降。不仅如此，蒲寿庚还发动自己的武装在泉州城里对南宋官吏、军队和皇室发起了进攻。

小朝廷不得不令陈文龙为闽广宣抚使，在兴化抵抗元军，然后大臣们带着端宗赵昰离开泉州，漂泊入海，四处流亡。

陈文龙随后倾尽家财招募兵勇组成民军，厉兵秣马，准备与元军战斗。

十二月，福州、泉州先后降元，下一处对准了陈文龙镇守的兴化。

元将阿剌罕想招降陈文龙，派人前去劝降。

陈文龙四次斩杀来使，最后一次的劝降使者是陈文龙的姻亲，陈文龙也未曾动心，依然下令斩杀。

元军劝降的招数，甚至把陈文龙弄烦了，他派人给蒙古人送信："陈某人不怕死，此生谁无一死？孟子曰：'效死弗去。'贾谊曰：'臣死封疆。'国事如此，不如无生，惟当翊一死守！"为了让蒙古人断了劝降的想法，陈文龙命人在城墙之上竖起大旗，上书"生为宋臣，死为宋鬼"八个大字。

陈文龙坚守兴化，但并不死守城池，时常派人前去探察敌情，随时改变应敌策略。然而，孤木难支，陈文龙还有继续保家卫国的决心，他身边的部将林华、陈渊等人却认为南宋已经没有希望，二人与降将王世强内外勾结，引元军至城下，通判曹澄孙主动向元朝投降，陈文龙奋力与元军抗争，可惜终寡不敌众，力尽被抓。

随后，见到进入兴化的元军烧杀抢掠，陈文龙气急，大呼："快杀我，不要害百姓！"

元朝中书左丞董文炳劝降陈文龙道："国家兴亡自有天意，你这个书生，还看不出天时吗？"

陈文龙喊道："国亡我当速死！"就算元军以其母的性命相要挟，也决不妥协。

元军随后将陈文龙押送往临安，陈文龙自启程起便绝食。到临安后，陈文龙要求祭拜岳飞，前往孝宗时期为纪念岳飞建立的忠祐庙。在忠祐庙内，陈文龙看着岳飞的雕像，不禁悲从中来，他是多么希望岳飞这位前辈可以重生在眼前，带着南宋子民抵抗元军！可是，这一切不可能发生了，南宋没有希望了！陈文龙痛哭流涕，当晚，他在庙中咽下了最后一口气，年仅四十六岁。

在福建的陈母听闻此事，不再食用汤药，她道："我和我的儿子一块儿死去，心无怨恨！"几日后病故。

端宗景炎二年（1277 年）正月，元军进逼汀州（今福建省长汀县），文天祥欲占据汀州以抗元军进犯。不料，汀州守将黄去疾拥兵自重，文天祥强龙压不过地头蛇，率军退至漳州。

散落在外的宋军如赵时赏等军纷纷向漳州集合，唯独不见吴浚的身影。文天祥有了不祥的预感，果然，没多久，吴浚与黄去疾降元的消息便传了回来。

吴浚降元后，亲自到漳州劝降文天祥，文天祥斥责吴浚，另派人缚起吴浚，将其吊死。

二月，忽必烈下诏召回诸师。

元军主力回撤，让南宋小朝廷得以喘息片刻。

文天祥等军经过短暂整顿，在三月收复梅州，同月陈文龙的从叔陈瓒在兴化起兵，反杀守将林华，收复兴化城。

五月，文天祥又率军从梅州出发并打响了收复江西的战役。

在文天祥的领导下，各路义军配合督府军作战，分别夺回会昌、零都、兴国，文天祥也在赣南占领了大片土地。

同时，张世杰也趁机收复了潮州。

南宋连续多场战争胜利，似乎形势大好。

张世杰眼见元兵主力撤退，亲自率领淮兵讨伐蒲寿庚，誓要将蒲寿庚斩于戟下。奈何蒲寿庚躲在泉州城中，闭城不出。

张世杰随后向诸路义军传下檄文。

南宋境内抗元的情绪日渐高涨，留下的少量元军发出求援信，元军统帅张恒收到信后挥军南下，直攻文天祥所在的兴国。

文天祥不料张恒杀了个回马枪，仓促之下，不敌张恒，败走永丰。他命部将江西招讨使巩信率兵断后。

老将巩信与元军交战于石岭一带，以身殉国。在咽气之前，他与将士们坐在岩石上，令元军以为宋军还在坚守，不敢贸然前进。用这种方法，巩信给文天祥争取到一天后撤时间。

次日，文天祥被元军追上，将士赵时赏见元军依然紧追不舍，便坐上文天祥的肩舆，掩护文天祥及杜浒等人骑马逃走。赵时赏后来被元军杀害。

八月，文天祥夫人欧阳氏及子女被元军俘虏，被送至元大都，次子死于途中。

九月，忽必烈决心不给南宋留下一丁点机会，下诏令塔出与李恒、吕师夔以步军，忙兀台、唆都、蒲寿庚、刘深等以水军南下，两路大军齐下，务必拿下二王。

大批元军随后支援泉州，并派人劝说张世杰，张世杰将人扣下。另一边，蒲寿庚听闻元军到来，立马写信给元军统帅唆都求援，唆都率兵亲至，张世杰只得退兵，蒲寿庚得以脱围。

唆都率军进入福建后，直逼兴化，陈瓒闭城不出，唆都命人造梯炮石。不久，兴化城破，陈瓒誓死抵抗，最终被俘。唆都入城后，屠城杀民，陈瓒被车裂而亡。百姓将陈瓒的衣冠葬于壶公山下，为他和陈文龙建二忠祠。

唆都夺下兴化之后，率元军沿潮州向惠州进发，途中与吕师夔会军于广州。

元将刘深率水路军南下，攻于浅湾，张世杰不敌元军，带领端宗驶船从秀山（今广东省东莞市虎头山）逃往井澳（今广东省中山市外海），陈宜中则趁乱逃往占城。

时值十二月，海上突起大风，大量船只倾覆，端宗被卷入海中。虽然众臣很快将端宗救起，但端宗终究只是个十岁的孩子，惊吓过度，从此一病不起。

这一场飓风过后，本就艰难的宋军死伤过半。张世杰从此不再主动与元军硬拼，尽量避开与元军主力交锋。于是，上演了一出海上你追我逃的戏码。

景炎三年（1278 年）三月，一病四个月的赵昰身体扛不住长久的奔波，急需稳定一处休养。众臣随端宗赵昰迁到硐州（今广东省湛江外海硇洲岛）驻扎下来。

时任雷州知州曾渊子听闻皇帝来到硐州，立时赶来效命。

四月，端宗终究未能扛过命运，离开了人世，年仅十一岁。

众臣们人心惶惶，到了崩溃的边缘。

陆秀夫见状，说道："度宗皇帝尚有一位皇子在世，众将军欲怎样处置小王爷？古人曾以一城中兴，而我们现今百官都在，还有数万军队，上天若不想亡我大宋，难道我们不能依靠这些振兴家国了？”这句话让众人又重拾了些许希望。

于是，年方八岁的卫王赵昺被众臣拥护登坛告慰天下，次月，改年为祥兴元年，杨太妃垂帘听政。

在占城的陈宜中却没有回来的意思，小朝廷任命陆秀夫为左相，专门掌管文事；张世杰为枢密副使，专门掌管军事。虽流离海上，陆秀夫仍旧坚持每日给幼帝赵昺讲课。

张世杰努力给小朝廷找一处安稳地，想结束海上漂泊的岁月。他观察各地情况，认为崖山处于新会南方八十里海域之中，属于浅海，大船不易进出，只小船可依潮汐出入，而与崖山对立的奇石山，两山如两扇大门。

于是，六月，幼帝迁居崖山。

张世杰命人入山伐木，造行宫三十间、军屋三千间，正殿是慈元殿，由杨太妃居住。

经历南海风暴，与元兵交战之后，宋军此时尚有民兵二十余万人，众将士所食皆取自广右诸郡、海外四州。

吃住解决了，工防亦要提上日程，建造兵船，招兵买马，训练军队，林林总总，等忙完，已到了十月。

南宋在海边建了小行宫，消息早传到元朝。

张弘范向忽必烈进言：“应该将这些南宋余孽拿下。”

忽必烈任张弘范为元帅，另赐宝剑，授其独立决裁军事的权力。

张弘范选李恒为副帅，自带水军由海路南下，李恒带陆军南下，两路包抄南宋小朝廷。

八月，皇帝下诏加张世杰为越国公，文天祥征战在外，加少保信国公。

文天祥的军中此时暴发了瘟疫，很多士兵死于瘟疫，文天祥的母亲、长子，也尽皆去世。即便如此，文天祥依然坚守前线，抗击元军。

十月，元军骑兵、步军、水军数路并进南下，所到之处，南宋无力抗争。

十二月，张弘范率主力支援潮阳，文天祥眼见不敌，率麾下士兵退走广东海丰，张弘范率骑兵突至，于海丰的五坡岭将文天祥俘获。文天祥心存死志，吞药自杀，但药力失效，未能殉国。

张弘范将文天祥关在珠江的一只船中，百般诱降，文天祥毫不动摇。

祥兴二年（1279 年）正月，张弘范乘船从潮阳港入海，至甲子门，命斥候将刘青、顾凯前去探查，终于得知幼帝在崖山。张弘范立即率军攻打到了崖山附近，并派兵封锁海口。

张世杰和张弘范这对堂兄弟各为其主，走到了决战的一刻。

张世杰担心众兵士久居海上，一旦开战，船只散开，便如同散沙，便将船周贯以铁索，四周起楼棚，将幼帝请于船中。

因为崖山北面水浅，元军大船不得进，张弘范只得下令转东面入大洋，与张世杰大军相遇，张弘范强攻，但南宋的船只坚固异常，无法攻破。

张弘范又欲用火攻，奈何张世杰早有预料，船上早早已涂上了泥，正防着元兵的火攻呢。

张弘范一时无法攻下宋军，便使人前去劝降张世杰，张世杰拒降。

张弘范召来文天祥，逼文天祥向张世杰劝降，文天祥答道："我不能保护自己的国家，难道还要叫我去教别人背叛自己的国家，可能吗？"

张弘范之后占领海口，命部队切断宋军砍柴、打水的途径。

崖山本是一个小岛，岛上的生活资源需要附近的大陆及海南岛运送。眼下元兵断了宋军的补给，宋军没有淡水喝，只能吃干粮，十余日后，实在没有办法，宋军就只有舀海水解渴。海水又咸又苦，许多人因为饮用海水病倒。

张弘范也把文天祥带到了前线，让他亲眼见证即将到来的大战，看着南宋最后的一点点力量消散。在这里，张弘范逼迫文天祥给宋军写劝降信。文天祥提笔，将这一年正月过零丁洋之时写的《过零丁洋》又写了一遍，以明其志。这首诗中的最后两句便是几乎每一个中华儿女都知道的“人生自古谁无死，留取丹心照汗青”。

宋元两军僵持到二月初六，崖山发生暴风雨。

元军自北面对宋军发动突袭，到中午，宋军出现支撑不住之象。元军抓住机会，在宋军中撕开一道口子，将宋军南北包抄。

张世杰知大势已去，忙命人前去以小舟接幼帝离开，寻个机会逃遁而去。

陆秀夫眼见元军攻破军阵，生怕来人被元人收买，若幼帝被俘，岂不是让幼帝生生受辱？故而不答应让幼帝随人离开。他命妻儿先行跳海，自己欲带着幼帝一起跳海。

面对九岁的幼帝赵昺，陆秀夫悲从中来，说道：“先帝被辱，臣不能让陛下再受辱，请陛下为国捐躯。”

幼帝没有挣扎，年幼的他似乎什么都明白，也做出了一样的决定。陆秀夫随后用白绫将幼帝和自己绑缚在一起，纵身跳入海中。

这是值得永远被后人记住的一跳。

昔年，宋朝开国天子赵匡胤定下“与士大夫共治天下”的基调，之后宋朝文人名士辈出，犹如星空璀璨，成为中国历史上文化璀璨的一个朝代。

而如今的陆秀夫与幼帝，给这份帝王与文臣之间的约定画上了悲凉的句号。

见皇帝跳海，崖山的其他人，众将士、侍从甚至是当地百姓都跟随着跃入海中。

七日后，海上浮尸十万。

元军占领崖山后，在崖山北面石壁上刻下了十二个大字——镇国大将军张弘范灭宋于此。

两百年之后，元朝灭亡，明朝也已经建立了百年，明朝巡按御史徐瑁来到崖山见到这行字，下令将原字铲去，改成“宋丞相陆秀夫殉国于此”。

崖山之战后，张世杰原本带着杨太妃冲出重围，但杨太妃得闻幼帝跳海而亡，痛哭道：“我艰难至此，只为保赵氏一点血脉而已，天不佑我，还有什么指望啊？”说完跳入带走儿子的大海之中。

张世杰随后带领残军继续在海上流亡，后遇暴风雨，他顿感前路已断，感叹道：“臣为赵氏尽心尽力，然而一君亡，又立一君，现在又亡。我苟活于世只是想打败元军，另立赵氏后裔。可现在这样是天意要赵氏亡吧！”风雨掀翻了船只，张世杰堕入水中，这一次他未做挣扎，溺水殉国。

南宋小朝廷只剩下了文天祥，他被押送到大都，长路漫漫，自年头从中国的最南端出发，抵达大都时已是年尾深秋。

这一路上，文天祥都在挣扎，对于一个忠臣而言，最痛苦的莫过于眼睁睁看着自己的祖国被一点点蚕食，最后灭亡。文天祥想要殉国，服了毒药又被救活，绝食八日，还是没有死。忽然之间，他想通了，决定坦然面对未来，又重新开始进食，昂首挺胸地走向自己的结局。

这个人是宋朝的脊梁，最明亮的希望。而元朝又何尝不知道文天祥代表的意义？

张弘范劝文天祥：“如果转投元朝，定然会有一番作为。”

文天祥道：“国亡而不能救，作为臣子已经是死罪，怎么还能怀有二心呢？”

张弘范将文天祥的行为言语报告给忽必烈，忽必烈感慨道：“谁家没有忠臣呢？”他下令用上宾之礼对待文天祥，既是期许打动文天祥，也是为元朝的忠臣树立楷模。

文天祥到大都后，新一轮的劝降开始，除了之前宋朝的那些降臣降将，还有南宋的降帝。

谢太皇太后领着恭帝赵㬎投降元朝之后，被封为寿春郡夫人，赵㬎也被封为瀛国公，他们成了元朝劝降时的一道王牌。

在临安，跟随谢太皇太后递交降书的赵㬎只是一个五岁的孩子，到现在他也才八岁，如何能深深地体会个人荣辱和肩负起一个政权的存亡？

文天祥见到赵㬎，立刻跪地，失声痛哭："圣驾请回！"

关于赵㬎还有一段记录，他长到十八岁后，元人将他送去吐蕃修习佛法。赵㬎很有佛缘，之后成为藏佛界的一位高僧，把汉文佛典译成藏文，还经常四处讲经，最后在五十三岁时离世。但是，终其一生，他都未能踏上故土。

在一切劝降手段都用尽之后，忽必烈也失去了耐心，文天祥人生的最后三年在监狱中度过。他不断被施以刑罚、审讯，时间慢得像针扎一样，这是一种比酷刑还痛苦的折磨……

但是，宋朝的脊梁没有被打断，正是在这样的环境下，文天祥写下了《正气歌》。

叱咤风云的忽必烈也不禁在这个文人身上感受到了挫败感，即便在处死文天祥的前一天，忽必烈依然不想放弃，他对文天祥说道："若你改变心意，中书省定有你一席之地。"

文天祥平淡地回复："吾乃大宋宰相，国已亡，但求一死。"

第二日，元至元十九年（1282年）十二月初九，文天祥被押送刑场。他悄悄给自己写下了遗书，放在贴身的衣服内："孔曰成仁，孟曰取义。唯其义尽，所以仁至。读圣贤书，所学何事？而今而后，庶几无愧。"

天很冷。

到刑场后，文天祥询问哪里是南方，在得到答复后，面南下拜。

监斩官直到最后一刻还在努力，劝道："相公是否有什么话想说？我现在回奏，还可以免死。”

文天祥答道：“吾事已毕，心无怍矣。”

这位南宋的最后一位宰相，用自己的鲜血，为中国历史屹立了一座跨越千万年都不会倒塌的丰碑……

南宋的历史就此绝笔。